U0216140

吉林人民出版社

简体字本二十六史

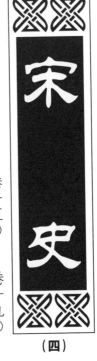

宋史

卷一五〇——卷一九〇

（四）

［元］　脱　脱等　撰

刘浦江等　标点

宋史卷一五〇
志第一〇三

舆服二

后妃车舆　　皇太子王公以下车舆
伞扇鞍勒　　门戟旌节

皇后之车,唐制六等:一曰重翟,二曰厌翟,三曰翟车,四曰安车,五曰四望车,六曰金根车。宋因之,初用厌翟车。其制:箱上有平盘,四角曲阑,盘两壁纱窗,龟文,金凤翅,前有虚匮、香炉、香宝,绯绣幨衣、络带、门帘,三辕凤首,画梯,推竿;行马,绯缯裹索。驾六马,金铜面,缨辔,铃攀,绯屉。驾士三十人,武弁、绯绣衫。常出止用正、副金涂银装白藤舆各一,上覆棕榈屋,饰以凤,辇官服同乘舆平头辇之制。

徽宗政和三年,议礼局上皇后车舆之制:重翟车,青质,金饰诸末,间以五采。轮金根朱牙。其箱饰以重翟羽,四面施云凤、孔雀,刻镂龟文。顶轮上施金立凤、耀叶。青罗幨衣一,紫罗画云龙络带二,青丝络网二,紫罗画帷一,青罗画云龙夹幔二。车内设红褥及坐,横辕上施立凤八。香匮设香炉、香宝,香匮饰以螭首。前后施帘,长辕三,饰以凤头,青绘裹索。驾青马六,马有铜面,插翟羽,鞶缨,攀胸铃拂,青屉,青包尾。若受册、谒景灵宫,则乘之。

厌翟车,赤质,其箱饰以次翟羽;紫幨衣,红丝络网,红罗画络带,夹幔锦帷,余如重翟车。驾赤骝四。若亲蚕则乘之。翟车,黄质,其车侧饰以翟羽；黄幰衣，黄丝络网，锦帷络带，余如重翟车。驾黄骝四。安车，赤质，金饰，间以五采，刻镂龟文；紫幰衣，锦帷络带，红丝络网，前后施帘；车内设褥及坐，长辕三，饰以凤头，驾赤骝四。凡驾马鞶缨之饰，并从车质。四望车，朱质，青幰衣，余同安车。驾牛三。金根车，朱质，紫幰衣，余同安车。驾牛三。自重翟车以下，备卤簿则皆以次陈设。藤舆，金涂银装，上覆棕榈屋，以龙饰，常行之仪则用之。

龙肩舆。一名棕檐子，一名龙檐子，舁以二竿，故名檐子，南渡后所制也。东都，皇后备厌翟车，常乘则白藤舆。中兴，以太后用龙舆，后惟用檐子，示有所尊也。其制：方质，棕顶，施走脊龙四，走脊云子六，朱漆红黄藤织百花龙为障；绯门帘，看窗帘，朱漆藤坐椅，踏子，红罗茵褥，软屏，夹幔。

隆兴二年正月，皇后受册毕，择日朝谒，有司具仪物，乞乘肩舆龙檐。制造所受给使臣尹肇发，纳中宫金涂银叶棕榈、朱漆红黄藤织百花龙抨子、碌牙压贴、缕金雕木腰花泥版龙檐子一乘。金涂银顶子，龙头六，走脊龙四，走脊云子六，贴络龙四十，贴络云子三十，铎子八，插拴坐龙四，环索全，铍遮那一副，檀香龟背红纱窗四扇，红罗缘红篆门帘一，沥水全，看窗帘二，朱漆藤面明金雕木龙头椅一，脚踏一，红线条结一，朱漆小几二，红罗褥全，红罗缘肩膊席褥一十六，系带全，金涂银铁胎杆鞠四，鱼钩四，火踏一，朱漆梯盘全，朱漆衣匣二，金涂铜手把叶段拓叉二，金涂铜叉头拖泥行马二，金涂银叶杠子二，红茸冨绦四，红罗夹软屏风、夹幔各一，亲脚席褥、靠背坐褥及踏床各一，红绢十字帕一，竿袋四，鱼钩帕二，红油十字帕、竿袋、鱼钩帕数同上，兜地帕一，围裙一。

大安辇。真宗咸平中，为万安太后制舆，上设行龙六。乾兴元年，诏皇太后御坐檐子，名大安辇。神宗嗣位，尊皇太后为太皇太后，其行幸依治平元年之制。而皇太后、皇后常出，止用副金涂银装白藤舆，覆以棕榈屋，饰以凤。辇官服同乘舆平头辇之制。于是诏太皇太后出入所乘，如万安太后舆，上设行龙六，制饰率有加。金铜四，礼典不载，则如旧制。

哲宗绍圣元年，议造皇太后大安辇，中书具治平元丰中皇太后舆服仪卫以呈，曰："元丰中，先帝手诏，皇太后行幸仪卫，并依慈圣光献太皇太后日例，而宣仁谦恭，不乘大安辇。"哲宗曰："今皇太后独尊，非宣仁比。"遂诏行幸进大安辇，已而皇太后嫌避，竟不制造。

龙舆。皇太后所乘也。东都，皇太后多垂帘，皆抑损远嫌，不肯乘辇，止用舆而已。哲宗既嗣位，尊朱贵妃为皇太妃，出入许乘檐子。有司请用牙鱼凤为饰，伞用青。元祐三年，太皇太后诏有司寻绎典故，于是檐子饰以龙凤，伞用红。九年，君臣议改檐子为舆，上设行龙五，出入由宣德东偏门。哲宗以皇太后谕旨，令太妃坐六龙舆出入，进黄伞，由宣德正门。于是三省议，皇太妃坐龙凤舆，伞红黄兼用，从皇太后出入，止用红。绍圣元年，礼部太常寺言："近奉旨：'皇太后欲令皇太妃坐六龙舆，朕常思皇太妃尊奉之礼，既不敢拟隆于皇太后，又不可不逮于中宫。'今参以人情，再加详定，伏请供进龙凤舆。"从之。

及徽宗即位，尊太妃为圣瑞皇太妃，诏仪物除六龙舆不用，仍进龙凤舆外，余悉增崇焉。绍兴奉迎皇太后，诏造龙舆，其制：朱质，正方，金涂银饰，四竿，竿头螭首，赭窗红帘，上覆以棕，加走龙六，内设黄花罗绣帐、茵褥、朱椅、踏子、红罗黄绣罗巾二。

皇太子车辂之制。唐制三等：一曰金辂，二曰轺车，三曰四望车。太宗至道初，真宗为皇太子，谒太庙，乘金辂，常朝则乘马。真宗天禧中，仁宗为皇太子，亦同此制。徽宗政和三年，议礼局上皇太子车辂之制：金辂，赤质，金饰诸末。重较，箱画苣文鸟兽；黄屋，伏鹿轼，龙辀，金凤一在轼前。设障尘。朱盖黄里。轮画朱牙。左建旗，九旒，右载阄戟。旗首金龙头，衔结绶及铃绥。八鸾在衡，二铃在轼。驾赤骝四,金锼方釳,插翟尾,镂钖,鞶缨九就。从祀、谒太庙、纳妃则供之。辂车,金饰诸末,紫油通幰,紫油缦朱里,驾马一。四望车,金饰诸末,青油通幰,青油缦朱里,朱丝朱络网,驾马一。辂车、四望车以次列于卤簿仗内。皇太子妃,则有厌翟车,驾以三马。出入亦乘檐子。中兴简俭,惟用藤檐子,顶梁、舁杠皆饰以玄漆,四角刻兽形,素藤织花为面,如政和之制。

亲王群臣车辂之制。唐制有四:一曰象辂,亲王及一品乘之;二曰革辂,二品、三品乘之;三曰木辂,四品乘之;四曰辂车,五品乘之。宋亲王、一品、二品奉使及葬,并给革辂,制同乘舆之副,惟改龙饰为螭。六引内三品以上乘革车,赤质,制如进贤车,无案,驾四赤马,驾士二十五人。其绯幰衣、络带、旗戟、辀杠绣文:司徒以瑞马,京牧以隼,御史大夫以獬豸,兵部尚书以虎,太常卿以凤,驾士衣亦同。县令乘辂车,黑质,两壁纱窗,一辕,金铜饰,紫幰衣、络带并绣雉衔瑞草,驾二马,驾士十八人。百官常朝皆乘马。

真宗大中祥符三年,知枢密院事王钦若言:“王公车辂上并用龙装,乞下有司检定制度。”诏下太常礼院详定。本院言:“按《卤簿令》,王公已下,象辂以象饰诸末,朱班轮,八鸾在衡,左建旗画龙,一升一降,右载阔戟。革辂以革饰诸末,左建旃,余同象辂。木辂以漆饰之,余同革辂。辂车,曲壁,青幰碧里。诸辂皆朱质,朱盖,朱旗旃,一品九旒,二品八旒,三品七旒,四品六旒,其鞶缨如之。”

神宗元丰三年,详定礼文所言:“《卤簿记》公卿奉引:第一开封令,乘辂车;次开封牧,隼旗;次太常卿,凤旗;次司徒,瑞马旗;次御史大夫,獬豸旗;次兵部尚书,虎旗,而乘革车。考之非是。谨按《周礼》巾车职曰:‘孤乘夏篆,卿乘夏缦,大夫乘墨车。’司常职曰:‘孤、卿建旃,大夫建物。’请公卿已下奉引,先开封令,乘墨车建物;次开封牧,乘墨车建旃;太常卿、御史大夫、兵部尚书乘夏缦,司徒乘夏篆,并建旃。所以参备九旗之制。”诏从之。

政和议礼局上王公以下车制:象辂以象饰诸末,朱班轮,八鸾在衡,左建旗,右载阖戟,驾马四,亲王昏则用之。革车,赤质,载阖戟,绯罗绣轮衣、帘、旗、韬杠、络带,驾赤马四。大驾卤簿六引,法驾卤簿三引,开封牧第乘之。王公、一品、二品、三品备卤簿,皆供革车一乘。其轮衣、帘、旗、韬杠、络带绣文:开封牧以隼,大司乐以凤,少传以瑞马,御史大夫以獬豸,兵部尚书以虎。轺车,黑质,紫幰衣、络带并绣雉,施红锦帘,香炉、香宝结带,驾赤马二。卤簿内第一引官县令乘之。驾马皆有铜面,插羽,鞶缨,攀胸铃拂,绯绢屉,红锦包尾。

六年,礼制局言:

大观中,用大司乐代太常卿为第三引,盖以大司乐掌鼓吹之事。夫礼乐之官,宗伯为长,宜改用礼部尚书。又第四引司徒,即用地官之长,自汉以来为三公。朝迁近改司徒为少傅,然六引司徒乃地官之事,宜改用户部尚书。其府佐依六引诸卿例,改为僚佐,其卤簿仪仗,依兵部尚书例给。

古之诸侯出封于外,同姓锡以金辂,异姓锡以象辂。盖出而制节,则远君而其道伸;入而谨度,则近君而其势屈。故其入观,则不敢乘金辂、象辂,以同于王,当自降而乘墨车也。若公侯采地在天子县内者,则为都鄙之长,《大司马》所谓"师都建旟"是矣。今开封牧列职于朝,与御史大夫同谓之卿可也,其在《周官》,则卿大夫之职是矣;又无金辂、象辂之锡,而乃比于古之诸侯入觐而乘墨车,可乎?

成周上公九命,车旗以九为节,故建常九斿;侯、伯七命,车旗以七为节,故建常七斿;子、男五命,车旗以五为节,故建常五斿;其卿六命,其大夫四命,车旗亦各视其命之数。则卿之建旟当用六斿,大夫建物当用四斿,至于三斿则上士所建也。其开封令,宜乘墨车而建物四斿;开封牧、御史大夫、户部兵部礼部尚书皆卿也,宜乘夏缦而建旟六斿。

其年,详定官蔡攸又言:

六引,开封令乘轺车居前,开封牧、大司乐、司徒、御史大夫、兵部尚书乘革车次之。开封牧建绣隼旗，太常卿建绣凤旗，司徒绣瑞马旗，御史大夫绣以獬豸，兵部尚书绣以虎，皆副之以阑戟。其先后之序，所乘之车，所建之旗，揆古则不合，验今则有戾。且大驾之出，自汉光武时始有三引：先河南尹，次执金吾，次洛阳令，先尊而后卑也。后魏亦三引：先平城令，次司隶校尉，次丞相，先卑而后尊也。唐兼用六引，五代减为三，后周复增为六。本朝因之，以开封令居前，终以兵部尚书。然以前为尊，则大司乐不当次令、牧；以后为尊，则兵部尚书不当继御史大夫，此先后之序未正也。

辒车非县令宜驾，革车非公卿宜用，是所乘之车未称也。凤马之绣，无所经见，阑戟之设，尤为讹谬，是所建之旗未宜也。司徒，三公论道之官，车徒非其所任，户部主之可也。奉常掌礼，司乐典乐，皆专于一事，礼乐之容，非其所兼，礼部总之宜也。请改司徒用户部尚书，改大司乐用礼部尚书，其僚佐仪制视兵部尚书。御史大夫，位亚三少，秩从二品，又尊于六尚书。其行，宜以兵部次令、牧，礼部、户部又次之。终以御史大夫，则先后之序正矣。

夏篆者，篆其车而五采画之也，夏缦则五采画之而不篆，墨车则漆之而不画。孤宜乘夏篆，象其文质之备；卿宜乘夏缦，象其文采而不足于篆。开封令秩比大夫，开封牧古之诸侯，其乘皆宜墨车，其驾之马，令以三，牧以四，御史大夫以六。尚书，卿之任也，其驾亦四，则所乘之车称矣。《司常》曰："孤、卿建旃，大夫、士建物，师都建旗。盖通帛为旃，其色纯赤；杂帛为物，其色赤白；物为三游，旃亦如之。开封令秩视大夫，故宜建以物；开封牧率王畿之众而卫上，师都之任也，故宜建以旗；尚书、御史大夫，古之卿也，故宜建以旃。

从之。

七年，礼制局言："昨讨论大驾六引，开对牧乘墨车，兵部尚书、礼部尚书、户部尚书、御史大夫乘夏缦。已经冬祀陈设讫，所有驾士衣服，尚循旧六引之制，宜行改正。况天子五辂，驾士之服，各随其辂之色，则六引驾士之服，当亦如之。请墨车驾士衣皂，夏缦驾士皂质绣五色团花，于礼为称。"从之。

肩舆。神宗优待宗室老疾不能骑者，出入听肩舆。熙宁五年，大宗正司请宗室以病肩舆者，踏引、笼烛不得过两对。中兴后，人臣无乘车之制，从祀则以马，常朝则以轿。旧制，舆檐有禁。中兴东征西伐，以道路阻险，诏许百官乘轿，王公以下通乘之。其制：正方，饰有黄、黑二等，凸盖无，梁以篾席为障，左右设牖，前施帘，舁以长竿二，名曰竹轿子，亦曰竹舆。

内外命妇之车。唐制有厌翟车、翟车、安车、白铜饰犊车，而幰网有降差。宋制，银装白藤舆檐，内命妇皇亲所乘；白藤舆檐、金铜犊车、漆犊车，或覆以毡，或覆以棕，内外命妇通乘。

伞。人臣通用，以青绢为之。宋初，京城内独亲王得用。太宗太平兴国中，相、枢密使始用之。其后，近臣及内命妇出外皆用。真宗大中祥符五年，诏除宗室外，其余悉禁。明年，复许中书、枢密院用焉。京城外，则庶官通用。神宗熙宁之制，非品官禁用青盖，京城惟执政官及宗室许用。哲宗绍圣二年，诏在京官不得用凉扇。徽宗政和三年，以燕、越二王出入，百官不避，乃赐三接青罗伞一，紫罗大掌扇二，涂金花鞍辔，茶檫等物皆用涂金，遂为故事。八年，诏民庶享神，不得造红黄伞、扇及彩绘，以为祀神之物。宣和初，又诏诸路奉天神，许用红黄伞、扇，余祠庙并禁。其画壁、塑像仪仗用龙饰者易之。建炎中，初驻跸杭州，执政张澄言："群臣扈从兵间，权免张盖，俟回銮仍旧。"诏前宰相到阙，许张盖。

鞍勒之制。宋以赐群臣，其非赐者皆有令式，而有敢逾越焉。金涂银闹装牡丹花校具八十两，紫罗绣宝相花雉子方辔，油画鞍，白银衔镫，以赐宰相，亲王，枢密使带使相，曾任宰相观文殿大学士官观使,殿前马军步军都指挥使。金涂闹装太平花校具七十两,紫罗绣瑞草方鞯,油画鞍,陷银衔镫,以赐使相,枢密副使,参知政事,宣徽使,节度使,宫观使,殿前马军步军副都指挥使、都虞候。四厢都指挥使,鞯以紫罗剜花。若出使,则加红犛牛缨,金涂银钑。使相在外,加红织成鞍复。步军都虞候以上赐带甲马者,加红皮鞦辔校具七十两,青毡圆鞯,陷银衔镫。金涂银闹装麻叶校具五十两,紫罗剜花方鞯,油画鞍,陷银衔镫,以赐三司使,观文殿、学士,资政殿大学士,翰林学士承旨,翰林学士,资政殿、端明殿、翰林侍读侍讲,龙图、天章、宝文阁、枢密直学士,御史中丞,两使留后,观察、防御、军厢都指挥使。军厢都指挥使初出授团练使、刺史者,赐亦同。曾任中书、枢密院后为学士、中丞者,七十两,鞯以绣瑞草。见任中书、枢密院、宣徽使、使相、节度使出使,曾任中书、枢密院充诸路都总管、安抚使,朝辞日,赐亦如之。金涂银三环宝相花校具二十五两,紫罗圆鞯,乌漆鞍,衔镫,以赐团练使、刺史。金涂银促结洛州花校具三十两,紫罗圆鞯,以赐诸路承受。白成十五两,以赐诸王宫僚、翰林侍读侍书;金涂银宝相花校具四十两,蛮云校具十五两,以赐诸班押班、殿前指挥使以上;白成洼面校具十二两,以赐诸班,皆蓝黄绅圆鞯。

其皇亲婚嫁,皆给蓝黄罗绣方鞯,金涂银花鞍,金涂银校具自八十两至十二两,有六等。宗室女婿系亲,皆赐紫罗绣瑞草方鞯;校具自七十两至五十两,有二等。其赐契丹使,则金涂银太平花校具七十两,紫罗绣宝相花雉子方鞯;副使则槲叶校具五十两,紫罗绣合子地圆鞯,皆油画鞍。射弓则使银装,副使银棱。赐诸蕃进奉大使,则如刺史而用青绦鞯;副使则如宫僚。凡京官三品以上外任者,皆许马以缨饰。

太宗太平兴国七年,翰林学士承旨李昉言:“准诏详定车服制度,请升朝官许乘银装绦子鞍勒,六品以下不得闹装,其鞯皆不得刺绣、金皮饰。余官及工商庶人,许并乘乌漆素鞍,不得用绒毛暖坐。其蓝黄条子,非宫禁不得乘。士庶、军校乘白皮鞯勒者,悉禁断。”从之。八年,诏京朝知录事参军及知县者,所乘马并不得饰缨,后复许带缨。端拱二年,诏内职诸班押班、禁军指挥使、厢军都虞候,并许乘银装绦子鞍勒。京官任知州、通判,许依六品朝官。真宗咸平二年,西京留台上言:"留府群官、使臣乘马,不得带缨。"从之。大中祥符五年,诏绣鞯及闹装校具,除宗室及恩赐外,悉禁。天禧元年,令两省谏舍、宗室将军以上,许乘绒毛暖坐,余悉禁。凡京官,三班已上外任者,皆许马以缨饰。

仁宗景祐三年,诏官非五品以上,毋得乘闹装银鞍,其乘金涂银装绦子促结鞍辔者,自文武升朝官及内职、禁军指挥使、请班押班、厢军都虞候、防团副使以上,听之;仍毋得以蓝黄为绦、白皮为鞯辔。民庶止许以毡皮绌绸为鞯。京官为通判以上职任者,许权依升朝例。神宗熙宁间,文武升朝官,禁军都指挥使以上,涂金银装盘条促结;五品以上,复许银鞍闹装。若开花绣鞯,惟恩赐乃得乘。余官及民庶,仍禁银饰。旧制,诸王视宰相,用绣鞍鞯。政和三年,始赐金花鞍鞯,诸王不施绒坐。宣和末始赐,中兴因之。乾道九年,重修仪制。权侍郎、太中大夫以上及学士、待制,经恩赐,许乘绒坐。三衙、节度使曾任执政官,亦如之。先是,建炎初,驻跸杭州,诏扈从臣僚合设绒坐者,权宜撤去。故事,宰执、侍从自八月朔搭坐。绍兴元年,以江、浙燠,改为九月朔,著为例。乾道元年,乃诏三衙乘马,赐狨坐。

门戟。木为之而无刃,门设架而列之。谓之棨戟。天子宫殿门左右各十二,应天数也。宗庙门亦如之。国学、文宣王庙、武成王庙亦赐焉,惟武成王庙左右各八。臣下则诸州公门设焉,私门则府第恩赐者许之。太宗淳化二年,诏诸道州、府、军、监奏乞鼓角戟槊,如令文合赐,即下三司指挥。仁宗天圣四年,太常礼院言:"准批状,详定知广字军范宗古奏,本军乞降槊。检会令文,京光兆河南太原府、大都督府、都护门十四戟,若中都督、上都护门十二戟,下都督、诸州门各十戟,并官给。所有军、监门不载,伏请不行。"神宗元丰之制,凡门列戟者,官司则开封、河南、应天、大名、大都督府皆十四,中都督皆十二,下都督皆十。品官恩赐者,正一品十六,二品以上十四。中兴仍旧制。

旌节。唐天宝中置,节度使受命日赐之。得以专制军事,行即建节,府树六纛。宋凡命节度使,有司给门旗二,龙、虎各一,旌一,节一,麾枪二,豹尾二。旗以红绢九幅,上设耀篦、铁钻、緋杠、绯繖。旌用涂金铜蟠头,緋杠,绸以红绢,画白虎,顶设緋木盘,周用涂金饰。节亦用緋杠,饰以金涂铜叶,上设緋圆盘三层,以红绿装钉为旒,并绸以紫绫复囊,又加碧油绢袋。麾枪设緋木盘,绸以紫绢复囊,又加碧油绢袋。豹尾,制以赤黄布,绘画豹文,并緋杠。

神宗熙宁五年,诏新建节并移镇,并降敕太常寺排比旌节,下左右金吾街仗司、骐骥院,给执擎人员、鞍马。中兴因之。建炎三年,表韩世忠之旗曰“忠勇”。绍兴三年,表岳飞之旗曰“精忠”。孝宗诏以其藩邸旌节,迎置天章阁。淳熙中,光宗亦诏奉东宫旌节。其后,宁宗践祚,有司言安奉皇帝藩邸旌节,宜有推饰。今用朱漆青地金字牌二:其一题曰:“太上皇帝藩邸旌节”,其一曰“今上皇帝藩邸旌节”。盖袭用元丰延安故事云。

宋史卷一五一
志第一〇四

輿服三

天子之服　皇太子附　后妃之服
命妇附

　　天子之服，一曰大裘冕，二曰衮冕，三曰通天冠、绛纱袍，四曰
履袍，五曰衫袍，六曰窄袍，天子祀享、朝会、亲耕及视事、燕居之服
也；七曰御阅服，天子之戎服也，中兴之后则有之。

　　大裘之制。神宗元丰四年，详定郊庙奉祀礼文所言："《周礼》
《司裘》'掌为大裘，以供王祀天之服'；《司服》'王祀昊天上帝，则服
大裘而冕，祀五帝亦如之。享先王则衮冕'。而《礼记》云：'郊祭之
日，王被衮以象天，戴冕璪十有二旒，则天数也。'王肃据《家语》，以
为临燔柴，脱衮冕，著大裘。则是《礼记》被衮，与《周礼》大裘，郊祀
并用二服，事不相戾，但服之有先后耳。是以《开宝通礼》：皇帝服衮
冕出赴行宫，祀日，服衮冕至大次；质明，改服大裘而冕出次。盖衮
冕盛服而文之备者，故于郊之前期被之，以至大次。既临燔柴，则脱
衮冕服裘，以明天道至质，故被裘以体之。今仪注，车驾赴青城，服
通天冠、绛纱袍。祀之日，乃服靴袍至大次，服衮冕临祭，非尚质之
义。乞并依《开宝通礼》。"诏详定所参议。

　　又言："臣等详大裘之制，本以尚质，而后世反以尚文，故冕之

饰大为不经。而礼书所载，上有垂旒加饰，又异‘大裘不裼’之说。今参考诸说，大裘冕无旒，广八寸，长一尺六寸，前圜后方，前低寸二分，玄表朱里，以缯为之。玉笄以朱组为纮，玉瑱以玄纮垂之。为裘以黑羔皮，领袖以黑缯，纁裳朱绂而无章饰。佩白玉，玄组绶。革带博二寸，玉钩䚦，以佩绂属之。素带，朱里，绛纯其外，上朱下绿。白纱中单，皂领，青褾、袂、裾。朱袜，赤舄，黑缯、繶、纯。乞下所属制造。其当暑奉祠之服，乞降梁陆玮议以黑缯为裘，及《唐舆服志》以黑羔皮为缘。”诏重详定。

光禄寺丞、集贤校理陆佃言：“臣详冕服有六。《周官》弁师云‘掌王之五冕’，则大裘与衮服同冕。故《礼记》云‘郊之日，王被衮以象天’。又曰‘服之袭也，充，美也’；‘礼不盛，服不充，故大裘不裼’。此明王服大裘，以衮衣袭之也。先儒或谓周礼天地皆服大裘，而大裘之冕无旒，非是。盖古者裘不徒服，其上必皆有衣，故曰‘缁衣羔裘’，‘黄衣狐裘’，‘素衣麑裘’。如郊祀徒服大裘，则是表裘以见天地。表裘不入公门，而乃欲以见天地，可乎？且先王之服，冬裘夏葛，以适寒暑，未有能易之者也。郊祀天地，有裘无衮，则夏祀赤帝与至日祭地祇，亦将被裘乎？然则王者冬祀昊天上帝，中裘而表衮，明矣。至于夏祀天神地祇，则去裘服衮，以顺时序。《周官》曰‘凡四时之祭祀，以宜服之’，明夏不必衣裘也。或曰，祭天尚质，故徒服大裘，被衮则非尚质。臣以为尚质者，明有所尚而已，不皆用质也。今欲冬至禋祀昊天上帝，服裘被衮，其余祀天及祀地祇，并请服衮去裘，各以其宜服之。”

于是详定所言：“裘不可徒服。《礼记》曰‘大裘不裼’，则袭可知，所谓大裘之袭者，衮也，与衮同冕。伏请冬祀昊天与黑帝，皆服大裘，被以衮。其余非冬祀天及夏至祭地，则皆服衮。”

六年，尚书礼部言：“经有大裘而无其制，近世所为，惟梁、隋、唐为可考。请缘隋制，以黑羔皮为裘，黑缯为领袖及里、缘，袂广可运肘，长可蔽膝。按皇侃说，祭服之下有袍茧，袍茧之下有中衣。朝服，裼衣之下有裘，裘之下有中衣。然则今之视郊，中单当在大裘之下，其袂之广狭，衣之长短，皆当如裘。伏乞改制。"于是神宗始服大裘，而加衮冕焉。

哲宗元祐元年，礼部言："元丰所造大裘，虽用黑羔皮，乃作短袍样，袭于衮服衣之下，仍与衮服同冕，未合典礼。"下礼部、太常寺共议。上官均、吴安诗、常安民、刘唐老、龚原、姚勔请依元丰新礼，丁隲请循祖宗故事，王念请仿唐制，朱光庭、周秩请以玄衣袭裘。独礼部员外郎何洵直在元丰中尝预详定，以陆佃所议有可疑者八：

按《周礼·节服氏》"掌祭祀朝觐，衮冕六人，惟王之太常"；"郊祀，裘冕二人。既云衮冕，又云裘冕，是衮与裘各有冕。乃云裘与衮同冕，当以衮袭之。裘既无冕，又袭于衮，中裘而表衮，何以求裘衮之别哉？古人虽质，不应以裘为夏服，盖冬用大裘，当暑则以同色缯为之。《记》曰："郊祭之日，王被衮以象天。"若谓裘上被衮，以被为袭，则《家语》亦有"被裘象天"之文。诸儒或言"临燔柴，脱衮冕，著大裘"，或云"脱裘服衮"，盖裘衮无同冕兼服之理。今乃以二服合为一，可乎？

且大裘，天子吉服之最上，若大圭、大路之比，是裘之在表者。《记》曰："大裘不裼。"说者曰，无别衣以裼之，盖他服之裘裼，故表裘不入公门。事天以报本复始，故露质见素，不为表襮，而冕亦无旒，何必假他衣以藩饰之乎？凡裘上有衣谓之裼，裼上有衣谓之袭，袭者，裘上重二衣也。大裘本不裼，《郑志》乃云："裘上有玄衣，与裘同色。"盖赵商之徒，附会为说，不与经合。袭之为义，本出于重沓，非一衣也。

古者斋祭异冠，斋服降祭服一等。礼昊天上帝、五帝，以裘冕祭，则衮冕斋。故郑氏云："王斋服衮冕。"是衮冕者，祀天之斋服也。唐《开元》及《开宝礼》始以衮冕为斋服，裘冕为祭服，兼与张融"临燔柴脱衮服裘"之义合。请从唐制，兼改制大裘，以黑缯为之。

佃复破其说曰：

夫大裘而冕，谓之裘冕，非大裘而冕，谓之衮冕。则裘冕必服衮,衮冕不必服裘。今特言裘冕者,主冬至言之。《周礼·司裘》:"掌为大裘,以祀王祀天之服。"则祀地不服大裘,以夏日至,不可服裘故也。今谓大裘当暑,以同色缯为之,尤不经见。

兼裼袭,一衣而已,初无重沓之义裼。被裘而覆之则曰袭,袒而露裘之美则曰裼。所谓"大裘不裼",则非衮而何?《玉藻》曰:"礼不盛,服不充,故大裘不裼"。则明不裼而袭也,充美也。郑氏谓大裘之上有玄衣,虽不知覆裘以衮,然尚知大裘不可徒服,必有玄衣以覆之。《玉藻》有尸袭之义。《周礼》裘冕注云:"裘冕者,从尸服也。"夫尸服大裘而袭,则王服大裘而袭可知。且裘不可以徒服,故被以衮,岂借衮以为饰哉?

今谓祭天用衮冕为斋服,裘冕为祭服,此乃袭先儒之谬误。后汉显宗初服日、月、星辰十二章,以祀天地。自魏以来,皆用衮服。则汉魏祭天,当服衮矣。虽无大裘,未能尽合于礼,固未尝有表裘而祭者也。且裘,内服也,与袍同。袍亵矣,而欲禅以祭天,以明示质,是欲亵衣以见上帝也。洵直复欲为大裘之裳,缥色而无章饰。夫裘安得有裳哉?请从先帝所志。其后诏如洵直议,去黑羔皮而以黑缯制焉。

政和议礼局上:大裘,青表熏里,黑羔皮为领、襈、襟,朱裳,被以衮服。冬至祀昊天上帝服之,立冬祀黑帝、立冬后祭神州地祇亦如之。中兴之后,无有存者。

绍兴十三年,礼部侍郎王赏等言:"郊祀大礼,合依《礼经》,皇帝服大裘被衮行礼。据元丰详定郊庙礼文,何洵直议以黑缯创作大裘如衮,惟领袖用黑羔。乞如洵直议。"诏有司如祖宗旧制,以羔制之。礼部又言:"关西羊羔,系天生黑色。今有司涅白羔为之,不中礼制,不如权以缯代。又元祐中,有司欲为大裘,度用百羔。哲宗以为害物,遂用黑缯。请依太常所言。"从之。遂以衮袭裘,冕亦十二旒焉。

衮冕之制。宋初因五代之旧,天子之服有衮冕,广一尺二寸,长二尺四寸，前后十二旒，二纩，并贯真珠。又有翠旒十二，碧凤衔之，在珠旒外。冕版以龙鳞锦表，上缀玉为七星，旁施琥珀瓶、犀瓶各二十四，周缀金丝网，钿以真珠、杂宝玉，加紫云白鹤锦里。四柱饰以七宝，红绫里。金饰玉簪导，红丝绦组带。亦谓之平天冠。衮服青色，日、月、星、山、龙、雉、虎七章。红裙，藻、火、粉米、黼、黻五章。红蔽膝，升龙二并织成，间以云朵，饰以金钑花钿窠，装以真珠、琥珀、杂宝玉。红罗襦裙，绣五章，青襈、裼、裾。六采绶一，小绶三，结衮玉环三。素大带朱里，青罗四神带二，绣四神盘结。_{绶带饰并同衮服。}白罗中单，青罗抹带，红罗勒帛。鹿卢玉具剑，玉镖首，镂白玉双佩，金饰贯真珠。金龙凤革带，红袜赤舄，金钑花，四神玉鼻。祭天地宗庙、朝太清宫、飨玉清昭应宫景灵宫、受册尊号、元日受朝、册皇太子则服之。

太祖建隆元年，太常礼院言：准少府监牒，请具衮龙衣、绛纱袍、通天冠制度令式。衮冕，垂白珠十有二旒，以组为缨，色如其绶，黈纩充耳，玉簪导。玄衣纁裳，十二章：八章在衮衣，日、月、星辰、山、龙、花虫、火、宗彝；四章在裳，藻、粉米、黼、黻。衣襈领如上，为升龙，皆织就为之。山、龙以下，每章一行，重以为等，每行十二。白纱中单黼领，青襈、褾、裾。蔽膝加龙、山、火三章。革带，玉钩𫃼。大带，素带朱里，纰其外，上朱下绿，纽约用组。鹿卢玉具剑，大珠镖首，白玉双佩，玄组。双大绶六采，玄、黄、赤、白、缥、绿，纯玄质，长二丈四尺五寸，首广一尺。小双绶长二尺六寸，色同大绶，而首半之。间施三玉环。朱袜赤舄，加金饰。"诏可。

二年，太子詹事尹拙、工部尚书窦仪议："谨按《周礼》：'弁师掌王之五冕，朱里延纽，五采缫，十有二就，皆五采玉十有二，玉笄朱纮。诸侯之缫旒九就，珉玉三采，其余如王之事，缫游皆就，玉瑱、玉笄。'疏云：'王不言玉瑱，于此言之者，王与诸侯互相见为义。是以王言玄冕、朱里延纽及朱纮，明诸侯亦有之。诸公言玉瑱，明王亦有之'详此经、疏之文，则是本有充耳。今请令君臣衮冕以下并画充耳，以合正文。"从之。

　　乾德元年闰十二月，少府监杨格、少监王处讷等上新造皇帝冠冕。先是，郊祀冠冕，多饰以珠玉，帝以华而且重，故命改制之。

　　仁宗景祐二年，又以帝后及群臣冠服，多沿唐旧而循用之，久则有司寝为繁文，以失法度。诏入内内侍省、御药院与太常礼院详典故，造冠冕，蠲减珍华，务从简约，俾图以进。续诏通天冠、绛纱袍更不修制。由是改制衮冕。天版元阔一尺二寸，长二尺四寸，今制广八寸，长一尺六寸。减翠旒并凤子，前后二十四珠旒并合典制。天板顶上，元织成龙鳞锦为表，紫云白鹤锦为里，今制青罗为表，采画出龙鳞，红罗为里采画出紫云白鹤。所有犀瓶、琥珀瓶各二十四，今减不用。金丝结网于上，旧有金丝结龙八，今减四，亦减丝令细。大板四面花堕子、素坠子依旧，减轻造。冠身并天柱，元织成龙鳞锦，今用青罗，采画出龙鳞；金轮等七宝，元真玉碾成，今更不用，如补空却，以云龙细窠。分旒玉钩二，今减去之。天河带、组带、款慢带依旧，减轻造。纳言，元用玉制，今用青罗，采画出龙鳞锦。金棱上棱道，依旧用金，即减轻制。靴舃，玉簪。衮服八章，日、月、星辰、山、龙、花虫、火、宗彝，青罗身、红罗襈，绣造。所有云子，相度稀稠补空，更补用细窠，亦不使真珠装缀。中单，依旧皂白制造。裙用红罗，绣出藻、粉米、黼、黻，周回花样仍旧，减稀制之。蔽膝用红罗，绣升龙二，云子补空，减稀制之，周回依旧，细窠不用。六采绶依旧，减丝织造。所有玉环亦减轻。带头金叶减去，用销金。四神带不用。剑、佩、梁、带、袜、舃并依旧。

　　嘉祐元年，王洙奏："天子法服，冕旒形度重大，华饰稍繁，愿集礼官参定。"诏礼院详典礼上闻，而礼院绘图以进。因敕御药院更造，其后，冕服稍增侈如故。

　　英宗治平二年，知太常礼院李育奏曰：

　　郊庙之祭，本尚纯质，衮冕之饰，皆存法象，非事繁侈、重其玩也。冕则以《周官》为本，凡十二旒，间以采玉，加以纩、紞、笄、瑱之饰。衮则以《虞书》为始，凡十二章，首以辰象，别以衣裳绘绣之采。东汉至唐，史官名儒记述前制，皆无珠翠、犀宝之饰,何则?鹬羽蚌胎,非法服所用;琥珀犀瓶,非至尊所冠;龙锦七星,已列采章之内;紫云白鹤,近出道家之语,岂被衮戴璪、象天则数之义哉!自大裘之废,颛用衮冕,古朴稍去,而法度尚存。夫明水大羹,不可以众味和;《云门》、《咸池》,不可以新声间;衮冕之服,不宜以珍怪累也。若魏明之用珊瑚,江右之用翡翠,侈靡衰播之余,岂足为圣朝道哉!

且太祖建隆元年,少府监所造冕服,及二年,博士聂崇义所进《三礼图》,尝诏尹拙、窦仪参校之。皆仿虞、周、汉、唐之旧。至四年冬服之,合祭天地于圜丘,用此制也。太宗亦尝命少府制于禁中,不闻改作。及真宗封泰山,礼官请服衮冕。帝曰:'前王服羔裘,尚质也。今则无羔裘而有衮冕,可从近制。'是岂有意于繁饰哉?盖后之有司,率意妄增,未尝确议,遂相循而用。故仁宗尝诏礼官章得象等详议之。其所减过半,然不经之饰,重者多去,轻者尚存,不能尽如诏书之意。故至和三年,王诛复议去繁饰,礼官画图以献,渐还古礼,而有司所造,复如景祐之前。

又按《开宝通礼》及《衣服令》,冕服皆有定法,悉无宝锦之饰。夫太祖、太宗富有四海,岂乏宝玩,顾不可施之郊庙也。臣窃谓,陛下肇祀天地,躬飨祖祢,服周之冕,观古之象,愿复先王之制,祖宗之法。其衮冕之服,及韨、绶、佩、舄之类,与《通礼》、《衣服令》、《三礼图》制度不同者,宜悉改正。

诏太常礼院、少府参定,遂合奏曰:

古者冕服之用,郊庙殊制。唐典,天子之服有二等,而大裘尚存。显庆初,长孙无忌等采《郊特牲》之说,献议废大裘。自是郊庙之祭,一用衮冕,然旒章之数,止以十二为节,亦未闻有余饰也。国朝冕服,虽仿古制,然增以珍异巧缛,前世所未尝有。夫国之大事,莫大于祀,而祭服违经,非以肃祀容、尊神明也。臣等以谓宜如育言,参酌《通礼》、《衣服令》、《三礼图》及景祐三年减定之制,一切改造之。

孔子曰："麻冕,礼也,今也纯俭,吾从众。"纯者,丝也,变麻用丝,盖已久矣。则冕服之制,宜依旧以罗为之。冕广一尺二寸,长二尺二寸,约以景表尺,前圆后方,黝上朱下,以金饰版,则以白玉珠为旒,贯之以五采丝绳。前后各十二旒,旒各十二珠,相去一寸,长二尺。朱丝组为缨,黈纩充耳,金饰玉簪导。青衣纁裳,十二章:八章绘之于衣,日、月、星辰、山、龙、华虫、火、宗彝也;四章绣之于裳,藻、粉米、黼、黻也。锦龙褾、领,织为升龙。山、龙而下,一章为一行,重以为等,行十二。别制大带,素表朱里,朱绿终辟。韠、绂、舄,大小绶,亦去珠玉、钿窠、琥珀、玻璃之饰。其中单、革带、玉具剑、玉佩、朱鞋之帛已中礼令,无复改为,则法服有,稽祭礼增重。

复诏礼院再详以闻。而内侍省奏谓:"景祐中已裁定,可因而用也。"从之。

神宗元丰元年,详定郊庙礼文所言:

凡冕板广八寸,长尺六寸,与古制相合,更不复议。今取少府监进样,如以青罗为表,红罗为里,则非《弁师》所谓"玄冕朱里"者也。上用金棱天板,四周金线结网,两旁用真珠、花素坠之类,皆不应礼。伏请改用朱组为纮,玉笄、玉瑱,以玄紞垂瑱,以五采玉贯于五色藻为旒,以青、赤、黄、白、黑五色备为一玉,每一玉长一寸,前后二十四旒,垂而齐肩,以合孔子所谓纯俭之义。

又古者祭服、朝服之裳,皆前三幅,后四幅,前为阳以象奇,后为阴以象偶。惟深衣、中禅之属连衣裳,而裳复不殊前后,然以六幅,交解为十二幅,象十二月。其制作莫不有法,故谓之法服。今少府监衮服,其裳乃以八幅为之,不殊前后,有违古义。伏请改正祭服之裳,以七幅为之,殊其前后。以今太常周尺度之,幅广二尺二寸,每幅两旁各缝杀一寸,谓之削幅,腰间辟积无数。裳侧有纯,谓之绰;裳下有纯,谓之緆。绰、緆之广各寸半,表里合为三寸。群臣祭服之裳,仿此。

从之。

政和议礼局更上皇帝冕服之制:冕版广八寸,长一尺六寸,前高八寸五分,后高九寸五分。青表朱里,前后各十有二旒,五采藻十有二就,就间相去一寸。青碧锦织成天河带,长一丈二尺,广二寸。朱丝组带为缨,黈纩充耳,金饰玉簪导,长一尺二寸。衮服,青衣八章,绘日、月、星辰、山、龙、花虫、火、宗彝,纁裳四章,绣藻、粉米、黼、黻。蔽膝随裳色,绣升龙二。白罗中单,皂襈、襈,红罗勒帛,青罗袜带。绯白罗大带,革带,白玉双佩。大绶六采,赤、黄、黑、白、缥、绿,小绶三色,如大绶,间施玉环三。朱袜,赤舄,缘以黄罗。

中兴仍旧制,延、以罗衣木,玄表朱里,长尺有六寸,前低一寸二分,四旁缘以金,覆于卷武之上,缲以五色丝贯五色玉,前后各十二,凡用二百八十有八。玉笄,充耳用黄绵,纮以朱组,以其一属于左笄上垂下,又屈而属于右笄,系之而垂其余。衣玄,八章,升龙于山,绘。裳纁,四章,绣。幅前三后四,断而不属,两旁杀缝,腰辟积,绅紟之广皆如旧。大带以绯白罗合而纰之,以朱绿饰其侧,上朱下绿,其束处以组为纽约,下垂三尺。通天冠、绛纱袍亦如之。白罗中单,领、襈、襈以黻,服裘则以皂。绛纱袍则衣用白纱,领、襈、襈以朱。绶大小各一,大绶织以六采,青、黄、黑、白、缥、绿,下垂青丝网,上有结,垂玉环三;小绶制如大绶,惟三色。大裘、绛纱袍皆用之。革带,博二寸,革为里,绯罗为表,饰以玉銙,钮以玉钩䚢。通天冠、绛纱袍亦用之。韨从裳色,上有纰,下有纯,去上五寸,绘以山、龙、火,上接革带系之。佩有衡,有琚瑀,有冲牙,系于革带,左右各一。上设衡,衡下垂三带,贯以蠙珠。次则中有金兽面,两旁夹以双璜,又次设琚瑀。下则冲牙居中央,两旁有玉滴子,行则击牙而有声。舄有絇,有纯,有繶,有綦,以绯罗为之,首加金饰。服通天冠、绛纱袍则用黑舄,以乌皮为之。常服则用白舄,以丝为之。袜,罗表缯里,施勒著綦以系之,赤舄以朱,黑舄以白,白舄同。

通天冠。二十四梁,加金博山,附蝉十二,高广各一尺。青表朱里,首施珠翠,黑介帻,组缨翠緌,玉犀簪导。绛纱袍,以织成云龙红金条纱为之。红里,皂襮、襈裾,绛纱裙,蔽膝如袍饰,并皂襮、襈。白纱中单,朱领、襮、襈、裾。白罗方心曲领。白袜,黑舄,佩绶如衮。大祭祀致斋、正旦冬至五月朔大朝会、大册命、亲耕籍田皆服之。

仁宗天圣二年,南郊,礼仪使李维言:"通天冠上一字,准敕回避。"诏改承天冠。中兴之制,冠高九寸,服用并同。

乾道九年,又用履袍。袍以绛罗为之,折上巾,通犀金玉带。系履,则曰履袍;服靴则曰靴袍。履、靴皆用黑革。四孟朝献景云灵宫、郊祀、明堂,诣宫、宿庙、进胙,上寿两宫及端门肆赦,并服之。大礼毕还宫,乘平辇,服亦如之。若乘大辇,则服通天、绛纱如常仪。

衫袍。唐因隋制,天子常服赤黄、浅黄袍衫,折上巾,九还带,六合靴。宋因之,有赭黄、淡黄袍衫,玉装红束带,皂文靴,大宴则服之。又有赭黄、淡黄襈袍,红衫袍,常朝则服之。又有窄袍,便坐视事则服之。皆皂纱折上巾,通犀金玉环带。窄袍或御乌纱帽。中兴仍之。初,高宗践祚于南都,隆祐太后命内臣上乘舆服御,有小冠。太后曰:"祖宗闲居之所服也,自神宗始易以巾。愿即位后,退朝上戴此冠,庶几如祖宗时气象。"后殿早讲,皇帝服帽子,红袍,玉束带,讲读官公服系鞋。晚讲,皇帝服头巾,背子,讲官易便服。此嘉定四所讲筵之制也。

御阅服。以金装甲,乘马大阅则服之。

圭。宋初,凡大祭祀、大朝会,天子皆执圭。元丰二年,详定仪注所言:"《周礼》:'王执镇圭。'释者曰:"祭天地宗庙及朝日、夕月,则执之。若朝觐。诸侯授玉于王,王受玉,抚玉而已。《考工记》:'天子执冒四寸,以朝诸侯。'盖天子以冒圭邪刻之处,冒诸侯之圭,以齐瑞信也。未有临臣子而执镇圭者。《唐六典》殿中监掌服御之事,凡大祭祀,则搢大圭,执镇圭;若大朝会,止进爵。《开宝通礼》始著元会执圭,出自西房。淳化中,上寿进酒,又令内侍奉圭,于周制、唐礼皆不合。其元会受朝贺，请不执镇圭上寿。"诏可。

三年，诏议大圭尺度，详定所言："《考工记》：'镇圭尺有二寸，天子守之。' '大圭长三尺，杼上终葵首，天子服之'。后魏以降，以白玉为之，长尺有二寸，西魏以来皆然。方而不折，虽非古制，盖后世以所得之玉，随宜为之。今请揆玉之有无制之。"

又言："唐礼，亲祀天地神祇，皆搢大圭，执镇圭。有事宗庙，则执镇圭而已。王泾《郊祀录》曰：'大圭，质也，事天地之礼质，故执而搢之。镇圭，文也，宗庙之礼亦文，故无兼执之义。'不知大圭，天子之笏也，通用于郊庙。请自今皇帝亲祠郊庙，搢大圭，执镇圭。奉祀之时，既接神再拜，则奠镇圭为挚，大圭为笏。"

又言："《开元》及《开宝通礼》，皇帝升辂，不言执圭。祀日，质明，至中壝门外，殿中监进大圭，尚衣奉御，又以镇圭授殿中监以进。于是始搢大圭，执镇圭。今皇帝乘玉辂，执镇圭，赴景灵宫及太庙、青城，皆乘辂执圭，殊不应礼。请自今乘辂不执圭，还内御大輦亦如之。"

详定所又言大圭中必之制，请制荐玉缫藉，以木为干，广袤如玉，以韦衣之，韦上画五采文，前后垂之。又制约圭缫藉长尺，上玄下绛，为地五采五就，因以为饰。每奠圭，则以荐玉之缫陈于地，执圭，则以约圭之缫备失坠，因垂之为饰。况大圭搢之绅带之间，不可无中必，明矣。俟明堂服大圭，宜依镇圭所约之组，令可系之。

哲宗元祐元年，礼部言："元丰新礼，皇帝祀天，搢大圭，其制圆首前诎，于礼未合。今欲放西魏、隋、唐玉笏之制，方而不折，上下皆博三寸于，长尺二寸，其厚以镇圭为约。"从之。

政和二年，宦者谭稹献玄圭。其制，两旁刻十二山，若古山尊，上锐下方。上有雷雨之文，下无琢饰，外黑内赤，中一小好，可容指，其长尺有二寸。诏付廷议。议官以为周王执镇圭，缘饰以四镇之山，其中有好，为受组之地，其长尺有二寸，周人仿古为之。而王执以镇四方也。徽宗乃以是岁冬御大庆殿受圭焉。

三年，又诏曰："先王以类而求祀，圜丘以象形，苍玉以象色，冬日以至取其时,大裘而冕法其幽,而未有以体其道,天玄而地黄,今大圭内赤外黑,于以体之。冬祀可搢大圭,执玄圭,永为定制"。中兴仍旧制,大祭祀则执大圭以为笏,上太上皇、皇太后册宝亦如之。

　　皇太子之服。一曰衮冕,二曰远游冠、朱明衣,三曰常服。衮冕:青罗表、绯罗红绫里、涂金银钑花饰,犀簪导,红丝组,前后白珠九旒,二𫄧贯水晶珠。青罗衣,绣山、龙、雉、火、虎蜼五章;红罗裳,绣藻、粉米、黼、黻四章。红罗蔽膝,绣山、火二章,白纱中单,青褾、襈、裾。革带,涂金银钩䚢,瑜玉双佩。四采织成大绶,结二玉环,金涂银钑花饰,青罗袜带,红罗勒帛。玉具剑,金涂银钑花,玉镖首。白罗袜,朱履,金涂银扣,从祀则服之。远游冠:十八梁,青罗表,金涂银钑花饰,犀簪导,红丝组为缨,博山,政和加附蝉。朱明服:红花金条纱衣,红纱里,皂褾、襈。红纱裳,红纱蔽膝,并红纱里。白花罗中单,皂褾、襈,白罗方心曲领。罗袜,黑乌,革带,剑,佩绶。余同衮服。袜带,勒帛。执桓圭。受册、谒庙、朝会则服之。常服:皂纱折上巾,紫公服,通犀金玉带。

　　太宗至道元年,太常礼院言:"南郊,皇太子充亚献,合著祭祀服。准制度,衮冕以组为缨,色如其绶,青𫄧充耳,玄衣𫄧裳,凡九章,每章一行,重以为等,皆织为之。白纱中单,黻领,青褾、襈、裾。革带,金钩䚢。大带,素带不朱里,亦纰以朱绿,纽约用组。黻随裳色,二章。朱组双大绶四采,赤白褾、襈,纯朱质,长一丈八尺,三百二十首,广九寸。小双绶,长二尺六寸,色同大绶,而首半之。间施二玉环。朱袜赤乌,乌加金饰,余同旧制。侍从祭祀及谒庙、加元服、纳妃则服之。"诏依上制造。政和议礼局更上皇太子服制,衮冕惟青𫄧充耳,余并同国初之制。加元服、从祀、纳妃、释奠文宣王服之。中兴并同。

　　其皇子之服,绍兴三十二年十月,礼官言:"皇子郑、庆、恭三王,遇行事服朝服,则七梁额花冠,貂蝉笼巾,金涂银立笔,真玉佩,绶,金涂银革带,乌皮履。若服祭服,则金涂银八旒冕,真玉佩,绶,绯罗履袜。"诏文思院制造。

后妃之服。一曰袆衣,二曰朱衣,三曰礼衣,四曰鞠衣。妃之缘用翟为章,三等。大带随衣色,朱里,纰其外,上以朱锦,下以绿锦,纽约用青组,革带以青衣之,白玉双佩,黑组双大绶,小绶三,间施玉环三,青袜,舃,舃加金饰。受册、朝谒景灵宫服之。鞠衣,黄罗为之,蔽膝、大带、革舃随衣色,余同袆衣,唯无翟文,亲蚕服之。妃首饰花九株,小花同,并两博鬓,冠饰以九翚、四凤。褕翟,青罗绣为摇翟之形,编次于衣,青质,五色九等。素纱中单,黼领,罗縠褾襈,蔽膝随裳色,以𦅸为领缘,以摇翟为章,二等。大带随衣色,不朱里,纰其外。余仿皇后冠服之制,受册服之。

皇太子妃首饰花九株,小花同,并两博鬓。褕翟,青织为摇翟之形,青质,五色九等。素纱中单,黼领。罗縠褾襈,皆以朱色。蔽膝随裳色,以𦅸为领缘,以摇翟为章,二等。大带随衣色,不朱里,纰其外,上以朱锦,下以绿锦,纽约用青组。革带以青衣之,白玉双佩,纯朱双大绶,章采尺寸与皇太子同。受册、朝会服之。鞠衣,黄罗为之,蔽膝、大带、革带随衣色,余与褕翟同,唯无翟,从蚕服之。

中兴,仍旧制。其龙凤花钗冠,大小花二十四株,应乘舆冠梁之数。博鬓,冠饰同皇太后,皇后服之,绍兴九年所定也。花钗冠,小大花十八株,应皇太子冠梁之数,施两博鬓,去龙凤,皇太子妃服之,乾道七年所定也。其服,后惟备袆衣、礼衣,妃备褕翟,凡三等。其常服,后妃大袖,生色领,长裙,霞帔,玉坠子;背子、生色领皆用绛罗,盖与臣下不异。

命妇服。政和议礼局上:花钗冠,皆施两博鬓,宝钿饰。翟衣,青罗绣为翟,编次于衣及裳。第一品,花钗九株,宝钿准花数,翟九等;第二品,花钗八株,翟八等;第三品,花钗七株,翟七等;第四品,花钗六株,翟六等;第五品,花钗五株,翟五等。并素纱中单,黼领,朱褾、襈,通用罗縠,蔽膝随裳色,以𦅸为领缘,加文绣重雉,为章二等。二品以下准此。大带,革带,青袜、舄,佩绶。受册、从蚕服之。七年,臣僚言:"今文臣九品,殊以三品之服,至于命妇,已厘八等之号,而服制未有名称。诏有司视其夫之品秩,而定其服饰。"诏送礼制局定之。其仪阙焉。

宋史卷一五二
志第一〇五

輿服四

诸臣服上

　　诸臣祭服。唐制,有衮冕九旒,鷩冕八旒,毳冕七旒,绣冕六旒,玄冕五旒。宋初,省八旒、六旒冕。九旒冕:涂金银花额,犀、玳瑁簪导,青罗衣绣山、龙、雉、火、虎蜼五章,绯罗裳绣藻、粉米、黼、黻四章,绯蔽膝绣山、火二章,白花罗中单,玉装剑、佩,革带,晕锦绶,二玉环,绯白罗大带,绯罗袜、履,亲王、中书门下奉祀则服之。其冕无额花者,玄衣纁裳,悉画,小白绫中单,师子锦绶,二银环,余同上,三公奉祀则服之。七旒冕:犀角簪导,衣画虎绨、藻、粉米三章,裳画黼、黻二章,银装佩、剑,革带,余同九旒冕,九卿奉祀则服之。五旒冕:青罗衣裳,无章,铜装佩、剑,革带,余同七旒冕,四品、五品为献官则服之;六品以下无剑、佩、绶;紫檀衣,朱裳,罗为之,皂大绫绶,铜装剑、佩,御史、博士服之。平冕无旒,青衣纁裳,无剑、佩、绶,余同五旒冕,太祝、奉礼服之。

　　庆历三年,太常博士余靖言:“《周礼》司服之职,掌王之吉服,大裘而冕无旒,以祀昊天上帝,祀五帝亦如之。衮冕十有二旒,其服十有二章,以享先王。鷩冕八旒,其服七章,以享先公,亦以飨射。毳冕七旒,其服五章,以祀四望、山川。绣冕六旒,其服三章,以祭社

稷、五祀。玄冕五旒，其服无章，以祭小祀。此皆天子亲行祠事所服，
冕服悉因所祀大小神鬼以为制度。今大祠、中祠所遣献官并用上公
九旒、九章冕服，以为初献，其余公卿亦皆七旒冕服，全无等降；小
祠则公服行事，乖戾旧典。宜详《周礼》，因所祭鬼神，以为献官冕服
之制。"诏下礼官议，奏曰："圣朝之制，唯皇帝亲祠郊庙及朝会大礼
服衮冕外，余冕皆不设。其每岁常祀，遣官行事，摄公则服一品九旒
冕，摄卿则服三品七旒冕，自从品制为服，不以祠之大小为差。至于
小祠献官。旧以公服行事，则有违典礼，案《衣服令》，五旒冕，衣裳
无章，皂绫绶，铜装剑、佩，四品以下为献官则服之。今小祠献官，既
不摄公、卿，则尽属四品以下，当有祭服。请除公、卿祭服仍旧从本
品外，小祠所遣献官，并依令文祭服行事。若非时告祭，用香币礼器
行事之处，亦皆准此。"诏施行焉。

　　皇祐四年，同知太常礼院邵必言："伏见监祭使、监礼各冠五旒
冕，衣裳无章，色以紫檀。案《周礼》六冕之制，凡有旒者，衣裳皆有
章，惟大裘冕无旒，衣裳无章。一命大夫之冕无旒，衣裳亦无章。今
监祭、监礼所服冕五旒，侯伯之冕也，而衣无章，深所不称；色以紫
檀，又无经据。窃详监祭、监礼既非祠官，则御史、博士尔，而服用五
等，盖非所宜，而且有旒无章。况国家南郊大礼，太常卿止服朝服，
前导皇帝，明非祠官也。今后监祭者请冠獬豸、监礼者冠进贤为
称。"诏不允。

　　元丰元年，详定礼文所言："国家服章，视唐尤为不备。于令文，
祀仪有九旒冕、七旒冕、五旒冕，今既无冕名，而有司仍不制七旒
冕，乃有四旒冕，其非礼尤甚。又服之者不以官秩上下，故分献四品
官皆服四旒冕，博士、御史则冕五旒而衣紫檀，太祝、奉礼则服平冕
而无佩玉，此因循不谨之失也。且古者朝、祭异服，所以别事神与事
君之礼。今皇帝冬至及正旦御殿，服通天冠、绛纱袍，则百官皆服朝
服，乃礼之称。至亲祠郊、庙，皇帝严裘冕以事神，而侍祠之官止以
朝服，岂礼之称哉。至于景灵宫分献官，皆服朝服，尤为失礼。伏请
亲祠郊、庙、景灵宫，除导驾、替引、扶侍、宿卫之官，其侍祠及分献

者,并服祭服。如所考制度,修制五冕,及爵弁服,各正冕弁之名。又国朝祀仪,祭社稷、朝日、夕月、风师、雨师皆服衮冕,其蜡祭、先蚕、五龙亦如之;祭司命、户灶、门、厉、行皆服鷩冕,寿星、灵星、司中、司寒、中溜、马祭皆服毳冕,皆非是。今天子六服,自鷩冕而下,既不亲祠,废而不用,则诸臣摄事,自当从王所祭之服。伏请依《周礼》,凡礼四望、山川则以毳冕,祭社稷、五祀则以绨冕,朝夕日月、风师、雨师、司命、司中则以玄冕。若七祀蜡祭百神、先蚕、五龙、灵星、寿星、司寒、马祭,盖皆群小祀之比,当服玄冕。"从之。

哲宗元祐元年,太常言:"旧制,大礼行事、执事官并服祭服,余服朝服。至元丰七年,吕升卿始有行事及陪祠官并服祭服之议。今欲令行事、执事官并服祭服,其赞引、行事、礼仪使、太常卿、太常博士、阁门使、枢密院官进接圭,殿中监止供奉皇帝,其陪位官止导驾、押宿及主管事务,并他处行事官仍服朝服。"从之。

徽宗大观元年,议礼局言:"太社、太学献官祝礼,皆以法服奉祀,至郡邑则用常服,乞降祭服。"诏颁制度于州郡,然未明使制造。后政和间,始诏:州县冠服,形制诡异,令礼制局造样颁下转运司,转运司制以给州县焉。

二年,议礼局检讨官俞栗言:"玄以象道,纁以象事,故凡冕皆玄衣纁裳,今太常祭服,则衣色青矣。前三幅以象阳,后四幅以象阴,故裳制不相连属,今之裳则为六幅而不殊矣。冕玄表而朱里,今青罗为覆,以金银饰之。佩用绶以贯玉,今既有玉佩矣,又有锦绶以银、铜二环,饰之以玉。宗彝,宗庙之彝也,乃为虎蜼之状,而不作虎彝、蜼彝。粉米,散利以养人也,乃分为二章,而以五色圆花为藉。其余不合古者甚多。乞下礼局,博考古制,画太常寺及古者祭服样二本以进。至于损益裁成。断自圣学。"诏令议礼局详议。

四年,议礼局官宇文粹中议改衣服制度曰:"凡冕皆玄衣纁裳,衣则绘而章数皆奇,裳则绣而章数皆偶,阴阳之义也。今衣用深青,非是。欲乞视冕之等,衣色用玄,裳色用纁,以应典礼。古者蔽前而已,苘存此象,以韦为之。今蔽膝自一品以下,并以绯罗为表缘,绯绢为里,无复上下广狭及会、紖、纯、纽之制,又有山、火、龙章。案《明堂位》:'有虞氏服韨,夏后氏山、商火、周龙章。'者乃黻冕之黻,非赤苘之苘也。且苘在下体,与裳同用,而山、龙、火者,衣之章也。周既缋于上衣,不应又缋于苘。请改苘制,去山、龙、火章,以破诸儒之惑。又祭服有革带,今不用皮革,而通裹以绯罗,又以铜为饰。其绶或锦或皂,环或银或铜,尤无经据,宜依古制除去。至佩玉、中单、赤舄之制,则全取元丰中详定官所议行之。"

粹中又上所编《祭服制度》曰:

　　古者,冕以木版为中,广八寸,长尺六寸,后方前圆,后仰前低,染三十升之布,玄表朱里。后方者不变之体,前圆者无方之用;仰而玄者,升而辨于物,俯而朱者,降而与万物相见。后世以缯易布,故纯俭。今群臣冕版长一尺二寸,阔六寸二分,非古广尺之制;以青罗为覆,以金涂银棱为饰,非古玄表朱里之制,乞下有司改正。古者,冕之名虽有五,而缫就、旒玉则视其命数以为等差。合采丝为绳,用以贯玉,谓之"缫"。以一玉为一成,结之使不相并,谓之"就"。就间相去一寸,则九玉者九寸,七玉者七寸,各以旒数长短为差。今群臣之冕,用乐玉、青珠、五色茸线,非藻玉三采、二采之义;每旒之长各八寸,非旒数长短为差之义;又献官冕服,杂以诸侯之制,而一品服衮冕,臣窃以为非宜。

　　元丰中,礼官建言,请资政殿大学士以上侍祠服鷩冕,观察使以上服毳冕,监察御史以上服絺冕,朝官以上服玄冕,选人以上爵弁。诏许之。而不用爵弁。供奉官以下至选人,尽服玄冕无旒。臣窃谓依此参定,乃合礼制。古者,三公一命衮,则三公在朝,其服当鷩冕。盖出封则远君而伸,在朝则近君而屈。今之摄事及侍祠皆在朝之臣也,在朝之臣乃与古之出封者同命数,非先王之意。乞下有司制鷩冕八旒、毳冕六旒、絺冕四旒、玄冕三旒,其次二旒,又其次无旒。依元丰诏旨,参酌等降,为侍祠及摄祭之服,长短之度、采色之别,皆乞依古制施行。

又案《周礼》,诸侯爵有五等,而服则三,所谓"公之服自衮冕而下,侯、伯自鷩冕而下,子、男自毳冕而下"是也。古者,诸侯有君之道,故其服以五、七、九为节。今之郡守,虽曰犹古之侯、伯,其实皆王臣也。欲乞只用君臣之服,自鷩冕而下,分为三等:三都、四辅为一等,初献鷩冕八旒;经略、安抚、钤辖为一等,初献毳冕六旒,亚献并玄冕二旒,终献无旒;节镇、防、团、军事为一等,初献絺冕四旒,亚、终献并玄冕无旒。其衣服之制,则各从其冕之等。

又曰:"今之纮组,仍缀两缯带而结于颐,冕旁仍垂青纩而不以瑱,以犀为簪而不以玉笄、象笄,并非古制,乞下有司改正。"从之。

政和议礼局言:"大观中,所上群臣祭服制度,已依奏修定,乞付有司依图画制造。"既又上群臣祭服之制:正一品,九旒冕,金涂银棱,有额花,犀簪,青衣画降龙,朱裳,蔽膝,白罗中单,大带,革带,玉佩,锦绶,青丝网玉环,朱袜、履。革带以金涂银,玉佩以金涂银装,绶以天下乐晕。亲祠大礼使、亚献、终献、太宰、少宰、左丞,每岁大祠宰臣、亲王、执政官、郡王充初献服之。奏告官并依本品服,已下准此。从一品,九旒冕,无额花,白绫中单,红锦绶,银环,金涂银佩,余如正一品服。亲祠吏部、户部、礼部、兵部、工部尚书,太庙进受币爵、奉币爵宗室,每岁大祠捧俎官、大祠中祠初献官服之。二品,七旒冕,角簪,青衣无降龙,余如从一品服。亲祠吏部侍中、殿中监、大司乐、光禄卿、读册官,太庙荐俎、赞进饮福宗室,七祀、配享功臣分献官,每岁大祀,谓用宫架者,大司乐、大祠中祠亚终献、大祠礼官、小祠献官,朔祭太常卿服之。三品,五旒冕,皂绫绶,铜环,金涂铜革带,佩,余如二品服。亲祠举册官、大乐令、光禄丞、奉俎馔笾豆簠簋官、分献官分献坛壝从祀,太庙奉瓒盘、荐香灯、安奉神主、奉毛血盘、萧蒿筐、肝膋豆宗室,每岁祭祠大乐令、大中祠分献官服之。无旒冕,素青衣,朱裳,蔽膝,无佩绶,余如三品服。奉礼协律郎、郊社令、太祝太官令、亲祠抬鼎官、进搏黍官、太庙供亚终献金罍、供七祀献官、执爵官服之。五旒冕，紫檀绅衣，余如三品服，监察御史服之。

州郡祭服：三都初献，八旒冕；经略、安抚、钤辖初献，六旒冕；亚献并二旒冕，终献无旒；节镇、防、团、军事初献四旒冕，亚、终献并无旒冕。

中兴之后，省九旒、七旒、五旒冕，定为四等：一曰鷩冕，八旒；二曰毳冕，六旒；三曰絺冕，四旒；四曰玄冕，无旒。其义以公、卿、大夫、士皆北面为臣，又近尊者而屈，故其节以八、以六、以四，从阴数也。先是，绍兴四年五月，国子监丞王普奏言：

臣尝考诸经传，具得冕服之制。盖王之三公八命，鷩冕八旒，衣裳七章，其章各八。孤卿六命，毳冕六旒，衣裳五章，其章各六。大夫四命，絺冕四旒，衣裳三章，其章各四。上士三命，玄冕三旒；中士再命，玄冕二旒；下士一命，玄冕无旒；衣皆无章。裳、韨视其命数，自三而下。其缫至笄、衡、纮、纯、瑱、纩、带、佩、芾、舄、中衣，皆有等差。

近世冕服制度，沿袭失真，多不如古。夫后方而前圆，后昂而前俯，玄表而朱里，此冕之制也；今则方圆俯仰，几于无辨，且以青为表，而饰以金银矣。其衣皆玄，其裳皆纁，裳前三而后四幅，此衣裳之制也；今则衣色以青，裳色以绯，且以六幅而不殊矣。山以章也，今则以隋。火以圜也，今则以锐。宗彝，宗庙虎蜼之彝也，乃画虎蜼之状，而不为虎蜼彝。粉米，米而粉之者也，乃分为二章，而以五色圆花为藉。佩有衡、璜、琚、瑀、冲牙而已，乃加以双滴，而重设二衡。绶以贯佩玉而已，乃别为锦绶，而间以双环。以至带无纽约，芾无肩颈，舄无绚繶，中衣无连裳。

臣伏读《国朝会要》郊庙奉祀礼文，祖宗以来，屡尝讲究，第以旧服无有存者。欲乞因兹改作，是正讹缪，一从周制，以合先圣之言。

寻礼部契勘,奏言:

衣服之制,或因时王而为之损益,事虽变古,要皆一时制作,不无因革。或考之先王而有缪戾者,虽行之已久,不应承误袭非,惮于改正。案《周官》,自上公服衮,王之三公服鷩,以至士服玄冕,凡五等。唐制自一品服衮冕九旒,至五品服玄冕无旒,亦五等。国家承唐之旧,初有五旒之名,其后去三公衮冕及絺冕,但存七旒鷩冕、五旒毳冕与无旒玄冕,凡三等而已。衮服非三公所服,去之可也,乃并絺冕去之,自尚书服毳冕,以至光禄丞亦服焉,贵贱几无差等。此皆一时制作,不无因革。

今合增鷩冕为八旒,增毳冕为六旒,复置絺冕为四旒,并及无旒玄冕,共四等,庶几稍合周制。若冕之方圆低昂至于无辨,则制造之差也。以青为表,非不用玄也。为玄而不至者也。以绯为裳,非不用玄也,为玄而太过者也。山止而静得也,今象其隋,是得山之势而不知其性。火圜而神者也,今象其锐是得火之形而不得其神也。至于宗彝、粉米、佩绶、带纽、舄履之属,皆宜改正施行。

是时,诸臣奏请讨论虽详,然终以承袭之久,未能尽革也。

鷩冕:八旒,每旒八玉,三采,朱、白、苍,角笄,青纩,以三色鷩垂之,纮以紫罗,属于武。衣以青黑罗,三章,华虫、火、虎蜼彝;裳以纁表罗裹,缯七幅,绣四章,藻、粉、黼、黻。大带,中单,佩以珉,贯以药珠,绶以绛锦、银环。韨上纰下纯,绘二章,山、火。革带,绯罗表,金涂银装。袜、舄并如旧制。宰相、亚终献、大礼使服之;前期,景灵宫、太庙亚终献,明堂涤濯、进玉爵酒官亦如之。

毳冕:六玉,三采,衣三章,绘虎蜼彝、藻、粉米;裳二章,绣黼、黻。佩药珠、衡、璜等,以金涂铜带,韨绘以山。革带以金涂铜。余如鷩冕。六部侍郎以上服之;前期,景灵宫、太庙进爵酒币官、奉币官、受爵酒币官、荐俎官,明堂受玉爵、受玉币、奉彻边豆、进饮福酒、彻俎祝腥、赞引、亚终献,礼仪使、亚终献爵并盥洗官四员,并如之;前二日奏告初献,社坛九宫坛分祭初献,亚献亦如之。

絺冕：四玉，二采，朱、绿。衣一章，绘粉米；裳二章，绣黼、黻。绶以皂绫，铜环。余如毳冕。光禄卿、监察御史、读册官、举册官、分献官以上服之；前期，景灵宫、太庙奏奉神主官、明堂太府卿、光禄卿、沃水举册官、读册官、押乐太常卿、东朵殿三员，西朵殿二员，东廊二十八员、西廊二十五员、南廊二十七员、辏门祭献官、前二日奏告亚献终献官、监察御史，并如之；社擅九宫坛分祭终献官、监察御史、兵工部、光禄卿丞亦如之。

玄冕：无旒，无佩绶，衣纯黑，无章，裳刺黼而已，被无刺绣，余如絺冕。光禄丞、奉礼郎、协律郎、进搏委官、太社令、良酝令、太官令、奉俎馔等官、供祠执事官内侍以下服；明堂光禄丞、奉礼郎、良酝令太祝搏委官、宫架协律郎、登歌协律郎、奉御官、内侍供祠执事官、武臣奉俎官，辏门祭奉礼郎、太祝令、太官令，社坛九宫坛分祭太社、太祝、太官令、奉礼郎，并如之。

紫檀冕：四旒，服紫檀衣，博士、御史服之。

外州军祭服：鷩冕，八旒，三都初献服之；毳冕，六旒，经略、安抚、钤辖初献服之；絺冕，四旒，经略、安抚、钤辖亚献服之，节镇、防、团、军事初献亦如之；玄冕，无旒，节镇、防、团、军事亚终献服之。

朝服：一曰进贤冠，二曰貂蝉冠，三曰獬豸冠，皆朱衣朱裳。宋初之制，进贤五梁冠：涂金银花额，犀、玳瑁簪导，立笔。绯罗袍，白花罗中单，绯罗裙，绯罗蔽膝，并皂缥襈，白罗大带，白罗方心曲领，玉剑、佩、银革带，晕锦绶，二玉环，白绫袜，皂皮履。一品、二品侍祠朝会则服之，中书门下则冠加笼巾貂蝉。三梁冠：犀角簪导，无中单，银剑、佩，师子锦绶，银环，余同五梁冠。诸司三品、御史台四品、两省五品侍祠朝会则服之。御史大夫、中丞则冠有獬豸角，衣不中单。两梁冠：犀角簪导，铜剑、佩，练鹊锦绶，铜环，余同三梁冠。四品、五品侍祠朝会则服之。六品以下无中单，无剑、佩、绶。御史则冠有獬豸角，衣有中单。裤褶紫、绯、绿，各从本服色，白绫中单，白绫裤,白罗方心曲领,本品官导驾,则骑而服之。

　　裤褶之制,建隆四年,范质与礼官议:"裤褶度,先儒无说,惟《开元杂礼》有五品以上用细绫及罗,六品以下用小绫之制。注:褶衣,复衣也。又案令文,武弁,金饰平巾帻,簪导,紫褶白裤,玉梁珠宝钿带,靴,骑马服之。金饰,即附蝉也。详此,即是二品、三品所配弁之制也。附蝉之数,盖一品九,二品八,三品七,四品六,五品五。又侍中、中书令、散骑加貂蝉,侍左者左珥,侍右者右珥。又《开元礼》导驾官并朱衣,冠履依本品。朱衣,今朝服也。故令文三品以上紫褶,五品以上绯褶,七品以上绿褶,九品以上碧褶,并白大口裤,起梁带,乌皮靴。今请造裤褶如令文之制,其起梁带形制,检寻未是,望以革带代之。"奏可。是岁,造成而未用。乾德六年,郊禋始服,而冠未造,乃取朝服进贤冠、带、袜、履参用焉。

　　康定二年,少府监言:"每大礼,法服库定百官品位给朝服。今两班内,有官卑品高、官高品卑者,难以裁定,愿敕礼院详其等第。"诏下礼院参酌旧制以闻。奏曰:

　　　　准《衣服令》,五梁冠,一品、二品侍祠大朝会则服之,中书门下则加笼巾貂蝉。准《官品令》,一品:尚书令,太师,太傅,太保,太尉,司徒,司空,太子太师、太傅、太保;二品:中书令,侍中,左右仆射,太子少师、少傅、少保,诸州府牧,左右金吾卫上将军。又准《阁门仪制》,以中书令、侍中、同中书门下平章事为宰臣,亲王、枢密使、留守、节度使、京尹兼中书令、侍中、同中书门下平章事为使相,枢密使、知枢密院事、参政知事、枢密副使,同知枢密院事,宣徽南北院使、金书枢密院事并在东宫三司之上。以上品位职事,宜准前法给朝服。宰臣、使相则加笼巾貂蝉,其散官勋爵不系品位,止从正官为之服。

　　　　三梁冠。诸司三品、御史台四品、两省五品侍祠大朝会则服之。御史中丞则冠獬豸。准《官品令》,诸司三品,诸卫上将军,六军统军,诸卫大将军,神武、龙武大将军,太常、宗正卿,秘书监,光禄、卫尉、太仆、大理、鸿胪、司农、太府卿,国子祭

酒,殿中、少府、将作、司天监,诸卫将军,神武、龙武将军,下都
督,三京府尹,五大都督府长史,亲王傅。御史台三品、四品,御
史大夫、中丞;两省三品、四品、五品,左右散骑常侍,门下、中
书侍郎,谏议大夫,给事中,中书舍人;尚书省三品、四品,六尚
书,左右丞,诸行侍郎;东宫三品、四品,宾客,詹事,左右庶子,
少詹事,左右谕德。节度使,文明殿学士,资政殿大学士,三司
使,翰林学士承旨,翰林学士,资政殿学士,端明殿学士,翰林
侍读、侍讲学士,龙图阁学士,枢密直学士,龙图、天章阁直学
士,次中书侍郎;节度观察留后,次六尚书、侍郎;知制诰,龙
图、天章阁待制,观察使,次中书舍人;内客省使,次太府卿;客
省使,次将作监;引进使,防御、团练、三司副使,次左右庶子。
以上品位职事,宜准前法给朝服。

　　两梁冠,四品、五品侍祠大朝会则服之,六品则去剑、佩、
绶,御史则冠獬豸。准《官品令》,诸司四品,太常、宗正少卿,秘
书少监,光禄等七寺少卿,国子司业,殿中、少府、将作、司天少
监,三京府少尹,太子率更令、家令、仆、诸卫率府率、副率诸军
卫郎中郎将,诸王府长史、司马,大都督府左右司马,内侍;尚
书省五品,左右司诸行郎中;诸司五品,国子博士,经筵博士,
太子中允、左右赞善大夫,都水使者,开封祥符、河南洛阳、宋
城县令,太子中舍、洗马,内常侍,太常、宗正、秘书、殿中丞,著
作郎,殿中省五尚奉御,大理正,诸王友,诸军卫郎将,诸王府
咨议参军,司天五官正,太史令,内给事;诸升朝官六品以下起
居郎,起居舍人,侍御史,尚书省诸行员外郎,殿中侍御史,左
右司谏,左右正言,监察御史,太常博士,通事舍人。四方馆使,
次七寺少卿;诸州刺史,次太子仆;谓正任不带使职者。东西上阁
门使,次司天少监;客省、引进、阁门副使,次诸行员外郎。已上
品位职事,据令文,但言四、五品,亦不分班叙上下。今请自尚
书省五品以上及诸州刺史已上,准前法给朝服。其诸司五品已
上,实有官高品卑及品高官卑者,宜自诸司五品、国子博士至

内给事,并依六品以下例去剑、佩、绶,御史则冠獬豸,衣有中单。其诸司使、副使以下至阁门祗候,如有摄事合请朝服者,并同六品。

诏从所请。

元丰二年,详定朝会仪注所言:

古者制礼上物,不过十二,天之数也。自上而下,降杀以两。畿外诸侯,远于尊者而伸,则以九、以七、以五,从阳奇之数;王朝公卿大夫,近于尊者而屈,则以八、以六、以四,从阴偶之数。本朝《衣服令》,通天冠二十四梁,为乘舆服,以应冕旒前后之数。若人臣之冠,则自五梁而下,与汉、唐少异矣。至于绶,则乘舆及皇太子以织成,诸臣用锦为之。一品、二品冠五梁,中书门下加笼巾貂蝉。诸司三品三梁,四品、五品二梁,御史台四品、两省五品亦三梁,而绶有晕锦、黄狮子、方胜、练鹊四等之殊。六品则去剑、佩、绶。隋、唐冠服皆以品为定,盖其时官与品轻重相准故也。今之令式,尚或用品,虽因袭旧文,然以官言之。颇为舛谬。概举一二,则太子中允、赞善大夫与御史中丞同品,太常博士品卑于诸寺丞,太子中舍品高于起居郎,内常侍才比内殿崇班,而在尚书诸司郎中之上,是品不可用也。若以差遣,则有官卑而任要剧者,有官品高而处之冗散者,有一官而兼领数局者,有徒以官奉朝请者,有分局位职特出于一时随事立名者,是差遣又不可用也。以此言之,用品及差遣定冠绶之制,则未为允当。伏请以官为定,庶名实相副,轻重有准,仍乞分官为七等,冠绶亦如之。

貂蝉笼巾七梁冠,天下乐晕锦绶,为第一等。蝉,旧以玳瑁为蝴蝶状,今请改为黄金附蝉,宰相、亲王、使相、三师、三公服之。七梁冠,杂花晕锦绶,为第二等,枢密使、知枢密院至太子太保服之。六梁冠,方胜宜男锦绶,为第三等,左右仆射至龙图、天章、宝文阁直学士服之。五梁冠,翠毛锦绶,为第四等,左右散骑常侍至殿中、少府、将作监服之。四梁冠,簇四雕锦绶,为第五等，客省使至诸行郎中服之。三梁冠，黄狮子锦绶，为第六等，皇城以下诸司使至诸卫率府率服之。内臣自内常侍以上及入内省内侍省内东西头供供奉官、殿头、前班、东西头供奉官、左右侍禁、左右班殿直，京官秘书郎至诸寺、监主簿，既预朝会，亦宜朝服从事。今参酌自内常侍以上，冠服各从本等，寄资者如本官，入内、内侍省内东西头供奉官、殿头，三班使陪位京官为第七等，皆二梁冠，方胜练鹊锦绶。高品以下服色依古者，韨、韐、舄、履并从裳色。

今制，朝服用绛衣，而锦有十九等。其七等绶，谓宜纯用红锦，以文采高下为差别。惟法官绶用青地荷莲锦，以别诸臣。《后汉志》：“法冠，一曰柱后，执法者服之，侍御史、迁尉正监平也，或谓之獬豸冠。”《南齐志》亦曰：“法冠，廷尉等诸执法者冠之。”今御史台自中丞而下至监察御史，大理卿少卿、丞，审刑院、刑部主判官，既正定厥官，真行执法之事，则宜冠法冠，改服青荷莲锦绶，其梁数与佩准本品。

从之。

其后，又诏冬正朝会，诸军所服衣冠，厢都军都指挥使、都虞候、领团练使、刺史服第五等，军都指挥使、都虞候服第六等，指挥使、副指挥使服第七等，并班于庭。副都头以上常服，班殿门外。其朝会，执事高品以下，并服介帻，绛服，大带，革带，袜、履，方心曲领。

政和议礼局更上群臣朝服之制：七梁冠，金涂银棱，貂蝉笼巾，犀簪导，银立笔，朱衣裳，白罗中单，并皂襈、襈，蔽膝随裳色，方心曲领，绯白罗大带，金涂银革带，金涂银装玉佩，天下乐晕锦绶，青线网间施三玉环，白袜，黑履；三公，左辅，右弼，三少，太宰，少宰，亲王，开府仪同三司服之。七梁冠，无貂蝉笼巾，银装玉佩，杂花晕锦绶，余同三公以下服；执政官，东宫三师服之。六梁冠，白纱中单，银革带，佩，方胜宜男锦绶，银环，余同七梁冠服；大学士，学士，直学士，东宫三少，御史大夫、中丞，六曹尚书、侍郎，殿中监，大司成，散骑常侍,特进,金紫、银青光禄大夫,光禄大夫,太尉,节度使,左右金吾卫、左右卫上将军服之。五梁冠,翠毛锦绶,余同六梁冠服;太子宾客、詹事,给事中,中书舍人,谏议大夫,待制,九寺卿,大司乐,秘书监,殿中少监,国子祭酒,宣奉、正奉、通奉、通议、太中、中大夫,中奉、中散大夫,上将军,节度观察留后,观察使,通侍大夫,枢密都是承旨服之。四梁冠,簇四盘雕锦绶,余同五梁冠服;九寺少卿,大晟典乐,秘书少监,国子、辟雍司业,少府、将作、军器监,都水使者,起居舍人,侍御史,太子左右庶子、少詹事、谕德,尚书左右司郎中、员外,六曹诸司郎中,朝议、奉直、朝请、朝散、朝奉大夫,防御、团练使,刺史,大将军,正侍、中侍、中亮、中卫、拱卫、左武、右武大夫驸马都尉,带遥郡武功大夫以下,枢密副都承旨服之。三梁冠,金涂铜革带,佩,黄狮子锦绶,输石环,余同四梁冠服;殿中侍御史,监察御史,司谏,正言,尚书六曹员外郎,外符宝郎,少府、将作、军器少监,太子侍读、侍讲,中书舍人,亲王府翊善、侍读、侍讲,九寺、秘书、殿中监,辟雍丞,大晟乐令,两赤县令,大理正、司直、评事,著作郎,秘书郎,著作佐郎,太常、宗学、国子、辟雍博士,太史局令、正、丞,五官正,朝请、朝散、朝奉、承议、奉议、通直郎,中亮、中卫、拱卫、左武、右武郎,诸卫将军,卫率府率,武功、武德、武显、武节、武略、武经、武义、武翼大夫郎,医职翰林医正以上,内符宝郎,阁门通事舍人,敦武郎,修武郎服之。二梁冠,角簪,方胜练鹊锦绶,余同三梁冠服;在京职事官,阁门祗候,看班祗候,率府副率,升辇辂立侍内臣服之。御史大夫、中丞,刑部尚书、侍郎,大理卿、少卿,侍御史,刑部郎中,大理寺正、丞、司直、评事并冠獬豸冠,服青荷莲绶。诏悉颁行。六年,诏导驾官朝服结佩。七年,诏夏祭百官朝、祭服用纱。

中兴,仍旧制。行事、执事官则服祭服,导引、陪祠官则服朝服,从绍兴三年太常寺请也。祠毕驾回,若服通天、绛纱袍,乘大辇,则百官从驾服朝服,或服履袍;乘平辇,则百官从驾服常服,自隆兴二年洪适请始也。

进贤冠以漆布为之,上缕纸为额花,金涂银铜饰,后有纳言。以梁数为差,凡七等,以罗为缨结之:第一等七梁,加貂蝉笼巾、貂鼠尾、立笔;第二等无貂蝉笼巾;第三等六梁,第四等五梁,第五等四梁,第六等三梁,第七等二梁,并如旧制,服同。貂蝉冠一名笼巾,织藤漆之。形正方,如平巾帻。饰以银,前有银花,上缀玳瑁蝉,左右为三小蝉,衔玉鼻,左插貂尾。三公、亲王侍祠大朝会,则加于进贤冠而服之。獬豸冠即进贤冠,其梁上刻木为獬豸角,碧粉涂之。梁数从本品。立笔,古人臣簪笔之遗象。其制削竹为干,裹以绯罗,以黄丝为毫,拓以银缕叶,插于冠后。旧令,文官七品以上服朝服者,簪白笔,武官则否,今文武皆簪焉。

宋史卷一五三

志第一〇六

舆服五

诸臣服下　士庶人服

公服。凡朝服谓之具服,公服从省,今谓之常服。宋因唐制,三品以上服紫,五品以上服朱,七品以上服绿,九品以上服青。其制,曲领大袖,下施横襕,束以革带,幞头,乌皮鞋。自王公至一命之士,通服之。

太宗太平兴国二年,诏朝官出知节镇及转运使、副,衣绯、绿者并借紫。知防御、团练、刺史州,衣绿者借绯,衣绯者借紫;其为通判、知军监,止借绯。其后,江淮发运使同转运,提点刑狱同知刺史州。雍熙初,郊祀庆成,始许升朝官服绯、绿二十年者,叙赐绯、紫。

真宗登极,京朝官亦听叙,及东封、西祀赦书,京朝官并以十五年为限。后每帝登极,亦如例。景德三年,诏内诸司使以下出入内庭,不得服皂衣,违者论其罪;内职亦许服窄袍。

仁宗景祐元年,诏军使曾任通判者借绯,曾任知州者借紫。庆历元年,龙图阁直学士任布言:“欲望自今赠官至正郎者,其画像许服绯,至卿监许服紫。”从之。嘉祐三年,诏三品转运使朝辞上殿日,与赐章服;诸路转运使候及十年,即与赐章服。

神宗熙宁元年,中书门下奏:“六品以上犯赃滥或阶罪徒重者,不得因本品改章服。”从之。元丰元年,去青不用,阶官至四品服紫,至六品服绯，皆象笏、佩鱼，九品以上则服绿，笏以木。武臣、内侍皆服紫，不佩鱼。假版官及伎术若公人之人入品者，并听服绿。官应品而服色未易，与品未及而已易者，或以年格，或以特恩。五年，诏六曹尚书依翰林学士例，六曹侍郎、给事中依直学士例，朝谢日不以行、守、试并赐服佩鱼；罢职除他官日，不带行。

徽宗重和元年，诏礼制局自冠服讨论以闻，其见服靴，先改用履。礼制局奏："履有絇、繶、纯、綦，古者舄履各随裳之色，有赤舄为、白舄、黑舄。今履欲用黑革为之。其絇、繶、纯、綦并随服色用之，以仿古随裳色之意。"诏以明年正旦改用。礼制局又言："履随其服色。武臣服色一等，当议差别。"诏文武官大夫以上具四饰，朝请郎、武功郎以下去繶，并称履。从义郎、宣教郎以下至将校、伎术官去繶、纯，并称履。当时议者以靴不当用之中国，实废释氏之渐云。

中兴，仍元丰之制，四品以上紫，六品以上绯，九品以上绿。服绯、紫者必佩鱼，谓之章服。非官至本品，不以假人。若官卑而职高，则特许者有三：自庶官迁六部侍郎，自庶官为待制，或出奉使者是也。又有以年劳而赐者，有品未及而借者。升朝官服绿，大夫以上服绯，莅事至今日以前及二十年历任无过者，许磨勘改授章服，此赐者也。或为通判者，许借绯；为知州、监司者，许借紫；任满还朝，仍服本品，此借者也。又有出于恩赐者焉。绍兴十二年九月，以皇太后回銮，诏承务郎以上服绯、绿，莅事至今日以前十七年者，并改转服色。

三十二年六月，孝宗即位，诏承务郎以上服绯、绿及十五年者，并许改转服色。然计年之法，亦不轻许。无出身人自年二十出官服绿日起理，服绯人亦自年二十服绯日起理，有出身人自赐出身日起理；内并除黜丁忧年、月、日不理外，历任无过者方许焉。先是，殿中侍御史张震奏："今日之弊，在于人有侥幸。能革其俗，然后天下可治。且改转服色，常赦自升朝官以上服绿，大夫以上服绯，莅事及二十年，方得改赐。今赦日承务郎以上服绯、绿及十五年，便与改转。比之常赦，不惟年限已减，而又官品相绝，盖已为异恩矣。今窃闻省、部欲自补官日便理岁月,即是婴孩授命,年才十五者,今遂服绯;而贵近之子,或初年赐绯,年才及冠者今遂赐紫。朱、紫纷纷,不亦滥乎?况靖康建炎恩敕,亦不曾以补官日为始。若始于出官之日,颇为折衷,盖比之莅事所减已多,而比之初补粗为有节。"帝从其言,故有是命。

又有出于特赐者,旌直臣则赐之。劝循吏则赐之,广孝治则赐之,忧老臣则赐之,此皆非常制焉。内品未至而赐服及借者,并于衔内带赐及借。

幞头。一名折上巾,起自后周,然止以软帛垂脚,隋始以桐木为之,唐始以罗代缯。惟帝服则脚上曲,人臣下垂。五代渐变平直。国朝之制,君臣通服平脚,乘舆或服上曲焉。其初以藤织草巾子为里,纱为表,而涂以漆。后惟以漆为坚,去其藤里,前为一折,平施两脚,以铁为之。

带。古惟用革,自曹魏而下,始有金、银、铜之饰。宋制尤详。有玉、有金、有银、有犀,其下铜、铁、角、石、墨玉之类,各有等差。玉带不许施于公服。犀非品官、通犀非特旨皆禁。铜、铁、角、石、墨玉之类,民庶及郡县吏、伎术等人,皆得服之。

其制有金球路、荔支、师蛮、海捷、宝藏,方团二十五两;荔支自二十五两至七两,有四等;师蛮二十五两;海捷十五两;宝球三十两。惟球路方团胯,余悉方胯。荔支或为御仙花,束带亦同。金涂天王、八仙、犀牛、宝瓶、荔支、师蛮、海捷、双鹿、行虎、洼面。天王、八仙二十五两;犀牛、宝瓶自二十五两至十五两,有二等;荔支自二十两至十两,有三等;师蛮自二十两至十八两,有二等;海捷自十五两至十两,有三等;双鹿自二十两至四两,有九等;行虎七两;洼面自十五两至十二两,有二等。束带则有金荔支、师蛮、戏童、海捷、犀牛、胡荽、凤子、宝花,荔支自二十五两至十五两,有三等;师蛮、戏童二十五两;海捷自二十两至十两,有二等;犀牛二十两;凤子、宝相花十五两。金涂犀牛、双鹿、野马、胡荽。犀牛、野马十五两;双鹿自二十两,有三等;胡荽自十五两至十两,有三等。犀有上等、次等,以牯牸为别。
出黔南者,在南海之下。

太宗太平兴国七年正月,翰林学士承旨李昉等奏曰:"奉诏详
定车服制度,请从三品以上服玉带,四品以上服金带,以下升朝官、
虽未升朝已赐紫绯、内职诸军将校,并服红鞓金涂银排方。虽升朝
着绿者,公服上不得系银带,余官服黑银方团胯及犀角带。贡士及
胥吏、工商、庶人服铁角带,恩赐者不用此制。荔支带本是内出以赐
将相,在于庶僚,岂合僭服?望非恩赐者,官至三品乃得服之。"景德
三年,诏通犀、金、玉带,除官品合服及恩赐外,余人不得服用。大中
祥符五年,诏曰:"方团金带,优宠辅臣,今文武庶官及伎术之流,率
以金银放效,甚紊彝制。自今除恩赐外,悉禁之。"端拱中,诏作瑞草
地球路文方团胯带,副以金鱼,赐中书、枢密院文臣。

仁宗庆历八年,彰信军节度使兼侍中李用和言:"伏见张耆授
兼侍中日,特赐笏头金带以为荣异,欲望正谢日,准例特赐。"诏如
耆例。

神宗熙宁六年,熙河路奏捷,宰臣王安石率群臣贺紫宸殿,神
宗解所服白玉带赐之。八年,岐王颢、嘉王頵言:"蒙赐方团玉带,著
为朝仪,乞宝藏于家,不敢服用。"神宗不许,命工别琢玉带以赐之。
颢等固辞,不听;请加佩金鱼以别嫌,诏以玉鱼赐之。亲王佩玉鱼自
此始。宗旦、宗谔皆以使相遇郊恩告谢,特赐球文方团金带、佩鱼,
自是宗室节度带同平章事者,著为例。宣徽使张方平、郭达、王拱辰
皆尝特赐。元丰五年,诏:"三师、三公、宰相、执政官、开府仪同三
司、节度使尝任宰相者、观文殿大学士已上,金球文方团带,佩鱼。
观文殿学士至宝文阁直学士、节度使、御史大夫、中丞、六曹尚书、
侍郎、散骑常侍御仙花带,内御史大夫、六曹尚书、翰林学士以上及
资政殿学士特班翰林学士上者,仍佩鱼。"六年,诏:"北使经过处,
守臣曾借朝议大夫者,令权服紫,不系金带。其押赐御筵官仍互借,
先借朝议大夫者,即借中散大夫,并许系金带,不佩鱼。"哲宗元祐
五年,诏:臣僚曾赐金带后至不该系者,在外许系。

徽宗崇宁二年,诏:六尚局奉御,今后许服金带。四年,中书省检会哲宗《元符仪制令》:"诸带,三师、三公、宰相、执政官、使相、节度使、观文殿大学士球文,佩鱼。节度使非曾任宰相即御仙花,佩鱼。观文殿学士至宝文阁直学士、御史大夫、中丞、六曹尚书、侍郎、散骑常侍并御仙花,权侍郎不同;内御史大夫、六曹尚书、观文殿学士至翰林学士仍佩鱼,资政殿学士特旨班在翰林学士上者同,权尚书不同。其官职未至而特赐者,不拘此令。因任职事官经赐金带者,虽后任不该赐,亦许服。"看详:若称因任六曹侍郎经赐带,后除知开封府之类,既非职事官,又非在外,皆不许系,似非元立法之意。盖立文该举未尽,其特赐者既不缘官职,自无时不许系外;因任职事官赐金带,后任不该者亦许服,即在外与在京非职事官,皆可用。诏申明行下。大观二年,诏中书舍人、谏议大夫、待制、殿中少监许系红鞓犀带,不佩鱼。

中兴仍之,其等亦有玉、有金、有银、有金涂银、有犀、有通犀、有角。其制,球文者四方五团,御仙花者排方。凡金带:三公、左右丞相、三少、使相、执政官、观文殿大学士、节度使球文,佩鱼;观文殿学士至华文阁直学士、御史大夫、中丞、六曹尚书、侍郎、散骑常侍、开封尹、给事中并御仙花,内御史大夫、六曹尚书、观文殿学士至翰林学士仍佩鱼;中书舍人、左右谏议大夫、龙图天章宝文显谟徽猷敷文焕章华文阁待制、权侍郎服红鞓排方黑犀带,仍佩鱼;权侍郎以上罢任不带职者,亦许服之。

鱼袋。自制自唐始,盖以为符契也。其始曰鱼符,左一,右一。左者进内,右者随身,刻官姓名,出入合之。因盛以袋,故曰鱼袋。宋因之,其制以金银饰为鱼形,色服则系于带而垂于后,以明贵贱,非复如唐之符契也。

太宗雍熙元年,南郊后,内出以赐近臣,由是内外升朝文武官皆佩鱼。凡服紫者,饰以金;服绯者,饰以银。庭赐紫,则给金涂银者;赐绯,亦有特给者。京官、幕职州县官赐绯紫者,亦佩。亲王武官、内职将校皆不佩。真宗大中祥符六年，诏伎术官未升朝赐绯、紫者，不得佩鱼。

仁宗天圣二年，翰林待诏、太子中舍同正王文度因勒碑赐紫章服，以旧佩银鱼，请佩金鱼。仁宗曰："先朝不许伎术人辄佩鱼，以别士类，不令混淆，宜却其请"。景祐三年，诏殿中省尚药奉御赐紫徐安仁，特许佩鱼。至和元年，诏：中书提点五房公事，自今虽无出身，亦听佩鱼。旧制，自选人入为堂后官，转至五房提点，始得佩鱼。提点五房吕惟和非选人入，援司天监五官正例求佩鱼，特许之。

神宗元丰二年，蒲宗孟除翰林学士，神宗曰："学士职清地近，非官比，而官仪未宠，自今宜加佩鱼。"遂著为令。三年，诏：自今中书堂后官，并带赐绯鱼袋，余依旧例。徽宗政和元年，尚书兵部侍郎王诏奏："今监司、守、倅等，并许借服色而不许佩鱼，即是有服而无章，殆与吏无别。乞今后应借绯、紫臣僚，并许随服色佩鱼，仍各许入衔，候回日依旧服色。"从之。中兴，并仍旧制。

笏。唐制五品以上用象，上圆下方；六品以下用竹、木，上挫下方。宋文散五品以上用象，九品以上用木。武臣、内职并用象。千牛衣绿亦用象，廷赐绯、绿者给之。中兴同。

靴。宋初沿旧制，朝履用靴。政和更定礼制，改靴用履。中兴仍之。乾道七年，复改用鞋，以黑革为之，大抵参用履制，惟加靿焉。其饰亦有绚、繶、纯、綦，大夫以上具四饰，朝请、武功郎以下繶，从义、宣教郎以下至将校、伎术官并去纯。底用麻再重，革一重。里用素袆毡，高八寸。诸文武官通服之，惟以四饰为别。服绿者饰以绿，服绯、紫者饰亦如之，仿古随裳色之意。

簪戴。幞头簪花，谓之簪戴。中兴，郊祀、明堂礼毕回銮，臣僚及扈从并簪花，恭谢日亦如之。大罗花以红、黄、银红三色，栾枝以杂色罗，大绢花以红、银红二色。罗花以赐百官，栾枝，卿监以上有之;绢花以赐将校以下。太上两宫上寿毕,及圣节、及锡宴、及赐新进士闻喜宴,并如之。

重戴。唐士人多尚之。盖古大裁帽之遗制,本野夫岩叟之服。以皂罗为之,方而垂苍,紫里,两紫丝组为缨,垂而结之颔下。所谓重戴者,盖折上巾又加以帽焉。宋初,御史台皆重戴,余官或戴或否。后新进士亦戴,至释褐则止。太宗淳化二年,御史台言:"旧仪,三院御史在台及出使,并重戴,事已久废。其御史出台为省职及在京厘务者,请依旧仪,违者罚俸一月。"从之。又诏两省及尚书省五品以上皆重戴,枢密三司使、副则不。中兴后,御史、两制、知贡举官、新进士上三人,许服之。

时服。宋初因五代旧制,每岁诸臣皆赐时服,然止赐将相、学士、禁军大校。建隆三年,太祖谓侍臣曰:"百官不赐,甚无谓也。"乃遍赐之。岁遇端午、十月一日,文武群臣将校皆给焉。是岁十月,近臣、军校增给锦衬袍,中书门下、枢密、宣徽院、节度使及侍卫步军都虞候以上,皇亲大将军以上,天下乐晕锦;三司使、学士、中丞、内客省使、驸马、留后、观察使,皇亲将军、诸司使、厢主以上,簇四盘雕细锦;三司副使、宫观判官,黄师子大锦;防御团练使、刺史、皇亲诸司副使,翠毛细锦;权中丞、知开封府、银台司、审刑院及待制以上,知检院鼓院、同三司副使、六统军、金吾大将军,红锦。诸班及诸军将校,亦赐窄锦袍。有翠毛、宜男、云雁细锦,师子、练鹊、宝照大锦,宝照中锦,凡七等。

应给锦袍者,皆五事;公服、锦宽袍、绫汗衫、裤、勒帛,丞郎、给舍、大卿监以上不给锦袍者,加以黄绫绣抱肚。大将军、少卿监、郎中以上,枢密诸房副承旨以上,诸司使,皇亲承制、崇班,皆四事;无锦袍。将军至副率、知杂御史至大理正、入内都知、内侍都知、皇亲殿直以上,皆三事;无裤。通事舍人、承制、崇班、入内押班、内侍副都知押班、内常侍、六尚奉御以下,京官充馆阁、宗正寺、刑法官者,皆二事;无勒帛，内职汗衫以绫，文臣以绢。阁门祗候、内供奉官至殿直，京官编修、校勘，止给公服。端牛，亦给。应给锦袍者，汗衫以黄縠，别加绣抱肚、小扇。诞圣节所给，如时服。京师禁厢军校、卫士、内诸司胥史、工巧人，并给服有差。

朝官、京官、内职出为外任通判、监押、巡检以上者，大藩府监务者，亦或给之。每岁十月时服，开宝中，皆赐窄锦袍。太平兴国以后，文官知制诰、武官上将军、内职诸司使以上，皆赐锦。藩镇观察使以上，天下乐晕锦；尚书及步军都虞候以上及知益州、并州，次晕锦，皆五事。学士、丞郎，簇四盘雕锦；刺史以上及知广州，翠毛锦，皆三件。待制以上、横班诸司使，翠毛锦；知代州，御仙花锦；诸司使领郡，宜男锦；诸司使，云雁锦。驸马，锦如丞郎，增至四事。益州钤辖，锦从本官，增绫裤。朝官供奉官以上，皆赐紫地皂花歇正。京官殿直以下，皆赐紫大绫。在外禁军将校，亦赐窄锦袍，次赐紫绫色绢。景德元年，始诏河北、河东、陕西三路转运使、副，并给方胜练鹊锦。校猎从官兼赐紫罗锦、旋襕、暖靴。

雍熙四年，令节度使给皂地金线盘云凤鹿胎旋襕，侍卫步军都虞候以上给皂地金线盘花鸳鸯。

亲王、宰相、使相生日，并赐衣五事，锦彩百匹，金花银器百两，马二匹，金涂银鞍勒一。宰相、枢密使、参知政事、枢密副使、宣徽使初拜、加恩中谢日，并赐衣五事，金带一，旧荔支带，淳化后，宰相、参知政事、文臣任枢密副使，改赐方团胯球路金带，加以金鱼。涂金银鞍勒马一。三司使、学士、御史中丞初拜中谢日，赐衣五事，荔支金带一，涂金银鞍勒马一。文明学士以下，初赐金装犀带。后改赐金带。中书舍人，赐袭衣、犀带。宰相以下对御抬赐；枢密直学士、中书舍人谢讫，中使押赐，再入谢于别殿。中书舍人或告谢日已改赐章服，则罢中使押赐。

郊禋礼毕，亲王、宰相至龙图阁直学士、禁军将校，各赐袭衣、金带，亲王、中书门下、枢密、宣徽、三司使、四厢都指挥使以上，加鞍勒马一。其后官观副使、天书扶侍使，并同学士。同中谢日。雍熙元年，两省五品以上，御史台、尚书省四品以上，各赐袭衣、犀带、鱼袋。其为五使，则皆赐金带,仍各加器币。文武行事官,各赐金帛。牧伯在外者,遇大礼,不赐。大中祥符元年,诏节度、观察、防御、团练使、刺史,因东封为诸州部署钤辖者,并特赐焉。

使相、节度使自镇来朝入见日,赐衣五事,金带,鞍马;朝辞日,赐窄衣六事,金束带,鞍勒马一,散马二;节度使减散马。为都部署者,别赐带甲鞍勒马一。观察使为都部署、副都部署赴本任、知州,赐窄衣三事,金束带,鞍勒马。防御团练使、刺史为部署、钤辖,赐窄衣,金束带,赴本任,赐窄衣,涂金银腰带;为知州、都监,赐窄衣三事,绢三十匹。诸司为钤辖者,赐窄衣、金束带。文武官内职出为知州军、通判、发运、转运使副、提点刑狱、都监、巡检、砦主、军使及任使繁要者,仆射赐窄衣三事,绢五十匹;尚书、丞郎、学士、谏舍、待制、大卿监及统军、上将军、诸司使,减绢二十匹;少卿监至五官正、大将军至副率、诸司副使,减绢一十匹;中郎将、京官内殿承制至借职、内常侍,减衣二事,又减绢一十匹。窄衣,起二月给紫罗衫;起十月给紫敧正绵袄。给公服者,单夹亦然。诸道衙内指挥使、都虞候入贡辞日,赐紫罗窄衫,金涂银带。

士庶人车服之制。太宗太平兴国七年,诏曰:“士庶之间,车服之制,至于丧葬,各有等差。近年以来。颇成逾僭。宜令翰林学士承旨李昉详定以闻。”昉奏:“今后富商大贾乘马,漆素鞍者勿禁。近年品官绿袍及举子白襕下皆服紫色,亦请禁之。其私第便服,许紫皂衣、白袍。旧制,庶人服白,今请流外官及贡举人、庶人通许服皂。工商、庶人家乘檐子,或用四人、八人,请禁断,听乘车;兜子,异不得过二人。”并从之。端拱二年,诏县镇场务诸色公人并庶人、商贾、伎术、不系官伶人,只许服皂、白衣,铁、角带,不得服紫。文武升朝官及诸司副使、禁军指挥使、厢军都虞候之家子弟,不拘此限。幞头巾子,自今高不过二寸五分。妇人假髻并宜禁断,仍不得作高髻及高冠。其销金、泥金、真珠装缀衣服,除命妇许服外,余人并禁。至道元年,复许庶人服紫。

真宗咸平四年，禁民间造银鞍瓦、金线、盘蹙金线。大中祥符元年，三司言："窃惟山泽之宝，所得至难，倘纵销释，实为虚费。今约天下所用，岁不下十万两，俾上币弃于下民。自今金银箔线，贴金、销金、泥金、蹙金线装贴什器土木玩用之物，并请禁断，非命妇不得以为首饰。冶工所用器，悉送官。诸州寺观有以金箔饰尊像者，据申三司，听自赍金银工价，就文思院换给。"从之。二年，诏申禁熔金以饰器服。又太常博士知温州李邈言："两浙僧求丐金银、珠玉，错末和泥以为塔像，有高袤丈者。毁碎珠宝，浸以成俗，望严行禁绝，违者重论。"从之。

七年，禁民间服销金及跋遮那缬。八年，诏："内庭自中宫以下，并不得销金、贴金、间金、戭金、圈金、解金、剔金、陷金、明金、泥金、楞金、背影金、盘金、织金、金线撚丝，装著衣服，并不得以金为饰。其外庭臣庶家，悉皆禁断。臣民旧有者，限一月许回易。为真像前供养物，应寺观装功德用金箔，须具殿位真像显合增修创造数，经官司陈状勘会，诣实闻奏，方给公凭，诣三司收买。其明金装假果、花板、乐身之类，应金为装彩物，降诏前已有者，更不毁坏，自余悉禁。违者，犯人及工匠皆坐。"是年，又禁民间服皂班缬衣。

仁宗天圣三年，诏："在京士庶不得衣黑褐地白花衣服并蓝、黄、紫地撮晕花样，妇女不得将白色、褐色毛段并淡褐色匹帛制造衣服，令开封府限十日断绝；妇女出入乘骑，在路披毛褐以御风尘者，不在禁限。"七年，诏士庶、僧道无得以朱漆饰床榻。九年，禁京城造朱红器皿。

景祐元年，诏禁锦背、绣背、遍地密花透背采段，其稀花团窠、斜窠杂花不相连者非。三年，诏：市肆造作缕金为妇人首饰等物者禁。三年，"臣庶之家，毋得采捕鹿胎制造冠子。又屋宇邸店、楼阁临街市之处，毋得为四铺作闹斗八；非品官毋得起门屋；非宫室、寺观毋得彩绘栋宇及朱黝漆梁柱窗牖、雕缕柱础。凡器用毋得表里朱漆、金漆，下毋得衬朱。非三品以上官及宗室、戚里之家，毋得用金棱器，其用银者毋得涂金。玳瑁酒食器，非宫禁毋得用。纯金器若经赐者,听用之。凡命妇许以金为首饰,及为小儿钤铤、钗篦、钏缠、耳环之属;仍毋得为牙鱼、飞鱼、奇巧飞动若龙形者。非命妇之家,毋得以真珠装缀首饰、衣服,及项珠、缨络、耳坠、头㴝、抹子之类。凡帐幔、缴壁、承尘、柱衣、额道、项帕、覆旌、床裙,毋得用纯锦遍绣。宗室戚里茶檐、食合,毋得以绯红盖覆。豪贵之族所乘坐车,毋得用朱漆及五彩装绘,若用黝而间以五彩者听。民间毋得乘檐子,及以银骨朵、水罐引喝随行。”

庆历八年,诏禁士庶效契丹服及乘骑鞍辔、妇人衣铜绿兔褐之类。皇祐元年,诏妇人冠高毋得逾四寸,广毋逾尺,梳长毋得逾四寸,仍禁以角为之。先是,宫中尚白角冠梳,人争仿之,至谓之内样。冠名曰垂肩等,至有长三尺者;梳长亦逾尺。议者以为服妖,遂禁止之。七年,初,皇亲与内臣所衣紫,皆再入为黝色。后士庶浸相效,言者以为奇袤之服,于是禁天下衣黑紫服者。

神宗熙宁九年,禁朝服紫色近黑者;民庶止令乘犊车,听以黑饰,间五彩为饰,不许呵引及前列仪物。哲宗绍圣二年,侍御史翟思言:“京城士人与豪右大姓,出入率以轿自载,四人舁之,甚者饰以棕盖,辙去帘蔽,翼其左右,旁午于通衢,甚为僭拟,乞行止绝。”从之。

徽宗大观元年。郭天信乞中外并罢翡翠装饰,帝曰:“先王之政,仁及草木禽兽,今取其羽毛,用十个急,伤生害性,非先王惠养万物之意。宜令有司立法禁之。”政和二年,诏后苑造缬帛。盖自元丰初,置为行军之号,又为卫士之衣,以辨奸诈,遂禁止民间打造。令开封府申严其禁,客旅不许兴贩缬板。

七年,臣僚上言:“辇毂之下,奔竞侈靡,有未革者。居室服用以壮丽相夸,珠玑金玉以奇巧相胜,不独贵近,比比纷纷,日益滋甚。臣尝考之,申令法禁虽具,其罚尚轻,有司玩习,以至于此。如民庶之家不得乘轿,今京城内暖轿,非命官至富民、娼优、下贱,遂以为常。窃见近日有赴内禁乘以至皇城门者,奉祀乘至宫庙者,坦然无所畏避。臣妄以为僭礼犯分,禁亦不可以缓。”于是诏,非品官不得乘暖轿。先是，权发遗提举淮南东路学事丁瑾言：衣服之制，尤不可缓。今闾阎之卑，倡优之贱，男子服带犀玉，妇人涂饰金珠，尚多僭侈，未合古制。臣恐礼官所议，止正大典，未遑及此。伏原明诏有司，严立法度，酌古便今，以义起礼。俾闾阎之卑，不得与尊者同荣；倡优之贱，不得与贵者并丽。此法一正，名分自明，革浇偷以归忠厚，岂曰小补之哉。"是岁，又诏敢为契舟服若毡笠、钓墪之类者，以违御笔论。钓墪，今亦谓之袜裤，妇人之服也。

中兴，士大夫之服，大抵因东都之旧，而其后稍变焉。一曰深衣，二曰紫衫，三曰凉衫，四曰帽衫，五曰襕衫。淳熙中，朱熹又定祭祀、冠婚之服，特颁行之。凡士大夫家祭祀、冠婚，则具盛服。有官者幞头、带、靴、笏，进士则幞头、襕衫、带，处士则幞头、皂衫、带，无官者通用帽子、衫、带；又不能具，则或深衣，或凉衫。有官者亦通用帽子以下，但不为盛服。妇人则假髻、大衣、长裙。女子在室者冠子、背子。众妾妆则假纷、背子。

冠礼，三加冠服，初加，缁布冠、深衣、大带、纳履；再加，帽子、皂衫、革带、系鞋；三加，幞头、公服、革带、纳靴。其品官嫡庶子初加，折上巾、公服；再加，二梁冠、朝服；三加，平冕服，若以巾帽、折上巾为三加者，听之。深衣用白细布，度用指尺，衣全四幅，其长过肋，下属于裳。裳交解十二幅，上属于衣，其长及踝。圆袂方领，曲裾黑缘。大带、缁冠、幅巾、黑履。士大夫家冠昏、祭祀、宴居、交际服之。

紫衫。本军校服。中兴，士大夫服之，以便戎事。绍兴九年，诏公卿、长吏服用冠带，然迄不行。二十六年，再申严禁，毋得以戎服临民，自是紫衫遂废。士大夫皆服凉衫，以为便服矣。

凉衫。其制如紫衫，亦曰白衫。乾道初，礼部侍郎王严奏："窃见近日士大夫皆服凉衫，甚非美观，而以交际、居官、临民，纯素可憎，有似凶服。陛下方奉两宫，所宜革之。且紫衫之设以从戎，故为之禁，而人情趋简便，靡而至此。文武并用，本不偏废，朝章这外，宜有便衣,仍存紫衫,未害大体。"于是禁服白衫,除乘马道涂许服外,余不得服。若便服,许用紫衫。自后,凉衫袛用为凶服矣。

帽衫。帽以乌纱、衫以皂罗为之,角带,系鞋。东都时,士大夫交际常服之。南渡后,一变为紫衫,再变为凉衫,自是服帽衫少矣。惟士大夫家冠昏、祭祀犹服焉。若国子生,常服之。

襕衫。以白细布为之。圆领大袖,下施横襕为裳,腰间有辟积。进士及国子生、州县生服之。

绍兴五年,高宗谓辅臣曰:"金翠为妇人服饰,不惟靡货害物,而侈靡之习,实关风化。已戒中外,及下令不许入宫门,今无一人犯者。尚恐士民之家未能尽革,宜申严禁,仍定销金及采捕金翠罪赏格。"淳熙二年,孝宗宣示中宫袆衣曰:"珠玉就用禁中旧物,所费不及五万,革弊当自宫禁始。"因问风俗,龚茂良奏:"由贵近之家,仿效宫禁,以致流传民间。粥簪珥者,必言内样。彼若知上崇尚淳朴,必观感而化矣。臣又闻中宫服浣濯之衣,数年不易。请宣示中外,仍敕有司严戢奢僭。"宁宗嘉泰初,以风俗侈靡,诏官民营建室屋,一遵制度,务从简朴。又以宫中金翠,燔之通衢,贵近之家,犯者必罚。

宋史卷一五四
志第一○七

輿服六

宝　印　符券　宫室制度
臣庶室屋制度

　　宝。秦制，天子有六玺，又有传国玺，历代因之。唐改为宝，其制有八。五代乱杂，或多亡失。周广顺中，始造二宝：其一曰"皇帝承天受命之宝"，一曰"皇帝神宝"。太祖受禅，传此二宝，又制"大宋受命之宝"。至太宗，又别制"承天受命之宝。"是后，诸帝嗣服，皆自为一宝，以"皇帝恭膺天命之宝"为文。凡上尊号，有司制玉宝，则以所上尊号为文。

　　宝用玉，篆文，广四寸九分，厚一寸二分。填以金盘龙钮，系以晕锦大绶，赤小绶，连玉环；玉检七寸，广二寸四分，厚四分；玉斗方二寸四分，厚一寸二分：皆饰以红锦，金装裹以红绵，加红罗泥金夹帕，纳于小盝。盝以金装，内设金床，晕锦褥，饰以杂色玻黎、碧石、珊瑚、金精古、玛瑙。又盝二重，皆装以金，覆以红罗绣帕，载以腰舆及行马，并饰以金。又有香烟、宝子、香匙、灰匙、火箸、烛台、烛刀，皆以金为之，是所谓缘宝法物也。

　　别有三印：一曰"天下合同之印"，中书奏覆状、流内铨历任三代状用之；二曰"御前之印"，枢密院宣命及诸司奏状内用之；三曰"书诏之印"，翰林诏敕用之。皆铸以金，又以输石各铸其一。雍熙三年,并改为宝,别铸以金,旧六印皆毁之。

真宗即位,作皇帝受命宝,文曰"皇帝恭膺天命之宝。"大中祥符元年五月,详定所言:"按玉牒、玉册,用皇帝受命宝印之,纳玉匮于石礛,以天下同文之印封之。今封禅泰山,请依旧制,别造玉宝一枚,方寸二分,文同受命宝。其封石礛,用天下同文之印,旧史元无制度,今请用金铸,大小同御前之宝,以'天下同文之宝'为文。所有缘宝法物,亦请依式制造。"从之。天禧元年十二月,召辅臣于滋福殿,观新刻"五岳圣帝玉宝"及"皇帝昭受乾符之宝,"命择日迎导赴会灵观奉安。其宝并金押玉钮,制作精妙。真宗以奏章上帝,承前皆用御前之宝,以理未顺,故改用昭受乾符之宝。

乾兴元年,仁宗即位,作受命宝,文同真宗。天圣元年,诏以宫城火,重制受命宝及尊号册宝。庆历八年十一月,诏刻"皇帝钦崇国祀之宝。"先是,天禧中,真宗刻昭受乾符之宝,而于醮祠表章用之。后经大内火,宝焚,乃用御前之宝。至是,下学士院定其文,命宰臣陈执中书之。皇祐五年七月,诏作"镇国神宝"。先是,奉宸库有良玉,广尺,厚半之。仁宗以为希代之珍,不欲为服玩,因作是宝,命宰臣庞籍篆文。宝成,太常礼院引《唐六典》次序曰:"一神宝,二受命宝,冬至祀南郊,大驾仪仗,请以镇国神宝先受命宝为前导。"自是为定式。至和二年,初,太宗以玉宝二钮赐太祖之子德芳,其文曰"皇帝信宝",至是,德芳孙左屯卫大将军从式上之。

嘉祐八年,仁宗崩,英宗立,翰林学士范镇言:"伏闻大行皇帝受命宝及缘宝法物,与平生衣冠器用,皆欲举而葬之,恐非所以称先帝恭俭之意。其受命宝,伏乞陛下自宝用之,且示有所传付。若衣冠器玩,则请陈于陵寝及神御殿,岁时展视,以慰思慕。"诏检讨官考索典故,及命两制、礼安详议。翰林学士王珪等奏曰:"受命宝者,犹昔传国玺也,宜为天子传器,不当改作。古者藏先王衣服于庙寝,至于平生器玩,则前世既不皆纳于方中,亦不尽陈于陵寝。谓今宜从省约,以称先帝恭俭之宝。"帝不用其议,乃别造受命宝,命参知政事欧阳修篆文八字。至哲宗立,亦作焉,其文并同。

绍圣三年，咸阳县民段义得古玉印，自言于河南乡刘银村修舍，掘地得之，有光照室。四年，上之，诏礼部、御史台以下参验。元符元三月，翰林学士承旨蔡京及讲议官十三员奏：

按所献玉玺，色绿如蓝，温润而泽，其文曰"受命于天，既寿永昌"。其背螭钮五盘，钮间有小窍，用以贯组。又得玉螭首一，白如膏，亦温润，其背亦螭钮五盘，钮间亦有贯组小窍，其面无文，与玺大小相合。篆文工作，皆非近世所为。

臣等以历代正史考之，玺之文曰"皇帝寿昌"者，晋玺也；曰"受命于天"者，后魏玺也；"有德者昌"，唐玺也；"惟德允昌"，石晋玺也；则"既寿永昌"者，秦玺可知。今得玺于咸阳，其玉乃蓝田之色，其篆与李斯小篆体合。饰以龙凤鸟鱼，乃虫书鸟迹之法，于今所传古书，莫可比拟，非汉以后所作明矣。

今陛下嗣守祖宗大宝，而神玺自出，其文曰"受命于天，既寿永昌"，则天之所畀，乌可忽哉？汉、晋以来，得宝鼎瑞物，犹告庙改元，肆眚上寿，况传国之器乎？其缘宝法物礼仪，乞下所属施行。

诏礼部、太常寺按故事详定以闻。礼官言：五月朔，故事当大朝会，宜就行受宝之礼。依上尊号宝册仪，有司豫制缘宝法物，并宝进入。俟降出，权于宝堂安奉。前三日，差官奏告天地、宗庙、社稷。前一日，帝斋于内殿。翌日，御大庆殿，降坐受宝，群臣上寿称贺。先期，又诏龙图、天章阁斋治平元年耀州所献受命宝玉检，赴都堂参议。诏以五月朔受传国宝，命章惇书玉检，以"天授传国受命之宝"为文。

徽宗崇宁五年，有以玉印献者。印方寸，以龟为钮，工作精巧，文曰"承天福延万亿永无极。"徽宗因次其文，仿李斯虫鱼篆作宝文。其方四寸有奇，螭钮，方盘，上圆下方，名为镇国宝。大观元年，又得玉工，用元丰中玉琢天子、皇帝六玺，叠篆。初，绍圣间，得汉传国玺，无检，幅又不阙，疑其一角缺者，乃检也。有《检传》，考验甚详，传于世。帝于是取其文而黜其玺不用，自作受命宝，其方四寸有奇,琢以白玉,篆以虫鱼。镇国、受命二宝,合天子、皇帝六玺,是为八宝。

诏曰:"自昔皆有尚符玺官。今虽隶门下后省,遇亲祠,则临时具员,讫事复罢。八宝既备,宜重典司之职。可令尚书省置官,如古之制。"又诏曰:"永惟受命之符,当有一代之制,而尚循秦旧,六玺之用,度越百年之久,或未大备。自天申命,地不爱宝,获金玉于异域,得妙工于编氓,八宝既成,复无前比,殆天所授,非人能为。要以来年元日,御大庆殿恭受八宝。"尚书省言:

请置符宝郎四员,隶门下省,二员以中人充,掌宝于禁中。按唐八宝,车驾临幸,则符宝郎奉宝以从;大朝会,则奉宝以进。今镇国宝、受命宝非常用之器,欲临幸则从六宝,朝会则陈八宝,皆夕纳。内符宝郎奉宝出以授外符宝郎,外符宝郎从宝行于禁卫之内,朝则分进于御坐之前。

镇国宝、受命宝不常用,唯封禅则用之。皇帝之宝,答邻国书则用之;皇帝行宝,降御札则用之;皇帝信宝,赐邻国书及物则用之;天子之宝,答外国书则用之;天子行宝,封册则用之;天子信宝,举大兵则用之。应合用宝,外符宝郎具奉,请内符宝郎御前请宝,印讫,付外符宝郎承受。

从之。二年,诏受命宝之上,加"镇国"二字。

政和七年,从于阗得大玉逾二尺,色如截肪。徽宗又制一宝,赤螭钮,文曰"范围天地,幽赞神明,保合太和,万寿无疆"。篆以鱼虫,制作之工,几于秦玺。其宝九寸,检亦如之,号曰"定命宝"。合前八宝为九,诏以九宝为称,以定命宝为首。且曰:"八宝者,国之神器;至于定命宝,乃我所自制也。"于是,应行导排设,定命与受命、天子宝在左,镇国与皇帝宝在右。又诏:"镇国、受命宝与天子、皇帝之宝,其数有八,盖非乾元用九之数。比得玉于异域,受定命之符于神霄,乃以'范围天地,幽赞神明,保合太和,万寿无疆'为文。卜云其吉,篆以虫鱼,纵广之制,其寸亦九,号曰定命宝。来年元日祗受。"又诏差官奏告天地、宗庙、社稷。八年正月一日,御大庆殿,受定命宝,百僚称贺。其后京城之难,诸宝俱失之,惟大宋受命之宝与定命宝独存,盖天意也。

建炎初,始作金宝三:一曰"皇帝钦崇国祀之宝",祭祀词表用之;二曰:"天下合同之宝。"降付中书门下省用之;三曰:"书诏之宝。"发号施令用之。绍兴元年,又作玉宝一,文曰"大宋受命中兴之宝。"又得旧宝二,历世宝之,凡上太上皇尊号、册后太子皆用焉。十六年,又作八宝:一曰护国神宝,以"承天福延万亿永无极"九字为文;二曰受命宝,以"受命于天既寿永昌"为文;三曰天子之宝;四曰天子信宝;五曰天子行宝;六曰皇帝之宝;七曰皇帝信宝;八曰皇帝信宝。藏之御府,大朝会则陈之;上册宝尊号、册后太子、大礼设卤簿,亦如之。宝之制,用玉尺度,钮鼻,大小绶,玉环。检制,旧制如牌,上刻曰某宝。皆裹以朱缕,加绯罗泥金帕,纳于小盝。盝三重,皆饰以金,内设金床、金宝斗,龙钥金镙,覆以绯罗绣帕,载以腰舆、行马。

孝宗即位,议上太上皇帝尊号曰光尧寿圣太上皇帝,宝用皇祐中有法、黍尺量度。乾道六年,再加十四字尊号,以宝材元系螭龙钮,止堪改作蹲龙,其钮高二寸四分五厘,厚一寸一分五厘,窍径一寸。理宗宝庆三年,加上宁宗皇帝徽号,宝面广四寸二分,厚一寸二分,蹲龙钮,通高四寸一分,宝四面钩碾行龙。

后妃之宝。哲宗元祐年,诏:天圣中,章献明肃皇后用玉宝,方四寸九分,厚一寸二分,龙钮。今太皇太后权同处分军国事,宜依章献明肃皇后故事。二年,又诏:太皇太后玉宝,以"太皇太后之宝"为文;皇太后金宝,以"皇太后宝"为文;皇太妃金宝,以"皇太妃宝"为方。中兴之后,后宝用金,方二寸四分,高下随宜,鼻纽以龟。斗、检以银,涂以金。宝盝三重,钑百花,涂金盘凤。舆案、行马、帕褥亦如之。

皇太子宝。至道元年,制皇太子受册金宝。方二寸,厚五寸,系以朱组大绶,连玉环,金斗。金检长五寸,阔二寸,厚二分。裹以红绵,加红罗泥金帕,纳于小盝。盝以金装,内设金床。又盝二重,皆覆以红罗销金帕。盝及腰舆、行马皆银装金涂。他法物皆银为之,钑花涂金。中兴,宝,龟钮;金涂银检,上勒“皇太子宝”四字,金涂银宝斗。黝漆盝三重,并锦拓里,外以金涂银百花凤叶子五明装,钥以金镚,载以黝漆腰舆、行马。

册制。用珉玉,简长一尺二寸,阔一寸二分;简数从字之多少。联以金绳,首尾结带。前后檦首四枚,二枚画神,二枚刻龙镂金,若奉护之状。藉以锦褥,覆以绯罗泥金夹帕。册匣长广取容册,涂以朱漆,金镂百花凸起行龙,金镚、钑镨。覆以红罗绣盘龙蹙金帕,承以金装长竿床,金龙首,金鱼钩,又以红丝为绦紧匣。册案涂朱漆,以销金红罗覆之

后册,用珉,或以象。缕文以凤,尺寸制度并同帝册。

皇太子册,用珉简六十枚,乾道中,用七十五枚,每枚高尺二寸,博一寸二分。前后檦首四枚,长随简,博四寸,其二刻神,其二刻龙,为奉护状。贯以金丝,首尾结为金花,饰以钑镨。衬以红罗泥金夹帕,藉以锦褥,盛以黝漆匣,锦拓里,以金涂银叶段五明装,隐起百花凤。覆以绯罗泥金帕,络以红丝结绦,衬以锦褥,载以黝漆腰舆、行马。

亡金国宝。理宗端平元年,命孟珙等以兵从大元兵夹攻金人于蔡州,灭之。其年四月丙戌,大理寺言:

京湖制置司以所获亡金宝物来上,令金臣参知政事张天纲辨识。其玉宝一,文曰“太祖应乾兴运昭德定功睿神庄孝仁明大圣武元皇帝尊谥宝”,乃金人上其祖阿骨打谥宝也。其法物有销金盘龙红纻丝袍一,透碾云龙玉带一,内方八胯结头一,塌尾一,并玉涂金结头一;涂金小结攀一;连珠环玉束带一;垂头里拓,上有金龙,带上玉事件大小一十八;又玉靶铁剉

一，销金玉事件二，皮茄袋一，玉事件三。

天纲称：上项带，国言谓之"兔鹘"，皆其故主完守绪常服之物也。碾玉巾环一，桦皮龙饰角弓一，金龙环刀一，红绒丝靠枕一，佩玉大环一，皆非臣庶服用之物。制旨册一本，旧作圣旨。近侍局平日掌此，以承受内降指挥。壬辰四月，故主援东汉光武故事，令上书者不得言"圣"，故避"圣"字不敢当，因改作"制旨"。

外有臣下虎头金牌三，银牌八十四，涂金印三，及诸官署铜印三百一十二颗。法司以守绪函骨及俘囚故宝、法物等，庭引天纲并护尉都尉完颜好海及天纲妻完颜氏乌古论栲栳、小女琼琼一一审实，件列以闻。

有旨："完颜守绪遗骸并故宝、法物等，藏大理寺狱库。天纲、好海、完颜氏乌古论、琼琼拘诸殿前司，候朝旨"云。

印制。两汉以后，人臣有金印、银印、铜印。唐制，诸司皆用铜印，宋因之。诸王及中书门下印方二寸一分，枢密、宣徽、三司、尚书省诸司印方二寸。惟尚书省印不涂金，余皆涂金。节度使印方一寸九分，涂金。余印并方一寸八分，惟观察使涂金。诸王、节度、观察使、州、府、军、监、县印，皆有铜牌，长七寸五分，诸王广一寸九分，余广一寸八分。诸王、节度、观察使牌涂以金，刻文云"牌出印入，印出牌入"。其奉使出入，或本局无印者，皆给奏使印。景德初，别铸两京奉使印。又有朱记，以给京城及外处职司及诸军将校等，其制长一寸七分，广一寸六分。士庶及寺观亦有私记。

乾德三年，太祖诏重铸中书门下、枢密院、三司使印。先是，旧印五代所铸，篆刻非工。及得蜀中铸印官祝温柔，自言其祖思言，唐礼部铸印官，官世习缪篆，即《汉书艺文志》所谓"屈曲缠绕，以模印章"者也。思言随僭宗入蜀，子孙遂为蜀人。自是，台、省、寺、监及开寺府、兴元尹印，悉令温柔重改铸焉。

太宗雍熙元年，诏新除汉南国王钱俶印，宜以"汉南国"为文。

四年,诏钱俶新授南阳国王印,宜以"南阳国王之印"为文。真宗咸平三年,赐山前后百蛮王诺驱印,以"大渡河南山前后都鬼王之印"为文。景德四年,铸交址郡王印,制安南旌节,付广南转运司就赐之。大中祥符五年,诏诸寺观及士庶之家所用私记,今后并方一寸,杉木为文,不得私铸。是岁七月,帝览河西节度使、知许州石普奏状,用许州观察使印,以问宰臣王旦。对曰:"节度州有三印:节度印随本使,使缺则纳有司;观察印,则州长吏用之;州印,昼则付录事掌用,暮纳于长吏。节度使在本镇,兵仗则节度判官、掌书记、推官书状,用节度使印;田赋则观察判官、支使、推官书状,用观察印;符刺属县,则本使判书,用州印。故命帅必曰某军节度某州管内观察等使、某州刺史。言军,则专制其兵旅;言管内,则总察其风俗;言刺史,则莅其州事。石普独书奏章,当用河西节度使印。

仁宗景祐三年,少府监言:"得篆文官王交盛状,'在京三司粮料院,频有人伪造印记,印成旁历,盗请官物。欲乞铸造圆印三面,每面阔二寸五分,于外一匝先篆年号及粮料院名,计十二字;次一匝篆寅印十二辰,亦十二字;中心篆正字,上连印钮,铸成转关,以机穴定之。用时逐月分对,年终转逮十二月,自寅至丑,终始使用。所有转关正字,次月转定之时,令本院官封押,选差人行使其印。遇改年号,即令别铸。'"诏三司定夺以闻,三司请如文盛奏。后又命知制诰邵必、殿中丞苏唐卿详定天下印文,必、唐卿皆通篆籀,然小无所厘改焉。

神宗熙宁五年,诏内外官及溪洞官合赐牌印,并令少府监铸造,送礼部给付。元丰三年,广西经略司言,知南丹州莫世忍贡银、香、狮子、马。遂赐以印,以"西南诸道武盛军德政官家明天国主印"为文,并以南丹州刺史印赐之,仍诏经略司毁其旧印。六年,旧制贡院专掌贡举,其印曰"礼部贡举之印",以废贡院,事归礼部,别铸"礼部贡举之印"。是岁十二月,诏自今臣僚所授印,亡殁并赐随葬,不即随葬因而行用者,论如律。

中兴仍旧制,惟三省、枢密院用银印,六部以下用铜印,诸路监司、州县亦如之。寺监惟长贰给焉，属则从其长。若仓库关涉财用，司存，或给之。监司、州县长官曰印，僚属曰记。又下无记者，止令本道给以木朱记，文大方寸。或衔命出境者，以奉使印给之，复命则纳于有司。后以朝命出州县者，亦如之。新进士置团司，亦假奉使印，结局远之。此常制也。

南渡之后，有司印记多亡失，彼遗此得，各自收用。尚方重铸给之，加"行在"二字，或冠年号以别新旧，然欺伪犹未能革。乾道二年，礼部请郡县假借印记者，悉毁而更铸。四年，兵部侍郎陈弥作言："六部印藏于官，以牌出入，而胥史用于户外，或借用于他厅。近有伪为文符、盗印以支钱粮者，有伪作奏钞、盗拆御宝而改秩者，皆慢藏有以诲之。"诏三省申严戒敕。绍熙元年，礼部侍郎李巘言："文书有印，以示信防奸，给毁悉经省部，具有条制。然州县沿循，或以县佐而用东南将印，以掾曹而用司寇旧章，名既不正，弊亦难防。请令有司制州县官合用印记，旧印非所当用者，毁之。"绍兴十四年，臣僚又言："印信事重，凡有官司印记，年深篆文不明，合改铸者，非进呈取旨，不得改铸焉。"时更铸者，成都府钱引，每界以铜朱记给之。行在都茶场会子库，每界给印二十五：国用印三钮，各以"三省户房国用司会子印"为文；检察印五钮，各以"提领会子库检察印"为文；库印五钮，各以"会子库印造会子印"为文；合同印十二钮，内一贯文二钮，各以"会子库一贯文合同印"为文；五百文、二百文准此。

蕃国效顺者，给以铜印。安南国王李天祚乞印，以"南安国王之印"六字为文，方二寸，给牌，皆以铜铸，金涂。西蕃陇右郡王赵怀恩乞印，以"陇右郡王之印"为文给之。宜州界外诸蛮乞印，以"宜州管下羁縻某州之印"为文，凡六十颗给之。其后文武百司节次所铸，不备载。

朱记，同旧制。绍兴二年，始铸亲贤宅、益王府铜朱记。二十七年，改铸建康户部大军库记。三十年，铸马军司统制、统领官朱记。三十二年，铸邓、恭、庆王直讲、赞读朱记。隆兴元年，铸都督府金厅记,又铸寄桩库记。二年,铸户部大军库勘合库子记二钮,湖广总领所覆印会子记二钮。乾道二年,铸成都钱引务朱记。淳熙十六年,铸建康榷货务中门大门之记。凡内外官有请于朝,则铸给焉。用木者,易之以铜。

符券。唐有银牌,发驿遣使,则门下省给之。其制,阔一寸半,长五寸,面刻隶字曰"敕走马银牌",凡五字。首为窍,贯以韦带。其后罢之。初,令枢密院给券,谓之"头子"。太宗太平兴国三年,李飞雄诈乘驿谋乱,伏诛。诏罢枢密院券,乘驿者复制银牌,阔二寸半,长六寸。易以八分书,上钑二飞凤,下钑二麒麟,两旁年月,贯以红丝绦。端拱中,以使臣护边兵多遗失,又罢银牌,复给枢密院券。

仁宗康定元年五月,翰林学士承旨丁度、翰林学士王尧臣、知制诰叶清臣等请制军中传信牌及兵符事,诏令两制与端明殿学士李淑详定奏闻:

军中符信,窃要杜绝奸诈,深合机宜。今请下有司造铜兵符,给诸路总管主将,每发兵三百人或全指挥以上即用。又别造传信未漆木牌给应军中往来之处,每传达号令,关报会合及发兵三百人以下即用。又检到符彦卿《军律》有字验,亦乞令于移牒、传信牌上,两处参验使用。

一、铜兵符:汉制,铜铸,上刻虎形。今闻皇城司见有木鱼契,乞令省司用木契形状,精巧铸造。陕西五路,每路依汉制各给一至二十,计二十面,更换给用,仍以公牒为照验。

二、传信木牌:先朝旧制,合用坚木朱漆为之,长六寸,阔三寸,腹背刻字而中分之,字云某路传信牌。却置池漕,牙缝相合。又凿二窍,置笔墨,上帖纸,书所传达事。用印印号上,以皮系往来军吏之项。临阵传言,应有取索,并以此牌为言,写其上。如已晓会施行讫,复书牌上遣回。今乞下有司造牌,每路各给一面为样,余令本司依此制造,分给诸处,更换使用。城砦分屯军马,事须往来关会之处,亦如数给与。

三、字验：凡军行计会，不免文牒，或主司遗失惧罪，单使被擒，军中所谋，自然泄露。故每分屯军马之时，与主将密定字号，各掌一通，不令左右人知其义理。但于寻常公状文移内，以此字私为契约，有所施行，依此参验，不得字有重叠，及用凶恶嫌疑之语。每用文牒之上，别行写此字验讫，印其上发往。如所请报，到，许，即依号却写印遣回；如不许，即空之。此惟主将自知，他人皆不得测。符彦卿元用四十条，以四十字为号；今检得只有三十七条，内亦有不急之事，今减作二十八字。所贵军中戎旅之人，事简易记。

诏并从之。嘉祐四年，三司使张方平编驿券则例，凡七十四条，赐名《嘉祐驿令》。

神宗熙宁五年，诏西作坊铸造诸铜符三十四副，令三司给左契付诸门，右契付大内钥匙库。今后诸门轮差人员，依时转铜契入，赴库勘同。其铁牌只请人自执，在外仗止宿。本库依漏刻发钥匙，付外仗验请人铁牌给付，候开门讫，却执铁牌纳钥匙，请出铜契。至晚却依上请纳。其开门朝牌六面，亦随铜契依旧发放。时神宗以京城门禁不严，素无符契，命枢密院约旧制，更造铜契，中刻鱼形，以门名识之。分左右给纳，以戒不虞，而启闭之法密于旧矣。元丰元年，详定礼文所言："旧南郊式，车驾出入宣德门、太庙灵星门、朱雀门、南薰门，皆勘箭。熙宁中，因参知政事王珪议，已罢勘箭，而勘契之式尚存。《春秋》之义，不敢以所不信加之尊者；且雷动天行，无容疑贰，必使谁何而后过门，不应典礼。考详事始，不见于《开宝礼》。咸平中，初载于仪注，盖当时礼官之失。请自今车驾出入，罢勘契。"从之。

高宗建炎三年，改铸虎符，枢密院主之。其制以铜为之，长六寸，阔三寸，刻篆而中分之，以左契给诸路，右契藏之。

门符制，以缯里纸版，谓之"号"，皇城司掌之。敕入禁卫号，黄绫八角，三千道；入殿门黄绢以方，入宫门黄绢以圆，八千道；入皇城门绢以长，三千道。绍兴二年正月所定也。后更宫门号以绯红绢方,皇城门以绯红绢圆,遂久用之"后复尽以黄,或方或圆,各随其制。

又有檄牌,其制有金字牌、青字牌、红字牌。金字牌者,日行四百里,邮置之最速递也;凡赦书及军机要切则用之,由内侍省发遣焉。乾道末,枢密院置雌黄青字牌,日行三百五十里,军期急速则用之。淳熙末,赵汝愚在枢管,乃作黑漆红字牌,奏委诸路提举官催督,岁校迟速最甚者,以议赏罚。其后尚书省亦踵行之,仍命逐州通判具出入界日时状申省。久之,稽缓复如故。绍熙末,遂置摆铺焉。

宫室。汴宋之制,侈而不可以训。中兴,服御惟务简省,宫殿尤朴。皇帝之居曰殿,总曰大内,又曰南内,本杭州治也。绍兴初,创为之。休兵后,始作崇政、垂拱二殿。久之,又作天章等六阁。寝殿曰福宁殿。淳熙初,孝宗始作射殿,谓之选德殿。八年秋,又改后殿拥舍为别殿,取旧名,谓之延和殿,便坐视事则御之。他如紫宸、文德、集英、大庆、讲武,惟随时所御,则易其名。紫宸殿,遇朔受朝则御焉;文德殿,降赦则御之;集英殿,临轩策士则御焉;大庆殿,行册礼则御焉;讲武殿,阅武则御焉。其实垂拱、崇政二殿,权更其号而已。二殿虽曰大殿,其修广仅如大郡之设厅。淳熙再修,止循其旧。每殿为屋五间,十二架,修六丈,广八丈四尺。殿南檐屋三间,修一丈五尺,广亦如之。两朵殿各二间,东西廊各二十间,南廊九间。其中为殿门,三门六架,修三丈,广四丈六尺。殿后拥舍七间,即为延和,其制尤卑,陛阶一级,小如常人所居而已。

奉太上则有德寿宫、重华宫,寿康宫,奉圣母则有慈宁宫、慈福宫,寿慈宫。德寿宫在大内北望仙桥,故又谓之北内,绍兴三十二年所造,宫成,诏以德寿宫为名,高宗为上皇御之。重华宫即德寿宫也,孝宗逊位御之。寿康宫即宁福殿也。初,丞相赵汝愚议以秘书省为泰宁宫,已而不果行,以慈懿皇后外第为之。上皇不欲迁,因以旧宁福殿为寿康宫,光宗逊位御之。

大内苑中,亭殿亦无增,其名称可见者,仅有复古殿、损斋、观

堂、芙蓉阁、翠寒堂、清华阁、椤木堂、隐岫、澄碧、倚桂、隐秀、碧琳
堂之类，此南内也。北内苑中，则有大池，引西湖水注之，其上叠石
为山，象飞来峰。有楼曰聚远，禁御周回，四分之。东则香远、清深、
月台、梅坡、松菊三径、清妍、清新、芙蓉冈，南则载忻、欣欣、射厅、
临赋、灿锦、至乐、半文红、清旷、泻碧，西则冷泉、文杏馆、静乐、浣
溪，北则绛华、旱船、俯翠、春桃、盘松。

皇太子宫曰东宫。其未出阁，但听读于资善堂，堂在宫门内。已
受册，则居东宫，宫在丽正门内。绍兴三十二年始置，孝宗居之；庄
文太子立，复居之。光宗为太子，孝宗谓辅臣曰："今后东宫不须创
建，朕宫中宫殿，多所不御，可移修之。"自是皆不别建。

淳熙二年，始创射堂一，为游艺之所，圃中有荣观玉渊清赏等
堂、凤山楼，皆宴息之地也。

幕殿，即《周官》大、小次也。东都时，郊坛大次谓之青城，祀前
一日宿斋诣焉。其制，中有二殿，外有六门：前曰泰禋，后曰拱极，东
曰祥曦，西曰景曜，东偏曰承和，西偏曰迎禧。大殿曰端诚，便殿曰
熙成。中兴后，以事天尚质，屡诏郊坛不得建斋宫，惟设幕屋而已。
其制，架木而以苇为障，上下四旁周以幄帟，以象宫室，谓之幕殿。
及行事，又于坛所设小次。大、小次之外，又有望祭殿，遇雨则行事
于中。东都时为瓦屋五间，周围重廊。中兴后，惟设苇屋，盖仿清庙
茅屋之制也。

臣庶室屋制度。宰相以下治事之所曰省、曰台、曰部、曰寺、曰
监、曰院，在外监司、州郡曰衙。在外称衙而在内之公卿、大夫、士不
称者，按唐制，天子所居曰衙，故臣下不得称。后在外藩镇亦僭曰
衙，遂为臣下通称。今帝居虽不曰衙，而在内省部、寺监之名，则仍
唐旧也。然亦在内者为尊者避，在外者远君无嫌欤？私居，执政、亲
王曰府，余官曰宅，庶民曰家。

诸道府公门得施戟，若私门则爵位穹显经恩赐者，许之。在内
官不设，亦避君也。

　　凡公宇,栋施瓦兽,门设梐枑。诸州正牙门及城门,并施鸱尾,不得施拒鹊。六品以上宅舍,许作乌头门。父祖舍宅有者,子孙许仍之。凡民庶家,不得施重拱、藻井及五色文采为饰,仍不得四铺飞檐。庶人舍屋,许五架,门一间两厦而已。

宋史卷一五五

志第一〇八

选举一　科目上

　　自敷奏以言,明试以功,三载考绩,三考黜陟幽明,始于《舜典》。司徒以乡三物兴贤能,太宰以三岁计吏治,详于《周官》。两汉而下,选举之制不同,归于得贤而已。考其大要,不过入仕则有贡举之科,服官则有铨选之格,任事则有考课之法。然历代之议贡举者每曰:“取士以文艺,不若以德行。就文艺而参酌之,赋论之浮华,不若经义之实学。”议诠选者每曰:“以年劳取人,可以绝超窜,而不无贤愚同滞之叹;以荐举取人,可以拔俊杰,而不无巧佞捷进之弊。”议考课者每曰:“拘吏文,则上下督察,浸成浇风;通誉望,则权贵请托,徒开利路。”于是议论纷纭,莫之一也。

　　宋初承唐制,贡举虽广,而莫重于进士、制科,其次则三学选补。铨法虽多,而莫重于举削改官、磨勘转秩。考课虽密,而莫重于官给历纸,验考批书。其他教官、武举、童子等试,以及遗逸奏荐、贵戚公卿任子、亲属与远州流外诸选,委曲琐细,咸有品式。其间变更不常,沿革迭见,而三百余年元臣硕辅,鸿博之儒,清缠之吏,皆自此出,得人为最盛焉。今辑旧史所录,胪为六门:一曰科目;二曰学校试;三曰铨法;四曰补荫;五曰保任;六曰考课。烦简适中,隐括归类,作《选举志》。

　　宋之科目,有进士,有诸科,有武举。常选之外,又有制科,有童子举,而进士得人为盛。神宗始罢诸科,而分经义、诗赋以取士,其后遵行,未之有改。自仁宗命郡县建学,而熙宁以来,其法浸备,学校之设遍天下,而海内文治彬彬矣。今以科目、学校之制,各著于篇。

初,礼部贡举,设进士、《九经》、《五经》、《开元礼》、《三史》、《三礼》、《三传》、学究、明经、明法等科,皆秋取解,冬集礼部,春考试。合格及第者,列名放榜于尚书省。凡进士,试诗、赋、论各一首,策五道,帖《论语》十帖,对《春秋》或《礼记》墨义十条。凡《九经》,帖书一百二十帖,对墨义六十条。凡《五经》,帖书八十帖,对墨义五十条。凡《三礼》,对墨义九十条。凡《三传》,一百一十条。凡《开元礼》,凡《三史》,各对三百条。凡学究,《毛诗》对墨义五十条,《论语》十条,《尔雅》、《孝经》共十条,《周易》、《尚书》各二十五条。凡明法,对律令四十条,兼经并同《毛诗》之制。各间经引试,通六为合格,仍抽卷问律,本科则否。诸州判官试进士,录事参军试诸科,不通经义,则别选官考校,而判官监之。试纸,长官印署面给之。试中格者,第其甲乙,具所试经义,朱书通、否,监官、试官署名其下。进士文卷,诸科义卷、帖由,并随解牒上之礼部。有笃废疾者不得贡。贡不应法及校试不以实者,监官、试官停任。受赇,则论以枉法,长官奏裁。

凡命士应举,谓之锁厅试。所属先以名闻,得旨而后解。既集,什伍相保,不许有大逆人缌麻以上亲,及诸不孝、不悌、隐匿工商异类、僧道归俗之徒。家状并试卷之首,署年及举数、场第、乡贯,不得增损移易,以仲冬收纳,月终而毕。将临试期,知举官先引问联保,与状金同而定焉。凡就试,唯词赋者许持《切韵》、《玉篇》,其挟书为奸,及口相受授者,发觉即黜之。凡诸州长吏举送,必先稽其版籍,察其行为;乡里所推,每十人相保,内有缺行,则连坐不得举。故事,知举官将赴贡院,台阁近臣得荐所知之负艺者,号曰"公荐"。太祖虑其因缘挟私,禁之。

自唐以来,所谓明经,不过帖书、墨义,观其记诵而已,故贱其科,而"不通"者其罚特重。乾德元年,诏曰:"旧制《九经》一举不第而止,非所以启迪仕进之路也;自今依诸科许再试。"是年,诸州所荐士数益多,乃约周显德之制,定诸州贡举条法及殿罚之式:进士"文理纰缪"者殿五举,诸科初场十"不"殿五举,第二、第三场十"不"殿三举,第一至第三场九"不"并殿一举。殿举之数,朱书于试卷,送中书门下。三年,陶谷子邴擢上第,帝曰:"谷不能训子,安得登第?"乃诏:"食禄之家,有登第者,礼部具姓名以闻,令覆试之。"自是,别命儒臣于中书覆试,合格乃赐第。时川蜀、荆湖内附,试数道所贡士,县次往还续食。开宝三年,诏礼部阅贡士及十五举尝终场者,得一百六人,赐本科出身。特奏名恩例,盖自此始。

五年,礼部奏合格进士、诸科凡二十八人,上亲召对讲武殿,而未及引试也。明年,翰林学士李昉知贡举,取宋准以下十一人,而进士武济川、《三传》刘睿材质最陋,对问失次,上黜之。济川,昉乡人也。会有诉昉用情取舍,帝乃籍终场下第人姓名,得三百六十人,皆如见,择其一百九十五人,并准以下,乃御殿给纸笔,别试诗赋。命殿中侍御史李莹等为考官,得进士二十六人,《五经》四人,《开元礼》七人,《三礼》三十八人,《三传》二十六人,《三史》三人,学究十八人,明法五人,皆赐及第,又赐钱二十万以张宴会。昉等寻皆坐责。殿试遂为常制。帝尝语近臣曰:"昔者,科名多为势家所取,朕亲临试,尽革其弊矣。"八年,亲试进士王式等,乃定王嗣宗第一,王式第四。自是御试与省试各次,始有升降之别。时江南未平,进士林松、雷说试不中格,以其间道来归,亦赐《三传》出身。

太宗即位,思振淹滞,谓侍臣曰:"朕欲博求俊彦于场中,非敢望拔十得五,止得一二,亦可为致治之具矣。"太平兴国二年,御殿覆试,内出赋题,赋韵平侧相间,依次而用。命李昉、扈蒙第其优劣为三等,得吕蒙正以下一百九人。越二日,覆试诸科,得二百人,并赐及第;又阅贡籍,得十举以上至十五举进士、诸科一百八十余人,并赐出身;《九经》七人不中格,亦怜其老,特赐同《三传》出身;凡五百余人,皆赐袍笏,锡宴开宝寺,帝自为诗一章赐之。甲、乙第进士及《九经》，皆授将作监丞、大理评事，通判诸州，其余亦优等授官。三年九月，廷试举人。故事，惟春放榜，至是秋试，非常例也。是冬，诸州举人并集，会将亲征北汉，罢之。自是，间一年或二年乃贡举。

五年，覆试进士。有颜明远、刘昌言、张观、乐史四人，以见任官举进士，特授近藩掌书记。有赵昌国者，求应百篇举，谓一日作诗百篇。帝出杂题二十，令各赋五篇，篇八句，日旰，仅成数十首，率无可观。帝以是科久废，特赐及第，以劝来者。

八年，进士、诸科始试律义十道，进士免帖经。明年，惟诸科试律，进士复帖经。进士始分三甲。自是锡宴就琼林苑。上因谓近臣曰："朕亲选多士，殆忘饥渴，如见临问，观其才技而用之，庶使田野无遗逸，而朝迁多君子尔。"雍熙二年，廷试初唱名及第，第一等为节度推官。是年及端拱初，礼部试已，帝虑有遗才，取不中格者再试之，于是由再试得官者数百人。凡廷试，帝亲阅卷累日，宰相屡请宜归有司，始诏岁命官知举。

旧制，既锁院，给左藏钱十万资费用。端拱元年，诏改支尚书祠部，仍倍其数，罢御厨、仪鸾司供帐。知贡举宋白等定贡院故事：先期三日，进士具都榜引试，借御史台驱使官一人监门，都堂帘外置案，设银香炉，唱名给印试纸。及试中格，录进士之文奏御，诸科惟籍名而上；俟制下，先书姓名散报之，翌日，放榜唱名。既谢恩，诣国学谒先圣先师，进士过堂阁下告名。闻喜宴分为两日，宴进士，请丞郎、大两省；宴诸科，请省郎、小两省。缀行期集，列叙名氏、乡贯、三代之类书之，谓之小录。醵钱为游宴之资，谓之醵。皆团司主之。制下，而中书省同贡院关黄覆奏之，俟正敕下，关报南曹、都省、御史台，然后贡院写春关散给。籍而入选谓之春关。登科之人，例纳朱胶绫纸之直，赴吏部南曹试判三道，谓之关试。

淳化三年，诸道贡士凡万七千余人。先是，有击登闻鼓诉校试不公者。苏易简知贡举，受诏即赴贡院，仍糊名考校，遂为例。既廷试，帝谕多士曰："尔等各负志业，效官之外，更励精文采，无坠前功也。"诏刻《礼记儒行篇》赐之。每科进士第一人，天子宠之以诗，后尝作箴赐陈尧叟,至是,并赐焉。先是,尝并学究《尚书》、《周易》为一科,始更定本经日试义十道,《尚书》、《周易》各义五道,仍杂问疏义六道,经注四道。明法旧试六场,更定试七场:第一、第二场试律,第三场试令,第四、第五场试小经,第六场试令,第七场试律,仍于试律日杂问疏义六、经注四。凡《三礼》、《三传》、《通礼》每十道义分经注六道、疏义四道,以六通为合格。

自淳化末,停贡举五年;真宗即位,复试,而高句丽始贡一人。先是,国子监、开封府所贡士,与举送官为姻戚,则两司更互考试,始命遣官别试。

咸平三年,亲试陈尧咨等八百四十人,特奏名者九百余人,有晋天福中尝预贡者。凡士贡于乡而屡绌于礼部,或廷试所不录者,积前后举数,参其年而差等之,遇亲策士则别籍其名以奏,径许附试,故曰特奏名。又赐河北进士、诸科三百五十人及第、同出身。既下第,愿试武艺及量才录用者,又五百余人,悉赐装钱慰遣之,命礼部叙为一举。较艺之详,推恩之广,近代所未有也。

旧制,及第即命以官。上初复廷试,赐出身者亦免选,于是策名之士尤众,虽艺不及格,悉赐同出身。乃诏有司,凡赐同出身者并令守选,循用常调,以示甄别。又定令:凡试卷,封印院糊名送知举官考定高下,复令封之送覆考所,考毕然后参校得失,不合格者,须至覆场方落。谕馆阁、台省官,有请属举人者密以闻,隐匿不告者论罪。仍诏诸王、公主、近臣,毋得以下第亲族宾客求赐科名。

景德四年,命有司详定《考校进士程式》,送礼部贡院,颁之诸州。士不还乡里而窃户他州以应选者,严其法。每秋赋,自县令佐察行义保任之,上于州;州长贰复审察得实,然后上本道使者类试。已保任而有缺行,则州县皆坐罪;若省试而文理纰缪,坐元考官;诸州解试额多而中者少,则不必足额。

寻又定《亲试进士条制》。凡策士,即殿两庑张帟,列几席,标姓名其上。先一日表其次序,揭示阙外,翌旦拜阙下,乃入就席。试卷,内臣收之,付编排官,去其卷首乡贯状,别以字号第之;付封弥官誊写校勘,用御书院印,付考官定等毕,复封弥送覆考官再定等。编排官阅其同异,未同者再考之;如复不同,即以相附近者为定。始取乡贯状字号合之,即第其姓名、差次,并试卷以闻。其考第之制凡五等:学识优长、词理精绝为第一;才思该通、文理周率为第二;文理俱通为第三;文理中平为第四;文理疏浅为第五。然后临轩唱第,上二等曰及第,三等曰出身,四等、五等曰同出身。余如贡院旧制。

五年,诏士曾预南省试者,犯公罪听赎罚。令礼部取前后诏令经久可行者,编为条制。诸科三场内有十"不"、进士词理纰缪者各一人以上,监试、考试官从违制失论,幕职、州县官得代日殿一选,京朝官降监场务,尝监当则与远地;有三人,则监试、考试官亦从违制失论,幕职、州县官冲替,京朝远地监当;有五人,则监试以下皆停见任;举送守卒,诸科五十人以上有一人十"不",即罚铜与免殿选监当,进士词理纰缪亦如之。后又诏:"试锁厅者,州长吏先校试合格,始听取解;至礼部不及格,停其官,而考试及举送者,皆重置罪。"八年,始置誊录院,令封印官封试卷付之,集书吏录本,监以内侍二人。诏:"进士第一人,令金吾司给七人导从,听引两节。著为令。"

天圣初,宋兴六十有二载,天下乂安。时取才唯进士、诸科为最广,名卿钜公,皆由此选,而仁宗亦向用之,登上第者不数年,辄赫然显贵矣。其贡礼部而数黜者,得特奏名,或因循不学,乃诏曰:"学犹殖也,不学将落,逊志务时敏,厥修乃来。朕虑天下之士或有遗也,既已临轩较得失,而忧其屡不中科,则衰迈而无所成,退不能返其里闾,而进不得预于禄仕。故常数之外,特为之甄采。而狃于宽恩,遂隳素业,苟简成风,甚可耻也。自今宜笃进厥学,无习侥幸焉。"时晏殊言:"唐明经并试策问,参其所习,以取材识短长。今诸科专记诵,非取士之意,请终场试策一篇。"诏近臣议之,咸谓诸科非所心,议遂寝。旧制,锁厅试落辄停官,至是始诏免罪。

景祐初,诏曰:"乡学之士益蕃,而取人路狭,使孤寒栖迟,或老而不得进,朕甚悯之。其令南省就试进士、诸科,十取其二。凡年五十,进士五举、诸科六举;尝经殿试,进士三举、诸科五举;及尝预先朝御试,虽试文不合格,毋辄黜,皆以名闻。"自此率以为常。士有亲戚仕本州,或为发解官,及侍亲远宦,距本州二千里,令转运司类试,以十率之,取三人。于是诸路始有别头试。其年,诏开封府、国子监及别头试,封弥、誊录如礼部。

初,贡士踵唐制,犹用公卷,然多假他人文字,或佣人书之。景德中,尝限举人于试纸前亲书家状,如公卷及后所试书体不同,并驳放;其假手文字,辨之得实,即斥去,永不得赴举。贾昌朝言:"自唐以来,礼部采名誉,观素学,故预投公卷;今有封弥、誊录法,一切考诸试篇,则公卷可罢。"自是不复有公卷。

宝元中,李淑侍经筵,上访以进士诗、赋、策、论先后,俾以故事对。淑对曰:"唐调露二年,刘思立为考功员外郎,以进士试策,灭裂,请帖经以观其学,试杂文以观其才。自此沿以为常。至永隆二年,进士试杂文二篇,通文律者,始试策。天宝十一年,进士试一经,能通者试文赋,又通而后试策,五条皆通,中第。建中二年,赵赞请试以时务策五篇,箴、论、表、赞,各一篇,以代诗、赋。大和三年,试帖经,略问大义,取精通者,次试论、议各一篇。八年,礼部试以帖经口义,次试策五篇,问经义者三,问时务者三。厥后变易,遂以诗赋为第一场,论第二场,策第三场,帖经第四场。今陛下欲求理道而不以雕琢为贵,得取士之实矣。然考官以所试分考,不能通加评校,而每场辄退落,士之中否,殆系于幸不幸。愿约旧制,先策,次论,次赋及诗,次帖经、墨义,而敕有司并试四场,通较工拙,毋以一场得失为去留。"诏有司议,稍施行焉。

既而知制诰富弼言曰:"国家沿隋、唐设进士科,自咸平、景德以来,为法尤密,而得人之道,或有未至。且历代取士,悉委有司,未闻天子亲试也。至唐武后始有殿试,何足取哉?使礼部次高下以奏,而引诸殿廷,唱名赐第,则与殿试无以异矣。"遂诏罢殿试。而议者多言其轻上恩,隳故事,复如旧。

时范仲淹参知政事,意欲复古劝学,数言兴学校,本行实。诏近臣议,于是宋祁等奏:"教不本于学校,士不察于乡里,则不能核名实。有司束以声病,学者专于记诵,则不足尽人材。参考众说,择其便于今者,莫若使士皆土著,而教之于学校,然后州县察其履行,则学者修饬矣。"乃诏州县立学,士须在学三百日,乃听预秋赋,旧尝充赋者百日而止。试于州者,令相保任,有匿服、犯刑、亏行、冒名等禁。三场:先策,次论,次诗赋,通考为去取,而罢帖经、墨义,士通经术愿对大义者,试十道。仲淹既去,而执政意皆异。是冬,诏罢入学日限。言初令不便者甚众,以为诗赋声病易考,而策论汗漫难知;祖宗以来,莫之有改,且得人尝多矣。天子下其议,有司请如旧法。乃诏曰:"科举旧条,皆先朝所定也,宜一切如故,前所更定令悉罢。"

会张方平知贡举,言:"文章之变与政通。今设科选才,专取辞艺,士惟道义积于中,英华发于外,然则以文取士,所以叩诸外而质其中之蕴也。言而不度,则何观焉。迩来文格日失其旧,各出新意,相胜为奇。朝廷恶其然,屡下诏书戒饬,而学者乐于放逸,罕能自还。今赋或八百字,论或千余字,策或置所问而妄肆胸臆,漫陈他事,驱扇浮薄,重亏雅俗,岂取贤敛才备治具之意邪?其增习新体,澶漫不合程式,悉已考落,请申前诏,揭而示之。"

初,礼部奏名,以四百名为限,又诸科杂问大义,侥幸之人,悉以为不便。知制诰王珪奏曰:"唐自贞观讫开元,文章最盛,较艺者岁千余人,而所收无几。咸亨、上元增其数,亦不及百人。国初取士,大抵唐制,逮兴国中,贡举之路浸广,无有定数。比年官吏猥众,故近诏限四百人,以惩其弊。且进士、明经先经义而后试策,三试皆通为中第,大略与进士等,而诸科既不问经义,又无策试,止以诵数精粗为中否,则其专固不达于理,安足以长民治事哉?前诏诸科终场问本经大义十道,《九经》、《五经》科止问义而不责记诵,皆以著于令。言者以为难于遽更,而图安于弊也。惟陛下申敕有司,固守是法,毋轻易焉。"

嘉祐二年,亲试举人,凡与殿试者始免黜落。时进士益相习为奇僻,钩章棘句,浸失浑淳。欧阳修知贡举,尤以为患,痛裁抑之,仍严禁挟书者。既而试榜出，时所推誉，皆不在选。浇薄之士，候修晨朝，群聚诋斥之，街司逻卒不能止，至为祭文投其家，卒不能求其主名置于法，然自是文体亦少变。待试京师者恒六七千人，一不幸有故不应诏，往往沉沦十数年，以此毁行干进者，不可胜数。

王洙侍迩英阁讲《周礼》，至"三年大比，大考州里，以赞乡大夫废兴。"上曰："古者选士如此，今率四五岁一下诏，故士有抑而不得进者，孰若裁其数而屡举也。"下有司议，咸请："易以间岁之法，则无滞才之叹。荐举数既减半，主司易以详较，得士必精。且人少则有司易于检察，伪滥自不能容，使寒苦艺学之人得进。"于是下诏："间岁贡举，进士、诸科悉解旧额之半。增设明经，试法：凡明两经或三经、五经，各问大义十条，两经通八，三经通六，五经通五为合格，兼以《论语》、《孝经》，策时务三条，出身与进士等。而罢说书举。"

时以科举既数，而高第之人骤显，欲稍裁抑。遂诏曰："朕惟国之取士，与士之待举，不可旷而冗也。故立间岁之期，以励其勤；约贡举之数，以精其选。著为定式，申敕有司，而高第之人，尝不次而用。若循旧比，终至滥官，甚无谓也。自今制科入第三等，与进士第一，除大理评事、签书两使幕职官；代还，升通判；再任满，试馆职。制科入第四等，与进士第二、第三，除两使幕职官；代还，改次等京官。制科第五等，与进士第四、第五，除试衔知县；代还，迁两使职官。锁厅人视此。若夫高才异行，施于有政而功状较然者，当以异恩擢焉。"仁宗之朝十有三举，进士四千五百七十人；其甲第之三人凡三十有九，其后不至于公卿者，五人而已。英宗既位，议者以间岁贡士法不便。乃诏礼部三岁一贡举，天下解额，取未行间岁之前四之三为率，明经、诸科毋过进士之数。

神宗笃意经学，深悯贡举之弊，且以西北人材多不在选，遂议更法。王安石谓："古之取士俱本于学，请兴建学校以复古。其明经、诸科欲行废罢，取明经人数增进士额。"乃诏曰："化民成俗，必自庠序；进贤兴能，抑由贡举。而四方执经艺者专于诵数，趋乡举者狃于文辞，与古所谓'三物宾兴，九年大成'，亦已盭矣。今下郡国招徕隽

贤,其教育之方,课试之格,令两制、两省、待制以上、御史、三司、三馆杂议以闻。"议者多谓变法便。直史馆苏轼曰:

得人之道,在于知人,知人之法,在于责实。使君相有知人之明,朝廷有责实之政,则胥吏、皂隶,未尝无人,虽用今之法,臣以为有余;使无知人之明,无责实之政,则公卿、侍徒,常患无人,况学校贡举乎?虽复古之制,臣以为不足矣。

时有可否,物有兴废,使三代圣人复生于今,其选举亦必有道,何必由学乎?且庆历间尝立学矣,天下以为太平可待,至于今惟空名仅存。今陛下必欲求德行道艺之士,责九年大成之业,则将变今之礼,易今之俗。又当发民力以治宫室,敛民财以养游士,置学立师;以又时简不帅教者,屏之远方,徒为纷纷,其与庆历之际何异?至于贡举,或曰乡举德行而略文章;或曰专取策论而罢诗赋;或欲举唐故事,采誉望而罢封弥;或欲变经生帖、墨而考大义,此数者皆非也。

夫欲兴德行,在于君人者修身以格物,审好恶以表俗,若欲设科立名以取之,则是教天下相率而为伪也。上以孝取人,则勇者割股,怯者庐墓。上以廉取人,则弊车、羸马、恶衣、菲食,凡可以中上意者无所不至。自文章言之,则策论为有用,诗赋为无益;自政事言之,则诗赋、论策均为无用。然自祖宗以来莫之废者,以为设法取士,不过如此也。近世文章华丽,无如杨亿。使亿尚在,则忠清鲠亮之士也。通经学古,无如孙复、石介。使复、介尚在,则迂阔诞谩之士也。矧自唐至今,以诗赋为名臣者,不可胜数,何负于天下,而必欲废之。

帝读轼疏曰:"吾固疑此,得轼议,释然矣。"他日问王安石,对曰:"今人材乏少,且其学术不一,异论纷然,不能一道德故也。一道德则修学校,欲修学校,则贡举法不可不变。若谓此科尝多得人,自缘仕进别无他路,其间不容无贤;若谓科法已善,则未也。今以少壮时,正当讲求天下正理,乃闭门学作诗赋,及其入官,世事皆所不习,此科法败坏人材,致不如古。"

　　既而中书门下又言："古之取士,皆本学校,道德一于上,习俗成于下,其人才皆足以有为于世。今欲追复古制,则患于无渐。宜先除去声病偶对之文,使学者得专意经术,以俟朝廷兴建学校,然后讲求三代所以教育选举之法,施于天下,则庶几可以复古矣。"于是改法,罢诗赋、帖经、墨义,士各占治《易》、《诗》、《书》、《周礼》、《礼记》一经,兼《论语》、《孟子》。每试四场,初大经,次兼经,大义凡十道,后改《论语》、《孟子》义各三道。次论一首,次策三道,礼部试即增二道。中书撰大义式颁行。试义者须能经、有文采乃为中格,不但如明经墨义粗解章句而已。取诸科解名十之三,增进士额,京东西、陕西、河北、河东五路之创试进士者,及府、监、他路之合诸科而为进士者,乃得所增之额以试。皆别为一号考取,盖欲优其业,使不至外侵,则常慕向改业也。

　　又立新科明法,试律令令《刑统》,大义、断按,所以侍诸科之不能业进士者。未几选人,任子,亦试律令始出官。又诏进士自第三人以下试法。或言:"高科任签判及职官,于习法岂所宜缓。昔试刑法者,世皆指为俗吏,今朝廷推恩既厚,而应者尚少,若高科不试,则人不以为荣。"乃诏悉试。帝尝言:"近世士大夫,多不习法。"吴充曰:"汉陈宠以法律授徒,常数百人。律学在六学之一,行来缙绅,多耻此学。旧明法科徒诵其文,罕通其意,近朴官必聚而试之,有以见恤刑之意。"

　　熙宁三年,亲试进士,始专以策,定著限以千字,旧特奏名人试论一道,至是亦制策焉。帝谓执政曰:"对策亦何足以实尽人材,然愈于以诗赋取人而。"旧制,进士入,进谢恩银百两,至是罢之。仍赐钱三千,为期集费。诸州举送。发解、考试、监试官,凡亲戚若门客毋试于其州,类其名上之转运司,与锁厅庭者同试,率七人特立一额。后复令存诸科旧额十之一,以待不能改业者。

　　元祐初,知贡举苏轼、孔文仲言:"每一试,进士、诸科及特奏名约八九百人。旧制,礼部已奏名,至御试而黜者甚多。嘉祐始尽赐出身,近杂犯亦免黜落,皆非祖宗本意。进士升甲,本为南省第一人,唱名近下,方特升之,皆出一时圣断。今礼部十人以上,别试、国子、开封解试、武举第一人,经明行修进士及该特奏而预正奏者,定著于令,递升一甲。则是法在有司,恩不归于人主,甚无谓也。今特奏者约已及四百五十人,又许例外递减一举,则当复增数百人。此曹垂老无他望,布在州县,惟务黩货以为归计。前后恩科命官,几千人矣,何有一人能自奋厉,有闻于时?而残民败官者,不可胜数。以此知其无益有损。议者不过谓宜广恩泽,不知吏部以有限之官待无穷之吏,户部以有限之财禄无用之人,而所至州县,举罹其害。乃即位之初,有此过举,谓之恩泽,非臣所识也。原断自圣意,止用前命,仍诏考官量取一二十人,诚有学问,即许出官。其余皆补文学、长史之类,不理选限,免使积弊增重不已。”遂诏定特奏名考取数,进士入四等以上、诸科入三等以上,通在试者计之,毋得取过全额之半,是后著为令。

　　时方改更先朝之政,礼部请置《春秋》博士,专为一经。尚书省请复诗赋,与经义兼行,解经通用先儒传注及已说。又言:“新科明法中者,吏部即注司法,叙名在及第进士之上。旧明法最为下科,然必责之兼经,古者先德后刑之意也。欲加试《论语》大义,仍裁半额,注官依科目次序。”诏近臣集议。左仆射司马光曰:“取士之道,当先德行,后文学;就文学言之,经术又当先于词采。神宗专用经义、论策取士,此乃复先王令典,百工不易之法。但王安石不当以一家私学,令天下学官讲解。至于律令,皆当官所须,使为士者果能知道义,自与法律冥合;何必置明法一科,习为刻薄,非所以长育人材、敦厚风俗也。”

　　四年,乃立经义、诗赋两科,罢试律义。凡诗赋进士,于《易》、《诗》、《书》、《周礼》、《礼记》、《春秋》、《左传》内听习一经。初试本经义二道《语》、《孟》义各一道,次试赋及律诗各一首,次论一首,末试子、史、时务策二道。凡专经进士,须习两经,以《诗》、《礼记》、《周礼》、《左氏春秋》为大经,《书》、《易》、《公羊》、《谷梁》、《仪礼》为中经,《左氏春秋》得兼《公羊》、《谷梁》、《书》,《周礼》得兼《仪礼》或

《易》、《礼记》、《诗》并兼《书》，愿习二大经者听，不得偏占两中经。初试本经义三道，《论语》义一道，次试本经义三道，《孟子》义一道，次论策，如诗赋科。并以四场通定高下，而取解额中分之，各占其半。专经者用经义定取舍，兼诗赋者以诗赋为去留，其名次高下，则于策论参之。自复诗赋，士多乡习，而专经者十无二三，诸路奏以分额各取非均，其后遂通定去留，经义毋过通额三分之一。

光又请："立经明行修科，岁委升朝文臣各举所知，以勉励天下，使敦士行，以示不专取文学之意。若所举人违犯名教及脏私罪，必坐举主，毋有所赦，则自不敢妄举。而士之居乡、居家者，立身行已，不敢不谨，惟惧玷缺外闻。所谓不言之教，不肃而成，不待学官日训月察，立赏告讦，而士行自美矣。"遂立科，许各举一人。凡试进士者，及中第唱名日，用以升甲。后分路别立额六十一人，州县保任上之监司，监司考察以闻，无其人则否。预荐者不试于州郡，惟试礼部。不中，许用特奏名格赴廷试，行以为常。既而诏须特命举乃举，毋概以科场年上其名。

六年，诏复通礼科。初，《开宝》中，改乡贡《开元礼》为《通礼》，熙宁尝罢，至是始复。凡礼部试，添知举官为四员，罢差参详官，而置黜检官二十人，分属四知举，使协力通考；诸州点检官专校杂犯，亦预考试。

八年，中书请御试复用祖宗法，试诗赋、论、策三题。且言："士子多已改习诗赋，太学生员总二千一百余人，而不兼诗赋者才八十二人。"于是诏："来年御试，习诗赋人复试三题，专经人且令试策。"自后概试三题。帝既亲政，群臣多言元祐所更学校、科举制度非是，帝念宣仁保祐之功，不许改。经圣初，议者益多，乃诏进士罢诗赋，专习经义，廷对仍试策。初，神宗念字学废缺，诏儒臣探讨，而王安石乃进其说，学者习焉。元祐禁勿用。至是，除其禁。四年，诏礼部，凡内外试题悉集以为籍，遇试，颁付考官，以防复出。罢《春秋》科，凡试，优取二《礼》，两经许占全额之半，而以其半及他经。既而复立《春秋》博士，崇宁又罢之。

徽宗设辟雍于国郊,以待士之升贡者。临幸,加恩博士弟子有差。然州郡犹以科举取士,不专学校。崇宁三年,遂诏:"天下取士,悉由学校升贡,其州郡发解及试礼部法并罢。"自此,岁试上舍,悉差知举,如礼部试。五年,诏:"大比岁更参用科举取士一次,其亟以此意使远士即闻之。"时州县悉行三舍法,得免试入学者,多当官子弟,而在学积岁月,累试乃得应格。其贫且老者甚病之,故诏及此,而未遽废科举也。大观四年五月,星变,凡事多所更定。侍御史毛注言:"养士既有额,而科举又罢,则不隶学籍者,遂致失职。天之视听以民,士,其民之秀者,今失职如此,疑天亦谴怒。愿以解额之归升贡者一二分,不绝科举,亦应天之一也。"遂诏更行科举一次。臣僚言:"场屋之文,专尚偶丽,题虽无两意,必欲厘而为二,以就对偶;其超诣理趣者,反指以为澹泊。请择考官而戒饬之,取其有理致而黜其强为对偶者,庶几稍救文弊。"

宣和三年,诏罢天下三舍法,开封府及诸路并以科举取士;惟太学仍存三舍,以甄序课试,遇科举仍自发解。六年,礼部试进士万五千人,诏特增百人额,正奏名赐第者八百余人,因上书献颂直令赴试者殆百人。有储宏等隶大阉梁师成为使臣或小史,皆赐之第。梁师成者,于大观三年尝中甲科。自设科以来,南宫试者,无逾此年之盛。然杂流阉宦,俱玷选举,而祖宗之良法荡然矣。凡士不由科举若二舍而赐进士第及出身者,其所从得不一。凡遗逸、文学、吏能言事或奏对称旨,或试法而经律入优,或材武、或童子而皆能文,或边臣之子以功来奏,其得之虽有当否,大较犹可取也。崇宁、大观之后,达官贵胄既多得赐,以上书献颂而得者,又不胜纪。

宋史卷一五六
志第一〇九

选举二　科目下　举遗逸附

　　高宗建炎初，驻跸扬州，时方用武，念士人不能至行在，下诏："诸道提刑转运司选官即置司州、军引试，使副或判官一人董之。河东路附京西转运司，国子监、开封府人就试于留守司，命御史一人董之。国子监人愿就本路试者听。二年，定诗赋、经义取士，第一场诗赋各一首，习经义者本经义三道，《语》《孟》义各一道；第二场并论一道；第三场并策三道。殿试策如之。自绍圣后，举人不习诗赋，至是始复，遂除政和令命官私相傅习诗赋之禁。又诏："下第进士，年四十以上六举经省御试、八举经省试，五十以上四举经御试、五举经试者，河北、河东、陕西特各减一举；元符以前到省，两举者不限年，一举年五十五已上者，诸道转运司、开封府悉以名闻，许直赴廷试。"

　　是秋，四方士集行在，帝亲策于集英殿，第为五等，赐正奏名李易以下四百五十一人进士及第、进士出身、同学究出身、同出身。第一人为左宣教郎，第二、第三人左宣义郎，第四、第五人左儒林郎。第一甲第六名以下并左文林郎，第二甲并左从事郎，第三甲以下并左迪功郎。特奏名第一人附第二甲，赐进士及第，第二、第三人赐同进士出身，余赐同学究出身。登仕郎、京府助教、上下州文学、诸州助教入五等者，亦与调官。川、陕、河北、京东正奏名不赴者一百三人，以龙飞特恩，即家赐第。故事，廷试上十名，内侍先以卷奏定高下。帝曰："取士当务至公,岂容以己意升降,自今勿先进卷。"

三年,诏:"过省进士赴御试不及者,令漕臣据元举送状申省,给敕赐同进士出身。其计举者,赐下州文学,并释褐焉。"左司谏唐辉言:"旧制,省试用六曹尚书、翰林学士知贡举,侍郎、给事中同知贡举,卿监、郎官参详,馆职、学官点检,御史监视,故能至公厌人心。今诸道类试,颛委宪臣,奸弊滋生,才否贸乱,士论嚣然,甚不称更制设科之意,请并还礼部。"遂罢诸道类试。四年,复川、陕试如故。

绍兴元年,当祀明堂,复诏诸道类试,择宪、漕或帅守中文学之人总其事,使精选考官。于是四川宣抚处置使张浚始以便宜令川、陕举人,即置司州试之。会侯延庆言:"兵兴,太学既罢,诸生解散,行在职事及厘务官随行有服亲及门客,往往乡贡隔绝,请立应举法,以国子监进士为名。"进转运司附试。又诏:"京畿、京东西、河北、陕西、淮南士人转徙东南者,令于寓户州军附试,别号取放。"

时诸道贡籍多毁于兵,乃诏转运司令举人具元符以后解、升贡、户贯、三代、治经,置籍于礼部,以稽考焉。应该恩免解举人,值兵毁失公据者,如京官二员委保,所在州军给据,仍申部注籍。侍御史曾统请取士止用词赋,未须兼经,高宗亦以古今治乱多载于史,经义登科者类不通史,将从其议。左仆射吕颐浩曰:"经义、词赋均以言取人,宜如旧。"遂止。

二年,廷试,手诏谕考官,当崇直言,抑谀佞。得张九成以下二百五十九人,凌景夏第二。吕颐浩言景夏词胜九成,请更置第一。帝曰:"士人初进,便须别其忠佞,九成所对,无所畏避,宜擢首选。"九成以类试、廷策俱第一,命特进一官。时进士卷有犯御名者,帝曰:"岂以朕名妨人进取邪?"令作置本等。又命应及第人各进一秩。旧制,潜藩州郡举人,必曾请举两到省已上乃得试。帝尝封蜀国公,是年,蜀州举人以帝登极恩,径赴类省试,自是为例。

五年,初试进士于南省,戒饬有司:"商榷去取,毋以缔绘章句为工,当以渊源学问为尚。事关教化、有益治体者,毋以切直为嫌。

言无根柢肆为蔓衍者,不在采录。""举人程文,许通用古今诸儒之说,及出己意,文理优长为合格。"三月,御试奏名,汪应辰第一。初,考官以有官人黄中第一,帝访诸沈应求,应求以沈遘与冯京故事对,乃更擢应辰为魁,遂为定制。

旧制,御试初考既分等第,印封送覆考定之,详定所或从初,或从覆,不许别自立等。嘉祐中废。至是,知制诰孙近奏:"若遵旧制,则高下升黜,画出详定官,初、覆考为虚设。请自今初、覆考皆未当,始许奏禀别置等第。"谏议大夫赵霈请用《崇宁令》,凡隔二等、累及五人许行奏禀,从之。是年,川、陕进士止试宣抚司,特奏名则置院差官,试时务策一道,礼部具取放分数、推恩等第颁示之。

旧法,随侍见任守倅等官,在本贯二千里外,曰满里子弟。试官内外有服亲及婚姻家,曰"避亲"。馆于见任门下,曰"门客"。是三等许牒试,否则不预。间有背本宗而窜他谱,飞赇而移试他道者,议者病之。六年,诏牒试应避者,令本司长官、州守倅、县令委保,诡冒者连坐。

七年,命行在职事、厘务官并宗子应举、取应及有官人,并于行在赴国子监试,始命各差词赋、经义考官。八年,以平江府四经巡幸,其得解举人援临安,建康驻跸例,各免文解一次。时闻徽宗崩,未及大祥,礼部言:故事,因谅暗罢殿试,则省试第一人为榜首,补两使职官。帝特命为左承事郎,自此率以为常。九年,以陕西举人久蹈北境,理宜优异,非四川比,令礼部别号取放。川、陕分类试额自此始。是岁,以科试、明堂同在嗣岁,省司财计艰于办给,又患初仕待阙率四五年,若使进士、荫人同时差注,俱为不便,增展一年,则合旧制。十年,遂诏诸州依条发解,十二年正月省试,三月御试,后皆准此。

十三年,国子司业高闶言:"取士当先经术。请参合三场,以本经、《语》、《孟》义名一道为首,诗赋各一首次之,子史论一道、时务策一道又次之,庶几如古试法。又《春秋》义当于正经出题。"并从之。初立同文馆试,凡居行在去本贯及千里已上者,许附试于国子监。十五年，凡特奏名赐同学究出身者，旧京府助教今改将仕郎。是岁，始定依汴京旧制，正奏及特恩分两日唱名。十七年，申禁程文全用本朝人文集或歌颂及佛书全句者，皆不考。

十八年，以浙漕举人有势家行赂、假手滥名者，谕有司立赏格，听人捕告。十九年，诏："自今乡贡，前一岁，州军属县长吏籍定合应举人，以次年春县上之州，州下之学，核实引保，赴乡饮酒，然后送试院。及期投状射保者勿受。"自神宗朝程颢、程颐以道学倡于洛，四方师之，中兴盛于东南，科举之文稍用颐说。谏官陈公辅上疏诋颐学，乞加禁绝；秦桧入相，甚至指颐为"专门"，侍御史汪勃请戒饬攸司，凡专门曲说，必加黜落；中丞曹筠亦请选汰用程说者：并从之。二十一年，御试得正奏名四百人，特奏名五百三十一人，中兴以来，得人始盛。

二十二年，以士习《周礼》、《礼记》，较他经十无一二，恐其学浸废，遂命州郡招延明于《二礼》者，俾立讲说以表学校，及令考官优加诱进。旧诸州皆以八月选日试举人，有趁数州取解者。二十四年，始定试期并用中秋日，四川则用季春，而仲秋类省。初，秦桧专国，其子熺廷试第一，桧阳引降第二名。是岁，桧孙埙举进士，省试、廷对皆首选，姻党曹冠等皆居高甲，后降埙第三。二十五年，桧死，帝惩其弊，遂命贡院遵故事，凡合格举人有权要亲族，并令覆试。仍专埙出身，改冠等七人官并带"右"字，余悉驳放。程、王之学，数年以来，宰相执论不一，赵鼎主程颐，秦桧主王安石。至是，诏自今毋拘一家之说，务求至当之论。道学之禁稍解矣。

自经、赋分科，声律日盛，帝尝曰："向为士不读史，遂用诗赋。今则不读经，不出数年，经学废矣。"二十七年，诏复行兼经，如十三年之制。内第一场大小经义各减一道，如治《二礼》文义优长，许侵用诸经分数。时号为四科。旧蜀士赴廷试不及者，皆赐同进士出身。帝念其中有俊秀能取高第者，不宜例置下列，至是，遂谕都省宽展试期以待之。及唱名，阎安中第二，梁介第三，皆蜀士也，帝大悦。二十九年，孙道夫在经筵，极论四川类试请托之弊，请尽令赴礼部。帝

曰："后举但当遣御史监之。"道夫持益坚,事下国子临,祭酒杨椿
曰："蜀去行在万里,可使士子涉三峡、冒重湖邪?欲革其弊,一监试
得人足矣。"遂诏监司,守倅宾客力可行者赴省,余不在遣中。是岁,
四川类省试始从朝廷差官。

初,类试第一人恩数优厚,视殿试第三人,赐进士及第;后以何
耕对策忤秦桧,乃改礼部类试蜀士第一等人,并赐进士出身,自是
无有不赴御试者。惟遇不亲策,则类省试第一人恩数如旧,第二、第
三人皆附第一甲,九名以上附第二甲焉。是年诏:"四中等处进士,
路运归乡试不及者,特就运司附试一次,仍别行考校,取旨立额。

三十一年,礼部侍郎金安节言:"熙宁、元丰以来,经义诗赋,废
兴离合,随时更革,初无定制。近合科以来,通经者苦赋体雕刻,习
赋者病经旨渊微,心有弗精,智难兼济。又其甚者,论既并场,策问
太寡,议论器识,无以尽人。士守传注,史学尽废,此后进往往得志,
而老生宿儒多困也。请复立两科,永为成宪。"从之。于是士始有定
向,而得专所习矣。既而建议者以为两科既分,解额未定,宜以国学
及诸州解额三分为率,二取经义,一取诗赋。若省试,则以累举过省
中数立为定额而分之。诏下其议,然竟不果行。

孝宗初,诏川、广进士之在行都者,令附试两浙转运司。隆兴元
年,御试第一人承事郎、签书诸州节度判官,第二第三人文林郎、两
使职官,第四第五人从事郎、初等职官,第六人至第四甲迪功郎、
诸州司户簿尉,第五甲守选。乾道元年,诏四川特奏名第一等第一
名赐同学究出身,第二名至本等末补将仕郎,第二等至第四等赐下
州文学,第五等诸州助教。二年,御试,始推登极恩,第一名宣义郎,
第二名与第一名恩例,第三名承事郎;第一甲赐进士及第并文林
郎,第二甲赐进士及第并从事郎,第三、第四甲进士出身,第五甲同
进士出身;特奏名第一名赐进士出身,第二、第三名赐同进士出身。

四年,裁定牒试法:文武臣添差官除亲子孙外并罢,其行在职
事官除监察御史以上,余并不许牒试。六年,诏诸道试官皆隔一郡
选差,后又令历三郡合符乃听入院,防私弊也。

帝欲令文士能射御,武臣知诗书,命讨论殿最之法。淳熙二年御试,唱第后二日,御其殿,引按文士詹骙以下一百三十九人射艺。翌日,引文士第五甲及特奏名一百五十二人。其日,进士具襕笏入殿起居,易戎服,各给箭六,弓不限斗力,射者莫不振厉自献,多命中焉。天子甚悦。凡三箭中帖为上等,正奏第一人转一官,与通判,余循一资;二箭中为中等,减二年磨勘;一箭中帖及一箭上垛为下等,一任回不依次注官;上四甲能全中者取旨;第五甲射入上等注黄甲,余升名次而已。特奏名五等人射艺合格与文学,不中者亦赐帛。

四年,罢同文馆试。又命省试帘外官同姓异姓亲若门客,亦依帘内官避亲法,牒送别院。五年,以阶、成、西和、凤州正奏名比附特奏名五路人例,特升一甲。六年,诏特奏名自今三名取一,置第四等以前,余并入第五等,其末等纳敕者止许一次,潜藩及五路旧升甲者今但升名。其后又许纳敕三次,为定制焉。

十一年,进士廷试不许见烛,其纳卷最后者降黜之。旧制,廷试至暮许赐烛,然殿深易暗,日昃已烛出矣。凡赐烛,正奏名降一甲,第五甲降充本甲末名;特奏名降一等,第五等与摄助教。凡试艺于省闱及国子监、两浙转运司者,皆禁烛,其他郡国,率达旦乃出。十月,太常博士倪思言:"举人轻视史学,今之论史者独取汉、唐混一之事;三国、六朝、五代为非盛世耻谈之,然其进取之得失,守御之当否,筹策之疏密,区处兵民之方,形势成败之迹,俾加讨究,有补国家。请谕奏春官:凡课试命题,杂出诸史,无所拘忌;考核之际,稍以论策为重,毋止以初场定去留。"从之。

十四年,御试正奏名王容第一。时帝策士,不尽由有司,是举容本第三,亲擢为榜首。翰林学士洪迈言:"《贡举令》:赋限三百六十字,论限五百字。今经义、论、策一道有至三千言,赋一篇几六百言,寸晷之下,唯务贪多,累牍连篇,何由精妙?宜俾各遵体格,以返浑淳。"

时朱熹尝欲罢诗赋,而分诸经、子、史、时务之年。其《私议》曰:

"古者大学之教，以格物致知为先，而其考校之法，又以九年知类通达、强立不反为大成。今《乐经》亡而《礼经》阙，二《戴》之《礼》已非正经，而又废其一。经之为教已不能备，而治经者类皆舍其所难而就其易，仅窥其一而不及其余。若诸子之学同出于圣人，诸史则该古今兴亡治乱得失之变，皆不可阙者。而学者一旦岂能尽通？若合所当读之书而分之以年，使之各以三年而共通其三四之一。凡《易》、《诗》、《书》为一科，而子年、午年试之；《周礼》、《仪礼》及二《戴记》为一科，而卯年试之；《春秋》及《三传》为一科，而酉年试之。义各二道，诸经皆兼《大学》、《论语》、《中庸》、《孟子》义一道。论则分诸子为四科，而分年以附焉。诸史则《左传》、《国语》、《史记》、《两汉》为一科，《三国》、《晋书》、《南北史》为一科，《新旧唐书》、《五代史》为一科。时务律历、地理为一科，以次分年如经、子之法，试策各二道。又使治经者各守家法，答义者必通贯经文，条举众说而断以己意，有司命题必依章句，如是则士无不通之经、史，而皆可用于世矣。"其议虽未上，而天下诵之。

光宗初，以省试春浅，天尚寒，遂展至二月朔卜日，殿试于四月上旬。绍熙元年，仍按射，不合格者罢赐帛。旧命官锁厅及避亲举人同试。三年，始令分场，以革假人试艺者，于是四蜀皆然。

宁宗庆元二年，韩侂胄袭秦桧余论，指道学为伪学，台臣附和之，上章论列。刘德秀在省闱，奏请毁除语录。既而知贡举吏部尚书叶翥上言："士狃于伪学，专习语录诡诞之说，《中庸》《大学》之书，以文其非。有叶适《进卷》、陈传良《待遇集》，士人传诵其文，每用辄效。请令太学及州军学，各以月试合格前三名程文，上御史台考察，太学以月，诸路以季。其有旧习不改，则坐学官、提学司之罪。"是举，语涉道学者，皆不预选。四年，以经义多用套类，父子史兄弟相授，致天下士子不务实学。遂命有司：六经出题，各于本经摘出两段文意相类者，合为一题，以杜挟册仇伪之计。

嘉泰元年，起居舍人章良能陈主司三弊：一曰沮抑词赋太甚，既暗削分数，又多置下陈。二曰假借《春秋》太过，诸处解榜，多置首选。三曰国史、实录等书禁民私藏,惟公卿子弟因父兄得以窃窥,冒禁传写,而有司乃取本朝故事,藏匿本末,发为策问,寒士无由尽知。命自今诗赋纯正者置之前列,《春秋》唯卓异者置高等,余当杂定,策题则必明白指问。四年,诏:“自今碍格、不疑格人试于漕司者,分院异题,永为定制。”

开禧元年,诏:“礼部考试,以三场俱优为上,二场优次之,一场优又次之,俱劣为下。毋以片言只字取人。编排既定,从知举审定高下,永为通考之法。”二年,以举人奸弊滋多,命诸道漕司、州府、军监,凡发解举人,合格试卷姓名,类申礼部。候省试中,牒发御史台,同礼部长贰参对字画,关御药院内侍照应,廷试字画不同者,别榜驳放。

旧制,秋贡春试,皆置别头场,以待举人之避亲者。自缌麻以上亲及大功以上婚姻之家,皆牒送。惟临轩亲试,谓之天子门生,虽父兄为考官,亦不避。嘉定元年,始因议臣有请,命朝官有亲属赴廷对者,免差充考校。十二年,命国子牒试,禁假托宗枝、迁就服属,犯者必置于罚。十五年,秘书郎何澹言:“有司出题,强裂句读,专务断章,离绝旨意,破碎经文。望令革去旧习,使士子考注疏而辨异同,明纲领而识体要。”从之。

至理宗朝,奸弊愈滋。有司命题苟简,或执偏见臆说,互相皆驰,或发策用事讹舛,故士子眩惑,莫知适从,才者或反见遗。所取之士既不精,数年之后,复俾之主文,是非颠倒逾甚,时谓之缪种流传。复容情任意,不学之流,往往中第。而举人之弊凡五:“曰传义,曰换卷,曰易号,曰卷子出外,曰誊录灭裂。迨宝庆二年,左谏议大夫朱端常奏防戢之策,谓“试院监大门、中门官,乃一院襟喉切要,乞差有风力者。入试日,一切不许传递。门禁既严,则数弊自清。士人暮夜纳卷,易于散失。宜令封弥官躬亲封卷匮,士人亲书幕历投匮中。俟举人尽出院,然后启封,分类抄上,即付誊录所。明旦,申逐场名数于御史台检核。其撰号法,上一字许同,下二字各异,以杜讹易之弊。誊录人选择书手充,不许代名,具姓名字样,申院覆写检实。传义置窠之人,委临安府严捕。其考官容情任意者,许台谏风闻弹奏,重置典宪。及出官钱,立赏格,许告捉怀挟、传题、传稿、全身代名入试之人。帝悉从之,且命精择考官,毋仍旧习。旧制,凡即位一降科诏,及大比之岁,二月一日一降诏,许发解,然后礼部遍牒诸路及四川州军。至是,以四川锁院改用二月二十一日,与降诏日相逼,遂改用正月十五日奏裁降诏。

绍兴元年,有言举人程文雷同,或一字不差。其弊有二:一则考官受赂,或授暗记,或与全篇,一家分传誊写;一则老儒卖文场屋,一人传十,十人传百,考官不暇参稽。于是命礼部戒饬,前申号三日,监试会聚考官,将合取卷参验互考,稍涉雷同,即与黜落。或仍前弊,以致觉察,则考官、监试一例黜退。初,省试奉敕差知贡举一员,同知二员,内差台谏官一员;参详官若干员,内差监察御史一员。俾会聚考校,微寓弹压纠察之意。韩侂胄用事,将钤制士人,遂于三知举外,别差同知一员,以谏官为之,专董试事,不复干预考校,参详官亦不差察官。于是约束峻切,气焰薰灼。嘉泰间,更名监试,其失愈甚,制造簿历,严立程限。至是,复旧制,三知举内差一台谏,十参详内差一御史,仍戒饬试官,精加考校,如日力不给,即展期限。

二年,臣僚言考官之弊:词赋命题不明,致士子上请烦乱;经义不分房别考,至士子多悖经旨。遂饬考官明示词赋题意,各房分经考校。凡廷试,唯蜀士到杭最迟,每展日以待。会有言:“蜀士嗜利,多引商货押船,致留滞关津。”自是,定以四月上旬廷试,更不移展。三年,臣僚请:“学校、场屋,并禁断章截句,破坏义理,及《春秋经》越年牵合。其程文,本古注、用先儒说者取之,穿凿撰说者黜落。”

四年,臣僚甚言科场之弊,秘戒饬漕臣严选考官。地多经学,则博选通经者;地多赋学,则广致能赋者。主文必兼经赋,乃可充其职。监试或倅贰不胜任,必别择人。仍令有司量展揭封之期,庶考校详悉,不致失士。于是命降谕国子监及诸郡,恪意推行约束,违戾者弹劾治罪。初,四川类试,其事虽隶制司,而监试、考官共十员,唯大院别院监试、主文各一员从朝命,余听制司选差。自安丙差四员之外,权委成都帅守临期从近取具。是岁,始仍旧朝命四员,余从制司分选。

时场屋士子日盛,卷轴如山。有司不能遍睹,迫于日限,去取不能皆当。盖士人既以本名纳卷,或别为名,或易以字,一人而纳二三卷。不禁挟书,又许见烛,闽浙诸郡又间日引试,中有一日之暇,甚至次日午方出。于是经义可作二三道,诗赋可成五六篇。举人文章不精,考官困于披阅。幸皆中选,乃以兄弟承之,或转售同族,奸诈百端,真伪莫辨。乃命诸郡关防,于投卷之初,责乡邻核实,严治虚伪之罪、纵容之罚,其弊稍息。

命官锁厅及避亲举人,自绍熙分场各试,寒士惮之。缘避亲人七人取一,其额太窄,咸以为窘;而朝士之被差为大院考官者,恐多妨其亲,亦不愿差。寒士于乡举千百取一之中,得预秋荐,以数千里之远,辛勤赴省;而省闱差官,乃当相避。遂有隐身匿名不认亲戚以求免者,愤懑忧沮狼狈旅邸者,彼此交怨,相视为仇。至是,言者谓:"除大院收试外,以漕举及待补国子生到省者,与避亲人同试于别院,亦将不下数百。人数既多,其额自宽,寒士可不怨其亲戚,朝士可不惮于被差。从之。既而以诸路转运司牒试,多营求伪冒之弊,遂罢之。其实有妨嫌者收试,每百人终场取一人,于各路州军解额窄者量与均添,庶士子各安乡里,无复诈竞。于是临安、绍兴、温、台、福、婺、庆、元、处、池、袁、潮、兴化及四川诸州府,共增解额一百七十名。未几,又命止许牒满里亲子孙及门客,召见任官二员委保,与有官碍格人各处收试,五十人取放一人。合牒亲子孙别项隔截收试,不及五十人亦取一人。凡涉诈冒,并坐牒官、保官。

初,唐、邓二州尝陷于金,金灭,复得其地,命仍旧类试于襄阳,但别号考校,以优新附士子。旧制,光州解额七名,渡江后为极边,士子稀少,权赴试邻州,淳熙间,本州自置科场,权放三名。至是,已五六十年,举人十倍于前,遂命复还旧额。

端平元年,以牒试已罢,解额既增,命增额州郡措置关防,每人止纳一卷,及开贡院添差考官。时有言:门客及随侍亲子孙五十人取一,临安府学三年类申人漕试七十取一,又令别试院分项异处收试,已为烦碎;兼两项士人习赋习《书》之外,习他经者差少,难于取放。遂命将两项混同收试考校,均作六十取一;京学见行食职事生员二百二十四名,别项发号考校,不限经赋,取放一名。

侍御史李鸣复等条列建言,谓:"台谏充知举、参详,既留心考校,不能检柅奸弊,欲乞仍旧差台谏为监试。怀挟之禁不严,皆为具文,欲乞悬赏募人告捉,精选强敏巡按及八厢等人,谨切巡逻,有犯,则镌黜官员。考校不精,多缘点检不时供卷,及开院日迫,试卷沓至,知举仓卒不及,遂致遗才,欲乞试院随房置历程督,点检官书所供卷数,逐日押历考校。试卷不遵旧式,务从简便,点检、参详穿联为一,欲乞必如旧制,三场试卷分送三点检、三参详、三知举,庶得详审。试官互考经赋,未必精熟,欲乞前期约度试卷、经赋凡若干,则各差试官若干,不至偏重。"并从之。

嘉熙元年,罢诸牒试,应郎官以上监司、守倅之门客及姑姨同宗之子弟,与游士之不便于归乡就试者,并混同试于转运司,各从所寓县给据,径赴司纳卷,一如乡举之法。家状各书本贯,不问其所从来,而定其名"寓试",以四十名为额,就试如满五十人,则临时取旨增放。又罢诸路转运司及诸州军府所取待补国子生,自明年并许赴国子监混试。以士子数多,命于礼部及临安转运司两试院外,绍兴、安吉各置一院,从朝廷差官前诣,同日引试,分各路士人就试焉。同在京,不许见烛。是年,已失京西诸州军,士多徙寓江陵、鄂州,命京湖制置司于江陵别立贡院,取德安府、荆门军、归、峡、复三州及随、郢、均、房等京西七郡士人,别差官混试,用十二郡元额混取以优之。

牒试既罢,又复冒求国子,士大夫为子弟计者,辄牒外方他族,利为场屋相资,或公然受价以鬻。命遍百官司知杂司等:如已准朝廷辨验,批书印纸,批下国子监收试,即报赴试人躬赴监。一姓结为一保,每保不过十人,责立罪罚,当官书押,递相委保,各给告示,方许投纳试卷。冒牒官降官罢任，或一时失于参照，误牒他族，许自陈悔牒一次。冒牒中选之人，限主保官、举人一月自首，举人驳放，主保官免罪；出限不首者，仍照前条罪之。凡类试卷，封弥作弊不一。至是，命前期于两浙转运司、临安府选见役吏胥共三十人，差近上一名部辖入院，十名专管诗赋，余分管诸经。各随所管号，于引试之夕，分寻试卷，各置簿封弥，不许混乱；却别差一吏将号置历，发过誊录所书写。其簿、历，封弥官收掌，不经吏手，不许誊录人干预，以革其弊。

　　二年，省试下第及游学人，并就临安府给据，赴两浙转运司混试待补太学生。臣僚言：“国子牒试之弊，冒滥滋甚。在朝之士，有强认疏远之亲为近属者，有各私亲故换易而互牒者，有为权势所轧、人情所牵应命而泛及者，有自揆子弟非才、牒同姓之隽茂利其假手者，有文艺素乏、执格法以求牒转售同姓以谋利者。今后令牒官各从本职长官具朝典状保明，先期取本官知委状，仍立赏格，许人指实陈首。冒牒之官，按劾镌秩；受牒之人，驳放殿举；保官亦与连坐。专令御史台觉察，都省勘会。类申门客、满里子孙仍前漕试，六十人取一，较之他处虽甚优，而取无定额，士有疑心，就试者少。宜令额宽而试者众，涂一而取之精。”遂依前例放行寓试，以四十名为定额，仍前待补；其类申门客、满里子孙及附试并罢。

　　淳祐元年，臣僚言：“既复诸路漕试，合国子试、两项科举及免举人，不下千数。宜复拨漕举、胄举同避亲人并就别院引试，使大院无卷冗之患，小院无额窄之弊。”从之。时淮南诸州郡岁有兵祸，士子不得以时赴乡试，且漕司分差试官，路梗不可径达。三年，命淮东州郡附镇江府秋试，淮西州郡附建康试，蕲黄光三州、安庆府附江州试。三试所各增差试官二员，别项考校，照各州元额取放。是岁，两浙转运司寓试终场满五千人，特命增放二名，后虽多不增，如不及五千人，止依元额。别院之试，大率士子与试官实有亲嫌者，绍定间，以漕试、胄试无亲可避者亦许试，或谓时相徇于势要子弟故也；端平初，拨归大院，寒隽便之；淳祐元年，又复赴别院，是使不应避亲之人抑而就此，使天下士子无故析而为二，殊失别试之初意。至是，依端平厘正之，复归大院。

九年，以臣僚言："士子又有免解伪冒入试者，或父兄没而窃代其名，或同族物故而填其籍。"于是令自本贯保明给据，类其姓名先申礼部，各州揭以示众，犯者许告捉，依鬻举法治罪。十二年，广南西路言："所部二十五郡，科选于春官者仅一二，盖山林质朴，不能与中土士子同工，请援两淮、荆襄例别考。"朝廷从其请。自是，广南分东、西两路。

宝祐二年，监察御史陈大方言："土风日薄，文场多弊。乞将发解士人初请举者，从所司给帖赴省，别给一历，如命官印纸之法，批书发解之年及本名年贯、保官姓名，执赴礼部，又批赴省之年，长贰印署。赴监试者同。如将来免解、免省，到殿批书亦如之。如无历则不收试，候出官日赴吏部缴纳，换给印纸。应合免解、免省人，亦从先发解处照此给历。如省、殿中选，将元历发下御史台考察，以凭注阙给告。士子得历，可为据证；有司因历，可加稽验。日前伪冒之人，可不却而自遁。"前自明年始行之。

乡贡、监补、省试皆有覆试，然铨择犹未精，其间滥名充贡者，不可欺同举之人，冒选桥门者，不逃于本斋之职事。遂命今后本州审察，必责同举人联保，监学帘引，必责长谕之证实，并使结罪，方与放行。中书覆试，凡涉再引，非系杂犯，并先札报各处漕司，每遇诏举，必加稽验。凡覆试，令宰执出题，不许都司干预，仍日轮台谏一员，帘外监式。四年，命在朝之臣，除宰执、侍从、台谏外，自卿监、郎官以下至厘务官，各具三代宗支图三本，结立罪状，申尚书省、御史台及礼部，所属各置簿籍，存留照应。遇属子孙登科、发解、入学、奏补事故，并具申入凿。后由外任登朝，亦于供职日后，具图籍记如上法。遇胄试之年，照朝廷限员，于内牒能应举人就试，以革胄牒冒滥之弊。

景定二年，胄子牒试员：宰执牒缌麻以上亲增作四十人，侍从、台谏、给事中、舍人小功以上亲增作二十七人，卿监、郎官、秘书省官、四总领小功以上亲增作二十人,寺监丞簿、学官、二令大功以上亲增作十五人,六院、四辖、省部门、史馆校勘、检阅大功以上亲增作十人,临安府通判牒大功以上亲增作八人,余应牒亲子孙者,一仍旧制。

度宗初,以雷同假手之弊,多由于州郡试院继烛达旦,或至次日辰、巳犹未出院,其所以间日者,不惟止可以惠不能文之人,适足以害能文之士,遂一遵旧制,连试三日。时诸州郡以乡贡终场人众而元额少,自咸淳九年为始,视终场入多寡,每二百人取放一名。以士子数多,增参详官二员,点检试卷官六员。又以臣僚条上科场之弊,以大院别院参详官、点检试卷官兼考雷同。又监试兼专一详定雷同试卷,不预考校。遂罢帘外点检雷同官,国子监解试雷同官亦罢。

先是,州郡乡贡未有覆试。会言者谓冒滥之弊,惟在乡贡,遂命漕臣及帅守于解试揭晓之前,点差有出身倅贰或幕官专充覆试。尽一日命题考校,解名多者,斟酌分日。但能行文不缪、说理优通、觉非假手即取,非才不通就与驳放。如将来省覆不通,罪及元覆试漕守之臣及考校官。十年,省试,命大院、别院监试官于坐图未定之先,亲监分布坐次,严禁书铺等人,不许纵容士子抛离座案,过越廊分,为传义假手之地。时成都已归附我朝,殿试拟五月五日,以蜀士至者绝少,展至末旬。又因覆试特奏名至部犹少,展至六月七日。近臣以隆暑为请,复命立秋后择日。七月八日,度宗崩,竟不毕试。嗣君即位,下礼部讨论,援引皆未当,既不可谓之亮阴,又不可不赴廷对,乃仿召试馆职之制而行之。

新进士旧有期集,渡江后置局于礼部贡院。特旨赐餐钱,唱第之三日赴焉。上三人得自择同升之彦,分职有差。朝谢后拜黄甲,其仪设褥于堂上,东西相向,皆再拜。拜已,择榜中年长者一人,状元拜之,复择最少者一人拜状元。所以侈宠灵,重年好,明长少也。

制举无常科,所以待天下之才杰,天子每亲策之。然宋之得才,多由进士，而以是科应诏者少。惟召试馆职及后来博学宏词，而得忠绠文学之士。或起之山林，或取之朝著，召之州县，多至大用焉。太宜始置贤良方正能直言极谏、经学优深可为师法、详闲吏理达于教化凡三科，不限前资，见任职官，黄衣草泽，悉许应诏，对策三千言，词理俱优则中选。乾德初，以郡县亡应令者，虑有司举贤之道或未至也。乃诏许士子诣阙自荐。四年，有司仅举直言极谏一人，堪为师法一人，召陶谷等发策，帝亲御殿临视之，给砚席坐于殿之西隅。及对策，词理疏阔，不应所问，赐酒馔宴劳而遣之。

开宝八年，诏诸州察民有孝弟力田、奇才异行或文武材干、年二十至五十可任使者，具送阙下，如无人塞诏，亦以实闻。九年，诸道举孝弟力田及有才武者凡七百四十人，诏翰林学士李昉等于礼部试其业，一无可采。而濮州以孝悌荐名者三百七十人，帝骇其多，召对讲武殿，率不如诏。犹自陈素习武事，复试以骑射，辄颠陨失次。帝绐曰："是宜隶兵籍。"皆号呼乞免，乃悉罢去。诏劾本部滥举之罪。

咸平四年，诏学士、两省五品、御史台尚书省诸司四品以上，于内外京朝幕府州县官、草泽中，各举贤良方正一人，不得以见任转运使及馆阁职事人应诏。是年，策秘书丞查道等七人，皆入第四等。景德二年，增置博通坟典达于教化、才识兼茂明于体用、武足安边、洞明韬略、运筹决胜、军谋宏远、材任边寄等科，诏中书门下试察其才，具名闻奏，将临轩亲策之。自是应令者浸广，而得中高等亦少。

太宗以来，凡特旨召试者，于中书学士舍人院，或特遣官专试，所试诗、赋、论、颂、策、制诰，或三篇，或一篇，中格则授以馆职。景德后，惟将命为知制诰者，乃试制诰三道。每道百五十字。东封及祀汾阴时，献文者多试业得官，盖特恩也。时言者以为："两汉举贤良，多因兵荒灾变，所以访阙政。今国家受瑞登封，无阙政也，安取此？"乃罢其科，惟吏部设宏词、拔萃、平判等科如旧制。

仁宗初，诏曰："朕开数路以详延天下之士，而制举独久不设，意者吾豪杰或以故见遗也，其复置此科。"于是增其名，曰："贤良方正能直言极谏科,博通坟典明于教化科,才识兼茂明于体用科,详明吏理可使从政科,识洞韬略运筹帷幄科,军谋宏远材任边寄科,凡六,以待京、朝之被举及起应选者。又置书判拔萃科,以待选人。又置高蹈丘园科,沉沦草泽科,茂材异等科,以待布衣之被举者。其法先上艺业于有司,有司较之,然后试秘阁,中格,然后天子亲策之。

治平三年,命宰执举馆职各五人。先是,英宗谓中书曰:"水潦为灾,言事者云'咎在不能进贤',何也?"欧阳修曰:"近年进贤路狭,往时入馆有三路,今塞其二矣。进士高科,一路也;大臣荐举,一路也;因差遣例除,一路也。往年进士五人以上皆得试,第一人及第不十年有至辅相者,今第一人两任方得试,而第二人以下不复试,是高科路塞矣。往时大臣荐举即召试,今只令上簿候缺人乃试,是荐举路塞矣。惟有因差遣例除者,半是年劳老病之人。此臣私谓荐举路狭也。"帝纳之,故有是命。韩琦、曾公亮、赵概等举蔡延庆以下凡二十人,皆令召试,宰臣以人多难之。帝曰:"既委公等举之,苟贤,岂患多也?"先召试蔡延庆等十人,余须后时。"神宗以进士试策,与制科无异,遂诏罢之。试馆职则罢诗、赋,更以策、论。

元祐元年,复制科。奏上,而次年试论六首,御试策一道,召试、除官、推恩略如旧制。凡廷试前一年,举奏官具所举者策、论五十首,右正言刘安世建言:"祖宗之待馆职也,储之英杰之地以饬其名节,观以古今之书而开益其聪明,稍优其廪,不责以吏事,所以滋长德器,养成名卿贤相也。近岁其选浸轻,或缘世赏,或以军功,或酬聚敛之能,或徇权贵之荐。未尝较试,遂获贴职,多开幸门,恐非祖宗德意。望明诏执政,详求文学行谊,审其果可长育,然后召试,非试毋得辄命,庶名器重而贤能进。"三年,乃诏:"大臣奏举馆职,并如旧召试、除授,惟朝廷特除,不用此令。"安世复奏曰:"祖宗时入馆,鲜不由试。惟其望实素著,治状显白,或累持使节,或移镇大藩,欲示优恩,方令贴听。今既过听臣言,追复旧制,又谓'朝廷特除,不在此限'。则是人材高下,资历深浅,但奏举,皆可直除,名为更张,弊源尚在。原仿故事，资序及转运使，方可以特命除授，庶塞侥幸，以重馆职之选。"

绍圣初，哲宗谓："制科试策，对时政得失，进士策亦可言。"因诏罢制科。既而三省言："今进士纯用经术。如诏诰、章表、箴铭、赋颂、赦敕、檄书、露布、诫谕，其文皆朝廷官守日用不可阙，且无以兼收文学博异之士。"遂改置宏词科，岁许进士及第者诣礼部请试，如见守官则受代乃请，率以春试上舍生附试，不自立院也。试章表、露布、檄书用骈俪体，颂、箴铭、诫谕、序记用古体或骈俪，惟诏诰、赦敕不以为题。凡试二日四题，试者虽多，取毋过五人，中程则上之三省覆试之，分上、中二等，推恩有差；词艺超异者，奏取旨命官。大观四年诏："宏词科格法未详，不足以致文学之士，改立词学兼茂科，岁附贡士院试，取毋过三人。"政和增为五人。不试檄书，增制诰，以历代史事借拟为之，中格则授馆职。宰臣执政亲属毋得试。宣和罢试上舍，乃随进士试于礼部。

绍兴元年，初复馆职试，凡预召者，学士院试时务策一道，天子亲览焉。然是时校书多不试，而正字或试或否。二年，诏举贤良方正能直言极谏科，一遵旧制，自尚书两省谏议大夫以上、御史中丞、学士、待制各举一人。凡应诏者，先具所著策、论五十篇缴进，两省侍从参考之，分为三等，次优以上，召赴秘阁，试论六首，于《九经》、《十七史》、《七书》、《国语》、《荀、扬、管子》、《文中子》内出题，学士两省官考校，御史监之，四通以上为合格。仍分五等，入四等以上者，天子亲策之。第三等为上，恩数视廷试试第一人，第四等为中，视廷试第三人，皆赐制科出身；第五等为下，视廷试第四人，赐进士出身；不入等者与簿尉差遣，已仕者则进官与升擢。七年，以太阳有异，令中外侍从各举能直言极谏一人。是冬，吕祉举选人胡铨，汪藻举布衣刘度，即除枢密院编修官，而度不果召。自是诏书数下，未有应者。

孝宗乾道二年，苗昌言奏："国初尝立三科，真宗增至六科，仁宗时并许布衣应诏，于是名贤出焉。请参稽前制，间岁下诏，权于正文出题,不得用僻书注疏,追复天圣十科,开广荐扬之路,振起多士积年委靡之气。遂诏礼部集馆职,学官杂议,皆曰:"注疏诚可略,科目不必广。天下之士,屏处山林,带迹遐远,侍从之臣,岂能尽知。"遂如国初之制,止令监司、守臣解送。

七年,诏举制科以六论,增至五通为合格,始命官、糊名、誊录如故事。试院言:"文卷多不知题目所出,有仅及二通者。"帝命赐束帛罢之,举官皆放罪。旧试六题,一明一暗。时考官命题多暗僻,失求言之意,臣僚请遵天圣、元祐故事,以经题为第一篇,然后杂出《九经》、《语》、《孟》内注疏或子史正文,以见尊经之意。从之。十一年初,制科取士必以三年,诏:"自今有合召试者,举官即以名闻。"明年春,李嶧言:"贤良之举,本求谠言以裨阙政,未闻责以记诵之学,使才行学识如晁、董之伦,虽注疏未能尽记,于治道何损?"帝以为然,乃复罢注疏。高宗立博学宏词科,凡十二题,制诰、诏表、露布、檄、箴铭、记赞、颂序内杂出六题,分为三场,每场体制,一古一今。遇科场年,应命官除归明、流外、入赀及犯赃人外,公卿子弟之秀者皆得试。先投所业三卷,学士院考之,拔其尤者召试,定为三等。上等转一官,选人改秩,无出身人赐进士及第,并免召试,除馆职。中等减三年磨勘,与堂除,无出身人赐进士出身;下等减二年磨勘,无出身人赐进士出身;并许召试馆职。南渡以来所得之士,多至卿相、翰苑者。

理宗嘉熙三年,臣僚奏:"词科实代王言,久不取人,日就废弛。盖试之太严,故习之者少。今欲除博学宏词科从旧三岁一试外,更降等立科。止试文辞,不贵记问。命题止分两场,引试须有出身人就礼部投状,献所业,如试教官例。每一岁附铨闱引试,惟取合格,不必拘额,中选者与堂除教授,已系教官资序及京官不愿就教授者,京官减磨勘,选人循一资。他时北门、西掖、南宫舍人之任,则择文墨超卓者用之。其科目,则去'宏博'二字,上称词学科。"从之。淳祐初,罢。景定二年,复嘉熙之制。

初,内外学官多朝廷特注,后稍令国子监取其旧试艺等格优者用之。熙宁八年，始立教授试法，即舍人院召试大义五道。元丰七年，令诸州无教官，则长吏选在任官上其名，而监学审其可者使兼之。元祐中，罢试法，已而论荐益众，乃诏须命举乃得奏。绍圣初，三省立格，中制科及进士甲第、礼部奏名在上三人、府监广文馆第一人、从太学上舍得第，皆不待试，余召试两经大义各一道，合格则授教官。元符中，增试三经。政和二年，臣僚言："元丰召试学官六十人，而所取四人，皆知名之士，故学者厌服。近试率三人取一，今欲十人始取一人，以重其选。"从之。自是或如旧法，中书选注。又尝员外添置八行应格人为大藩教官，不以苬职，随废。或用元丰试法，更革无常。

高宗初年，复教官试。绍兴中，议者谓："欲为人师，而自献以求进，非礼也。"乃罢试而自朝廷选差。已而又复之，凡有出身者许应，先具经义、诗、赋各三首赴礼部，乃下省闱，分两试之。初任为诸州教官，由是为两学之选。十五年，从国子监丞文浩所言，于《六经》中取二经，各出两题，毋拘义式，以贯穿该赡为合格。其后，四川制置司遇类省试年，亦仿礼部附试，自嘉泰元年始。

凡童子十五岁以下，能通经作诗赋，州升诸朝，而天子亲试之。其命官、免举无常格。真宗景德二年，抚州晏殊、大名府姜盖始以童子召试诗赋，赐殊进士出身，盖同学究出身。寻复召殊试赋、论，帝嘉其敏赡，授秘书正字。后或罢或复。自仁宗即位，至大观末，赐出身者仅二十人。

建炎二年，用旧制，亲试童子，召见朱虎臣，授官赐金带以宠之。后至者或诵经、史、子、集，或诵御制诗文，或诵兵书、习步射，其命官、免举，皆临期取旨，无常格。淳熙中，王克勤始以程文求试。内殿引见，孝宗嘉其警敏，补从事郎，令秘阁读书。会礼部言："本朝童子以文称者，杨亿、宋绶、晏殊、李淑，后皆为贤宰相、名侍从。今郡国举贡，问其所能，不过记诵，宜稍艰其选。"八年，始分为三等：凡全诵《六经》、《孝经》、《语》、《孟》及能文，如《六经》义三道、《语》

《孟》义各一道、或赋一道、诗一首为上等,与推恩;诵书外能通一经,为中等,免文解两次;止能诵《六经》、《语》、《孟》为下等,免文解一次。覆试不合格者,与赐帛。宁宗嘉定十四年,命岁取三人,期以季春集阙下。先试于国子监,而中书覆试之,为永制焉。理宗后罢此科,须卓绝能文者,许诸郡荐举。

科目既设,犹虑不能尽致天下之才,或韬晦而不屑就也,往往命州郡搜罗,而公卿得以荐言。若治平之黄君俞,熙宁之王安国,元丰则程颐,元祐则陈师道,元符则徐积,皆卓然较著者也。熙宁三年,诸路搜访行义为乡里推重者,凡二十有九人。至,则馆之太学,而刘蒙以下二十二人,试舍人院,赐官有差,亦足以见幽隐必达,治世之盛也。其后,应诏者多失实,而朝廷亦厌薄之。

高宗垂意遗逸,首召布衣谯定,而尹焞以处士入讲筵。其后束帛之聘,若王忠民之忠节,张志行之高尚,刘勉之、胡宪之力学,则赐出身,俾教授本郡,或赐处士号以宠之。所以振清节,厉颓俗。如徐庭筠之不出,苏云卿之晦迹,世尤称焉。宁宗庆元间,蔡元定以高明之资,讲明一代正学,以尤袤、杨万里之荐召之,固以疾辞,竟以伪学贬死,众咸惜之。理、度以后,国势日迫,贤者肥遁,迄无闻焉。

宋史卷一五七

志第一一〇

选举三　学校试　律学等试附

凡学皆隶国子监。国子生，以京朝七品以上子孙为之，初无定员，后以二百人为额。太学生，以八品以下子弟若庶人之俊异者为之。及三舍法行，则太学始定置外舍生二千人，内舍生三百人，上舍生百人。始入学，验所隶州公据，试补外舍，斋长、谕月书其行艺于籍。行谓率教不戾规矩，艺谓治经程文。季终考于学谕，次学录，次正，次博士，后考于长贰。岁终会其高下，书于籍，以俟覆试，参验而序进之。凡私试，孟月经义，仲月论，季月策。凡公试，初场经义，次场论策。试上舍，如省试法。凡内舍，行艺与所试之业俱优，为上舍上等，取旨授官；一优一平为中等，以俟殿试；俱平若一优一否为下等，以俟省试。

元祐间，置广文馆生二千四百人，以待四方游士试京师者。律学生无定员，他杂学废置无常。崇宁建辟雍于郊，以处贡士，而三舍考选法乃遍天下。于是由州郡贡之辟雍，由辟雍升之太学，而学校之制益详。凡国子以奏荫恩广，故学校不预考选，其得入官赐出身者，多由铨试。

初，国子监因周旧制，颇增学舍，以应荫子孙隶学受业。开宝八年，国子监上言：“生徒旧数七十人，奏诏分习《五经》，然系籍者或久不至，而在京进士、诸科，常赴讲席肄业，请以补监生之阙。”诏从之。

　　景德间，许文武升朝官嫡亲附国学取解，而远乡久寓京师，其文艺可称，有本乡命官保任，监官验之，亦听附学充贡。

　　仁宗时，士之服儒术者不可胜数。即位初，赐兖州学田，已而命藩辅皆得立学。庆历四年，诏曰："儒者通天、地、人之理，明古今治乱之原，可谓博矣。然学者不得骋其说，而有司务先声病章句以拘牵之，则吾豪隽奇伟之士，何以奋焉？士以纯明朴茂之美，而无教学养成之法，使与不肖并进，则夫懿德敏行，何以见焉？此取士之甚敝，而学者自以为患。夫遇人以薄者，不可责其厚也。今朕建学兴善，以尊子大夫之行；更制革敝，以尽学者之才。有司其务严训导、精察举，以称朕意。学者其进德修业，无失其时。其令州若县皆立学，本道使者选部属官为教授，员不足，取于乡里宿学有道业者。"由是州郡奉诏兴学，而士有所劝矣。

　　天章阁侍讲王洙言："国子监每科场诏下，许品官子役然试艺，给牒充广文、太学、律学三馆学生，多致千余。就试试已，则生徒散归，讲官倚席，但为游寓之所，殊无肄习之法。居常听讲者，一二十人尔。"乃限在学满五百日，旧已尝充贡者止百日。本授官会其实，京朝官保任，始预秋试，每十人与解。凡入学授业，月旦即亲书到历。如遇私故或疾告、归宁，皆给假，违程及期月不来参者，去其籍。后谏官余靖极言非便，遂罢听读日限。

　　初立四门学，自入品至庶人子弟充学生，岁一试补。差学官锁宿、弥封校其艺，疏名上闻而后给牒，不中式者仍听读，若三试不中，则出之。未几，学废。

　　时太学之法宽简，而上之人必求天下贤士，使专教导规矩之事。安定胡瑗设教苏、湖间二十余年，世方尚词赋，湖学独立经义治事斋，以敦实学。皇祐末，召瑗为国子监直讲，数年，进天章阁侍讲，犹兼学正。其初人未信服，谤议蜂起，瑗强力不倦，卒以有立。每公私试罢，掌仪率诸生会于首善，雅乐歌诗，乙夜乃散。士或不远数千里来就师之，皆中心悦服。有司请下湖学，取其法以教太学。

　　神宗尤垂意儒学，自京师至郡县，既皆有学。岁时月各有试，程其艺能,以差次升舍,其最优者为上舍,免发解及礼部试而特赐之第。遂专以此取士。

太学生员,庆历尝置内舍生二百人。熙宁初,又增百人,寻诏通额为九百人。四年,尽以锡庆院及朝集院西庑建讲书堂四,诸生斋舍、掌事者直庐始仅足用。自主判官外,增置直讲为十员,率二员共讲一经,令中书遴选,或主判官奏举。生员厘为三等:始入学为外舍,初不限员,后定额七百人;外舍升内舍,员二百;内舍升上舍,员百。各执一经,从所讲官受学,月考试其业,优等上之中书。其正、录、学谕,以上舍生为之,经各二员;学行卓异者,主判、直讲复荐之中书,奏除官。始命诸州置学官,率给田十顷赡士。初置小学教授。帝尝谓王安石曰:"今谈经者人人殊,何以一道德?卿所著经,其以颁行,使学者归一。"八年,颁王安石《书》、《诗》、《周礼义》于学官,是名《三经新义》。

元丰二年,颁《学令》:太学置八十斋,斋各五楹,容三十人。外舍生二千人,内舍生三百人,上舍生百人。月一私试,岁一公试,补内舍生;间岁一舍试,补上舍生,弥封、誊录如贡举法;而上舍试则学官不预考校。公试,外舍生入第一、第二等,升内舍;试入优、平二等,升上舍:皆参考所书行艺乃升。上舍分三等。学正增为五人,学录增为十人,学录参以学生为之。岁赐缗钱至二万五千,又取郡县田租、屋课、息钱之类,增为学费。初以国子名监,而实未尝教养国子。诏许清要官亲戚入监听读,额二百人,仍尽以开封府解额归太学,其国子生解额,以太学分数取之,毋过四十人。

哲宗时,初置在京小学,曰"就傅"、"初筮",凡两斋。复取太学额百人还开封府。先是,开封解额稍优,四方士子多冒畿县户,又隶太学不及一年不该解试者,亦往往冒户。礼部按旧制,凡试国子监者,先补中广文馆生,乃投牒求试。元祐七年,遂依仿其法,立广文馆生。惟开封府元解百人许自试,其尝取诸科二百、国子额四十者,皆以为本馆解额。遇贡举年试补馆生,中者执牒诣国子监验试,凡试者十人取一,开封考取亦如之。绍圣元年,罢广文馆,其额悉复还之开封府、国子监。

元祐新令，罢推恩之制。绍圣初，监察御史郭知章言："先帝立三舍法，以岁月稽其行实，故入上舍而中上等者，得不经礼部试，特命以官。责备而持久，故其得也难，诱掖激劝，莫善于此。宜复元丰法，以广乐育之德。"又请三学补外舍生，依元丰令一岁四试。于是诏："太学生悉用元丰制推恩，上等即注官者，岁毋过二人；免礼部试者，每举五人而止；免解试者二十人而止。仍计数对除省试发解额，其元祐法勿用。诸三舍升补等法，悉推行旧制。"

三年，三省言："元祐试补太学生不严，苟务多取，后试者无阙可拨，宜遵元丰初制，虽在籍生亦重试。"乃诏在籍生再试，许取三分，创求补者半之；惟上舍生及是年充贡员内舍、外舍先自元丰补入者免再试，余非再试而中者皆降舍。蔡京上所修《内外学制》，始颁诸天下。

元符元年，诏许命官补国子生，毋过四十人。凡太学试，令优取《二礼》，许占全额之半，而以其半及他经。复置《春秋》博士。二年，初令诸州行三舍法，考选、升补，悉如太学。州许补上舍一人，内舍二人，岁贡之。其上舍附太学外舍，试中补内舍生，三试不升舍，遣还其州。其内舍免试，至则补为外舍生。诸路选监司一员提举学校，守贰董干其事。遇补试上、内舍生，选有出身官一人，同教授考选，须弥封、誊录。三年，太学试补外舍改用四季，学官自考，不誊录，仍添试论一场。

崇宁元年，宰臣请："天下州县并置学，州置教授二员，县亦置小学。县学生选考升诸州学，州学生每三年贡太学。至则附试，别立号。考分三等：入上等补上舍，入中等补下等上舍，入下等补内舍，余居外舍。诸州军解额，各以三分之一充贡士。开封府留五十五额，解土人之不入学者，余尽均给诸州，以为贡额。外官子弟亲戚，许入学一年，给牒至太学，用国子生额解试。州给常平或系省田宅充养士费，县用地利所出及非系省钱。"三年，始定诸路增养县学弟子员，大县五十人，中县四十人，小县三十人。凡州县学生曾经公、私试者复其身，内舍免户役，上舍仍免借借如官户法。

命将作少监李诚，即城南门外相地营建外学，是为辟雍。蔡京又奏："古者国内外皆有学，周成均盖在邦中，而党庠、遂序则在国外。臣亲承圣诏，天下皆兴学贡士，即国南郊建外学以受之，俟其行艺中率，然后升诸太学。凡此圣意，悉与古合。今上其所当行者：太学专处上舍、内舍生，而外学则外舍生。今贡士盛集，欲增太学上舍至二百人，内舍六百人，外舍三千人。外学为四讲堂、百斋，斋列五楹，一斋可容三十人。士初贡至，皆入外学，经试补入上舍、内舍，始得进处太学。太学外舍，亦令出居外学。其敕、令、格、式，悉用太学见制。国子祭酒总治学事，外学官属，司业、丞各一人，稍减太学博士、正、录员归外学，仍增博士为十员，正、录为五员，学生充学谕者十人，直学二人。"三舍生皆由升贡，遂罢国子监补试。

又置诸王宫大、小学教授，立考选法，凡奉祠及仕而解官或需次者，悉许入内、外学。任子不系州土，随所寓入学，仍别斋居处，别号试考。曾升补三舍生，后从献助得官，其入学视任子法。凡任子，不问文武，须隶学满一年，始得求试。乃诏取士悉由学校升贡，其州郡发解及试礼部并罢。自是，岁试上舍，悉差知举，如礼部试。五年，著令：

> 凡县学生隶学已及三月，不犯上二等罚，听次年试补州学外舍，是名"岁升"。开封祥符生员，即辟雍别为斋，教养、升进如县学法，愿入邻县学者所。唯赤县校试，主以博士。每岁正月，州以公试上舍及岁升员，一院锁宿，分为三试。其公试，上舍率十取其六为中格；中格已，以其名第自上而下参考察之籍；既在籍，又中选，即六人之中取其四，以差升舍。其岁升中选者，得补外舍生。开封属县附辟雍别试，中者入辟雍充外舍，隶学三年，经两试不预升贡，即除其籍，法涉太严。今令三年内三经公试不预选，两经补内舍、贡上舍不及格，且曾犯三等以上罚，若外舍，即除籍罢归县，内舍降外舍，已尝降而私试不入等，若曾犯罚，亦除籍，再赴岁升试。

凡州学上舍生升舍,以其秋即贡入辟雍,长吏集阖郡官及提学官,具宴设以礼敦遣,限岁终悉集阙下。自川、广、福建入贡者,给借职券,过二千里给大将券,续其路食,皆以学钱给之。如有孝弟、睦姻、任恤、忠和,若行能尤异为乡里所推,县上之州,免试入学。州守贰若教授询审无谬,即保任入贡,具实以闻,不实者坐罪有差。

太学试上舍生,本虑与科举相并,试以间岁。今既罢科举,又诸州岁贡士,其改用岁试。每春季,太学、辟雍生悉公试,同院混取,总五百七十四人。以四十七人为上等,即推恩释褐;一百四十人为中等,遇亲策士许入试;一百八十七人为下等,补内舍生。凡上等上舍生暨特举孝弟行能之士,不待廷试推恩者,许即引释褐。上舍仍先以试文卷进入,得可乃引赐。若上舍已该释褐恩,而贡入在廷试前一年者,须在学又及半年,不犯上二等罚,乃得注官。

凡贡士入辟雍外舍,三经试不与升补,两经试不入等,仍犯上三等罚者,削籍再赴本州岁升试,是名"退送"。即内舍已降舍,而又一试不与,或两犯上四等罚者,亦如外舍法退送。太学外舍生已预考察者,许再经一试,以中否为留遣,余升降、退送悉如辟雍法。

凡有官人不入学而愿试贡上者,不以文、武、杂出身,悉许之,惟赃私罪废人则否。应试者,随内外附贡士公试,皆别考,率以七人取一人。即预贡者,与辟雍春试贡士通考。中选入上等者,升差遣两等,赐上舍出身;文行优者,奏闻而殊擢之。中等俟殿试,下等补内舍,不隶学,需再试。已仕在官而愿试者,悉准此制。

凡在外官同居小功以上亲,及其亲姊妹女之夫,皆得为随行亲,免试入所任邻州郡学。其有官人愿学于本州者,亦免试,升补悉如诸生法,混试同考,惟升舍不侵诸生额,自用七人取一。若中者多,即以溢额名次理为考察。若所亲移替,愿改籍他州学者听。

太学上、内舍既由辟雍升入，又已罢科举，则国子监解额无所用，尽均拨诸府、诸州解额，三分之，以为三岁贡额，并令有司均定以闻。太学旧制，止分立优、平二等，自今欲令辟雍、太学试上舍中程者，皆参用察考，以差升补。其考察试格，悉分上、中、下三等。贡士则以本州升贡等第，太学内舍则以校定等第。每上舍试考已定，知举及学官以中试之等参验于籍，通定升绌高下，两上为上，一上一中及两中为中，一上一下及一中下、两下为下。若两格名次等第适皆齐同，即以试等压考察之格，余率以是为差，仍推其法达之诸州。凡内外私试，始改用仲月，并试三场，试论日仍添律义。凡考察悉准在学人数，每内舍十人取五，外舍十人取六，自上而下分为三等籍，以俟上舍考定而参用之。

是岁，贡士至辟雍不如令者，凡三十有八人，皆罢归，而提学官皆罚金。建州浦城县学生，隶籍者至千余人，为一路最，县丞徐秉哲特迁一官。

初立八行科，诏曰："学以善风俗，明人伦，而人材所自出也。今法制未立，殆无以厉天下。成周以六行宾兴万民，否则威之以不孝、不弟之刑。近因稽周法，立八行、八刑，颁之学校，兼行惩劝，庶几于古。士有善父母为孝，善弟为悌，善内亲为睦，善外亲为姻，信于朋友为任，仁于州里为恤，知君臣之义为忠，远义利之分为和。凡有八行实状，乡上之县，县延入学，审考无伪，上其名于州。州第其等，孝、悌、忠、和为上，睦、姻为中，任、恤为下。苟备八行，不俟中岁，即奏贡入太学，免试补为上舍。司成以下审考不诬，申省释褐，优命之官；不能全备者，为州学上等上舍，余有差。"八刑则反八行而丽于罪，各以其罪名之。县上其名于州，州稽于学，毋得补弟子员。然品目既立，有司必求其迹以应令，遂有牵合琐细者。自元祐创经明行修科，主德行而略辞艺，间取礼部试黜之士，附置恩科，当时固已咎其无所甄别。及八行科立，则三舍皆不试而补，往往设为形迹，求与名格相应。于是两科相望几数十年,乃无一人卓然能自著见者,而八行又有甚敝。盖后世欲追古制,而不知风俗教化之所从出,其难固如此夫。

开封始建府学,立贡士额凡五十,而士子不及三百,尽额而取,则涉太优,欲稍裁之。诏:"王畿立学,若不优诱使进,何以首善?其常解五十勿阙。"

大观元年,诏愿兼他经者,量立升进之法。大抵用本经决去取,而兼经所中等第特为升贡。每岁附公试院而别异其号,每十五人取一人,分上、中、下等,别榜示之,唱名日,甄别奏闻,与升甲,皆优于专经者。异时内外学官阙,皆得在选。县学生三不赴岁升试及三赴岁升试而不能升州学者,皆除其籍。诸路宾兴会试辟雍,独常州中选者多,州守若教授俱迁一官。

政和四年,小学生近一千人,分十斋以处之,自八岁至十二岁,率以诵经书字多少差次补内舍。若能文,从博士试本经、小经义各一道,稍通补内舍,优补上舍。又诏曰:"学校教养额少,则野有遗土,应诸路学校及百人以上者,三分增一。"七年,试高丽进士权适等四人,皆赐上舍及第,遣归其国。时宰臣留意学校,因事究敝,有司考阅防闲益密。先是,礼部上《杂修御试贡士敕令格式》,又取旧制凡关学政者,分敕、令、格、式,成书以上。用给事中毛友言,初试补入县学生,并帘试以别伪冒。徽宗崇尚老氏之学,知兖州王纯乞于《御注道德经》注中出论题,范致虚亦乞用圣济经出题。

宣和元年,帝亲取贡士卷考定,能深通《内经》者,升之以为第一。三年,诏:"罢天下州县学三舍法,惟太学用之课试。开封府及诸路,并以科举取士。太学官吏及州县尝置学官,凡元丰旧制所有者皆如故,其辟雍官属及宗学并诸路提举学事官属并罢,内外学悉遵元丰成宪。"七年,诏:"政和中尝命学校分治黄、老、庄、列之书,实失专经之旨,其《内经》等书并罢治。"

崇宁以来,士子各徇其党,习经义则诋元祐之非,尚词赋则诮新经之失,互相排斥,群论纷纷。钦宗即位,臣僚言:"科举取士,要当质以史学，询以时政。今之策问，虚无不根，古今治乱，悉所不晓诗赋设科，所得名臣，不可胜纪，专试经义亦已五纪，救之之术，莫若遵用祖宗成宪。王安石解经，有不背圣人旨意，亦许采用。至于老、庄之书及《字说》并应禁止。"诏礼部详议。谏议大夫兼祭酒杨时言："王安石著为邪说，以涂学耳耳目，使蔡京之徒，得以轻费妄用，极侈靡以奉上，几危社稷。乞夺安石配飨，使邪说不能为学者惑。"御史中丞陈过庭言："《五经》义微，诸家异见，以所是者为正，所否者为邪，此一偏之大失也。顷者指苏轼为邪学，而加禁甚切；今已弛其禁，许采其长，实为通论。而祭酒杨时矫枉太过，复诋王氏以为邪说，此又非也。诸生习用王学，闻时之言，群起而诋訾之，时引避不出，斋生始散。"诏罢时祭酒。而谏议大夫冯懈、崔鷃等复更相辨论，会国事危，而贡举不及行矣。

建炎初，即行在置国子监，立博士二员，以随幸之士三十六人为监生。绍兴八年，叶㴉上书请建学，而廷臣皆以兵兴馈运为辞。十三年，兵事稍宁，始建太学，置祭酒、司业各一员，博士三员，正、录各一员，养士七百人：上舍生三十员，内舍生百员，外舍生五百七十员。凡诸道住本州学满一年，三试中选，不犯第三等以上罚，或不住学而曾两预释奠及齿于乡饮酒者，听充弟子员。每岁春秋两试之，旋命一岁一补，于是多士云集，至分场试之。俄又诏三年一试，增至千员，中选者皆给绫纸赞词以宠之。每科场四取其一。

自外舍有月校，而公试入等曰内舍；自内舍有月校，而舍试入等曰上舍；凡升上舍者，皆直赴廷对。二十七年，立定制：春季放补，遇省试年改用孟夏。

旧，太学遇覃恩无免解法，孝宗始创行之。在朝清要官，许牒期亲子弟作待补国子，别号考校。如太学生遇有期亲任清要官，更为国子生，不预校定、升补及差职事，惟得赴公、私试，科举则混试焉。

淳熙中，命诸生暇日习射，以斗力为等差，比类公、私试，别理分数。自中兴以来，四方之士，有本贯在学公据，皆得就补。帝始加限节，命诸路州军以解试终场人数为准，其荐贡不尽者，令百取六人赴太学,谓之"待补生";其住本学及游学之类,一切禁止。元丰旧制,内舍生校定,分优、平二等。优等再赴舍试,又入优,则谓之两优释褐,中选者即命以京秩,除学官。至是,始令先注职官,代还,注职事官,恩例视进士第二人。旧校定岁额五六分为优选者,增为十分矣。

光宗初,公试始令附省场别院。绍熙三年,礼部侍郎倪思请复混补法,命两省、台谏杂议可否。于是吏部尚书赵汝愚等合奏曰:"国家恢儒右文,京师、郡县皆有学,庆历以后,文物彬彬。中兴以来。建太学于行都,行贡举于诸郡,然奔竞之风胜,而忠信之俗微。亦惟荣辱升沉,不由学校;德行道艺,取决糊名;工雕篆之文,无进修之志;视庠序如传舍,目师儒如路人;季考月书,尽成文具。今请重教官之选,假守贰之权,仿舍法以育材,因大比以取士;考终场之数,定所贡之员;期以次年,试于太学。其诸州教养、课试、升贡之法,下有司条上。"思议遂寝。四年,诏国子监试中、上等小学生,比类诸州待补中选之额,放补一次。

宁宗庆元、嘉定中,始两行混补。于是增外舍生为千四百员,内舍校定,不系上舍试年分,以八分为优等。又以国子生员多伪滥,命行在职事官期亲、厘务官子孙乃得试补。嘉定十四年,诏自今待补百人取三人。旧法,自外舍升内舍,虽有校试,必公试合格,乃许升补。盖私试皆学官自考,而公试则降敕差官。至是,岁终许取外舍生校最优者一人升内舍。

理宗复百取六人之制。绍定二年,以待补生自外方来参斋者,间有鬻帖伪冒之弊。遂命中选之人,召升朝保官二员批书印纸,仍命州郡守倅结罪保明,比照字迹无伪,方许帘引注籍;犯者治罪,罚及保官。五年,以省试下第及待补生之群试于有司者,有请托贿求之弊,学官考文,有亲故交通之私,命令后两学补试,并从庙堂临时选差,即令入院;凡用度,则用国子监供给学官事例。未几,监察御史何处久又言:"宜遵旧制,以武学、宗学补试,并就两学于大院排日引试,有亲嫌人依避房法。且士子试卷颇多,考官颇少,期日既迫,费用不敷。"乃增给用度,仍添差考官五员。宝祐元年,复命分路取放补试员数,以免远方士子道路往来之费及都城壅并之患。三年,复试于京师。

度宗咸淳二年正月,幸太学,谒先圣,礼成,推恩三学:前廊与免省试,内舍、上舍及已免省试者与升甲;起居学生与泛免一次,内该曾经两幸人与补上州文学,如愿在学者听。其在籍诸生,地远不有趁赴起居者,三学申请乞并行泛免一次,命特从之。凡诸生升舍在幸学之前者,方许陈乞恩例。七年正月,以寿和圣福皇太后两上尊号,推恩三学,在斋生员并特与免解赴省一次。九年,外舍生晏泰亨以七分三釐乞理为第三优,朝命不许,遂申严学法,今后及八分者方许岁校三名,如八分者止有一人,而援次优、三优之例者,亦须止少三、二釐,方可陈乞特放,庶不尽废学法,当亦不过一人而止。

律学。国初置博士,掌授法律。熙宁六年,始即国子监设学,置教授四员。凡命官、举人皆得入学,各处一斋。举人须得命官二人保任,先入学听读而后试补。习断案,则试按一道,每道叙列刑名五事或七事;习律令,则试大义五道,中格乃得给食。各以所习,月一公试、三私试,略如补试法。凡朝廷有新颁条令,刑部即送学。其犯降舍殿试者,薄罚金以示辱,余用太学规矩,而命官听出宿。寻又置学正一员,有明法应格而守选者,特免试注官,使兼之,月奉视所授官。后以教授一员兼管干本学规矩,仍从太学例给晚食。元丰六年,用国子司业朱服言,命官在学,如公试律义、断案俱优,准吏部试法授官;太学生能兼习律学,中公试第一,比私试第二等。

政和间,诏博士、学正依大理寺官除授,不许用无出身人及以恩例陈请。生徒犯罚者,依学规;仍犯不改,书其印历或补牒,参选则理为阙失。

建炎三年,复明法新科,进士预荐者厅试。绍兴元年,复刑法科。凡问题,号为假案,其合格分数,以五十五通分作十分,以所通定分数,以分数定等级:五分以上入第二等下,四分半以上入第三等上,四分以上入第三等中。以曾经试法人为考官。五年,以李洪尝中刑法入第二等,命与改秩,中书驳之。赵鼎谓:"古者以刑弼教,所宜崇奖。"高宗曰:"刑名之学外废,不有以优之,则其学绝矣。"卒如前诏。后议者谓得解人取应,更不兼经,白身得官,反易于有官试法。乃命所试断案、刑名,全通及粗通以十分为率,断及五分,《刑统》义文理全通为合格,及虽全通而断案不及分数者勿取。仍自后举兼经。十五年,罢明法科,以其额归进士,惟刑法科如旧。二十五年,四川类省始附试刑法。

淳熙七年,秘书郎李巘言:"汉世仪、律、令同藏于理官,而决疑狱者必傅以古义。本朝命学究兼习律令,而废明法科;后复明法,而以三小经附。盖欲使经生明法,法吏通经。今所试止于断案、律义,断案稍通、律义虽不成文,亦得中选,故法官罕能知书。宜令习大法者兼习经义,参考优劣。"帝曰:"古之儒者,以儒术决狱,若用俗吏,必流于刻。"乃从其奏,诏自今第一、第二、第三场试断案,每场各三道,第四场大经义一道,小经义二道,第五场《刑统》律义五道。明年,命断案三场,每场止试一道,每道刑名十件,与经义通取,四十分以上为合格,经义定去留,律义定高下。

宁宗庆元年三年,以议臣言罢经义,五年又复。嘉定二年,臣僚上言:"试法设科,本以六场引试,后始增经义一场,而止试五场,律义又居其一,断案止三场而已,殊失设科之初意。且考试类多文士,轻视法家,惟以经义定去留,其弊一也。法科欲明宪章,习法令,察举明比附之精微,识比折出入之错综,酌情法于数字之内,决是非于片言之间。比年案题字多,专尚困人,一日之内,仅能誊写题目,岂暇深究法意,其弊二也。刑法考官不过曾中法科丞、评数人,由是请托之风盛,换易之弊兴,其弊三也。今请罢去经义,仍分六场,以五场断案,一场律义为定。问题稍减字数,而求精于法律者为试官,各供五六题,纳监试或主文临时点定。如是,谳议得人矣。"从之。六年,以议者言法科止试《刑统》,是尽废理义而专事法律,遂命复用经义一场,以《尚书》、《语》、《孟》题各一篇及《刑统》大义,通为五场。所出经题,不必拘刑名伦类,以防预备,以断案定去留,经义为高下,仍禁杂流入赀人收试。八年,罢四川类试刑法科。

初,凡试法科者,皆取撰成见义挟入试场。理宗淳祐三年,令刑部措置关防,其考试则选差大理丞、正历任中外有声望者,不许止用新科评事未经作县之人。逮其试中,又当仿省试、中书覆试之法,质以疑狱,观其谳笔明允,始与差除。时所立等第,文法俱通者为上,径除评事;文法粗通者为次,与检法;不通者驳放。

度宗咸淳元年,申严选试之法,凡引试刑法官,命题一如《绍兴式》。八年,以试法科者少,特命考试命题,务在简严,毋用长语。有过而原试者,照见行条法,除私罪应徒、或入已赃、失入死罪并停替外,余犯轻罪者,与放行收试。或已经三试终场之人,已历三考,赴部参注,命本部考核元试,果有所批分数,不须举状,与注外郡刑法狱官差使一次,庶可激厉诱掖。格法,试法科者,批及八分,方在取放之数。咸淳末,有仅及二分以上者,亦特取一名,授提刑司检法官,宽以劝之也。

初,宗学废置无常。凡诸王属尊者,立小学于其宫。其子孙,自八岁至十四岁皆入学,日诵二十字。其已授环卫官、有学艺得召试迁转者每有之,然非有司常试,乃特恩也。熙宁十年,始立《宗子试法》。凡祖宗袒免亲已受命者,附锁厅试;自袒免以外,得试于国子监。礼部别异其卷而校之,十取其五,举者虽多,解毋过五十人。廷试亦不与进士同考。年及四十、掌累举不中,疏其名以闻而录用之。其官于外而不愿附各路锁试,许诣告试国子监。

崇宁初,疏属年二十五,以经义、律义试礼部合格,分二等附进士榜,与三班奉职,文优者奏裁。其不能试及试而黜者,读律于礼部,推恩与三班借职,勿著为令。及两京皆置敦宗院,院皆置大、小学教授,立考选法,如熙宁格出官,所莅长贰或监司有二人任之,乃注授。后又许见在任者,于本任附贡士试。大观三年,宗子释褐者十二人。宗学官,须宗子中上舍第且有行者,方始为之。四年,诏:

"宗子之升上舍,不经殿试,遽命之官,熙宁法不如是。其依贡士法,俟殿试补入上、中等者,唱名日取裁。"后又定上等赐上舍及第,中等赐出身,授官有差。凡隶学,有笃疾若亲老无兼侍者,大宗正察其实,罢归。宣和二年,诏罢量试出官之法。

绍兴二年,帝初策士及宗子于集英殿。五年,初复南省试。十四年,始建宗学于临安,生员额百人;大学生五十人,小学生四十人,职事各五人。置诸王宫大、小学教授一员。在学者皆南宫、北宅子孙,若亲贤宅近属,则别选馆职教授。初,行在宗室试国子监者,有官锁厅,七取其三;无官应举,七取其四;无官袒免亲取应,文理通为合格,不限其数;而外任主宫观、岳庙试于转运司者,取放之额同进士。十五年,命诸路宗室愿赴行在试者,依熙宁旧制,并国子监请解;不愿者,依崇宁通用贡举法,所以优国族也。

孝宗登极,凡宗子不以服属远近、人数多寡,其曾获文解两次者,并直赴廷试,略通文墨者,量试推恩。习经人本经义二道,习赋人诗赋各一首,试论人论一首,仍限二十五岁以上合格。第一名承节郎,余并承信郎。曾经下省人,免量试,推恩。四川则附试于安抚制置司。于是入仕者骤逾千人。隆兴元年,诏量试不中、年四十以上补承信郎,展三年出官,余并于后举再试。四月,御射殿引见取应省试第一人,赐同进士出身,第二、第三人补保义郎,余四十人承节郎,七人承信郎。凡宗室锁厅得出身者,京官进一秩,选人比类循资;无官应举得出身者,补修职郎;濮、秀二王下子孙中进士举者,更特转一秩。

乾道五年,命宗室职事随侍子弟许赴国子监补。六年,臣僚上言:"神宗朝,始立教养、选举宗子之法。保义至秉义,锁试则与京秩,在末科升甲,取应不过量试注官,所以宠异同姓,不与寒畯等也。然曩时向学者少,比年隽异者多,或冠多士,或登词科,几与寒士齐驱;而入仕浸繁,未知裁抑,非所以示至公也。"于是礼部请锁厅登第者,旧于元官上转行两官,自今止依元资改授,余准旧制。十二年,右正言胡卫请:"自今宗室监试,无官应举,照锁厅例七取其二；省试则三举所放人数如取应例，立为定额。"从之。

宁宗嘉定四年，诏锁厅应举，省试第一名，殿试唱名授官日，于应得恩例外，更迁一秩。九年，以宫学并归宗庠，教授改为博士、宗谕。十四年，命前隶宫学近属，令附宗学公、私试，中选者与正补宗学生，近属子孙年十五以下者，许试小学生。复置诸王宫大、小学教授一员。宗学解试依太学例取放，每举附国子监发解所，异题别考。

理宗宝庆二年，以锁厅宗子第一名若揩学深《春秋》，秀出谱籍，与补保义郎，特赐同进士出身，仍换修职郎。端平元年，命宗子锁厅应举解试，凡在外州军，或寄居，或见任随侍，及见寓行在就试者，各召知识官委保正身，国子监稽其宗子出身、训名、生长左验，以凭保收试，仍于试卷家状内具保官职位、姓名，以防欺诈。淳祐二年，建内小学，置教授二员，选宗子就学。宝祐元年五月，特、正奏名进士宗子必晄等二人特授保义郎，若瑰等二十九人承节郎，敕略曰："必晄等取应及选，咸补右阶，盖欲诱之进学，而教以入仕也。其毋以是自画焉。"

度宗咸淳元年，以锁厅应举宗子两请，举人遇即位赦恩，并赴类试。其曾经覆试文理通者，照例升等；文理不通及未经覆试者则否；第五等人特与免铨出官。九年，凡无官宗子应举，初生则用乳名给据，既长则用训名。其赴诸路漕司之试，有一人前后用两据、印二卷者。至是，命漕司并索乳名、训名各项公据，方许收试，以杜奸弊。

武举、武选。咸平时，令两制、馆阁详定入官资故事，而未及行。仁宗时，尝置武学，既而中辍。天圣八年，亲试武举十二人，先阅其骑射而试之，以策为去留，弓马为高下。

神宗熙宁五年，枢密请建武学于武成王庙，以尚书兵部郎中韩缜判学，内藏库副使郭固同判，赐食本钱万缗。生员以百人为额，选文武官知兵者为教授。使臣未参班与门荫、草泽人召京官保任，人材弓马应格，听入学，习诸家兵法。教授纂次历代用兵成败、前世忠义之节足以训者，讲释之。愿试阵队者，量给兵伍。在学三年，具艺业考试等第推恩，未及格者，逾年再试。凡试中，三班使臣与三路巡检、砦主，未有官人与经略司教队、差使，三年无过，则升至大使臣，有两省、待制或本路钤辖以上三人保举堪将领者，并兼诸卫将军，外任回，归环卫班。

科场前一年，武臣路分都监、文官转运判官以上各奏举一人，听免试入学。生员及应举者不过二百人。春秋各一试，步射以一石三斗，马射以八斗，矢五发中的；或习武伎，副之策略，虽弓力不及，学业卓然；并为优等，补上舍生，毋过三十人。试马射以六斗，步射以九斗，策一道，《孙》、《吴》、《六韬》义十道，五通补内舍生。马步射、马战应格，对策精通、士行可称者，上枢密院审察试用；虽不应格而晓术数、知阵法、智略可用，或累试策优等，悉取旨补上舍；武艺、策略累居下等，复降外舍。

先是，枢密院修《武举试法》，不能答策者，答兵书墨义。王安石奏曰："三路义勇艺入三等以上，皆有旨录用，陛下又欲推府界保甲法于三路，则武力之人已多。近以学究一科，从诵书不晓理废之，而武举复试墨义，则亦学究之流，无补于事。先王收勇力之士，皆属于车右者，欲以备御侮之用，则记诵何所施？"于是悉从中书所定。凡武举，始试义、策于秘阁，武艺则试于殿前司，及殿试，则又试骑射及策于庭。策、武艺俱优者右班殿直，武艺次优为三班奉职，又次借职，末等三班差使、减磨勘年。策入平等而武艺优者除奉职，次优借职，又次三班差使、减磨勘年，武艺末等者三班差使。八年，诏武举与文举进士，同时锁试于贡院，以防进士之被黜而改习者，遂罢秘阁试。又以《六韬》本非全书，止以《孙》、《吴》书为题。

元丰元年，立大小使臣试弓马艺业出官法：第一等，步射一石，矢十发三中，马射七斗，马上武艺五种，《孙》、《吴》义十通七，时务边防策五道文理优长，律令义十通七，中五以上免短使、减一任监当，三事以上免短使、升半年名次，两事升半年，一事升一季；第二等，步射八斗，矢十发二中，马射六斗，马上武艺三种，《孙》、《吴》义十通五，策三道成文理，律令义十通五，中五事免短使、升半年，三事升半年,两事升一季,一事与出官;第三等,步射六斗,矢十发一中,马射五斗,马上武艺两种,《孙》、《吴》义十通三,策三道成文理,律令义十通三,计算钱谷文书五通三,中五事升半年,三事升一季,两事与出官。其步射并发两矢,马射发三矢,皆著为格。四年,罢试律义。七年,止试《孙》、《吴》书大义一场,第一等取四通、次二等三通、三等二通为中格。元祐四年,诏解试、省试增策一道。

崇宁间,诸州置武学。立《考选升贡法》,仿儒学制,其武艺绝伦、文又优特者,用文士上舍上等法,岁贡释褐;中等仍隶学俟殿试。凡试出官使臣,用赴殿前司呈试。诸州武士试补,不得文士同一场。马射三上垛,九斗为五分,八斗为四分,七斗为三分。九斗、八斗、七斗再上垛及一上垛,视此为差,理为分数。马射一中帖当两上垛,一中的当两中帖。

旧制,武举三年一试,命官不过三十余人,后增额,以每贡者三人即取一以升上舍,积迭增展,遂至百人入流,比文额太优。四年,诏自今贡试上舍者,取十人入上等,四十人入中等,五十人入下等,皆补充武学内舍,人材不足听阙之,余不入等者,处之外舍。大抵以弓马程文两上一上、两中一中、两下一下相参以为第。凡州教谕,须州都监乃得兼,吏部取武举、武士上舍出身者。

政和三年,以隶学者众,凡经三岁校试而不得一与者,除其籍。宣和二年,尚书省言:“州县武学既罢,有愿隶京城武学者,请用元丰法补试。旧制,不入学而从保举以试者,附试武学外舍,通取一百人,偕上舍生发解。今既罢科举,请依元丰法奏举,岁终集阙下,免试补外舍生,赴次年公试。其春选升补推恩,依大观法。”

靖康元年,诏诸路有习武艺、知兵书者,州长贰以礼遣送诣阙,毋限数,将亲策而用之。

建炎三年,诏武举人先经兵部验视弓马于殿前司,仍权就淮南转运司别场附试《七书》义五道,兵机策二首。绍兴五年,帝御集英殿策武举进士,翌日阅试骑射,策入优等与保义、承节郎,平等承信郎,其武艺不合格者,与进义校尉。川、陕宣抚司类省试艺合格人并补官。十二年,御试,正奏名,策入优等承节郎,平等承信郎、进义校尉;特奏名,平等进义校尉,各展磨勘有差。十六年,始建武学。兵部上《武士弓马及选试去留格》,凡初补入学,步射弓一石,若公、私试步骑射不中,即不许试程文,其射格自一石五斗以下至九斗,凡五等。

二十六年,帝见武学颓弊,因谕辅臣曰:"文武一道也,今太学就绪,而武学几废,恐有遗才。"诏兵部讨论典故,参立新制。凡武学生习《七书》兵法、步骑射,分上、内、外三舍,学生额百人。置博士一员,以文臣有出身或武举高选人为之;学谕一员,以武举补官人为之。凡补外舍,先类聚五人以上附私试,先试步射一石弓,不合格不得试程文,中格者依文士例试《七书》义一道。其内舍生私试,程文三在优等,弓马两在次优,公试入等,具名奏补。试上舍者,以就试人三取其一,以十分为率,上等一分,中等二分,下等七分,仍以三年与发解同试。凡内舍补上舍,以上舍试合格入等与行艺相参,两上者为上等,一上一中或两中及一上一下为中等,一中一下或两下、一上一否为下等,仍不犯第三等罚,士行可称者,具名奏补。二十七年,御试第一名赵应熊武艺绝伦,又省试第一,特与保义郎、阁门祗候。修立武举入官资格。二十九年,命武举人自今依府监年数免解。

孝宗隆兴元年御试,得正奏名三十七人。殿中侍御史胡沂言:"唐郭子仪以武举异等,初补右卫长史,历振远、横塞、天德军使。国初,试中武艺人并赴陕西任使。又武举中选者,或除京东提贼,或三路沿边,试其效用,或经略司教押军队、准备差使,今率授以权酤之事,是所取非所用,所用非所学也。请取近岁中选人数,量其材品、考任,授以军职,使之习练边事,谙晓军旅,实选用之初意也。"

乾道二年,中书舍人蒋芾亦以为言,请以武举登第者悉处之军中。帝以问洪适,适对曰:"武举人以文墨进,杂于卒伍非便也。"帝曰:"累经任者,可以将佐处之。是岁,以登极推恩,武举进士比文科正奏名例,第一名升一秩为成忠郎,第二、第三名依第一名恩例。

五年,兵部请外舍有校定人,参考榜上等者,候满一年,私试四入等及不犯三等以上罚,或有校定而参考在中下等,候再试参考入中等,听升补外舍生,赴公试。旧,入射亲除许试五等弓外,步射、马射止许试第三等以下弓,程文虽优而参考弓马分数难以对入优等;自今许比上舍法,不以为步、射亲,并通试五等。

吏部言:"武举比试、发解、省试三场,依条以策义考定等第,具字号,会封弥所,以武艺并策义参考。今比试自依旧法,其解、省两场,请依文士例,考定字号,先具奏闻,拆号放榜。"从之。初命武学生该遇登极覃恩,曾升补内舍或在学及五年曾经公、私试中人,并令赴省。是岁廷试,始依文科给黄牒,榜首赐武举及第,余并赐武举出身。其年,颁武举之法。令四川帅臣、宪、漕、知州军监及寄居侍从以上各举武士一员,兴元府、利、阆、金、洋、阶、成、西和、凤州各三员,拔其尤者送四川安抚司,解试类省,并如文科。

淳熙元年,议者请:"武学外舍生有校定公试合格,令试五等弓马,与程文五等相参,入中上等者,据阙升补,余俟再试入等升补。"从之。帝御幄殿,引见正奏名,呈试武艺。二年,以武科授官与文士不类,诏自今第一人补秉义郎,堂除诸司计议官,序位在机宜之上;第二、第三人保义郎,诸路帅司准备将领,代还,转忠翊郎;第四、第五人承节郎,诸路兵马监押,代还,转保义郎:皆仿进士甲科恩例。

四年,以文科状无代还,例除馆职,亦召武举榜首为阁门舍人。五年,始立武学国子额,收补武臣亲属;其文臣亲属愿附补者亦听。七年,初立《武举绝伦并从军法》:凡原从军者,殿试第一人与同正将,第二、第三名同副将,五名以上、省试第一名、六名以下并同准补将;从军以后,立军功及人材出众者,特旨擢用。帝曰:"武举本求将帅之材,今前名皆从军,以七年为限,则久在军中,谙练军政,他日可备委任。"八年,命特奏名补官,展减磨勘有差。九年,议者以为从军之人,率多觊望,不屑军旅。诏自今职事勤奋恪者,从主帅保奏升差,懒惰者按劾。

光宗绍熙元年,武臣试换文资,南渡以前许从官三人荐举,绍兴令敦武郎以下职召保官二人,以经义、诗赋求试,其后太学诸生久不第者,多去从武举,已乃锁厅应进士第。凡以秉义或忠翊皆换京秩,恩数与第一人等。后以林颖秀言:"武士舍弃弓矢,更习程文,褒衣大袖,专做举子。夫科以武名,不得雄健喜功之士,徒启其侥幸名爵之心。"于是诏罢锁厅换试。

宁宗即位,复其制。庆元五年,命两淮、京西、湖北诸郡仿兵部及四川法,于本道安抚司试武士,合格者,赴行在解试,别立字号,分项考校,拨十名为解额,五名省额。

理宗绍定元年,命武举进士避亲及所举之人止避本厅,令无妨嫌官引试,若合格,则朝廷别遣官覆试。淳祐九年,以北兵屡至,命极边、次边一体收试,仍量增解额五名、省额二名。是岁,武举正奏名王时发已系从军之人,充殿前司左军统领,既登第,换授,特命就本职上与带"同"字,以示优厚劝奖。

度宗咸淳六年,命礼部贡院于武举进士平等每百人内,取放待补十人,绝伦每百人内,取待补十三人。

算学。崇宁三年始建学,生员以二百一十人为额,许命官及庶人为之。其业以《九章》、《周髀》及假设疑数为算问,仍兼《海岛》、《孙子》、《五曹》、张丘建夏侯算法并历算、三式、天文书为本科。本科外,人占一小经,愿占大经者听。公私试、三舍法略如太学。上舍三等推恩,以通仕、登仕、将仕郎为次。大观四年,以算学生归之太史局,并画学生入翰林画艺局,画学生入翰林图画局,医学生入太医局。

绍兴初,命太史局试补,并募草泽人。淳熙元年春,聚局生子弟试历算《崇天》、《宣明》、《大衍历》三经,取其通习者。五年,以《纪元历》试。九年,以《统元历》试。十四年,用《崇天》、《纪元》、《统元历》三岁一试。绍兴二年,命今岁春铨太史局试,应三全通、一粗通,合格者并特收取,时局生多阙故也。嘉定四年,命局生必俟试中,方许转补。

理宗淳祐十二年,秘书省言:"旧典以太史局隶秘省,今引试局生不经秘书,非也。稽之于令,诸局官应试历算、天文、三式官,每岁附试,通等则以精熟为上,精熟等则以习他书多为上,习书等则以占事有验为上。诸局生补及二年以上者,并许就试。一年试历算一科,一年试天文、三式两科,每科取一人。诸同知算造官阙有试,翰林天文官阙有试,诸灵台郎有应试补直长者,诸正名学生有试问《景祐新书》者,诸判局阙而合差,诸秤漏官五年而转资者,无不属于秘书;而局官等人各置脚色,遇有差遣、改补、功过之类,并申秘书。今乃一世自行陈请,殊乖初意。自今有违令补差,及不经秘书公试补中者,中书执奏改正,仍从旧制,申严试法。"从之。

书学生,习篆、隶、草三体,明《说文》、《字说》、《尔雅》、《博雅》、《方言》,兼通《论语》、《孟子》义,愿占大经者听。篆以古文、大小二篆为法,隶以二王、欧、虞、颜、柳真行为法,草以章草、张芝九体为法。考书之等,以方圆肥瘦适中,锋藏画劲,气清韵古,老而不俗为上;方而有圆笔,圆而有方意,瘦而不枯,肥而不浊,各得一体者为中;方而不能圆,肥而不能瘦,模仿古人笔画不得其意,而均齐可观为下。其三舍补试升降略同算学法,惟推恩降一等。自初置及并罢年数,悉同算学。

画学之一,曰佛道,曰人物,曰山水,曰鸟兽,曰花竹,曰屋木,以《说文》、《两雅》、《方言》、《释名》教授。《说文》则令书篆字,著音训,余书皆设问答,以所解义观其能通画意与否。仍分士流、杂流,别其斋以居之。士流兼习一大经或一小经,杂流则诵小经或读律。考画之等,以不仿前人而物之情态形色俱若自然,笔韵高简为工。三舍试补,升降以及推恩如前法。惟杂流授官,止自三班借职以下三等。

医学,初隶太常寺,神宗时始置提举判局官及教授一人,学生三百人。设三科以教之。曰方脉科,针科、疡科。凡方脉以《素问》、《难经》、《脉经》、为大经,以《巢氏病源》、《龙树论》、《千金翼方》为小经,针、疡科则去《脉经》而增《三部针灸经》。常以春试,三学生愿与者听。崇宁间,改隶国子监,置博士、正、录各四员,分科教导,纠行规矩。立上舍四十人,内舍六十,外舍二十,斋各置长、谕一人。其考试:第一场问三经大义五道,次场方脉试脉证、运气大义各二道;针、疡试小经大义三道,运气大义二道;三场假令治病法三道。中格高等,为尚药局医师以下职,余各以等补官,为本学博士、正、录及外州医学教授。

绍兴中,复置医学,以医师主之。翰林局医生并奏试人,并试经义一十二道,取六通为合格。乾道三年,罢局而存御医诸科,后更不置局而存留医学科,令每举附省闱别试所解发,太常寺常行其事。淳熙十五年,命内外白身医士,经礼部先附铨闱,试脉义一场三道,取其二通者赴次年省试,经义三场一十二道,以五通为合格,五取其一补医生,俟再赴省试升补,八通翰林医学,六通祗候,其特补、荐补并停。绍熙二年,复置太医局,铨试依旧格。其省试三场,以第一场定去留,墨义、大义等题仿此。

补道职,旧无试,元丰三年始差官考试,以《道德经》、《灵宝度人经》、《南华真经》等命题,仍试斋醮科仪祝读。政和间,即州、县学别置斋授道徒。蔡攸上《诸州选试道职法》,其业以《黄帝内经》、《道德经》为大经,《庄子》、《列子》为小经。提学司访求精通道经者,不问已命、未仕,皆审验以闻。其业儒而能慕从道教者听。每路于见任官内,选有学术者二人为干官,分诣诸州检察教习。《内经》、《道德经》置博士,《圣济经》兼讲。道徒升贡,悉如文士。初入官,补志士道职,赐褐服,艺能高出其徒者,得推恩。道徒术业精退,州守贰有考课殿最罪法。陈州学生慕从道教,逾月而道徒换籍,殆与儒生相半。有宋禹者,愿改道徒内舍,献《神霄玉清万寿宫雅》一篇,特换志士,俟殿试。由是长倅以下受赏有差,其诱劝之重如此。宣和二年,学罢。

宋史卷一五八

志第一一一

选举四 铨法上

太祖设官分职，多袭五代之制，稍损益之。凡入仕，有贡举、奏荫、摄署、流外、从军五等。吏部铨惟注拟州县官、幕职，两京诸司六品以下官皆无选；文臣少卿、监以上中书主之，京朝官则审官院主之；武臣刺史、副率以上内职，枢密院主之，使臣则三班院主之。其后，典选之职分为四：文选曰审官东院，曰流内铨，武选曰审官西院，曰三班院。元丰定制而后，铨注之法，悉归选部：以审官东院为尚书左选，流内铨为侍郎左选，审官西院为尚书右选，三班院为侍郎右选，于是吏部有四选之法。文臣寄禄官自朝议大夫、职事官自大理正以下，非中书省敕授者，归尚书左选；武臣升朝官自皇城使、职事官自金吾卫仗司以下，非枢密院宣授者，归尚书右选；自初仕至州县幕职官，归侍郎左选；自借差、监当至供奉官、军使，归侍郎右选。凡应注拟、升移、叙复、荫补、封赠、酬赏，随所分隶校勘合格，团甲以上尚书省，若中散大夫、阁门使以上，则列选叙之状上中书省、枢密院，得画旨，给告身。凡选人阶官为七等：其一曰三京府判官，留守判官，节度、观察判官；即后来承直郎。其二曰节度掌书记，观察支使，防御、团练判官；即后来儒林郎。其三曰军事判官，京府、留守、节度、观察推官；即后来文林郎。其四曰防御、团练、军事推官，军、监判官；即后来从事郎。其五曰县令、录事参军；即后来从政郎。其六曰试衔县令、知录事；即后来修职郎。其七曰三京军巡判官，司理、户曹、司户、法曹、司法参军,主簿,县尉。即后来迪功郎。七阶选人须三任六考,用奏荐及功赏,乃得升改。

凡改官,留守、两府、两使判官,进士授太常丞,旧亦授正言、监察或太常博士,后多不除。余人太子中允;旧亦授殿中丞。支使,掌书记,防御、团练判官,进士授太子中允,或秘书郎。余人著作佐郎;两使推官、军事判官、令、录事参军,进士授著作佐郎,余人大理寺丞;初等职官知县,知录事参军,防御、团练、军事推官,军器、监判官,进士授大理寺丞,余人卫尉寺丞;惟判、司、主簿、县尉七考,进士授大理寺丞,余人卫尉寺丞。自节、察判官至簿、尉,考不及格者递降等。

凡非登科及特旨者,年二十五方注官。凡三班院,二十以上听差使,初任皆监当,次任为监押、巡检、知县。凡流外人,三任七考,有举者六员,移县令、通判;有班行举者三员,与磨勘。凡进纳人,六考,有职官或县令举者四员,移注;四任十考,有改官者五人举之,与磨勘。

初定四时参选之制:凡本属发选解,并以四孟月十五日前达省,自千里至五千里外,为五等日期离本处;若违限及不如式,本判官罚五十直,录事参军、本曹官各殿一选;诸州四时具员阙报吏部,逾期及漏误,判官罚七十直,录事参军以下殿一选;在京百司发选解及送阙,违期亦有罚;诸归司官奏年满,俟敕下,准格取本司文解赴集,流外铨则据其人自投状申奏,亦依四时取解参选;凡州县老疾不任事者,许判官、录事参军纠举以闻,判官、录事参军则州长吏纠之。藩郡监牧,每遣朝臣摄守,往往专恣。太祖始削外权,命文臣往莅之;由是内外所授官,多非本职,惟以差遣为资历。

建隆四年,诏选朝士分治剧邑,以重其事。大理正奚屿知馆陶,监察御史王祐知魏,杨应梦知永济,屯田员外郎于继徽知临清,常参官宰县自此始。旧制,畿内县赤、次赤;畿外三千户以上为望,二千户以上为紧,一千户以上为上,五百户以上为中,不满五百户为中下。有司请据诸道所具板图之数,升降天下县,以四千户以上为望,三千户以上为紧,二千户以上为上,千户以上为中,不满千户为中下。自是,注拟以为资叙。又诏:"周广顺中应出选门州县官,于南曹投状,准格敕考校无碍,与除官;其叙复者刑部检勘送铨。"

先是,选格未备。乾德二年,命陶谷等议:

> 凡拔萃、制举及进士、《九经》判中者,并入初等职官,判下者依常选。初入防御团练军事推官、军事判官者,并授将仕郎,试校书郎。周三年得资,即入留守两府节度推官、军事判官,并授承奉郎,试大理评事。又周三年得资,即入掌书记、防御团练判官,并授宣德郎,试大理评事兼监察御史。周二年得资,即入留守、两府、节度、观察判官,并授朝散大夫,试大理司直兼监察御史。周一年,入同类职事、诸府少尹。又周一年,送名中书门下,仍依官阶,分为四等。已至两使判官以上、次任入同类职事者,加检校官或转运宪衔。凡观察判官以上,绯十五年乃赐紫。每任以周三年为限,闰月不预,每周一年,校成一考。其常考,依令录例,书中"、"上";公事阙遗、曾经殿罚者,即降考一等;若校成殊考,则南曹具功绩,请行酬奖;或考满未代,更一周年与成第四考,随有罢者不赴集;其奏授职事,书校考第,并准新格参选。

自是铨法渐有伦矣。帝又虑铨曹惟用资历,而才杰或湛滞,乃诏吏部取赴集选人历任课绩多而无阙失、其材可副升擢者,送中书引验以闻。时仕者愈众,颇委积不可遣。

开宝初,令选人应格者,到京即赴集,不必限四时;及成次甲,又给限:南曹八日,铨司旬有五日,门下省七日,自磨勘、注拟及点检谢词,总毋逾一月。若别论课绩,或负过名须考验,行遣如法;及资考未合注拟者,不在此限。

三年,诏曰:"吏多难以求其治,禄薄未可责其廉,与其冗员重费,不若省官益奉。州县官宜以户口为率,差减其员,旧奉月增给五千。西川管内诸州,凡二万户,依旧设曹官三员;户不满二万,置录事参军、司法参军各一员,司法兼司户;不满万户,止置司法、司户,司户兼事参军;户不满五千,止置司户,兼司法及录事参军。县千户以上,依旧置令、尉、主簿凡三员;户不满千。置令、尉,县令兼主簿事;户不满四百,止置主簿、尉,以主簿兼知县事;户不满二百,止置主簿,兼令、尉。"诸道减员亦仿此。西川官考满得代,更不守选。

岭表初平,上以其民久困苛政,思惠养之。令吏部铨自襄、荆以南州县,选见任年未五十者,移为岭南诸州通判,得携族之官。以广南伪署送学士院试书判,稍优则授上佐、令、录、簿、尉。初,州县有阙员,差前资官承摄;帝以其紊常制,令所在即上阙员,有司除注。又谓:"诸道摄官或著吏能,悉令罢去,良可惜也。有司按其历任,三摄无旷败者以名闻。"

六年,从流内铨之请,复四时选,而引对者每季一时引对之。时国家取荆、衡,克梁、益,下交、广,辟土既远,吏多阙,是以岁常放选。选人南曹投状,判成送铨,依次注拟。其后选部阙官,即特诏免解,非时赴集,谓之"放选",习以为常,而取解季集之制渐废。是冬,乃命参知政事卢多逊等,以见行《长定》、《循资格》及泛降制书,乃正违异,削去重复,补其阙漏,参校详议,取悠久可用者,为书上之,颁为永式,而铨综之职益有叙矣。

先是,选人试判三道,其二全通而文翰俱优为上,一道全通而文翰稍堪为中,三道俱不通为下。判上者职事官加一阶,州县官超一资,判中依资,判下入同类,惟黄衣人降一资。至是,增为四等,三道全次、文翰无取者为中下,用旧判下格;全不通而文翰又纰缪为下,殿一选。

太平兴国六年,诏京朝官除两省、御史台,自少卿、监以下,奉使从政于外受代而归者,令中书舍人郭贽、膳部郎中兼侍御史知杂事滕中正、户部郎中雷德骧同考校劳绩,论量器材,以中书所下阙员拟定,引对以遣,谓之差遣院。盖前代朝官,自一品以下皆曰常参官,其未常参者曰未常参官;宋目常参者曰朝官,秘书郎而下未常参者曰京官。旧制,京朝官有员数,除授皆云替某官,或云填见阙。京官皆属吏部,每任满三十月,罢任,则岁校其考策,取解赴集。太祖以来,凡权知诸州,若通判,若监临物务官,无定员。月限既满,有司住给奉料,而见厘务者牒有司复文,所厘务罢则已。但不常参,注授皆出中书,不复由吏部。至是,与朝官悉差遣院主之。凡吏部黄衣选人,始许改为白衣选人。

太宗选用庶僚,皆得引对,观其敷纳可采者超擢之。复虑因缘矫饰,徼幸冒进,乃诏:"应临轩所选官吏,并送中书门下,考其履历,审取进止。"旧制,州县官南曹判成,流内铨注拟,其职事官中书除授。然而历任功过,须经南曹考验,遂令幕府官罢任,并归归铨曹,其特除拜者听朝旨。又诏:"狱官关系尤重,新及第人为司理参军,固未精习,令长吏察视,不胜任者,奏判、司、簿、尉对易其官。"

淳化四年,选人以南郊赦免选,悉集京师。帝曰:"并放选,则负罪者幸矣,无罪者何以劝?"乃令经停殿者守常选。又诏:"司理、司法参军在任有犯,遇赦及书下考者,止与免选,更勿超资。"工部郎中张知白上言:"唐李峤尝云:'安人之方,须择郡守。朝廷重内官,轻外任,望于阁选贤良分典大州,共康庶绩。'凤阁侍郎韦嗣立因而请行,遂以本官出领郡。今江、浙州郡,方切择人,臣虽不肖,愿继前修。"帝曰:"知白请重亲民之官,良可嘉也。"然不允其请。

淳化以前,资叙未一,及是始定迁秩之制:"凡制举、进士、《九经》出身者,校书郎、正字、寺监主簿、助教并转大理评事,评事转本寺丞,任太祝、奉礼郎者转诸寺监丞,诸寺监丞转著作佐郎,或特迁太子中允、秘书郎;由大理寺丞转殿中丞,由著作佐郎转秘书监、丞,资浅者或著作郎,优迁者为太常丞,由太子中允、秘书郎转太常丞,三丞、著作皆迁太常博士,转屯田员外郎,优者为礼部、工部、祠部、主客;由屯田转都官,优者为户部、刑部、度支、金部;由都官转职方,优者为吏部、兵部、司封、司勋;其转郎中亦如之。左右司员外郎,太平兴国中有之,后罕除者。左右司郎中,惟待制以上当为少卿者即为之。由前行郎中转太常少卿、秘书少监,由此二官转右谏议大夫或秘书监、光禄卿;谏议转给事中,资浅者或右转左;给事中转工部、礼部侍郎,至兵部、吏部转左右丞,由左右丞转尚书。自侍郎以上，或历曹，或超曹，皆系特旨。

诸科及无出身者，校书郎、正字、寺监主簿、助教并转太祝、奉礼郎，太祝、奉礼郎转大理评事，评事转诸寺监丞，诸寺监丞转大理寺丞，大理寺丞转中舍，优者为左右赞善，资浅者为洗马。由幕职为著作佐郎者转太子中允。由中允、赞善、中舍、洗马皆转殿中丞，殿中丞转国子博士，旧除《五经》者，至《春秋》博士则转国子博士，后罕除。由国子博士转虞部员外郎，优者为膳部；由虞部转比部，优者为仓部；由比部转驾部，优者为考功；或由水部转司门，司门转库部；为郎中亦如之。至前行郎中转少卿、监，或一转，或二三转，即为诸寺太卿、监，自太卿、监特恩奖擢，或入给谏焉。

其为台省官，则正言、监察比太常博士，殿中、司谏比后行员外郎，起居、侍御史比中行员外郎；起居转兵部、吏部员外郎，侍御史转职方员外郎，优者为兵部、司封、知制诰；由正言以上至郎中，皆叙迁两资，中行郎中为左右司郎中，若非次酬劳，有迁三资或止一资者；至左右司郎中为知制诰若翰林学士者，迁中书舍人，旧亦有自前行郎中除者，后兵、吏部止迁谏议。由中书舍人转礼部以上侍郎，入丞、郎即越一资以上。内职、学士、待制亦如之。御史中丞由谏议转者迁工部侍郎，由给事转者迁礼部侍郎，由丞、郎改者约本资焉。

其学官，司业视少卿，祭酒视太卿。其法官，大理正视中允、赞善。凡正言、监察以上，皆特恩或被举方除。其任馆阁、三司、王府职事，开封府判官、推官、江淮发运、诸路转运使、提点刑狱，皆得优迁，或以勤效特奖者亦如之。两制、龙图阁、三馆皆不带御使台官，枢密直学士、三司副使皆不带御史台官及两省官，待制以上不带少卿监。

其内职，自借职以上皆循资而迁，至东头供奉官者转阁门祗候，阁门祗候转内殿崇班，崇班转承制，承制转诸司副使，自副使以上，或一资，或五资、七资，或直为正使者，至正使亦如之。至皇城使者转昭宣使，昭宣使转宣庆使，宣庆使转景福殿使。其阁门祗候，特恩转通事舍人，通事舍人转西上阁门副使，亦有加诸司副使兼通事者;西上阁门副使转东上,东上转引进,引进转客省,客省转西上阁门;自此以上,亦如副使之迁,惟至东上者又转四方馆使。客省使转内客省使,内客省使转宣徽使,或出为观察使。自内客省使以上,非特恩不授。

武班副率以上至上将军,其迁历军卫如诸司使副焉。由牧伯内职改授,则观察使以上为上将军,团练使、阁门使以上为大将军,刺史、诸司使至崇班为将军,阁门祗候、供奉官为率,殿直以上为副率。

内侍省、入内内侍省,自小黄门至内供奉官,皆历级而转,至内东头供奉官转内殿崇班,有转内侍、常侍者,内常侍亦正转崇班。

其铨选之制:两府司录,次赤令,留守、两府、节度、观察判官,少尹,一选;两府判、司,两畿令,掌书记,支使,防御、团练判官,二选;诸府司、录,次畿令,四赤簿、尉,军事判官,留守、两府、节度、观察、防御、团练军事推官,军、监判官,进士、制举,三选;诸府司理、判、司,望县令,《九经》,四选;辅州、大都督府司理、判、司,紧上州录事参军,紧上县令,次赤两畿簿、尉,《五经》、《三礼》、《三传》、《三史》、《通礼》、明法,五选;雄望州司理、判、司,中州录事参军,中县令,次畿簿、尉,六选;紧上州司理、判、司,下州、中下州录事参军,中下县、下县令,紧望县簿、尉,学究,七选中州中下州司理、判、司,上县簿、尉,八选;下州司理、判、司,中县簿、尉,九选;中下县下县簿、尉,十选。太庙斋郎、室长通理九年,郊社斋郎、掌坐通理十一年。

凡入官,则进士入望州判司、次畿簿尉,《九经》入紧州判司、望县簿尉,《五经》、《三礼》、《通礼》、《三传》、《三史》、明法入上州判司、紧县簿尉,学究有出身人入中州判司、上县簿尉,太庙斋郎,入下州判司、中县簿尉,郊社斋郎试衔无出身人入下州判司、中下县簿尉,诸司入流人入下州判司、下县簿尉。

仁宗初,吏员犹简,吏部奏天下幕职、州县官期满无代者八百余员,而川、广尤多未代。帝曰:"此岂人情之所乐耶?其亟代之。"帝御后殿视事,或至旰食。中书请如天禧旧制,审官、三班院、流内铨日引见毋得过两人,诏弗许。自真宗朝,试身、言、书、判者第推恩,乃特诏曰:"国家详核吏治,念其或淹常选,而以四事程其能。朕承统绪,循用旧典,爰命从臣,精加详考。其令翰林学士李咨与吏部流内铨以成资阙为差拟。"于是咸得迁官,率以为常。后议者以身、言、书、判为无益,乃罢。

凡磨勘迁京官,始增四考为六考,举者四人为五人,曾犯过又加一考。举吏各有等数,得被举者须有本部监司、长吏按察官,乃得磨勘;须到官一考,方许荐任。凡选人年二十五以上,遇郊,限半年赴铨试,命两制三员锁试于尚书省,糊名誊录。习辞业者试论、试诗赋,词理可采、不违程式为中格,习经业者人专一经,兼试律,十而通五为中格,听预选。七选以上经三试至选满,亦朝官保任者三人,补远地判、司簿、尉,无举主者补司士参军,或不赴试,亦无举者,永不预选。京官年二十五以上,岁首赴试于国子监,考法如选人,中格者调官。两任无私罪而有部使、州守倅举者五人,入亲民;举者三人,惟与下等厘物务官。

初,州郡多阙官,县令选尤猥下,多为清流所鄙薄,每不得调。乃诏吏部选幕职官为知县,又立举任法以重令选,救诸路察县之不治者。然被举者日益众,有司无阙以待之,中书奏罢举县令法。未几,有言亲民之任轻,则有害于治,法不宜废。复令指剧县奏举,举者二人,必一人本部使,既居任,复有举者,始得迁,否则如常选,毋辄升补。常参官已授外任,勿奏举。然铨格烦密,府史奸弊尤多,而磨勘者待次外州,或经三二岁乃得改官,往往因缘薄劳,求截甲引见。有诏自是弗许。

神宗欲更制度,建议之臣以为唐铨与今选殊异,杂用其制,则有留碍烦紊之弊。始刊削旧条,务从简便,因废南曹而并归之于铨。初,审官西院与东院对掌文武,寻改从吏部,而左、右选分焉。祖宗以来,中书有常选,百司、郡县有奏举,虽小大殊科,然皆不隶于有司。暨元丰罢奏举阙,属之铨曹,而堂选亦不领于中书,一时更制,必欲公天下而诏永久。于是除免选之恩,重出官之试,定赏罚之则,酌资荫之宜。凡设试以待命士而入之铨注者,自荫补、铨试之外,有进士律义、武臣呈试及试刑法官等,而铨试所受为特广。中书言:"选人守选,有及三年方遇恩放选者,或适归选而遽遇恩,既为不均,且荫补免试注官,以不习事多失职,试者又止试诗,岂足甄才?已受任而无劳绩,举荐及免试恩法,须再试书判三道,然亦虚文。"

　　熙宁四年,遂定铨试之制:凡守选者,岁以二月、八月试断按二,或律令大义五,或议三道,后增试经义。法官同铨曹撰式考试,第为三等,上等免选注官,优等升资如判超格,无出身者赐之出身。自是不复试判,仍去免选恩格,若历任有举者五人,自与免试注官。任子年及二十,听赴铨试。其试不中或不能试,选人满三岁许注官,惟不得入县令、司理、司法。任子年及三十方许参注,若年及二十授官,已及三年,出官亦不用试。若秩入京朝,即展任监当三年,在任有二人荐之,免展。选人应改官,必对便殿。旧制,五日一引,不过二人。至是,待次者多,逾有二年乃得引。帝闵其留滞,诏每甲引四人以便之。

　　帝因论郡守,谓宰臣曰:"朕每思祖宗百战得天下,今州郡付之庸人,常切痛心。卿辈谓何如而得选任之要?"文彦博请择监司而按察之。陈升之曰:"取难治剧郡,择审官近臣而责以选才,宜可得也。"

　　初置审官西院,磨勘武臣,并如审官院格,而旧审官曰东院。御史中丞吕公著言:"英宗时,文臣磨勘,例展一年,至少卿、监止。武臣横行以上及使臣,犹循旧制,固未尝如文臣有所节抑也。又仁宗时,尝著令,正任防御、团练以上,非边功不迁。今及十年掌历外任,即许转,亦未如少卿、监之有限止也。"诏两制详定。王珪等言:"文武两选磨勘,已皆均用四年。请今自正任刺史以上,转官未满十年,若有显效者自许特转,其非次恩惟许改易州镇,以示旌宠。有过,则比文臣展年。"从之。知审官西院李寿朋言:"皇城使占籍者三十余员,多领遥郡,而尚得从磨勘,迁刺史、团练防御使,每进一级,增奉钱五万,廪粟杂给如之,实为无名。请于皇城使上别置二使名,视前行郎中,量给奉禄。其遥郡刺史、团练防御使,并从朝廷赏功擢用,更不序迁。"诏:"遥郡刺史、团练防御使,并以十年磨勘,至观察留后止。应官止而有功若特恩迁者,不以法。"

诸司使副,每磨勘皆用常制,虽军功亦无别异,而阁门内侍辈,转皆七资。帝谓:"左右近习,非勋劳而得超躐,至尝立功者乃无优迁,非制也。"使副尝有军功应转,许特超七资,阁门通事舍人、带御器械、两省都知押班、管干御药院使臣七资超转法,皆除之。后客省、引进、四方馆各置使二员,东、西上阁门共置使六员,客省、引进、阁门副使共八员。副使磨勘如诸司使法。使有阙,改官及五期者,枢密院检举。历阁门职事有犯事理重者,当迁日除他官;阁门、四方馆使七年无私过,未有阙可迁者,加遥郡;特旨与正任者,引进四年转团练使,客省四年转防御使:皆著为定制焉。

先是,御史乞罢堂选,曾公亮执不可。王安石曰:"中书总庶务,今通判亦该堂选,徒留滞,不能精择,宜归之有司。"帝曰:"唐陆贽谓:'宰相当择百官之长,而百官之长择百官。'今之审官,苟得其人,安有不能精择百官者哉?"元丰四年,堂选、堂占悉罢。

初,有司属职卑者不在吏铨,率命长吏举奏。都水监主簿李士良言:"沿河干集使臣,凡百六十余员,悉从水监奏举,往往不谙水事,干请得之。"乃诏东、西审官及三班院选差。于是悉罢内外长吏举官法。明年,令吏部始立定选格,其法:各随所任职事,以入仕功状,循格以俟拟注。如选巡检、捕盗官,则必因武举、武学,或缘举荐,或从献策得出身之人。他皆仿此。

自官制行,以旧少卿、监为朝议大夫,诸卿、监为中散大夫,秘书监为中大夫。故事,两制不转卿、监官,每至前行郎中,即超转谏议大夫。前行郎中,于阶官为朝请大夫;谏议大夫,于阶官为太中大夫。帝谓:"磨勘者,古考绩之法,所与百执事共之,而禁近独超转,非法也。"于是诏待制以下,并三年一迁,仍转朝议、中散、中大夫三官。自是迁叙平允。凡开府仪同三司至通议大夫,无磨勘法;太中大夫至承务郎,皆应磨勘。待制以上六年迁两官,至太中大夫止;承务郎以上四年迁一官,至朝请大夫止。朝议大夫以七十员为额,有阙,以次补之。选人磨勘用吏部法,迁京朝官则依新定之制。除授职事官,并以寄禄官品高下为法:凡高一品以上者为行,下一品者为守,二品以下者为试,品同者不用行、守、试。

哲宗时,御史上官均言:"今仕籍,合文武二万八千余员,吏部逆用两任阙次,而仕者七年乃成一任。当清其源,宜加裁抑。"朝廷下其章议之。司谏苏轼议曰"祖宗旧法,凡任子,年及二十五方许出官,进士、诸科,初命及已任而应守选者,非逢恩不得放选。先朝患官吏不习律令,欲诱之读法,乃减任子出官年数,去守选之格,概令试法,通者随得注官。自是天下争诵律令,于事不为无补。然人人习法,则试无不中,故荫补者例减五年,而选人无复选限。吏部员今年已用后四年夏秋阙,官冗至此亦极矣。宜追复祖宗守选旧法,而选满之日,兼行试守之科,此亦今日之便也。"事报闻。

三省言:"旧经堂除选人,惟尝历省府推官、台谏、寺监长贰、郎官、监司外,悉付吏部铨注,凡格所应入,递升一等以优之。被边州军,其城砦巡检、都监、监押、砦主、防巡、诸路捕盗官,及三万缗以上课息场务,凡旧应举官,员阙,许仍奏举。"时通议大夫以上,有以特恩、磨勘转官,而比之旧格,或实转两官至三四官者。右正言王觌谓非所以爱惜名器,请官至太中大夫以上,毋用磨勘迁转。诏:"待制、太中大夫应磨勘者,止于通议大夫,余官止中散大夫。中散以上劳绩酬奖,合进官者,止许回授子孙。特命特迁,不拘此制。"初,武臣战功得赏,凡一资,则从所居官子孙递迁一级。于是以皇城使骤上遥刺,或入横行;且阁门使以上,等级相比而轻重绝远。因枢密院言,乃诏"阁门、左藏库副使得两资,客省、皇城使得三资,止许一转,减年者许回授亲属。"又小使臣磨勘转崇班者,岁毋过八十人。

内臣昭宣使以上无磨勘法,惟押班以上则取裁,余理五年磨勘。

绍圣初,改定《铨试格》,凡摄官初归选,散官、权官归司,若新赐第,皆免试。每试者百人,惟取一人入优等,中书奏裁,二人为上等,五人为中等。崇宁以后,又复元丰制,而荫补者须隶国学一年无过罚,乃试铨。若在学试尝再入等,即免试;其公、私试尝居第一,得比铨试推恩。政和间著为令。既而臣僚言:“进士中铨格者,每二百人,得优恩不过五七人,又或阙上等不取。而朝廷取隶国子试格,用之铨注,及五年,而得上等优恩者二百四十人,免试者尚在其外。是荫补隶学者,优于累试得第之人矣。”于是诏在学尝魁一试者,许如旧恩,余止令免试注官。吏部侍郎彭汝砺乞稍责吏部甄别能否,凡京朝官才能事效苟有可录,尚书暨郎官铨择以闻。三省分三年考察之,高则引对,次即试用,下者还之本选;若资历、举荐应入高而才行不副,许奏而降其等。凡皆略许出法而加升黜,岁各毋过三人。

初,选人改官,岁以百人为额。元祐变法,三人为甲,月三引见,积累至绍圣初。待次者二百八十余人。诏依元丰五日而引一甲,甲以三人,岁毋过一百四十人,俟待次不及百人,别奏定。又令历任通及三考,而资序已入幕职、令录,方许举之改官。吏部言:“元丰选格,经元祐多所纷更,于是选集后先,路分远近,资历功过,悉无区别,逾等超资,惟其所欲。诏旨既复元丰旧制,而辟举一路尚存,请尽复旧法,以息侥幸。”乃罢辟举。

崇宁元年,诏吏部讲求元丰本制,酌以时宜,删成彝格,使才能、阀阅两当其实。吏部言:“堂选窠名及举官员阙,内外共约三千余目。元祐法,选人得升资以上赏,及参选射阙,不许遣人代注,今皆罢从元丰法。所当损益者,其知边近蛮夷州如威、茂、黎、琼等,及开封府曹掾,平准务,诸路属官,在京重课场务,京城内外厢官,户部干官,麹院,榷货务,将作监管干公事,黄河都大,内外榷茶官,凡干刑狱及管库繁剧,皆不可罢举。若御史台主簿、检法官、协律郎,岂可泛以格授?诸如此类,仍旧辟举。”从之。惟诸路毋得直牒差待阙得替官权摄。

　　初，未改官制，大率以职为阶官。如以吏部尚书为阶官，而同中书门下平章事则其职也。至于选人，则幕职、令录之属为阶官，而以差遣为职，名实混淆甚矣。元丰未及革正。崇宁二年，刑部尚书邓洵武极言之，遂定选人七阶：曰承直郎，曰儒林郎，曰文林郎，曰从事郎，曰通仕郎，曰登仕郎，曰将仕郎。政和间，改通仕为从政，登仕为修职，将仕为迪功，而专用通仕、登仕、将仕三阶奏补未出官人，承直至修职须六考，迪功七考，有官保任而职司居其一，乃得磨勘。坐愆犯，则随轻重加考及举官有差。

　　时权奸柄国，侥幸并进，官员益滥，铨法留碍。臣僚言：“吏员增多，盖因入流日众。熙宁郊礼，文武奏补总六百一十一员；元丰六年，选人磨勘改京朝官总一百三十有五员。考之吏部，政和六年，郊恩奏补约一千四百六十有畸，选人改官约三百七十有畸。欲节其滥，惟严守磨勘旧法。而今之磨勘，有局务减考第，有川远减举官，有用酬赏比类，有因大人特举，有托事到阙不用满任，有约法违碍许先次而改。凡皆弃法用例，法不能束而例日益繁，苟不裁之，将又倍蓰而未可计也。请诏三省若吏部，旧有止法，自当如故，余皆毋得用例。”乃诏：“惟川、广水土恶地，许减举如制，余悉用元丰法”。既而又言：“元丰进纳官法，多所裁抑。应入令录及因赏得职官，止与监当，该磨勘者换授降等使臣，仍不免科率，法意深矣。迩者用兵东南，民入金谷皆得补文武官，理选如官户与士大夫泾、渭并流，复其户不受科输。是得数千缗于一日，而失数万斛于无穷也。况大户得复，则移其科于下户，下户重贫，州县缓急，责办何人？此又弊之大者。”不听。

　　初，宗室无参选法，祖宗时，间选注一二，不为常制。微宗欲优宗室，多得出官，一日参选，即在合选名次之上。而膏粱之习，往往贪恣，出任州县，黩货虐民，议者颇陈其害。钦宗即位，臣僚复以为言，始令不注郡守、县令，仍与在部人通理名次。

　　高宗建炎初，行都置吏部。时四选散亡，名籍莫考。始下诸道州、府、军、监，条具属吏寓官之爵里、年甲、出身、历仕功过、举主、到罢月日，编而籍之。然自兵难以来，典籍散失，吏缘为私，申明繁苛，承用踳驳，保任滋众，阻会无期，参选者苦之。乃令凡文字有不应于今，而案牍参照明白，从郎官审覆，长贰予决，小不完者听行，有徇私挟情，则令御史纠之。又诏京畿、京东、河北、京西、河东士夫在部注授，虽铨未中而年及者，皆听注官。二年，命京官赴行在者，令吏部审量，非政和以后进书颂及直赴殿试之人，乃听参选。在部知州军、通判、金判及京朝官知县、监当以三年为任者，权改为二年。以赴调者萃东南，选法留滞故也。又诏州县久无正官者，听在选人申部，审度榜阙差注。

绍兴元年，起居郎胡寅言："今典章文物，废坠无几，百司庶府不可阙者，莫如吏部。姑置侍郎一员，郎官二员，胥吏三十人，则所谓磨勘、封叙、奏荐常程之事，可按而举矣。"

诏曰："六官之长，佐王理邦国者，其惟铨衡乎。乱离以来，士大夫流徙，有徒跣而赴行在者。注授榜阙，奸弊日滋，寒士困苦，甚可悯焉。宜令三省议除其弊，严立赏禁，仍选能吏以主之，御史台常加纠察。"于是三省立八事，曰注拟藏阙，申请徼幸，去失艰难，刷阙减裂，关会淹延，审量疑似，给付邀求，保明退难。令长贰机柅之。又诏馆职选人到任及一年，通理四考，并自陈，改京官。

二年，吕颐浩言："近世堂除，多侵部注，士人失职。宜仿祖宗故事，外自监司、郡守及旧格堂除通判，内自察官省郎以上、馆职、书局编修官外，余阙并寺监丞、法寺官、六院等，武臣自准备将领、正副将以上，其部将、巡尉、指使以下，并归部注。"从之。又复文臣铨试，以经义、诗赋、时议、断案、律义为五场，愿试一场者听，榜首循一资。武臣呈试合格者并听参选。

三年，右仆射朱胜非等上《吏部七司敕令格式》。自渡江后，文籍散佚，会广东转运司以所录元丰、元祐吏部法来上，乃以省记旧法及续降指挥，详定而成此书。先是，侍御史沈与求言："今日矫枉太过，贤愚同滞。"帝曰："果有豪杰之士，虽自布衣擢为辅相可也；苟未能考其实，不若姑守资格。"乃命吏部注授县令，惟用合格之人。

五年，诏："凡注拟，并选择非老疾及未尝犯赃与非缘民事被罪之人。"时建议者云："亲民莫如县令，今率限以资格，虽贪懦之人，一或应格，则大官大邑得以自择。请诏监司、郡守，条上剧邑，遴选清平廉察之人为之。"既而又诏："知县依旧法，止用两任关升通判资序。"明年，侍御史周秘言："今有无举员考第，因近臣荐对，即改官升擢，实长奔竞。望诏大臣，自今惟贤德才能之人，余并依格注拟。"廷臣或请以前宰执所举改官，易以司马光十科之目，岁荐五员，中书难之。诏"前宰执所举京削，不理职司"而已。

三十二年，吏部侍郎凌景夏言："国家设铨选以听群吏之治，其掌于七司，著在令甲，所守者法也。今升降于胥吏之手，有所谓例焉。长贰有迁改，郎曹有替移，来者不可复知，去者不能尽告。索例而不获，虽有强明健敏之才，不复致议；引例而不当，虽有至公尽理之事，不复可伸。货贿公行，奸弊滋甚。尝睹汉之公府有辞讼比，尚书有决事比，比之为言，犹今之例。今吏部七司宜置例册，凡换给之期限，战功之定处，去失之保任，书填之审实，奏荐之限隔，酬赏之用否，凡经申请，或堂白、或取旨者，每一事已，命郎官以拟定，而长贰书之于册，永以为例，每半岁上于尚书省，仍关御史台。如是，则巧吏无所施，而铨叙平允矣。"

有议减任子者，孝宗以祖宗诰令难于遽改，令吏部严选试之法。自是，初官毋以恩例免试，虽宰执亦不许自陈回授。旧制，任子降等补文学及恩科人皆免，至是悉试焉。凡未经铨中及呈试者，勿堂除；虽墨敕，亦许执奏。旧制，宗室文资与外官文臣参注寀阙，武资则不得与武臣参注，但注添差。至是，始听注厘务阙。七年，始命铨试不中、年四十，呈试不中、年三十者，令写家状，读律注官。陈师正言："请令宗室恩任子弟出官日量行铨试，如士夫子弟之法，多立其额而优为之制"遂诏："自今宗室曾经应举得解者，许参选，余并行铨试，三人取二。其三试终场不中人，听不拘年限调官。"

淳熙元年，参知政事龚茂良言："官人之道，在朝廷则当量人

才,在铨部则宜守成法。法本无弊,例实败之。法者,公天下而为之
者也;例者,因人而立以坏天下之公者也。昔之患在于用例破法,今
之患在于因例立法。谚称吏部为'例部'。今《七司法》自晏敦复裁
定,不无速略,然守之亦可以无弊。而徇情废法,相师成风,盖用例
破法其害小,因例立法其害大。法常靳,例常宽,今法令繁多,官曹
冗滥,盖由此也。望令裒集参附法及乾道续降申明,重行考定,非大
有牴牾者弗去,凡涉宽纵者悉刊正之。庶几国家成法,简易明白,赇
谢之奸绝,冒滥之门塞矣。"于是重修焉。既而吏部尚书蔡洸以改
官、奏荐、磨勘、差注等条法分门编类,名《吏部条法总类》。十一月,
《七司敕令格式申明》成书。

淳熙三年,中书舍人程大昌言:"旧制,选人改秩后两任关升通
判,通判两任关升知州,知州两任即理提刑资序。除授之际,则又有
别以知县资序隔两等而作州者,谓之'权发遣',以通判资序隔一等
而作州者,谓之'权知',上而提刑、转运亦然。隔等而授,是择材能
也;结衔有差,是参用资格也。今得材能、资格俱应选者为上,其次,
则择第二任知县以上有课绩者许作郡,初任通判以上许作监司,第
二任通判以上许作职司,庶几人法并用。"从之。

宁宗庆元中,重定《武臣关升格》。先是,初改官人必作令,谓之
"须入"。至是,复命除殿试上三名、南省元外,并作邑;后又命大理
评事已改官未历县人,并令亲民一次,著为令。

绍定元年,臣僚上言:"铨曹之患,员多阙少,注拟甚难。自乾
道、嘉定以来,尝命选部,职官窠阙,各于元出阙年限之上,与展半
年用阙。历年浸久,入仕者多,即今吏部参注之籍,文臣选人、武臣
小使臣校尉以下,不下二万七千余员,大率三四人共注一阙,宜其
胶滞壅积而不可行。乞命吏部录参、司理、司法、令、丞、监当酒官,
于元展限之上更展半年。"从之。

七年,监察御史陈垲建言,乞申戒饬铨法十弊:"一曰添差数
多,破法耗财;谓倅贰、幕职、参议、机宜、总戎、钤辖、监押之类。二曰抽差

员众,州县废职,谓监司、帅守幕属多差见任州县他官权摄。三曰摄局违法,蠹政害民;谓监司、帅守徇私差权幕属等职。四曰"须入"不行,徼幸挠法;谓初改官人必作知县今多规免,苟图京局,躐求倅贰,遂使不曾历县之人冒当郡寄。五曰奏辟不应,奔竞日甚;谓在法未经任人不许奏辟,今或以初任或以阙次远而改辟见次者。六曰改任巧捷,紊乱官常,谓在法已授差遣人,不得干求换易。今既授是官,复谋他职,辞卑居尊,弃彼就此。七曰荐举不公,多归请托;八曰借补繁多,官资泛滥;九曰瘝旷职守,役心外求;十曰匿过居官,玩视国法。谓曾经罪犯,必俟宥。今则既遭弹劾,初未经赦者,经营差遣。

　　旧制,军功补授之人,自合从军,非老疾当汰,无参部及就辟之法。比年诸路奏功不实,寅缘冒名,许令到部,及诸司纷然奏辟,实碍铨法。建炎兵兴,亲流补授者众,有曰上书献策,曰勤王,曰守御,曰捕盗,曰奉使,其名不一,皆阃帅假便宜承制之权以擅除擢。有进士径补京官者,有素身冒名即为郎、大夫者。乃诏:"从军应赏者,第补右选,以清流品。"又有民间愿习射者,籍其姓名。守令月一试,取艺优者,如三路保甲法区用。

　　绍兴初,尝以兵革经用不足,有司请募民入赀补官,帝难之。参知政事张守曰:"祖宗时,授以斋郎,今之将仕郎是也。"知枢密院李回曰:"此犹愈科率于民。"乃许补承节郎、承信郎、诸州文学至进义副尉六等,后又给通直郎、修武郎、秉义郎、承直至迪功郎。其注拟、资考、磨勘、改转、荫补、封叙,并依奏补出身法,毋得注令录及亲民官。和议之后,立格购求遗书,亦命以官。凡殁于王事,无遗表致仕格法者,听奏补本宗异姓亲子孙弟侄,文臣将仕郎,武臣承信郎;余亲,上州文学或进武校尉,所以褒恤忠义也。又以两淮、荆襄,其土广袤,募民力田。凡白身劝民垦田及七十五顷者与副尉,五百顷补承信郎。

　　孝宗即位,命师臣、监司、郡守、尝任两府及朝官等遣亲属进贡,等第补授登仕郎、将仕郎,推恩理为选限。淳熙三年,诏罢鬻爵,除歉岁民愿入粟赈饥、有裕于众，听补官，余皆停。自是，进纳军功，不理选限，登仕郎、诸州助教不许出官，止于赎罪及就转运司请解而已。

宋史卷一五九
志第一一二

选举五 铨法下

远州铨　补荫　流外补

川峡、闽、广，阻远险恶，中州之人，多不愿仕其地。初，铨格稍限以法，凡州县、幕职，每一任近，即一任远。川陕、广南及沿边，不许挈家者为远，余悉为近。既分川峡为四路。广南东、西为二路，福建一路，后增荆湖南一路，始立八路定差之制，许中州及土著在选者随意就差，名曰"指射"，行之不废。

太平兴国初，选人孟峦拟宾州录事参军，诣阙诉冤，坐流海岛。自是，得远地者不敢辞。既而诏："川峡、岭南、福建注授，计程外给两月期，违则本州不得放上，遣送阙下，除籍不齿。或被疾，则所至陈牒，长吏按验，付以公据；废痼未损，则条状以闻。"雍熙四年，又诏："选人年六十，勿注远地；非土人而愿者听。凡任广、蜀、福建州县，并给续食。"初，岭南阙官，往往差摄。至是，诏州长吏试可者选用之；罢秩，奏送阙下，与出身。淳化间，又诏："岭南摄官，各路惟许选二十员以承乏，余悉罢归。"

始，令岭南幕职，许携族行，受代不得寄留。至道初，申诏："剑南州县官，不得以族行。敢有妄称妻为女奴，携以之官，除名。"初，荣州司理判官郑蛟，冒禁携妻之任。会蜀贼李顺构乱，其党田子宣攻陷城邑，而蛟捕得之，擢为推官。至是，知梓州张雍奏其事，上命戮蛟，而有是诏。

咸平间，以新、恩、循、梅四州瘴地，选荆湖、福建人注之。吏部铨拟官，悉标其过犯。自是，凡注恶地，令不须书。又诏："规避遐远，违期受代，勘鞫责罚，就移远地。"

神宗更制，始诏："川峡、福建、广南，之官罢任，迎送劳苦，其令转运司立格就注，免其赴选。"于是八路自常选知州而下，转运司置员阙籍，具书应代时日，下所部郡众示之。凡见任距受代半年及已终更者，许用本资序指射。有司受而阅之，定其应格当差者，上之审官东院、流内铨，审覆如令，即奏闻降敕。若占籍本路，或游注此州，皆从其便；惟不许官本贯州县及邻境，其参拟铨次悉如铨格。无愿注者，上其阙审官，而在选者射之。武臣之属西院、三班院者，令枢密院放此具制。后荆湖南亦许就注。或言："土人知州非便。法应远近迭居，而川人许连任本路，常获便家，实太偏滥。"王安石曰："分远近，均劳佚也。中州士不愿适远，四路人乐就家便，用新法即两得所欲；况可以省吏卒将迎、官府浮费邪？"何正臣又言："蜀人之在仕籍者特众，今自郡守而下皆得就差，一郡之官，土人太半，寮审吏民皆其乡里亲信，难于徇公，易以合党。请收守令阙归之朝廷，而他官兼用土人，量立分限，庶经久无弊。兼闻差注未至尽公，愿许提刑司索案牍究察之。"奏上，法不为改，但申严提刑司互察之法。

元祐初，御史上官均言："定差不均之弊有七：诸路赴选中试乃差，八路随意取射，一也。诸路吏部待试，需次率及七年，方成一任；八路就注，若及七年，已更三任，二也。八路虽坐停罢，随许射注，其待次者又许权摄，禄无虚日；而吏选无愆犯，亦大率四年方再得禄，四也。土人得射奏名者，免试就注家便，年高力惫，不复望进，往往营私废职，五也。仕久知识既多，士人就射本路，不无亲故请托，六也。八路监司地远而专，设漫灭功过名次，人亦不敢争校；故有力者多得优便，而孤寒滞却，七也。请并八路差尽归吏部为便。"既而吏部亦请用常格差除，遂悉归之铨。

绍圣复行旧制，且许八路人荫补出官，即转运司试中注阙。重和间,臣僚又言其弊:"转运以军储、吏禄、供馈、支移为己责,而视差注为末务,往往付之主案吏胥定拟,而签厅视成书判而已。注阙之高下,视贿之厚薄。无赂,则定差之牍,脱漏言词,隐落节目。及其上部,必致退却,参会重上,又半岁矣。以是阙多而不调者众。宜督典领之官,岁终取吏部退难有无、多寡,为之课而赏罚之,庶可公注拟而绝吏赇。"乃命立《考课法》。

建炎初,诏福建、二广阙并归吏部,惟四川仍旧制。初,累朝以广南地远,利入不足以资正官,故使举人两与荐选者,试刑法于漕司,以合格者注摄两路,谓之"待次"。摄官更两任无过,则锡以真命。至是,虽归之吏部,逾年无愿就者,复归漕司。自神宗朝,宗室不许调川陕官;至是宗室多避难入蜀,乃听于四路注拟。六年,诏:"川陕转运司每季孟月上旬集注。"为定法焉。八年,直学士院勾龙如渊上疏谓:"行都去蜀万里,而比岁窠阙归之朝廷,寒远之士,困抑者众。原参酌前制,稍还漕铨之旧,立为定格,使与堂除不相侵紊。"遂命以小郡知州、监以下,仍付漕司差注,其选人改官诣司公参,理为"到部"。人称便焉。

补荫之制。凡奏戚属,太皇太后、皇太后、皇后本服期亲,奉礼郎;大功,守监簿;小功,初等幕职官;元丰前,试大理评事。缌麻,知令、录。元丰前试校书郎。异服亲亦如之。有服女之夫,则本服大功以上女夫,知令、录;小功,判、司、主簿或尉;缌麻,试监簿。周功女之子,知令、录;孙及大功女之子,判、司、主簿或尉;曾孙及大功女之孙,小功女之子,并试监簿;其非所生子若孙,各降一等;缌麻女之子,试监簿。

每祀南郊、诞圣节,太皇太后、皇太后并录亲属四人,皇后二人。非遇推恩而特旨赐官,不用此法。凡诸妃期亲守监簿,余判、司、或尉;异姓亲试监簿。婉容以上有服亲,才人以上小功亲,并试监簿。凡大长公主、长公主、公主夫之期亲,判、司、主簿或尉,余试监簿;子,补殿中丞;孙,光禄寺丞;婿,太常寺太祝;外孙,试衔、知县。

凡亲王婿,大理评事;外孙,初等职官;女之子婿,试监簿。宗室缌麻以上女之夫,试衔、知县;袒免,判、司、主簿或尉。其愿补右职,依换官法,奉礼郎即右侍禁,幕职官即左班殿直,知令、录即右班殿直,判、司、主簿、尉即奉职,试监簿即借职。

凡文臣:三公、宰相子,为诸寺丞;期亲,校书郎;余亲,本宗大功至缌麻服者。以属远近补试衔。使相、参知政事、枢密院使、副使、宣徽使子,为太祝、奉礼郎;期亲,校书,正字;余亲,补试衔。节度使、仆射、尚书、太子三少、御史大夫、文明殿学士、资政殿大学士子,校书郎、正字;期亲,寺、监主簿;余亲,试衔"。三司使、翰林、资政殿侍讲、龙图阁学士、枢密直学士,太常、宗正卿、中丞、丞、郎、留后、观察使、内客省使子,正字;期亲,寺、监主簿;余亲,试衔及斋郎。两省五品、龙图阁直学士、待制、三司副使、知杂御史子,寺、监主簿;期亲,试衔;余亲,斋郎。诸司大卿、监子,寺监主簿;期亲,试衔。小卿、监兼职者子,试衔;期亲,斋郎。"

凡武臣:宰相子,为东头供奉官,使相、知枢密院子,为西头供奉官;期亲,皆左侍禁;余属,自左班殿直以下第官之。枢密使、副使、宣徽节度使子,西头供奉官;期亲,右侍禁;余属,自右班殿直以下第官之。六统军诸卫上将军、节度观察留后、观察使、内客省使子,右侍禁;期亲,右班殿直;余属,三班奉职以下第官之。客省使、引进防御使、团练使、四方馆使、枢密都承旨、阁门使子,右班殿直;期亲,三班奉职;余属,为差使、殿侍。诸卫大将军、内诸司使、枢密院诸房副承旨子,三班奉职;期亲,借职;余属,为下班殿侍。诸卫将军、内诸司副使、枢密分房副承旨子,为三班借职。

凡兼职在馆阁校理、检讨,王府记室、翊善、侍讲,三司主判官,开封府判官、推官,江淮发运,诸路转运,始许奏及诸亲。提点刑狱,惟许奏男。其尝以赃抵罪,得复故官。文臣至郎中及员外郎任馆阁职,武臣至诸司副使、诸卫将军者,止许荫子若孙一人,尚在谪籍者弗预。

太祖初定任子之法,台省六品、诸司五品,登朝尝历两任,然后得请。始减岁补千牛，斋郎员额；斋郎须年貌合格，诵书精熟，乃得奏。

太宗践极，诸州进奏者授以试衔及三班职，初推恩授散试官者，不得赴选。太平兴国二年，乃诏授试衔等人特定七选集，遂为定令。凡诞圣节及三年大祀，皆听奏一人。而淳化改元恩，文班中书舍人、武班大将军以上，并许荫补；如遇转品，许更荫一子，由是奏荐之恩始广。每诞圣节，朝臣多请奏疏属，不报。至道二年，始限以翰林学士、两省五品、尚书省四品以上，赐一子出身，此圣节奏荐例也。先是，任子得摄太祝、奉礼，未几即补正员。帝谓："膏粱之子，不十年坐致闺籍。"是年，悉授同学究出身赴选集。

真宗东封，祀汾阴，进奉人已官者进秩，未官者令翰林试艺，与试衔、斋郎、借职。公主、郡县主以下诸亲，外命妇入内者，亦有恩庆。而东封恩，则提点刑狱、朝臣、使臣，皆得奏一人。奏戚属，旧无定制。有求补阁门祗候者，真宗以宣赞之职，非可以恩泽授，乃诏："自今求叙迁者，至殿直止。"大中祥符二年，以门荫授京官，年二十五以上求差使者，令于国学受业，及二年，审官院与判监官考试其业，乃以名闻。内诸司使、副授边任官者，陛辞时许奏子。诏枢密院定其制，凡妄名孙及从子为子求荫者，坐之。七年，帝幸南京，诏臣僚建事太祖者，赐一子恩泽，令翰林学士李维等定，自给谏、观察使以上得请。初，转运使辞日，许奏一人。天禧后，惟川、广、福建者听，余路再任始奏。又诏："承天节恩例所荫子孙，不许以他亲及已食禄者。"特许西京分司官，郊禋奏荫一子。自是分务西洛者得以为例，南京则否。

仁宗庆历中，裁损奏补入仕之路，凡选人遇郊赴铨试，其不赴试亦无举者，永不预选。罢圣节奏荫恩，学士以下，遇郊恩得奏大功以上亲，再遇郊得奏小功以下亲。郎中、带职员外郎，初遇郊荫子若孙，再郊及期亲，四遇郊听荫大功以下亲。初得奏而年过六十无子孙，荫期亲。其皇亲大将军以上妻，再遇郊亦许之。武臣荫例仿此。凡荫长子孙，皆不限年，诸子孙须年过十五；若弟侄须年过二十，必五服亲乃许。已尝荫而物故者,无子孙禄仕,听再荫。自是,任子之恩杀矣。

英宗即位,郡县致贡奉人,悉命以官。知谏院司马光建言:"监司、太守,遣亲属奉表京师,不问官职高下、亲属近远,推恩至班行、幕职、权知州军,或所遣非亲,亦除斋郎及差使、殿侍,此尽国初承五代姑息藩镇之弊,因循不革。爵禄本待贤才,今此等受官,诚为大滥。纵不能尽罢其人,若五服内亲,等第受以一官,其无服属量赐金帛,庶少救滥官之失。"然诏令已行,不众其议。时方患官冗,言者皆谓:"由三岁一磨勘,其进甚亟,易至高位,故获荫者众。"乃令待制以上,自迁官后六岁,无故则复迁之,有过益展年,至谏议大夫止。京朝官四岁磨勘,至前行郎中止,少卿、监限七十员,员有阙,以前行郎中久次者补之。少卿、监以上迁官,听旨。

仁宗虽罢圣节恩,犹行之妃、主。神宗既裁损臣僚奏荫,以宫掖外戚恩尤滥,故稍抑之。旧,诸妃遇圣节奏亲属一人,间一年许奏二人,郊礼许奏一人。嫔御每遇郊奏一人,两遇圣节与一奏。后定,诸妃每遇圣节并郊,许奏有服亲一人。淑仪、充仪、婕妤、贵人遇郊,许奏小功以上亲一人,位号别而资品同者,许比类奏荐。旧,公主每遇圣节、郊礼,奏夫之亲属一人;公主生日,许奏一人。后罢生日恩,所奏须有服亲。皇亲妻两遇郊,许奏期亲一人,后罢奏。旧,郡、县主遇郊,许奏亲生子右班殿直,若庶子及其夫之亲两遇郊,许奏借职一人。后亲子惟注幕职,孙若庶子两遇郊,方许奏一人,夫之亲属勿奏。旧,臣僚之妻为国夫人者,得遗表恩,后除之。妃嫔、公主以下,非有服亲之婿不许奏。既而曾布等又言:"臣僚陈请恩泽,宜有定制。"乃许见任二府岁乞差遣一人。宰臣、枢密使兼平章事因事罢者,陈乞转官一人,指射差遣二人。余执政官,并各一人。待制以上乞差遣迁学士者又一人。三路、广桂安抚使、知成都府、梓州差遣一人,亲孙、子循一资。广南转运、提点刑狱奏子孙或期亲合入官一人。成都、梓、利、夔路差遣一人,子孙循一资。中书检正官、枢密院检详官至员外郎,在职及二年,遇大礼许补亲属。中书堂后官、提点五房官,虽未至员外,听奏补。邕、宜、钦极边烟瘴知州,听奏子孙一人。凡因战阵物故及殁于王事,许官其子孙。又功臣绘像之家,如无食禄人,则许特奏子孙一人入官。既定《铨试法》,任子中选者得随铨拟注,其入优等,往往特旨赐进士出身。

元祐元年诏:"诸军致仕停放人,其遗表恩该及子而过五年自陈者,虑有冒滥,毋推恩。职事官卿、监以下应任子者,须官至朝奉郎,乃许奏。"三年,定宰臣、执政初遇郊,许奏本宗异姓亲各一人,次遇郊,奏数如初。愿用其恩与有官人,则许转官并循资,或乞差遣,惟不得转入朝官、循入支掌。应奏承务郎、殿直以上,许换升一任;不得升入通判。余官三遇郊,许奏有官人。旧制,应奏两人止者,次郊,止许奏有官人。其后,遇郊更合补荫者,并准此为间隔之次;已致仕而遇大礼应奏补者,再奏而止。宣仁太皇太后谕辅臣曰:"近已裁减入流,本家恩泽,宜减四分之一。"吕公著等曰:"陛下临朝同听断,本殿恩泽,自不当限数。先来所定,止与皇太后同等,岂可更损?"宣仁曰:"裁减恩泽凡自上而始,则均一矣。"乃诏曰:"官冗之患,实极于今,苟非裁入流之数,无以清取士之原。吾以眇身率先天下,今后每遇圣节、大礼、生辰,合得亲属恩泽,并四分减一,皇太后、皇太妃同之。"

哲宗既亲政,诏复旧。凡乞致仕而不愿转官者,中大夫至朝奉郎及诸司使,许奏补本宗有服亲一人;自奉议郎、内殿承制以下,许与有服亲一人恩例;惟中大夫、中散大夫、诸司使带遥郡者,荫补外仍与有服亲恩例;若致仕未受敕而身亡者,在外以陈乞至门下省日,在京以得旨日,京许乞有服亲恩例一人。初,《任子法》以长幼为序,若应奏者有废疾,或尝犯私罪至徒,或不肖难任从仕,许越奏其次。至是,始删去格令"长幼为序"四字。

五年,定《亲王女郡主荫补法》,遇大礼,许奏亲属一人,所生子仍与右班殿直;两遇,奏子或孙与奉职;即用奏子孙恩回授外服亲之夫,及夫之有服亲者,有官人转一官,毋得升朝,选人循一资,无官者与借职,须期以下亲,乃得奏。吏部言:"皇太妃遇大礼,以应奏恩与其亲属，而服行不应法。"诏用皇后缌麻女之子为比，补借职。旧法，母后之家，十年一奏门客，而太妃未有法。绍圣初，诏皇太妃用兴龙节奏亲属恩，回授门客。自是，太后每及八年、太妃十年，奏门客一名，与假承务郎，许参选。如年数未及，凡恩皆毋回授。

元符后，命妇生皇子许依大礼奏有服亲，三品以上三人。宗室缌麻亲，许视异姓荫孙。凡荫补异姓，惟执政得奏，如签书枢密院事虽依执政法，而所荫即不理选限。后因转官碍止法者，许回授未仕子孙，而贪冒者又请回授异姓，有司每沮止之，然亦多御笔许特补。

政和间，尚书省定《回授格》，谓无官可转，或可转而官高不欲转，或事大而功效显著为一格，许奏补内外白身有服亲；官有止法不可转，功绩次著为一格，许奏本宗白身袒免亲；官不甚高、而功绩大为一格，许奏本宗白身有服亲；官不甚高、功不甚大为一格，而分为三，一与内外有官有服亲，一与有官有服本宗亲，一与有官有服者之子孙。凡为六等。

宣和二年，殿中侍御史张汝舟言："今法所该补奏，与先朝同。昔之官至大夫，历官不下三五十年，而今阅三五年，有已至大夫者矣；诸翼将军至武翼郎，须出官三十年，方许奏补；今文武官奏补，未尝限年，此太滥也。至若中大夫以下及武功、武翼大夫，已求致仕而不及受敕，乃格其恩，于是有身谢而未受敕者，其家或至匿哀须限；然不及亲受而不与沾恩者多矣。此太吝也。欲自今中大夫至带职朝奉郎以上，虽遇郊恩，入官不及二十年，皆未许荫补；虽已经奏荐，再遇郊恩年仍未及者，亦寝其奏，庶抑其滥。至于文武官及大夫以上尝求休致，而身谢在出敕前，欲并许奏荫，以补其不及。"尚书省文武官致仕，虽不及受敕，若无曾受荫人，自有遗表恩。又寺、监长贰至封少尹，系用职事荫补，不合限年。余从之。

崇宁以来，类多泛赏，如曰"应奉有劳"、献颂可采"、"职事修举"特授特转者，皆无事状可名，而直以与之。孟昌龄、朱勔父子、童贯、梁师成、李邦彦等，凡所请求皆有定价，故不三五年，选人有至正郎或员外，带职小使臣至正、副使或入遥郡横行者。而蔡京拔用从官,不论途辙,一言合意,即日持橐。又优堂吏,往往至中奉大夫,或换防御、观察使。由此任子百倍。钦宗即位,赦恩覃转,惟许宗室;其文武臣止令回授有官有服亲,且诏:"非法应回授及特许者,毋录用。"

高宗中兴,重定《补荫法》,内外臣僚子孙期亲大功以下及异姓亲随,文武各有等秩,见《职官志》。建炎元年,诏:"宰执子弟以恩泽任待制以上者,并罢。"绍兴四年诏:"文武太中大夫以上及见带两制职名,依旧不限年。内无出身自授官后以及十五年,年及三十、不系官观责降之人,听依条补荫。"七年,中书舍人赵思诚言:"孤寒之士,名在选部,皆待数年之阙,大率十年不得一任。今亲祠之岁,任子约四千人,是十年之后,增万二千员,科举取士不与焉。将见寒士有三十年不得调者矣。祖宗时,仕至卿、监者,皆实以年劳、功绩得之,年必六十,身不过得恩泽五六人。厥后私谒行,横恩广,有年未三十而官至大夫者,员数比祖宗时不知其几倍,而恩例未尝少损。有一人而任子至十余者,此而不革,实蠹政事,望议革其弊。"会思诚去国,议遂革。旧法,惟赃罪不许任子,新令并及私罪从,有司以为拘碍者多,遂罢新令。又诏:"宰执、侍从致仕遗表,惟补缌麻以上亲,毋及异姓。"二十二年,以武臣多出军中,爵秩高而族姓少,凡有荐奏,同姓皆期功,异姓皆中表,闾巷之徒附会以进。命须经统辖长官结罪保明,诡冒者连坐之。帝于后妃补荫,每加裁抑,诏后族不得任从官。

孝宗即位,思革冗官。初诏百官任子遇郊恩权免奏荐,年七十人,遇郊不许奏子。俄又诏,未奏者许一名。隆兴元年,以张宋卿言荫补冗滥,立为定法。凡员外转正郎,正郎转侍从,卿、监之至中大夫,每初遇郊,则听任一子;再经,则不许复请。遗表之恩,各减其一。减年之类,亦去其半。至府史之属,武功之等,亦仿此差降之。

乾道二年诏:"非泛补官,如宗室、戚里女夫捧香,异姓上书献颂,随奉使补官,阵亡女夫,异姓给使减年之类,转至合奏荐官,候致仕与奏一名，尝奏者不再奏。"四年，诏："宗室袒免亲诸卫将军、武功大夫至武翼郎以上，遇大礼奏补亲属，并依外官法，著为令。"九年诏："文臣带职员外郎及武翼大夫以上，生前未尝奏荐者，与致仕恩泽一名；即已尝奏荐而被荫人身亡，许再请。应朝奉郎、武翼郎以上补授及三十年者，亦与一名。"又诏::"武臣尝任执政官，遇郊听补文资。"于是恩数视执政者亦得之。盖戚里、宗王与夫攀附之臣，皆争以文资禄其子，不可复正矣。自隆兴著酬赏实历对用转官之法，迁官稍缓。至是，郊恩之奏视为减半，然犹未大艾也。淳熙九年，始诏："减任子员数。自宰相、执政、侍从、卿监、正郎、员外郎，分为五等，每等降杀，以两酬中定为止数，武臣如之。宰相十人，执政八人，侍从六人，中散大夫至中大夫四人，带职朝奉郎至朝议大夫三人，通减三分之一。"于是冗滥渐革。

宁宗庆元中，立《补荫新格》，自使相以下有差，文臣中大夫、武臣防御使以下，不许遗表推恩。嘉泰初，以官冗恩滥，凡宗女夫授官者，依旧法终身止任一子，两府使相不得以郊恩奏门客，著为令。

凡流外补选，五省、御史台、九寺、三监、金吾司、四方馆、职掌，每岁遣近臣与判铨曹，就尚书同试律三道，中者补正名，理劳考。三馆、秘阁楷书，皆本司试书札，中书覆试，补受。后以就试多怀挟传授，乃锁院、巡搜、糊名。凡试百司吏人，问律及疏，既考合格，复令口诵所对，以防其弊。其自叙劳绩，臣僚为之陈请，特免口诵，谓之"优试"。得优试者，率中选。后遂考试百司人，岁以二十人为额，毋得侥幸求优试。为职掌者，皆限年，授外州司户、勒留，有至诸卫长吏、两省主事者。

学士、审官、审刑院，登闻检鼓院，纠察刑狱司，皆选取诸司吏人，或以年限，或理本司选。然中书制敕及五院员阙，多即遣官特试书札，验视材质。制敕院须堂后官以下亲属，五院须父祖有官者，枢密院亦如之，惟本院试验。宣微院、三司、各省、阁门、三班院，皆本司召补，至其首者出职。

凡出职者,枢密院、三司,皆补借职以上,余或补州县。内廷诸司主吏、三司大将,亦有补三班借职者。中书主事以下,三司勾覆官以上,各带诸州上佐;枢密院主事以上,皆带同正将军;余多带远地司户、簿、尉。

先是,勒留、出官及选限,皆无定制。其隶近司,有裁三二年即堂除外官者。咸平末,命翰林学士承旨宋白,与两制、御史中丞同详定之。白等请令“中书公堂五院行首、副行首,依旧制补三班;通引、堂门、直省、发敕验使臣,遇阙,依名次补正名,三年授勒留官,遇恩则一年,授后,七年出官。宣微院贴房至都勾押官,军将至知客、押衙各六等,并以次补;至勾押官、押衙,及五年以上出官,补三班或簿、尉。学士院孔目官,补正三年授勒留官,遇恩一年,授后,五年出官;驱使官,补正四年授勒留官,遇恩二年,授后,八年出官。三馆孔目官,书直库表奏、守当官,四年授勒留官,遇恩二年,授后,守当官八年、书直库表奏官七年、孔目官六年出职;其职迁补者,许通计年考,有奉钱官者,更留三年。典书、楷书五选集,准格三馆入流,岁数已少,无得以诸色优劳减选。阁门客省承受、驱使官转次第,并依本司旧例补正名,四年授勒留官,遇恩则二年,授后,七年出授簿、尉;其行首并如旧制。审刑院本无职掌名额,于诸司选差正名,令不以有无勒留。审官五年、审刑三年,出官以前,诸司请自今勒留,并比七选集授官例,赴选日不以州县地望为资叙。”从之。后又定客省承受、行首岁满补殿直、奉职;御书院、翰林待诏、书艺祗候,十年以上无犯者听出职。

太祖尝亲阅诸司流外人,勒之归农者四百人。开宝间,诏:“流外选人经十考入令、录者,引对,方得注拟驱使散从官、技术人,资考虽多,亦不注拟。”堂后官多为奸赃,欲更用士之在令、录、簿、尉选者充之;或不屑就,而所选不及数,乃如旧制。雍熙时,以堂后官充职事官,入谢外不赴朝参,见宰相礼同胥吏。端拱初,以河南府法曹参军梁正辞、楚丘县主簿乔蔚等五人为将作监丞,充中书堂后官,拔选人授京官为堂吏,自此始。

宋史卷一六〇
志第一一三

选举六 保任 考课

保任之制。铨注有格，概拘以法，法可以制平而不可以择才，故予夺升黜，品式具在，而又责官以保任之。凡改秩迁资，必视举任有无，以为应否；至其职任优殊，则又随事立目，往往特诏公卿、部刺史、牧守长官，即所部所知，扬其才识而任其能否。上自侍从、台谏、馆学，下暨钱谷、兵武之职，时亦以荐举命之，盖不胶于法矣。

国初，保任未立限制。建隆三年始诏："常参官及翰林学士，举堪充幕职、令、录者各一人，条析其实，毋以亲为避。"既而举者颇因缘为奸，用知制诰高锡奏："请许人讦告，得实，则有官者优擢，非仕宦者授以官，或赏缗钱；不实，则反坐之。"自是，或特命陶谷等举才堪通判者，功诏翰林学士及常参官举京官、幕职、州县正员堪升朝者。藩镇奏掌书记多越资叙，则诏历两任有文学方得奏。又令诸道节度、观察使，于部内官选才识优茂，德行敦笃者各二人，防御、团练使各举一人，遣诣阙庭观其器业而进用焉。凡被举擢官，于诰命署举主姓名，他日不如举状，则连坐之。

太宗尤严守牧之任，诏诸道使者察部内履行著闻、政术尤异、文学茂异者，州长吏择判、司、簿、尉之清兼明干者，具名以闻，驿召引对，授之知县。又令阅属部司理参军，廉慎而明于推鞫者，举之。雍熙二年，举可升朝者，始令翰林学士、两省、御史台、尚书省官举之。

淳化元年,令宰相以下至御史中丞,各举朝官一人为转运使,乃诏曰:"国家详求干事之吏,外分主计之司,虽曰转输,得兼按察,总览郡国,职任尤重,物情舒惨,靡不由之。尚虑徼功,固当责实。凡转运使厘革庶务,平反狱讼,漕运金谷,成绩居最,及有建置之事,果利于民,令岁终以闻。非殊异者不得条奏。"又诏:":三司、三馆职事官已升擢者,不在论荐;其有怀材外任,未为朝廷所知者,方得奉举。始令内外官,凡所举荐有变节逾矩者,自首则原其联坐之罪。

太宗听政之暇,每取两省、两制清望官名籍,择其有德誉者,悉令举官。所举之人,须析其爵里及历任殿最以闻,不得有隐。如举状者有赏典,无验者罪之。又尝谓宰臣曰:"君子小人,趣向不同。君子畏慎,不欺暗室,名节造次靡渝;小人虽善谈忠信,而履行颇僻,在官黩货,罔畏刑罚。如薛智周以侍御史守婺,政以贿成,聚敛无已,其土产富于罗,州民谓之'罗端公',则为治可知矣。卿等职在抡材,今令朝臣举官,已是逐末,更不举主,何由得人也?"供奉官刘文质尝入奏,察举两浙部内官高辅之、李易直、艾仲孺、梅询、高鼎、高贻庆、姜屿、戚纶八人有治迹,并降玺书褒谕。帝曰:"文质所举,皆良吏也。"特迁文质为西京作坊副使。

咸平间,秘书丞陈彭年请用唐故事举官自代。诏秘书直学士冯拯、陈尧叟参详之。拯等上言:"往制,常参官及节度、观察、防御、刺史、少尹、畿赤令并七品以上清望官,授讫三日内,于四方馆上表让一人以自代。其表付中书门下,每官阙,以见举多者量而授之。今官品制度沿革不同,请令两省、御史台、尚书省六品以上,诸司四品以上,授讫,具表让一人自代,于阁门投下,方得入谢。在外者,授讫三月内,具表附驿以闻。"遂著为令。

真宗初,屡诏举官,未立常制。大中祥符二年诏:"幕职、州县官初任,未闲吏事,须三任六考,方得论荐。"三年,始定制:

　　自翰林学士以上常参官,岁各举外任京朝官、三班使臣、幕职州县官一人,著其治行所宜任,令阁门、御史台岁终会其数。如无举状,即具奏致罚。于冬季以差出,亦须举官后乃入辞。诸司使副、承制、崇班曾任西北边、川、广钤辖、亲民者,亦仿此制。诸路转运使副、提点刑狱官,知州、通判奏举部内官属,则不限人数,具在任劳绩,如无可举及显有逾滥者,亦须指述,不得顾避。以次年二月二十五日以前到京,违期则都进奏院以名闻,论如不申考帐法。

三司使副举在京掌事京朝官、使臣。凡被举者,中书岁置二籍,疏其名衔,下列历任功过、举主姓名及荐举数。一以留中书,一以五月一日进内。明年,籍内仍计向来功过及举主数,使臣即枢密院置籍。两省、尚书省、御史台官凡出使回,须采访所至及经历邻近郡官治迹善恶以闻。转运使副、提点刑狱官、知州、通州赴阙,名具前任部内官治迹能否,如邻近及所经州县访闻善恶,亦许同奏,先于阁门投进,方得入见。

凡朝廷须人才,及欲理州县弊政剧务,即籍内视举任及课绩数多而资历相当者差委,于宣敕内尽列举主姓名。或任内干集,特与迁秩,苟不集事,本犯虽不去官,亦移闲慢僻远地。内外群臣所举及三人有成绩,仰中书、枢密院具姓名取旨甄奖。如并举三人俱不集事,坐罪不至去官,亦仰奏裁,当行责降。或得失相参,亦与折当。

天圣六年诏:"审刑院举常参官在京刑法司者为详议官;大理寺详断、刑部详覆法直官,皆举幕职、州县晓法令者为之。自请试律者须五考,有举者,乃听试。试律三道,疏二道,又断中小狱案二道,通者为中格。"时举官擢人,不常其制。国子监阙讲官,则诏诸路转运使举经义通明者;或欲不次用人,尝诏近臣举常参官历通判无赃罪而才任繁剧者;欲官诸边要,亦尝诏节度使至阁门使、知州军、钤辖、诸司使,举殿直以上材勇堪边任者,或令三司使下至天章阁待制举奏之。边有警,则诏诸转运使、提点刑狱举所部官才堪将帅者;三路知州、通判、县令,则诏近臣举廉干吏选任之。毋拘资格。至于文行之士,钱谷之才,刑名之学,各因时所求而荐焉。

自天圣后,进者颇多,始戒近臣,非受诏毋辄举官。又下诏风厉,毋以荐举为阿私。其任用已至部使者,毋得复荐,失举而已擢用,听。自言不实,弗为负。初,选人四考,有举者四人,得磨勘迁京官;始诏增为六考,举者五人,须有本部使者。御史王端以为:法用举者两人,得为县令。为令无过谴,迁职事官、知县;又无过谴,遂得改京官。乃是用举者两人,保其三任也。朝廷初无参伍考察之法,偶幸无过,辄信而迁之。是以碌碌之人,皆得自进,因仍弗革,其弊将深。"乃定令:被荐为令,任内复有举者始得迁,否则如常选,毋辄升补。

　　时增设禁限,常参官已授外任,毋得奏举。京官见任知州、通判,升朝官兵马都监、诸司副使以上,及在京员外郎尝任知州、通判,诸司副使尝任兵马都监者,乃听举,流内铨复裁,内外臣僚岁举数,文臣待制至侍御史,武臣自观察至诸司副使,举吏各有等数,毋得辄过;而被举者须有本部监司、长吏、按察官,乃得磨勘。又限到官一考,方得荐。知杂御史、观察使以上,岁举京官不得过二人,其常参官毋得复举,自是举官之数省矣。定监司以所部州多少剧易之差,为举令数,非本部勿举。其后又增举主三员。盖官冗之弊浸极,故保荐之法,大抵初略而后详也。

　　英宗时,御史中丞贾黯又言:"今京朝官至卿、监,凡二千八百余员,而吏部奏举磨勘选人,未引见者至二百五十余人。且以先朝事较之:方天圣中,法尚简,选人以四考改官,而诸路使者荐部吏,未有限数;而在京台阁及常参官尝任知州、通判者,虽非部吏皆得荐。时磨勘改官者,岁才数十人,后资考颇增,而知州荐吏,视属邑多少裁定其数,常参官不许荐士。其条约渐繁,而改官者固已众矣,然引对犹未有待次者也。皇祐中,始限监司奏举之数,其法益密而磨勘等次者已不减六七十人。皇祐及今才十年耳,而猥多至于三倍。向也,法疏而其数省;今也,法密而其数增,此何故哉? 正在荐吏者岁限定员,务充数而已。如郡守岁许荐五人,而岁终不满其数,则人人以为遗己。当举者避谤畏讥,欲止不敢,此所以多,而真才实廉未免混于无能也。宜明诏天下,使有人则荐,不必满所限之数。"

天子纳其言,下诏申敕。中外臣僚岁得举京官者,视元数以三分率之,减一分;举职官,有举者三人,任满选如法。所以分减举者数,省京官也。

判吏部流内铨蔡抗又言:"奏举京官人,度二年引对乃可毕,计每岁所举,无虑千九百员,被举者既多,则磨勘者愈众。且今天下员多阙少,率三人而待一阙,若不稍改,除吏愈难。臣以为可罢知杂御史、观察使以上岁得举官法。"从之。自是举官之数弥省矣。故事,初入二府,举所知者三人,将以观大臣之能。后来请谒之说胜,而荐者或不以公。四年,诏:"中书、枢密院举人,皆明言才业所长,堪任何事,以副朕为官择人之意。"

神宗即位,乃罢两府初入举官。凡荐任之法,选人用以进资改秩,京朝官用以升任,旧悉有制。熙宁后,又从而损益之,故举皆限员,而岁又分举,制益详矣。定十六路提点刑狱岁举京官、县令额。又诏察访使者得举官。选人任中都官者,旧无举荐,始许其属有选人六员者,岁得举三员。既而帝以旧举官往往缘求请得之。乃革去奏举,而概以定格。诏内外举官法皆罢,令吏部审官院参议选格。

元祐初,左司谏王岩叟言:"自罢辟举而用选格,可以见功过而不可以见人材,中外病之。于是不得已而别为之名,以用其平日之所信,故有'踏逐申差'之目。'踏逐'实荐举而不与同罪,且选才荐能而谓之'踏逐',非雅名也。况委人以权而不容举其所知,岂为通术?"遂复内外举官法。及司马光为相,奏曰:

> 为政得人则治,然人之才,或长于此而短于彼,虽皋、夔、稷、契,各守一官,中人安可求备?故孔门以四科论士,汉室以数路得人。若指瑕掩善,则朝无可用之人;苟随器授任,则世无可弃之士。臣备位宰相,职当选官,而识短见狭,士有恬退滞淹,或孤寒遗逸,岂能周知?若专引知识,则嫌于私;若止循资序,未必皆才。莫若使有位达官,各举所知,然后克叶至公,野无遗贤矣。

欲乞朝廷设十科举士:一曰行义纯固可为师表科,有官、无官人，皆可举。二曰节操方正可备献纳科，举有官人。三曰智勇过人可备将帅科，举文武有官人。四曰公正聪明可备监司科，举知州以上资序。五曰经术精通可备讲读科，有官、无官人，皆可举。六曰学问该博可备顾问科，同上。七曰文章典丽可备著述科，同上。八曰善听狱讼尽公得实科，举有官人。九曰善治财赋公私俱便科，举有官人。十曰练习法令能断请谳科。同上。应职事官自尚书至给舍、谏议，寄禄官自开府仪同三司至太中大夫，职自观文殿大学士至待制，每岁须于十科内举三人，仍具状保任，中书置籍记之。异时有事须材，即执政案籍视其所尝被举科格，随事试之，有劳，又著之籍。内外官阙，取尝试有效者随科授职。所赐告命，仍备所举官姓名，其人任官无状，坐以缪举之罪。所贵人人重慎，所举得才。

光又言："朝廷执政惟八九人，若非交旧，无以知其行能。不惟涉徇私之嫌，兼所取至狭，岂足以尽天下之贤才？若采访毁誉，则情伪万端。与其听游谈之言，曷若使之结罪保举？故臣奏设十科以举士，其'公正聪明可备监司'，诚知请属挟私所不能无，但有不如所举，谴责无所宽宥，则不敢妄举矣。"诏皆从之。

二年，殿中侍御史吕陶言："郡守提封千里，生聚万众，所系休戚，而不察能否，一以资格用之，凡再为半刺、有荐者三人，则得之矣。不公不明，十郡而居三四，是天下之民，半失其养。请令内外从，岁举可为守臣者各三人，略资序而采公言，庶其可以择才芘民也。"诏："内外待制、太中大夫以上，岁举再历通判资序、堪任知州者一人，籍于吏部。遇三路及一州而四县者，其守臣有阙，先差本资序人，次案籍以所荐者。"

顷之，侍御史韩川言："近太中大夫以上岁举守臣，而荐所不及，虽课入优等，皆未预选，此倚荐以为信也。然太中大夫以上，率在京师，唯驰骛请求、因缘宛转者，常多得之。迹远地寒，虽历郡久、治状著、课入上考，偶以无荐，则反在通判下，不许入三路及四县州。且州以县之多少而简剧，亦未为尽。盖繁简在事不在县，固有县多而事不繁,亦有县少而事不简者,愿参以考绩之实,著为通令,仍不以县之多少而为简剧。"诏吏部立法以闻。已而岁举积久,吏部无阙以授。四年,遂罢太中大夫以上岁举法,惟奉诏乃举焉。

绍圣元年,右司谏朱勃言:"选人初受任,虽能,法未得举为京官。而有挟权善请求者,职官、县令举员既久,又并改官举员求之。"诏:"历任通及三考,而资序已入幕职、令录,方许举之改官。"

初,神宗罢荐举,惟举御史法不废。熙宁二年,王安石言:"举御史法太密,故难于得人。"帝曰:"岂执政者恶言官得人耶?"于是中书悉具旧法以奏。安石曰:"旧法,凡执政所荐,即不得为御史。执政取其平日所畏者荐之,则其人不复得言事矣,盖法之弊如此。"帝乃令悉除旧法,一委中丞举之,而稍略其资格。赵抃曰:"用京官恐非体,又不委知杂,专任中丞,亦非旧制。"帝曰:"唐以布衣马周为之,用京官何为不可?知杂,属也,委长为是。"侍御史刘述奏曰:"旧制,举御史必官升京朝,资入通判。众学士、本台丞、知杂更互论荐,每一阙上,二人而择用一人。今专委中丞,则爱憎由己,公道废于私恩;或受权臣之托,引所亲厚,擅窃人主威福,此大不便。"弗听。既改法,著作佐郎程颢、王子韶、谢景福方为条例司属官,中丞吕公著荐之,遂以太子中允权监察御史里行。

宣仁太后听政,诏范纯仁为谏议大夫,唐叔问、苏辙为司谏,朱光庭、范祖禹为正言。章惇曰:"故事,谏官皆荐诸侍从,然后大臣禀奏,今得无有近习援引乎?"太后曰:"大臣实皆言之,非左右也。"惇曰:"台谏所以纠大臣之越法者。故事,执政初除,苟有亲戚及尝被荐引者见为台臣,则皆他从,防壅蔽也。今天子幼冲,太皇太后同听万机,故事不可违。"于是吕公著以范祖禹,韩缜、司马光以范纯仁,皆避亲嫌。光曰:"纯仁、祖禹实宜在谏列,不可以臣故妨贤,宁臣避位。"惇曰:"缜、光、公著必不私,他日有怀奸当国者,例此而引其亲党,蔽塞聪明,恐非国之福。纯仁、祖禹请除他官,仍令侍从以上,各得奏举。"于是,诏尚书、侍郎、给舍、谏议、中丞、待制各举谏官二员;纯仁改除天章阁待制,祖禹为著作佐郎。后又命司谏、正言、殿中侍御史、监察御史,并用升朝官通判资序。

元祐六年,御史中丞郑雍言:"旧御史阙,台官得自荐,所以正名举职也。自官制行,御史中丞与两省分举,而今之两省官属,皆与闻门下、中书政事,其自举非故事,且有嫌。乞专委台官,若稍涉私,自有黜典。"诏御史中丞举殿中侍御史二员,翰林学士、中书舍人同举监察御史二员,给事中亦举二员。雍又言:"风宪之地,责任宜专。若台属多由他荐,恐非责任之本意。"诏中丞更举监察御史二员。八年,侍御史杨畏言:"风宪之任,人主寄耳目焉。御史进用,宰执不得预,顾令两省属官举之,非是。"遂寝前命。

武臣荐举立格,有枚别职任而举之者,有概名材武而入之铨格者,又其上则"谋略胆勇可备统众"、"谙练兵事可任边寄"之类。惟边要任使隶枢密院,余则审官西院、三班院按格注之。其后,虽时有更易,而荐举之所重轻,选用之所隶属,多规此立制。

建炎兵兴多事,以中外有文武材略出伦,或淹布衣,或沉下僚,命侍从,监司、郡守搜访,各举所知,州县礼遣赴行在。又诏举:"忠信宽博可使绝域"与"智谋勇毅能将万众"者,不以有无官资,并诣登闻检院自陈,才谋勇略可使者,赴御营司量材录用。或命庶僚各举内外官及布衣隐士才堪大用者,擢为辅弼,协济大功;或命侍从举可为台谏者,或举县令,或举宗室;刺史举忠义之士能恢复土疆保护王室者;帅臣、监司、守令举所部见任寄居待次文武官有智谋及武艺精熟者;及访求国初功臣后裔,中兴以来忠义死节之家子孙。四年,以朝班多阙,诏:"台谏、左右司郎官已上,各荐士二人,仍令执政同选。在外侍从虽在谪籍,无大过而政事才学实可用者,亦与召擢。"

绍兴二年,廷臣言:"今右武之世,虽二三大将,各立隽功,微贱之中,尚多奇士。愿广加荐举,廷问恢复之计。"帝然其言。诏观察使以上各荐可为将帅者二人,枢密籍录以备选用。又以中原士大夫隔绝滋久,流徙东南者,媒寡援疏,多致沉滞,令侍从搜访以闻。三年,复司马光十科,时遣五使宣谕诸道,令访廉洁清修可以师表吏民者。寻诏宣谕官所荐,并俟终更,令入对升擢,以劝能吏。复用旧制,侍从官受命三日,举官一员自代,中书、门下省籍记姓名,每阙官,即以举状多者进拟。内外武臣,举忠勇智略可自代者一人,如文臣法。

五年,命自监察御史至侍从官,举曾经治县声绩显著者为监司、郡守,不限员数,遇阙选除;才堪大县者,通举二十人,不限资序。十年,以南渡后人材萃于两浙,而属吏荐员甚狭,增部使者荐举改官之额,岁五员。十四年,命守臣终更入见,各举所部县令一人。

二十二年,右谏议大夫林大鼎言:“国初,常参官皆得举人,不限内外,亦无员数。南渡之初,恩或非泛,人得侥幸,有从军而改秩者,有捕盗而改秩者,有以登对而改秩者。今朝廷无事,谨惜名器,惟荐举一路,贪躁者速化,廉静者陆沉。今欲取考第、员数增减以便之,增一任者减一员,十考者用四,十二考者用三,十五考者用二。如减举法,须实历县令,不得仍请岳祠。其或负犯殿选,自如常坐。士有应此格者,行无玷缺,年亦蹉跎,无非孤寒老练安义分之士。望付有司条上,以弭奔竞。”二十五年,命侍从举知州、通判治迹显著者,以补监司之阙;仍保任终身,犯赃及不职,与同罪。

二十九年,闻人滋又请:“凡在官历任及十考以上,无公私罪,虽举削不及格。许降等升改。或疑其太滥,则取吏部累年改官酌中之数,立为限隔,举状、年劳,参酌并用。”于是下其议,中书舍人洪遵、给事中王晞亮等上议曰:“本朝立荐举之法,必使历任六考,所以迟其岁月而责其赴功,必使之举官五员,所以多其保任而必其可用。今如议臣所请,则有力者惟图见次,无材者苟冀终更,出官十余年,可以坐待京秩。此不可一也。今欲减改官分数以待无举削者,则当被举之人,必有失职淹滞之叹。此不可二也。京官易得,驯至郎位,任子之恩,愈不可减,非所以救入流之弊。此不可三也。夫祖宗之法非有大害,未易轻议;今一旦取二百年成法而易之。此不可四也。臣以为如故便。”滋议遂寝。

三十年,以武臣被荐者众,命内外大臣所举统制、统领官各迁一秩,将官以下,所举者令两府籍记。右正言何溥言:"比命侍从荐举县令,如闻选人不可授大邑,止籍记姓名。夫论人才不拘资格,岂堪为县令而有小大之别乎? 今所举者才也,非官也。原无拘剧易,早与选除,岁一行之,十年之后,天下多贤令矣。"乃诏:"荐举守令,遇见阙依次除授;如已授差遣者,任满取旨。"帝谓辅臣曰:"朕有一人材簿,臣下有所荐扬,退则记其姓名。遇有选用,搜而得之,无不适当。"

孝宗尝命内外选在任闲居待次官举可任监司、郡守之人,以资序分二等,一见今可任,一将来可任,注籍于三省,仍作图进呈,以凭除擢。又以武选之众,拔擢未广,立"谋略沉雄可任大计"、"宽猛适宜可使御众"、"临阵骁勇可鼓士气"、"威信有闻可守边郡"、"思智精巧可治器械"凡五等科目,令曾历军功观察使以上各举二人。其"通习典章可掌朝仪"、"练达民事可任郡寄"、"谙晓财计司裕民力"、"持身廉洁可律贪鄙"、"词辨不屈可备奉使"五等,令非军功观察使以上举之。并随类指陈实迹,毋得别撰褒词。

隆兴二年,廷臣上言,谓:"国朝视文武为一体,故有武臣以文学换授文资,文臣以材略智谋换右职当边寄者。盖文武两涂,情本参商。若文臣总干戎事,不换武阶,则终以气习相忌,有不乐从者矣。今兵尘未息,方厉恢复之图,愿博采中外有材智权略可以临边、可以制阃者,仿旧制改授。"从之。乾道以后,又选大将之家能世其武勇者,武举及第武艺绝伦可为将佐者。会廷臣言曰:"方今国家之兵,东至淮海,西至川蜀,殆百余万。其间可为将帅者,不在其上,则在其下,而朝廷未知振其气、表其才也。今文臣有三人举主,则为之循资再任,五人则为之改秩,而武臣无有焉。古语曰:'三辰不轨,擢士为相;蛮夷不恭,拔卒为将。'宜令都统制视监司者岁举武臣二人,视郡守者岁举一人。以智勇俱全为上,善抚士卒专有胆勇者次之。不拘将校士卒,优以奖擢。被举人有临战不用命者,与文臣犯入己赃者同,并坐举主。"帝可其奏,仍著为法。

三年,礼部尚书赵雄请令侍从、台谏、两省,于知县资序以上岁荐堪充郡守,通判资序以上岁荐监司,仍用汉朝杂举之制,三省详加考察。诏如所请,仍不以内外,杂举岁各五人,保举官及五员以上,列衔共奏。帝曰:"荐举本欲得人,又恐干请,反长奔竞。"龚茂良言:"三代良法,亦不免于弊。今欲精选监司、郡守,非荐举何由知之。"帝曰:"若今杂举,则须众论佥允,又经中书考察而后除授,亦博采遴选之道也。"

吏部请:"武举军班武艺特奏名出身,并任巡检、驻泊、监押、知砦,比附《文臣关升条令》,并实历六考,有举主四人,内监司一人,听关升亲民。正副将,两任,有举主二人,内一人监司,亦与关升。凡升副将,视文臣初任通判资序;再关升正将,视文臣次任通判资序;关升路分副都监,视文臣初任知州资序;小郡州钤辖视,文臣次任知州资序。"孝宗以岁举京官数滥,于是内外荐举改官员数,六部、寺、监长贰,户部右曹郎官等,三分减一;礼部、国子盐长贰,如上条外又减半;前宰执,岁各减二员;诸道转运、提刑、提举常平茶监学事司,领茶马、铸钱司,安抚、制置司,及诸路州军,并四分减一。通籍之数弥省矣。

光宗时,言者谓:"被荐者众,朝廷疑其私而不信,病其泛而难从,纵有贤才,不免与侥幸者并弃,请条约之。"乃命帅守、监司毋独员荐士。时荐举固多得人,然有或乏廉声而举充廉吏,或素昧平生而举充所知,或不能文而举可备著述。遂命臣僚自今有人则荐,无人则阙,其尤缪妄者觉察之。

嘉泰二年,令内外举荐并具实迹以闻,自是滥举之弊稍革。嘉定十二年,命监司、守臣举十科政绩所知自代,露章列荐,并籍记审察。任满,则取其举数多、有政绩行谊者,升擢之。宋初,内外小职任,长吏得自奏辟。熙宁间,悉罢归选部。然要处职任,如沿边兵官、防河捕盗、重课额务场之类,寻又立专法听举,于是辟置不能全废也。既出常格,则恁人往往因之以行其私。元祐以来,屡行屡止。盖处心公明,则得以用其所知,固为良法;苟徇私昧理,则才不为用,请属贿赂,无所不有矣。又孰若付之铨曹而概以公法者哉?

建炎初,诏河北招抚、河东经制及安抚等使,皆得辟置将佐官属;行在五军并御营司将领,亦辟大小使臣。诸道郡县残破之余,官吏解散,诸司诱人填阙,皆先领职而后奏给付身。于是州郡守将,皆假军兴之名,换易官属,有罪籍未叙复、守选未参部者。朝论患之,乃令厘正,使归部依格注拟。惟陕西五路、两河、两淮、京东等路经略安抚司属官听举辟,余路并罢。四年,初置诸镇抚使,管内州县官并许辟置。言者谓远方之民,理宜绥抚。如峡州四县,多用军功或胥吏补知县,栏吏补监税,民被其害。遂命取峡州、江陵府、荆门军、公安军州县官阙,季安抚司奏辟。命御史台仍旧辟举承务郎已上官充主簿、检法官,不限资序。

绍兴二年,臣僚又以比年帅守、监司辟官,搀夺部注,朝廷不能夺,铨曹不能违,又多界以添差不厘务之阙。上自监司、倅贰,下至掾属、给使一郡之中,兵官八九员,一务之中,监当六七员,数倍于前日。存无事之官,食至重之禄,所以重困生民。请裁省其阙,否则以宫庙之禄界之。遂命自今已就辟差理资任者,毋得据旧阙以妨下次。六年,诏诸道宣抚司,僚属许本司奏辟,内京官以二年为任,原留再任者,取旨。自兵兴,所辟官有经十年不退者,故条约焉。二十六年,诏已注知县、县令,不许奏辟。

孝宗初,诏内外有专法,辟阙并仍旧。乾道九年,命监司、帅臣,非有著令,不得创行奏辟;所辟毋得搀已差之阙,违者御史台察之。淳熙三年,命自今极边知县、县令阙官,专委本州守臣奏辟,毋得仍旧权摄;其见摄官留意民事百姓爱服者,许不以有无拘碍,特行奏辟。七年,诏未中铨、未历任、初改秩人毋得差辟,著为令。

理宗宝庆二年,以广南东、西路通判、幕职、教授等官,法未尝许辟者,须于各官将满之前具阙。如未有代者,即听申部出阙,满三月无人注拟,申省下本路。通判以下京官阙,从诸司奏辟。选人阙,从漕司定差。作邑未满三年、作倅未满二考,不许预期奏辟他阙。诸司属官不许辄自辟置,或久阙正官,许令次官暂摄,待朝命方许奏辟。淳祐十一年,以御史台申严铨法,禁监司、郡守辟亲戚为属吏。

又选人无考第、举主不及三员，及纳粟人虽有考第、举主，并不听辟为令。宝祐三年，戒诸路监司、帅阃，不应辟而辄辟者，辟主及受辟之官，并与镌秩。

考课。宋初循旧制，文武常参官各以曹务闲剧为月限，考满即迁。太祖谓非循名责实之道，罢岁月叙迁之制。置审官院，考课中外职事。受代京朝官引对磨勘，非有劳绩不进秩。其后立法，文臣五年、武臣七年，无赃私罪始得迁秩。曾犯赃罪，则文臣七年、武臣十年，中书、枢密院取旨。其七阶选人，则考第资历，无过犯或有劳绩者迁迁，谓之"循资"。凡考第之法，内外选人，周一岁为一考，欠日不得成考。三考未替，更周一岁，书为第四考，已书之绩，不得重计。初著令，州县户口准见户十分增一，刺史、县令进考，若耗一分，降考一等。建隆三年，又以科赋有欠逾十之一，及公事旷违尝有制受罚者，皆如耗户口降考。吏部南曹又举周制，请州县官益户增税，受代日并书于籍。凡千户以下能增百户减一选，减及三选以上，令赐章服，主簿升秩进阶。能归复逋亡之民者，亦如之。

是年，县始置尉，颁《捕盗条》，给以三限，限各二十日，三限内获者，令、尉等第议赏；三限外不获，尉罚一月奉，令半之。尉三罚、令四尉，皆殿一选，三殿停官。令、尉与贼斗而能尽获者，赐绯升擢。乾德四年，诏诸县令、佐有能招携劝课，以致蕃庶民籍，租额出其元数，减一选，仍进一阶。

太宗励精图治，遣官分行郡县，廉察官吏。河南府法曹参军高丕等，皆以不胜任免官。复诏诸道察举部内官，第其优劣为三等："政绩尤异"为上，"职务粗治"为中，"临事弛慢所莅无状"者为下。岁终以闻。先是，诸州掾曹及县令、簿、尉，皆户部南曹给印纸、历子，俾州郡长吏书其绩用愆过，秩满，送有司差其殿最。诏有司申明，其诸州别给公据者罢之。判吏部南曹董淳言："有司批书印历，多所阙略，令漏书一事殿一选，三事降一资。"自是职事官依州县给南曹历子，天下知州、通判、京朝官厘务于外者，给以御前印纸，令书课绩。时蒋元振知白州，为政清简，民甚便之；秩满，众辄诣部使乞留，凡十有八年，未受代。姚益恭清白有才干，知郓州须城县，鞭朴不施，境内大治。淳化初，采访使各言其状，下诏褒嘉，赐元振绢三十匹、粟五十石，赐益恭对衣、银带、绢五十匹。

四年，始分置磨勘之司。审官院掌京朝官，考课院掌幕职、州县官，废差遣院，令审官总之。乃诏："郡县有治行尤异、吏民畏服、居官廉恪、莅事明敏、斗讼衰息、仓廪盈羡、寇盗剪灭、部内清肃者，本道转运司各以名闻，当驿置赴阙，亲问其状加旌赏焉。其贪冒无状、淹延斗讼、逾越宪度、盗贼竞起、部内不治者，亦条其状以闻，当行贬斥。"

以翰林学士钱若水、枢密直学士刘昌言同知审官院，考覆功过，以定升降；又以判流内铨翰林学士苏易简、知制诰王旦等知考课院，重其职也。凡流内铨，主常调选人；考课院，主奏举及历任有殿最者。明年，帝亲选京朝官三十余人，自书戒谕之言于印纸曰："勤政爱民，奉法除奸，方可书为劳绩。"且谓钱若水曰："奉法除奸之言，恐诸臣未喻，因而生事，可语之曰：'除奸之要，在乎奉法。'"至道初，罢考课院，并流内铨。二年，遣使廉察诸道长吏，得八人莅事公正、惠爱及民，皆降玺书奖谕。

真宗即位，命审官院考京朝官殿最，引对迁秩。京朝官引对磨勘，自此始。先是，每恩庆，百僚多得序进，帝始罢之，惟郊祀恩许加勋、阶、爵邑。帝察群臣有闻望者，得刑部郎中边肃等二十有四人，令阁门再引对，观其辞气文艺，并得优升。景德初，令诸道辨察所部官吏能否，为三等：公勤廉干惠及民者为上，干事而无廉誉、清白而无治声者为次，畏懦贪猥为下。

仁宗尤矜怜下吏，以铨法选人有私罪，皆未听磨勘，谕近臣："凡'门谢弗至'与'对扬失仪'，其毋以为罪。"又曰："州县秩卑，而长吏多钩摭细故，文致之法，使不得自进，朕甚闵焉。"宰相王曾曰："引对时，陛下酌其轻重而稍擢之，则下无滞才矣。"其后选人，有束鹿县尉王得说，历官寡过，书考最多而无保任者。帝察其孤贫，特擢为大理寺丞。天圣时,诏:"文武臣僚,非有勋德善状,不得非时进秩;非次罢免者,毋以转官带职为例。两省以上,旧法四年一迁官,今具履历听旨。京朝官磨勘年限,有私罪及历任尝有罪,先以情重轻及勤绩与举者数奏听旨;若无私犯而著最课及有举者,皆第迁之。自请厘物务于京师,五年一磨勘,因举及选差勿拘。凡有善政异绩,准事大小迁升,选人视此。"又定监物务入亲民,次升通判,通判升知州,皆用举者。举数不足,毋辄关升。

庆历三年,从辅臣范仲淹等奏定磨勘保任之法:自朝官至郎中、少卿,须清望官五人保任,始得迁。其后,知谏院刘元瑜以为适长奔竞,非所以食廉耻,乃罢之。

八年,诏近臣论时政。翰林学士张方平言:"祖宗之时,文武官不立磨勘年岁,不为升迁次序。有才实者,从下位立见超擢,无才实者,守一官十余年不转。其任监当或知县、通判、知州,至数任不迁。当时人皆自勉,非有劳效,知不得进。祥符之后,朝廷益循宽大,自监当入知县,知县入通判,通判入知州,皆以两任为限;守官及三年,例得磨勘。先朝始行,未见有弊。及今年深,习以为常,皆谓分所宜得,无贤不肖,莫知所劝。愿陛下稍革此制,其应磨勘叙迁,必有劳绩;或特敕择官保任者,即与转迁;如无劳绩又不因保任者,更增展年。其保任之法,须选择清望有才识之人,命之举官。如此,则是执政之臣举清望官,委清望官举亲民官。凡官有阙,惟随员数举之,庶见急才爱民之意。"

嘉祐六年,下诏曰:"朕观古者治世,牧民之吏,多称其官,而百姓安其业。今求材之路非不广,责善之法非不详,而吏多失职,非称所以为民之意。岂人材独少而世变殊哉?殆不得久于其官故也。盖智能才力之士,虽有兴利除害、禁奸劝善之意,非假以岁月,则亦偷不为用,欲终厥功,其路无由。自今诸州县守令,有清白不扰、政迹尤异而实惠及民者,本路若州连书同罪保举,将政迹实状以闻,中书门下察访,得实,许令再任。"

英宗治平三年,考课院言:"知磁州李田,再考在劣等。"降监淄州盐酒税务。坐考劣降等,自田始。考绩,旧审定殿最格法,自发运使率而下至于知州,皆归考课院,专以监司所第等级为据;至考监司,则总其甄别部吏能否,副以采访才行,合二事为课,悉书"中等",无高下。

神宗即位,凡职皆有课,凡课皆责实。监司所上守臣课不占等者,展年降资;而治状优异者,增秩赐金帛,以玺书奖励之。若监司以上,则命御史中丞、侍御史考校。凡县令之课,以断狱平允、赋入不扰、均役屏盗、劝课农桑、振恤饥穷、导修水利、户籍增衍、整治簿书为最,而德义清谨、公平勤恪为善,参考治行,分定上、中、下等。至其能否尤殊绝者,别立优劣二等,岁上其状,以诏赏罚。其入优劣者,赏罚尤峻。继又令:一路长吏,无甚臧否,不须别为优劣二等,止因上、中、下三等区别以闻。是时,内外官职,各从所隶司以考核,而中书皆置之籍。每岁竟,或有除授,则稽差殿最,取其尤甚者而进退之。

熙宁五年,遂罢考课院。间遣使察访,所至州县,条其吏课。凡知州、通判上中书,县令上司农,各注籍以相参考。惟侍从出守郡,听不以考法,朝廷察其治焉。元丰元年,诏因劳效得酬赏,皆分五等,有司受其等而差进之。初一等,京朝官、大小使臣皆转一官,选人资历深者改京朝官,资浅者循两资。次二等,随其官高下升资,或减磨勘年。惟军功、捕盗皆得改次等。京朝官自三等以下,赏以差减。若一人而该两赏,许累计其等以迁。三年,诏:"御史台六察按官,以所纠劾官司稽违失职事多为殿最,中书置簿以时书之,任满,取旨升黜。"

元祐初,御使中丞刘挚言:"近者,朝廷主察名实,行综核之政,下乃承之以刻;主行教化,扩宽洪之泽,而下乃为苟简。先此追罪监司数人,为其掊敛害民耳;而昧者矫枉过正,乃欲以缓纵委靡为安静。请申立监司考绩之政,以常赋登耗、郡县勤惰、刑狱当否、民俗休戚为之殿最,岁终用此以诛赏。"文彦博又奏:"《唐六典》所载,以德行、才用、劳效三类察在选之士,参辨能否。今之选格特多,举主、有军功,斯为上矣。然举主可求,军功或妄,何可尽据?请委吏依仿三类,第其才德功效,送中书门下覆验,取其应选者,引对而去留之。"诏令近臣议,议者请用《元丰考课令》,第为高下,以行升黜,岁毋过五人。后改立县令,课,有"四善"、"五最"之目,及增损监司、转运课格,守令为五等减磨勘法。初,元祐尝立吏、户、刑三部郎官课。崇宁间,言者乞仿周制,岁终委省、寺、监、六曹之长,各考其属,稽其官成,而三年遂校其勤惰,行赏罚焉。

大观元年诏:"国家休养生民,垂百五十年。生齿日繁,而户部民籍曾不加益,州县于进丁、入老,收落失实,以故课役不均,皆守令弛职,可申严《考课法》。"然其考法,因时所尚,以示诱抑。若劝学、垦田、植桑枣、振贷、葬枯、兴发坑冶、奉诏无违、诱进道徒、赋税趣办、能按赃吏,皆因事而增品目,旧法固不易也。但奉行不皆良吏,以请谒移实者亦多。

绍兴二年,初诏监司、守臣举行考课之法。时郡县数罹兵燹,又命以"户口增否"别立守令课,分上、中、下三等,每等分三甲置籍。守倅考县令,监司考知州,考功会其已成,较其优劣而赏罚之。五年,立县令四课:曰纠正税籍,团结民兵,劝课农桑,劝勉孝悌。三岁,就绪者加旌赏,无善状者汰之。

臣僚上言:"守令之治,其略有七:一曰宣诏令,二曰厚风俗,三曰劝农桑,四曰平狱讼,五曰理财赋,六曰兴学校,七曰实户口。得人,则七者皆举。今之监司,实古刺史。比年守令奸贪,监司未尝按发,玩弛之弊日甚。"而户部侍郎张致远亦言之。乃下诏戒饬监司,考察守令而举按焉。顷之,有请令江、淮官久任,而课其功过者。帝曰:"朕昔为元帅时,见州县,官以三年为任,犹且一年立威信,二年守规矩,三年则务收人情,以为去计。今止以二年为任,虽有茸治之心,盖亦无暇矣,可如所奏。"是时,岁以十五事考校监司,四善、四最考校县令,违限不实者有罪。又诏监司,一岁再具所部知县有无"善政显著"、"缪懦不职",上之省。

十三年,诏淮东、京西路州县,逐考批书,若增添户口、劝课农桑、增修水利，岁终委监司覆实比较。守臣之条有九，通判之条十有四，令佐而下有差。二十五年，以州县贪吏为虐，监司、郡守不诃察，遂命监司按郡守之纵容，台谏劾监司之失察，而每岁校其所按之多寡，以为殿最之课。二十七年，校书郎陈俊卿言："古人各守一官终身，使易地而居，未必尽其能也。今监司、帅守，小州换大州，东路易西路；朝廷百执事，亦往往计日待迁，视所居之官，有如传舍。望令有政术优异者，或增秩赐金，或待终秩而后迁。使久于其职，察其勤惰而升黜之。庶几人安其分，而万事举矣。"诏三省行之。

隆兴元年，命湖南、北路应守令增辟田畴，自一千顷以下转磨勘有差，亏者展磨勘、降名次。二年，诏淮南、川陕、京西边郡守令，能安辑流亡、劝课农桑首就绪者，本道监司以闻。乾道二年，廷臣上言："国朝盛时，有京朝官考课，有幕职、州县官考课，其后为审官院，为考课院，皆命中书或两制臣僚校其能否，以施赏罚。望遵故事，应监司郡守朝辞日，别给御前历子。如荐贤才为几人，若为治钱谷，若为理狱讼，兴某利，除某害，各为条目，使之黾勉从事。每考，令当职官吏从实批书，代还，使藉手陛见，然后诏执事精加考核。其风绩有闻者，优与增秩；所莅无状者，罚之无赦。则贤者效职，而中下之才，亦皆强于为善矣。"帝乃命经筵官参照累朝考课之法，讲而行之。

淳熙二年，因臣僚言，沿边七路，每路以文臣一人充安抚使以治民，武臣一人充都总管以治兵。分举其职，各奏其功，任必加久，岁考优劣。一年视其规画，二年视其成效，三年视其大成，重议诛赏。臧否分为三等：治效显著者为臧，贪刻庸缪者为否，无功无过者为平。时天子留意黜陟，诸道莫敢不奏承。于是得实者皆增秩升擢，而监司、牧伯举按稽缓者辄降黜。行之十余年，不免有弊，帝因谕辅臣曰："臧否亦有喜怒之私，如诸司以为臧，一司以为否，必从众为公，京在精择监司，而以台谏考察之，庶乎其可也。"光宗初，诏罢其令。

宁宗以郡国按刺，多徇私情，遂仿旧制，于御史台别立考课一司,岁终各以能否之实闻于上,以诏升黜。其贪墨、昏懦致台谏奏劾者,坐监司、郡守以容庇之罪。

度宗咸淳三年,命参酌旧制,凡文武官一是以公勤、廉恪为主,而又职事修举,斯为上等;公勤、廉恪各有一长为中等;既无廉声又多缪政者考下等。其要则以御史台总帅阃、监司,监司总守倅,守倅总州县属官。余如戎司及屯军大垒,则总之制司;或无制司,则并各郡总管、钤辖并总于帅司。以逐路所部州郡多寡之数,分隶转运、提举、提刑三司。守倅日一考州县属官,监司会所隶守倅,制司会戎司、军垒,遵照旧制互用文移,会其兵甲、狱讼、金谷之数,及各司属官书拟公事、拘榷钱物、招军备器之数,次月置册,及各司属官书拟公事、拘榷钱物、招军备器之数,次月置册,各申御史台上之课籍。俟至半年,类考较前三年定为三等,中者无所赏罚,上者或转官、或减磨勘,下者降官、展磨勘,各有等差。

宋史卷一六一
志第一一四

职官一

三师　三公　宰执　门下省
中书省　尚书省

　　昔武王克商,史臣纪其成功,有曰:"列爵惟五,分土惟三,建官惟贤,位事惟能。"后世曰爵,曰官,曰职,分而任之,其原盖始乎此。然周初之制,已不可考。周公作六典,自天官冢宰而下,小大高下,各帅其属以任其事,未闻建官而不任以事,位事而不命以官者;至于列爵分土,此封建诸侯之制也,亦未闻以爵以土,如后世虚称以备恩数者也。秦、汉及魏、晋、南北朝,官制沿革不常,不可殚举。后周复《周礼》六典官称,而参用秦、汉。隋文帝废《周礼》之制,惟用近代之法。唐承隋制,至天授中,始有试官之格,又有员外之置,寻为检校、试、摄、判、知之名。其初立法之意,未尝不善。盖欲以名器事功甄别能否,又使不肖者绝年劳序迁之觊觎。而世戚勋旧之家,宠之以禄,而不责以猷为。其居位任事者,不限资格,使得自竭其所长,以为治效。且黜陟进退之际,权归于上,而有司若不得预。殊不知名实混淆,品秩贸乱之弊,亦起于是矣。

　　宋承唐制,抑又甚焉。三师、三公不常置,宰相不专任三省长官,尚书、门下并列于外,又别置中书禁中,是为政事堂,与枢密对掌大政。天下财赋,内庭诸司,中外管库,悉隶三司。中书省但掌册文、覆奏、考帐；门下省主乘舆八宝，朝会板位，流外考较，诸司附奏挟名而已。台、省、寺、监，官无定员，无专职，悉皆出入分莅庶务。故三省、六曹、二十四司，类以他官主判，虽有正官，非别敕不治本司事，事之所寄，十亡二三。故中书令、侍中、尚书令不预朝政，侍郎、给事不领省职，谏议无言责，起居不记注；中书常阙舍人，门下罕除常侍，司谏、正言非特旨供职亦不任谏诤。至于仆射、尚书、丞、郎、员外，居其官不知其职者，十常八九。其官人受授之别，则有官、有职、有差遣。官以寓禄秩、叙位著，职以待文学之选，而别为差遣以治内外之事。其次又有阶、有勋、有爵。故仕人以登台阁、升禁从为显宦，而不以官之迟速为荣滞；以差遣要剧为贵途，而不以阶、勋、爵邑有无为轻重。时人语曰："宁登瀛，不为卿；宁抱槧，不为监。"虚名不足以砥砺天下若此。外官，则惩五代藩镇专恣，颇用文臣知州，复设通判以贰之。阶官未行之先，州县守令，多带中朝职事官外补；阶官既行之后，或带或否，视是为优劣。

大凡一品以下，谓之"文武官"；未常参者，谓之"京官"；枢密、宣徽、三司使副、学士、诸司而下，谓之"内职"；殿前都校以下，谓之"军职"。外官则有亲民、厘务二等，而监军、巡警亦比亲民。此其概也。故自真宗、仁宗以来，议者多以正名为请。咸平中，杨亿首言："文昌会府，有名无实，宜复其旧。"既而言者相继，乞复二十四司之制。至和中，吴育亦言："尚书省天下之大有司，而废为闲所，当渐复之。"然朝论异同，未遑厘正。神宗即位，慨然欲更其制。熙宁末，始命馆阁校《唐六典》。元丰三年，以摹本赐群臣，乃置局中书，命翰林学士张璪等详定。八月，下诏肇新官制，省、台、寺、监领空名者一切罢去，而易之以阶。九月，详定所上《寄禄格》。会明堂礼成，近臣迁秩即用新制，而省、台、寺、监之官，各还所职矣。五年，省、台、寺、监法成。六年，尚书新省成，帝亲临幸，召六曹长贰以下，询以职事，因诫敕焉。初，新阶尚少，而转行者易以。及元祐初，于朝议大夫六阶以上始分左右。既又以流品无别，乃诏寄禄官悉分左右，词人为左，余人为右。绍圣中罢之。崇宁初，以议者有请，自承直至将仕郎，凡

一

换选人七阶。大观初,又增宣奉至奉直大夫四阶。政和末,自从政至迪功郎,又改选人三阶,于是文阶始备。而武阶亦诏易以新名:正使为大夫,副使为郎,而横班十二阶使、副亦然。故有郎居大夫之上者。继以新名未具,增置宣正履正大夫、郎,凡十阶,通为横班,而文武官制益加详矣。

大抵自元祐以后,渐更元丰之制:二府不分班奏事,枢密加置签书,户部则不令右曹专典常平而总于其长,起居郎、舍人则通记起居而不分言动,馆职则增置校勘黄本。凡此,皆与元丰稍异也。其后蔡京当国,率意自用。然动以继志为言,首更开封守臣为尹、牧,由是府分六曹,县分六案。又内侍省职,悉仿机延之号。已而修六尚局,建三卫郎,又更两省之长为左辅、右弼,易端揆之称为太宰、少宰。是时员既滥冗,名且紊杂。甚者走马承受,升拥使华;黄冠道流,亦滥朝品。元丰之制,至此大坏,及宣和末,王黼用事,方且追咎元祐纷更,乃请设局,以修《官制格目》为正名,亦何补矣。

建炎中兴,参酌润色,因吕颐浩之请,左右仆射并同中书门下平章事,两省侍郎改为参知政事,三省之政合乎一。乾道八年,又改左右仆射为左右丞相,删去三省长官虚称,道揆之名遂定。然维时多艰,政尚权宜。御管置使,国用置使,修政局置提举,军马置都督,并江宰相兼之。总制司理财,同都督、督视ират兵,并以执政兼之。因事创名,殊非经久。惟枢密本兵,与中书对掌机务,号东、西二府,命宰相兼知院事。建炎四年,实用庆历故典。其后,兵兴则兼枢密使,兵罢则免;至开禧初,始以宰臣兼枢密为永制。

当多事时,诸部或长贰不并置,或并郎曹使相兼之,惟吏部、户部不省不并。兵休稍稍增置。其后,诏非曾任监司、守臣,不除郎官,著为令。又增馆阁员,广环卫官。然绍兴务行元祐故事,以"左右"二字分别流品,其后以人言省去,宁清浊相涵,无绝人迁善之路。横班以郎居大夫之上,既厘而正之矣,而介胄之士与缙绅同称,宁名号未正,毋示人以好武之机。陈傅良欲定史官迁次之序,众论龃之,而未及行。洪迈欲改三衙军官称谓,当时嘉之,卒未暇讲。考古之制，量今之宜，盖自元祐以逮政和，已未尝拘乎元丰之旧；中兴若稽成宪，二者并行而不悖。故凡大而分政任事之臣，微而管库监局之官，沿袭不革者，皆先后所同便也。或始创而终罢，或欲革而犹因，则有各当其可者焉。类而书之，先后互见，作《职官志》。以至廪给、兼从，虽微必录，并从旧述云。

三师　三公　宋承唐制，以太师、太傅、太保为三师，太尉、司徒、司空为三公，为宰相，亲王使相加官，其特拜者不预政事，皆赴上于尚书省。凡除授，则自司徒迁太保，自太傅迁太尉；检校官亦如之。太尉旧在三师下，由唐至宋加重，遂以太尉居太傅之上。若宰臣官至仆射致仕者，以在位久近，或已任司空、司徒，则拜太尉、太傅等官。若太师则为异数，自赵普以开国元勋，文彦博以累朝耆德，方特拜焉。虽太傅王旦、司徒吕夷简各任宰相二十年，止以太尉致仕。

熙宁二年，富弼除守司空兼侍中、平章事，辞司空、侍中。三年，曾公亮除守司空、检校太师兼侍中，以两朝定策之功辞相位也。六年，文彦博除守司徒兼侍中。九年，彦博除守太保兼侍中，辞太保。元丰三年，以曹佾检校太师、守司徒兼中书令。九月，诏检校官除三公、三师外并罢。又以文彦博落兼侍中，除守太尉，富弼守司徒，皆录定策之功。六年，彦博守太师致仕。八年，王安石守司空，曹佾守太保。元祐元年，文彦博落致仕，太师、平章军国重事，吕公著守司空、同平章军国重事。崇宁三年，蔡京授司空，行尚书左仆射。大观元年，京为太尉；二年，为太师。政和二年，京落致仕，依前太师，三日一至都堂治事。九月，诏："以太师、太傅、太保，古三公之官，今为三师，古无此称，合依三代为三公，为真相之任。司徒、司空，周六卿之官，太尉，秦主兵之任，皆非三公，并宜罢之。仍考周制，立三孤少师、少傅、少保，亦称三少，为三次相之任。"至是，京始以三公任真相。

三公自国初以来，未尝备官。独宣和末，三公至十八人，三少不计也。太师三人：蔡京、童贯、郑绅；太傅四人：王黼、燕王俣、越王偲、郓王楷；太保十一人：蔡攸、肃王枢至仪王楟。渡江后，秦桧为太师，张俊、韩世忠为太傅，刘光世为太保。

乾道初，杨沂中、吴璘并为太傅。绍熙初，史浩为太师，嗣秀王为太保。自绍熙后，三公未尝备官。其后，韩侂胄、史弥远、贾似道专政，皆至太师焉。

宰相之职，佐天子，总百官，平庶政，事无不统。宋承唐制，以同平章事为真相之任，无常员；有二人，则分日知印。以丞、郎以上至三师为之。其上相为昭文馆大学士、监修国史，其次为集贤殿大学士。或置三相，则昭文、集贤二学士并监修国史，各除。唐以来，三大馆皆宰臣兼，故仍其制。国初，范质昭文学士，王溥监修国史，魏仁浦集贤学士，此为三相例也。神宗新官制，于三省置侍中、中书令、尚书令，以官高不除人，而以尚书令之贰左、右仆射为宰相。左仆射兼门下侍郎，以行侍中之职；右仆射兼中书侍郎，以行中书令之职。政和中，改左、右仆射为太宰、少宰，仍兼两省侍郎。靖康中，复改为左、右仆射。

建炎三年，吕颐浩请参酌三省之制，左、右仆射并加同中书门下平章事，门下、中书二侍郎并改为参知政事，废尚书左、右丞。从之。乾道八年，诏尚书左、右仆射可依汉制改为左、右丞相。详定敕令所言："近承诏旨，改左、右仆射为左、右丞相，令删去侍中、中书、尚书令，以左、右丞相充。缘旧左、右仆射非三省长官，故为从一品。今左、右丞相系充侍中、中书、尚书令之位，即合为正一品。"从之。丞相官以太中大夫以上充。

平章军国重事　元祐中置，以文彦博太师、吕公著守司空相继为之，序宰臣上。所以处老臣硕德，特命以宠之也。故或称"平章军国重事"，或称"同平章军国事"。五日或两日一朝，非朝日不至都堂。其后，蔡京、王黼以太师总三省事，三日一朝，赴都堂治事。开禧元年，韩侂胄拜平章，讨论典礼，乃以"平章军国事"为名。盖省"重"事则所预者广，去"同"字则所任者专。边事起，乃命一日一朝，省印亦归其第，宰相不复知印。其后，贾似道专权，窃位日久，尊宠日隆，位皆在丞相上。

使相　亲王、枢密使、留守、节度使兼侍中、中书令、同平章事者，皆谓之使相。不预政事，不书敕，惟宣敕除授者，敕尾存其衔而已。乾德二年，范质等三相皆罢，以赵普同平章事，李崇矩枢密使。命下，无宰相书敕，使问翰林陶谷。谷谓："自昔辅相未尝虚位。惟唐太和中甘露事，数日无宰相，时左仆射令孤楚等奉行制书。今尚书亦南省长官，可以书敕。窦仪曰："谷之所陈，非承平令典。今皇弟开封尹、同平章事，即宰相之任也，可书敕。"从之。

参知政事　掌副宰相，毗大政，参庶务。乾德二年置，以枢密直学士薛居正、兵部侍郎吕余庆并本官参知政事。先是，已命赵普为相，欲置之副，而难其名称。以问翰林学士陶谷曰："下宰相一等有何官？"对曰："唐有参知机务、参知政事。"故以命之。仍令不押班，不知印，不升政事堂，殿廷别设砖位，敕尾著衔降宰相，月奉杂给半之，未欲与普齐也。开宝六年，始诏居正、余庆于都堂与宰相同议政事。至道元年，诏宰相与参政轮班知印，同升政事堂。押敕齐衔，行则并马，自寇准始，以后不易。

元丰新官制，废参知政事，置门下、中书二侍郎，尚书左、右丞以代其任。建炎三年，复以门下、中书侍郎为参知政事，而省左、右丞。乾道八年，改左、右仆射为左、右丞相，其参知政事如故，以中大夫以上充，常除二员或一员。嘉泰三年，始除三员。故事，丞相谒告，参预不得进拟。惟丞相未除，则轮日当笔，然多不逾年，少仅旬月。淳熙初，叶衡罢相，龚茂良行相事近三年，亦创见也。

门下省　受天下之成事，审命令，驳正违失，受发通进奏状，进请宝印。凡中书省画黄、录黄,枢密院录白、画旨,则留为底。及尚书省六部所上有法式事,皆奏覆审驳之。给事中读,侍郎省,侍中审,进入被旨画闻,则授之尚书省、枢密院。即有舛误应举驳者,大则论列,小则改正。凡文书自内降者,著之籍。章奏至,则受而通进,俟颁降,分送所隶官司。凡吏部拟六品以下职事官,则给事中校其仕历、功状、侍郎,侍中引验审察,非其人则论奏。凡迁改爵秩、加叙勋封、四选拟注奏钞之事,有舛误,退送尚书省。覆刑部大理寺所断狱,审其轻重枉直,不当罪,则以法驳正之。

国初循旧制,以中书门下平章事为宰相之职,复用两制官一员,判门下省事。官制行,始厘正焉。凡官十有一:侍中、侍郎、左散骑常侍各一人,给事中四人,左谏议大夫、起居郎、左司谏、左正言各一人。先是,中书人吏分掌五房:曰孔目房、吏房、户房、兵礼房、刑房;又有主事、勾销二房。至是,厘中书为三省,分兵与礼为六房,各因其省之事而增益之。门下凡分房十:曰吏房、曰户房,曰礼房,曰兵房,曰刑房,曰工房,皆视其房之名,而主行尚书省六曹二十四司所上之事;曰开拆房,曰章奏房,曰制敕库房,亦皆视其名,而受遣文书、表状,与供阅敕令格式、拟官爵封勋之类,惟班簿、本省杂务则归吏房。吏四十九:录事、主事各三人,令史六人,书令史十有八人,守当官十有九人。而外省吏十有九人:令史一人,书令史二人,守当官六人,守阙守当官十人。元丰八年,以门下、中书外省为后省,门下外省复置催驱房。元祐三年,诏吏部注通判赴门下引验,应省、台、寺、监诸司人吏四分减一。复置点检房。四年,又别立吏额。绍圣三年,守阙守当官,门下、中书省各以百人,尚书省百五十人为额。四年,三省吏员并依元丰七年额。

侍中　掌佐天子议大政,审中外出纳之事。大祭祀则版奏中严外办,导舆辂,诏升降之节;皇帝齐则请就齐室。大朝会则承旨宣制、告成礼,祭祀亦如之。册后则奉宝以授司徒。国朝以秩高罕除。自建隆至熙宁,真拜侍中总五人,虽有用他官兼领,而实不任其事。

官制行,以左仆射兼门下侍郎行侍中职,别置侍郎以佐之。南渡后,置左、右丞相,省侍中不置。

侍郎　掌贰侍中之职,省中外出纳之事。大祭祀则前导舆辂,诏进止。大朝贺则授表以奏祥瑞。册后则奉节及宝位。与知枢密院、同知枢密院、中书侍郎、尚书左右丞为执政官。南渡后,复置参知政事,省门下侍郎不置。

左散骑常侍　左谏议大夫　左司谏　左正言同掌规谏讽谕。凡朝政阙失,大臣至百官任非其人,三省至百司事有违失,皆得谏正。国初虽置谏院,知院官凡六人,以司谏、正言充职;而他官领者,谓之知谏院。正言、司谏亦有领他职而不预谏诤者。官制行,始皆正名。

元丰八年,谏议大夫孙觉言:“据《官制格目》,谏官之职,凡发令举事,有不便于时,不合于道,大则廷议,小则上封。若贤良之遗滞于下,忠孝之不闻于上,则以事状论荐,乞依此以修举职事。”八月,门下省言:“谏议大夫、司谏、正言合通为一。”诏并从之。十月,诏仿《六典》置谏官员。元祐元年二月,诏谏官虽不同省,许二人同上殿。后又从司谏虞策之请,如独员,许与台官同对。九月,左、右正言久阙,侍御史王岩叟言:“国家仿近古之制,谏官六员方之先王,已自为少,望诏补足,无令久空职。”十月,司谏王觌言:“自今中书舍人阙,勿以谏官兼权。”从之。十一月,岩叟又言:近降圣旨,两省谏官各令出入异户,勿与给事中、中书舍人通。实欲限隔谏官,不使在政事之地,恐知本末,数论列尔。寻诏谏官直舍仍旧。八年,诏执政亲戚不除谏官。建中靖国元年,言者谓谏官论事,惟凭询访,而百司之事,六曹所报外,皆不得其详。遂诏谏官案许关台察。

给事中　四人,分治六房,掌读中外出纳,及判后省之事。若政令有失当,除授非其人,则论奏而驳正之。凡章奏,日录目以进,考其稽违而纠治之。故事，诏旨皆付银台司封驳。官制行，给事中始正其职，而封驳司归门下。

元丰五年五月，诏给事中许书画黄，不书草，著为令。六月，给事中陆佃言："三省、密院文字，已读者尚令封驳，虑失之重复。"诏罢封驳房。六年，诏驳正事赴执政禀议。七年，有旨，举驳事，依中书舍人封还词头例。既而令禀议如初，给事中韩忠彦言："给、舍职位颇均，一则不禀白而听封还，一则许举驳而先禀议，于理未允。且朝廷之事执政所行，职当封驳则已与执政异，自当求决于上，尚何禀议之有？"诏从之。绍圣四年，叶祖洽言："两省置给、舍，使之互察。今中书舍人兼权封驳，则给事中之职遂废。"诏特旨书读不回避，余互书判。元符三年，翰林学士曾肇言："门下之职，所以驳正中书违失。近日给事封驳中书录黄，乃令舍人书读行下，毁坏官制，有损治体。愿正纪纲，为天下后世法。"重和元年，给事中张叔夜言："凡命令之出，中书宣奉，门下审读，然后付尚书颁行，而密院被旨者，亦录付门下，此神宗官制也。今急速文字，不经三省，而诸房以空黄先次书读，则审读殆成虚设矣，乞立法禁。"从之。

凡分案五：曰上案，主宝礼及朝会所行事；曰下案，主受发文书；曰封驳案，主封驳及试吏，校其功过；曰谏官案，主关报文书；曰记注案，主录起居注。其杂务则所分案掌焉。绍兴以后，止除二人或一人。

起居郎　一人，掌记天子言动。御殿则侍立，行幸则从，大朝会则与起居舍人对立于殿下螭首之侧。凡朝廷命令赦宥、礼乐法度损益因革、赏罚劝惩、群臣进对、文武臣除授及祭祀宴享、临幸引见之事，四时气候、四方符瑞、户口增减、州县废置，皆书以授著作官。

国朝旧置起居院，命三馆校理以上修起居注。熙宁四年，诏谏官兼修注者，因后殿侍立，许奏事。元丰二年，兼修注王存乞复起居郎、舍人之职，使得尽闻明天子德音，退而书之。神宗亦谓："人臣奏对有颇僻谗慝者，若左右有史官书之，则无所肆其奸矣。"然未果行。故事,左、右史虽日侍立,而欲奏事,必禀中书俟旨。存因对及之。八月,乃诏虽不兼谏职,许直前奏事。盖存发之也。官制行,改修注为郎、舍人。六年,诏左、右史分记言动;元祐元年,仍诏不分。七年,诏迩英阁讲读罢,有留身奏事者,许侍立。绍圣元年,中丞黄履言:“所奏或干机密,难令旁立,仍依先朝故事。”先是,御后殿则左、右史分日侍立;崇宁三年,诏如前殿之仪,更不分日。大观元年,诏事有足以劝善惩恶者,虽秩卑亦书之。绍兴二十八年,用起居郎洪遵言,起居郎、舍人自今后许依讲读官奏事。隆兴元年,用起居郎兼侍讲胡铨言,前殿依后殿轮左、右史侍立。

符宝郎　二人,掌外廷符宝之事。禁中别有内符宝郎。官制行,未尝除。大观初,八宝成,诏依《唐六典》增置。靖康罢之。

通进司　隶给事中,掌受三省、枢密院、六曹、寺监百司奏牍,文武近臣表疏及章奏房所领天下章奏案牍,具事目进呈,而颁布于中外。

进奏院　隶给事中,掌受诏敕及三省、枢密院宣札,六曹、寺监百司符牒,颁于诸路。凡章奏至,则具事目上门下省。若案牍及申禀文书,则分纳诸官司。凡奏牍违戾法式者,贴说以进。

熙宁四年,诏:“应朝廷擢用材能、赏功罚罪事可惩劝者,中书检正、枢密院检详官月以事状录付院,誊报天下。”元祐初,罢之。绍圣元年,诏如熙宁旧条。靖康元年二月诏:“诸道监司、帅守文字,应边防机密急切事,许进奏院直赴通进司投进。”

旧制,通进、银台司,知司官二人,两制以上充。通进司,掌受银台司所领天下章奏案牍,及阁门在京百司奏牍、文武近臣表疏,以进御,然后颁布于外。银台司,掌受天下奏状案牍,抄录其目进御,发付勾检,纠其违失而督其淹缓。发敕司,掌受中书、枢密院宣敕,著籍以颁下之。

登闻检院，隶谏议大夫；登闻鼓院，隶司谏、正言　掌受文武官及士民章奏表疏。凡言朝政得失、公私利害、军期机密、陈乞恩赏、理雪冤滥，及奇方异术、改换文资、改正过名，无例通进者，先经鼓院进状；或为所抑，则诣检院。并置局于阙门之前。

中兴后，检、鼓、粮、审官、官告、进奏，谓之六院。例以京官知县有政绩者充；亦有自郡守除者，继即除郎。恩数略视职事官，而不入杂压。绍兴十一年，胡汝明以粮院除监察御史，遂迁侍御史。乾道后，相继入台者数人，六院弥重，为察官之储。淳熙初，班寺监、丞之上。绍熙五年，诏六院官复入杂压，在九寺簿之下，六院各随所隶。

中书省　掌进拟庶务，宣奉命令，行台谏章疏、群臣奏请兴创改革，及中外无法式事应取旨事。凡除省、台、寺、监长贰以下，及侍从、职事官，外任监司、节镇、知州军、通判，武臣遥郡横行以上除授，皆掌之。

凡命令之礼有七：曰册书，立后妃，封亲王、皇子、大长公主，拜三师、三公、三省长官，则用之。曰制书，处分军国大事，颁赦宥德音，命尚书左右仆射，开府仪同三司、节度使，凡告廷除授，则用之。曰诰命，应文武官迁改职秩、内外命妇除授及封叙、赠典，应合命词，则用之。曰诏书，赐待制、大卿监、中大夫、观察使以上，则用之。曰敕书，赐少卿监、中散大夫、防御使以下，则用之。曰御札，布告登封、郊祀、宗祀及大号令，则用之。曰敕榜，赐酺及戒励百官、晓谕军民，则用之。皆承制画旨以授门下省。令宣之，侍郎奉之，舍人行之。留其所得旨为底：大事奏禀得旨者为"画黄"，小事拟进得旨者为"录黄"。凡事干因革损益，而非法式所载者，论定而上之。诸司傅宣、特旨，承报审覆，然后行下。

设官十有一：令、侍郎、右散骑常侍各一人，舍人四人，右谏议大夫、起居舍人、右司谏、右正言各一人。

分房八：曰吏房，曰户房，曰兵礼房，曰刑房，曰工房，曰主事房,曰班簿房,曰制敕库房。元祐以后,拆兵、礼为二,增催驱、点检,分房十有一,后又改主事房为开拆。凡吏房,掌行除授、考察、升黜、赏罚、废置、荐举、假故、一时差官文书。曰户房,掌行废置升降郡县、调发边防军须、给贷钱物。曰礼房,掌行郊祀陵庙典礼、后妃皇子公主大臣封册、科举考官、外夷书诏。曰兵房,掌行除授诸蕃国王爵、官封。曰刑房,掌行赦宥及贬降、叙复。曰工房,掌行营造计度及河防修闭。凡尚书省所上奏请、谏所陈章疏、内外臣僚官司申请无法式应取旨者,六房各视其名而行之。曰主事房,掌行受发文书。曰班簿房,掌百官名籍具员。曰制敕库房,掌编录供检敕、令、格、式及架阁库。曰催驱房,督趣稽违。曰点检房,省察差失。吏四十有五:录事三人,主事四人,令史七人,书令史十有四人,守当官十有七人。而外省吏十有九人:令史一人,书令史二人,守当官六人,守阙守当官十人。

元丰八年,诏待制以上磨勘,本省进拟。元祐三年,诏应除授从中批付中书省者,并三省行。绍圣五年,诏臣僚上殿札子,中书省进呈取旨;其承受傅宣、内降,非有司所可行者,申中书省或枢密院奏审。

令　掌佐天子议大政,授所行命令而宣之。祀大神祇则升坛,享宗庙则升阼阶而相其礼。临轩册命则读册。建储则升殿宣制,持册及玺绶以授太子。大朝会则诣御坐前奏方镇表及祥瑞。国朝未尝真拜,以他官兼领者不预政事,然止曹佾一人,余皆赠官。官制行,以右仆射兼中书侍郎行令之职,别置侍郎以佐之。中兴后,置左、右丞相,省令不置。

侍郎　掌贰令之职,参议大政,授所宣诏旨而奉之。凡大朝会则押表及祥瑞案。临轩册命则押册引案,以所奏文及册书授令。四夷来朝则奏其表疏,以赞币付有司。南渡后,复置参知政事,省中书侍郎不置。

舍人　四人,旧六人。掌行命令为制词,分治六房,随房当制,事有失当及除授非其人,则论奏封还词头。国初,为所迁官,实不任职,复置知制诰及直舍人院,主行词命,与学士对掌内外制。凡有除拜,中书吏赴院纳词头。其大除拜,亦有宰相召舍人面授词头者。若大诰命,中书并敕进入,从中而下,余则发敕官受而出之。及修官制,遂以实正名,而判后省之事。分案五:曰上案,掌册礼及朝会所行事;曰下案,掌受付文书;曰制诰案,掌书录制词及试吏,校其功过;曰谏官案,掌受诸司关报文书;曰记注案,掌录记注。其杂务则随所分案掌之。

元丰六年,诏中书省置点检房,令舍人通领。元祐元年,诏舍人各签诸房文字,其命词则轮日分草。九月,诏时暂阙官,依门下、尚书省例,送本省官兼权。绍圣四年,蹇序辰请自今命词,以元行遣文书同检送两制舍人。从之。建炎后同,他官兼摄者则称权舍人,资浅者为直舍人院。

起居舍人　一人,掌同门下省起居郎。侍立修注官,元丰前,以起居郎、舍人寄录,而更命他官领其事,谓之同修起居注。官制行,以郎、舍人为职任。淳熙十五年,罗点自户部员外郎为起居舍人,避其祖讳,乃以为太常少卿兼侍立修注官。其后两史或阙而用资浅者,则降旨以某人权侍立修注官。

右散骑常侍　右谏议大夫　右司谏　右正言与门下省同,但左属门下,右属中书,皆附两省班籍,通谓之两省官。元丰既新官制,职事官未有不经除授者,惟御史大夫、左右散骑常侍,始终未尝一除人。盖两官为台谏之长,无有启之者。中兴初,诏谏院不隶两省。绍兴二年,诏并依旧赴三省元置局处。淳熙十五年,用林栗言,置左右补阙、拾遗,专任谏正,不任纠劾之事。逾年减罢。法司令史、书令史、守当官各一人,守阙守当官三人,乾道六年减二人。

检正官五房各一人，掌纠正省务。熙宁三年置，以京朝官充，选人即为习学公事。官制行，罢之，而其职归左右司。建炎三年，中书门下省言：“军兴以来，天下多事，中书别无属官。元丰以前，有检正官，后因置左右司，遂不差，致朝廷及应报四方行移稽留，无检举催促。今欲差官两员充中书门下省检正诸房公事。内一员检正吏、礼、兵房，一员检正户、刑、工房。从之。至次年，诏并罢。绍兴二年，诏中书门下省复置检一员。

建炎三年指挥，中书门下省并为一。中书省录事、主事、令史、书令史、守当官共四十三人；门下省录事、主事、令史、书令史、守当官共四十六人，依祖额以八十九人为额。守阙守当官两省各一百人，共存留一百五十人，中书省六分，门下省四分。

尚书省　掌施行制命，举省内纲纪程式，受付六曹文书，听内外辞诉，奏御史失职，考百官庶府之治否，以诏废置、赏罚。曰吏部，曰户部，曰礼部，曰兵部，曰刑部，曰工部，皆隶焉。凡天下之务，六曹所不能与夺者，总决之；应取裁者，随所隶送中书省、枢密院。事有成法，则六曹准式具钞，令、仆射、丞检察签书，送门下省画闻。审察吏部注拟文武官及封爵承袭、赐勋定赏之事。朝廷有疑事，则集百官议其可否。凡更改申明敕令格式、一司条法，则议定以奏覆，太常、考功谥议亦如之。季终，具赏罚劝惩事付进奏院，颁行于天下。大祭祀则警戒执事官。

设官九：尚书令、左右仆射、左右丞、左右司郎中、员外郎各一人。分房十：曰吏房，曰户房，曰礼房，曰兵房，曰刑房，曰工房，各视其名而行六曹诸司所上之事；曰开拆房，主受遣文书；曰都知杂房，主行进制敕目、班簿具员，考察都事以下功过迁补；曰催驱房，主考督文牍稽违；曰制敕库房，主编检敕、令、格、式，简纳架阁文书。置吏六十有四：都事三人，主事六人，令史十有四人，书令史三十有五人，守当官六人。元丰四年，诏尚书都省及六曹，各轮郎官一员宿

直。五年,诏得旨行下并用札子。绍圣元年,诏在京官司所受傅宣、
内降,随事申尚书省或枢密院覆奏。二月,诏尚书省都弹奏六察御
史,纠不当者。

令 掌佐天子议大政,奉所出命令而行之。其属有六曹,凡庶
务皆会而决之。凡官府之纪纲程式,无不总焉。大事三省通议,则
同执政官合班;小事尚书省独议,则同仆射、丞分班论奏。若事由中
书、门下而有失当应奏者,亦如之。与三师、三公、侍中、中书令俱以
册拜。自建隆以来不除,惟亲王元佐、元俨以使相兼领,不与政事。
政和二年,诏:"尚书令,太宗皇帝曾任,今宰相之官已多,不须置。"
然是时说者以谓为令者唐太宗也,熙陵未尝任此,盖时相蔡京不学
之过。宣和七年,诏复置令,亦虚设其名,无有除者。南渡后,并省
不置。

左仆射 右仆射掌佐天子议大政,贰令之职,与三省长官皆为
宰相之任。大祭祀则掌百官之警戒,视涤濯告洁,赞玉币爵玷之事。
自官制行,不置侍中、中书令,以左仆射兼门下侍郎,右仆射兼中书
侍郎,行侍中、中书令职事。政和中,诏曰:"昔我神考,训迪厥官,有
司不能奉承,仰惟前代以仆臣之贱,充宰相之任,可改左仆射为太
宰,右仆射为少宰。"靖康元年,诏依元丰旧制,复为左、右仆射。南
渡后,置左、右丞相,省仆射不置。

左丞 右丞掌参议大政,通治省事,以贰令、仆射之职。仆射轮
日当笔,遇假故,则以丞权当笔、知印。大祭祀酌献,荐馔进熟,则受
爵酒以授仆射。旧班六曹尚书下,官制行,升其秩为执政。元丰五
年五月,诏左右仆射、丞合治省事。是月,御史言:"左、右丞蒲宗孟
王安礼于都堂下马,违法犯分。"安礼争论帝前,神宗是之。今左、右
丞于都堂上下马,自此始。南渡后,复置参知政事,省左、右丞不置。

左司郎中　右司郎中　左司员外郎　右司员外郎各一人,掌受六曹之事,而举正文书之稽失,分治省事:左司治吏、户、礼、奏钞、班簿房,右司治兵、刑、工、案钞房,而开拆、制敕、御史、元丰六年,都司置御史房,主行弹纠御史案察失职。催驱、封椿、印房,则通治之,有稽滞,则以期限举催。初,于都司置吏设案,而议者谓台郎宰椽不当目为官司。遂随省房分治所领之事,惟置手分、书奏各四人,主行校定省吏都事以下功过及迁补之事。

元丰七年,都司御史房置簿,以书御史、六曹官纠察之多寡当否为殿最,岁终取旨升黜。绍圣元年,诏都司以岁终点检六曹稽违最多者,具郎官姓名上省取旨。二年,诏御史台察六曹稽缓违失者,送左司籍记。宣和二年,左司员外郎王蕃奏:“都司以弥纶省为职,事无不预。今宰、丞入省,诸房文字填委,次第呈覆,自朝至于日中,或昏暮仅绝,其势不瑕一一检阅细故,而省吏径禀宰、丞请笔,以草检令承从官齐赴郎官厅落日押字。”谓“宜遵守元丰及崇宁旧法,诸房各具签帖,先都事自点检,次郎官押讫,赴宰、丞请笔行下。”于是诏曰:“先帝肇正三省,诏给舍、都司以赞省务。今都司浸以旷官,缘省吏强悍,敢肆侵侮。自今违法事,其左右司官、尚书具事举劾。”

建炎三年,诏减左、右司郎官两员,置中书门下省检正诸房公事二员。至次年,检正省罢,其左、右司郎官依旧四员。绍兴三十二年,诏尚书省吏房、兵房,三省、枢密院机速房,尚书省刑房、户房、工房,三省、枢密院看详赏功房,尚书省礼房,令左、右郎官四员从上分房书拟。隆兴元年,诏左、右司郎官各差一员。乾道六年,诏榷货务都茶场依建炎三年指挥,委都司官提领措置。乾道七年,复添置右司郎官二人。

榷货务都茶场都司提领。　提辖官一员,京朝官充。监场官二员,京选通差。掌鹾、茗、香、礬钞引之政令,以通商贾、佐国用。旧制,置务以通榷易。建炎中兴,又置都茶场,给卖茶引,随行在所榷货务置场。虽分两司,而提辖官、监官并通衔管干。外置建康、镇江务场,并冠以行在为名,以都司提领,不系户部经费。建康、镇江续分隶总领所。开禧初,以总领所侵用储积钱,令径隶提领所。乾道七年,提领所置干办官一员。

右提辖官与杂买务杂卖场、文思院、左藏东西库提辖,并称四辖。外补则为州,内迁则为寺、监丞簿,亦有径为杂监司,或入三馆。乾道间,権舍务王禔除市舶,左藏王撝除坑冶铸钱司,淳熙间,熊克自文思除校书郎。绍熙以后,往往更迁六院官,或出为添倅,有先后轻重之异焉。

左藏封桩库都司提领　监官一员,监门官一员。淳熙九年,以都司提领。初创,非奉亲与军须不支。后或拨入内库,或以供宫廷诸费,亦以备振恤之用。

提举修敕令　自熙宁初,编修《三司令式》,命宰臣王安石提举,是后,皆以宰执为之。详定官,以侍从之通法令者充,旧制二员;宣和中,增至七员;靖康初,减为三员。删定官,无常员。先是,尝别修一司敕命。大观三年,诏六曹删定官并入详定一司敕令所,为一局。

制置三司条例司　掌经画邦计,议变旧法以通天下之利。熙宁二年置,以知枢密院陈升之、参知政事王安石为之,而苏辙、程颢等亦皆为属官。未几,升之相,乃言:“条例者有司事尔,非宰相之职,宜罢之。”帝欲并归中书,安石请以枢密副使韩绛代升之焉。三年,判大名府韩琦言:“条例司虽大臣所领,然止是定夺之所。今不关中书而径自行下,则是中书之外又有一中书也。”五月,罢归中书。

三司会计司　熙宁七年,置于中书,以宰相韩绛提举。先是,绛言总天下财赋,而无考较盈虚之法,乃置是司。既而事多濡滞,八年,绛坐此罢相,局亦寻废。

　　编修条例司　熙宁初置。八年,罢。

　　经抚房　专治边事。宣和四年,宰臣王黼主代燕之议,置于三省,不复以关枢密院。六年,罢。

　　提举讲议司　崇宁元年七月,诏如熙宁条例司故事,都省置讲议司。以宰相蔡京提举,侍从为详定官,卿监为参详官;又置检讨官,凡宗室、冗官、国用、商旅、监铁、赋调、尹牧,每一事各三人主之。时又分武备一房,别为枢密院讲议司。三年三月,知枢密院事蔡卞奏罢。三年四月结局。宣和六年,又于尚书省置讲议司。十二月,命太师致仕蔡京兼领,听就私第裁处,仍免签书。

　　仪礼局　大观元年,诏于尚书省置,以执政兼领;详议官二员,以两制充。应凡礼制本末,皆议定取旨。政和三年,《五礼议注》成,罢局。

　　礼制局　讨论古今宫室、车服、器用、冠昏、丧祭沿革制度。政和二年,置于编类御笔所,有详议、司详议官,宣和二年,诏与大晟府制造所协声律官并罢。

宋史卷一六二
志第一一五

职官二

枢密院　宣徽院　三司使
翰林学士院　侍读侍讲
崇政殿说书　诸殿学士
诸阁学士　诸修撰直阁
东宫官　王府官

　　枢密院　掌军国机务、兵防、边备、戎马之政令,出纳密命,以佐邦治。凡侍卫诸班直、内外禁兵招募、阅试、迁补、屯戍、赏罚之事,皆掌之。以升捡、废置揭帖兵籍;有调发更戍,则遣使给降兵符。除授内侍省官及武选官,将领路分都监、缘边都巡检使以上。大事则禀奏,其付授者用宣;小事则拟进,其付授者用札。先具所得旨,关门下省审覆。面得旨者为录白,批奏得画者为画旨,并留为底,惟以白纸录送,皆候报施行。其被御宝批旨者,即送门下省缴覆。应给诰者,关中书省命词。即事干大计,造作、支移军器,及除都副承、旨三衙管军、三路沿边帅臣、太仆寺官,文臣换右职,仍同三省取旨。

　　宋初,循唐、五代之制,置枢密院,与中书对持文武二柄,号为"二府"。院在中书之北,印有"东院"、"西院"之文,共为一院,但行东院印。而职事条目颇多。神宗初政，乃省其务之细者归之有司，而增置审官西院，专领阁门祗候以上至诸司使差遣。官制行，随事分隶六曹，专以本兵为职，而国信、民兵、牧马总领，仍旧隶焉。旧分四房，曰兵，曰吏，曰户，曰礼，至是厘正，凡分房十；其后，又增支马、小吏二房。

　　凡房十有二：曰北面房，掌行河北、河东路吏卒，北界边防、国信事。曰河西房，掌行陕西路，麟、府、丰、岚、石、隰州，保德军吏卒，西界边防，蕃官。曰支差房，掌行调发军，湖北路边防及京东、京西、江、淮、广南东路吏卒，迁补殿侍，选亲事官。曰在京房，掌行殿前步军司事，支移兵器，川陕路边防及畿内、福建路吏卒，军头、皇城司卫兵。曰教阅房，掌行中外校习，封桩阙额请给，催督驿遍及湖南路边防。曰广西房，掌行招军捕盗赏罚，广南西路边防及两浙路吏卒。而禁军转员，则各随其房之所领兵额治之。曰兵籍房，掌行诸路将官差发禁兵、选补卫军文书。曰民兵房，掌行三路保甲、弓箭手。曰吏房，掌行差将领武臣知州军、路分都监以上及差内侍官文书。曰知杂房，掌行杂务。曰支马房，掌行内外马政并坊院监牧吏卒、牧马、租课。曰小吏房，掌行两省内臣磨勘功过叙用，大使臣已上历任事状及校尉以上改转迁遣。吏三十有八：逐房副承旨三人，主事五人，守阙主事二人，令史十三人，书令史十五人。元祐既创支马、小吏二房，增令史为十四人，书令史十九人，创正名帖房十八人。大观增逐房副承旨为五人，创守阙书令史三人，增正名二十八人。

　　中书、密院既称二府，每朝奏事，与中书先后上殿。庆历中，二边用兵，知制诰富弼建言，边事系国安危，不当专委枢密。仁宗以为然，即诏中书同议。谏官张方平亦言中书宜知兵事，乃以宰相吕夷简、章得象并兼枢密使。熙宁初，滕甫言："中书、密院议边事，多不合。赵明与西人战，中书赏功，而密院降约束；郭达修堡栅，密院方诘之，而中书以下褒诏。愿大臣凡战守、除帅，议同而后下。"神宗善之。元祐四年，知枢密院安焘以母忧去职，枢密院官偶独员。谏议大夫梁焘、司谏刘安世言："国朝革五代之弊，文武二柄，未尝专付一人,乞依故事命大臣兼领。"靖康元年,知枢密院事李纲言:"在祖宗之时,枢密掌兵籍、虎符,三衙管诸军,率臣主兵柄,各有分守,所以维持军政,万世不易之法。自童贯以领枢密院事为宣抚使,既主兵权,又掌兵籍、虎符,今日不可不戒。乞将团结到勤王正兵并付制置使,行营司兵付三衙。"从之。

枢密使　知院事　同知院事　枢密副使　签书院事　同签书院事　枢密使知院事,佐天子执兵政,而同知、副使、签书为之贰。凡边防军旅之常务,与三省分班禀;奏事干国体,则宰相、执政官合奏;大祭祀则迭为献官。

国初,官无定制,有使则置副,有知院则置同知院,资浅则用直学士签书院事。熙宁元年,文彦博、吕公弼为使,韩维、邵亢为副使。时陈升之至枢府,神宗欲稍异其礼,乃以为知院事。于是知院与副使并置。元丰五年,将改官制,议者欲废密院归兵部。帝曰:"祖宗不以兵柄归有司,故专命官以统之,互相维制,何可废也?"于是得不废。帝又以枢密联职辅弼,非出使之官,乃定置知院、同知院二人,副使悉罢。元祐初,复置签书院事,仍以枢密直学士充。同签书枢密院事,治平末,以殿前都虞候郭逵为之,又以逵判渭州。帝初即位,中丞王陶、御史吕景等皆言之。逵归,改除宣徽南院使、知郓州,自是不复置。政和六年,以内侍童贯权签书枢密院河西、北面房事。七年,贯宣抚陕西、河东北三路,带同签书枢密院。既而诏元丰官制即无同签书枢密院事,改为权领枢密院。然签书院事,元丰亦未尝置。宣和元年,诏童贯领枢密院事,后复以郑居中为之。

建炎初,置御营司,以宰相为之使。四年,罢,以其事归枢密院机速房,命宰相范宗尹兼知枢密院。绍兴七年诏:"枢密,本兵之地,事权宜重。可依故事置枢密使,以宰相张浚兼之。"又诏立班序立依宰相例。其后或兼或否。至开禧,以宰臣兼使,遂为永制。使与知院,同知、副使,亦或并除,其签书、同签书并为端明殿学士,恩数特依执政;或以武臣为之,亦异典也。

都承旨　副都承旨　掌承宣旨命,通领院务。若便殿侍立,阅试禁卫兵校,则随事敷奏,承所得旨以授有司;蕃国入见亦如之。检察主事以下功过及迁补之事。都承旨,旧用院吏迁。熙宁三年,始以东上阁门使李评为之,又以皇城使李绶为之副,更用四人自评、绶始。是月,诏都承旨、副都承旨见枢密副使,如阁门使礼。五年,以同修起居注曾孝宽兼都承旨,参用儒臣自孝宽始。元丰四年,客省使张诚一为都承旨。都承旨复用武臣,自诚一始。元祐初,复以文臣为都承旨。其后以待制充。元符三年,王师约为都承旨,左司谏陈瓘言:"神考以文臣为都承旨。其副则参求外戚武臣之可用者。今师约未历边任,擢置枢属掾文臣之位,甚非神考设官之意。"至崇宁以后,专用武臣。

建炎四年,高宗在会稽,以武臣辛道宗为都承旨,颇用事。绍兴元年,道宗既免,乃诏依元祐职制,都承旨以两制为之。如未曾任侍从之人,即依权侍郎法,又或加学士、待制、修撰贴职。乾道初,再用武臣,自张说始。淳熙九年,都承旨复用士人,自萧燧始。副都承旨文武通除。

检详官　熙宁四年置,视中书检正官。元丰初,定以三员;及改官制,置之。建炎三年,复置检详两员,叙位在左右司之下。绍兴二年减一员。

计议官　四员。建炎四年,罢御营使司,并归枢密院为机速房。随司减罢属官,置干办官四员,诏并改为计议官。至绍兴十一年减罢。

编修官　随事置,无定员,以本院官兼者,不入御。熙宁三年,以王存、顾临等同编修《经武要略》,兼删定诸房例册。初拟都、副承旨提举,神宗谓存等皆馆职,不欲令承旨提举,诏改为管干。绍圣四年,编修刑部、军马司事,令都、副承旨兼领。政和七年,编修《北边条例》,又别置详覆官。

讲议司　崇宁元年,以尚书省讲议武备房归枢密院置,以知院蔡卞提举。三年,卞奏武备本院诸房可行,不必专局,乃罢之。绍兴置编修官二员。

监三省、枢密院门　旧系差小使臣及内侍官充。嘉定六年,诏以曾经作县、通判资序人充。小使臣省罢,内侍官改以三省、枢密院门机察官系衔。

主管三省、枢密院架阁文字　一员,嘉定八年置,以选人、京朝官通差。

三省、枢密院激赏库　三省、枢密院激赏酒库　监官各二人。初以武臣,嘉泰末,始易以选人。二库并因绍兴用兵,创以备边;后兵罢,专以备堂、东两厨应干宰执支遣。若朝廷军期急速钱物金带,以备激犒;诸军将帅告命绫纸,以备科拨调遣等用;省院府吏胥之给,亦取具焉。

御营使　提举修政局　制国用使　都督诸路军马　中兴多以宰相兼领兵政、财用之事,而执政同预焉。因事创名,未久遣罢,可以不书;以其关宰相设施,因记其名称本末附见焉。

建炎元年,置御营司,以宰相为之使,仍以执政官兼副使。其属有参赞军事,以侍从官兼;提举一行事务,以大将兼。其将佐有都统制及五军统制以下官。初以总齐行在军中之政。三年,诏御营使司止管行在五军营砦事务,其余应干边防措置等事,厘正归三省、枢密院。四年,诏自今宰相兼知枢密院事,罢御营使。时臣僚言:"宰相之职,无所不统。本朝沿五代之制,政事分为两府,兵权付于枢密，比年又置御营使，是政出于三也。请罢御营司，以兵权付之密院，而以宰相兼知，庶几可以渐议兵政。"故罢使及官属，以其事归密院，为机速房。至绍兴二十九年九月，诏："祖宗旧制。枢密院即无机速房，合行减罢。"绍兴三十一年，金主亮来攻，帝将临江视师。其冬，以和义郡王杨存中为御营宿卫使，兵罢复免。明年，孝宗即位，又以御营使命之。然但自名一司，掌殿前忠勇等军，非复建炎之比，未几而罢。存中非宰执，附见于此。

绍兴二年，诏置修政局，令百官条具修车马、备器械，命右相秦桧提举，参知政事同领之。其下有参详官一人，侍从为之；参议官二人，检讨官四人，卿、郎为之；如讲议司故事。三月而罢局。

乾道二年，诏："理财之要，裕财为重，自今宰相可带兼制国用使，参政可同知国用事。"先是，臣僚言："近以宰相兼枢密使，盖欲使宰相知兵也。宰相今虽知兵，而财谷出入之原，宰相犹未知也。望法李唐之制，委宰相兼领三司使职事，财谷出纳之大纲，宰相领之于上，而户部治其凡。"故有是命。五年二月，罢国用司。八年，诏："官制已定，丞相事无不统，所有国用一司，与参知政事并不兼带。"嘉泰四年，诏遵孝宗典故，宰相兼国用事，参知政事同知国用事，仍于侍从、卿监中择二人充属官。右丞相陈自强兼国用使，参知政事兼知枢密院事费士寅、参知政事张严兼同知国用事。以兵部侍郎薛叔似兼参计官，太府卿陈景思同参计官。先是：臣僚言："今日财计，非钱谷不足可忧，而渗漏日滋之为可虑。者周家以冢宰制国用，而唐亦以宰相兼领度支，是知财赋国家之大计，其出入之数有余、不足，为大臣者皆所当知，庶可节以制度，关防欺隐。宜略仿祖宗遗意，命大臣兼提领天下财赋。"从之。陈自强罢，亦废。

绍兴五年，制以左通议大夫、尚书左仆射、同中书门下平章事兼知枢密院事赵鼎，左政奉大夫、尚书左仆射、同中书门下平章事兼知枢密院事张浚都督诸路军马。未几，浚暂往江上措置边防，至七年秋废罢。其余宰臣、执政开府于外者，别载于篇。

编修敕令所　提举宰相兼。　同提举执政兼。详定侍从官兼。删定官就职事官内差兼。掌裒集诏旨，纂类成书。绍兴十二年罢。乾道六年,复置详定一司敕命所,以右丞相虞允文提举,参知政事梁克家同提举。淳熙十五年省罢,绍熙二年复置局。庆元二年,复置提举,以右丞相余端礼兼,同提举以参知政事京镗兼,仍以编修敕令所为名。

宣徽院　宣徽南院使　北院使　掌总领内诸司及三班内侍之籍,郊祀、朝会、宴飨供帐之仪,应内外进奉,悉检视其名物。旧制,以检校为使,或领节度及两使留后,阙,则枢密副使一人兼领二使,亦有兼枢密副使、签书枢密者。南院资望比北院颇优,然皆通掌,止用南院印,二使共院而各设厅事。其史史则有都勾押官、勾押官各一人,前行三人,后行十二人,分掌四案:一曰兵案,二曰骑案,主赐群臣新史,及掌诸司使至崇班、内侍供奉官、诸司工匠兵卒之名籍,及三班而下迁补、假故、鞠劾之事。三曰仓案,掌春秋及圣节大宴、节度使迎授恩赐、上元张灯、四时祠祭及契丹朝贡、内廷学士赴上,并督其供帐,内外进奉视其名物,教坊伶人岁给衣带,专其奏覆。四曰胄案。掌郊祀、御殿、朝谒圣容、赐酺、国忌供帐之事,诸司使副、三班使臣别籍分产,司其条制,颁诸司工匠休假之左。故事,与参知政事、枢密副使、同知枢密院事以先后入叙位。熙宁四年,诏位参政、枢副、同知下,著为令。九年,诏:“今后遇以职事侍殿上,或中书、枢密院合班问圣体,及非次庆贺,并特序二府班。”官制行,罢宣徽院,以职事分隶省、寺,而使号犹存。

初,吏部尚书王拱辰治平中知大名府,神宗即位,拜太子少保;明年,检校太傅,改宣徽北院使,寻迁南院,立班序位视签枢。元丰六年,拱辰除武安军节度使,再任,自此遂罢使名不复除。独太子少师张方平许依旧领南院使致仕。哲宗即位,始迁太子太保而罢使名。元祐三年,复置南、北院使,仪品恩数如旧制。六年,以冯京为南院使,而方平亦复使名。中书舍人韩川言:“祖宗设此官,礼均二府,以待勋旧,未尝带以致仕。且宣徽,武官也;宫保,文官也,不宜混并。”不听。方平亦固辞不拜。七年,冯京亦以使致仕。绍圣三年,议者言官名虽复,而无所治之事,乃罢之。南渡以后,不复再置。

三司使　使　副使　判官　监铁使　度支使　户部使　三部
副使　三部判官

三司之职，国初沿五代之制，置使以总国计，应四方贡赋之入，
朝廷不预，一归三司。通管监铁、度支、户部，号曰计省，位亚执政，
目为计相。其恩数廪录，与参、枢同。太平兴国八年，分置三使。淳
化四年，复置使一员，总领三部。又分天下为十道：曰河南，河东，关
西，剑南，淮南，江南东、西，两浙，广南。在京东曰左计，京西曰右
计，置使二员分掌。俄又置总计使判左、右计事，左、右计使判十道
事，凡干涉计度者，三使通议之。五年，罢十道左右计使，复置三部
使。咸平六年，罢三部使，复置三司一员。阙正使，则以给、谏以上
权使事。

使　一人，以两省五品以上及知制诰、杂学士、学士充。亦有辅
臣罢政出外，召还充使者。使阙，则有权使事；又阙，则有权发遣公
事。掌邦国财用之大计，总盐铁、度支、户部之事，以经天下财赋而
均其出入焉。凡奏事及大事悉置案，奏牒常事止署案。太平兴国初，以贾琰
为三司副使；七年，以侯陟、王明同判三司，遂省副使。　盐铁掌，天下山泽
之货，关市、河渠、军器之事，以资邦国之用。　度支，掌天下财赋之
数，每岁均其有无，制其出入，以计邦国之用。　户部，掌天下户口、
税赋之籍，榷酒、工作、衣储之事，以供邦国之用。

副使　以员外郎以上历三路转运及六路发运使充

判官　以朝官以上曾历诸路转运使、提点刑狱充。

三部副使　各一人，通签逐部之事。旧以员外郎以上充。端拱初，
省。淳化三年复置，又省。至道初，又置。真宗即位，副使迁官，遂罢之。咸平
六年复置。

三部判官　各三人，分掌逐案之事。旧以朝官充。国初承旧制，每
部判官一人。乾德四年，三部各置推官一人。太平兴国三年，诸案置推官或巡
官，以朝官充。四年，三司止置判官一人，推官三人。及分十道，二计各置判官
一人。五年，废十道，三部各置判官二人。三部各有孔目官一人，都勾押

官一人,勾覆官四人。

盐铁分掌七案:一曰兵案,掌衙司军将、大将、四排岸司兵卒之名籍,及库务月帐,吉凶仪制,官吏宿直,诸州衙吏、胥史之迁补,本司官吏功过,三部胥吏之名帐及刑狱,造船、捕盗、亡逃绝户资产、禁钱。景德二年,并度支案为刑案。二曰胄案,掌修护河渠、给造军器之名物,及军器作坊、弓弩院诸务诸季料籍。三曰商税案,四曰都监案,五曰茶案,六曰铁案,掌金、银、铜、铁、朱砂、白矾、绿矾、石炭、锡、鼓铸。七曰设案。掌旬设、节料、斋钱、餐钱、羊豕、米麦、薪炭、陶器等物。

度支分掌八案:一曰赏给案,掌诸给赐、赠赠:例物、口食、内外春冬衣、时服,绫、罗、纱、谷、绵、布、鞋、席、纸、染料,市舶、权物务、三府公吏。二曰钱帛案,掌军中春冬衣、百官奉禄、左藏钱帛、香药榷易。三曰粮料案,掌三军粮料、诸州刍粟给受、诸军校口食、御河漕运、商人飞钱。四曰常平案,掌诸州平籴。大中祥符七年,置主吏七人。五曰发运案,掌汴河广济蔡河漕运、桥梁、折斛、三税。六曰骑案,掌诸坊监院务饲养牛羊、马畜及市马等。七曰斛斗案,掌两京仓廪会积,计度东京粮料、百官禄粟厨料。八曰百官案。掌京朝幕职官奉料、祠祭礼物、诸州驿料。

户部分掌五案:一曰户税案,掌夏税。二曰上供案,掌诸州上供钱帛。三曰修造案,掌京城工作及陶瓦八作、排岸作坊、诸库簿帐,勾校诸州营垒、官廨、桥梁、竹木、牌筏。四曰麦案,掌榷酤、官麦。五曰衣粮案。掌勾校百官诸军诸司奉料、春冬衣、禄粟、茶、盐、鞋、酱、兼粮等。三部诸案,并与本部都孔目官以下分掌。

三部勾院判官各一人,以朝官充。掌勾稽天下所申三部金谷百物出纳帐籍,以察其差殊而关防之。盐铁院、度支院、户部院勾覆官各一人。

都磨勘司,端拱九年置。判官司一人,以朝官充。掌覆勾三部帐籍,以验出入之数。

都主辖支收司,淳化三年置。判司官以判磨勘司官兼。掌官物已支未除之数,候至所受之处,附籍报所由司而对除之。天下上供物至京，即日奏之，纳毕，取其钞以还本州。

拘收司，咸平四年置。以判磨勘司兼掌。凡支收财利未结绝者，籍其名件而督之。

都理欠司，雍熙二年，三部各置理欠，有勾簿司，景德四年废。判司官一人，以朝官充。掌理在京及天下欠负官物之籍，皆立限以促之。

都凭由司，以判都理欠司官兼，掌在京官物支破之事。凡部支官物，皆覆视无虚谬，则印署而还之，支讫，复据数送勾而销破之。

开拆司，判司官一人，以朝官充。掌受宣敕及诸州申牒之籍，发放以付三部，兼掌发放、勾凿、催驱、受事。

发放司，掌受三司帖牒而下之。太平兴国年中置。

勾凿司，掌勾校三部公事簿帐。

催驱司，掌督京城诸司库务末帐，京畿仓场库务月帐凭由送勾，及三部支讫内外奉禄之事。

受事司，掌诸处解送诸色名籍，以发付三部。

衙司管辖官二人，以判开拆司官及内侍都知、押班充。掌大将、军将名籍，第其劳而均其役使。

勾当公事官二员，以朝官充。掌分左右厢检计、定夺、点检、覆验、估剥之事。

三司推勘公事一人，以京朝官充。掌推劾诸部公事。

勾当诸司、马步军粮料院官各一人，以京朝官充。掌文武官诸司、诸军给受奉料，批书券历，诸仓库案验而廪赋之。

勾当马步军专勾司官一人，以京朝官充。旧以三班。掌诸军兵马逃亡收并之籍，诸司库务给受之数，审校其欺诈，批历以送粮料院。

以上并属三司使。元丰官制行，罢三司使并归户部。

翰林学士院　翰林学士承旨　翰林学士　知制诰　直学士院
翰林权直　学士院权直　掌制、诰、诏、令撰述之事。凡立后妃，封亲王，拜宰相、枢密使、三公、三少，除开府仪同三司、节度使，加封,加检校官,并用制;赐大臣大中大夫、观察使以上,用批答及诏书;余官用敕书;布大号令用御札戒励百官、晓谕军民用敕榜;遣使劳问臣下,口宣。凡降大赦、曲赦、德音,则先进草;大诏命及外国书,则具本取旨,得画亦如之。

凡拜宰相及事重者,晚漏上,天子御内东门小殿,宣召面谕,给笔札书所得旨。禀奏归院,内侍锁院门,禁止出入。夜漏尽,具词进入;迟明,白麻出,阁门使引授中书,中书授舍人宣读。其余除授并御札,但用御宝封,遣内侍送学士院锁门而已。至于赦书、德音,则中书遣吏持送本院,内侍锁院如除授焉。凡撰述皆写画进入,请印署而出,中书省熟状亦如之。若已画旨而未尽及舛误,则论奏贴正。凡宫禁所用文词皆掌之。乘舆行幸,则侍从以备顾问,有献纳则请对,仍不隔班。凡奏事用榜子,关白三省、枢密院用谘报,不名。

凡初命为学士,皆遣使就第宣诏旨召入院。上日,敕设会从官,宥以乐。元丰中,始命佩鱼,自蒲宗孟始。见执政议事则系鞶,盖与侍从异礼也。政和三年,强渊明请以前后所被旨及案例,修为本院敕、令、格、式。五年,御书"摛文堂"榜赐学士院。靖康元年,吴升等奏:"大礼锁院,麻三道以上,系双学士宿直分撰,乞依故事。"从之。

承旨,不常置,以学士久次者为之。凡他官入院未除学士,谓之直院;学士俱阙,他官暂行院中文书,谓之权直。自国初至元丰官制行,百司事失其实,多所厘正,独学士院承唐旧典不改。乾道九年,崔敦诗初以秘书省正字兼翰林权直。淳熙五年,敦诗再入院,议者以翰林乃应奉之所,非专掌制诰之地,更为学士院权直。后复称翰林权直,然亦互除不废,权、正或至三人。

翰林侍读学士　太宗初,以著作佐郎吕文仲为侍读。真宗咸平二年,以杨徽之、夏侯峤并为翰林侍读学士,始建学士之职。其后,冯元为翰林侍读,不带学士;又以高若讷为侍读,不加别名,但供职而已。天禧三年,张知白为刑部侍郎,充翰林侍读学士、知天雄军府,侍读学士外使自知白始。元丰官制,废翰林侍读、侍讲学士不置,但以为兼官。然必侍从以上,乃得兼之,其秩卑资浅则为说书。岁春二月至端午日,秋八月至长至日,遇只日入侍迩英阁,轮官讲读。元祐七年,复增学士之号,元符元年省去。建炎元年,诏可特差侍从官四员充讲读官,遇万机之暇,令三省取旨,就内殿讲读。

充宫观兼侍读:元丰八年五月,资政殿大学士吕公著兼侍读,提举中太乙宫兼集禧观公事。七月,韩维兼侍读,提举中太乙宫。元祐元年,端明殿学士范镇致仕,提举中太乙宫兼集禧观公事,兼侍读,不赴。六年,冯京兼侍读,充太乙宫使。未几,乞致仕,不允,仍免经筵进读。中兴以来,如朱胜非、张浚、谢克家、赵鼎、万俟卨并以万寿观使兼侍读。隆兴元年,张焘以万寿观、汤思退以醴泉观并侍读。乾道五年,刘章以祐神观兼焉。

台谏兼侍读:自庆历以来,台丞多兼侍读,谏长未有兼者。绍兴十二年春,万俟卨以中丞、罗汝楫限以谏议始兼侍读,自后每除言路,必兼经筵矣。

翰林侍讲学士　咸平二年,国子祭酒邢昺为侍讲学士。其后,又以马宗元为侍讲,不加别名,但供职而已。景德四年,以翰林侍讲学士邢昺知曹州,侍讲学士外使自昺始。故事,自两省、台端以上兼侍讲,元祐中,司马康以著作佐郎兼侍讲,时朝议以文正公之贤,故特有是命。绍兴五年,范冲以宗卿、朱震以秩少并兼,盖殊命也。乾道六年,张栻始以吏部员外郎兼。盖中兴后,庶官兼侍讲者,惟此三人。若绍兴二十五年张扶以祭酒、隆兴二年王佐以检正、乾道七年林宪以宗卿入经筵,亦兼侍讲者。盖扶本以言路兼说书就升其秩,佐时摄版曹,宪尝为右史且有旧例,故稍优之。

台谏兼侍讲:庆历二年,召御史中丞贾昌朝侍讲迩英阁。故事,台丞无在经筵者,仁宗以昌朝长于讲说,特召之。神宗用吕正献,亦止命时赴讲筵,去学士职。中兴后,王宾为御史中丞,见请复开经筵,遂命兼讲,自后十五年间,继之者惟王唐、徐俯二人,皆出上意。绍兴十二年,则万俟卨、罗汝楫,绍兴二十五年,则正言王珉、殿中侍御史董德元,并兼侍讲。非台丞、谏长而以侍讲为称,又自此始。其后,犹或兼说书,台官自尹穑,隆兴二年五月;谏官自詹元宗,乾道九年十二月。后并以侍讲为称,不复兼说书矣。

宫观兼侍讲:国初自元丰以来,多以宫观兼侍读。乾道七年,宝文待制胡铨除提举祐神观兼侍讲。是日,以宰执进呈,虞允文奏曰:"胡铨早岁一节甚高,不宜令其遂去朝廷。"帝曰:"铨固非他人比,且除在京宫观,留侍经筵。"故有是言。

崇政殿说书　掌进读书史,讲释经义,备顾问应对。学士侍从有学术者为侍讲、侍读,其秩卑资浅而可备讲说者则为说书。仁宗景祐元年正月,命贾昌朝、赵希言、王宗道、杨安国并为崇政殿说书,日轮二员祗候。初,侍讲学士孙奭年老乞外,因荐昌朝等。至是,特置此职以命之。庆历二年,以赵师民预讲官,复为崇政殿说书,不兼侍讲。元祐间,程颐以布衣为之。然范祖禹乃以著作佐郎兼侍讲,司马康又尝以著作佐郎兼侍讲,前此未有也。崇宁中,初除说书二人,皆以隐逸起,蔡崈、吕瓘,仍遂其性,诏以士服随班朝谒入侍。

渡江后,尹焞初以秘书兼之,中间王十朋、范成大皆以郎官兼,亦殊命也。近事,侍从以上兼经筵则曰侍讲,庶官则曰崇政殿说书,故左史兼亦曰侍讲。绍兴十二年,万俟卨、罗汝楫并兼讲读。盖秦梓时已兼说书,便于傅道,秦熺复继之。每除言路,必预经筵,桧死始罢。庆元后,台丞、谏长暨副端、正言、司谏以上,无不预经筵者。正言兼说书自端明巫伋始,副端兼说书自端明余尧弼始,察官兼说书自少卿陈橐始,修注兼说书自朱震始。修注官多得兼侍讲。开禧三年十一月,王简卿知谏院为左史,仍兼崇政殿说书。言者以为不可,罢之。

观文殿大学士　学士之职,资望极峻,无吏守,无职掌,惟出入侍从备顾问而已。观文殿即旧延恩殿,庆历七年更名。皇祐元年,诏:"置观文殿大学士,宠待旧相,今后须曾任宰相,乃得除授。"时贾昌朝由使相右仆射、观文殿大学士判尚书都省。观文殿置大学士,自昌朝始。三年,诏班在观文殿学士之前、六尚书之上。自是曾任宰相者,出必为大学士。熙宁中,韩绛宣抚陕西、河东,得罪罢守本官。四年,用明堂赦,授观文殿学士。宰相不为大学士,自绛始。中兴后,非宰相而除者,自绍兴二十年秦熺始。熺知枢密院、郊祀大礼使,礼成,以学士迁,且视仪揆路,非典故也。乾道四年,汪澈旧以枢密使为学士迁。九年,王炎以枢密使为西川安抚使除。至庆元间,赵彦逾自工部尚书为端明殿学士,直以序迁至焉。曾为宰相而不为大学士者,自绍兴元年范宗尹始。

观文殿学士　观文殿本隋炀帝殿名,国初,为文明殿学士。庆历七年,宋庠言:"文明殿学士称呼正同真宗谥号,兼禁中无此殿额,其学士理自当罢,乞择见今正朝或秘殿以名学士易之。"乃诏改为紫宸殿学士,以参知政事丁度为之。时学士多以殿名为官称,丁遂称曰"丁紫宸"。八年,御史何郯以为紫宸不可为官称,于是改延恩殿为观文殿,即殿名置学士,仍以度为之。自后非曾任执政者弗除。熙宁中,王韶以熙河功,元丰中,王陶以官僚,虽未历二府,亦除是职,盖异恩也。然韶犹兼端明殿、龙图学士云。

资政殿大学士　资政殿在龙图阁之东序。景德二年,王钦若罢参政,真宗特置资政殿学士以宠之,在翰林学士下。十二月,复以钦若为资政殿大学士,班文明殿学士之下,翰林学士承旨之上。资政殿置大学士,自钦若始。自钦若班翰林承旨上,一时以为殊宠。祥符初,向敏中以前宰相再入为东京留守,复加此职。自是迄天圣末,二十余年不以除人。明道元年,李迪知河阳。召还,始再命之。景祐四年,王曾罢相,复除。二十年间除三人,皆前宰相也。宋庠罢参知政事,仁宗眷之厚,因加此职。自钦若后,非宰相而除者,惟庠一人。康定二年,右正言梁适请遵先朝故事,定以员数。于是诏大学士置二员,学士三员。绍兴十年,郑亿年归自伪齐,除资政殿;二年加大学士,许出入如二府仪。亿年未尝秉政。十五年,秦熺自翰林学士承旨为资政,诏立班恩数同执政。十六年,秦桧弟梓以端明卒于湖州，进大资致仕，恤典同参政。是后，从臣自端明视政府而序进者，遂为常矣。

端明殿学士　端明殿即西京正衙殿也。后唐天成元年、明宗即位之初，四方书奏，命枢密使安重诲进读，懵于文义。孔循献议，始置端明殿学士，命冯道、赵凤俱以翰林学士充，班在翰林学士上。后有转改，止于翰林学士内选任。初如三馆例，职在官下；赵凤转侍郎，讽任园特移职在官上，后遂为故事。宋太宗初，以程羽为之，后随殿名改为文明殿学士。庆历中，改为紫宸，后又改为观文。明道二年，改承明殿为端明殿，复置端明殿学士，以翰林侍读学士宋绶为之，在翰林学士之下。自明道讫元丰，无前执政为之者，仅以侍学士之久次者。元丰中，以前执政为之，自曾孝宽始；以见任执政为之，自王安礼始。政和中，尝改为建康殿。-建炎二年，都省言：延康殿学士旧系端明殿学士。诏依旧。后拜签枢者多领焉。

总阁学士　直学士　宋朝庶官之外，别加职名，所以历行义、文学之士。高以备顾问；其次与论议，典校雠。得之为荣，选择尤精。元丰中，修三省、寺监之制，其职并罢，满岁补外，然后加恩兼职。直龙图阁、省、寺监掌贰补外，或领监司、帅臣则除之；待制、杂学士、给谏以上补外则除之。系一时恩旨，非有必得之理。元祐二年，诏复增馆职及职事官并许带职，尚待二年加直学士，中丞、侍郎、给舍、谏议通及一年加待制。绍圣三年，诏职事官罢带职，非职事之官仍旧。中兴后，学士率以授中司、列曹尚书、翰林学士之补外者，权尚书、给谏、侍郎则带直学士、待制焉。

龙图阁学士　直学士　待制　大中祥符中建。在会庆殿西偏，北连禁中，阁东曰资政殿，西曰述古殿。阁上以奉太宗御书、御制文集及典籍、图画、宝瑞之物，及宗正寺所进属籍、世谱。有学士、直学士、待制、直阁等官。学士，大中详符三年置，以杜镐为之，班在枢密直学士上。六年，诏结衔在本官之上。直学士，景德四年置、以杜镐为之，班在枢密直学士下，祥符六年，诏结、衔在本官之上。待制，景德元年置,以杜镐、戚纶为之,并依旧充职。四年,诏班在知制诰下,并赴内殿起居。自改官制,为学士初复之职,或知制诰平出除之。

天章阁学士　直学士　待制　天禧四年建。在会庆殿之西,龙图阁之北。明年,仁宗即位,修天章阁毕,以奉安真宗御制。东曰群玉殿,西曰蕊珠殿,北曰寿昌殿,南曰延康殿。内以桃花文石为流杯之所。以在位受天书祥符,改曰天章,取为章于天之义。天圣八年置待制。庆历七年,又置学士、直学士。又有侍讲。学士,庆历七年初置,在龙图阁学士之下。学士罕以命人,迄仁宗世,才王贽一人。秦堪自显谟阁进直天章阁,以称呼非便辞。诏改龙图,自是天章不为带职。直学士,庆历七年,初置天章阁直学士,在龙图阁直学士之下。待制,天圣八年初置。寓直于秘阁,与龙图处宿,寻命范讽、鞠咏充职。中兴后,圆籍、符瑞、宝玩之物,若国史、宗正寺所进属籍,独藏于天章阁,祖宗御容、潜邸旌节亦安奉焉。

宝文阁学士　直学士　待制　阁在天章阁之东西序,群玉、蕊珠殿之北。即旧寿昌阁,庆历改曰宝文。嘉祐八年,英宗即位,诏以仁宗御书、御集藏于阁,命王珪撰记立石。治平四年,神宗即位,始置学士、直学士、待制,恩赐如龙图。英宗御书附于阁。　学士,治平四年初置,以吕公著兼。　直学士,治平四年初置,以邵必为之。待制,治平四年初置。

显谟阁学士　直学士　待制　元符元年,曾布、邓洵仁各申请建阁。诏翰林学士、中书舍人撰阁名五以闻,遂建阁藏神宗御集,以显谟为名。徽宗建中靖国元年,诏以显谟阁为熙明阁,仍置学士、直学士、待制;续奉旨,仍以显谟为额。崇宁元年,诏显漠阁学士、直学士、待制如三阁故事,序位在宝文阁学士、直学士、待制之下。学士、直学士、待制,并建中靖国元年置。

徽猷阁学士　直学士　待制　大观二年初建徽猷阁,以藏哲宗御集。置学士、直学士、待制等官。

敷文阁学士　直学士　待制　绍兴十年置。藏徽宗圣制,置学士等官。

　　焕章阁学士　直学士　待制　淳熙初建。藏高宗御制。十五年，置学士等官。

　　华文阁学士　直学士　待制　庆元二年置。藏孝宗御制，置学士等官。

　　宝谟阁学士　直学士　待制　嘉泰二年置。藏光宗御制，置学士等官。

　　宝章阁学士　直学士　待制　宝庆二年置。藏宁宗御制，置学士等官。

　　显文阁学士　直学士　待制　咸淳元年制，藏理宗御制，置学士等官。

　　集英殿修撰　国初，有集贤殿修撰、直龙图阁、直秘阁三等。政和六年，始置集英殿修撰、右文殿修撰、秘阁修撰。旧制，贴职无杂压，至是因增置，乃定为杂压。其集英修撰，中兴后以宠六曹权侍郎之补外者，下待制一等。

　　右文殿修撰　元祐元年，许内外官带贴职。绍圣二年，诏职事官罢带职，易集贤殿学士为修撰。政和六年，以集贤院无此名，其见任集贤院修撰并改为右文殿修撰，次于集英殿修撰，为贴职之高等。

　　秘阁修撰　政和六年置，以待馆阁之资深者，仍多由直龙图阁迁焉。

　　直龙图阁　祥符九年，以冯元为太子中允、直龙图阁，直阁之名始此。凡馆阁之久次者，必选直龙图阁，皆为擢待制之基也。中兴后，凡直阁为庶官任藩阃、监司者贴职，各随高下而等差之。

　　直天章阁至直显文阁并同。

　　直秘阁　国初，以史馆、昭文馆、集贤院为三馆，皆寓崇文院。太宗端拱元年，诏就崇文院中堂建秘阁，择三馆真本书籍万余卷及内出古画、墨迹藏其中，以右司谏直史馆宋泌为直秘阁。直馆、直院则谓之馆职，以他官兼者谓之贴职。元丰以前，凡状元、制科一任还，即试诗赋各一而入，否则用大臣荐而试，谓之入馆。官制行，废崇文院为秘书监，建秘阁于中，自监少至正字列为职事官。罢直馆、直院之名，独以直秘阁为贴职，皆不试而除，盖特以为恩数而已。故事，外官除馆职如秘阁校理、直秘阁者，必先移书在省执事，叙同僚之好，乃即馆设盛会宴之。自崇宁以来，外官除馆职既多，此礼浸废。

东宫官　太子太师　太傅太保太子少师　少傅　少保　国初师傅不常设。仁宗升储，置三少各一人。参政李昉兼掌宾客，及升首相，遂进少傅，此宰相兼宫僚之始也。丁谓兼少师，冯拯兼少傅。曹利用兼少保，是时实为东宫官，余多以前宰执为致仕官。若太子太师、少傅、太保，以待宰相官未至仆射者，及枢密使致仕，亦随本官高下除授。太子少师、太傅、少保，以待前执政，惟少师非经顾命不除。若因迁转，则处进一官，至太师即迁司空。天禧末，皇太子同听政，乃以首相兼少师。自后神宗、钦宗、孝宗、光宗在东宫，皆不置。开禧三年，史弥远自詹事入枢府，乃进兼宾客。已而太子侍立，送以丞相钱象祖兼太子少傅。明年，景宪太子立，象祖兼少师，弥远以右相兼少傅。未几，弥远丁内艰，象祖亦去位。又明年，弥远起复，遂兼进少师。景定元年，度宗升储，以贾似道为少师。

太子宾客　至道元年建储，初置宾客二人，以他官兼。天禧四年，参政任中正、枢副钱惟演、参政王曾并兼太子宾客，执政兼东宫官始此。中兴后不置。开禧三年，景宪太子立，始以执政兼宾客，后复省。景定元年，度宗升储，以朱熠、皮龙荣、沈炎并兼宾客。

太子詹事　仁宗升储，置詹事二人。神宗、钦宗升储，并置二人，皆以他官兼，登位后省。乾道元年，庄文太子立，置詹事二人。逾月，诏太子詹事过东宫讲读日，并往陪侍。七年，光宗正储位，以敷文阁直学士王十朋、敷文阁待制陈良翰为太子詹事，不兼他官，非常制也。景定元年，度宗升储，以杨栋兼詹事。

太子左庶子　右庶子　左谕德　右谕德　旧制不常设。储闱之建,随宜制官,以备僚寀,多以他官兼领。仁宗、神宗升储,庶子、谕德各置二人。钦宗升储,置一人。绍兴三十二年,孝宗以建王立为皇太子,置庶子、谕德各一人,除左虚左。乾道元年及七年,各置一人。开禧三年,景献太子立,初除左虚右,明年,左右始并置。

太子侍读　侍讲　神宗升储,始置各一人。乾道、淳熙、开禧,各依故事并置。乾道七年,礼部太常寺言:"讨论东宫开讲并节朔贺庆、辞谢礼仪。宫僚讲读,无已行故事,当依放讲筵,少杀其礼。每遇讲读,詹事以下至讲读官上堂,并用宾礼参见,依官职序坐。皇太子正席,讲读官迭起如延英仪,讲罢复位。节朔不受宫僚参贺;元日、冬至,詹事以下戋贺。谢辞,初如常见之礼。后杂位致词,复位就坐,茶汤罢。詹事初上,参见皇太子,拜,皇太子答拜。庶子等初上,参见,皇太子受拜。庶子、谕德及讲读官虽有坐受之礼,止是《五礼新仪》所载;兼逐日致拜之礼,近例皆已不行,或遇合致拜日,更合参酌天禧、至道故事施行。"按天禧二年九月五日,左庶子张士逊等言:"臣等日诣资善堂参见皇太子,得令升阶列拜,然后跪受,望令皇太子坐受参见。"诏不许。至道元年,皇太子每见太子宾客,必先拜,迎送常降阶及门。并从之。

太子中舍人　舍人　至道、天禧各置一人。神宗、钦宗升储,并如旧置。嘉定初,除二人。庆元以中舍人在舍人上。

资善堂　翊善　赞读　直讲　说书　皇太子宫小学教授　资善堂小学教授　翊善、赞读、直讲皆旧制。说书而下,中兴以后增置。　资善堂自仁宗为皇子时,为肄业之所,每皇子出就外傅,选官兼领。元丰八年,哲宗初开讲筵,诏讲读官日赴资善堂,以双日讲读,仍轮一员宿直。又诏三省、枢密院、讲读、修注官赐宴于资善堂。政和元年,定王、嘉王出就资善堂听读,诏宰执就见。靖康元年,诏皇太子出就外傅,就资善堂置学舍,令国子监供监书。绍兴五年,孝宗封建国公,出就资善堂听讲。先是,宰臣赵鼎得旨于宫门内造书院,至是始成,以为资善堂。命儒臣为直讲、翊善,悉如资善故事。寻

用赵鼎言,以左史范冲充翊善,右史朱震充赞读,时称极选。帝曰:
"朕令国公见冲、震必设拜,盖尊重师傅,不得不如此。"绍兴十二
年,建国公出就外第。及绍兴三十年,由普安郡王为皇子,进封建
王。时皇孙皆就傅,以校书郎王十朋为小学教授。绍兴三十二年,
孝宗即位,诏三皇子位各置说书官一员,又置赞读、直讲一员。淳熙
七年,皇孙英国公始就傅,诏置皇太子宫小学教授一员。十六年,光
宗即位,皇子进封嘉王,置王府赞读、翊善、直讲各一员。庆元六年,
景献太子为福州观察使,诏令资善堂授书,置小学教授二员。开禧
元年,进封荣王,仍开资善堂,置赞读、直讲、说书官各一员,又置翊
善一员。度宗升储,并置翊善、赞读等官。

　　主管左、右春坊事　二人,以内臣兼;同主管左、右春坊事二
人,以武臣兼;承受官一人,以内侍充。仁宗、神宗升储,并置。中兴
后,置官并同。

　　太子左、右卫　率府率　副率　左、右司御　率府率　副率
左、右清道　率府率　副率　左、右监门　率府率　副率　左、右
内　率府率　副率　官存而无职司。至道元年,东宫置左清道率府
率、副率兼左春坊谒者,主赞引。三年,真宗即位而省。天禧二年,
又以左清道率郭承庆、左右监门副率夏元亨兼左右春坊谒者,仁宗
即位复省。中兴后不置,惟以监门率府副率为环卫阶官。

　　亲王府　傅　长史　司马．谘议参军　友　记室参军　王府
教授　小学教授　傅及长史、司马,有其官而未尝除。太平兴国八
年,诸王出阁,楚王府置谘议参军二员,翊善一员;陈王府置谘议、
翊善各一员;韩王、冀王、益王置翊善各一员。后又置记室及诸王府
侍讲一员。并以常参官兼充。其后,多不置谘议、翊善记室或止一员。大
中祥符九年,仁宗初封寿春郡王,置友二员,亦以常参官兼充。天禧
二年,进封升王,友迁谘议,仍置记室一员。又皇侄皇孙侍教、南北

伴读无定数。至道初，太宗以皇亲子孙就讲学，欲置侍讲之职，中书言："按唐太宗改诸王侍读为奉诸王讲读，今皇孙、皇侄皆环卫之职，请以教授为名。"从之。选京朝官通经者充。其后又令王府记室、翊善、侍讲分兼南北宅教授。大中祥符二年，又有侍教之名，自是南北院或有伴读。凡诸宫皆有教授，初无定员。是年，英宗以宗室自率府副率已上八百余人，奉朝请者四百余人，而教官才六员，乃诏增置教授官：凡皇族年三十已上者百一十三人，置讲书四员；年十五以上者百十三人，置讲书四员；年十五已上者三百九人，增置教授五员；年十四已下者，别置小学教授十二员；并旧六，为二十七员，以分教之。其子弟不率教，俾教授官，本位尊长具名申大宗正司，量行戒责。教授官不职，大宗正司密访以闻。旧制，亲贤宅置讲书，绍兴十二年，改为府教授，掌教亲贤宅南班宗子。淳熙十二年，诏建魏惠宪王府，置小学教授二员，以馆职兼充，掌训皇孙。既长，趋朝谒，则不以小学名，而讲习如故。自后皇侄、皇孙皆置教授。

宋史卷一六三
志第一一六

职官三

吏部　户部　礼部　兵部　刑部
工部　六部监门　六部架阁

　　吏部　掌文武官吏选试、拟注、资任、迁叙、荫补、考课之政令，封爵、策勋、赏罚、殿最之法。凡文阶官之等三十，武选官之等五十有六，幕职、州县官之等七，散官之等九，皆以左右高下分属于四选。曰尚书左选，文臣京朝官以上及职任非中书省除授者悉掌之。曰尚书右选，武臣升朝官以上及职任非枢密院除授者悉掌之。自初任至幕职、州县官，侍郎左选掌之。自副尉以上至从义郎，侍郎右选掌之。若文武官虽不隶左右选，而职任系中书省、枢密院除授者，其制命诰敕，皆本部奉行。凡应注拟、升移、叙复、荫补及酬赏、封赠者，所隶审验格法上尚书省，法例可否不决应取裁者，亦如之。若中散大夫、左右武大夫以上合命词者，列其迁叙资级、岁月、功过上中书省、枢密院、画旨给告，通书本部长贰及所隶郎官。其属有曰司封，曰司勋，曰考功。凡官十有三：尚书一人；侍郎一人；郎中、员外郎尚书选二人，侍郎选各一人，司封、司勋、考功各一人。

　　旧制有三司，尚书主其一，侍郎二员各主其一，分铨注拟事。其后，但存尚书铨，余东西铨印存而事废。淳化中，又置考课院，磨勘幕府、州县功过，引对黜陟。至道二年，以其事归流内铨。判流内铨事二人，以御史知杂以上充。掌节度判官以下州府判司、诸县令佐拟注对扬、磨勘功过之事。判部事二人，以带职京朝官或无职事朝官充。凡文吏班秩品命令一出于中书，而小选院既不复置，本曹但掌京朝官叙服章、申请摄官、讣吊祠祭，及幕府州县官格式、阙簿、辞谢，拔萃举人兼南曹甲库之事。流外铨，掌考试附奏诸司人吏而已。南曹掌考验选人殿最成状而送流内铨，关试、勾黄、给历之事。甲库掌受制敕黄，关给签符优牒，选人改名废置之事。初，淳化三年，置磨勘京朝官院。四年，改。太平兴国中，置差遣院，至是并入审官院。置知院二人，以御史知杂以上充。旧以朝官充。掌考校京朝官殿最，叙其爵秩而诏于朝，分拟内外任使而奏之。

　　元丰官制行，六曹尚书、侍郎为长贰，郎官理郡守以上资任者为郎中，通判以下资序者为员外郎。除授皆视寄禄官，高一品以上者为"行"，下一品者为"守"，下二品以下者为"试"，品同者不用行、守、试，余职准此。元祐初，置权尚书，奉赐依守侍郎，班序在试尚书之下，杂压在左、右常侍之下。又置权侍郎，如未历给事中、中书舍人及待制以上者，并带"权"字，禄赐比谏议大夫。郎官虽理知州资序，未曾实历知州及监司、开封府推官者，止除员外郎。又诏，职事官除去"行"字一等。又以六曹职事闲剧不等，减定员数，事简者他司兼领，司封、司勋各减郎官一员。绍圣初，诏元丰法以行、守、试制禄三等。元符元年，吏部言："元祐法，小使臣只降宣札，但务从简，于理未安，请自借职而上依元丰法给告。"从之。崇宁元年，诏："大宗正丞，大理正，诸寺监丞，太学、武学、律学博士，太学正、录，诸宫院、诸州教授，堂除外，其吏部阙不许占差已授未赴及初到任人。"二年，诏："十年不到部者，依《长定格》与降一官，二十年以上，则除其籍。"靖康元年七月，诏以吏部四选逐曹条例编集板行。八月，臣僚言："祖宗时未有宗室参部之法，神宗时，始选择差注一二。崇宁初，立法大优，宗室参选之日在本部名次之上，既压年月深远劳效显著之人，复著名州大郡优便丰厚之处。议者颇欲惩革，不注郡守、县令，与在部人通理名次。"从之。

　　尚书　掌文武二选之法而奉行其制命。凡序位有品,寓禄有阶,列爵有等,赐勋有给,分任有职,选官有格,考其功过,计其岁月,辨其位秩,而以序进之。凡文臣自京朝官,武臣自大使臣以上,_{旧内殿崇班以上。}选授、封爵、功赏、课最之事,所隶官分掌其事,兼总于尚书,验实而后判成。以天下职事员阙具注于籍,月取其应选者揭而书之,集官注拟,考阅阅以定其可否。若有疑不能决,小事则申请,大事则禀议于尚书省,应论奏者与郎官同请对。大祭祀则奉玉币以授左仆射,执爵以授左丞。旧,尚书为所迁官名,班左丞上。自厘正百司,吏部以金紫光禄大夫,户、礼、兵、刑、工部以银青光禄大夫换授,而任六曹尚书者,始实领职事。左选分案八,置吏三十;右选分案六,置吏十有六。曰主事、令史,曰书令史,曰守当官。二十四司亦如之。南渡初,诸曹长贰互置,惟吏部备官。绍兴八年,依元祐制,六曹皆置权尚书,以处未应资格之人。其属有侍郎二人,分左、右选。尚书左、右选各置郎中一人,侍郎左、右选各置郎中一人,司封、司勋、考功各一人。郎官分掌其事,而兼总于尚书。左选,掌考校京朝官以上殿最,叙其爵秩,拟内外任使而奏授之。分案十二:曰六品,曰七品,曰八品,曰九品,曰注拟,曰名籍,曰掌阙,曰催驱,曰甲库,曰检法,曰知杂,曰奏荐赏功司。吏额,主事一人,令史二人,书令史九人,守当官一十一人,正贴司一十六人,私名一十二人,楷书二人,法司一人。官告院六部监门隶焉。右选,掌大使臣以上差注,材武人有格二十一,及破格出阙,较量功过,奏荐诸军赏功。分案十:曰大夫,曰副使,曰修武,曰注拟掌阙,曰奏荐赏功,曰开拆,曰名籍,曰甲库,曰法司,曰知杂。吏额,主事一人,令史二人,书令史九人,守当官一十二人,正贴司八人,私名一十人,法司一人。绍熙三年,左司谏谢源明言:"乾道九年诏旨:'六部应承三省、密院批送勘当文字,并令本部郎官、长贰按法裁决可否,申上朝廷施行。'即不得持两端。如或事有疑难,及生创无条例者,令长贰据所见申明将上取旨。乞明诏六曹遵守。"从之。

侍郎　分左右选：左选，掌文臣之未改官者。凡始命而未应参部者，皆试而后选。若应格，则具岁月历任功罪及所举官员数，同郎官引见于便殿，禀奏改官。右选，掌武臣之未升朝者。旧自供奉官以上。其职任自亲民官至部队王将、监当官，皆掌其选授注拟之法。凡初仕而试不中等，及已入官而未应选者，皆勿注正阙。官制行，尚书、侍郎通治曹事，奏事则同班，惟吏部分领四选。大祭祀则举玉币置诸案，荐馔则进搏黍，进熟则执匏爵以授右丞，饮福则奉爵，视朝则执文武班簿对立，以待顾问。左选分案十五，置吏四十有三，右选分案八，置吏四十有七。绍兴四年，吏部侍郎叶祖洽言："侍郎左选，准元丰朝旨，类姓置簿。在右选理宜一体，右选亦乞置簿拘辖功过。"从之。建炎四年五月，诏六曹复置权侍郎，如元祐故事，满二年为真。补外者除待制，未满，除修撰。左选，掌承直郎以下拟注州府判司、诸县令佐、监当及磨勘功过之事，分案十三。乾道裁减吏额，共置五十五人。右选，掌校副尉以上较试、拟官、行赏、换官，考其殿最，分案十五。乾道裁减吏额，共置四十八人。旧制，吏部除侍郎二员，分典左、右选，总称吏部侍郎。间命官兼摄，惟称左选侍郎或右选而已。绍兴三年，谢深甫、张叔椿兼摄，始有侍左侍郎、侍右侍郎之称。既而林大中、沈揆擢贰尚书，则"侍左""侍右"径入除目，相承不改。

郎中　员外郎　尚左　尚右　侍左　侍右　旧主判二人，以朝官充。元丰官制行，置吏部郎中，主管尚书左、右选及侍郎左、右选各一员，参掌选事而分治之。凡郎官，并用知府资序以上人充，未及者为员外郎。建炎四年，诏权摄、添差郎官并罢。初进拟，第云吏部郎官；及拟告身细衔，始直书尚书吏部郎中或员外郎，主管尚书某选，主管侍郎某选。绍兴八年，吕希常以监六部门兼权侍右郎官。绍兴三十一年，李端明正除尚右郎官，既而何傅、杨倓、费行之除吏部郎官，皆有侍左、侍右、尚左、尚右之称。自此相承不改。淳熙十六年，光宗即位，诏四选通差，用尚书颜师鲁之请也。先是，乾道元年诏："今后非曾任监司、守臣，不除郎官，著为令。"自是馆学、寺监臣，拘碍资格，迁除不行。郎曹阙员，但得兼摄，旋即外补；间有不次擢用者,则自二著躐升二史,以至从列。其自外召至为郎,则资级已高,曾不数月,必序进卿、少,而郎有正员者益少矣。

司封郎中　员外郎　掌官封、叙赠、承袭之事。凡三师、三公以下至升朝官褒赠祖考、母妻,亲王、郡王、内外命妇以下保任宗属、封爵诸亲,皆因其位叙而为之等。凡宗室当赐名训,具抄拟官。凡庶姓孔氏、柴氏、折氏之后应承袭者,辨其嫡庶。列爵九等:曰王,曰郡王,曰国公,曰郡公,曰县公,曰侯,曰伯,曰子,曰男。分国三等:大国二十七,次国二十,小国二百二十。内命妇之品五:曰贵妃、淑妃、德妃、贤妃,曰大仪、贵仪、淑仪、淑容、顺仪、顺容、婉仪、婉容、昭仪、昭容、昭媛、修仪、修容、修媛、充仪、充容、充媛,曰婕妤,曰美人,曰才人、贵人。外内命妇之号十有四:曰大长公主,曰长公主,曰公主,曰郡主,曰县主,曰国夫人,曰郡夫人,曰淑人,曰硕人,曰令人,曰恭人,曰宜人,曰安人,曰孺人。叙赠之制:三公、宰臣、执政、节度使三代,金紫、银青光禄大夫二代,余官一代,皆辨其位序以进之。加食邑实封,则视其品之高下,以为户数多寡之节。凡事之可否,与司勋通决于长贰。分案三,设吏六。元祐元年,中书后省言:"臣僚封赠父母,依旧制命词,大中大夫、观察使以上用专词,余用海词。"二年,诏:"父及嫡母存,不得请所生母封赠。所生母未封,亦不许先及其妻。"绍圣元年,诏:"宗室换授文官身亡者,通直郎以上赠三官。"元符元年,以元祐间封赠紊前制,诏并依元丰法。二年,诏:"寺监官杂压在通直郎之上者,虽系宣教郎,遇大礼封赠。"政和二年,诏:"封母则随所封五等,谓如封南阳县开国男,则随其爵称南阳县男令人,封魏国公,则称魏国公夫人之类。应妇人不因夫、子得封号,谓命官非升朝而母年九十以上,或士庶人妇女年百岁,并特旨者回授者。或因子孙得封赠,其夫至升朝或非升朝应封赠者,并孺人。"宣和二年,臣僚言:"近年有京官任校书郎、正字者得封赠,今则监丞未升朝者亦乞依例,盖缘监丞杂压在校书郎之上,故引以为请,甚无谓也。不独此尔,又有小使臣偶因薄劳或磨勘转官,遂乞回授封赠父母,实为大滥。望降旨,今后封赠并依旧法,敢有擅更陈乞紊乱典章者,实之典刑,庶几侥幸者息而名分正矣。"从之。建炎以后并同。

司勋郎中　员外郎　参掌勋赏之事。凡勋级十有二:曰上柱国,正二品;曰柱国,从二品;曰上护军,正三品;曰护军,从三品;曰上轻车都尉,正四品;曰轻车都尉,从四品;曰上骑都尉,正五品;曰骑都尉,从五品;曰骁骑尉,正六品;曰飞骑尉,从六品;曰云骑尉,正七品;曰武骑尉,从七品。率三岁一迁,必因其除授以加之。凡赏有格。若事应赏,从其所隶之司考实以报,则必审核其状,以格覆之,谓之"有法酬赏;"非格所载,参酌轻重拟定,以上尚书省,谓之:"无法酬赏。"若功赏未酬而赏格改易者,轻从旧格,重从新格。录用前代帝系及勋臣之后,则考其族系而奉行其制命。分案四,置吏十有九。

元祐元年,吏部言:"诸色人援引导徼求,入流太冗。应工匠伎艺之属无法入官者,虽有劳绩,并止比类支赐,未经酬奖者亦如之。"绍圣二年,户部言:"元丰官制,司勋覆有法式酬赏,无法式者定之。元祐中,有法式者止令所属勘验,自后应千钱谷,本部指定关司勋,则是户部兼司勋之职,请依旧制。"从之。四年,应川陕人任本路差遣者,酬奖减半。政和四年,诏:"司勋行下所属,将一司一路条制,参照《酬奖格法》,类集参用。"又诏以详定国朝勋德臣僚职位姓名送吏部。用工部尚书郑允中所编传也。隆兴元年省并,以司封郎官兼领。淳熙元年,复以司农寺丞范仲芑兼司勋,未几改除,复省。裁减吏额,主事一人,令史一人,书令史四人,守当官三人,正贴司四人,私名三人。

考功郎中　员外郎　掌文武官选叙、磨勘、资任、考课之政令。凡命官,随所隶迁,以其职事其法于历,给之于其属州若司,岁书其功过。应升迁授者,验历按法而叙进之;有负殿,则正其罪罚。以七事考监司:一曰举官当否,二曰劝课农桑、增垦田畴,三曰户口增损,四曰兴利除害,五曰事失案察,六曰较正刑狱,七曰盗贼多寡。以四善、三最考守令,德义有闻、清谨明著、公平可称、恪勤匪懈为四善;狱讼无冤、催科不扰为治事之最,农桑垦殖、水利兴修为劝课之最,屏除奸盗、人获安处、振恤困穷、不致流移为抚养之最。通善、最分三等:五事为上,二事为中,余为下。若能否尤著,则别为优劣,以诏黜陟。凡内外官,计在官之日,满一岁为一考,三考为一任。

磨勘之法,文选官之等四:银青光禄大夫至朝议大夫,进士理八年,非进士理十年;通直郎至大中大夫充谏议大夫、待制以上职任者,理三年;朝散大夫至承务郎,理四年。武选官之等六:遥郡团练使刺使、阁门舍人转左武、右武郎,理十年;武功大夫以下,理七年;横行武德大夫以下至校尉,理五年;阁门祗候初补从义郎以下至承节郎、承信郎充随行指使,理四年;承信郎以功补授及宗室观察使以下祗应校尉,理三年;宗室承宣使以下祗应校尉,理二年。幕职、州县官之等三:进士第一、第二、第三名及第者,一任回改京官;自留守、府判官至县令,理六考;自军巡判官至县尉,理七考。率以法计其历任岁月、功过而序迁之。凡改服色者以劳年计之。执政官、节度使、银青光禄大夫以上应谥者,覆太常所定行状,报尚书省官集议以闻。绍圣四年,河东提刑司徐君平奏:“乞凡将集议,前期三日,持考功状遍示当议之官,使先绅绎而后集于都堂以询之,庶几有所见者得以自申,以称朝廷博谋尽下之意。”从之。凡立碑碣名额之事,掌之。旧制,考课院其定殿最皆有考辞。元丰官制行,悉罢。分案十有七,置吏六十有八。

元祐三年,诏:“知州考课法,吏部上其事于尚书省,送中书省取旨赏罚。劣等应罚而已冲降者,仍从冲降法。县令以下,本部专行。”六年,枢密院言:“元丰末,堂除知州军三年为任,武任依此。元祐初,以成资为任,武臣未曾立法。”诏武臣任六等差遣,川广成资,余并三十个月为任。建炎以后并同。应文武臣磨勘、关升、资任、较考,定其殿最,别其优劣,以诏黜陟予夺;没则谥,审覆而参定之。凡特恩赐谥,命词给告,余给敕。分案十一:曰六品,曰七品,曰八品,曰曹掾,曰令丞,曰从义,曰成忠,曰资任,曰检法,曰知杂,曰开拆。裁减吏额,主事二人,令史四人,书令史八人,守当官十三人,正贴司三人,私名一十人。淳熙十三年,再共减三人。

官告院　主管官一员，以京朝官充。旧制，提举一人，以知制诰充；判院一人，以带职京朝官充。掌吏、兵、勋、封官告，以给妃嫔、王公、文武品官、内外命妇及封赠者，名以本司告身印印之。文臣用吏部，武臣用兵部，王公及命妇用司封，加勋用司勋。官制行，四选皆用吏部印，惟蕃官则用兵部印记。凡绫纸幅数褾轴名色，皆视其品之高下，应奏抄画闻者给之。令史十五人。

元丰五年，官制所重定《制受敕授奏授告身式》。从之。绍圣元年，吏部言："元丰法，凡入品者给告身，无品者给黄牒。元祐中，以内外差遣并职事官本等内改易或再任者，并给黄牒，乃与无品人等。"诏："今后帅臣、监司、待制以上知州，并给告，余依旧。"三年，诏："职事官监察御史以上因事罢，并给告。"元符元年，吏部言："元祐法，小使臣只降宣札，乞自承信郎而上依旧给告。"宣和元年，诏："官告院立条，凡制造告身法物，应用绫锦，私辄放效织造及买贩服用者，立赏许告。"

大抵官告之制，自乾德四年，诏定告身绫纸褾轴，其制阙略。咸平、景德中，两加润泽，至皇祐始备。神宗即位，循用皇祐旧格，逮元丰改制，名号虽异，品秩则同，故亦未遑别定。徽宗大观初，乃著为新格，凡褾带、网轴等饰，始加详矣。

凡文武官绫纸五种，分十二等：

色背销金花绫纸二等。一等十八张，滴粉缕金花大犀轴，八合晕锦褾韬，色带。三公、三少、侍中、中书令用之。一等十七张，滴粉缕金花中犀轴，天下乐锦褾犀轴，色带。左右仆射，使相、王用之。

白背五色绫纸二等。一等十七张，滴粉缕金花，翠毛狮子锦褾韬，玳瑁轴，色带。知枢密院，两省侍郎，尚书，左、右丞，同知、签书枢密院事，嗣王、郡王，特进，观文殿大学士，太尉，东宫三少，冀、兖、青、徐、扬、荆、豫、梁、雍州牧，御史大夫，宗室节度使至率府副率之带皇字者用之。一等十七张，褾韬，玳瑁轴，色带。观文殿学士，资政殿大学士，六尚书，金紫光禄、银青光禄，光禄大夫，左、右金吾卫，左、右卫上将军，节度，承宣，观察，并用之。

大绫纸四等。一等十五张，帛锦褾，两面拨花穗草大牙轴，色带。宣奉、正奉大夫，翰林学士，资政、端明殿学士，龙图、天章、宝文、显谟、徽猷阁学士，左、右散骑常侍，御史中丞，开封尹，六曹侍郎，枢密直学士，龙图、天章、宝文、显谟、徽猷阁直学士，正议、通奉大夫，诸卫上将军，太子宾客，詹事，侯，用之。一等十二张，法锦襟，两面拨花细牙轴，色带。给事中，中书舍人，通议大夫，司成，左、右谏议大夫，龙图、天章、宝文、显谟、徽猷阁待制，太中大夫，秘书、殿中监，伯，用之。一等一十张，法锦襟，拨花常使大牙轴，色带。中大夫，七寺卿，京畿、三路转运使，发运使，中奉、中散大夫，通侍大夫，枢密都承旨，祭酒，太常、宗正少卿，秘书、殿中少监，正侍、中侍大夫，入内内侍省、内侍省都知，诸州刺史，中亮、中卫大夫，防御、团练使，太子左、右庶子，诸卫大将军，驸马都尉，典乐，子，用之。一等八张，盘球锦襟，大牙轴，色带。七寺少卿，朝议、奉直大夫，左、右司郎中，司业，开封少尹，少府、将作、军器监，都水使者，拱卫大夫，太子詹事，左、右谕德，左武、右武大夫，入内内侍省、内侍省副都知，枢密承旨、副都承旨，诸房副承旨，起居郎，舍人，侍御史，左、右司员外郎，六曹郎中，朝请朝散、朝奉大夫，京畿、三路转运副使，诸路转运使、副使，知上州，提举三路保中，入内内侍省、内侍省押班，武功至武翼大夫，开封左、右司禄事，蕃官使臣，殿中侍御史，左右司谏、正言，监察御史，和安大夫至翰林良医，男，用之。内殿中侍御史、监察御史用九张，蕃官使臣用大锦襟，背带，此其小异者也。

　　中绫纸二等。一等七张，中锦襟，中牙轴，青带。诸司员外郎，朝请、朝散、朝奉郎，少府、将作、军器少监，诸卫将军，太子侍读、侍讲，中亮、中卫、左武、右武郎中，知下州，诸路提点刑狱，发运判官，提点铸钱，承议郎，武功至武翼郎，太子中允、舍人，亲王府翊善、赞读、侍读，符宝郎，太常、中正、秘书、殿中丞，六尚奉御，大理正，著作郎，通事舍人，太子诸率府率，直龙图阁，开封府诸曹事，大晟府乐令，直秘阁，崇政殿说书，和安郎至翰林医正，用之。一等六张，中锦襟，中牙轴，青带。奉议郎，七寺丞，秘书郎，太常博士，著作佐郎，国子、少府、将作、军器、都水监丞，国子博士，大理司直、评事，修武、敦武郎，通直郎，内常侍，转运判官，提举学士，诸州通判，御史台检法官，主簿，九寺主簿，亲王记室，阁门祗候，枢密院逐房副承旨，从义、秉义郎，太学、武学博士，开封诸曹掾，陵台令，两赤县令，忠训、忠翊郎，节度、防御、团练副使，行军司马，太医正，太史局令、正、丞、五官正，翰林医官，辟雍、博士，太子诸率府副率，用之。

　　小绫纸二等。一等五张，黄花锦襟，角轴，青带。校书郎，正字，宣教郎，太常寺协律、奉礼郎，大祝，郊社、太官令，律学博士，国子、少府、将作、军器、都水监主簿，宣义郎，保义、成忠郎，太学正、录，律学，承事、承奉、承务、承信、承节郎，门下、中书省录事，尚书省都事，三省、枢密院主事，辟正、录，用之。一等五张，黄花锦褾，次等角轴，青带。幕职、州县官，三省枢密院令史、书史，流外官，诸州别驾、长史、司马、文学、司士、助教，技术官，用之。

凡宫掖至外命妇罗纸七种，分十等：

遍地销金龙五色罗纸二等。一等一十八张，韬带，两面销金云凤褾，红丝网子，金样钑花涂粉镨，滴粉缕金花凤大犀轴。大长公主、长公主、公主用之。一等一十七张，韬带、两面销金云凤褾，红丝网子，金样钑花涂粉镨，滴粉缕金花凤子中犀轴。贵仪、淑仪、淑容、顺仪、顺容、婉容、婉容、内宰用之。

遍地销金凤子五色罗纸二等。一等一十五张，韬带，销金凤子褾，红丝网子，金涂银粉镨，滴粉缕金云凤玳瑁轴。昭仪、昭容、昭媛、修仪、修媛、充仪、充容、充媛、副宰用之。一等一十二张，韬带，销金盘凤褾，红丝网子，金涂银粉镨，滴粉金云凤玳瑁轴。婕妤、才人、贵人、美人用之。

销金团窠花五色罗纸二等。一等一十张，八合晕锦褾韬，色带，紫丝网子，银粉镨，滴粉缕金葵花玳瑁轴。尚仪、尚服、尚食、尚寝、尚功，宫正，内史，宰相曾祖母、祖母、母、妻，亲王妻，用之。一等八张，翠色狮子锦褾韬，色带，紫丝网子，银粉镨，滴粉缕金栀子花玳瑁轴。郡主，县主，国夫人，内命妇，郡夫人，执政官祖母、母、妻，用之。

销金大花五色罗纸一等。七张，云雁锦褾韬，色带，紫丝网子，银粉镨，滴粉缕金玳瑁轴。宝林御女，采女，二十四司典掌，尚书省掌籍、掌乐，主管仙韶，用之。

金花五色罗纸一等。七张，法锦褾韬，色带，紫丝网子，银粉镨，缕金玳瑁轴。郡夫人，郡君，宗室妻，朝奉大夫，遥郡刺史以上母妻，升朝官母，诸班直都虞候、指挥使、禁军都虞候、军都虞候、御前忠佐母，蕃官母妻，诸神庙夫人，用之。

五色素罗纸一等。七张，锦褾韬，色带，紫丝网子，银粉镨，大牙轴。宗室女，升朝官妻，诸班直都虞候、指挥使、禁军都虞候、军都指挥使、忠佐妻，用之。

凡内外军校封赠绫纸三种，分四等：

大绫纸二等。一等七张，法锦褾，大牙轴，青带。遥郡刺史以上用之。一等七张，大锦褾，大牙轴，青带。藩方指挥使、御史前忠佐马步军都副都军头、马步军都军头、藩方马步军都指挥使用之。内带遥郡者，法锦褾，色带。

中绫纸一等。五张，中锦褾，中牙轴，青带。都虞候以上诸班指挥使，御前忠佐马步军副都军头、藩方马步军副都指挥使、都虞候，用之。内加至爵邑者，用大绫纸，大牙轴，大锦褾。

小绫纸一等。五张，黄花锦褾，次等角轴，青带。诸军指挥使以下用之。如加至爵邑者，同上。

凡封蛮夷酋长及蕃长绫纸两种，各一等：

五色销金花绫纸一等。一十八张，翠色狮子锦褾，法锦韬，紫丝网子，银纷锗，滴粉缕金牡丹花玳瑁轴，色带。南平、占城、真腊、阇婆国王用之。

中绫纸一等。七张，法锦褾，中牙轴，青带。藩蛮官承袭、转官用之。

大观并归尚书省，政和仍归吏部。差主管官。建炎元年，诏："文臣大中大夫、武臣正任观察使及宗室南班官以上给告，以下并给敕。"三年，诏逐等依旧给告。绍兴二年，诏：四品以下官及职事官监察御史以上，官告并用锦标外，其余官并封赠权用缬罗代充。十四年，始尽用锦。其后，又诏内外命妇、郡夫人以上，乃得用网袋及销金，其余则否。至二十六年，诏内外文武臣僚告敕，并依大观格式制造。裁减吏额，共置二十九人。淳熙十三年，又减五人。

户部　国初以天下财计归之三司，本部无职掌，止置判部事一人，以两制以上充，以受天下上贡，元会陈于庭。元丰正官名，始并归户部。掌天下人户、土地、钱谷之政令，贡赋、征役之事。以版籍考户口之登耗，以税赋持军国之岁计，以土贡辨郡县之物宜，以征榷抑兼并而佐调度，以孝义婚姻继嗣之道和人心，以田务券责之理直民讼，凡此归于左曹。以常平之法平丰凶、时敛散，以免役之法通贫富、均财力，以伍保之法聊比闾、察盗贼，以义仓振济之法救饥饿、恤艰厄，以农田水利之政治荒废、务稼穑，以坊场河渡之课酬勤劳、省科率，凡此归于右曹。尚书置都拘辖司，总领内外财赋之数，凡钱谷帐籍，长贰选吏钩考。其属三：曰度支，曰金部，曰仓部。

　　熙宁中，以知枢密院陈升之、参在知政事王安石制置条例，建官设属，取三司条例看详，具所行事付之。三年，罢归中书，以常平、免役、农田、水利新法归司农，以胄案归器监，修造归将作监，推勘公事归大理寺，帐司、理欠司归比部，衙司归都官，坑冶归虞部，而三司之权始分矣。元丰官制行，罢三司归户部左、右曹，而三司之名始泯矣。凡官十有三：尚书一人，侍郎二人，郎中、员外郎，左右曹各二人，度支、金部、仓部各二人。

　　元祐初，门下侍郎司马光言：“天下钱谷之数，五曹各得支用，户部不知出纳见在，无以量入为出。乞令尚书兼领左、右曹，钱谷财用事有散在五曹、寺监者，并归户部，使尚书周知其数，则利权归一；若选用得人，则天下之财庶几可理。”诏尚书省立法。三年，三省言：“大理寺右治狱并罢，依三司旧例，户部置推勘检法官，治在京官司凡钱谷事，增置干当公事二员。”绍圣元年，罢户部干当公事，置提举管干官，复行免役、义仓，厘正左、右曹职，依元定官制。三年，右曹令侍郎专领，尚书不与。建中靖国元年，复干当公事官二员。政和二年五月，诏依神宗官制，委右曹侍郎专主行常平，自今许本部直达奏裁。又诏依熙、丰旧制，本部置都拘辖司，总领户、度、金、仓四部财赋。宣和六年，诏户部辟官依元丰法。

　　尚书　侍郎　掌军国用度，以周知其出入盈虚之数。凡州县废置，户口登耗，则稽其版籍；若贡赋征税，敛散移用，则会其数而颁其政令焉。凡四司所治之事，侍郎为之贰，郎中、员外郎参领之，独右曹事专隶所掌侍郎。若事属本曹，郡县监司不能直者，受其讼焉。大飨祀荐馔，则尚书奉俎，饮福则撤之。朝会则奏贡物。左曹分案五，置吏四十；右曹分案五，置吏五十有六。建炎兵兴，尝以知枢密张悫提领措置户部财用，后迁中书侍郎，仍兼之。五年，复以参知政事孟庾提领措置。后罢，专委户部长贰。左曹分案三：曰户口，掌凡诸路州县户口升降，民间立户分财，科差人丁，典卖屋业，陈告户绝，索取妻男之讼。曰农田，掌农田及田讼，务限奏丰稔，验水旱虫蝗,劝课农桑,请佃地土,令佐任满赏罚,缴奏诸州雨雪,检按灾伤逃绝人户。曰检法,掌凡本部检法之事,设科有三:曰二税,掌受纳、驱磨、隐匿、支移、折变。曰房地,掌诸州楼店务房廊课利,僧道免丁钱及土贡献物。曰课利,掌诸军酒课,比较增亏,知、通等职位姓名,人户买扑盐场酒务租额酒息,卖田投纳牙契。外有开拆、知杂司。右曹分案六,曰常平,掌常平、农田水利及义仓振济,户绝田产,居养鳏、寡、孤、独之事。曰免役,曰坊场,曰平准,各随其名而任其事。曰检法,曰知杂。裁减吏额,左曹四十人,右曹三十人。淳熙十年,诏左藏南库拨隶户部。旧制,户部侍郎二人,中兴初,止除长贰各一员,或止除尚书若侍郎一员。绍兴四年七月,诏户部侍郎二员,通治左、右曹,自此相承不改。

郎中　左曹　右曹　员外郎　掌分曹治事。建炎三年,诏省并郎曹,惟户部五司以职事烦剧不并,仍各置一员。绍兴中,专置提举帐司,总天下帐状,以户部左曹郎官兼之。右曹岁具常平钱物总数,每秋季具册以闻。初置主管左、右曹,总称户部郎官。绍兴七年,阎彦昭以太府寺丞兼左曹郎官。绍兴三十二年,徐康正除左曹郎官,自是相承不改。是年,又诏:"户部事有可疑难裁决者,许长贰与众郎官聚议,文字皆令连书,有定议,然后付本曹行遣。"

度支郎中　员外郎　参掌计度军国之用,量贡赋税租之入以为出。凡军须边备,会其盈虚而通其有无。若中外禄赐及大礼赏给,皆前期以办。岁终,则会诸路财用出入之数奏于上,而以其副申尚书省。凡小事则拟画,大事谘其长贰;应申请更改举行勘审者,则先检详供具。分案六,置吏五十有一。凡上供有额,封桩有数,科买有期,皆掌之。有所漕运,则计程而给其直。凡内外支供及奉给驿券,赏赐衣物钱帛,先期拟度,时而予之。分案五:曰度支,曰发运,曰支供,曰赏赐,曰知杂。乾道四年,置会稽都籍,度支掌之。裁减吏额,置五十人。淳熙十三年,又减四人。

金部郎中　员外郎　参掌天下给纳之泉币,计其岁之所输,归于受藏之府,以待邦国之用。勾考平准、市舶、榷易、商税、香茶、监矾之数,以周知其登耗,视岁额增亏而为之赏罚。凡纲运濡滞及负折者,计程帐催理。凡造度、量、权衡,则颁其法式。合同取索及奉给、时赐,审覆而供给之。分案六:曰左藏,曰右藏,曰钱帛,曰榷易,曰请给,曰知杂。裁减吏额,共置六十人。淳熙十三年,又减四人。

仓部郎中　员外郎　参掌国之仓庾储积及其给受之事。凡诸路收籴折纳,以时举行;漕运上供封桩,以时催理;应供输中都而有登耗,则比较以闻。岁以应用刍粟前期报度支,均定支移、折变之数。其在河北、陕西、河东路者,书其所支岁月,季一会之。若内外仓场帐籍供申愆期,则以法究治。分案六,置吏二十有四。元祐元年四月,省郎官一员,十月复置。分案六:曰会场,曰上供,曰粜籴,曰给纳,曰知杂,曰开拆。建炎三年,罢司农寺归仓部。绍兴四年复旧。裁减吏额,共置二十五人,续又减二人。

礼部　掌国之礼乐、祭祀、朝会、宴飨、学校、贡举之政令。祭之名有三:天神曰祀,地祇曰祭,宗庙曰飨。又有大祀、中祀、小祀之别。币玉、牲牢、器服,各从其等。凡雅乐,以六律、六同合阴阳之声为乐律,金、石、丝、竹、匏、土、革、木为乐器,宫架八佾,特架六佾,分武文先后之序为乐舞,其所歌为乐章。若有事于南北郊、明堂、籍田、帝祫太庙,荐享景灵宫,酌献陵园,及行朝贡、庆贺、宴乐之礼,前期饬有司办具,阅所定仪注,以旧章参考其当否,上尚书省;册宝及封册命礼亦如之。凡礼乐制度有所损益,小事则同太常寺,大事则集侍从官、秘书省长贰或百官,议定以闻。凡天下选士,具注于籍,三岁贡举,与夫学校试补三舍生。掌后妃、亲王以下推恩,公主以下嫁,宗室冠、婚、丧、葬之制,及赐旌节、章服、冠帔、门戟,旌表孝行之法。若印记、图书、表疏之事,皆掌焉。大祥瑞,则朝参官以上诣阁门表贺,余于岁终条奏。

旧属礼仪院,判院一人,以枢密院使、参知政事充;知院,以诸司三品以上充。主吏无定数,择三司京朝百司胥史充。礼部止设判部一人,掌科举,补奏太庙郊社斋郎、室掌、长坐,都省集议,百官谢

贺章表,诸州申祥瑞,出入内外牌印之事。兼领贡院,掌受诸州解发
进士、诸科名籍及其家保状、文卷,考验户籍、举数、年齿而藏之。若
朝廷遣官知举,则主判官罢,事毕,以知举官卑者一员主判。元丰官
制行,悉归礼部。其属三:曰祠部,曰主客,曰膳部。设官十:尚书、
侍郎各一人,郎中、员外郎四司各一人。元祐初,省祠部郎官一员,
以主客兼膳部。绍圣改元,主客、膳部互置郎官兼领。建炎以后并
同。

尚书　掌礼乐、祭祀、朝会、宴享、学校、贡举之政令,侍郎为之
贰,郎中、员外郎参领之。凡讲议制度,损益仪物,则审覆有司所定
之式,以次诹决,而质于尚书省。大祭祀则省牲,鼎镬视涤濯,荐腥
则奉笾豆、簠簋,及饮福撤之,祼则奉瓒临铏。凡天地、宗庙、陵园之
祀,后妃、亲王、将相封册之命,皇子加封,公主降嫁,稽其彝章以诏
上下而举行之。朝廷庆会宴乐,宗室冠、婚、丧、祭,蕃使去来宴赐,
与夫经筵、史馆、赐书、修书之礼,例皆同奉常讲求参酌,而定其仪
节。三岁贡举,学校试补诸生,皆总其政。旌节章服之颁,祥瑞表奏
之进,凡关于礼乐者,皆掌之。建炎三年,诏鸿胪、光禄寺并归于礼
部,太常、国子监亦隶焉。分案五:曰礼乐,曰贡举,曰宗正奉使帐,
曰封册表奏,曰检法。各随其名而治其事。裁减吏额,四十五人。续
又减四人。

侍郎　奏中严外办,同省牲及视馔腥熟之节;祼,受瓒奉盘。岁
祀昊天上帝,祭皇地祇,与尚书迭为亚献。祭太社、太稷、神州地祇,
则迭为初献。祀九宫贵神、五帝、感生帝、朝日、夕月、蜡祭东西方亦
如之。大朝会,则尚书奏藩国贡物。凡庆贺若谢,则郎中、员外郎分
撰表文。祠事,与太常少卿、祠部官迭为终献或亚献。亲郊,自景灵
宫朝献、太庙朝享至望燎礼毕,乘舆还内,皆奏解严。分案十,置吏
三十有五。南渡,诸曹长贰互置。绍兴七年,礼部置侍郎二员。隆
兴元年,诏:"除尚书不常置外,礼部侍郎置一员。"

郎中　员外郎　元丰,郎官、员外郎参领礼乐、祭祀、朝会宴

享、学校、贡举之事。有所损益，则审订以次诤决。凡庆会若谢，掌撰表文。与祠部、主客、膳部并列为四。建炎三年，并省郎曹，礼部领主客，祠部领膳部。隆兴元年，复诏礼部、祠部一员兼领，自是并行四司之事矣。通置吏五十四人。

祠部郎中　员外郎　掌天下祀典、道释、祠庙、医药之政令。月奏祠祭、国忌、休暇之日。每岁大祀、忌日，大忌前一日，皆不坐。元日、冬至、寒食假各七日。天庆、先天、降圣节各五日。诞圣节、正七月望、夏至、腊各三日。天祺、天贶节、人日、中和、二社、上巳、端午、三伏、七夕、授衣、重九、四立、春秋分及每旬假各一日。若神祠封进爵号，则覆太常所定以上尚书省。凡宫观、寺院道释，籍其名额，应给度牒，若空名者毋越常数。初补医生，令有司试艺业，岁终校全失而赏罚之。分案五，置吏二十有一。

主客郎中　员外郎　掌以宾礼待四夷之朝贡。凡郊劳、授馆、宴设、赐予，辨其等而以式颁之。至则图其衣冠，书其山川风俗。有封爵礼命，则承诏颁付。掌嵩、庆、懿陵祭享，崇义公承袭之事。分案四，置吏七。元祐六年七月，兵部言："《兵部格》，掌蕃夷官授官；《主客令》，蕃国进奉人陈乞转授官职者取裁。即旧应除转官者，报所属看详。旧来无例，创有陈乞，曹部职掌未一，久远互失参验，自今不以曾未入贡及例有无，应缘进奉人陈乞，授官加恩，令主客关报兵部。"从之。

膳部郎中　员外郎　掌牲牢、酒醴、膳羞之事。凡所用物，前期计度，以关度支。若祭祀、朝会、宴享，则同光禄寺官视其善否，酒成则尝而后进。季冬命藏冰，春分启之，以待供赐。分案七，置吏九。

兵部　掌兵卫、仪仗、卤簿、武举、民兵、厢军、土军、蕃军，四夷官封承袭之事，舆马、器械之政，天下地土之图。凡仪卫，大朝会用黄麾大仗；文德殿视朝及册命王公大臣，用黄麾半仗；紫宸殿受外国使朝，用黄麾角仗；文德殿发册，用黄麾细仗。卤簿有大驾、法驾、小驾，皆掌其数及行列先后之仪，为图以授有司。凡武选之制，仿贡举之法。先联其什伍而教之以战为民兵，材不中禁卫而足以执役为厢军,就其乡井募以御盗为土军,以老疾而裁其功力之半为剩员。团结以御戎为洞丁,为义军、弩手;属羌分隶边将为蕃兵。籍其名数而颁其禁令。大将出征,奏捷则告于庙,破贼则露布以闻。凡招置厢、禁军及州郡屯营,三衙迁补,守戍军吏转补,文武官白直、宣借,皆掌之。其属三:曰职方,曰驾部,曰库部。旧判部事一人,以两制充。掌三驾仪仗、卤簿图、春秋释奠武成王庙及武举,岁终以义军、弓箭手户数上于朝。国初,掌千牛备身,殿中省进马籍。元丰设官十,尚书、侍郎各一,四司郎中、员外郎各一。元祐初,省驾部郎中一员,以职方兼库部。绍兴改元,诏职方、库部互置郎官员兼。

尚书掌兵卫、武选、车辇、甲械、厩牧之政令。以天下郡县之图而周知其地域。凡陈卤簿,设仗卫,饬官吏整肃,蕃夷除授,奉行其制命。凡军兵以名籍统隶者,阅习按试,选募迁补,及武举、校试之事,皆总之。侍郎为之贰,郎中、员外郎参掌之。大礼,则尚书充卤簿使;大祀,奉鱼牲及俎;视朝,则侍郎执班簿对立;小祀,则郎中、员外郎荐俎并撤。分案九,置吏四十有七。凡蕃夷属户授官、封袭之事皆掌之。建炎三年,并卫尉寺隶焉。分案十:曰赏功,曰民兵卫,曰厢兵,曰人从看详,曰帐籍告身,曰武举,曰蕃官,曰开拆,曰知杂,曰检法。乾道裁减吏额,共置三十人。续诏:"将下班祗应并进义校尉、守阙进义副尉、进武校尉、守阙进武副尉并隶兵部,许于殿前司抽差下班祗应,文字人吏六名,赴部行遣。"

侍郎掌贰尚书之事。南渡,长贰互置,续置侍郎二员,绍兴常置一员。

郎中　员外郎　参掌本部长贰之事。建炎三年,诏兵部兼职方,驾部兼库部。隆兴元年,诏驾部、兵部郎官共一员兼领,自是四司合为一矣。厥后间或并置,若从军或将命于外,则假以为宠焉。

职方郎中　员外郎　掌天下图籍,以周知方域之广袤,及郡邑、镇砦道里之远近。凡土地所产,风俗所尚,具古今兴废之因,州为之籍,遇闰岁造图以进。四夷归附,则分隶诸州,度田屋钱粮之数以给之。分案三,置吏五。旧判司事一人,以无职事朝官充,掌受闰年图经。国初,令天下每闰年造图纳仪鸾司。淳化四年,令再闰一造;咸平四年,令上职方。转运画本路诸州图,十年一上。绍熙三年,职方、驾部吏额通入兵部、库部,并作四十二人。

驾部郎中 员外郎 掌舆辇、车马、驿置、厩牧之事。大礼,戒有司具五辂。凡奉使之官赴阙,视其职治给马如格。官文书则量其迟速以附步马急递。总内外监牧,籍其租入多寡、孳产登耗。凡市马于四夷者,溢岁额则赏之。分案六,置吏十有三。建炎三年,并太仆寺隶焉。

库部郎中 员外郎 掌卤簿、仪仗、戎器、供帐之事,国之武库隶焉。凡内外甲仗器械,造作缮修,皆有法式。若御大庆、文德殿、应用卤簿名数,前期以戒有司。祭祀、丧葬,则给以等差。总卫尉寺金吾伏司兵匠之数,考其功罪、岁月而以法升降之。分案四,置吏九。

刑部 掌刑法、狱讼、奏谳、赦宥、叙复之事。凡断狱本于律,律所不该,以敕、令、格、式定之。凡律之名十有二:曰名例,曰禁卫,曰职制,曰户婚,曰厩库,曰擅兴,曰盗贼;曰诉讼,曰诈伪,曰杂律,曰捕亡,曰断狱。禁于未然之谓令,施于已然之谓敕,设于此而使彼至之之谓格,设于此而使彼效之之谓式。其一司一路海行所不该者,折而为专法。若情可矜悯而法不中情者谳之,皆阅其案状,傅例拟进。应诏狱及案劾命官,追命奸盗,以程督之。审覆京都辟囚,在外已论决者,摘案检察。凡大理、开封、殿前马步司狱,纠正其当否;有辩诉,以情法与夺、赦宥、降放、叙雪。若命官牵复,则以基数定之。其属三:曰都官,曰比部,曰司门。设官十有一:尚书一人,侍郎二人;郎中、员外郎,刑部各二人,都官、比部、司门各一人。

国初,以刑部覆大辟案。淳化二年,增置审刑院,知院事一人,以郎官以上至两省充,详议官以京朝官充,掌详谳大理所断案牍而奏。凡狱具上,先经大理,断谳既定,报审刑,然后知院与详议官定成文草,奏记上中书,中书以奏天子论决。大中祥符三年,置纠察刑狱司,纠察官二人,以两制以上充。凡在京刑禁,徒以上即时以报;若理有未尽或置淹恤,追覆其案,详正而驳奏之。凡大辟,皆录问。熙宁三年,诏:"详议、详断、详覆官,初入以三年为任,次以三十月为任,欲出者听前任满半年指阙注官,满三任者堂除。"八年,罢详议、详断官亲书节案,止合节略付吏,仍减议官一、断官二。元丰二年知院安焘言:"天下奏案,益多于往时。自熙宁八年减议官、断官,力既不足,故事多疏谬。"增详议官刑部增详断官一。三年八月,诏:省审刑院归刑都。认知院官判刑部,掌详议详覆司事。刑部主判官为同判刑部,掌详断司事,审刑议官为刑部详议官。"官制行,悉罢归刑部。

元祐元年,省比部郎官一员,以都官兼司门。五月,三省言:"旧制,纠察在京刑狱以察违慢,自罢归刑部,无复申明纠举之制,请以御史台刑察兼领。其御史台刑狱,令尚书省右司纠察。"从之。刑部旧有详覆案,自官制行,归诸路提刑司,至是复置。四年,并制勘、体量为一案。绍圣元年,诏都官、司门互置郎官一员。崇宁二年十二月,诏:"刑部尚书通治左右曹,侍郎一治左曹,一治右曹,如独员,即通治,余并依官制格令。"

尚书　掌天下刑狱之政令。凡丽于法者,审其轻重,平其枉直,而侍郎为之贰。应定夺、审覆、除雪、叙复、移放,则尚书专领之;制勘、体量、奏谳、纠察、录问,则长贰治之;而郎中、员外郎分掌其事。有司更定条法,则覆议其当否。凡听讼狱或轻重失中,有能驳正,诏其赏罚。若颁赦宥,则纠官吏之稽违者;大祀,则尚书莅誓,荐熟则奉牲;大礼肆赦,则侍郎授赦书付有司宣读,承旨释囚。分案十二,置吏五十有二。绍兴后,分案十三:曰制勘,掌凡根勘诸路公事;曰体量,掌凡体究之事;曰定夺,掌诉雪除落过名;曰举叙,掌命官叙复;曰纠察,掌审问大辟;曰检法,掌供检条法;曰颁降,掌颁条法降;赦曰追毁,掌断罚追毁宣敕;曰会问,掌批会过犯;曰详覆,掌诸路大辟帐状；曰捕盗；曰帐籍，掌行在库务、理欠帐籍；曰进拟，掌进断案刑名文书。裁减吏额，置三十五人。

　　侍郎　旧制，应定夺、审覆、除雪、叙复、移放，尚书专领之。若制勘、体量、奏谳、纠察、录问，长贰通治之。南渡，长贰互置。隆兴常置一员。淳熙十六年，依崇宁专法，奏狱及法令事，请大理寺官赴部共议之，用侍郎吴博古之说也。

　　郎中　员外郎　各二人，分左右厅，掌详覆、叙雪之事。建炎三年，刑部郎官以二员为额，关掌职事，初无分异。绍兴二十六年，诏依元丰旧法，分厅治事。先是右司汪应辰言："刑部郎官分为左右，左以详覆，右以叙雪，同僚异事，祖宗有深意。倘初无分异，则有不当于理者，孰为追改？乞遵用旧制，要使官各有守，人各有见，参而用之，以称钦恤之意。"从之，仍令今后仿此。

　　都官郎中　员外郎　掌徒流、配隶。凡天下役人与在京百司吏职皆有籍，以考其役放及增损废置之数。若定差副尉，旧为军大将。则计其所历，而以役之轻重均其劳逸，给印纸书其功过，展减磨勘岁月。元祐八年，以纲运差使关归吏部，省副尉员三百。绍圣间，复其额，及元丰押纲法，归都官。崇宁二年二月，复配隶案。先是，元丰中，都官有吏籍、配隶案，元祐中，罢之。因刑部有请，乃诏如旧。六月，侍郎刘赓奏："副尉差遣有立定优重等第，都官条虽特旨亦许执奏，乞申严其禁。"从之。分案四，置吏十有八。建炎三年，诏比部兼司门。隆兴元年，诏都官、比部共置一员。自此都官兼比部、司门之事。分案五：曰差次，曰磨勘，曰吏籍，曰配隶，曰知杂，各因其名而治其事。裁减吏额，置十二人。淳熙十三年减三人。

　　比部郎中　员外郎　掌勾覆中外帐籍。凡场务、仓库出纳在官之物，皆月计、季考、岁会，从所隶监司检察以上比部，至则审覆其多寡登耗之数，有陷失，则理纳。钩考百司经费，有隐昧，则会问同否而理其侵负。旧帐案隶三司，自治平中至熙宁初，凡四年帐未钩考者已逾十有二万，钱帛、刍粟积亏不可胜计。五年十一月，曾布奏，以四方财赋当有簿书文籍，以钩考其给纳登耗多寡。遂置提举帐司,选人吏二百人,驱磨天下帐籍,并选官吏审覆。七年二月,诏帐司每岁具天下财用日出入数以闻。元丰初年,诏:"诸路财赋出入,自今三年一供,著为令。"官制行,厘其事归比部。元祐元年七月,用司马光奏,悉总于户部。三年,厘正仓部、勾覆、理欠、凭由案及印发钞引事归比部。政和六年,诏:"寺监先期检举,如库务监官所造文帐委无未备,方许批书,违者御史台奏劾。"用郎官梅执礼之请也。分案五,置吏百有一。建炎以后,或以都官兼比部、司门之事。

司门郎中　员外郎　掌门关、津梁、道路之禁令,及其废置移复之事。应官吏、军民、辇道商贩,讥察其冒伪违纵者。凡诸门启闭之节及关梁余禁,以时举行。分案二,置吏五。

工部　掌天下城郭、宫室、舟车、器械、符印、钱币、山泽、苑囿、河渠之政。凡营缮,岁计所用财物,关度支和市;其工料,则饬少府、将作监检计其所用多寡之数。凡百工,其役有程,而善否则有赏罚。兵匠有阙,则随以缓急招募。籍坑冶岁入之数。若改用钱宝,先具模制进御请书,造度、量、权、衡则关金部。印记则关礼部。凡道路、津梁,以时修治。旧制,判部事一人,以两制以上充。元丰并归工部。其属三:曰屯田,曰虞部,曰水部。设官十。尚书、侍郎各一人,工部、屯田、虞部、水部郎中员外郎各一人。元祐元年,省水部郎官一员。绍圣元年,诏屯田、虞部互置郎官一员兼领。

尚书　掌百工水土之政令,稽其功绪以诏赏罚。总四司之事,侍郎为之贰。若制作、营缮、计置、采伐所用财物,按其程式以授有司,郎中、员外郎参掌之。应官吏、兵民缘本曹事有功赏罚,则审实以上尚书省。大祭祀,则尚书荐俎与撤。若诸监鼓铸钱宝,按年额而课其数,因其登耗以诏赏罚。凡车辇、饬器、印记之造,则少府监、文思院隶焉。甲兵器械之制,则军器所隶焉。有合支物料工价,则申于朝,以属户部。建炎并将作、少府、军器监并归工部。是时,营缮未遑,惟戎器方急。绍兴二年,诏于行在别置作院造器甲,令工部长贰提点，郎官逐旬点检。少府监既归工部，文思院上下界监官并从本部辟差。又诏御前军器所录工部，自是营造稍广。宰臣议："户部以给财为务，工部以办事为能，诚非一体。"欲令户、工部兼领其事，卒未能合。隆兴以后，宫室、器甲之造寖稀，且各分职掌，部务益简，特提其纲要焉。分案六：曰工作，曰营造，曰材料，曰兵匠，曰检法，曰知杂。又专立一案，以御前军器案为名。裁减吏额，共置四十二人。

侍郎　掌贰尚书之事。南渡初，长贰互置，隆兴诏各置一员。

郎中　员外郎　旧制，凡制作、营缮、计置、采伐材物，按程式以授有司，则参掌之。建炎三年，诏："工部郎官兼虞部，屯田郎官兼水部。"隆兴元年，诏工部、屯田共一员兼领，自此四司合为一矣。淳熙九年，以赵公豳为屯田员外郎，自是不复省。

屯田郎中　员外郎　掌屯田、营田、职田、学田、官庄之政令，及其租入、种刈、兴修、给纳之事。凡塘泺以时增减，堤堰以时修茸，并有司修茸种植之事，以赏罚诏其长贰而行之。分案三，置吏八。

虞部郎中　员外郎　掌山泽、苑囿、场冶之事，辨其地产而为之厉禁。凡金、银、铜、铁、铅、锡、盐、矾、皆计其所入登耗以诏赏罚。分案四，置吏七。

水部郎中　员外郎　掌沟洫、津梁、舟楫、漕运之事。凡堤防决溢，疏导壅底，以时约束而计度其岁用之物。修治不如法者，罚之；规画措置为民利者，赏之。分案六，置吏十有三。绍兴累减吏额，四司通置三十三人。

军器所隶工部。　　提点官二员，绍兴三十二年，诏于边臣内差。提辖、监造官各二员，干办、受给、监门官各一员。掌鸠工聚材、制造戎器之政令。旧就军器监置，别差提举官，以内侍领之。绍兴中，改隶工部，罢提举官，日轮工部郎官、军器监官前去本所点验监视；后复以中人典领。工部侍郎黄中以为言，请复隶属。从之。孝宗即位，有旨增置提点官，以内省都知李绰为之，改称提举，免隶工部。后以御史张震力争，复隶工部。后改隶步军司，寻复旧。绍熙元年，减省员额,如上制。

文思院隶工部。　　提辖官一员,监官三员,内置一员,文臣京朝官充。监门官一员。掌金银、犀玉工巧及采绘、装钿之饰。凡仪物、器仗、权量、舆服所以供上方、给百司者,于是出焉。沿革附见榷货务、都茶场提辖官。

六部监门　六部监门官一员,掌司门钥。绍兴二年置。选升朝文臣有才力人充,仍令六部踏逐奏差。序位、请给依寺、监丞,郎官有阙得兼之。初从吏部尚书沈与求之请也。

六管架阁库　掌储藏帐籍文案以备用。择选人有时望者为之。旧有管干架阁库官,宣和罢之,绍兴十五年复置、吏户部各差一员,礼、兵部共差一员,刑、工部共差一员,以主管尚书某部架阁库为名,从大理寺丞周枨请也。嘉定八年,又置三省枢密院架阁官。

宋史卷一六四
志第一一七

职官四

御史台　　秘书省　　殿中省　　太常寺
宗正寺　　大宗正司附　　光禄寺
卫尉寺　　太仆寺

御史台　掌纠察官邪，肃正纲纪。大事则廷辨，小事则奏弹。其属有三院：一曰台院，侍御史隶焉；二曰殿院，殿中侍御史隶焉；三曰察院，监察御史隶焉。凡祭祀、朝会，则率其属正百官之班序。咸平四年，以御史二人充左右巡使，分纠不如法者。文官，右巡主之，武官，左巡主之，分其职掌，纠其违失，常参班簿、录料、假告皆主之。祭祀则兼监祭使，掌受誓戒致斋，检视纠劾。又有廊下使，专掌入阁监食；又有监香使，掌国忌行香，二使临时充。通称曰五使。元丰正官名，于是使名悉罢。

御史大夫　宋初不除正员，止为加官。检校官带宪衔，有至检校御史大夫者。元丰官制行，亦并除去。

中丞一人，为台长，旧兼理检使。凡除中丞而官未至者，皆除右谏议大夫权。熙宁五年，以知杂御史邓绾为中丞，初除谏议大夫，王安石言碍近制,止以绾为龙图阁待制权,御史中丞不迁谏议大夫自绾始。九年,邓润甫自正言知制诰为中丞,以宰相属官不可长宪府,于是复迁右谏议大夫权。元丰五年,以承议郎徐禧为知制诰权中丞。禧言:"中丞纠弹之任,赴舍人院行词,疑若未安。"会官制行,罢知制诰职,乃以本官试中丞。南渡初除官最多,隆兴后被擢浸少。淳熙十年,始除黄洽,又三年再除蒋继周。台谏例不兼讲读,神宗命吕正献。亦止命时赴讲筵。中兴兼者三人,万俟卨、罗汝楫皆以秦桧意。庆元后,司谏以上无不预经筵者矣。

侍御史　一人,掌贰台政。

殿中侍御史　二人,掌以仪法纠百官之失。凡大朝会及朔望、六参,则东西对立,弹其失仪者。

监察御史　六人,掌分察六曹及百司之事,纠其谬误,大事则奏劾,小事则举正。迭监祠祭。岁诣三省、枢密院以下轮治。凡六察之事,稽其多寡当否,岁终条具殿最,以诏黜陟。百官应赴台参谢辞者,以拜跪、书札体验其老疾。凡事经郡县、监司、省曹不能直者,直牒阁门,上殿论奏。官卑而入殿中监察御史者,谓之"里行"。治平四年,中丞王陶言:"奉诏举台官,而才行可举者多以资浅不应格。"乃诏举三丞以上知县为里行。熙宁二年诏:"御史阙,委中丞奏举,毋拘官职高下兼权。"三年,孙觉荐秀州军事推官李定,对称旨,为太子中允监察御史里行,由选人为御史自定始。于是知制诰宋敏求、苏颂、李大临以定资浅,封还词头,不草制,相继罢去。

元丰八年,裁减察官两员,余许尽兼言事。绍圣二年复置。元祐元年,诏台谏官许二人同上殿。又令六曹差除更改事,画黄到,即报台。又改六察旬奏为季奏。四年,诏:"应台察事已弹举而稽违逾月者,遇赦不得原减。"元符二年诏吏部:"守令课绩最优者关台考察,不实者重行黜责。"崇宁二年,都省申明:"台官职在绳愆纠谬,自宰臣至百官,三省至百司,不循法守,有罪当劾,皆得纠正。"政和六年,诏在京职事官与外任按察官,虽未升朝,并赴台参谢辞。七年,中丞王安石奏:"以本台觉察弹奏事刊为一书,殿中侍御史以上录本给付。"从之。

靖康元年,监察御史胡舜陟言:"监察御史自唐至本朝,皆论政事、击官邪,元丰、绍圣著于甲令,崇宁大臣欲其便已,遂更成宪。乞令本台增入监察御史言事之文。"诏依祖宗法。又诏宰执不得荐举台谏官。旧《台令》,御史上下半年分诣三省、枢密院点检诸房文字,轮诣尚书六曹按察;奉行稽违,付受差失,咸得弹纠。渡江后,稍阔不举。绍兴三年,始复其旧。是年十一月,殿中侍御史常同言:"元丰始置六察,上自诸部、寺监,下至禀库、场务,无不分隶,以诏废置。而乃有寅缘申请,乞不隶台察者,恐非法意,宜遵旧制。"从之。乾道二年诏:"自今非曾经两任县令,不得除监察御史。"庆元二年,侍御史黄黼言:"监察御史高宗时尝置六员,孝宗时置三员,今分按之任止二人,乞增置一员。"自后常置三员。

检法一人,掌检详法律。主簿一人,掌受事发辰,勾稽簿书。宋里初置推直官二人,专治狱事。凡推直有四、曰台一推,曰台二推,曰殿一推,曰殿二推。咸平中,置推勘官十员。元丰官制行,定员分职,里行、推直等官悉罢。绍兴初,诏检法、主簿特令殿中侍御史奏辟。绍熙中,侍御史林大中以论事不合去,所奏辟检法官李谦、主簿彭龟年亦乞同罢。嘉定元年,刘榘除检法官,范之柔除主簿,以后二职皆阙。乾道并省吏额,前司主管班次二人,正副引赞官二人,入品知班三人,知班五人,书令史四人,驱使官四人,法司二人,六察书吏九人,贴司五人,通引官三人。

三京留司御史台　管勾台事各一人,旧日判台。以朝官以上充。掌拜表行香,纠举违失。令史二人,知班、驱使官、书吏各一人,中兴以后不置。

秘书省　监　少监　丞各一人,监掌古今经籍图书、国史实录、天文历数之事,少监为之贰,而丞参领之。其属有五:著作郎一人,著作佐郎二人,掌修纂日历;秘书郎二人,掌集贤院、史馆、昭文馆、秘阁图籍,以甲、乙、丙、丁为部,各分其类;校书郎四人,正字二人,掌校仇典籍,判正讹谬,各以其职隶于长贰。惟日历非编修官不预。岁于仲夏曝书,则给酒食费,尚书、学士、侍郎、待制、两省谏官、御史并赴。遇庚伏,则前期遣中使谕旨,听以早归。大典礼,则长贰预集议。所以待遇儒臣,非他司比。宴设锡予,率循故事。

宋初,置三馆长庆门北,谓之西馆。太平兴国初,于升龙门东北,创立三馆书院。三年,赐名崇文院,迁西馆书贮焉。东廊为集贤书库,西廊分四部,为史馆书库。大中祥符八年,创外院于右掖门外。天禧初,令以三馆为额,置检讨、校勘等员。检讨以京朝官充,校勘自京朝、幕职至选人皆得备选。以内侍二人为勾当官,通掌三馆图籍事,孔目官、表奏官、掌舍各一人。又有监书库内侍一人,兼监秘阁图籍孔目官一人。

秘阁　系端拱二年就崇文院中掌建阁,以三馆书籍真本并内出古画墨迹等藏之。淳化元年,诏次三馆置直阁、以朝官充。校理,以京朝官充。以诸司三品、两省五品以上官一人判阁事。直阁、校理通掌阁事,掌缮写秘阁所藏。供御人、装裁匠十二人。元丰五年,职事官贴职悉罢,以崇文院为秘书省官属,始立为定员,分案四,置吏八。崇文院,太平兴国三年置。端拱元年,建秘阁于院中。昭文馆、史馆、集贤院皆沿唐制立名,但有书库寓于崇文院庑下。三馆、秘阁、崇文院各置贴职官。又有集贤殿修撰、直龙图阁、校勘,通谓之馆职。初,英宗谓辅臣曰:"馆阁所以育隽材,比选数人出使,无可者,岂乏材耶?"欧阳修曰:"今取材路狭,馆阁止用选人编校书籍,故进用稍迟。"上曰:"卿等各举数人,虽亲戚世家勿避。"于是宰相琦、公亮,参知政事修、概各荐五人,未及试,神宗登极,先召十人试以诗赋,而开封府界提点陈汝义别以奏对称旨预试。于是御史吴申言:"试馆职者请策以经史及世务,毋用辞赋。"遂诏:"自今试馆职专用策论。"熙宁二年,置崇文校书,始除河南府求安主簿邢恕。乃诏自今应选举可用人并除校书,候二年取旨除馆职官。五年,以隶秘书省。

元祐初,复置直集贤院、校理。自校理而上,职有六等,内外官并许带,恩数仍旧。又立试中人馆职法,选人除正字,京官除校书郎。校书郎供职二年,除集贤校理。秘书郎、著作佐郎比集贤校理。著作郎比集贤院、直秘阁。丞及三年除秘阁校理。三年二月,诏御试唱名日,秘书丞至正字升殿侍立。九月,复试贤良于阁下。五年,置集贤院学士并校对黄本书籍官员。绍圣初,罢校对,以编修日历选本省,易集贤院学士为殿修撰,直院为直秘阁,集贤校理为秘书校理。十二月,诏礼部,本省长贰定校仇之课,月终具奏。入伏午时减半,过渡伏依旧,从苏轼之请。又罢本省官任满除馆职法。元符二年,诏职事官罢带馆职名,悉复元丰官制。崇宁五年,诏馆阁并除进土出身人。政和五年四日,诏秘书省殿以右文为名,改集贤殿修撰为右文殿修撰。是月,驾诣景灵宫朝献,还幸秘书省。诏曰:"延见多士,历览藏书之府,祖宗遗文在焉,屋室浅狭,甚非称太平右文之盛,宜重行修展。"八月,诏秘书省移于新左藏库,以其地为堂。七年,诏类集所访遗书,名曰《秘书总目》。宣和二年,立定秘书省员额:监、少监、丞并依元丰旧制,著作郎以四员为额,校书郎二员,正字四员。

渡江后,制作未遑。绍兴元年,始诏置秘书省,权以秘监或少监一员,丞、著作郎佐各一员,校书、正字各二员为额。续又参酌旧制,校书郎、正字召试学士院而后命之。自是采求阙文,补缀漏逸,四库书略备。即秘书省复建史馆,以修神宗、哲宗实录,选本省官兼检讨、校勘,以侍从官充修撰。五年,效唐人十八学士之制,监、少、丞外,置著作郎佐、秘书郎各二人,校书郎、正字通十二人。又移史馆于省之侧,别为一所,以增重其事。九年,诏著作局惟修日历,遇修国史则开国史院,遇修实录则开实录院,以正名实。十三年,诏复每岁曝书会。是冬,新省成,少监游操援政和故事,乞置提举官,遂以授礼部侍郎秦熺,令掌求遗书,仍铸印以赐。置编定书籍官二人,以校书郎、正字充。

孝宗即位,诏馆职储养人才,不可定员。乾道九年,正字止六员;淳熙二年,监、少并置,皆前所未有。除少监、丞外,以七员为额,寻复诏不立额。绍熙二年,馆职阙人,上令召试二员,谨加审择,取学问议论平正之人。自是,监、少、丞外,多止除二员。是时,陈傅良上言:"请以右文、秘阁修撰并旧馆阁校勘三等为史官。自校勘供职,稍迁秘阁修撰,又迁右文,在院三五年,如有劳绩,就迁次对,庶几有专官之效,无冷局之嫌。"时论韪之,然不果行。中兴分案四:曰经籍,曰祝版,曰知杂,曰太史。吏额:都、副孔目官二人,四库书直官二人,表奏官、书库官各一人,守当官二人,正名楷书五人,守阙一人,正贴司及守阙各六人,监门官一人以武臣充,专知官一人。

日历所　隶秘书省,以著作郎、著作佐郎掌之。以宰执时政记、左右史起居注所书会集修撰,为一代之典。旧于门下省置编修院,专掌国史、实录,修纂日历。元丰元年诏:"宣徽院等供报修注事,自今更不供起居院,直供编修院日历所。"四年十一月,废编修院归史馆。官制行,属秘书省国史案。六年,诏秘书省长贰毋得预著作修纂日历事,进书即系衔,以防漏泄,如旧编修院法焉。八年,诏吏部郎中曾肇、礼部郎中林希兼著作。职事官兼职自此始。

元祐五年,移国史案置局,专掌国史、实录,编修日历,以国史院为名,隶门下省,更不隶秘书省。绍圣二年,诏日历还秘书省。宣和二年,诏罢在京修书诸局,惟秘书省日历所系元丰国史案,除著作郎官专管修纂日历之事无定员外,其分案编修日历书库官吏,并依元丰法。绍兴元年,初修皇帝日历,诏以修日历所为名,本省长贰通行修纂。三年,诏宰臣提举,侍从官修撰。十一月,诏以修国史日历所为名。四年,诏以史馆为名。十年,诏依旧制并归秘书省国史案,以著作郎、佐修纂,旧史馆官罢归元官。寻复诏以国史日历所为名,续并修《神宗、哲宗宝训》。隆兴元年,诏编类圣政所并归日历所,依旧宰臣提领,仍令日历所吏充行遣。

　　会要所　以省官通任其事。绍兴九年，诏秘书省官双校《国朝会要》，逐官添给茶汤钱。乾道四年，诏尚书右仆射陈俊卿兼提举编修《国朝会要》，每遇提举官开院过局，就本省道山堂聚呈文字，提举诸司官、承受官、主管诸司官，并令国史日历所官兼。五年，令本省再加删定，以续修《国朝会要》为名。九年，秘书少监陈骙言："编类建炎以后会要成书，以《中兴会要》为名。"并从之。其后接续修纂，并隶秘书省。

　　国史实录院　提举国史　监修国史　提举实录院　修国史　同修国史　史馆修撰、同修撰　　实录院修撰、同修撰　直史馆　编修官、检讨官　校勘、检阅、校正、编校官。　　　初，绍兴三年，诏置国史院，重修《神宗、哲宗实录》，以从官充修撰，续以左仆射吕颐浩提举国史，右仆射朱胜非监修国史。四年，置直史馆及检讨、校勘各一员。五年，置修撰官二员，校勘官无定员。是时，国史、实录皆寓史馆，未有置此废彼之分。九年，修《徽宗实录》，诏以实录院为名，仍以宰臣提举，以从官充修撰、同修撰，余官充检讨，无定员。明年，以未修正史，诏罢史馆官吏并归实录院。二十八年，实录书成，诏修《三朝正史》，复置国史院，以宰臣监修，侍从官兼同修，余官充编修。明年，诏国史院以宰臣提举，置修国史、同修国史共二员，编修官二员，又置都大提举诸司官、承受官、诸司官各一员，以内侍省官充。隆兴元年，以编类圣政所并归国史院，命起居郎胡铨同修国史。二年，参政钱端礼权监修国史；乾道元年，参政虞允文权提举国史：皆前所未有。二年，诏置实录院，修《钦宗实录》，其修撰、检讨官以史院官兼领。四年，实录告成，诏修钦宗正史。以右仆射蒋芾提举《四朝国史》，诏增置编修官二员，续又增置三员。淳熙三年，特命李焘以秘书监权同修国史、权实录院同修撰。四年，罢实录院，专置史院。十五年，四朝国史成书，诏罢史院，复开实录院修《高宗实录》。庆元元年，开实录院修《孝宗实录》。六年，诏实录院同修撰以四员、检讨官以六员为额。嘉泰元年,开实录院修纂光宗实录。二年,复开国史院,自是国史与实录院并置矣。实录院吏兼行国史院事,点检文字一人,书库官八人,楷书四人。

太史局　掌测验天文,考定历法。凡日月、星辰、风云、气候、祥眚之事。日具所占以闻。岁颁历于天下,则预造进呈。祭祀、冠昏及大典礼,则选所用日。其官有令,有正,有春官、夏官、中官、秋官、冬官正,有丞,有直长,有灵台郎,有保章正。其判局及同判,则选五官正以上业优考深者充。保章正五年、直长至令十年一迁,惟灵台郎试中乃迁,而挈壶正无迁法。其别局有天文院、测验浑仪刻漏所,掌浑仪台昼夜测验辰象。

钟鼓院,掌文德殿钟鼓楼刻漏进牌之事。

印历所,掌雕印历书。南渡后,并同隶秘书省,长、贰、丞、郎轮季点检。

算学　元丰七年,诏四选命官通算学者,许于吏部就试,其合格者,上等除博士,中次为学谕。元祐元年初,议者谓:“本监虽准朝旨造算学,元未兴工,其试选学官亦未有应格。窃虑徒有烦费,乞罢修建。”崇宁三年,遂将元丰算学条制修成敕令。五年,罢算学,令附于国子监。十一月,从薛昂请,复置算学,大观三年,太常寺考究;以黄帝为先师,自常先、力牧至周王朴以上从祀,凡七十人。四年,以算学生并入太史局。宣和二年,诏并罢官吏。

殿中省　监　少监　丞各一人,监掌供奉天子玉食、医药、服御、幄帝、舆辇、舍次之政令,少监为之贰,丞参领之。凡总六局:曰尚食、掌膳羞之事;曰尚药,掌和剂诊候之事;曰尚醖,掌酒体醴之事;曰尚衣,裳衣服冠冕之事;曰尚舍,掌次舍幄帝之事,曰尚辇,掌舆辇之事。六尚各有典御二人,奉御六人或四人,监门二人或一人。又尚食有膳工,尚药有医师,尚醖有酒工,尚衣有衣徒,尚舍有幕士,尚辇有正供等,皆分隶其局。又置提举六尚局及管干官一员。旧殿中省判省事一人,以无职事朝官充。虽有六尚局，名别有事存，凡官随局而移，不领于本省。所掌唯郊祀、元日、冬至天子御殿，及帝祫后庙、神主赴太庙，供具伞扇；而殿中监视秘书监，为寄录官而已。元丰中，神宗欲复建此官，而度禁中未有其地，但诏御辇院不隶省寺，令专达焉。初，权太府卿林颜因按内藏库，见乘舆服御杂贮百物中，乃乞复殿中省六尚，以严奉至尊。于是徽宗乃出先朝所度《殿中省图》，命三省行之，而其法皆左正言姚祐所裁定，是岁崇宁二年也。二年，蔡京上修成《殿中省六尚局供奉库务敕令格式》并《看详》凡六十卷，仍冠以"崇宁"为名。政和元年，殿中省高伸上编定《六尚供奉式》。靖康元年，诏六尚局并依祖宗法。又诏："六尚局既罢，格内岁贡品物万数，尚为民害，非祖宗旧制，其并除之。"

御药院　勾当官无常员，以入内内侍充。掌按验秘方，以时剂和药品，以进御及供奉禁中之用。旧制，勾当御药院迁官至遥领团练、防御者谓之暗转，干冒恩泽，浸不可止。嘉祐五年，诏御药院内臣如当转出而特留者，俟其出，所留岁月优迁之，更不许累计所迁资序。非勾当御药院而留者，其出更不推恩。典八人，药童十一人，匠七人。崇宁二年，并入殿中省。

尚衣库使　副使　旧曰尚衣库，大中祥符二年改。监官二人，以内侍、三班充，掌驾头服御伞扇之名物。凡御殿、大礼前一日，请乘舆衮冕、镇圭、袍服于禁中以待进御，事已复还内库。典一人，匠四人，掌库十人。

内衣物库　在文德殿后，太平兴国二年，置受纳匹段库，受纳绫、锦、西州鹿胎、绫、罗、绢、匹段。大中祥符元年并入。监官二人，以京朝官并内侍充，旧三人，以诸司使、副及三班、内侍充。掌受纳锦绮、绫罗、色帛、银器、腰束带料。造时支，准备衣服，以待颁赐诸王、宗室、文武近臣、禁军将校时服，并给宰臣、亲王、皇亲、使相生日器币，两府臣僚、百官、皇亲转官中谢、朝辞特赐，及大辽诸外国人使辞见银器、射弓、衣带。典八人，掌库三十一人。

新衣库　在太平坊。监官二人，以诸司使副、三班及内侍充。掌受锦绮、杂帛、衣服之物，以备给赐及邦国仪注之用，并受纳衣服以赐诸司丁匠、诸军。监门二人，以三班使臣充。典十人，掌库五十五人。

朝服、法物库　太平兴国二年置，后分三库：一在天安殿后，一在右掖门内北廊，一在正阳门外。监官二人，以诸司使、副及三班、内侍充，掌百官朝服、诸司仪仗之名物。典三人，掌库三十人。已上，崇宁二年并入殿中省。旧有裁造院、针线院、杂卖场，后省并之。

太常寺　卿　少卿　丞各一人　博士四人　主簿、协律郎、奉礼郎、太祝各一人。卿掌礼乐、郊庙、社稷、坛壝、陵寝之事，少卿为之贰，丞参领之。礼之名有五：曰吉礼，曰宾礼，曰军礼，曰嘉礼，曰凶礼。皆掌其制度仪式。祭祀有大祠，有小祠。其牺牲、币玉、酒醴、荐献、器服各辨其等；掌乐律、乐舞、乐章以定宫架、特架之制，祭祀享则分乐而序之。凡亲祠及四孟月朝献景灵宫、郊祀告享太庙，掌赞相礼仪升降之节。岁时朝拜陵寝，则视法式辨具以授祠官。凡祠事，差官、卜日、斋戒皆检举以闻。初献用执政官，则卿为终献；用卿，则少卿为亚献，博士为终献；阙则以次互摄。郊祀已，颁御札则撰仪以进。宫架、鼓吹、警场，率前期按阅即习。余祀及朝会、宴享、上寿、封册之仪物亦如之。若礼乐有所损益，及祀典、神祇、爵号与封袭继嗣之事当考定者，拟上于礼部凡太医之政令，以时颁行。

宋初，旧置判寺无常员，以两制以上充，丞一人，以礼官久次官高者充。别置太常礼院，虽隶本寺，其实专达。有判院、同知院四人，寺与礼院事不相兼。康定元年，置判寺，同判寺，始并兼礼院事。元丰正名，始专其职。分案五，置吏十有一。元祐三年，诏太常寺置长贰，他寺监则互置。绍圣中，复旧制。大观元年，应太常寺所被旨及施行典礼事，季轮博士铨次成籍，以备讨论。政和四年令，祠事监察御史阙，则以六曹郎官及馆职摄充。宣和三年，令本寺因革礼五年一检举，接续编修。建炎初，并省冗职，惟太常、大理不能。诏太常少卿一员兼宗正少卿，罢丞、簿，惟置博士一员。绍兴三年，复置丞。九年，臣僚言："元丰正名，太常主议论者博士四人，乞参稽旧典，添置博士，以称朝廷搜补阙轶、缉熙弥文之意。"诏添博士一员。十年，置簿一员。十五年，诏太常讨论置籍田令，续置太社令。隆兴元年，并省博士一员、主簿一员，又以光录寺并归太常，罢丞。明年，诏丞、簿并依旧制。

分案九：曰礼仪，掌讨论大庆典礼、神祠道释、袭封定谥、检举忌辰。曰祠祭，掌大中小祠祀差行事官并酒齐、币帛、蜡烛、礼料。曰坛庙，掌行室坛、庙域、陵寝。曰大乐，掌大乐教习乐舞，鼓吹、警场。曰法物，掌给纳朝、祭服。曰禀牺，掌岁中祠祭牲牢羊豕涤室。曰太医，掌臣僚陈乞医人，补允太医助教等。曰掌法，曰知杂，并掌本寺条制杂务。裁减吏额，赞引使二人，正礼直官二人，副礼直官二人，正名赞者七人，守阙赞者七人，私名赞者七人，胥吏一人，胥佐四人，贴司一人，书表司一人，祠祭局供官十二人，祭器司供官十人，乐正三人，鼓吹令一人，本寺天乐祭器库专知官一人、库子二人，圆坛大乐礼器库专知官一人、库子一人。

博士，掌讲定五礼仪式，有改革则据经审议。凡于法应谥者，考其行状，撰定谥文。有祠事，则监视仪物，掌凡赞导之事。 主簿，掌稽考簿书。 协律郎，掌律、吕以和阴阳之声，正宫架、特架乐舞之位。大祭祀享宴用乐，则执麾以诏作止之节，举麾、鼓祝而乐作。偃麾、戛敔而乐止。凡乐，掌其序事。 奉礼郎，掌奉币帛授初献官，大礼则设亲祠板位。太祝，掌读册辞，授搏黍以嘏告，饮福则进爵，酌酒受其虚爵。郊社令，掌巡视四郊及社稷。坛壝，掌凡扫除之事，祭祀则省牲。 太庙令，掌宗庙荐新七祀及功臣从享之礼。 籍田令，掌帝籍耕耨出纳之事，植五谷蔬果，藏冰以待用。 宫闱令，率其属以汛洒庙庭，凡修治洁除之事。

提点管干郊庙祭器所　南郊太庙祭器库　提点朝服法物库所　朝服法物库　南郊什物库　太庙什物库　掌藏其器服，以待祭祀、朝会之用。凡冠服,视其等而颁于执事之臣。

教坊及钤辖教坊所　掌宴乐阅习,以待宴享之用,考其艺而进退之。

诸陵祠坟所　掌先世后妃之坟园而以时献享。

太医局　有丞,有教授,有九科医生额三百人。岁终则会其全失而定其赏罚。太医局,熙宁九年置,以知制诰熊本提举,大理寺丞单骧管干。后诏勿隶太常寺,置提举一、判局二,判局选知医事者为之。科置教授一,选翰林医官以下与上等学生及在外良医为之。学生常以春试,取合格者三百人为额。太学、律学、武举生、诸营将士疾病,轮往治之。各给印纸,书其状,岁终稽其功绪,为三等第补之:上等月给钱十五千,毋过二十人;中等十千,毋过三十人;下等五千,毋过五十人。失多者罚黜之。受兵校钱物者,论如监临强乞取法。三学生愿预者听受,而禁邀求者。又官制行,隶太常礼部,自政和以后,隶医学,详见《选举志》。孝宗隆兴元年,省并医官而罢局生。续以虞允文请,依旧存留医学科,逐举附试省试别试所,更不置局,权令太常寺掌行。绍熙二年,复置太医局,局生以百员为额,余并依未罢局前体例,仍隶太常寺。

太晟府　以大司乐为长,典乐为贰。次曰大乐令,秩比丞。次曰主簿、协律郎。又有按协声律、制撰文字、运谱等官,以京朝官、选人或白衣士人通乐律者为之。又以武臣监府门及大乐法物库,以侍从及内省近侍官提举。所典六案:曰大乐,曰鼓吹,曰宴安乐,曰法物,曰知杂,曰掌法。国朝礼、乐掌于奉常。崇宁初,置局议大乐;乐成,置府建官以司之,礼,乐始分为二。五年二月,因省冗员,并之礼官;九月,复旧。大观四年,以官徒廪给繁厚,省乐令一员、监官二员,吏禄并观太常格。宣和二年,诏以大晟府近岁添置冗滥微幸,并罢,不复再置。

宗正寺　卿　少卿　丞　主簿各一人。卿掌叙宗派属籍,以别昭穆而定其亲疏,少卿为之贰,丞参领之。凡修纂牒、谱、图、籍,其别有五:曰玉牒,以编年之体叙帝系而记其历数,凡政令赏罚、封域户口、丰凶祥瑞之事载焉。曰属籍,序同姓之亲而第其服纪之戚疏远近。曰宗藩庆系录,辨谱系之所自出,序其子孙而列其名位品秩。曰仟源积庆图,考定世次枝分派别而系以本宗。曰仟源类谱,序男女宗妇族姓婚姻及官爵迁叙而著其功罪、生死。凡录以一岁,图以三岁,牒、谱、籍以十岁修纂以进。宋初,旧置判寺事二人,以宗姓两制以上充,阙则以宗姓朝官以上知丞事。掌奉诸庙诸陵荐享之事,司皇族之籍。主簿一员,以京官充。旧自丞、簿以上,皆宗姓为之,通署寺事。初置卿、少,率命常参官判寺事。大中祥符八年,以兵部侍郎赵安易兼卿,判寺赵世长改为知寺事。九年,始令丞、郎以上兼卿,给、舍以下兼少卿,郎中以下兼丞,京官主簿。其卿阙,则丞以下行寺事而无知、判之名。元丰官制行,诏宗正长贰不专用国姓,盖自有大宗正司以统皇族也。渡江后,卿不常置,少卿一人,以太常兼。绍兴三年,复置少卿一人。五年,复置丞;十年,置主簿;隆兴元年并省。次年,诏丞、簿复旧制。嘉定九年,诏以宗学改隶宗正寺,自此寺官又预校试之事。分案二:曰属籍,曰知杂。吏额,胥长一人,胥史一人,胥佐二人,楷书二人,贴书二人。

大宗正司　景祐三年始制司,以皇兄宁江军节度使濮王知大宗正事,皇侄彰化军节度观察留后守节同知大宗正事。元丰正名,仍置知及同知官各一人,选宗室团练、观察使以上有德望者充;丞二人,以文臣京朝官以上充。掌纠合族属而训之以德行、道艺,受其词讼而纠正其愆违,有置则先劾以闻;法例不能决者,同上殿取裁。若宫邸官因事出入,日书于籍,季终类奏。岁录存亡之数报宗正寺。凡宗室服属远近之数及其赏罚规式,皆总之。其赏罚规式,皆总之。

官属有记室一人,掌笺奏;讲书、教授十有二人,分位讲授,兼领小学之事。旧制,择宗室贤者为知大宗正事,次一人为同知;其后,位高属尊者为判。熙宁三年,始以异姓朝臣二员知丞事,置局为睦亲、广亲宅。是岁省管干睦亲、广亲宅及提举郡、县主等宅官，以其事归宗正。自熙宁中置丞，始以都官员外郎张稚圭为之。神宗疑用异姓，王安石言：前代宗正固有用庶姓者，乃录春秋时公侯大夫事。神宗曰："此虽无前代故事，行之何害。"安石曰："圣人创法，不必皆循前代所已行者。"于是召稚圭对而命之。"分案五，置吏十有一。元丰五年，诏大宗正司不隶六曹，其丞属中书省奏差。元祐四年，诏宗室越本司诉事者罪之。六年，诏宗正按熙宁敕诸院建小学，自八岁至于十四岁，首检举入学。绍圣元年，诏祖免外两世孤遗贫乏者，验实廪给之。四年，诏宗室若妇女自外还京，并报宗正。崇宁三年，诏大宗正及外宗正司将条贯事迹关宗正寺，修纂图牒。政和三年，诏以知大宗正事仲忽提举宗子学事。

崇宁三年，置南外宗正司于南京，西外宗正司于西京，各置敦宗院。初，讲议司言："宗室疏属愿居两京辅郡者，各置敦宗院，其两京各置外宗正司。"从之。仍诏各择宗室之贤者一人为知宗，掌外居宗室，诏复定宗学博士、正录员数。大观四年罢，政和二年复旧。又诏敦宗院宗子有文艺、行实众所共知者，许外宗正官考察以闻。

中兴后，以位高属尊者为判大宗正事，其知及同知如旧制。又置知大宗正丞一员，以文臣充，掌纠合宗室而检防训饬之。凡南班宗室磨勘、迁转、袭封、请给，覆其当否；嫁娶房奁、分析财产，酌厚薄多寡而订其议。凡宗室除合该赐名外，皆大宗正定名而后报宗正寺。其余迁授官资、支给钱米，考覆以诏予夺。其不率教者以法拘之，岁久知悔，则除其过名。复置南外宗正司、西外宗正司，以处宗室之在外者。各仍旧制设敦宗院，皆设知宗，所在通判职官兼丞、簿，其纠合、检防、训饬如大宗宗正、正司。西、南外两司阙知宗，间令大宗正司选择保明而后授之。又各置教授以课其行艺。南渡初，先徙宗室于江、淮，于是大宗正司移江宁，南外移镇江，西外移扬州。其后屡徙，后西外止于福州，南外止于泉州；又置绍兴府宗正寺，盖初随其所寓而分管辖之。乾道七年，尝欲移绍兴府宗司于蜀，不果，后并归行在。嘉定间，用臣僚言，乞凡除授知宗，须择老成更练之人。诏知宗正丞照百司例每日入局所，以示增重宗盟之意。

玉牒所 淳化六年，始设局置官，诏以《皇宋玉牒》为名，建玉牒殿。咸平初，命赵安易、梁周翰编属籍，始创规制。大中祥符六年，以知制诰刘筠、夏竦为修玉牒官，自后置一员或二员。元丰官制行，分隶宗正寺官。寺丞王巩奏：“玉牒十年一进，并以学士典领。自熙宁中范镇进书之后，《神宗玉牒》至今未修。仟源类谱自庆历中张方平修进之后，仅五十年，并无成书。乞别立法，其修玉牒及类谱官，每二年一具草缴进。”从之。绍圣三年，应宗室赐名，三祖下各随祖宗之支子而下，虽兄弟数多，并为一字相连。南渡后，绍兴十二年，始建玉牒所。提举一人或二人，以宰相执政为之，以侍从官一人兼修，宗正卿、少而下同修纂。先是，宗正寺丞邵大受奏：“讲求宗正寺旧掌之书，曰皇帝玉牒，曰仙源积庆图，曰宗藩庆系录，曰宗支属籍。南渡四书散失，今重加修纂《仙源庆系属籍总要》，合图、录、属籍三者而一之，既无愧于昔矣；独玉牒一书未修，宜搜访讨论，以正九族，以壮本支。”于是始置官如旧制，分案五，置吏十。乾道八年，诏玉牒殿主管香火，差内侍三员、武臣一员充，并改作干办玉牒所殿。

光禄寺 卿 少卿 丞 主簿各一人。卿掌祭祀、朝会、宴飨酒醴膳羞之事，修其储备而谨其出纳之政，少卿为之贰，丞参领之。凡祭祀，共五齐、三酒、牲牢、郁鬯及尊彝、笾豆、簠簋、鼎俎、铏登之实，前期饬有司辩具牲镬，视涤濯，奉牲则告充告备，共其明水火焉。礼毕，进胙于天子而颁于百执事之人。分案五，置吏十。元祐三年，诏长贰互置。政和六年二月，监察御史王桓奏：“祭祀牢醴之具掌于光录，而寺官未尝临视，请大祠以长贰、朔祭及中祠以丞簿监视宰割，礼毕颁胙，有故及小祠，听以其属摄。”从之。旧置判寺事一人，以朝官以上充。光录卿、少，皆为寄禄。元丰制行，始归本寺。中兴后，废并入礼部。

太官令　掌膳羞割烹之事。凡供进膳羞,则辨其名物,而视食之宜,谨其水火之齐。祭祀共明水、明火,割牲取毛血牲体,以为鼎俎之实。朝会宴享,则供其酒膳。凡给赐,视其品秩而为之等。元祐初,罢太官令。二年复置。崇宁三年,置尚食局,太官令惟掌祠事。

法酒库　内酒坊　掌以式法授酒材,视其厚薄之齐,而谨其出纳之政。若造酒以待供进及祭祀、给赐,则法酒库掌之;凡祭祀,供五齐三酒,以实尊罍。内酒坊惟造酒,以待余用。

大官物料库　掌预备膳食荐羞之物,以供太官之用,辨其名数而会其出入。

翰林司　掌供果实及茶茗汤药。

牛羊司、牛羊供应所　掌供大中小祀之牲牷及大官宴享膳羞之用。

乳酪院　掌供造酥酪。

油醋库　掌供油及盐豉。

外物料库　掌收储米、盐、杂物以待膳食之须。凡百司颁给者取具焉。

卫尉寺　卿　少卿　丞　主簿各一人。卿掌仪卫兵械、甲胄之政令,少卿为之贰,丞参领之。凡内外作坊输纳兵器,则辨其名数、验其良窳以归于武库,不如式者罚之。时其曝凉而封籍其数,若进御及颁给,则按籍而出之。每季委官检视,岁终上计帐于兵部。掌凡幄帟之事,大礼设帷宫,张大次、小次,陈卤簿仪仗。长贰书夜巡徼,察其不如仪者。押仗官则前期禀差。凡仗卫,供羽仪、节钺、金鼓、启戟,朝宴亦如之。宴享宾客,供幕帟、茵席,视其敝者移少府、军器监修焉。旧制,判寺事一人,以郎官以上充。凡武库、武器归内库,守宫归仪鸾司,本寺无所掌。元丰官制行,始归本寺。分案四,置吏十。元祐三年,诏长贰互置。所隶官司十有三:内弓箭库、南外库、军器弓枪库、军器弩剑箭库,掌藏兵杖、器械、甲胄,以备军国之用。仪鸾司,掌供幕帟供帐之事。军器什物库、宣德楼什物库,掌收贮什物,给用则按籍而颁之。左右金吾街司、左右金吾仗司、六军仪仗司,掌清道、徼巡、排列,奉引仪仗以肃禁卫。凡仪物以时修饬,选募人兵而校其迁补之事。

中兴后,卫尉寺废,并入工部。

太仆寺 卿 少卿 丞 主簿各一人。卿掌车辂、厩牧之令,少卿为之贰,丞参领之。国有大礼,供其辇辂、属车,前期戒有司教阅象马。凡仪仗既陈,则巡视其行列。后妃、亲王、公主、执政官应给车乘者,视品秩而颁之。总国之马政,籍京都坊监、畿甸牧地畜马之数,谨其饲养,察其治疗,考蕃息损耗之实,而定其赏罚焉。死则敛其骏尾、筋革入于官府。凡阅马,差次其高下,应给赐则如格。岁终钩覆帐籍,以上驾部。若有事于南北郊,侍中请降舆升辂,则卿授绥。旧置判寺事一人,以朝官以上充。凡邦国厩牧、车舆之政令,分隶群牧司、骐骥院诸坊监,本寺但掌天子五辂、属车,后妃、王公车辂、给大中小祀羊。元丰官制行,始归本寺。分案五,置吏十有八,总局十有二。元祐二年诏:"外监事,令本寺依群牧司旧法施行;应内外马军专隶太仆,直达枢密院,更不经尚书省及驾部。"三年,诏省主簿一员。崇宁二年,诏太仆寺依旧制不治外事,归尚书驾部;应马事,上枢密院所隶官司。

车辂院 掌乘舆、法物,凡大驾、法驾小驾供辇辂及奉引属车,辨其名数与陈列先后之序。左、右骐骥院 左、右天驷监 掌国马,别其驽良以待军国之用。

鞍辔库 应奉御马鞍勒,及以鞯辔给赐臣下。

养象所 掌调御驯象。 驼坊 车营 致远务 掌分养杂畜以供负载般运。牧养上下监 掌治疗病马及申驹数,有耗失则送皮剥所。元丰末,废畿内牧马监。元祐初,置左右天厩坊,听民间承佃牧地。绍圣元年,依元丰法置孳生监。

中兴后,废太仆寺,并入兵部。

　　群牧司　制置使一人,景德四年置,以枢密使、副为之。至道三年,罢而复置。使一人,咸平三年置,以两省以上官充;副使一人,以阁门以上及内侍都知充。都监二人,以诸司使以上充。判官二人,以京朝官充。掌内外厩牧之事,周知国马之政,而察其登耗焉。凡受宣诏、文牒,则以时下于院、监。大事则制置使同签署,小事则专遣其副使。都监多不备置,判官、都监每岁更出诸州巡坊监,点印国马之蕃息者。又有左右厢提点,隶本司。都勾押官一人,勾押官一人,押司官一人。

　　鞍辔库　使　副使　监官二人,以诸司副使及三班使臣、内侍充。掌御马金玉鞍勒,及给赐王公、群臣、外国使并国信辔辔之名物。勾管一人,典五人,掌库十四人。

　　元丰并入太仆寺。

宋史卷一六五
志第一一八

职官五

大理寺　鸿胪寺　司农寺　太府寺
国子监　少府监　将作监　军器监
都水监　司天监

　　大理寺　旧置判寺一人,兼少卿事一人。建隆二年,以工部尚书窦仪判寺事。凡狱讼之事,随官司决劾,本寺不复听讯,但掌断天下奏狱,送审刑院详讫,同署以上于朝。详断官八人,以京官充;国初,大理正、丞、评事皆有定员,分掌断狱。其后,择他官明法令者,若常参官则兼正,未常参则兼丞,谓之详断官。旧六人,后加至十一人,又去兼正、丞之名。咸平二年始定置。法直官二人,以幕府、州县官充,改京官则为检法官。

　　元丰官制行,置卿一人,少卿二人,正二人,推丞四人,断丞六人,司直六人,评事十有二人,主簿二人。卿掌折狱、详刑、鞫谳之事。凡职务分左右:天下奏劾命官、将校及大辟囚以下以疑请谳者,隶左断刑,则司直、评事详断,丞议之,正审之;若在京百司事当推治,或特旨委勘及系省之物应追究者,隶右治狱,则丞专推鞫。盖少卿分领其事,而卿总焉。凡刑狱应审议者,上刑部;被旨推鞫及情犯重者,卿同所隶官请对奏裁。若狱空或断绝,则御史按实以闻。分案十有一，置吏六十有九。

先是旧制，大理寺谳天下奏案而不治狱。熙宁五年，增详断官二为十员。七年，置详断习学官十四，详覆习学官六。九年，诏以"京师官寺，凡有狱皆击开封府司录司及左右军巡三院，囚逮猥多，难于隔讯，又暑多瘐死，因缘流滞，动涉岁时。稽参故事，宜属理官，可复置大理狱。"始命崔台符为知卿事，蹇周辅、杨汲为少卿，各举丞及检法官。初，神宗谓国初废大理狱非是，以问孙洙，洙对合旨，至是，命官起寺，十七日而成。元丰二年手诏："大理寺近举坠典，俾治狱事，推轮规摹，皆以义起，不少宽假，必怀顾忌，稽留弊害，无异前日。宜依推制院及御史台例，不供报纠察司。"三年，诏依旧供报。凡官属依御史台例，谒有禁。又诏纠察司察访本寺断徒以上出入不当者，索案点检。五年，诏毋以大理寺官为试官。六年，又诏："凡断公案，先上正看详当否，论难改正，签印注日，然后过议司覆议；如有批难，具记改正，长贰更加审定，然后判成录奏。"又刑部言："应吏部补授大理寺左断刑官，先与刑部、大理寺长贰同议可否，然后注拟。仍取经试得循资以上人充，正阙以丞补，丞阙以评事补。"诏刑部、吏部同著为令。八年，诏大理寺推断事应奏及上尚书省者，更不先申本曹。

元祐元年，以右治狱勘断公事全少，并左右两推为一司。三年，三省请罢右治狱，依三司旧例置推勘检法官于户部，从之。又诏大理寺并置长贰。四年，从刑部请，改本寺条，任大理官失断徒已上五人或死罪二人，不在选限。旧条，失断徒已上三人或死罪一人。绍圣元年，诏断刑狱官依元丰元年选试法。二年，复置右治狱，置官属如元丰制。左右推事有翻异者互送，再有异者朝廷委官审问，或送御史台治之。元符元年，应大理寺、开封府承受内降公事，不得奏请移送。又诏应奏断公事，依开封府专条，不许诸处取索。

崇宁四年，诏大理寺官诸司辄奏辟者，以违制论。政和二年，诏法官任满，择职事修举、人材可录者奏举再任，仍许就任关升，理本等资序。五年，依熙、丰故事，复置习学公事四员，长、贰立课程，正、丞同指教。宣和七年，评事以上并差试中刑法人。又诏大理寺、开封府承受公事，依法断遣，不得乞降特旨。中兴并省官寺，惟大理寺不并。

绍兴初，诏正与丞并堂除。评事阙，则委本寺长贰选择应格人赴刑部议定，申朝廷差填；如无应格，即选谙习刑法人权充。又立比较法以惩差失。隆兴二年，评事巩衍言：“评事检断，躬自节案，亲书断语，最为劳苦。”诏增置，以八员为额。淳熙末，严寺官出谒之禁，以防请托、漏泄之弊。绍熙初，除试中刑法评事八员外，司直、主簿选用有出身曾历任人，各兼评事系衔。将八评事已拟断文字，分两厅点检，或有未安，则述所见与长贰商量。庆元四年，定逐季仲月定日断绝之法。嘉定八年，申严绍熙指挥，重司直、主簿之选，增选试取人数以劝法科。

左断刑分案三：曰磨勘，掌批会吏部等处改官事；曰宣黄，掌凡断讫命官指挥；曰分簿，掌行分探诸案文字。设司有四：曰表奏议，掌拘催详断案八房断议狱案，兼旬申月奏；曰开拆；曰知杂；曰法司。又有详断案八房，专定断诸路申奏狱案等。又有敕库，掌收管架阁文书。吏额：胥长一人，胥史三人，胥佐三十人，贴书六人，楷书十四人。隆兴共减七人。右治狱分案有四：曰左右寺案，掌断讫公事案后收理追赃等；曰驱磨，掌驱磨两推官钱、官物、文书；曰检法，掌检断左右推狱案并供检应用条法；曰知杂。又有开拆、表奏二司；有左右推，主鞫勘诸处送下公事及定夺等。吏额：前司胥史一人、胥佐九人，表奏司一人、贴书三人，左右推胥史二人、胥佐八人、般押推司四人、贴书四人。隆兴共减五人。

鸿胪寺　旧置判寺事一人，以朝官以上充。元丰官制行，置卿一人，少卿一人，丞、主簿各一人。卿掌四夷朝贡、宴劳、给赐、送迎之事，及国之凶仪、中都祠庙、道释籍帐除附之禁令，少卿为之贰，丞参领之。凡四夷君长、使价朝见，辨其等位，以宾礼待之，授以馆舍而颁其见辞、赐予、宴设之式，戒有司先期办具；有贡物，则具其数报四方馆,引见以进。诸蕃封册,即行其礼命。若崇义公承袭,则辨其嫡庶,具名上尚书省。其周嵩、庆、懿陵庙,命官以时致享。若凶仪之节,宗室以服,臣僚以品,辨其丧纪而诏奠临赙赠之制。礼应成服,则卿掌赞导之仪,葬则预戒有司具卤簿仪物。分案四,置吏九。其官属十有二:往来国信所,掌大辽使介交聘之事。都亭西驿及管干所,掌河西蕃部贡奉之事　礼宾院,掌回鹘、吐蕃、党项、女真等国朝贡馆设,及互市译语之事。　怀远驿,掌南蕃交州,西蕃龟兹、大食、于阗、甘、沙、宗哥等国贡奉之事。　　中太一宫、建隆观等各置提点所,掌殿宇斋宫、器用仪物、陈设钱币之事。在京寺务司及提点所,掌诸寺葺治之事。传法院,掌译经润文。　左、右街僧录司,掌寺院僧尼帐籍及僧官补授之事。　　同文馆及管勾所,掌高丽使命。　　已上并属鸿胪寺。中兴后,废鸿胪不置,并入礼部。

司农寺　旧置判寺事二人,以两制,朝官以上充;主簿一人,以选人充。掌供籍田九种,大中小祀供豕及蔬果、明房油、与平粜、利农之事。

元丰官制行,始正职掌,置卿、少卿、丞、主簿各一人。卿掌仓储委积之政令,总苑囿库务之事而谨其出纳,少卿为之贰,丞参领之。凡京都官吏禄廪,辨其精粗而为之等;诸路岁运至京师,遣官阅其名色而分纳于仓庾,蒿秸则归诸场,岁具封桩、月具见存之数奏闻;给兵食则进呈粮样,因出纳而受赂刻取者,严其禁;有负失者,计其亏数上于仓部。凡诸路奏雨雪之阙与过多者,皆籍之。凡苑囿行幸排比及荐飨进御、颁赐植藏之物,戒有司先期辨具,造麦蘖、储薪炭以待给用。天子亲耕藉田,有事于先农,则卿奉耒耜,少卿率属及庶人以终千亩。分案六,置吏十有八。

初,熙宁二年,置制置条例司,立常平敛散法,遣诸路提举官推行之。三年五月,诏制置司均通天下之财,以常平新法付司农寺,增置丞、簿,而农田水利、免役、保甲等法,悉自司农讲行。初以太子中允吕惠卿判司农寺,改同判寺胡宗愈为兼判。四年,以御史知杂邓绾判寺，曾布同判。诏诸路提举常平官课绩，田寺考校升出，管干官令提举司保明，计功赏之。六年，以司农间遣属官出视诸路，力有不给，乃置干当公事官，以叶康直等四人为之。七年，本寺言："所主行农田水利、免役、保甲之法，措置未尽，官吏推行多违法意，欲榜谕官私，使人陈述，有司违法，从寺按察。"九年，以干当公事官所至辄用喜怒，罢之，从熊本请也。元丰四年，减丞一，主簿三。官制行，寺监不治外事，司农事旧职务悉归户部右曹。

元祐三年，诏司农寺置长贰。五年，以本寺主簿兼检法。八年，复置提辖修仓所；绍圣元年，诏罢官属，以其事归将将监。四年，罢主簿、添丞一员。

政和六年，浙西诸州各置排岸一员，从两浙运副应安道请也。所隶官属凡五十：仓二十有五，掌九谷廪藏之事，以给官吏、军兵禄食之用。凡纲运受纳及封桩支用，月具数以报司农。　草场十有二，掌受京畿刍秸，以给牧监饲秣。　排岸司四，掌水运纲船输纳雇直之事。　园苑四：玉津、瑞圣、宜春、琼林苑，掌种植蔬莳以待供进，修饬亭宇以备游幸宴设。　下卸司，掌受纳纲运。都曲院，掌造曲，以供内酒库酒醴之用，及出鬻以收其直。　水磨务，掌水矶磨麦，以供尚食及内外之用。　内柴炭库，掌诸薪炭，以给宫城及宿卫班直军士薪炭席荐之物。炭场，掌储炭以供百司之用。

建炎三年，罢司农寺，以事务并隶仓部。绍兴三年，复置丞二员。凡有合行事务，申户部施行。四年，复置寺，仍置卿、少。十年，复置簿。隆兴元年，并省主簿一员，明年，诏如旧制。乾道三年，诏粮纲有欠，从本寺断遣监纳，情理重者，大理寺推勘。分案五，南北省仓、草料场、和籴场隶焉。监仓官分上中下界，司其出纳。诸场皆置监官。外有监门官，交量则有检察斛面官，纲运下卸有排岸司官，各分其事以佐本寺。丰储仓所，置监官二员，监门官一员。初，绍兴以上供米余数，桩管别廪，以为水旱之助，后又增广收籴。淳熙间，命右司为之提领，后以属检正，非奉朝廷指挥不许支拨。别置赤历，提领官结押，不许衮同司农寺收支经常米数。凡外州军起到桩管米,从司农寺差官盘量,据纳到数报本所桩管。监官、监门官遇考任满,所属批书外,仍于本所批书,视其有无欠折,以定其功过。在外,则镇江、建康亦置仓焉。

太府寺　旧置判寺事一人,以两制或带职朝官充;同判寺一人,以京朝官充。凡廪藏贸易、四方贡赋、百官奉给,时皆隶三司,本寺但掌供祠祭香币、帨巾、神席,及校造斗升衡尺而已。

元丰官制行,始正职掌,置卿、少卿各一人,丞、主簿各二人。卿掌邦国财货之政令,及库藏、出纳、商税、平准、贸易之事,少卿为之贰,丞参领之。凡四方贡赋之输于京师者,辨其名物,视其多寡,别而受之。储于内藏者,以待非常之用;颁于左藏者,以供经常之费。凡官吏、军兵奉禄赐予,以法式颁之,先给历,从有司检察,书其名数,钩覆而后给焉。供奉之物,则承旨以进,审奏得画,乃听除之。若春秋授军衣,则前期进样,定其颁日,畿内将校营兵支请,月具其数以闻。凡商贾之赋,小贾即门征之,大贾则输于务。货之不售者,平其价鬻于平准,乘时赊贷以济民用;若质取于官,则给用多寡,各从其抵。岁以香、茶、盐钞募人入豆谷实边。即京都阙用物,预报度支。凡课入,以盈亏定课最,行赏罚。大祀,晨祼则卿置币,奠玉则入陈玉帛,余祀供其帨巾。分案九,置吏六十有五。

元祐初,以仓部郎官印发文钞,三年,复归本寺。又诏太府置长贰。五年,令长贰每月分巡所辖库务。元符元年,增置丞一员。三年,改市易案为平准,其市易务亦如之。崇宁中,置药局七所,添丞一员点检。宣和三年减罢。靖康元年,诏内外官司局所,依熙宁法,钱物并纳左藏库,凡省一百五所。又诏户部、太府寺长贰当职官及本库官吏俸钱,候在京官吏支散并足,方许支给,从户部尚书梅执礼之请也。

所隶官司二十有五:左藏东西库,掌受四方财赋之入,以待邦国之经费,给官吏、军兵奉禄赐予。旧分南北两库,政和六年修建新库,以东西库为名。西京、南京、北京各置左藏库。　内藏库,掌受岁计之余积，以待邦国非常之用。　　奉宸库，掌供内庭，凡金玉、珠宝、良货贿藏焉。祗候库，掌受钱帛、器皿、衣服，以备传诏颁给及殿庭赐予。元丰库，掌受诸路积剩及常平钱物，凡封椿者皆入焉。神宗常愤契丹倔强，慨然有恢复幽燕之志，聚金帛内帑，自制四言诗一章，曰："五季失国，狁犹孔炽，艺祖造邦，思有惩艾。爰设内府基以募士，曾孙保之，敢忘厥志。"每库以诗一字目之，储积皆满。又别置库，赋诗二十字，分揭于库，曰："每虔夕惕心，妄意遵遗业，雇予不武姿，何日成戎捷。"徽宗朝，又有崇宁库、大观库。布库，掌受诸道输纳之布，辨其名物以待给用。　　茶库，掌受江、浙、荆湖、建、剑茶茗，以给翰林诸司及赏赉、出鬻。　　杂物库，掌受内外杂输之物，以备支用。　　粮料院，掌以法式颁廪禄，凡文武百官、诸司、诸军奉料，以券准给。　　审计司，掌审其给受之数，以法式驱磨。　　都商税务，掌收京城商旅之算，以输于左藏。　　汴河上下锁、蔡河上下锁，掌收舟船木筏之征。　　都提举市易司，掌提点贸易货物，其上下界及诸州市易务、杂买务、杂卖场皆隶焉。　　市易上界，掌敛市之不售、货之滞于民用者，乘时贸易，以平百物之直。

市易下界，掌飞钱给券，以通边籴。　　杂买务，掌和市百物，凡宫禁、官府所需，以时供纳。　　杂卖场，掌受内外弊余之物，计直以待出货，或准折支用。榷货务，掌折博斛斗、金帛之属。　　交引库，掌给印出纳交引钱钞之事。　　抵当所，掌以官钱听民质取而济其缓急。　　和剂局、惠民局，掌修合良药，出卖以济民疾。　　店宅务，掌管官屋及邸店，计置出僦及修造之事。　　石炭场，掌受纳出卖石炭。香药库，掌出纳外国贡幸而及市舶香药、宝石之事。

　　建炎诏罢太府寺，以其所掌职务拨隶金部。绍兴元年，复以章意守太府寺丞，措置印给茶监盐钞引，续添置丞二员。四年，复置卿、少各一员。十年，复置主簿。十一年，诏交引库书押钞引寺丞两员，遇合推赏，各与减磨勘二年。寻诏三丞一体行之。隆兴元年，并省主簿一员，明年如旧制。设案七，以序次分管。监交案，随逐丞簿赴左藏库监交看验纲运钱物。中兴后，所隶惟有粮料院、审计司、左藏东西库、交引库、祗候库、和剂库、惠民局如前制所置。　　左藏南库，系桩管御前激赏库改。以侍从官提领，又置提辖检察官一员。　编估局、打套局，二局系拣选市舶香药杂物等第，会其直以待贸易。寄桩库，掌发卖香药、匹帛，拘其直归于左藏南库。置监官提领二人。

　　国子监　旧置判监事二人，以两制或带职朝官充，凡监事皆总之。直讲八人，以京官、选人充，掌以经术教授诸生。旧以讲书为名，无定员。淳化五年，判监李至奏为直讲，以京朝官充。其后，又有讲书、说书之名，并以幕职、州县官充。其熟于讲说而秩满者，稍迁京官。皇祐中，始以八人为额，每员各专一经，并选择进士并《九经》及第之人，相参荐举。丞一人，以京朝官或选人充，掌钱谷出纳之事。主簿一人，以京官或选人充，掌文簿以勾考其出纳。旧制，祭酒阙，始置判监事。监生无定员。并有荫及京畿人，初隶监授业，后补监生；或随属游官，以久离本贯，不克赴乡荐，而文艺可称，亦许隶补试。广文教进士，太学教《九经》、《五经》、《三礼》、《三传》学究，律学馆教明律，余不常置。

　　元丰官制行，始置祭酒、司业、丞、主簿各一人，太学博士十人，旧系国子监直讲，元丰三年，诏改为太学博士，每经二人。正、录各五人，武学博士二人，律学博士、正各一人。

　　祭酒　掌国子、太学、武学、律学、小学之政令，司业为之贰，丞参领监事。凡诸生之隶于太学者，分三舍。始入学，验所隶州公据，以试补中者充外舍。斋长、谕月书其行艺于籍，行谓率教不戾规矩，艺谓治经程文。季终考于学谕，次学录，次学正，次博士，然后考于长贰。岁终校定，具注于籍以俟覆试，视其校定之数，参验而序进之。凡私试，孟月经义，仲月论，季月策。公试，初场以经义，次场以论、策。试上舍如省试法。凡内舍行艺与所试之等俱优者，为上舍上等，取旨命官；一优一平为中，以俟殿试；一优一否或俱平为下，以俟省试。唯国子生不预考选。凡课试、升黜、教导之事，长贰皆总焉。车驾幸学，则率官属诸生班迎，即行在距学百步亦如之。凡释奠于先圣、先师及武成王，则率官属诸生共荐献之礼。岁计所隶三舍生升降多寡之数,以为学官之殿最赏罚。

博士,掌分经讲授,考校程文,以德行道艺训导学者。　正、录、掌举行学规,凡诸生之戾规矩者,待以五等之罚,考校训导如博士之职。　职事学禄五人,掌与正、禄通掌学规。　学谕二十人,掌以所授经传谕诸生。直学四人,掌诸生之籍及几察出入。凡八十斋,斋置长、谕各一人,掌表率斋生,凡戾规矩者,纠以斋规五等之罚,仍月考斋生行艺,著于籍。　武学博士、学谕各二人,掌以兵书、弓马、武艺训诱学者。　律学博士二人,掌传授法律及校试之事。小学,置职事教谕二人,掌训导及考校责罚。学长二人,掌序齿位、纠不如仪者。集正二人,掌籍诸生名氏,纠程课不逮者。

熙宁初,诏用经术取士,广阔黉舍,分为三学,增置生徒,总二千八百人。隶籍有数,给食有等,库书有官,治疾有医。分案八,置吏十。元丰三年,诏自今奏举大学博士,先以所业进呈。五年,诏国子监官差承务郎以上,阙即差选人充正官,立行、守、试请奉法。八年,诏罢太学保任同罪法。

元祐元年,诏太学每岁公试,以司业、博士主之,如春秋补试法。左司谏王严叟言:"太学生补中人,乞并许应举,罢一年之限。"诏国子监立法。又诏给事中孙觉、秘书少监顾临、崇政殿说书程颐、国子监长贰看详修立国子监条例。又诏置《春秋》博士一员。二年,增司业　员。又诏内外学官选年三十以上历仕人充。三年,诏国子监置长贰。四年,诏太学正、禄依熙宁法,选上舍生充,阙则以内舍生。五年,殿中侍御史岑象求言:"国子监无叩问师资之益,学官不以训导为己任,补试伺察不严,有假手之弊。"诏礼部相度以闻。本部言:"生员遇有请益,许见长贰。仍诏生员以所纳斋课于讲堂上指谕,并委博士逐月巡所隶斋,询考生员所业。凡私试不锁宿,欲令不罢讲说。"从之。

绍圣元年,监察御史刘拯言:"太学复行元丰中三舍推恩注官、免省试、免解试之制。夫旧法欲行,必先严考察。请自今太学长贰、博士、正禄,选学行纯备、众所推服者为之,有弛慢不公,考察不实,则重加遣责;差职掌长谕改正如元丰旧制。"从之。又诏:"内外学官非制科、进士出身及上舍生入官者,并罢。"又诏:"太学正、禄依元丰旧制,各置五人。"又诏:"太学三舍生并依元丰学制,重行考察,依旧条推恩。"左司谏翟思言:"元丰《太学令》训迪纠禁亦具矣,今追复经义取士,乞令有司看详,依旧颁行。"诏送国子监。又诏:"内外学官选进士出身及经明行修人。"又诏学官又召试,国子监长贰、台谏官、外监司皆许荐举。三年,司业龚原言:"公试依元丰旧制,以长贰监试,轮差博士五员考试,乞朝廷更差官五员参考。"从之。元符元年,诏有官人许入太学充监生,毋过四十人。三年,复置《春秋》博士。_{崇宁元年省罢。}

　　崇宁元年,宰臣蔡京言:"有诏天下皆兴学贡士,以三舍考选法遍行天下,听每三年贡入太学。上舍试仍别为考,分为三等,若试中上等,补充太学上舍,试中中等、下等者,补充内舍,余为外舍生。仍建外学于国之南,待其岁考行艺,升之太学。其外学官属:司业一人,丞一人,博士十人,学正五人,学禄五人;职事人保学生充:学禄五人,学谕十人,直学二人,斋长、斋谕各一人。外舍生三千人,太学上舍一百人,内舍三百人,候将来贡试到合格者,即上舍以二百人、内舍以六百人为额。处上舍、内舍于太学,处外舍于外学。外学置斋一百,讲堂四,每斋三十人。太学自讼斋移于外学。诸路贡士并入外学,候依法考选校试合格,升之太学为上舍、内舍生。见为太学外舍生,依旧在太学,候外学成日取旨。外学并依太学敕、令、格、式。"从之。二年,罢春秋博士。三年,诏辟雍置司成、司业各一员。四年,诏:"辟雍待四《方贡》士,在国之郊,太学教养上舍生,在王城之内,内外既殊,高下未伦;辟雍有司成在侍郎之次,国子有祭酒、司业列于卿、少,事体不顺,合行厘正。"改辟雍司成为太学司成,总国子监及内外学事,凡学之事,皆许专达。仍立学官谒禁。

　　大观元年,置国子博士四员,国子正、禄各二员,太学、辟雍博士共置二十员,国子、太学每经一员,辟雍二员。从薛昂之请也。三年,诏诸路赡学余钱并起发充在京学事支用。四年,诏省国子、辟雍博士五员,太学命官学禄一员,辟雍二员,国子命官正、禄及命官直学、国子监书库官等官,并省罢,依绍圣格,毋有叙禄。政和元年,诏两学博士、正、禄依旧制选试,朝廷除授。七年,新提举河东路学事王格言:"崇宁初,建辟雍于郊,以处贡士及外舍生,立太学于国,以处上舍、内舍。由州、郡而贡之辟雍,由辟雍而升之太学。法行之初,上、内舍之选未众,故外舍有校定者留太学,无校定者出辟雍。比年上、内舍人日增,而太学又有国子随行亲及小学生,人数已多,居处迫隘,乞以外舍生有无校定,并居辟雍,升补上、内舍乃入太学。"从之。八年,诏两学博士、正、禄并诸州教授兼用元丰试法,仍止试一经。吏部具到元丰法:进士第一甲,或省试十名内,或府、监发解五名内,或太学公、私试三名内,或季试两次为第一人,或上舍、内舍生,或曾充经论以上职掌,或投所业乞试,并听试,入上等注博士,中下等注正、禄,即人多阙少,愿注诸州教授者听。

宣和三年,诏罢天下三舍,太学以三舍考选,开封府及诸路以科举取士。州学未行三舍以前,应置学官及养士去处,依元丰旧制。太学生并拨填旧额,辟雍正额入太学者,拨入额外,依旧制过填。阙诸内舍上等校定人愿入太学者,与免补试。辟雍官属并罢。又诏国子博士、正、禄改充太学正、禄。七年,臣僚言:"熙、丰间,博士未尝除代,近年以来,席未暖而代者已至,当从正、禄第进。新除太学博士胡世将、周利建乞改除止、禄、候将来升为博士。"从之。

靖康元年,谏议大夫冯澥言:"朝廷罢元祐学术之禁,不专王氏之学,《六经》之旨,其说是者取之。今学校或主一偏之说,执一偏之见,愿诏有司考校,敢私好恶去取,重行黜责。"又诏太学博士替成资阙。

建炎三年,诏国子监并归礼部。未几,诏复养生徒,置博士。绍兴十二年,置祭酒、司业各一人。十二年,太学成,增置博士、正、禄。用元祐、绍圣监学法,修立监学新法。诏国子博士、正、禄通治诸斋。学官阙,从本监选举。其后,监学博士、正禄增减不齐,兼摄并置不一。至隆兴以后,正、禄不兼权,祭酒、司业并置,复书库官;又定国子博士一员,太学博士三员,正、禄共四员,学官之制始定。淳熙四年,置监门官一员,兼管石经阁,以不厘务使臣充,以后相承不改。

武学 庆历三年,诏置武学于武成王庙,以阮逸为教授。八月,罢武学,以议者言“古名将如诸葛亮、羊祜、杜预等,岂专学孙、吴”故也。熙宁五年,枢密院言:“古者出师受成于学,文武弛张,其道一也,乞复置武学。”诏于武成王庙置学。元丰官制行,改教授为博士。绍兴十六年,诏修建武学,武博、武谕以兵书、弓马、武艺诱诲学者。绍兴二十六年,诏武学博士、学谕各置一员,内博士于文臣有出身或武举出身曾预高选充,其学谕差武学人,后又除文臣之有出身者。

宗学 元丰六年,宗室令铄乞建宗学,诏从之,既而中辍,建中靖国元年复置。崇宁初,立月书、季法。南渡初,建学。嘉定更新置四斋,后再增三斋。宗学博士,旧诸王宫大小学教授也。至道元年,太宗将为皇侄等置师傅,执政谓环卫之官非亲王比,当有降,乃以教授为名。咸平初,遂命诸王府官分兼南、北宅教授。南宫者,太祖、太宗诸王之子孙处之,所谓睦亲宅也。崇宁五年,又改称某王宫宗子博士,位国子博士之上。靖康之乱,宗学遂废。绍兴四年,始复置诸王宫大小学教授二员,隆兴省其一。嘉定九年十二月,始复置宗学,改教授为博士,又置宗学谕一员,并隶宗正寺,在太常博士之下,谕在国子正之上,奉给、赏典依国子博士及正例,于是宗室疏远者皆得就学。旋有旨复存诸王宫大小学教授一员。

书库官 淳化五年,判国子监李志言:“国子监旧有印书钱物所,名为近俗,乞改为国子监书库官。”始置书库监官,以京朝官充。掌印经史群书,以备朝廷宣索赐予之用,及出鬻而收其直以上于官。元丰三年省。中兴后,并国子监入礼部。绍兴十三年,复置一员;三十一年,罢。隆兴初,诏主簿兼书库。乾道七年,复置一员。

少府监　旧制，判监事一人，以朝官充。凡进御器玩、后妃服饰、雕文错采工巧之事，分隶文思院、后苑造作所，本监但掌造门戟、神衣、旌节，郊庙诸坛祭玉、法物，铸牌印朱记，百官拜表案、褥之事。凡祭祀，则供祭器、爵、瓒、照烛。

元丰官制行，始制少监、丞、主簿各一人。监掌百工伎巧之政令，少监为之贰，丞参领之。凡乘舆服御、宝册、符印、旌节、度量权衡之制，与夫祭祀、朝会展采备物，皆率其属以供焉。庀其工徒，察其程课、作止劳逸及寒暑早晚之节，视将作匠法，物勒工名，以法式察其良窳。凡金玉、犀象、羽毛、齿革、胶漆、材竹，辨其名物而考其制度，事当损益，则审其可否，议定以闻。少府所掌，旧有主名，其工作之事，则监自亲之。

熙宁中，已厘归有司，官制行，皆复旧。元丰元年，工部言："文思院上下界诸作工料条格，该说不尽，功限例各宽剩，乞委官检照前后料例功限，编为定式。"从之。又诏："文思监官除内侍外，令工部、少府监同议选差。"崇宁三年诏："文思院两界监官，立定文臣一员、武臣二员，并朝廷选差，其内侍干当官并罢。"

分案四，置吏八。所隶官属五：　文思院，掌造金银、犀玉工巧之物，金采、绘素装钿之饰，以供舆辇、册宝、法物凡器服之用。　绫锦院，掌织纴锦绣，以供乘舆凡服饰之用。　染院，掌染丝枲币帛。

裁造院，掌裁制服饰。　文绣院，掌纂绣，以供乘舆服御及宾客祭祀之用。崇宁三年置，招绣工三百人。

旧置南郊祭器库监官二人，太庙祭器法物库监官二人，掌祠祭器服之名物，各有专典。　旌节官二人，铸印篆文官二人。　诸州铸钱监监官各一人。以上并属少府监。

将作监　旧制，判监事一人，以朝官以上充。凡土木工匠之政、京都缮修隶三司修造案；本监但掌祠祀供省牲牌、镇石、炷香、盥手、焚版币之事。

元丰官制行,始正职掌。置监、少监,各一人,丞、主簿各二人。监掌宫室、城郭、桥梁、舟车营缮之事,少监为之贰,丞参领之。凡土木工匠板筑造作之政令总焉。辨其才干器物之所须,乘时储积以待给用,庀其工徒而授以法式;寒暑蚤暮,均其劳逸作止之节。凡营造有计帐,则委官覆视,定其名数,验实以给之。岁以二月治沟渠,通壅塞。乘舆行幸,则预戒有司洁除,均布黄道。凡出纳籍帐,岁受而会之,上于工部。熙宁初,以嘉庆院为监,其官属职事,稽用旧典,已而尽追复之。元祐七年,诏颁《将作监修成营造法式》。八年,又诏本监营造检计准,长贰随事给限,丞、簿覆检。元符元年,三省言:"将作监主簿二员,乞将先到任一员改充干当公事,候成资替罢。"从之。崇宁五年,诏将作监,应承受前后特旨应副外,路并府、监修造差拨人工物料,遵执元丰条格,不得应副。宣和五年,诏罢营缮所归将作监。

分案五,置吏二十有七。所隶官属十: 修内司,掌宫城、太庙缮修之事。 东西八作司,掌京城内外缮修之事。 竹木务,掌修诸路水运材植及抽算诸河商贩竹木,以给内外营造之用。 事材场,掌计度材物,前期朴斫,以给内外营造之用。 麦䴷场,掌受京畿诸县夏租䴷麨,以给圬墁之用。 窑务,掌陶为砖瓦,以给缮营及瓶缶之器。 丹粉所,掌烧变丹粉,以供绘饰。 作坊物料库第三界,掌储积材物,以备给用。 退材场,掌受京城内外退弃材木,抡其长短有差,其曲直中度者以给营造,余备薪爨。 帘箔场,掌抽算竹木、萍苇,以供帘箔内外之用。

建炎三年,诏将作监并归工部。绍兴三年,复置丞,仍兼总少府之事。十年,置主簿一员。十一年,诏依司农、大府寺,置长贰一员。隆兴初,宫室无所营缮,职务简省,百工器用属之文思院,以隶工部;本监惟置丞一员,余官虚而不除。乾道以后,人材甚多,监、少、丞簿无阙,凡台省之久次与郡邑之有声者,悉寄位于此,自是号为储才之地,而营缮之事,多俾府尹、畿漕分任其责焉。

军器监　国初,戎器之职领于三司胄曹案,官无专职。熙宁六年,废胄案,乃按唐令置监,以从官总判。元丰正名,始置监、少监各一人,丞二人,主簿一人。监掌监督缮治兵器什物,以给军国之用,少监为之贰,丞参领之。凡利器以法式授工徒,其弓矢、干戈、甲胄、剑戟战守之具,因其能而分任之,量用给材,旬会其数以考程课,而输于武库,委遣官诣所隶检察。凡用胶漆、筋革、材物必以时,课百工造作,劳逸必均,岁终阅其良否多寡之数,以诏赏罚。器成则进呈便殿,俟阅试而颁其样式于诸道。即要会州建都作院分造器械,从本监比较而进退其官吏焉。元祐三年,省丞一员,绍圣中复置。政和三年,应御前军器监所颁降军器样制,非长贰当职官不得省阅,及传写漏泄,论以违制。

分案五,置吏十有三。所隶官属四:东西作坊,掌造兵器、旗帜、戎帐、什物,辨其名色,谨其缮作,以输于受藏之府。兵校工匠,其役有程,视精粗利钝以为之赏罚。　作坊物料库,掌收铁锡、羽箭、油漆之属。　皮角场,掌收皮革、筋角,以供作坊之用。南渡置御前军器所。建炎三年,诏军器监并归工部,东西作坊、都作院并入军器所。绍兴三年,复置丞一员,令工部相度合管职事归之。十一年,诏复置长贰各一员。十四年,以朝奉大夫赵子厚守军器监,宗室为寺监长贰自此始。

隆兴初,诏置造军器,已有军器所隶工部,本监惟置丞一员。乾道五年,复置少监及簿。六年,以少监韩玉往建康点检物马,以奉使军器少监为名。是年,复置监一员。淳熙初元,诏戎器非进入毋辄出所,由是呈验寝省。二年,钱良臣以少监总领淮东财赋;八年,沈揆复以监长行。诸监长贰自是始许总饷外带,然二人实初兼版曹职事。嘉定十四年,岳珂独以军器监总饷淮东。是后,戎所、作坊已备官于下,宥府、起部并提纲于上,监居其间,事务稀简,特为储才之所焉。

都水监　旧隶三司河渠案,嘉祐三年,始专置监以领之。判监事一人,以员外郎以上充;同判监事一人,以朝官以上充;丞二人,主簿一人,并以京朝官充。轮遣丞一人出外治河堤之事,或一岁再岁而罢,其有谙知水政,或至三年。置局于澶州,号曰外监。

元丰正名,置使者一人,丞二人,主簿一人。使者掌中外川泽、河渠、津梁、堤堰疏凿浚治之事,丞参领之。凡治水之法,以防止水,以沟荡水,以浍写水,以陂池潴水。凡江、河、淮、海所经郡邑,皆颁其禁令。视汴、洛水势涨涸增损而调节之。凡河防谨其法禁,岁计菱捷之数,前期储积,以时颁用,各随其所治地而任其责。兴役以正月至十月止,民功则随其先后毋过一月。若导水溉田及疏治壅积为民利者,定其赏罚。凡修堤岸、植榆柳,则视其勤惰多寡以为殿最。南、北外都水丞各一人,都提举官八人,监埽官百三十有五人,皆分职位事;即干机速,非外丞所能治,则使者行视河渠事。

元祐八年,诏提举汴河堤岸司隶本监。先是,导洛入汴,专置堤岸司;至是,亦归之有司。元祐四年,复置外都水使者。五年,诏南、北外都水丞并以三年为任。七年,方议回河东流,乃诏河北、东西漕臣及开封府界提点,各兼南、北外都水事;绍圣元年罢。元符三年,诏罢北外都水丞,以河事委之漕臣;三年,复置。重和元年,工部尚书王诏言,乞选差曾任水官谙练者为南、北两外丞,从之。宣和三年,诏罢南、北外都水丞司,依元丰法,通差文武官一员。

分案七,置吏三十有七。所隶有: 街道司,掌辖治道路人兵,若车驾行幸,则前期修治,有积水则疏导之。

建炎三年,诏都水监置使者一员。绍兴九年,复置南、北外都水丞各一员,南丞于应天府,北丞于东京置司。十年,诏都水事归于工部,不复置官。

司天监 监 少监 丞 主簿 春官正 夏官正 中官正秋官正 冬官正 灵台郎 保章正 挈壶正各一人。掌察天文祥异,钟鼓漏刻,写造历书,供诸坛祀祭告神名版位昼日。监及少监阙,则置判监事二人。以五官正充。礼生四人,历生四人,掌测验浑仪,同知算造、王式。元丰官制行,罢司天监,立太史局,隶秘书省。

宋史卷一六六
志第一一九

职官六

殿前司　　侍卫亲军　　环卫官
皇城司　　三卫官　　客省引进
四方馆　　东西上阁门　　带御器械
入内内侍省　　内侍省　　开封府
临安府　　河南应天府　　次府
节度使　　承宣观察防御等使

殿前司　都指挥使、副都指挥使、都虞候各一人。掌殿前诸班直及步骑诸指挥之名籍,凡统制、训练、蕃卫、戍守、迁补、赏罚,皆总其政令。而有都点检、副都点检之名,在都指挥之上,后不复置。入则侍卫殿陛,出则扈从乘舆,大礼则提点编排,整肃禁卫卤簿仪仗,掌宿卫之事。都指挥使以节度使为之,而副都指挥使、都虞候以秩以上充;资序浅则主管本司公事,马步军亦如之。备则通治,阙则互摄。凡军事皆行以法,而治其狱讼,若情不中法,则禀奏听旨。

骑军有殿前指挥使、内殿直、散员、散指挥、散都头、散祗候、金枪班、东西班、散直、钧容直及捧日以下诸军指挥。　步军有御龙直、骨朵子直、弓箭直、弩直及天武以下诸军指挥。　诸班有都都虞候指挥使、都军使、都知、副都知、押班。 御龙诸直,有四直都虞候,本直各有都虞候、指挥使、副指挥使、都头、副都头、十将、将、虞候。 骑军、步军,有捧日、天武左右四厢都指挥使,捧日、天武左右厢各有都指挥使。每军有都指挥使、都虞候,每指挥有指挥使、副指挥使,每都有军使、副兵马使、十将、将、虞候、承局、押官,各以其职隶于殿前司。

元祐七年,签书枢密院王岩叟言:"祖宗以来,三帅不曾阙两人,若殿帅阙,难于从下超补,姚麟系殿前都虞候,合升作步军副都指挥使。"绍圣三年,诏:"殿前指挥使金枪弩手班、龙旗直所减人额及排定班分,并依元丰诏旨。"政和四年,诏:"殿前都指挥使在节度使之上,殿前副都指挥使在正任承宣使之上,殿前都虞候在正任防御使之上。"

渡江后,都指挥间虚不除,则以主管殿前司一员任其事。其属有干办公事、主管禁卫二员,准备差遣、准备差使、点检医药饭食各一员,书写机宜文字一员。本司掌诸班直禁旅扈卫之事,捧日、天武四厢隶焉。训齐其众,振饬其艺,通轮内宿,并宿卫亲兵并听节制。其下有统制、统领、将佐等分任其事。凡诸军班直功赏、转补,行门拍试、换官,阅实排连以诏于上;诸殿侍差使年满出职,祗应参班,核其名籍;以时教阅,则谨鞍马、军器、衣甲之出入;军兵有狱讼,则以法鞫治。初,渡江草创,三卫之制未备,稍稍招集,填置二帅,资浅者,各有主管某司公事之称。又别置御营司,擢王渊为都统制。其后外州驻扎,又有御前诸军都统制之名。又并入神武军,以旧统制、统领改充殿前司统制、统领官。

乾道中,臣僚言:"三衙军制名称不正。以旧制论之,军职大者凡八等,除都指挥使或不常制外,曰殿前副都指挥使、马军副都指挥使、步军副都指挥使,次各有都虞候,次有捧日、天武四厢都指挥使,龙、神卫四厢都指挥使,秩秩有序,若登第然;降此而下,则分营、分厢各置副都指挥使。边境有事,命将讨捕,则旋立总管、钤辖、都监之名,使各将其所部以出,事已复初。今以宿卫虎士而与在外诸军同其名，以统制、统领为之长，又使遥带外路总管、钤辖，皆非旧典。所当法宗祖之旧，正三衙之名，改诸军为诸厢，改统制以下为都虞候、指挥使，要使宿卫之职，预有差等，士卒之心，明有所系，异时拜将，必无一军皆惊之举。"时不果行。淳熙以后，四厢之职多虚，而殿司职司有权管干，有时暂照管之号，愈非乾道以前之比矣。

侍卫亲军马军　都指挥使、副都指挥使、都虞候各一人，掌马军诸指挥之名籍，凡统制、训练、番卫、戍守、迁补、赏罚，皆总其政令；侍卫扈从，及大礼宿卫，所掌如殿前司官。所领马军，自龙卫而下有左右四厢都指挥，龙卫左右厢各有都指挥使。每军有都指挥使、都虞候，每指挥有指挥使，副使指挥使，每都有军使、副兵马使、十将、将，虞候、承勾、押官，各以其职隶于马军司。政和四年，诏以马军都指挥使、马军副都指挥使在正任观察使之上，马军都虞候在正任防御使之上。

中兴后，置主管侍卫马军司一员，其属有干办公事、准备差遣、点检医药饭食各一员掌出戍建康，差主管机宜文字一员，掌马军之政令。凡出入扈卫、守宿以奉上，开收阅习、转补以励下，如殿前司。凡名籍核其在亡，过则以法绳之，有巡防救应，则纠率差拨龙卫四厢隶焉。

侍卫亲军步军　都指挥使、副都指挥使、都虞候各一人，掌步军诸指挥之名籍，凡编制、训练、番卫、戍守、迁补、赏罚，皆总其政令；侍卫扈从，及大礼宿卫，如殿前司。所领步军，自神卫而下左右四厢都指挥使，左右厢各有都指挥使。每军有都指挥使、都虞候，每指挥有指挥使、副指挥使，每都有都头、副都头、十将、将、虞候、承勾、押官，各以其职隶于步军司。政和四年，诏以步军都指挥使、步军副都指挥使在正任防御使之上，

中兴后，置主管侍卫步军司一员，其属有干办公事二员，准备差遣、点检医药饭食各一员，掌步军之政令。凡出入扈卫、守宿以奉

上,开收阅习、转补以励下,如殿前司。凡名籍校其在亡,过则以法绳之,有巡防救应,则纠率差拨神卫四厢隶焉。

环卫官　左、右金吾卫上将军　大将军　将军　中郎将　郎将

左、右卫上将军　大将军　将军　中郎将　郎将

左、右骁卫上将军　大将军　将军

左、右武卫上将军　大将军　将军

左、右屯卫上将军　大将军　将军

左、右卫官军卫上将军　大将军　将军

左、右监门卫上将军　大将军　将军

左、右千牛卫上将军　大将军　将军　中郎将　郎将

诸卫上将军、大将军、将军,并为环卫官,无定员,皆命宗室为之,亦为武臣之赠典;大将军以下,又为武官责降散官。政和中,改武臣官制,而环卫如故,盖虽有四十八阶,别无所领故也。靖康元年,诏以武安军节度使钱景臻等为左金吾卫上将军,保信军节度使刘敷等为右金吾卫上将军,用御中中丞陈过庭言,遵艺祖,开宝初罢玉彦超、武行德等归环卫故事也。其禁兵分隶殿前及侍卫两司,所称十二卫将军,皆空官无实,中兴多不除授。隆兴中,始命学士洪遵等讨论典故,复置十六卫,号环卫官。其法"节度使则领左、右金吾卫上将军,承宣使则领左、右卫上将军,在内则兼带,在外则不带;正任为上将军,遥郡为大将军,正亲兄弟子孙试充。又诏祖宗诸后自明肃至钦慈诸后及后妃嫔御之家,各具本宗堪充诸卫官以名衔闻。又诏三卫郎为三卫侍郎。又诏博士并差文臣。崇宁四年二月置,五年正月罢。

皇城司　干当官七人,以武功大夫以上及内侍都知、押班充。掌宫城出入之禁令,凡周庐宿卫之事、宫门启闭之节皆隶焉。每门给铜符二、铁牌一,左符留门,右符请钥,铁牌则请钥者自随,以时

参验而启闭之。总亲从、亲事官名籍,辨其宿卫之地,以均其番直;人物伪冒不应法,则讥察以闻。凡臣僚朝觐,上下马有定所,自宰相、亲王以下,所带人从有定数,揭榜以止其喧哄。元丰六年,诏干当皇城司,除两省都知、押班外,取年深者减罢,止留十员。元祐元年,诏干当官阅三年无过者迁秩一等,再任满者减磨勘二年。元符元年,诏:"应宫城出入请纳官物,呈禀公事,传送文书,并御厨、翰林、仪鸾司非次祗应,听于便门出入,即不由所定门者,论如阑入律。应差办人物入内,及内诸司差人往他所应奉,并前一日具名数与经历诸门报皇城司。"二年,诏皇城司任满酬奖依熙宁五年指挥,再任满无遗阙,取旨。政和五年,诏皇城司可创置亲从弟五指挥,以七百人为额,亲从官旧有四指挥,元额共二千二百七十人。仍以五尺九寸一分六厘使为将军,副使为中郎将,使臣以下为左、右郎将,通以十员为额。宗室不在此例。除管军则解,或领阁门、皇城之类则仍带,虽戚里子弟,非战功人不除。批书印纸属殿前司。是时,帝谕宰相,以为如文臣馆阁储才之地。绍熙初,尝欲留阙以储将才,循初意也。嘉泰中,复申明隆兴之诏,屏除贪得妄进,以重环尹之官。嘉定二年,复因臣僚言,专以曾为兵将其功绩及名将子孙之有才略者充。通前后观之,可以见环卫储才之意。

　　三卫官　三卫郎一员,秩比大中大夫;中郎为之贰,文武各一员,秩比朝议大夫。博士二员,主簿一员。亲卫府郎十员,中郎十员;勋卫府郎十员,中郎十员;翊卫府郎二十员,中郎二十员;文武各四十员。三卫郎治其府之事,率其属日直于殿陛,长在左,立起居郎之前;贰分左右,文东武西,立都承旨之后;伏退,治事于府。博士掌教道,校试三卫所习文武之艺。亲卫立于殿上两旁,勋卫立于朵殿,翊卫立于两阶卫士之前。三卫郎依给、舍,中郎依少卿,余依寺丞。亲卫官以后妃嫔御之家有服亲,及翰林学士并管军正任观察使以上子孙;勋卫官以功臣之世、贤德之后有服亲,太中大夫以上及正任团练使、遥郡观察使以上;翊卫官以卿监、正任刺史、遥郡团练使以上,并以为等。其将校、十将、节级等应合行事件,比第四指挥及见行条贯。六年三月,应臣僚辄带售雇人入宫门,罪赏并依宗室法,将带过数止坐本官,若兼领外局,所定人从非随本官辄入者,依阑入法。十一月,诏嘉王楷差提举皇城司整肃随驾禁卫所。靖康元年,诏应入皇城门,依法服本色,辄衣便服及不裹头帽入出者并科罪。所隶官属一:冰井务,掌藏冰以荐献宗庙、供奉禁庭及邦国之用,若赐予臣下,则以法式颁之。

中兴初,为行营禁卫所,差主管官,掌出入皇城宫殿门等敕号,察其假冒,车驾行幸则纠察导从。绍兴元年,改称行在皇城司。提举官一员,提点官二员,干当官五员,以诸司副使、内侍都知押班充。掌皇城宫殿门,给三色牌号,稽验出入。凡亲从、亲事官五指挥,入内院子、守阙入内院子指挥,总其名籍,均其劳役,察其功过而赏罚之。凡诸门必谨所守;蠲洁斋肃,郊祀大礼,则差拨随从守卫;有宴设,则守门约阑。每年春秋,按赏亲从逐指挥、亲事官第一指挥、长行三色武艺、弓弩枪手。皇城周回有垫陷,移文修整。嘉定间,臣僚言:"皇城一司,总率亲从,严护周庐,参错禁旅,权亚殿严,乞专以知阁、御带兼领。仍立定亲从员额,以革泛滥。"并从之。

客省、引进使　客省使、副使各二人。掌国信使见辞宴赐,及四方进奉、四夷朝觐贡献之仪,受其币而宾礼之,掌其饔饩饮食,还则颁诏书,授以赐予;宰臣以下节物,则视其品秩以为等。若文臣中散大夫、武臣横行刺史以上还阙朝觐,掌赐酒馔。使阙,则引进、四方馆、阁门使副互权。大观元年,诏客省、四方馆不隶台察。政和二年,改定武选新阶,乃诏客省、四方馆、引进司、东西上阁门所掌职务格法,并令尚书省具上。又诏高丽已称国信,改隶客省。靖康元年,诏客省、引进司、四方馆、西上阁门为殿庭应奉,与东上阁门一同隶中书省,不隶台察。

引进司使、副各二人。掌臣僚、蕃国进奉礼物之事,班四方馆上。使阙,则客省、四方馆互兼。

四方馆使　二人。掌进章表,凡文武官朝见辞谢、国忌赐香,及诸道元日、冬至、朔旦庆贺起居章表,皆受而进之;郊祀大朝会,则定外国使命及致仕、未升朝官父老陪位之版,进士、道释亦如之。掌凡护葬、赗赠、朝拜之事。客省、四方馆,建炎初并归东上阁门,皆知阁总之。

东、西上阁门　东上阁门、西上阁门使各三人,副使各二人,宣赞舍人十人,旧名通事舍人,政和中改。祗候十有二人。掌朝会宴幸、供奉赞相礼仪之事,使、副承旨禀命,舍人传宣赞谒,祗候分佐舍人。凡文武官自宰臣、宗室自亲王、外国自契丹使以下朝见谢辞皆掌之,视其品秩以为引班、叙班之次,赞其拜舞之节而纠其违失。若庆礼奉表,则东上阁门掌之;慰礼进名,则西上阁门掌之。月进班簿,岁终一易,分东西班揭贴以进。自客省而下,因事建官,皆有定员,遂立积考序迁之法,听其领职居外,增置看班祗候六人,由看班迁至使皆五年,使以上七年,遇阙乃迁,无阙则加遥郡。

元丰七年,诏客省、四方馆使副领本职外,官最高者一员兼领阁门事。元祐元年,诏客省、四方馆、阁门并以横行通领职事。绍圣三年,诏看班祗候有阙,令吏部选定,尚书省呈人材,中书省取旨差。崇宁四年,诏阁门依元丰法隶门下省。大观元年,诏阁门依殿中省例,不隶台察。政和六年,诏宣赞播告,直诵其辞。靖康元年,诏阁门并立员额。监察御史胡舜陟奏:“阁门之职,祖宗所重,宣赞不过三五人,熙宁间,通事舍人十三员,祗候六人,当时议者犹以为多。今舍人一百八员,祗候七十六员,看班四员,内免职者二百三员,由宦侍恩幸以求财,朱勔父子交卖尤多,富商豪子往往得之。真宗时,诸王夫人因圣节乞补阁门,帝曰:‘此职非可以恩泽授。’不许。神宗即位之初,用宫邸直省官郭昭选为阁门祗候,司马光言:‘此祖宗以蓄养贤才,在文武为馆职。’其重如此,今岂可卖以求财,乞赐裁省。”故有是诏。

旧制有东、西上阁门,多以处外戚勋贵。建炎初元,并省为一,其引进司、四方馆并归阁门,客省循旧法,非横行不许知阁门。绍兴元年,帝以宋钱孙藩邸旧人,稍习仪注,命转行横行一官,主管阁门。又曰:"审邸旧人,自内侍及使臣皆不与行在职任,止与外任,镂孙以阁门无谙练人,故留之。"五年,诏右武大夫以上并称知阁门事兼客省、四方馆事,官未至者,即称同知阁门事同兼客省、四方馆事,以除授为序,称同知者在知阁门之下。宣赞舍人任传宣引赞之事,与阁门祗候并为阁职,间带点检阁门簿书公事。绍兴中,许令供职,注授内外合入差遣,阙到然后免供职。其后供职舍人员数稍冗,裁定以四十员为额。

乾道六年,上欲清阁门之选,除宣赞舍人、阁门祗候仍旧通掌赞引之职外,置阁门舍人十员,以待武举之入官者。掌诸殿觉察失仪兼侍立,驾出行幸亦如之;六参、常朝,后殿引亲王起居。仿儒臣馆阁之制,召试中书省,然后命之。又详转对如职事官,供职满二年与边郡。淳熙间,置看班祗候,令忠训郎以下充,秉义郎以上,始除阁门祗候。又增重荐举阁门祗候之制,必廉干有方略、善弓马、两任亲民无遗阙及曾历边任者充。绍熙以来,立定员额。庆元初,申严阁门长官选择其属之令,非右科前名之士不预召试,盖以为右列清选云。

带御器械　宋初,选三班以上武干亲信者佩窠韝、御剑,或以内臣为之,止名"御带";咸平元年,改为带御器械。景祐二年,诏自今无得过六人。庆历元年,诏遇阙员,曾历边任有功者补之。中兴初,诸将在外多带职,盖假禁近之名,为军旅之重。绍兴七年,枢密院言:"带御器械官当带插。"帝曰:"此官本以卫不虞,今乃佩数笞骸箭,不知何用。方承平时,至饰以珠玉,车驾每出,为观美而已。他日恢复,此等事当尽去之。"二十九年,诏中外举荐武臣,无阙可处,增置带御器械四员。然近侍亦或得之。乾道以来,诏立班枢密院检详文字之上。淳熙间,凡正除军中差遣或外任者,不许衔内带行,又须供职一年,方与解带恩例,于是属韝之职益加重焉。

入内内侍省　内侍省　宋初,有内中高品班院,淳化五年,改入内内班院,又改入内黄门班院,又改内侍省入内内侍班院。景德三年,诏:"东门取索司可并隶内东门司,余入内都知司;内东门都知司、内侍省入内内侍班院可立为入内内侍省,以诸司隶之。"宋初,有内班院,淳化五年,改为黄门;九月,又改内侍省。

入内内侍省与内侍省号为前后省,而入内省尤为亲近。通侍禁中、役服亵近者,隶入内内侍省。拱侍殿中、备洒扫之职、役使杂品者,隶内侍省。入内内侍省有都都知、都知、副都知、押班、内东头供奉官、内西头供奉官、内侍殿头、内侍高品、内侍高班、内侍黄门。内侍省有左班都知、副都知、右班都知、副都知、押班、内东头供奉官、内西头供奉官、内侍殿头、内侍高品、内侍高班、内侍黄门。自供奉官至黄门,以二百八十人为定员。凡内侍初补曰小黄门,经恩迁补则为内侍黄门。后省官阙,则以前省官补。押班次迁副都知,次迁都都知,遂为内臣之极品。

熙宁中,入内内侍省内侍省都知、押班遂省,各以转入先后相压,永为定式。其官称,则有内客省使、延福军使、宣政使、宣庆使、昭宣使。元丰议改官制,张诚一欲易都知、押班之名,置殿中监以易内侍省。既而宰执进呈,神宗曰:"祖宗为此名有深意,岂可轻议?"政和二年,始遂改焉。以通侍大夫易内客省使,正侍大夫易延福宫使,中侍大夫易景福殿使,中亮大夫易宣庆使,中卫大夫易宣政使,拱卫大夫易昭宣使,供奉官易内东头供奉官,左侍禁易内西头供奉官,右侍禁易内侍殿头,左班殿直易内侍高品,右班殿直易内侍高班,而黄门之名如故。

其属有:御药院勾当官四人,以入内内侍省充,掌按验方书,修合药剂,以待进御及供奉禁中之用。　内东门事勾当官四人,以入内内侍省充,掌宫禁人物出入,周知其名数而讥察之。　合同凭由司监官二人,掌禁中宣索之物,给其要验,凡特旨赐予,皆具名数凭由,付有司准给。　管勾往来国信所管勾官二人,以都知、押班充,掌契丹使介交聘之事。 后苑勾当官无定员,以内侍充,掌苑囿、池沼、台殿种艺杂饰,以备游幸。 造作所,掌造作禁中及皇属婚娶之名物。 龙图、天章、宝文阁勾当四人,以入内内侍充,掌藏祖宗文章、图籍及符瑞宝玩之物,而安像设以崇奉之。军头引见司勾当官五人,以内侍省都知、押班及阁门宣赞舍人以上充,掌供奉便殿禁卫诸军入见之事,及马步两直军员之名。 翰林院勾当官一员,以内侍押班、都知充,总天文、书艺、图画、医官四局,凡执伎以事上者皆在焉。

中兴以来,深惩内侍用事之弊,严前后省使臣与兵将官往来之禁,著内侍官不许出谒及接见宾客之令。绍兴三十年,诏内侍省所掌职务不多,徒有冗费,可废并归入内内侍省。旧制,内侍遇圣节许进子,年十二试以墨义,即中程者,候三年引见供职。三十二年,殿中侍御史张震言宦者员众,孝宗即命内侍省具见在人数,免会庆节进子,仍定以二百人为额。乾道间,以差赴德寿宫应奉阙人,增置二百五十人。绍熙三年,依宰臣奏,中官只令承受宫禁中事,不许预闻他事。嘉定初,诏内侍省陈乞恩例,亲属充寄班祗候,以十年为限。

开封府牧、尹不常置,权知府一人,以待制以上充。掌尹正畿甸之事,以教法导民而劝课之。中都之狱讼皆受而听焉,小事则专决,大事则禀奏,若承旨已断者,刑部、御史台无辄纠察。屏除寇盗,有奸伏则戒所隶官捕治。凡户口、赋役、道释之占京邑者,颁其禁令,会其帐籍。大礼,桥道顿递则为之使,仗内奉引则差官摄牧。

其属有判官、推官四人,日视推鞫,分事以治,而佐其长。领南司者一人,督察使院,非刑狱讼诉则主行之。司禄参军一人,折户婚之讼,而通书六曹之案牒。功曹、仓曹、户曹、兵曹、法曹、士曹参军各一人,视其官曹分职莅事。左右军巡使、判官各二人,分掌京城争斗及推鞫之事。左右厢公事干当官四人,掌检覆推问,凡斗讼事轻者听论决。领县十有八,镇二十有四,令佐、训练、征榷、监临、巡警之官,知府事者率统隶焉。分案六,置吏六百。

开封典司毂下,自建隆以来,为要剧之任。至熙宁间,增给吏
禄,禁其受赇,省衙前役以宽民力,厘折狱讼归于厢官,而治事视前
日损去十四。元祐元年,诏府界捕盗官吏隶本府,与都大提举司同
管辖而掌其赏罚。置新城内左右二厢。三年,以罢大理寺狱,置军
巡院判官一员。四年,罢新置二厢。六年,王严叟言:"左右厅推官
公事词状,初无通治明文,请事击朝省及奏请通治外,余并据号分
治。"从之。绍圣元年,知府事钱勰言:"自祖宗以来,并分左右厅置
推官各一员,近年止除推官,元祐中,并令分治。请依故事分左右
厅,各除推官一员,作两厅共治职事。"又言:"熙宁中,置旧制左右
厢,元祐初,增置于新城内,四年,罢增置两厢,今请复置。"从之。三
年,诏开封、祥符知县事自今选秩通判人充。四年,诏开封府所荐
推、判官,并召对取旨。

崇宁三年,蔡京奏:"乞罢权知府,置牧一员、尹一员,专总府
事;少尹二员,分左右,贰府之政事。牧以皇子领之。尹以文臣充,
在六曹尚书之下、侍郎之上。少尹在左右司郎官之下,列曹郎官之
上。以士、户、仪、兵、刑、工为六曹次序,司录二员,六曹各二员,参
军事八员。开封、祥符两县置案仿此。易胥吏之称,略依《唐六典》
制度。"又请移开封府治所于旧尚书省,从之。太宗、真宗尝任府尹,自
至道后,知府者必带"权"字,蔡京乃以潜邸之号处臣下,建置曹官以上凡十六
员,比旧增要官十一员。五年,诏开封府属官参军等并依旧员额。大观
元年,李孝寿乞增置府学博士一员。从之。诏:"开封六职闲剧不同,
如土曹之官,唯主到罢批书,而刑、户事繁,自今凡士之婚田斗讼皆
在士曹,余曹仿此。"二年,诏皇子领牧,禄令如执政官。又诏天下州
郡并依开封府分曹置掾。政和二年,复置开封府学钱粮官一员。五
年,盛章奏,乞依尚书六部置架阁主客官一员。宣和元年聂山奏,司
禄、六曹官乞依省部少监封叙。诏修入条令。

临安府　旧为杭州,领浙西兵马钤辖,建炎三年,诏改为临安
府,其守臣令带浙西同安抚使。时置帅在镇江府,绍兴驻跸临安,遂

正称安抚使。置知府一员,通判二员,签书节度判官厅公事、节度推
官、观察推官、观察判官、录事参军、左司理参军、右司理参军、司户
参军、司法参军各一员。

　　本府掌畿甸之事,籍其户口,均其赋役,颁其禁令。城外内分南
北左右厢,各置厢官,以听民之讼诉。厢官许奏辟京朝官亲民资序人充,
后以臣僚言,罢城内两厢官,惟城外置焉。分使臣十员,以缉捕在城盗
贼。立五酒务,置监官以裕财。分六都监界分,差兵一百四十八铺
以巡防烟火。置两总辖,承受御前朝旨文字。凡御宝、御批、实封有
所取索,则供进;凡省、台、寺、监、监司符牒及管下诸县及仓场等申
到公事,则受而理之;凡大礼及国信,随事应办,祠祭共其礼料,会
聚陈其幄帟,人使往来,办其舟楫,皆先期饬于有司。

　　领县九,分士、户、仪、兵、刑、工六案。内户案分上中下案,外有
免役案、常平案、上下开拆司、财赋司、大礼局、国信司、排办司、修
造司,各治其事。置吏:点检文字、都孔目官、副孔目官、节度孔目
官、观察孔目官各一名,磨勘司主押官、正开拆官、副开拆官各一
人,下名开拆官二名,押司官八人,前后行守分二十一人,贴司三十
人。

　　乾道七年,皇太子领尹事,废临安府通判、签判职官。置少尹一
员,日受民词以白太子,间日率僚属诣宫禀事。置判官二员、推官三
员。有旨,少尹比仿知府,判官比通判,推官比幕职官,其统临职分,
并照从来条例。九年,皇太子解尹事,临安府知、通、签判、推判官并
依旧置。既据保义郎赵礼之状:“临安府依条合置兵马监押一员,经
任监当四员,初任监当阙一员,昨皇太子领府尹更不差注,今既辞
免,乞将宗室添差员阙依旧。”从之。淳熙三年,诏罢备摄官,惟缉捕
使臣十二员、听候差使六员许令辟置。嘉泰四年,诏临安府添差不
厘务总管路钤二十员,州钤辖、路分都监、副都监二十员,正、副将
十五员,安抚司准备将领十五员,州都监以下十员,共以八十员为
额。寻减总管路钤五员。开禧三年,复省罢总管、路分共六员。

河南应天府　牧　尹　少尹　司录　户曹　法曹　士曹　尹以下掌同开封府,尹阙则置知府事一人,以郎中以上充,二品以上日判府。次府及节度州准此。通判一人,以朝官充。判官、推官各一人,或以京朝官签书。使院牙职、左右军巡悉同开封,而主典以下差减其数。户曹通掌府院户籍、考课、税赋,法曹专掌谳议,士曹或荫叙起家,不常置。诸州府同。至道初,罢司理院,州置司士,取官吏强慢者为,给簿、尉奉。助教有特恩而受者,不厘务。

次府　牧　尹　少尹　司录　户曹　法曹　士曹　司理　文学　助教　牧、尹以下所掌并同开封,大中祥符八年,以楚王为兴元牧,其后又为京兆、江陵牧,自余无为者。尹阙则知府事一人,以朝官及刺史以上或诸司使充。通判一人,以京朝官充。乾德初,诸州置通判,统治军、州之政,事得专达,与长吏均礼。大藩或置两员,户少事简有不置者,正刺史以上州知州,虽小处亦特置。使院牙职事并同前。

节度使　宋初无所掌,其事务悉归本州知州、通判兼总之,亦无定员,恩数与执政同。初除,锁院降麻,其礼尤异,以待宗室近属、外戚、国胥年劳久次者;若外任,除殿帅始授此官,亦止于一员;或有功勋显著,任帅守于外,及前宰执拜者,尤不轻授。又遵唐制,以节度使兼中书令、或侍中、或中书门下平章事,皆谓之使相,以待勋贤故老及宰相久次罢政者;随其旧职或检校官加节度使出判大藩,通谓之使相。元丰以新制,始改为开府仪同三司。旧制,敕出中书门下,故事之大者使相击衔。至是,皆南省奉行,而开府不预。

八年,镇江军节度使、检校太傅韩绛为开府仪同三司、判大名府。元祐五年,太师、平章军国重事文彦博为开府仪同三司、守太师、充护国军山南西道节度使致仕。自崇宁五年司空、左仆谢蔡京为开府仪同三司、安远军节度使、中太一宫使,其后故相而除则有刘正夫、余深,前执政则有蔡攸、梁子美,外戚则有向宗回、宗良、郑绅、钱景臻,殿帅则有高俅,内侍则有童贯、梁师成。宣和末,节度使至五六十人,议者以为滥。亲王、皇子二十六人,宗室十一人,前执政二人,大将四人,外戚十人,宦者恩泽计十七人。

中兴,诸州升改节政镇凡十有二。是时,诸将勋名有兼两镇、两镇者,实为希阔之典。宋朝元臣拜两镇节度使者才三人:韩琦、文彦博、中兴后吕颐浩是也。三公卒辞之。而诸大将若韩、张、吕、岳、杨、刘之流,率至两镇节度使,其后加至三镇者三人:韩世忠镇南、武安、宁国,张俊静江、宁武、静海、刘琦护国、宁武、保静。其后相承,宰执从官及后妃之族拜者不一。然自建炎至嘉泰,宰相特拜者六人,吕颐浩、张俊、虞允文皆以勋,史浩以旧,赵雄、葛邲以恩。执政一人,叶右丞梦得。从官二人而已。张端明澄、杨敷学炎。惟绍兴中曹勋、韩公裔,乾道中曾觌,嘉泰中姜特立、谯令雍,皆以攀附恩泽,亦累官至焉,非常制也。

承宣使　无定员,旧名节度观察留后。政和七年,诏:“观察留后乃五季藩镇官以所亲信留充后务之称,不可循用,可冠以军名,改为承宣使。”唐有留后,五代因之,宋初,留后、观察皆不得本州刺史。大中祥符七年,令有司检讨故事,始复带之。

观察使　无定员。初沿唐制置诸州观察使,凡诸卫将军及使遥领者,资品并止本官叙。政和中,诏承宣、观察使仍不带持节等。

防御使　团练使　诸州刺史　无定员。靖康元年,臣僚言:“遥郡、正任恩数辽绝,自遥郡迁正任者,合次第转行。今自遥郡与落阶官而授正任,直超转本等正官,是皆奸巧希进躐取。乞应遥郡承宣使有功劳除正任者,止除正任刺史。”从之。凡未落阶官者为遥郡,除落阶官者为正任。朝谒御宴,惟正任预焉。遥郡并止本官叙,正任复次第转行,考之旧制,梯级有差。中兴以后,节度移镇浸少,后有一定不易径迁太尉;承宣、观察径作一官,及遥郡落阶官又就除正任。绍兴末,臣僚以为言,虽复置检校官,余未尽改。

宋史卷一六七

志第一二〇

职官七

大都督府　都督府　长史　左右司马　录事参军　司户、司法、司士、司理、文学参军　助教　大都督及长史掌同牧、尹，亲王为节度则大都督领之；庶姓为节度则长史领之。端拱初，越王为威武军节度、福州大都督府长史。淳化五年，吴王为淮南节度、扬州大都督府长史，翰林学士张洎草制，再表援引典故宰相言："越王已为长史。"上曰："业已差误，异日有除，并改正之。"至道后，因移镇，遂为大都督。阙则置知府事一人，同次府。通判一人，京朝官充。司马不厘务。旧制，凡都督州建官如上。南渡后，以见任宰相充都督，次有同都督，有督视军马，多执政为之，虽名称略同，然掌总诸路军马，督护诸将，非旧制比也。

初，绍兴二年，吕颐浩首以左仆射出都督江、淮、两浙、荆湖诸军事，置司镇江。其后，赵鼎、张浚、汤思退皆以宰相兼之。颐浩还朝，孟庾始以参知政事为权同都督代，后落"权"字。赵鼎先以知枢密院事为都督川陕、荆襄诸军事。其后与浚并相，并带兼都督诸路军马入衔。未几，浚独被旨江上视师，置都督行府，行移文字，并依三省体式，其召赴行在，以其事分隶三省、枢密院。思退初以左相出都督，时杨存中即以太傅、宁远军节度使同都督，思退不行，就以杨存中充都督，非宰执而为都督自存中始。

三十一年，叶义问以知枢密院事督视江、淮、荆襄军马，明年，汪澈以参知政事、湖北、京西路都督视军马，执政为督视于是见焉。王之望辞同都督，有曰："朝廷于两淮，前以二大将为招抚使，后以二从臣为宣谕使，忧其个相统摄，则以宰相为都督，欲事权归一也，此可以见朝廷开府之意。"凡签厅文字，并依尚书左右司、枢密院检详房体式。设属、谘议军事、参谋、参议，并以从官充；书写机宜文字、干办官、准备差遣，前后员数不一。开禧用兵，或以签枢督视，或以元枢代之，或以参知政事督视四川军马，然皆未有底绩而罢。

制置使　不常置，掌经画边鄙军旅之事。政和中，熙、秦用兵，以内侍童贯为之，仍兼经略使。靖康初，会诸路兵解太原之围，姚古、解潜相继为河东、河北制置使，皆无功而罢。中兴以后，置使，掌本路诸州军马屯防扞御，多以安抚大使兼之，亦以统兵马官充；地重秩高者加制置大使,位宣抚副使上,绍兴元年,赵鼎始为江西制置大使。其后,席益帅潭,李纲帅江西,吕颐浩帅湖,皆领制置大使。开禧,丘崈、何澹亦然。或置副使以贰之。吕颐浩充江、浙制置使,陈彦文、程千秋副使。胡舜陟除沿江都制置使,王义叔副使。赵鼎为江西制置大使,岳飞为制置使,每事会议,或急速则施行,许报大使照应。

初,建炎元年,诏令安抚使、发运、监司、州军官,并听制置司节制。其后,议者以守臣既带安抚,又兼制置,及许便宜,权之要重,议于朝廷,于是诏止许便宜制置军事,其他刑狱、财赋付提刑、转运。后又诏诸路帅臣并罢制置使之名,惟统兵官如故。隆兴以后,或置或省。开禧间,江、淮、四川并置大使。休兵后,独成都守臣带四川安抚、制置使,掌节制御前军马、官员升改放散、类省试举人、铨量郡守、举辟边州守贰,其权略视宣抚司,惟财计、茶马不预。又有沿海制置使,以明州守臣领之,然其职止肃清海道,节制水军,非四川比。大使置属参谋、参议、主管机宜、书写文字各一员,干办公事三员,准备将领、差遣、差使各五员,余随时势轻重而增损焉。

宣谕使　掌宣谕德意,不预他事,归即结罢。绍兴元年,诏秘书少监傅崧年充淮南东路宣谕使,此其始也。二年,分遣御史五人,宣谕东南诸路,戒其兴狱,责其不当,督捕盗贼,皆欲专一布惠以为民。其后,右司范直方宣谕川、陕,察院方庭实宣谕三京,均此意。及新复陕西,楼炤以签书枢密院事往永兴宣谕,就令招抚盗贼,郑刚中为川、陕宣谕使,许按察官吏,汪澈为湖北、京西宣谕使,仍节制两路军马,自是使权益重,而使事始不专。三十二年,虞允文、王之望相继充川、陕宣谕使,皆预军政,其权任殆亚于宣抚。其后,钱端礼、吴芾皆以侍从出膺斯寄,事毕结局;官属军兵,视其所任事之轻重,为赏之厚薄焉。开禧间,薛叔似、邓友龙、吴猎皆因饥荒盗贼及平逆乱后,往敷德意,亦并以从官行。

宣抚使　不常置,掌宣布威灵、抚绥边境及统护将帅、督视军旅之事，以二府大臣充。治平末，命同签书枢密院郭达宣抚陕西。三年，夏兵犯顺，以参知政事韩绛为陕西宣抚使，继即军中拜相，仍旧领使。政和中，遣内侍童贯为陕西、河东宣抚使，又兼河北。宣和三年，睦寇方腊作乱，移贯宣抚淮、浙，贼平依旧。靖康初，种师道提兵入卫京城，为京畿、河东北宣抚使，凡勤王之师属焉。及会诸道兵救太原，又以知枢密院李纲宣抚河东、北两路。中兴初，张浚以知枢密院事、孟庚以参知政事、李纲以前宰相，皆出宣抚，浚又加"处置"二字入衔。时为川、陕、京西、湖北路。

绍兴元年，诏以淮南守臣多阙，百姓未能复业，分命吕颐浩、朱胜非、刘光世皆以安抚大使兼宣抚使。武臣非执政而为宣抚使，实自光世始。二年，李光又以吏部尚书加端明殿学士，为寿春等州宣抚使。自是韩世忠、张俊、吴玠、岳飞、吴璘皆以武臣充使，王似亦以从官由副使而升正使焉。三十二年，张浚复以少傅依前观文殿大学士充江淮东、西路宣抚使。乾道三年，虞允文依旧知枢密院事充四川宣抚使。五年，王炎除四川宣抚使，依旧参知政事。开禧间，以从官出宣抚江、淮、湖北、京西等处不一。其属有参谋官，系知州资序人，与提刑叙官；参议官，系知州资序人，与转运判官叙官；机宜干办公事，并依发运司主管文字叙官。凡宰执带三省、枢密院事出使，行移文字札六部，六部行移即具申状。如从官任使、副，合申六部，六部行移即用公牒。

宣抚副使　不常置，掌二使事。宣和末，王师伐燕，命少保蔡攸充。靖康初，会兵救太原，又以资政殿学士刘韐为之。建炎三年，周望宣抚两浙，以太尉郭仲荀副之。其后，福建韩世忠、川陕吴玠皆有此授。绍兴间，张浚宣抚川、陕，将召归，命从臣王似、卢法原为之副；王似除使，卢法原仍副之。亦有不置使而置副，如胡世将之于川、陕，岳飞之于荆、襄，杨沂中之于淮北，皆止以副使为名。飞后以功始藩"副"字。亦有身为正使兼领副使，如开禧三年，安丙充利州西路宣抚使兼四川宣抚副使。

宣抚判官　不常置，掌替使务。熙宁中，命直舍人吕大防为之，实上幕也。绍兴中,张浚初以便宜命刘子羽为副,其后张宗元、吕祉亦为之。十年,杨沂中以太尉为淮北宣抚副使,刘琦以节度使为判官,礼抗权均,犹转运使、副、判官之比。诏行移文字同其系衔,宣判之名同,而先后轻重异焉。

　　总领　四人。掌措置移运应办诸军钱粮,以朝臣充,仍带干阶、户部等官。朝廷科拨州军上供钱米,则以时拘催,岁较诸州所纳之盈亏,以闻于上而赏罚之。初,建炎间,张浚出使川、陕,用赵开总领四川财赋,置所系衔,总领名官自此始。其后大军在江上,间遣版曹或太府、司农卿少卿调其钱粮,皆以总领为名。

　　绍兴十一年,收诸帅之兵改为御前军,分屯诸处,乃置三总领,以朝臣为之,仍带专一报发御前军马文字。盖又使之预闻军政,不独职饷馈而已。其序位在转运副使之上。镇江诸军钱粮,淮东总领掌之;鄂州、荆南、江州诸军钱粮,湖广总领掌之;建康、池州诸军钱粮,淮西总领掌之。十五年,复置四川总领,凡兴元、兴州、金州诸军钱粮,四川总领掌之。其官属有干办公事、准备差使。四川又有主管文字二员。淮东西有分差粮料院、审计司、审计以通判兼。榷货务、都茶场、御前封桩甲伏库、大军仓、大军库、赡军酒库、市易抵当库惠民药局。湖广有给纳场、属官兼。分差粮料院、审计院、通判兼。御前封桩甲伏库、大军仓库、赡军酒库。四川有分差粮料院、审计院、属官兼。大军仓库、拨发船运官、赎药库、籴买场。

　　淳熙元年,诏委诸路州军通判,专一主管拘催逐州钱米,起发赴所,本所每半年比较,以行赏罚。绍熙二年,以淮西总领所言,定知州、通判展减磨勘法:十分欠二展二年,数足减二年。吏额:淮东九人,淮西、湖广十人,四川二十人。

　　留守　副留守　旧制,天子巡守,亲征,则命亲王或大臣总留守事。建隆元年,亲征泽、潞,以枢密使吴廷祚为东京留守,其西、南、北京留守各一人,以知府兼之。西京河南,南京应天,北京大名。留

司管掌宫钥及京城守卫、修葺、弹压之事,畿内钱谷、兵民之政皆属
焉。政和三年,资政殿大学士邓洵武言:"河南、应天、大名府号陪
京,乞依开封制,正尹、少之名。"从之。宣和三年,诏河南、大名少尹
依熙宁旧制,分左右厅治事;应天少尹一员,及三京司禄,通管府
事。南渡初,其东京、北京并置留守,以开封、大名知府兼,又以掌兵
官为副留守。其后,河南复,南京、西京置留守。绍兴四年,帝将亲
征,以参知政事孟庾为行宫留守,奏差主管书写机宜文字官一员,
干办官二员,准备差遣、差使各三员,使臣五十员,又置留司台官一
员。五年,罢局。其后,秦桧为行宫留守,援例置官。

　　经略安抚司　经略安抚使一人,以直秘阁以上充,掌一路兵民
之事;皆帅其属而听其狱讼,颁其禁令,定其赏罚,稽其钱谷、甲械
出纳之名籍而行以法。若事难专决,则具可否具奏;即干机速、边防
及士卒抵罪者,听以便宜裁断。帅臣任河东、陕西、岭南路,职在绥
御戎夷,则为经略安抚使兼都总管以统制军旅,有属官典领要密文
书,奏达机事。河北及近地,则使事止于安抚而已,其属有干当公
事、主管机宜文字、准备将领、准备差使。

　　元祐元年,诏陕西河东经略安抚、都总管司,自元丰四年后,应
缘军兴添置官属并罢。又诏罢经略安抚司干当官。二年,诏沿边臣
僚奏请事,并先赴经略司详度以闻。元符元年,诏经略司遇军兴差
发军马,具数关报走马承受。崇宁二年,熙河兰会经略王厚奏:"溪
哥城乃古积石军,今当为州,乞以李忠为守,置河南安抚司。"从之。
四年,置河东、陕西诸路招纳司,并隶经略司。五年,诏河东同管干
沿边安抚司公事,许岁赴阙奏事一次。政和四年,诏移京西路安抚
于河南府,京东路安抚于应天府。宣和二年,诏泸州守臣带潼川府、
夔州路兵马都钤辖、泸南沿边路兵马都钤辖、泸南沿边安抚使。又
诏罢置辅郡内颖昌府带京西路安抚使。三年,诏杭越州、江宁府、洪
州守臣并带安抚使。六年,诏泸州止带主管泸南沿边安抚司公事,
仍差守臣。七年,诏河阳、开德守臣并带管内安抚使。

　　旧制，安抚总一路兵政，以知州兼充，太中大夫以上，或曾历侍从乃得之，品卑者止称主管某路安抚司公事。中兴以后，职名稍高者出守，皆可兼使，如系二品以上，即称安抚大使。广东西、荆南、襄阳仍旧加"经略"二字。凡帅府皆带马步军都总管。建炎初，李纲请于沿河、沿淮、沿江置帅府，以文臣为安抚使带马步军都总管，武臣一员为之副，许便宜行事辟置僚属、将佐，措置调发，惟转输属之漕使。其后，沿江三大使司辟置过多，边报稍宁，诏加裁定。参谋、参议官、主管机宜文字、主管书写机宜文字各一员，干办公事二员，文臣准备差遣、武臣准备差使、准备将领各以五员为额，其余诸路或随地轻重而损益焉。余从省罢。后以诸路申请，或置或省不一。

　　淳熙二年，诏扬州、庐州、荆南、襄阳、金州、兴元、兴州分为七路，每路委文臣一员充安抚使以治民，武臣一人充都总管以治兵，其逐路都总管职事，且令帅臣依旧带行，候正官到日交割。庆元二年，诏利州西路安抚司于兴州置司，令都统制兼。五年，臣僚言："遴选帅才，除尝任执政外，两制从官必曾经作郡、庶官必曾任宪漕实有治绩者。"从之。惟广南东、西两路则带经略、安抚使。绍兴五年，令襄阳守臣、湖北帅司各带经略、安抚使，后罢，惟二广如故。

　　走马承受　诸路各一员，隶经略安抚总管司，无事岁一入奏，有边警则不时驰驿上闻。然居是职者恶有所隶，乃潜去"总管司"字，冀以擅权。熙宁五年，帝命正其名，铸铜记给之，仍收还所用奉使印。崇宁中，始诏不隶帅司而辄预边事则论以违制。大观中，诏许风闻言事。政和五年诏："诸路走马承受体均使华，迩来皆贪贿赂，类不举职，是岂设官之意？其各自励，以称任使，或蹈前失，罚不汝赦。"明年七月，改为廉访使者。宣和五年诏："近者诸路廉访官，循习违越，附下罔上，凡边机皆先申后奏，且侵监司、凌州县而预军旅、刑狱之事，复疆买民物，不偿其直，招权怙势，至与监司表里为恶。自今犹尔，必加贬窜。"靖康初，罢之，依祖宗旧制，复为走马承受。

发运使　副　判官　掌经度山泽财货之源,漕淮、浙、江、湖六路储廪以输中都,而兼制茶盐、泉宝之政,及专举刺官吏之事。熙宁初,辅臣陈升之、王安石领制置三司条例,建言:"发运使实总六路之出入,宜假以钱货,继其用之不给,使周知六路之有无而移用之。凡上供之物,皆得徙贵就贱,用近易远,令预知在京仓库之数所当办者,得以便宜蓄买以待上令,稍收轻重敛散之权归于公上,则国用可足,民财不匮矣。"从之。既又诏六路转运使弗协力者宜改择,且许发运使薛向自辟其属。又令举真、楚、泗守臣及兼提举九路坑冶、市舶之事。元祐中,诏发运使兼制置茶事。至崇宁三年,始别差官提举茶盐。

政和二年,罢转般仓,六路上供米径从本路直达中都,以发运司所拘纲船均给六路。宣和初,诏:"发运司视六路丰歉和籴上供,乃祖宗旧制,襄缘奸吏侵用籴本,遂坏良法。自今每岁加籴一百万石,同年额输京。"三年,方腊初平,江、浙诸郡皆未有常赋,乃诏陈亨伯以大漕之职经制七路财赋,许得移用,监司听其按察。于是亨伯收民间印契及鬻糟醋之类为钱凡七色,是后州县有所谓经制钱,自亨伯始。

六年,诏复转般仓,命发运判官庐宗原措置,寻以靖康之难,迄不能复。渡江后,惟领给降籴本,收籴米斛,广行储积,以备国用。绍兴二年,用臣僚言省罢,以其职事分委漕臣。八年,户部复言广籴储积之便,再置经制发运使,并理经制司财赋,故名。以徽猷阁待制程迈充使,专掌籴事。迈上疏,以租庸、常平、盐铁、鼓铸各分于诸司而总于户部,发运使无所用之,固辞不行。九年,遂废发运司,以户部侍郎梁汝嘉为经制使,检察中外失陷钱物,与催未到纲运、措置籴买、总领常平为职。未几,复以臣僚言,分其责于逐路监司。乾道六年复置,以户部侍郎史正志为两浙、京、湖、淮、广、福建等路都大发运使。是冬,以奏课诞谩贬,并废其职。

都转运使　转运使　副使　判官　掌经度一路财赋,而察其登耗有无,以足上供及郡县之费;岁行所部,检察储积,稽考帐籍,凡吏蠹民瘝,悉条以上达,及专举刺官吏之事。熙宁初,诏河东、河北、陕西三路漕臣许乘传起阙,留母过浃日。既又诏三路漕臣,令自辟属各二员,以京朝官曾历知县者为之。二年,诏川、陕、闽、广七路除堂选守臣外,委转运司依四选例立格就注,免赴选,具为令。元丰初,诏河北、淮南、京东、京西及陕右虽各析为两路,许依未析时通治两路之事,钱谷听其移用。元祐初,司马光请漕臣除三路外,余路毋得过二员,其属官溢员亦省之。绍圣中,诏淮、浙、江、湖六路上供米,计其近远分三限,自季冬至明年八月,以次输足。大观中,陕西漕臣以四员为额。政和中,又诏陕西以三员,熙、秦两路各二员。宣和初,又诏陕西以都漕两员总治于长安,而漕臣三员分领六路。

中兴后,置官掌一路财赋之入,按岁额钱物斛斗之多寡,而察其稽违,督其欠负,以供于上;间诣所部,则财用之丰欠,民情之休戚,官吏之勤惰,皆访问而奏陈之;有军旅之事,则供馈钱粮,或令本官随军移运,或别置随军转运使一员,或诸路事体当合一;则置都转运使以总之。江东、西路分置三帅,置都转运使一员,张公济为江、浙、荆湖、广南、福建都运,赵开为四川都运。随军及都运废置不常,而正使不废。若副使,若判官,皆随资之浅深称焉。其属有主管文字、干办官各一员,文臣准备差遣,武臣准备差使员多寡不一。

招讨使　掌收招讨杀盗贼之事,不常置。建炎四年,以检校少保、定江昭庆军节度使张俊充江南路招讨使,定位在宣抚使之下、制置使之上,著为定制。军中急速事宜,待报不及,许以便宜行事。差随军转运使一员、参议官一员、干办官三员、随军干办官四员、书写机宜文字一员,并听奏辟。绍兴五年,岳飞为湖北、襄阳招讨使,请州县不法害民者,许一面对移,或放罢以闻。从之。十年,金人犯三京,以韩世忠、岳飞、张俊并兼河南、北招讨使以御之。三十一年,陕西、河东北、京东西等路皆置招讨使,盖又特遥领其地而已。

招抚使　不常置。建炎初，李纲秉政，以张所为河北招抚使，未及出师而废。绍兴十年，刘光世为三京招抚使，逾年而罢。三十二年，孝宗即位，以成闵、张子盖、李显忠三大将为湖北、京西、淮东西招抚使。子盖死，刘宝代之，未几结局，官吏并罢。开禧二年，山东及京东西北路并置使招抚，后皆罢之。

抚谕使　掌慰安存问，采民之利病，条奏而罢行之，亦不常置。建炎元年，帝谓辅臣曰："京城士庶，自金人退师，人情未安，可差官抚谕。"于是以路允迪、耿延禧为京城抚谕使，此置使初意也。是年八月，又令学士院降诏，且命江端友等奉诏抚谕诸路。其后，李正民以中书舍人为江、浙、湖南抚谕使，且令按察官吏，伸民冤抑。传崧卿以吏部侍郎为淮东抚谕使，采访民间利病，及措置营田等事。或不以使名，则称抚谕官，所至以某州抚谕司为名，具宣恩言，俾民知德意，初无二致。乾道元年，知阁门事龙大渊差充两淮抚谕军马，回日结局，是又特为军马出云。

镇抚使　旧所无有，中兴，假权宜以收群盗。初，建炎四年，范宗尹为参知政事，议："群盗并力以拒官军，莫若析地以处之，盗有所归，则可渐制，乃请稍复藩镇之制。是年五月，宗尹为右仆射，于是请以淮南、京东西、湖南北诸路并分为镇，除茶盐之利仍归朝廷置官提举外，他监司并罢。上供财赋权免三年，余听帅臣移用，更不从朝廷应副，军兴听从便宜。时剧盗李成在舒、蕲，桑仲在襄、邓，郭仲威在扬州，薛庆在高邮，皆即以为镇抚使，其余或以处归朝之人，分画不一，许以能捍御外寇，显立大功，特与世袭。官属有参议官、书写机宜文字各一员，干办公事二员，并听奏辟。久之，诸镇或战死，或北降，但余荆南解潜。及赵鼎为相，召潜主管马军，遂罢弗置焉。

提点刑狱公事　掌察所部之狱讼而平其曲直，所至审问囚徒，详覆案牍，凡禁击淹延而不决，盗窃逋窜而不获，皆劾以闻，及举刺官吏之事。旧制，参用武臣。熙宁初，神宗以武臣不足以察所部人材，罢之。六年，置诸路提刑司检法官。绍圣初，以提刑兼坑冶事。宣和初，诏江西、广东增置武提刑一员，然遇阙帅，不许武宪兼摄。中兴，以盗贼未衰，诸路无武臣提刑处，权添置一员；建炎四年罢。绍兴初，两浙路以疆封阔远，差提刑二员，淮南东路罢提刑，令提举茶盐官兼领，盖因事之烦简而损益焉。乾道六年，诏诸路分置武臣提刑一员，须选差公廉晓习法令、民事之人，如无听阙。其后稍横，遂不复除。八年，用臣僚言，诸路经总制钱并委提点刑狱官督责。嘉定十五年，臣僚言：“广西所部州军最多，提刑合照元降指挥，分上下半年，就郁林州与静江府两处置司，无使僻地贫民有冤莫吐。”从之。其属有检法官、干办官。

提举常平司　掌常平、义仓、免役、市易、坊场、河渡、水利之法，视岁之丰歉而为之敛散，以惠农民。凡役钱，产有厚薄则输有多寡；及给吏禄，亦视其执役之重轻虽易以为之等。商有滞货，则官为敛之，复售于民，以平物价。皆总其政令，仍专举刺官吏之事。熙宁初，先遣官提举河北、陕西路常平。未几，诸路悉置提举官。元祐初罢之，并其职于提点刑狱司。绍圣初复置，元符以后因之。

提举茶盐司　掌摘山煮海之利，以佐国用。皆有钞法，视其岁额之登损，以诏赏罚。凡给之不如期，鬻之不如式，与州县之不加恤者，皆劾以闻。政和改元，诏江、淮、荆、浙六路共置一员，既而诸路皆置。中兴后，通置提举常平茶盐司，掌常平、义仓、免役之政令。凡官田产及坊场、河渡之入，按额拘纳；收籴储积，时其敛散以便民；视产高下以平其役。建炎元年，常平职事并归提刑司，钱归行在。二年，始复置常平官，还其籴本，未几复罢。绍兴二年，复置主管。系提刑司，委通判或幕职官充。其后，置经制司，改常平官为经制某路干办常平等公事。未几，经制司罢，复为常平官。十五年，户部侍郎王铁言：“常平之设，科条实繁，其利不一，岂一主管官能胜其任？”乃诏诸路提举茶监官改充提举常平茶监公事。如四川无茶监去处,仍以提刑兼充,主管官改充常平司干办公事。是年冬,诏提举官依旧法为监司,与转运判官叙官,岁举升改,官员有不职,则按以闻。其后,常平钱多取以赡军,所掌特义仓、水利、设法、振济之事。茶监司置官提举,本以给卖钞引,通商阜财,时诣所部州县巡历觉察,禁止私贩,按劾不法。其属有干办官,既与常平合一,遂并行两司之事焉。

都大提举茶马司　掌榷茶之利,以佐邦用。凡市马于四夷,率以茶易之。应产茶及市马之处,官属许自辟置,视其数之登耗,以诏赏罚。旧制,于原、渭、德顺三郡市马。熙宁七年,初复熙、河,经略使王韶言:"西人颇以善马至边,其所嗜唯茶,而乏茶与之为市,请趣买茶司买之。"乃命三司干当公事李杞运蜀茶至熙、河,置卖马场六,而原、渭、德顺更不买马,于是杞言:"卖茶买马,一事也,乞同提举买马。"杞遂兼马政,然分合不常。至元丰六年,群牧判官提举买马郭茂恂又言:"茶司既不兼买马,遂立法以害马政,恐误国事,乞并茶场买马为一司。"从之。先是,市马于边,有司幸赏,率以驽充数。绍圣中,都大茶马程之邵始精拣汰,仍以八月至四月为限,又以羡茶转入熙、秦市战骑,故马多而茶息厚,二法著为令。元符末,程之邵召对,徽宗询以马政,之邵言:"戎俗食肉饮酪,故贵茶,而病于难得,原禁沿边鬻茶,专以蜀产易上乘。"诏可。未几,获马万匹。宣和中,以茶马两司吏员猥众,于是朝奉大夫何渐请遵丰、熙成宪,称其事之繁简而定以员数,从之。绍兴四年,初命四川宣抚司支茶博马。七年,复置茶马官,凡买马州县黎、文、叙、长南、宁平、珍皆与知州、通判同措置任责。通判许茶马司辟置,视买马额数之盈亏而赏罚之。岁发马纲应副屯驻诸军及三衙之用。旧有主管茶马、同提举茶马、都大提举茶马,皆考其资历授之。乾道初,用臣僚言省罢,委各郡知州、通判、监押任责;寻复置。绍熙三年,茶马司拖欠马数过多,诏将本年分马纲钱价,责茶马司拨付湖广总领所,劳付军官自买土马。嘉定三年,以所发纲马不及格式,诏茶马官各差一员,遂分为两司。文臣成都主茶,武臣兴元主马。其属共有干办公事四员、准备差使二员。

提举坑冶司　掌收山泽之所产及铸泉货,以给邦国之用。岁有定数,视其登耗而赏罚之。旧制一员,元丰初,以其通领九路,岁不能周历所部,始增为二员,分置两司:在饶者领江东、淮、浙、福建等路,在虔者领江西、湖、广等路。至元祐,复并为一员。绍兴五年,以责任不专,职任废驰,诏将饶州司官吏除留属官一员外,并减罢,并归虔州司,又加"都大"二字于"提点"之上。或病其事权太重,省并归逐路转运司措置,仍置提领诸路铸钱官一员于行在,以侍从官充,自此或复或罢不一。乾道六年,并归发运司;发运司罢,复置提点两司如初。淳熙二年,并赣归饶,复加"都大"二字,与提刑序官。其属有干办公事二员,检踏官六员,称铜官、催纲官各一员。

提举市舶司　掌蕃货海舶征榷贸易之事,以来远人,通远物。元祐初,诏福建路于泉州置司。大观元年,复置浙、广、福建三路市舶提举官。明年,御史中丞石公弼请以诸路提举市舶归之转运司,不报。建炎初,罢闽、浙市舶司归转运司,未几复置。绍兴二十九年,臣僚言:"福建、广南各置务于一州,两浙市舶乃分建于五所。"乾道初,臣僚又言两浙提举市舶一司抽解搔扰之弊,且言福建、广南皆有市舶,物货浩瀚,置官提举实宜,惟两浙冗蠹可罢。从之。仍委逐处知州、通判、知县、监官同检视,而转运司总之。

提举学事司　掌一路州县学政,岁巡所部以察师儒之优劣,生员之勤惰,而专举刺之事。崇宁二年置,宣和三年罢。

提点开封府界诸县镇公事　掌察几内县镇刑狱、盗贼、场务、河渠之事。

提举河北糴便司　籴便刍粮以供边储之用。

提举制置解盐司　掌盐泽之禁令,使民入粟塞下,予钞给盐,以足民用而实边备。凡盐价高下及文钞出纳多寡之数,皆掌之。

经制边防财用司　掌经画钱帛、刍粮以供边费,凡榷易货物、根括耕地及边部弓箭手等事,皆奏而行之。熙宁末,以熙、河连岁用兵,仰给支度,费用不赀,始置是司。元祐初,罢。崇宁中,复置提举兵马、提辖兵甲,皆守臣兼之。掌按练军旅,督捕盗贼,以清境内;凡诸营之名籍,较其壮怯而赏罚之。

提举保甲司　掌什伍其民,教之武艺,视其优劣而进退之。元丰初,置于开封府界,遂下其法河北、河东、陕西三路,既而悉置提举官,如府界焉。

提举三白渠公事　掌潴泄三白渠,以给关中灌溉之利。

拨发司　辇运司　掌以时起发纲运而督其滞留,以供京师之用。

提举弓箭手　掌沿边郡县射地弓箭手之籍,及团结、训练、赏罚之事。政和五年,复以所招弓箭手之数为殿最。

府　州　军　监　宋初革五季之患,召诸镇节度会于京师,赐第以留之,分命朝臣出守列郡,号权知军州事,军谓兵,州谓民政焉。其后,文武官参为知州军事,二品以上及带中书、枢密院、宣徽使职事,称判某府、州、军、监。诸府置知府事一人,州、军、监亦如之。掌总理郡政,宣布条教,导民以善而纠其奸匿;岁时勤课农桑,旌别孝悌;其赋役、钱谷、狱讼之事,兵民之政皆总焉。凡法令条制,悉意奉行,以率所属;有敕宥则以时宣读,而班告于治境,举行祀典;察郡吏德义材能而保任之,若疲软不任事,或奸贪冒法,则按劾以闻;遇水旱,以法振济,安集流亡,无使失所。若河南、应天、大名府则兼留守司公事。太原府、延安府、庆州、渭州、熙州、秦州则兼经略安抚使、马步军都总管。定州、真定府、瀛州、大名府、京兆府则兼安抚使、马步军都总管。泸州、潭州、广州、桂州、雄州则兼安抚使、兵马钤辖。颍昌府、青州、郓州、许州、邓州则兼安抚使、兵马巡检。

其余大藩府或沿边州郡，或当一道冲要者，并兼兵马钤辖、巡检，或带沿边安抚、提辖兵甲、沿边溪洞都巡检。余州、军，则别其地望之高下与职务之繁简而置之。分曹以理之，而总其纲要。凡属县之事皆统焉。

建炎初，诏："河北、京东西路除帅司外，旧差文臣知州去处，许通差武臣一次。"又："要郡文臣一员带本路兵马钤辖，武臣一员充副钤辖；次要郡文臣一员带本路兵马都监，武臣一员充副都监。"绍兴三年，诏守臣带路分钤辖、都监去处并罢。五年，帝以守、令皆带劝农公事，多不奉职，自今有治效显著者，可令中书省籍记姓名，特加擢用。凡从官出知郡者，特许不避本贯。初，除授见阙及自外罢任赴阙，并令引见上殿。九年，诏应守臣以二年为任。又以武臣作郡，往往不晓民事，且多恣横，诏新复州郡只差文臣。续因臣僚言，极边控扼去处，仍差武臣；其不系极边，文武臣通差。诏："守臣到任半年以上，具民间利病，或边防五条闻奏，委都司看详，有便于民者，即与施行。"续又诏不拘五条之数。十三年，诏依旧制带提举或主管学事。从官以上称提举，余知、通主管，淳熙中罢。乾道二年，令非曾任守臣不得为郎定，诸郡合文武臣通差去处，并依旧制。

通判　宋初惩五代藩镇之币，乾德初，下湖南，始置诸州通判，命刑部郎中贾玭等充。建隆四年，诏知府公事并须长史、通判签议连书，方许行下。时大郡置二员，余置一员，州不及万户不置，武臣知州，小郡亦特置焉。其广南小州，有试秩通判兼知州者。职掌卒贰郡政，凡兵民、钱谷、户口、赋役、狱讼听断之事，可否裁决，与守臣通签书施行。所部官有善否及职事修废，得刺举以闻。元祐元年，诏知州系帅臣，其将下公事不许通判同管。元符元年，诏通判、幕职官，令日赴长官厅议事及都厅签书文檄。

南渡后，设官如旧，入则贰政，出则按县；有军旅之事，则专任钱粮之责，经制、总制钱额，与本郡协力拘催，以入于户部。既而诸州通判有两员处减一员，凡军监之小者不置。又诏更不添差。其后，或以废事请，或以控扼去处请。五年以后旋添置之。除潭广洪州、镇江建康成都府见系两员外，凡帅府通判并以两员为额，余置一员。乾道元年，诏买马州、军通判，令茶马司依旧法奏辟，余堂除差人。淳熙十四年，利州路提刑言："关外四州通判，乞自制置司奏辟，所有金、洋、兴、利、文、龙等州通判，乞送转运司拟差。"并从之。

幕职官　签书判官厅公事　两使、防、团、军事推判官　节度掌书记　观察支使　掌裨赞郡政，总理诸案文移，斟酌可否，以白于其长而罢行之。凡员数多寡，视郡小大及职务之烦简。初，政和改签书判官厅公事为司录，建炎初复旧。凡节度推、判官从军额，察推及支使从州、府名。凡诸州减罢通判处，则升判官为签判以兼之。小郡推、判官不并置，或以判官兼司法，或以推官兼支使，亦有并判官窠阙省罢，则令禄参兼管。凡要郡签判及推官皆堂除，余吏部使阙，二广间许监司辟差。绍熙元年，臣僚言："广西奏拟签判，多恩科癃老，乞行下转运司，不许差年六十以上昏眊之人。"嘉定二年，臣僚言："监司有干官，州郡有职官，以供签厅之职，或非才不胜任，则按刺易置可也。今乃差兼签厅者动辄三两员，或四五员，其余冗费，与添差何异？乞将诸州郡所差兼签厅官并行住罢。"从之。

诸曹官　旧制，录事参军掌州院庶务，纠诸曹稽违；户曹参军掌户籍赋税、仓库受纳；司法参军掌议法断刑；司理参军掌讼狱勘鞫之事。中兴，诏曹掾官依旧，惟司理、司法并注经任及试中刑法人。乾道以来，间以司户兼司法，知禄亦或兼职。六年，汪大猷言："司户初官，令专主仓库，知禄依司理例以狱事为重，不兼他职。"从之。仍依知县格法铨量，如有老疾昏眊难任事者，即从本州知通于判、司、簿、尉内选经一考以上无罪犯晓法人对换。绍熙元年，诏不曾铨试人不许注授司法。庆元五年，臣僚言："司理狱事烦重，宜优其举主，照提刑司合举主三员以上许间岁举狱官一员。"嘉定中，申明年满六十不许为狱官之令，仍不许恩科人注授。

教授　景祐四年，诏藩镇始立学，他州勿听。庆历四年，诏诸路州、军、监各令立学,学者二百人以上,许更置县学。自是州郡无不有学。始置教授,以经术行义训导诸生,掌其课试之事,而纠正不如规者。委运司及长史于幕职、州县内荐。或本处举人有德艺者充。熙宁六年,诏诸路学官委中书门下选差,至是,始命于朝廷。元丰元年,州、府学官共五十三员,诸路惟大郡有之,军、监未尽置。元祐元年,诏齐、庐、宿、常等州各置教授一员,自是列郡各置教官。建炎三年,教授并罢。绍兴三年,复置四十二州。十二年,诏无教授官州、军,令吏部申尚书省选差。二十六年,诏并不许兼他职,令提举司常切遵守。若试教官,则始于元丰;添差教授,则始于政和。

县令　建隆元年,令天下诸县除赤、几外,有望、紧、上、中、下。掌总治民政、劝课农桑、平决狱讼,有德泽禁令,则宣布于治境。凡户口、赋役、钱谷、振济、给纳之事皆掌之,以时造户版及催理二税。有水旱则有灾伤之诉,以分数蠲免;民以水旱流亡,则抚存安集之,无使失业。有孝悌行义闻于乡闾者,具事实上于州,激劝以励风俗。若京、朝、幕官则为知县事,有戍兵则兼兵马都监或监押。宣教郎以下带监押。

初,建炎多差武臣,绍兴诏专用文臣,然沿边溪洞处,仍许武臣指射。邑大事烦则堂除,仍备绯、章服,严差出之禁,任满有政绩,则与升擢。乾道以后,定以三年为任,仍非两任不除监察御史。初改官人必作县,谓之"须入"。十六年,诏知县在任不成两考,即不合理为实历。嘉定十二年诏:"两经作令满替者,实历九考、有政声无过犯、举员及格,改官人特免再作知县,许受签判或干官,以当知县履历。"

县丞　初不置,天圣中因苏耆请,开封两县始各置丞一员,在簿、尉之上,仍于有出身幕职、令禄内选充。皇祐中,诏赤县丞并除新改官人。熙宁四年,编修条例所言:"诸路州、军繁剧县,令户二万已上增置丞一员,以幕职官或县令人充。"元祐元年诏:"应因给纳常平、免役置丞,并行省罢;如委事务繁剧难以省罢处,令转运司存留。"崇宁二年,宰相蔡京言:"熙宁之初,修水土之政,行市易之法,兴山泽之利,皆王政之大。请县并置丞一员,以掌其事。"大观三年,诏:"昨增置县丞内,除旧额及万户以上县事务繁冗,及虽非万户实有山泽、坑冶之利可以修兴去处,依旧存留外,余皆减罢。"建炎元年,诏县丞系嘉祐以前员阙并万户处存留一员,余并罢。绍兴三年,以淮东累经兵火,权罢县丞。十八年,置海陵丞一员。嘉定后,小邑不置丞,以簿兼。

主簿　开宝三年,诏诸县千户以上置令、簿、尉;四百户以上置令、尉,令知主簿事;四百户以下置簿、尉,以主簿兼知县事。咸平四年,王钦若言:"川陕县五千户以上请并置簿,自余仍以尉兼。"从之。自后川蜀及江南诸县,各增置主簿。中兴后,置簿掌出纳官物、销注簿书,凡县不置丞,则簿兼丞之事。凡批销必亲书押,不许用手记,仍不许差出,以防销注。

尉　建隆三年,每县置尉一员,在主簿之下,奉赐并同。至和二年,开封、祥符两县各增置一员,掌阅习弓手,戢奸禁暴。凡县不置簿,则尉兼之。中兴,沿边诸县间以武臣为尉,并带兼巡捉私茶、盐、矾,亦或文武通差。隆兴,诏不许差癃老疾病年六十以上之人。邑大事烦则置二尉。绍熙中,诏恩科人年及六十不差。嘉定十三年,诏极边县尉,获盗酬赏班改,岁以二员为额。

镇砦官　诸镇置于管下人烟繁盛处,设监官,管火禁或兼酒税之事。砦置于险扼控御去处,设砦官,招收土军,阅习武艺,以防盗贼。凡杖罪以上并解本县,余听决遣。

庙令　丞　主簿　旧制,五岳、四渎、东海、南海诸庙各置令、丞。庙之政令多统于本县令。京朝知县者称管勾庙事,或以令、禄老毫不治者为庙令,判、司、簿、尉为庙簿,掌葺治修饰之事。凡以财施于庙者,籍其名数而掌之。

　　总管　钤辖司　掌总治军旅屯戍、营防守御之政令。凡将兵隶
属官训练、教阅、赏罚之事,皆掌之。守臣带提举兵马巡检、都监及
提辖兵甲者,掌统治军旅训练、教阅,以督捕盗贼而肃清治境。凡诸
营名籍、赏罚之事,皆掌之。崇宁四年,蔡京奏:"京几四辅置辅郡屏
卫京师,以颍川府为南辅,襄邑县升为拱州为东辅,郑州为西辅,澶
州为北辅。以太中大夫以上知州,置副总管、钤辖各一员,知州为都
总管,余依三路帅臣法。"从之。大观三年,诏东南帅府总管,依三路
都总管法。靖康元年,诏四道副总管并通差文武臣。其诸路将官,
掌统所隶禁旅,以行阵队伍、金鼓旗帜、弓矢击刺之法而教习训练
之,别其武艺强者,待次迁补,以激劝士卒。凡兵仗器甲之数,廪禄
犒设、赏罚约束之禁令皆掌焉,副将为之贰。若屯戍防边,则受帅司
节制;遇寇敌,则审其战守应援之事;若师有功,则具臧数、籍用命
而旌赏之。

　　路分都监　掌本路禁旅屯戍、边防、训练之政令,以肃清所部。
州府以下都监,皆掌其本城屯驻、兵甲、训练、差使之事,资浅者为
监押。绍圣三年,诏诸路将副序位在路分都监之下。大观三年,诏
帅府无路分钤辖、望郡无路分都监者,许置一员,其余添置处,任满
不差人。宣和二年,虔州添置都监一员。

　　建炎初,分置帅府,以诸路帅臣兼。要郡守臣带兵马钤辖,次要
郡带兵马都监;并以武臣为之副,称副总管、副钤辖、副都监,许以
便宜行军马事,辟置僚属,依帅臣法。屯兵皆有等差。遇朝廷起兵,
则副总管为帅,副钤辖、都监各以兵从,听其节制。其后,益、泸、夔、
广、桂五州牧又以都钤辖为称。四年,诏建康府、江州路又置副总管
一员,于见置帅司处驻扎。绍兴三年,诏要郡、次要郡守臣罢带兵
职,其逐路副总管依旧格,改充路分都监,为一路掌兵之官。其各州
钤辖或省或置不一。又有逐路兵马都监、兵马监押,掌烟火公事、捉
捕盗贼。淳熙十六年,诏诸路训练钤辖,并须年六十以下曾经从军
有才武人充。绍熙元年指挥,杂流出身之人,不得过路分州钤;诸州

军兵马都监,独员处专注才武及曾任主兵官之人。庆元中,诏总管下至将副等,年七十以上许自陈,与宫观差遣。初,守臣罢带兵职,惟江西赣州以多盗,仍带江西兵马钤辖。其后,武臣为路钤者,亦无尺籍伍符,每岁诸州按阅,特存故事,间有得旨葺治军器或训练禁军,则仍带入衔。

诸军都统制　副都统制　统制　统领　旧制,出师征讨,诸将不相统一,则拔一人为都统制以总之,未为官称也。建炎初,置御营司,擢王渊为都统制,名官自此始。其后,神武五军及川陕宣抚司、都督府、枢密院皆置。绍兴十一年,三大将兵罢,诸军皆冠以“御前”二字,擢其偏裨为御前统领官,以统制御前军马入衔,秩高者为御前诸军都统制,且令仍旧驻扎,以屯驻州名冠军额之上。其后,兴元、江陵、建康、镇江府,兴、金、鄂、江池州及平江许浦水军,皆除都统制,恩数略视三衙,权任在帅臣右,官卑者称副都统制。设属有计议、机宜、干办公事、准备差遣,省置不一。次有副都统制。乾道三年,帝谕辅臣:“欲今后江上诸军各置副都统一员,兼领军事,岂惟储帅,亦使主将雇忌,不敢专擅。”因言:“都、副统制礼有隆杀,且为条约。”上曰:“如此,他日不致争权越礼。”遂行之。然其后都、副鲜有并除者。初,渡江后,大军又有统制、同统制、副统制、统领、同统领、副统领,其下有正将、准备将、训练官、部将、队将等名,皆偏裨也。旧制,准备将而上,皆主帅升差,仍先申枢密院审察。乾道七年,诏训练官、部队将而下,许军中径差,申朝廷照会。绍熙间,诏诸军升差统制至准备将者,主帅解发三人,赴总领所选一名,诸将不以为便。庆元三年,诏主帅选择,总领所或屯军处守臣审核保明,申枢密院。

巡检司　有沿边溪峒都巡检,或蕃汉都巡检,或数州数县管界、或一州一县巡检,掌训治甲兵、巡逻州邑、擒捕盗贼事;又有刀鱼船战棹巡检,江、河、淮、海置捉贼巡检,及巡马递铺、巡河、巡捉私茶盐等,各视其名以修举职业,皆掌巡逻几察之事。中兴以后,分置都巡检使、都巡检巡检、州县巡检,掌土军、禁军招填教习之政令,以巡防干御盗贼。凡沿江沿海招集水军,控扼要害及地分阔远处,皆置巡检一员,往来接连合相应援处,则置都巡检以总之,皆以材武大小使臣充。各随所在,听州县守令节制,本砦事并申取州县指挥。若海南琼管及归、峡、荆门等处跨连数郡,控制溪峒,又置水控都巡检使或三州都巡检使,以增重之。

监当官 掌茶、盐、酒税场务征输及冶铸之事。诸州军随事置官,其征榷提务岁有定额,岁终课其额之登耗以为举刺。凡课利所入,日具数以申于州。建炎初,诏监当官阙,许转运司具名奏辟一次,以二年为任,实有六考,方许关升。烦剧去处,许添差一员。凡交割必置历以稽其剩欠,合选差文臣处,更不差武臣。淳熙二年,诏二万贯以下库分,选有才干存留一员,指挥、诸班直、亲从亲事官、保义郎以下差充。建炎四年,诏每州每以五员为额。

宋史卷一六八
志第一二一

职官八　合班之制

建隆以后合班之制

中书令　侍中　同中书门下平章事已上为宰相。亲王、枢密使、留守、节度、京尹兼中书令、侍中、同中书门下平章事已上并为使相。尚书令　太师　太尉　太傅　太保　司徒　司空旧仪，太师、太傅、太保为三师。太尉、司徒、司空为三公。太尉在太保下。国朝以来，自太傅除太尉，今依此次序。其三师、三公之称如旧仪制。枢密使　知枢密院事参知政事旧在枢密使下。　枢密副使旧在知院之上。　同知枢密院事　宣徽南院、北院使　签书枢密院事参政以下班位临时取奏裁。　太子太师、太傅、太保　左、右仆射　太子少师、少傅、少保　诸府牧开封、河南、应天、大名、江陵、兴元、真定、江宁、京兆、凤翔、河中。又有大都督、大都护，今皆领使，无特为者。　御史大夫　观文殿大学士旧无此位。　六尚书吏、兵、户、刑、礼、工。左、右金吾卫　左、右卫上将军　门下、中书侍郎旧在尚书下。　节度使泰宁、武宁、彰信、镇海、天平、安化、武成、忠武、镇海、河阳、山南东道、武胜、崇信、昭化、保康、天雄、成德、镇宁、彰德、永清、安国、威德、静难、彰化、雄武、保泰、淮南、忠正、保信、保静、集庆、建康、宁国、镇南、昭信、荆南、宁海、武昌、安远、武安、镇东、平江、镇江、宣德、保宁、康国、威武、建宁、益州、安静、武信、山南西道、昭武、安德、武定、宁海、宁江、武康、清海、静江、宁远、建武、高州定南、密州静海、凉州西河、沙州归义、洮州保顺、应州彭国、威城、昌化、丰州天德、朔州振武、云州大同。观文殿文学士旧日文明殿，若学士官尚书者自从本班。　资政殿大学士　三司使与观文、资政班位临时取裁。　玉清昭应宫、景灵宫、会灵观副使与三司使、翰林学士班位临时取裁。翰林学士承旨　翰林学士　资政殿学士　翰林侍读、侍讲学士　龙图阁学士　天章阁学士　枢密直学士。龙图直学士　天章直学士　左、右散骑常侍旧在诸卫上将军下。　六统军。左、右龙武,左、右羽林,左、右神武。诸卫上将军,左、右骁卫、左、右武卫、左、右屯卫,左、右领军卫,左、右千牛卫。　太子宾客　太常、宗正卿御史中丞权中丞立中丞砖位,内殿起居日止立本官班。　左、右丞　诸行侍郎　节度观察留后　给事中　左、右谏议大夫　中书舍人　知制诰　龙图阁待制　天章阁待制　观察使　秘书监　光禄、卫尉、太仆、大理、鸿胪、司农、太府卿　内客省使　国子祭酒　殿中、少府、将作监景德殿使　延福宫使　客省使、开封、河南、应天、大名尹　太子詹事　诸王傅　司天监　诸卫大将军　太子左右庶子引进使　防御使齐、济、沂、登、莱、郑、汝、蔡、颖、均、郓、怀、卫、博、磁、洺、棣、深、瀛、雄、霸、莫、代、绛、解、龙、和、蕲、舒、复、眉、象、陆、果。　团练使、单、濮、潍、唐、祁、冀、隰、忻、成凤、海、鼎、三司盐铁,度支、户部副使,官至谏议大夫上,从本官。玉清昭应宫、景灵宫、会灵观判官太常寺、宗正少卿　秘书少监　光禄等寺七寺少卿　宣庆使　四方馆使　国子司业　殿中、少府、将作少监　开封、河南、应天、大名少尹　太子少詹事、左右谕德　太子家令　太子率更令　太子仆　诸州刺史淄、赵、德、滨、保、并、汾、泽、辽、宪、岚、石、号、坊、丹、阶、乾、商、宁、原、庆、渭、仪、环、楚、泰、泗、濠、光、滁、通、黄、真、舒、江、池、饶、信、太、平、吉、袁、抚、筠、岳、沣、峡、归、辰、衡、永、全、郴、邵、常、秀、温、台、衢、睦、处、南剑、汀、漳、绵、汉、彭、邛、蜀、嘉、简、黎、雅、维、茂、资、荣、昌、普、渠、合、戎、泸、兴、剑、文、集、壁、巴、蓬、龙、施、万、开、达、涪、渝、昭、循、潮、连、梅、英、贺、封、南雄、端、新、康、恩、春、惠、韶、梧、藤、龚、象、浔、贵、宾、横、融、化、宝、高、雷、南仪、钦、郁林、廉、琼、崖、儋、万安。　诸王府长史、司马司天少监　枢密都承旨如客省使以下充者,依本职同班。如阁门使充,即在阁门使之上。如自见任内客省使以下转南班官充,亦与同班,仍在旧职之上。如自客省副使以下转南班官充者,并在阁门使之上。　宣政使　昭宣使　东上、西上阁门使　枢密承旨　枢密副都承旨　诸军卫将军

起居郎　起居舍人　知杂御史　侍御史　诸行郎中左右司　吏部　兵部　司封　司勋　考功　职方　驾部　库部　度支　户部　金部　仓部　刑部　都官　比部　司门　礼部　工部　祠部　主客　膳部　屯田　虞部　水部。　皇城以下诸司使皇城　洛苑　右骐骥　尚食　左骐骥　御厨　内藏库　军器　左藏　仪鸾　南作坊　弓箭库　北作坊　衣库　庄宅　六宅　文思　东作坊　内苑　牛羊　如京　东绫锦　香药　崇仪　榷易　西京左、右藏　毡毯　西绫锦　西京作坊　鞍辔库　东染院　酒坊　西染院　法酒库　礼宾　翰林　医官　供备库。　枢密院副承旨、诸房副承旨如带南班官者，在诸司使之下；不带南班官者，在皇城副使之上。殿中侍御史　左、右司谏　诸行员外郎　客省引进、阁门副使　左、右正言　监察御史　太常博士　皇城以下诸司副使　诸次府少尹　大都督府左、右司马兖、徐、潞、陕、扬、杭、越、福。　通事舍人国子博士　《春秋》、《礼记》、《毛诗》、《尚书》、《周易》博士、都水使者　开封、祥符、河南、洛阳、宋城县令　太常、宗正、秘书丞　著作郎　殿中丞　内殿承制　殿中省尚食、尚药、尚衣、尚舍、尚乘、尚辇奉御　大理正　太子中允、左右赞善大夫　内殿崇班　阁门祗候　太子中舍、洗马　太子诸率府率　左、右卫左右监门左、右清道左、右司御。　枢密院兵房、吏房、户房、礼房副承旨　东头、西头供奉官　太子诸率府副率　诸卫中郎将左、右金吾　左、右卫　左、右千牛　左、右羽林。　郎将左、右金吾　左、右卫。左、右侍禁　诸王友　诸王府谘议参军官高者从本官。　司天春官、夏官、中官、秋官、冬官正　节度行军司马、副使　秘书郎　左、右班殿直　著作佐郎　大理寺丞　诸寺、监丞　大理评事　太学、广文博士　太常太祝、奉礼郎　秘书省校书郎、正字　御史台、诸寺、监主簿　国子助教　广文、太学、四门、书学、算学博士　律学助教书、算学无助教。　司天灵台郎、保章正、挈壶正　三班奉职、借职　防御、团练副使　留守、京府、节度、观察判官　节度掌书记　观察支使　防御、团练判官　留守、京府、节度、观察推官　军事判官　防御、团练、军事推官　军、监判官　诸军别驾、长史、司马、司录、录事参军　司理参军三京府军巡判官在诸曹参军之下。　诸州诸司参军　军巡判官　诸

县令　赤县丞　诸县主簿、尉　诸军文学、参军、助教
元丰以后合班之制

　　诸太师、旧制,太尉为三公,在太傅上,政和改为三少。太傅、太保
侍中中书令政和二年,改左辅右弼,靖康后复。　尚书令　少师　少傅
　少保旧太尉、司徒、司空,政和二年改。　尚书左、右仆射政和二年,改
太宰、少宰,靖康复旧,元丰令王在左右仆射下。　开府仪同三司　知枢
密院事　门下、中书侍郎　尚书左、右丞　同知枢密院事　签书枢
密院事元丰罢,元祐复置,政和入杂压。太子太师、太傅、太保　特进
观文殿大学士太尉旧为三公,政和二年,改为三少,复以太尉为武选一品,
位节度使上。太子少师、少傅、少保　冀、兖、青、徐、扬、荆、豫、梁、雍州牧元祐
复置,政和入杂压。　御史大夫　观文殿学士资政、元丰令在节度使下。
保和政和五年,置宣和殿大学士、学士,宣和元年,改为保和学士。待制同。殿
大学士吏部、户部、礼部、兵部、刑部、工部尚书金紫、银青光禄大夫
　左、右金吾卫上将军节度使　翰林学士承旨　翰林学士资政、保
和、端明政和四年,改为延康。殿学士　龙图、天章、宝文、元丰二年,增
置直学士,待制同。显谟、元丰元年增置。徽猷崇宁二年增置。　阁学士
左、右散骑常侍　御史中丞旧在直学士下,元丰八年升。　开封尹崇宁
三年升。　尚书列曹侍郎　枢密直学士政和四年,改为述古殿直学士。
　龙图、天章、宝文、显谟、徽猷阁直学士　宣奉、元祐,左光禄大夫。
正奉、元祐,右光禄大夫,并大观二年改置。正议、通奉大夫殿中监旧在秘
监下,崇年二年升。　大司成崇宁二年增置。　左右骁卫、武卫、屯卫、领
军卫、监门卫、千牛卫上将军　太子宾客、詹事　给事中　中书舍
人　通议大夫　承宣使旧节度观察留后,政和七年始改。　左、右谏议
大夫保和殿待制龙图、天章、宝文、显谟、徽猷阁待制太中大夫太常
卿大司乐崇宁二年增置。　宗正卿　秘书监　殿中少监　崇宁二年
升。　观察使　中大夫　光禄、卫尉、太仆、大理、鸿胪、司农、太府
卿　中奉、元祐,左中散大夫,大观二年改。　中散、通侍大夫旧内客省
使,政和二年改,横行、正使、副使、大使臣、小使臣并改。　枢密都承旨
国子祭酒　太常少卿典乐崇宁二年增置。　宗正少卿　秘书少监

正侍、旧延福宫使,政和二年改。　宣正、履正、协忠、三阶系政和六年增置。中侍、中亮大夫旧客省使。　太子左、右庶子中卫、旧引进使。翊卫、亲卫大夫政和六年增置。　防御、团练使　诸州刺史　左、右金吾以下诸卫大将军　驸马都尉　集英殿修撰政和八年置。　七寺少卿　朝议、奉直大夫　元祐,右朝议大夫,大观二年改置。　尚书左、右司郎中　右文殿修撰旧集英殿修撰,不入杂压,政和六年改,增入。　国子、辟雍司业崇宁元年增置。少府、将作、军器监　都水使者　入内内侍省都都知政和,改知内内侍省事。　内侍省都都知政和,改知侍省事。　拱卫大夫旧四方馆使。　太子少詹事、左右谕德　入内内侍省副都知,内侍省副都知,政和并改同知省事。左武、右武大夫旧东、西上阁门使。入内内侍省押班　内侍省押班政和并改签书省事。　管干殿中省尚舍、尚药、尚酝、尚辇、尚衣、尚食局崇宁二年增置。　枢密副都承旨　起居郎　起居舍人侍御史　尚书左、右司员外郎　秘阁修撰政和六年增置。　开封少尹崇宁三年升。　尚书吏部、司封、司勋、考功、户部、度支、金部、仓部、礼部、祠部、主客、膳部、兵部、职方、库部、驾部、刑部、都官、比部、司门、工部、屯田、虞部、水部郎中　开封府司禄事旧录参军事在两赤县令之上,崇宁三年升改。　直龙图阁元丰、元祐令,并不入杂压,政和增入,余同。　朝请、朝散、朝奉大夫　直天章阁政和六年增入。　殿中侍御史　左、右司谏左、右正言旧在监察御史上,政和升。　符宝郎大观元年增置。　殿中省尚食、尚药、尚酝、尚辇、尚衣、尚舍典御崇宁三年增置。　内符宝郎大观元年增置。

枢密副承旨元丰令,有知上州在此下,元祐以后并去。　武功、旧皇城使,自此以下,并政和六年改。武德、旧宫苑、左右骐骥、内藏库使。和安、成和、成安、成全、旧翰林、尚食、军器、仪鸾使。　武显、旧左藏、东西作坊使。武节、旧庄宅、六宅、文思使。平和、旧绫锦使,初改保和,政和五年,以犯殿名,改保痊;宣和六年,又改为平和。武略、旧内园、洛苑、如京、崇仪使。保安、旧椎易使。武经、旧西京左藏库使。武义大夫旧西京作坊,东西染院、礼宾使。　翰林良医旧翰林医官使。　武翼大夫旧供备库使。尚书诸司员外郎　直宝文阁政和六年增置。　开封府司六曹事崇宁三年增置。枢密院诸房副承旨,朝请朝散,朝奉郎直显谟阁政和六年增入。少府、将作、军器、少监、诸卫将军、太子侍读、侍讲、正侍、宣正、履正、协忠自宣正至协忠并政和六年增置、中侍、中亮、中卫、翊卫、拱卫、左武、右武郎,旧横行、副使,政和六年改。监察御史元丰令,有知中州在此下。殿中丞旧秘书丞下,崇宁二年升。　直徽猷阁政和六年置。　承议郎武功至武义郎翰林医正武翼郎诸司副使。　太子中舍　太子舍人亲王府翊善、赞读、直讲旧侍读、侍讲,政和改。　太常丞　大晟乐令崇宁二年增置。　太医令宗正、大宗正秘书丞　直秘阁政和六年置,元丰令,知下州在此下。　奉议郎　大理正　著作郎　太史局令　直翰林医官局　殿中省六尚奉御旧在大理正之上,政和改。太医丞元祐增置。　阁门宣赞舍人旧阁门通事舍人,政和六年改。　两赤县令　太子左右卫、司御、清道、监门、内率府率　七寺丞　秘书郎　太常博士陵台令元祐中增置。　著作佐郎　殿中省主簿崇宁二年增置国子监丞　辟雍丞、崇宁二年增置。宗子、崇宁元年增置。国子博士　大理司直、评事　敦武,旧内殿承制,政和六年改,下同。　通直郎　修武郎内殿崇班。　内常侍元丰令,上州通判在此下。　太史局正　少府、将作、军器、都水监丞　开封府参军事崇宁三年增置。　太医局正　秘书省校书郎、正字　亲王府记室元丰、元祐令,有"参军"字,政和三年除去。

太史局五官正　御史台检法官、主簿元丰令在监丞上,元祐令在监丞下。九寺、大晟府崇宁三年增置。主簿　阁门祗候　枢密院逐房副承旨元丰令,中下州通判在此下。　供奉官旧内东头供奉官,政和六年改,下同。　从义郎东头供奉官。　左侍禁内西头供奉官。秉义郎西头供奉官。太子诸率府副率,干当左、右厢公事崇宁中增入。右侍禁左班殿直殿头高品。　忠训、忠翊、左、右侍禁。　宣教郎旧宣德郎,政和四年改。　太学、辟雍、崇宁元年增置。　武学、律学、开封府大观元年置。

博士　太常寺奉礼郎　大晟府协律郎崇宁二年增置。　太常寺太祝、郊社、籍田令　光禄寺太官令元丰、元祐令,在太学博士上。　五监、辟雍崇宁元年增置。　主簿　宣义郎　成忠、保义、左右班殿直。承事、承奉、承务郎　宗子、崇宁元年增置。国子、太学、辟雍正　武学

谕崇宁元年置。　律学正崇宁元年置。　太医局丞　京府、诸州司录事

承直郎崇宁三年，以留守节度判官改，凡选人七阶，儒林至迪功。　京畿
县令　两赤县丞　三京赤县令　右班殿直高班。黄门内品　承节、
承信郎旧三班奉职、借职。　京府、诸州司六曹事元丰、元祐令，并六曹参
军。政和三年，除去"参军"字，为司录事，司仪曹事，余曹放此。　儒林、旧掌
书记。　文林、从事郎　三京畿县令　京畿县丞　三京赤县、畿县
丞　两赤县主簿、尉　诸州上、中、下县令丞　从政郎旧司录事参
军、县令。　京府、诸州掾官　修职郎旧知录事参军、知县事。　京畿县
主簿、尉　诸州上、中、下县主簿尉　城砦主簿　马监主簿　迪功
郎旧巡判官、司理、司法、司户。　　诸州司士　文学　助教旧参军事。

　　唐令，定流内一品至九品，有正从上下阶之制。其后，升侍中、
中书令为正二品，御史大夫、散骑常侍、两省侍郎为正三品，御史中
丞正四品。谏议大夫分左、右，改将作大匠为监，太史局为司天监，
置大监正三品，少监正四品上，丞正六品上，寺簿正七品上，主事正
八品下，五官正五品上，副正正六品，灵台郎正七品下，保章正从七
品上，挈壶正八品上，五官监候正八品下，司历从八品上，司辰正九
品上。又置国子、五经博士为正五品上，左、右金吾卫上将军为从二
品，左、右龙武、神武军大将军为正三品，将军为从三品。又置内侍
监为正三品，少监从四品，改诸州府学博士为文学，在参军上。五代
复置尚书令为一品，升右丞为正四品上，降谏议在给事之下。
　　宋初，并因其制，唯升宗正卿为正四品，丞为从五品。其军器
监、少监，甲弩坊署令、丞、监作、录事，昭文馆校书郎，司辰、司历、
监候，殿中诸署监事、计官，太常诸陵庙、太医、太公庙署令丞，医针
博士、助教，按摩、咒禁博士，卜正、卜博士，宗正崇玄署令、丞，大理
狱丞，鸿胪典客，太府寺平准、左右藏、常平署令丞，都水监舟楫、河
渠署令丞，宫苑总副监牧监副、丞、主簿，诸园苑司并百工等监、副
监及丞，诸仓、诸冶、诸屯、温汤监及丞，掌漕，诸军卫录事诸曹参
军、司阶、中候、司戈、执戟、校尉、旅帅、队正、队副、正直长、长上、

备身、左右备身，左右亲、勋、翊卫府中郎将，兵曹三卫，折冲、果毅、别将、长史、兵曹参军、校尉、旅帅、队正、队副，镇军司马、判司，太子詹事府丞、主簿、司直，司议郎，舍人，文学，校书，正字，崇文馆校书，侍医，通事舍人，左、右春坊录事、主事，三寺丞、主簿，诸署令、丞，典仓署园丞，厩牧典乘，内坊典内及丞，典直，率府长史、录事诸曹参军、司阶、中候、司戈、执戟、校尉、旅帅、队正、队副、直长、千牛备身、亲、勋、翊府中郎将，兵曹三卫，王府文学，东西阁祭酒，掾、属、主簿、录事诸曹参军、行参军、典签、典军、执杖执乘亲事、校尉、旅帅、队正、队副，国令，大农尉、丞，公主邑令丞、邑司录事，河南应天及诸次府都督都府功曹、仓、兵曹参军，诸州司功、司仓、司兵参军，诸县丞，京县录事，诸镇仓曹、兵曹参军，戍主、戍副，关津令丞，并门下省城门、符宝郎，太常寺协律郎，军器监丞、主簿，太常寺郊社、太卜、廪牺，光录寺太常、珍羞、良酝、掌醢，卫尉寺武器、守宫，太仆寺乘黄、典厩、典牧、车府，鸿胪寺典客、司仪，司农寺上林、太仓、钩盾、导官，太府寺诸市，少府监中尚、左尚、右尚、织染、掌治，将作监左校、中校、甄官署令丞、监膳，殿中省六局直长、食医、侍御、医司、医佐、掌辇、奉乘、司廪，太子典膳、典药、内直、典设、宫门郎并局丞，皆存其名而罕除者，皆不录，惟常命官者载之。诸司主事、录事皆存，而无士人为之。别置中书、枢密、宣徽院、三司及内庭诸司，沿旧制而损益焉。

　　建隆三年三月，有司上《合班仪》："太师，太傅，太保，太尉，司徒，司空，东宫三太，嗣王，郡王，仆射，三少，三京牧，大都督，大都护，御史大夫，六尚书，常侍，门下、中书侍郎，太子宾客，太常、宗正卿，御史中丞，左、右谏议大夫，给事中，中书舍人，左、右诸行侍郎，秘书监，光禄、卫尉、太仆、大理、鸿胪、司农、太府卿，国子祭酒，殿中、少府、将作监，前任、见任节度使，开封、河南、太原尹，詹事，诸王傅，司天监，五府尹，国公，郡公，中都督，上都护，下都督，庶子，五大都督府长史，中都护，副都护，太常、宗正少卿，秘书少监，光禄等七少卿，司业，三少监，三少尹，少詹事，谕德，家令，率更令、仆，诸王府长史、司马，司天少监，起居郎、舍人，侍御史，殿中侍御史，补阙，拾遗，监察御史，郎中，员外郎，太常博士，五府少尹，五大都督府司马，通事舍人，国子、五经博士，都水使者，四赤县令，太常、宗正、秘书丞，著作郎，殿中丞，六尚奉御，大理正，中允，赞善，中舍，洗马，诸王友、谘议参军，司天五官正，凡杂坐之次，以此为准。”

诏曰：“尚书中台，万事之本，而班位率比两省官；节度使出总方面，其检校官多至师傅、三公者，而位居九寺卿监之下，甚无谓也。其给事中、谏议、舍人，宜降于六曹侍郎之下；补阙次郎中、拾遗，监察次员外郎、节度使，升于中书侍郎之下。”乾德五年正月朔，乾元殿受朝，升节度使班在龙墀内金吾将军之上。

淳化三年八月，有司重定《合班仪》，诏升尚书令三师之上。四年，节度使升常侍之上，观察使在秘书监之上，防御、团练使在庶子之下，刺史在太子仆之下，又升诸行郎中于殿中侍御史之上。至道三年七月，令节度观察留后在给事中之上。大中祥符元年八月，升两省侍郎班常侍之上。

天禧三年十一月，令节度使班中书侍郎之下。其序班及视品之制：枢密使、副使、参知政事、宣徽使并班宰相后。枢密使不兼平章事者，立参知政事前，在宣徽使下。至道三年升在上。大中祥符九年九月，诏自今参知政事、枢密副使并以先后为次。宣徽使同。资政殿大学士立文明殿学士之上。旧文明殿学士在枢密副使之上，太平兴国五年移在下。资政殿学士、翰林侍读学士在翰林学士下。建隆三年，令翰林学士班诸行侍郎下，官至丞、郎者在常侍上，至尚书者依本班。淳化五年，升丞、郎之上。枢密直学士同。龙图阁学士在枢密直学士上，龙图直学士在其下，仍少退。待制在知制诰之下。景德元年，初置待制，赴内朝，其五日起居，止叙本班。大中祥符二年，升待知制诰，仍在其下。权三司使立知制诰上。带学士职者从本班。三司副使立少卿、监上。官高者从本班，并为内品职。宫观副使立学士班。在翰林学士上，其学士为者，从本班。判官立三司副使之下。知制诰以上为者，从本班。给、谏权御史中丞者，令正衙立中丞砖位。余就本班。凡起复，皆如初授，在本官之末，亦有特旨令叙旧班者。内客省使视七寺大卿，景福殿使、客省使视将作监，引进使视庶子。宣庆使、四方馆使视少卿，宣政、昭宣、阁门使视少监。客省等副使视员外郎。皇城使以下诸司使视郎中、副使视太常博士。内殿承制视殿中丞，崇班及阁门祗候视赞善大夫。供奉官视诸卫率，侍禁视副率。殿直视著作佐郎，奉职、借职在诸州幕官上。枢密都承旨在阁门使下，副承旨、诸房副承旨在诸司使下，逐房副承旨在洗马下。金吾卫、左右卫上将军并在节度使上，六统军、诸卫上将军在常侍下，_{乾德二年，令上将军在中书侍郎之下。淳化四年，升金吾、左右卫在尚书之下，仍于节度使之上叙。}　大将军在大监下，将军在少监下。_{仍在阁门使之下。}　金吾立本班上。_{谓中郎将。}　诸卫率、副率在洗马下。凡内职，视朝官者在其下，视京官者在其上。

　　皇亲之制：开宝六年，诏："晋王位望俱崇，亲贤莫二，宜位在宰相之上。"太平兴国八年，楚王、广平郡王出阁，令宰相立亲王之上。_{天禧四年七月先天节，群臣上寿，宰相阙，命泾王元俨摄太尉。}　景德中，皇侄武信军节度惟吉加同平章事。时驸马都尉石保吉先为使相，史馆引唐制，宗室在同品官上，遂升惟吉焉。大中祥符元年正月，有司上《都亭驿酺宴位图》，皇从侄孙内殿崇班守节与从侄右卫将军惟叙等同一班。上曰："族子诸父，安可同列？"乃命重行设位。九年正月，兴利州团练使德文言："男侍禁承显赴起居，请在惟忠子从恪之上。"时从恪虽侄行，而拜职在前，遂诏宗正寺定《宗室班图》以闻。宗正言："按《公式令》：朝参行立，职事同者先爵，爵又同者先齿。今请宗子官同而兄叔次弟侄者，并虚一位而立。"天禧四年五月，左正言、知制诰张师德言："奉诏知颍州，缘皇弟德雍见任本州防御使，其署衔望降规式。"中书门下言："据御史台称，每大朝会立班，皇亲防御、团练、刺史次节度使下，稍退序立。"诏师德序署位德雍之下。其外官制置、发运、转运使副使，不限官品，著位并在提点刑狱之上。_{旧止从官，大中祥符七年，诏定其制。}　朝官知令、录在判官之上，京官在判官之下、推官之上。长史、司马、别驾在幕府官下、录事参军上，见长史庭参。监当朝官殿直以下，在通判、都监之下，判官之上。

其通判与都监并依官次。京官奉职、借职监当者,依知令、录列在判官之下。元丰制行,参以寄禄官品高下,更革既多,别为班序。其后元祐、崇宁、大观、政和,复有增益更革者,别附于其下云。

至道二年,祠部员外郎主判都省郎官事王炳上言曰:

尚书省,国家藏载籍、典治教之府,所以周知天下地理广袤、风土所宜、民俗利害之事。当成周之世,治定制礼,首建六官,汉、唐因之。自唐末乱杂,急于经营,不遑治教,故金谷之政主于三司,曹名虽存,而其实亡矣。谨按:吏部四司,天官之职,掌文官选举,周知天下吏功过能否,考定升降之类;户部四司,司徒之职,掌邦五教,周知天下户口之数;礼部四司,宗伯之职,掌国五礼,辨仪式制度,周知天下祠典祠祀之类;兵部四司,司马之职,掌武人选举,周知天下兵马器械之数;刑部四司,司寇之职,掌国法令,周知天下狱讼刑名徒隶之数;工部四司,司空之职,掌国百工,周知天下封疆、城圻、山泽、草木、川渎、津渡、桥船、陂池之数。凡此二十四司所掌事务,各封图书,具载名数,藏之本曹,谓之载籍;所以周知天下事,由中制外,如指诸掌。

今职司久废,载籍散亡,惟吏部四司官曹小具,祠部有诸州僧道文帐,职方有诸州闰年图经,刑部详覆诸州已决大辟案牍及旬禁奏状,此外多无旧式。欲望令诸州,每年造户口税枂实行簿帐,写以长卷者,别写一本送尚书省,藏于户部。以此推之,其余天下官吏、民口、废置、祠庙、甲兵、徒隶、百工、疆畎、封洫之类,亦可以籍其名数,送尚书省,分配诸司,俾之缄掌;候期岁之后,文籍大备,然后可以振举官守,兴崇治教。望选大僚数人博通治体者,参取古今礼典及诸令式,与三司所受金榖、器械、簿帐之类,仍详定诸州供送二十四司载籍之式。如此,则尚书省备藏天下事物名数之籍,如秘阁藏图书,太学藏经典,三馆藏史传,皆其职也。

太宗览奏嘉之,诏尚书丞、郎及五品以上集议。

吏部尚书宋琪等上奏曰："王者六官,法天地四时之柄,百官之本,典教所出。望委崇文院检讨六曹所掌图籍,自何年不系都省,详其废置之始,究其损益之源,以期恢复。"既而其议亦寝。

大中祥符九年,真宗与宰相语及尚书省制,言事者屡请复二十四司之制。杨砺尝言："行之不难,但以郎官、诸司使同领一职,则渐可改。"作王旦曰:"唐设内诸司使,悉拟尚书省:如京,仓部也;庄宅,屯田也;皇城,司门也;礼宾,主客也。虽名品可效,而事任不同。唐朝诸司所领,惟京邑内外耳,诸道兵赋各归藩镇,非南宫一郎中、员外所能制也。朝廷所得三分之一,名曰上供,其他留州、留使之名,皆藩臣所有。今之三司即尚书省,故事尽在,但一毫所赋皆归于县官而仰给焉,故蠲放则泽及下,予赐则恩归上,此圣朝不易之制也。"

咸平四年,左司谏、知制诰杨亿上疏曰:

国家遵旧制,并建群司,然徒有其名,不举其职。只如尚书会府,上法文昌,治本是资,政典攸出,条目皆具,可举而行。今之存者,但吏部铨拟,秩曹详覆。自余租庸管榷,由别使以总领;尺籍伍符,非本司所校定。职守虽在,或事有所分;纲领虽存,或政非自出。丞辖之名空设而无违可纠,端揆之任虽重而无务可亲。周之六官,于是废矣。且如寺、监素司于掌执,台、阁咸著于规程,昭然轨仪,布在方册。国家虑铨拟之不允,故置审官之司;忧议谳之或滥,故设审刑之署;恐命令之或失,故建封驳之局。臣以为在于纪纲植立,不在于琴瑟更张。若辨论官材归于相府,即审官之司可废矣;详评刑辟属于司寇,即审刑之署可去矣;出纳诏命关于给事中,即封驳之局可罢矣。至于尚书二十四司各扬其职,寺、监、台、阁悉复其旧,按《六典》之法度,振百官之遗坠,在我而已,夫岂为难。如此则朝廷益尊,堂陛益严,品流益清,端拱而天下治者,由兹道也。

又以唐、虞之时,建官惟百,夏、商官倍,秦、汉益繁。施及有唐,六策咸在,自三公之极贵,九品之至微,著于令文,皆有员数。《传》云："官不必备，惟其人。"盖阙之，斯可矣。若乃员外加置，苟非其材，故"灶下"、"羊头"，形于嘲咏，"斗量车载"，播厥风谣，国体所先，尤须慎重。窃睹班簿，员外郎及三百余人，郎中亦及百数，自余太常国子博士、殿中丞、舍人、洗马，俱不下数百人，率为常参，皆著引籍，不知职业之所守，多由恩泽而序迁。欲乞按唐制，应九品以上官并定员数。

又念昔者秦之开郡置守，汉以天下为十三部，命刺史以领之。自后因郡为州，以太守为刺史，降及唐氏，亦尝变更，曾未数年，又仍旧贯。今多命省署之职出为知州，又设通判之官以为副贰，此权宜之制耳，岂可为经久之训哉？臣欲乞诸州并置刺史，以户口多少置其奉禄，分下、中、上、紧、望、雄之等级，品秩之制率如旧章，与常参官比视阶资，出入更践，省去通判之目，但置从事之员，建廉察之府以统临，按舆地之图而区处。昔者兴国初，诏废支郡，出于一时；十国为连，周法斯在，一道署使，唐制可寻。至若号令之行，风教之出，先及于府，府以及州，州以及县，县及乡里。自上而下，由近及远，譬如身之使臂，臂之使指，提纲而众目张，振领而群毛理。由是言之，支郡之不可废也明矣。臣欲乞复置支郡，隶于大府，量地里而分割，如漕运之统临，名分有伦，官业自举。

又睹唐制内外官奉钱之外，有禄米、职田，又给防阁、庶仆、亲事、帐内、执衣、白直、门夫，各以官品差定其数，岁收其课以资于家。本司又有公廨田、食本钱，以给公用。自唐末离乱，国用不充，百官奉钱并减其半，自余别给一切权停。今郡官于半奉之中已是除陌，又于半奉三分之内，其二以他物给之。鬻于市尘十裁得其一二，曾糊口之不及，岂代耕之足云？昔汉宣帝下诏云："吏能勤事而奉禄薄，欲其无侵渔百姓难矣。"遂加吏奉，著于策书。窃见今之结发登朝，陈力就列，其奉也不能致九人之饱，不及周之上农；其禄也未尝有百石之入，不及汉之小吏。若乃左、右仆射，百僚之师长，位莫崇焉，月奉所入，不及军中千夫之帅,岂稽古之意哉？欲乞今后百官奉禄杂给,并循旧制,既丰其稍入,可责以廉隅。官且限以常员,理当减于旧费,乃唐、虞之制也。

凡预品官,各设资考,课其殿最,归于有司,或历阶以升,或越次而补。国朝多以郊祀覃庆而稍迁官,考功之黜陟不行,士流之清浊无辨。陛下深鉴其弊,始务惟新。昨有事于明禋,但偏加于阶爵；虽矫前失,未振旧规。并乞依旧内外官各立考限,复令考功修举其职,每岁置使考校,以表尽公,资秩改迁,赏罚惩劝,一遵典故,以振滞淹。

又西汉以来,用秦武功之爵,惟列侯启封,或逾万户,至关内侯,或有食邑,不过数百家。自是因循,以至唐室,但食邑者率为虚设,言实封者岁入有差。迨及圣朝,并无所给,至于除拜之际,犹名数未移,空有食采之称,真同画饼之妄。欲乞依元和中所定实封条贯支给,削去虚邑,但行实食,以宠勋臣。又国家每属严禋,即覃大庆,叙封追赠,罔限彝章。乃至太医之微,司历之贱率荷蓼萧之泽,亦疏石窌之封,恩虽出于殊常,职不循于经制。

又官勋之设,名品实繁,今朝散、银青,犹阙命服,护军、柱国,全是虚名。欲乞自今常参官,勋、散俱至五品者许封,官、勋俱至三品者许立戟。又五等之爵,施于贤才,虽有启封之称,曾无胙土之实。苴茅建社,固不可以遽行,翼子诒孙,亦足稽于旧典。内外官封至伯、子、男者,许荫子；至公、侯者,许荫孙；封国公者许荫,嫡孙一人袭封。

又当今功臣之称,始于德宗,扈跸将士并加"奉天定难功臣"之号,因一时之赏典,为万世之通规。近代以来,将相大臣有加至十余字者,尤非轻遽,不可遵行,所宜削除,以明宪度。昔者讲求典礼,晋国以清,考覆名实,汉朝称治。当文化诞敷之际,是旧章咸秩之时,跂见太平,正在今日矣。

论者嘉之。然以因袭既久,难于骤革。

　　既而言者继请复二十四司之制。神宗即位,始命馆阁校《唐六典》,以摹本赐群臣,而置局详定之。于是凡省、台、寺、监领空名者,一切易之以阶。元丰九年,详定所上《寄禄格》,会明堂礼成,即用新制,迁近臣秩。初,新阶尚少,而转行者得以易。及元祐初,朝议大夫六阶以上始分左、右,绍圣中,罢之。崇宁初,自承直至将仕郎,凡换选人七阶,又增宣奉至奉直大夫四阶。政和末,自从政至迪功郎,又改选人三阶,文阶始备;而武阶亦易正使为大夫,副使为郎。其横班十二阶使、副亦然。继又增置宣正、履正大夫、郎,凡十阶,通为横班。其后,复更开封守臣为尹牧,而内侍省悉仿机廷之号,六尚局之修,三卫郎之建,及左辅、右弼、太宰、少宰之称,员既滥冗,名益紊杂,由是官有视秩,元丰之制,至此大坏。及宣和末,王黼复请修《官制格目》,而边事起,迄不果成。

　　初,太平兴国八年五月,太宗作《戒谕百官辞》二通,以付阁门。一戒京朝官受任于外者,一戒幕职、州县官,朝辞对别日,令舍人宣示之,各缮写归所治,奉以为训焉。大中祥符元年,真宗以祥符降锡,述大中清净为治之道,申诫百官,又作《诫谕辞》二道,易旧辞,赐出使京朝官及幕职、州县官。其后,又作《文》、《武七条》。《文》,赐京朝官任转运使、提点刑狱、知州府军监、通判、知县者:一曰清心,谓平心待物,不为喜怒爱憎之所迁,则庶事自正。二曰奉公,谓公直洁已,则民自畏服。三曰修德,谓以德化人,不必专尚威猛。四曰责实,勿竞虚誉。五曰明察,谓勤察民情,勿使赋役不均,刑罚不中。六曰劝课,谓劝谕下民,勤于孝悌之行,农桑之务。七曰革弊,谓求民疾苦而厘革之。《武条》,赐牧泊泊诸司使而下任部署、钤辖、知州军县、都监、监押、驻泊巡检者:一曰修身,谓修饬其身,使士卒有所法则。二曰守职,谓不越其职侵挠州县民政。三曰公平,谓均抚士卒,无有偏党。四曰训习,谓训教士卒,勤习武艺。五曰简阅,谓察视士卒,识其勤惰勇怯。六曰存恤,谓安抚士卒,甘苦皆同,当使齐心,无令失所。七曰威严,谓制驭士卒,无使越禁。仍许所在刊石或书厅壁,奉以为法。又以《礼记儒行篇》赐亲民厘务文臣,其幕职、州县官使臣赐敕戒砺。令崇文院刻板模印,送阁门,辞日分给之。

淳化元年,国子祭酒孔维上言:"中外文、武官称呼假借,逾越班制,伏请一切禁断。"太宗命翰林学士宋白等议之。白等请:"自今文武台省官及卿、监、郎中、员外并呼本官,太常博士、大理评事并不得呼'郎中',诸司使、诸卫将军未领刺史者、及诸司副使不得呼'太保',供奉官以下不得呼'司徒',校书郎以下令、录事不得呼'员外郎',判、司、簿、尉不得呼'侍御',待诏、医官不得呼'奉御',其文武职事州县官,如有检校、兼、试、同正官者,称之。"

太宗时,郊祀行庆,群官率多进改。真宗初,右司谏孙何上言曰:"伏见国家抚有多方,并建众职。外则郡将、通守,朝士代行;关征、榷酤,使者兼掌;下至幕府职掾之微,或自朝廷选补而授。用人既广,推择难精。贡部上名,动逾千计;门资入仕,亦及百人。稍著职劳,即升京秩;将命而出,冗长尤多。每躬祀圆丘,诞敷霈泽,无贤不肖,并许叙迁。至使评事、寺丞,才数载而通闺籍;赞善、洗马,不十年而登台郎。窃计今之班簿,台、省、宫、寺凡八百员,玉石混淆,名品猥滥。异夫虞书考绩、《周官》计治之法也。有唐旧制,郊禋庆宥,但进阶、勋而已,今若十年之内,肆赦相仍,必恐京僚过于胥徒,朝臣多于州县,岂惟连车平斗之刺,亦有败财假器之失。况禄廪所赋,皆自地征所来,须从民力,何必空竭公藏,附益私人。已授者朘削既难,未迁者防闲宜峻,古人所谓'损无用之费,罢不急之官',正在此也。伏愿特降诏书,自今郊祀,群官一例不得迁陟,必若绩用有闻,才名凤著,自可待之不次,岂俟历阶而升。至于省并吏员,上系与夺。"时左司谏耿望亦以为然,故咸平二年亲郊,止加阶、勋,命有司考其殿最而黜陟之。然三年差遣受代,率皆考课引对,多获进改,罕有退黜,而官籍浸增矣。

绍兴以后合班之制

　·诸太师、太傅、太保　左丞相、右丞相　少师、少傅、少保　王

　　枢密使　开封仪同三司　知枢密院事　参知政事　同知枢密院事　枢密副使　签书枢密院事　太子太师、太傅、太保　特进　观文殿大学士　太尉　太子少师、少傅、少保　冀、兖、青、徐、扬、荆、豫、梁、雍州牧　御史大夫　观文殿学士　资政、保和殿大学士　吏部、户部、礼部、兵部、刑部、工部　尚书金紫、银青光禄大夫　光禄大夫　左、右金吾卫上将军　左、右卫上将军　殿前都指挥使节度使　翰林学士承旨　翰林学士　资政、保和、端明殿学士　龙图、天章、宝文、显谟、徽猷、敷文阁学士　左、右散骑常侍　权六曹尚书御史中丞　开封尹　尚书列曹侍郎　枢密直学士　龙图、天章、宝文、显谟、徽猷、敷文阁直学士　宣奉、正奉、正议、通奉大夫

　　左、右骁卫、屯卫、领军卫、监门卫、千牛卫上将军　太子宾客、詹事　给事中　承宣使　中书舍人　通议大夫　殿前副都指挥使左、右谏议大夫　保和殿待制　龙图、天章、宝文、显谟、徽猷、敷文阁待制　权六曹侍郎　太中大夫　观察使　太常卿　宗正卿　秘书监　马军都指挥使　步军都指挥使　马、步副都指挥使　中大夫　光禄、卫尉、太仆、大理、鸿胪、司农、太府卿　中奉、中散大夫

　　内客省使　通侍大夫　枢密都承旨　国子祭酒　太常少卿　宗正少卿　秘书少监　正侍、宣正、履正、协忠大夫　中侍、中亮大夫太子左、右庶子　中卫、翊卫、亲卫大夫　知阁门事　殿前都虞候　马军都虞候　步军都虞候　防御使　捧日、天武四厢都指挥使　龙、神卫四厢都指挥使　团练使　诸州刺史　左、右金吾以下诸卫大将军　驸马都尉　集英殿修撰　七寺少卿　朝议、奉直大夫　中书门下省检正诸房公事　尚书左、右司郎中　右文殿修撰

　　国子司业　少府、将作、军器监　都水使者　入内内侍省、内侍省都知　宣政使　拱卫大夫　太子少詹事、左右谕德　入内内侍省、内侍省副都知　昭宣使　左武大夫　同知阁门事　右武大夫入内内侍省、内侍省押班　枢密都承旨　枢密副都承旨　起居郎　起居舍人　侍御史　带御器械　尚书左、右司员外郎　枢密院检详诸房文字　秘阁修撰　开封少尹　太子侍读、侍讲　尚书

吏部、司封、司勋、考功、户部、度支、金部、仓部、礼部、祠部、主客、
膳部、兵部、职方、驾部、库部、刑部、都官、比部、司门、工部、屯田、
虞部、水部郎中　开封府判官、推官　直龙图阁　朝请、朝散、朝奉
大夫　直天章阁　殿中侍御史　左、右司谏　左、右正言　符宝郎
　内符宝郎　枢密副承旨　武功、武德、和安、春官、成和、夏官、成
安、中官、成全、秋官、武显、武节、平和、冬官、武略、保安、武经、武
义、武翼大夫　尚书诸司员外郎　直宝文阁　开封府司录参军事
　枢密院诸房副承旨　朝请、朝散、朝奉郎　直显谟阁　少府、将
作、军器少监　诸卫将军　正侍、宣正、履正、协忠、中侍、中亮、中
卫、翊卫、亲卫、拱卫、左武、右武郎　监察御史　直徽猷、敷文阁
承议郎　中郎将　翰林良医　武功、武德、和安、成和、成安、成全、
武显、武节、平和、武略、保安、武经、武义、武翼郎　太子中舍人
太子舍人　亲王府翊善、赞读、直讲　太常丞　判太医局　宗正、
大宗正　秘书丞　直秘阁　左右郎将　奉议郎　大理正　著作郎
　阁门舍人　宣赞舍人　翰林医官　翰林医效　翰林医痊　两赤
县令　太子左右卫、司御、清道、监门、内率府率　七寺丞　秘书郎
　太常博士　枢密院计议、编修官　敕令所删定官　陵台令　著
作佐郎　国子监丞　诸王宫大小学教授　国子博士　大理司直、
评事　训武、通直、修武郎　内常侍　少府、将作、军器、都水监丞
　监尚书六部门　开封府功曹仓曹户曹兵曹法曹士曹参军事、左
右军巡使、判官　主管太医局　秘书校书郎、正字　亲王府记室
太史局五官正　御史台检法官、主簿　九寺主簿　阁门祗候　枢
密院逐房副承旨　从义、秉义郎　太子诸率府副率　干办左、右厢
公事　忠训、忠翊、宣教郎　太学、武学、律学博士　太常寺奉礼
郎、太祝、郊社令、籍田令　光禄寺太官令　五监主簿　宣义、成
忠、保义、承事、承奉、承务郎　国子、太学正　武学谕　国子、太学
禄　律学正　太医局丞　京府判官　京府司录参军　承直郎　三
京畿县令　两赤县丞　三京赤县令　承节　承信郎　节度、观察
判官　节度掌书记　观察支使　防御、团练　军事判官　京府、节

度、观察推官　军事判官　防御、团练推官　军、监判官　节镇录事参军　京府诸曹参军事　军巡判官　儒林、文林、从事郎　京畿县丞　三京赤县丞　上、中、下州录事参军事　三京畿县丞　两赤县主簿、尉　诸州上中下县令、丞　从政郎　诸府司理、诸曹参军事　节镇、上中下州司理、司户、司法参军　修职郎　京畿县主簿、尉　三京赤县、畿县主簿、尉　诸州上中下县簿、尉　城砦主簿马监主簿　迪功郎　诸州司士、文学、助教

为官职杂压之序。

官品　绍兴、乾道、庆元，先后修定，间有官、勋已从罢省，而今仍不废，今具载焉。

诸太师，太傅，太保，左、右丞相，少师，少傅，少保，王，为正一品。

诸枢密使，开府仪同三司，特进，太子太师、太傅、太保，嗣王，郡王，国公，为从一品。

诸金紫光禄大夫，知枢密院事，参知政事，同知枢密院事，太尉，开国郡公，上柱国，为正二品。

诸银青光禄大夫，签书枢密院事，观文殿大学士，翰林，太子少师、少傅、少保，御史大夫，吏部、户部、礼部、兵部、刑部、工部尚书，左右金吾卫、左右卫上将军，冀、兖、青、徐、扬、荆、豫、梁、雍州牧，殿前都指挥使，节度使，开国县公，柱国，为从二品。

诸宣奉、正奉大夫，观文殿学士，翰林、资政、保和殿大学士，翰林学士承旨，翰林学士，资政、保和、端明殿学士，龙图、天章、宝文、显谟、徽猷、敷文阁学士，枢密直学士，左、右散骑常侍，权六曹尚书，上护军，为正三品。

诸正议、通奉大夫，龙图、天章、宝文、显谟、徽猷、敷文阁直学士，御史中丞，开封尹尚书列曹侍郎，诸卫上将军，太子宾客、詹事，开国候，护军，为从三品。

诸通议大夫，给事中，中书舍人，太常卿，宗正卿，秘书监，诸卫

大将军,殿前副都指挥使,承宣使,开国伯,上轻车都尉,为正四品。

诸太中大夫,保和殿,龙图、天章、宝文、显谟、徽猷、敷文阁待制,左、右谏议大夫,权六曹侍郎,七寺卿,国子祭酒,少府、将作监,诸卫将军,轻车都尉,为从四品。

诸中大夫,马、步军都指挥使,副都指挥使,观察使,通侍、正侍、宣正、履正、协忠、中侍大夫,开国子,上骑都尉,为正五品。

诸中奉、中散大夫,太常、宗正少卿,秘书少监,内客省使,延福殿使,景福殿使,太子左、右庶子,枢密都承旨,中亮、中卫、翊卫、亲卫大夫,殿前马、步军都虞候,防御使,捧日、天武、龙神卫四厢都指挥使,团练使,诸州刺史,驸马都尉,开国男,骑都尉,为从五品。

诸朝议、奉直大夫,集英殿修撰,七寺少卿,中书门下省检正诸房公事,尚书左、右司郎中,国子司业,军器监,都水使者,太子少詹事、左右谕德,入内内侍省、内侍省都知副都知,宣庆、宣政、昭宣使,拱卫、左武、右武大夫,入内内侍省、内侍省押班,枢密承旨、副承旨,骁骑尉,为正六品。

诸朝请、朝散、朝奉大夫,起居郎,起居舍人,侍御史,尚书省左、右司员外郎,枢密院检详诸房文字,右文殿、秘阁修撰,开封少尹,尚书诸司郎中,开封府判官、推官,少府、将作、军器少监,和安、成和、成安大夫,陵台令,飞骑尉,为从六品。

诸朝请、朝散、朝奉郎,殿中侍御史,左、右司谏,尚书诸司员外郎,侍讲,直龙图、天章、宝文阁,开封府司禄参军事,枢密副承旨,枢密院诸房副承旨,武功至武翼大夫,成全、平和、保安大夫,翰林良医,太子侍读、侍讲,两赤县令,云骑尉,为正七品。

诸承议郎,左、右正言,符宝郎,监察御史,直显谟、徽猷、敷文阁,太常、宗正、秘书丞,大理正,著作郎,崇政殿说书,内符宝郎,正侍至右武郎,武功至武翼郎,和安至保安郎,翰林医官,阁门宣赞舍人,太子中舍人、舍人、诸率府率,亲王府翊善、赞读、直讲,判太医局令,翰林医效、医痊,武骑尉,为从七品。

诸奉议、通直郎,七寺丞,秘书郎,太常博士,枢密院计议官、编修官，敕令所删定官，直秘阁，著作佐郎，国子监丞，诸王宫大小学教授，国子博士，大理司直、评事，训武、修武郎，内常侍，开封府诸曹参军事、军巡使、判官，京府判官，京畿县令，两赤县丞，三京赤县，畿县令，太史局五官正，中书、门下省录事，尚书省都事，为正八品。

诸宣教、宣议郎，御史台检法官、主簿，少府、将作、军器、都水监丞，寺、监主簿，秘书省校书郎、正字，太常寺奉礼郎、太祝，太学、武学、律学博士，主管太医局，阁门祗候，枢密院逐房副承旨，东、西头供奉官，从义、秉义郎，太子诸率府副率，亲王府记室，节度、观察、防御、团练、军事、监判官，节度掌书记，观察支使，京府、节度、观察、防御、团练、军事推官，诸州签判，节镇、上中下州录事参军，京府诸曹参军事、军巡判官，承直、儒林、文林、从事、从政、修职郎，京畿县丞，三京赤县、畿县丞，诸州上中下县令、丞，两赤县主簿、尉，诸府诸曹，节镇、上州诸司参军事，节度副使、行军司马，防御、团练副使，太史局丞、直长、灵台郎、保章正，翰林医愈、医证、医诊、医候，三省枢密院主事、守阙主事、令史、书令史，为从八品。

诸承事、承奉郎，理亲民资序者，从八品，承务郎准此。　殿头高品，郊社、籍田、太官令，国子太学正、录，武学谕，律学正，太医局丞，忠训、忠翊、成忠、保义郎，挈壶正，京畿县主簿、尉，三京赤县主簿、尉，诸州别驾、长史、司马，枢密院守阙书令史，为正九品。

诸承务郎，高班，黄门内品，承节、承信、迪功郎，中、下州诸司参军，诸州上中下县主簿、尉，城砦、马监主簿，诸州司士、文学、助教，翰林医学，为从九品。

宋史卷一六九

志第一二二

职官九　叙迁之制

群臣叙迁　流内铨　流外出官
文散官　武散官　爵　勋　功臣
检校官　兼官　试秩
绍兴以后阶官

文臣京官至三师叙迁之制

　　诸寺、监主簿，秘书省校书郎，秘书省正字有出身转大理评事，无出身转太常寺奉礼郎。内带馆职同有出身，后族、两府之家转太祝。

　　太常寺太祝，奉礼郎有出身转诸寺、监丞，无出身转大理评事。内带馆职同有出身。

　　大理评事有出身转大理寺丞，第一人及第转著作佐郎；无出身转诸寺、监丞。内带馆职同有出身。后族、两府之家，审刑院详议，刑部详覆、详断、检法、法直官，转光录寺丞。

　　诸寺、监丞有出身转著作佐郎，无出身转大理寺丞。内带馆中同有出身。

　　大理寺丞有出身转殿中丞，无出身转太子中舍。内带馆职同有出身，或转太子中允。后族、两府之家，审刑院详议，刑部详覆、详断，中书堂后官，转太子右赞善大夫。

　　著作佐郎有出身转秘书丞,内第一人及第太常丞;无出身转太子左赞善大夫。内带馆职同有出身。特旨转秘书郎、著作郎、宗正丞。

　　太子左右赞善大夫、中舍、洗马转殿中丞。内带馆职转太常丞。

　　太子中允转太常丞,特旨转秘书郎、著作郎、宗正丞。

　　太常、宗正、秘书丞,著作郎,秘书郎转太常博士,特旨转左、右正言,监察御史。宗正丞,无出身转国子博士。

　　殿中丞有出身转太常博士,无出身转国子监博士。内带馆职同有出身。

　　太常、国子博士转后行员外郎,特旨转左、右司谏,殿中侍御史。

　　左、右正言转左、右司谏,带待制已上职转起居舍人。

　　监察御史转殿中侍御史。

　　后行员外郎转中行员外郎,特旨转起居舍人、侍御史。

　　左、右司谏转起居郎起居舍人,带待制已上职转吏部员外郎。

　　殿中侍御史转侍御史。

　　中行员外郎转前行员外郎。

　　起居郎起居舍人转兵部员外郎,带待制已上职转礼部郎中。

　　侍御史转司封员外郎。

　　前行员外郎转后行郎中。

　　后行郎中转中行郎中。

　　中行郎中转前行郎中。

　　右常调转员外郎者,转右曹。内有出身自屯田,无出身自虞部,赃罪叙复人自水部转。水部　司门　库部　虞部　比部　驾部　屯田　都官　职方

　　任发运、转运使副,三司、开封府判官,侍读,侍讲,天章阁侍讲,崇政殿说书,开封府推官、府界提点,三司子司主判官,大理少卿,提点刑狱,提点铸钱监,诸王府翊善、侍讲、记室、中书提点五房公事堂后官,转左曹。内有出身自祠部,无出身自主客,堂后官自膳部转。膳部　仓部　考功　主客　金部　司勋　祠部　度支　司封

　　任发运、转运使副,三司、开封府判官,左曹转左名曹。内无出身

只转祠部、度支、司封,有出身合转右名曹,准此。任三司副使,知杂,修撰,修起居注,直舍人院,转左名曹。工部　刑部　兵部

带待制已上职,左右曹、右名曹转左名曹,仍隔一资超转。中行郎中转左、右司郎中。户部转左司,刑部、度支、金部、仓部、都官、比部、司门转右司。礼部　户部　吏部

前行郎中有出身转太常少卿,无出身转司农少卿。内见任左曹卫尉少卿,带待制已上职转右谏议大夫。

左、右司郎中带待制已上职转谏议大夫。左司转左谏议,右司转右谏议。带翰林学士者,转中书舍人。

卫尉、司农少卿转光禄少卿,带馆职转光禄卿。

光禄少卿转司农卿,带馆职转光禄卿。

太常少卿转光禄卿,任三司副使、修撰、取旨。

司农卿转少府监,带馆职转光禄卿。

少府监转卫尉卿,带馆职转光录卿。

卫尉转光禄卿。

光禄卿转秘书监。

秘书监转太子宾客。

中书舍人转礼部侍郎。

谏议大夫转给事中。

给事中转工部侍郎,带翰林学士已上职转礼部侍郎。

太子宾客转工部侍郎。

工部侍郎转刑部侍郎,两府转户部侍郎,宰相转兵部侍郎。

礼部侍郎转户部侍郎,宰相转吏部侍郎。

刑部侍郎转兵部侍郎,两府转吏部侍郎,宰相转礼部尚书。

户部侍郎转吏部侍郎宰相转礼部尚书。

兵部侍郎转右丞,两府转左丞,宰相转礼部尚书。

吏部侍郎转左丞,宰相转礼部尚书。

左、右丞转工部尚书,两府转礼部尚书。

工部尚书转礼部尚书,两府转刑部尚书。

礼部尚书转刑部尚书，两府转户部尚书。

刑部尚书转户部尚书，两府转兵部尚书。

户部尚书转兵部尚书，两府转吏部尚书。

兵部尚书转吏部尚书，两府转太子少保，宰相转右仆射。

吏部尚书转太子少保，宰相转左仆射。

太子少保转太子少傅。

右仆射转左仆射。

太子少傅转太子少师。

左仆射转司空。

司空转司徒。

太子少师转太子太保。

司徒转太保。

太子太保转太子太傅。

太子太傅转太子太师。

太子太师转太保。

太保转太傅。

太傅转太尉。

太尉转太师。

太师　太师、太傅、太保谓之三师，太尉、司徒、司空谓之三公。凡除授，则自司徒迁太保，自太傅迁太尉，检校亦如之。治平二年，翰林学士贾黯奏："近者皇子封拜，并除检校太傅。臣按官仪，自后魏以来，以太师、太傅、太保为三师，太尉、司徒、司空为三公，国朝因之，《六典》曰：'三师，三师训导之官也。'盖天子之所师法。今皇太子以师傅名官，于义弗安，莫甚于此。盖前世因循，失于厘正。臣愚以谓自今皇子及宗室卑者除官，并不可带师傅之名，随其叙迁改授三公之官。"诏："候将来，因加改正。"自此，皇子及宗室卑行，遂不除三师官。

宋初，台、省、寺、监官犹多莅本司，亦各有员额资考之制，各以曹署闲剧著为月限，考满则迁，庆恩止转阶、勋、爵、邑。建隆二年，始以右监门卫将军魏仁涤为右神武将军，水部员外郎朱洞为都官员外郎，监察御史李铸为殿中侍御史，以仁涤等掌曲蘖、领关征外有羡也。自是，废岁满叙迁之典。是后，多掌事于外，诸司互以他官领之，虽有正官，非别受诏亦不领本司之务。又官有其名而不除者甚众，皆无定员无月限，不计资品，任官者但常食其奉而已。时议以近职为贵，中外又以差遣别轻重焉。

武臣三班借职至节度使叙迁之制三班借职以下，亦有磨勘转官法，缘未受真命，今不具录。

三班借职转三班奉职。

三班奉职转右班殿直。

右班殿直转左班殿直。

左班殿直转右侍禁。

右侍禁转左侍禁。

左侍禁转西头供奉官。

西头供奉官转东头供奉官。

东头供奉官转内殿崇班。

内殿崇班转内殿承制。

内殿承制转供备库使，有战功转礼宾副使，特旨东西染院、西京作坊副使。有战功，并谓曾经转官酬奖。

供备库使转西京左藏库副使，有战功转如京副使。

礼宾副使转崇仪副使，有战功转洛苑副使。

西染院副使转如京副使，有战功转内园副使。

东染院副使转洛苑副使，有战功转文思副使。

西染院使转如京使，有战功转内园使。

东染院使转洛苑使，有战功转文思使。

西京作坊使转内园使，有战功转六宅使。

西京左藏库使转文思使，有战功转庄宅使。

崇仪使转六宅使，有战功转西作坊使。

如京使转庄宅使，有战功转东作坊使。

洛苑使转西作坊使，有战功转左藏库使。

内园使转东作坊使,有战功转内藏库使。

文思使转左藏库使,有战功转右骐骥使。

六宅使转内藏库使,有战功转左骐骥使。

庄宅使转右骐骥使,有战功转官苑使。

西作坊使转左骐骥使,有战功转官苑使。

东作坊使转官苑使。

左藏、内藏、左右骐骥、官苑使并转皇城使。

皇城使转遥郡刺史。凡已上使、副,除皇城系东班,余并西班。其东班翰林以下十九司使、副,虽有见在官及迁转法,并授伎术官。

遥郡刺史转遥郡团练使,特旨转正刺史。

遥郡团练使转遥郡防御使、特旨转正团练使。

刺史转团练使。

团练使,遥郡防御使转防御使。

防御使转观察使。

观察使转节度观察留后。

节度观察留后转节度使。

节度使

武臣自通事舍人转横班例

通事舍人转西上阁门副使。其东上阁门副使,非特恩不迁。

东、西上阁门副使转引进副使。

引进副使转客省副使。

客省副使转西上阁门使。

西上阁门使转东上阁门使。

东上阁门使转四方馆使。

四方馆使转引进使。

引进使转客省使。

客省使

右内客省使至阁门使谓之横班,皇城使以下二十名谓之东班,洛苑使以下二十名谓之西班,初犹有正官充者,其后但以检校官为之，或领观察使、防御使、团练使、刺史。景祐元年诏："副使自今改正使，于本额下五资迁之。"旧无定员，庆历四年诏："客省、引进、四方馆使各一人，东、西上阁门使共四人，阁门、引进、客省副使共六人，阁门通事舍人八人。"治平二年，枢密院奏："嘉祐三年诏：'非军职当罢、横行岁满当迁及有战功殊绩，皆不得除正任。当迁，则改州名，或加检校官、勋、封、食邑。'自降诏以来，正任刺史以上绝升进之望。今欲因知藩要州郡，或路分总管，如再经改州名或加检校官、勋、封、食邑及十年者，与迁官，至节度观察留后止。又客省、引进、四方馆旧置使三员，东、西上阁门旧置使四员，今并增为六员。阁门、引进、客省，旧制副使六员，今并增为八员。阁门旧通事舍人八员，今增为十员。凡所增置，须见任官当迁及有阙乃补。其皇城使改官及七年，如曾历边任、有本路监司总管五人已上共荐者，欲除遥郡刺史至遥郡防御使止。"诏："自今皇城，宫苑副使当磨勘者，各于本班使额自下升五资改诸司使。其自左藏库副使已上因酬奖及非次改官者，听如旧。余皆从枢密院之请。"初，英宗谓执政曰："诸司副使改转使，当从供备库使始，今对行升五资，大优。"于是合议条奏而为此例。

宗室自率府副率至侍中叙迁之制

太子右内率府副率_{转太子右监门率府率}。

太子右监门率府率_{转右千牛卫将军}。

右千牛卫将军_{转右监门卫大将军}。

右监门卫大将军_{转遥郡刺史}。

遥郡刺史_{转遥郡团练使。继诸王后、见封国公及特旨，即转正刺史}。

遥郡团练史_{转遥郡防御使。继诸王后、见封国公及特旨，即转正团练}使。

刺史_{转团练使}。

团练使_{转防御使}。

防御史_{转观察使}。

观察使_{转节度观察留后}。

节度观察留后_{转节度使，特旨转左、右卫上将军}。

左、右卫上将军_{节度使，转节度使同中书门下平章事}。

节度使同中书门下平章事转节度使兼侍中。

节度使兼侍中

内臣自皇城使特恩迁转例合该磨勘，并临时用例，取旨改转。

皇城使转昭宣使。国朝亦有外官为昭宣使者。

昭宣使转宣政使。

宣政使转宣庆使。

宣庆使转景福殿使。

景福殿使转延福宫使。

延福宫使凡不转昭宣已上五使者，并转遥郡。

入内内侍省内臣叙迁之制

祗候班虽有转官法，近年无迁转之人，惟叙官者一级当一官，内侍省同。

北班内品转后苑散内品。

后苑散内品转后苑勾当事内品。

后苑勾当事内品转后苑内品。

后苑内品转把门内品。

把门内品转入内内品。

入内内品转贴祗候内品。

贴祗候内品转祗候小内品。

祗候小内品转祗候高班内品。

祗候内品转祗候高班内品。

祗候高班内品转祗候高品。

祗候高品转祗候殿头。

祗候殿头

右系责降及责降入保引。

内侍班转黄门。

黄门转高班。

高班转高品。

高品转殿头。

内侍殿头转内西头供奉官。

内西头供奉官转内东头供奉官。

内东头供奉官东头供奉官已上转官，依外官。

内侍省内臣叙迁之制

祇候班

后苑散内品转散内品。

散内品转北班内品。

北班内品转后苑勾当事内品。

后苑勾当事内品转后苑内品。

把门内品、后苑内品转内品。

内品转贴祇候内品。

贴祇候内品转祇候内品。

祇候内品转祇候高班内品。

祇候高班内品转祇候高品。

祇候高品

右系责降及责降人保引亦有非责降由奏荐而除者。入内内侍省同。

内侍班

黄门转高班。

高班转高品。

高品转殿头。

殿头转内西头供奉官。

内西头供奉官转内东头供奉官。

内东头供奉官东头供奉官已上转官，依外官例。

右宋初以来，内侍未尝磨勘转官，唯有功乃迁。至景祐中，诏：“内臣入仕三十年，累有勤劳，经十年未尝迁者，奏听旨。”犹无磨勘定格也。庆历以后，其制渐隳。黄门有劳至减十五年，而入仕才五七年有劳至高品已上者，两省因著十年磨勘之例，而减年复在其中。嘉祐六年,枢密院始议厘革。乃诏:"内臣入仕并三十年磨勘,已磨勘者,其以劳得减年者毋得过五年。"

选人选京官之制

有出身:

判、司、簿、尉,七考除大理寺丞。不及七考,光禄寺丞。不及五考,大理评事。不及三考,奉礼郎。

初等职官,知令、录,六考除大理寺丞。不及六考,光禄寺丞。不及三考,大理评事。

两使职官,知令、录,六考除著作佐郎。不及六考,大理寺丞。不及三考,光禄寺丞。

支、掌、防、团判官,六考除太子中允。不及六考,著作佐郎。

节、察判官,六考除太常丞。不及六考,太子中允。

无出身:

判、司、簿、尉,七考除卫尉寺丞。不及七考,大理评事。不及五考,奉礼郎。不及三考,守将作监主簿。

初等职官,知令、录,六考除卫尉寺丞。不及六考,大理评事。不及三考,奉礼郎。

两使职官,知令、录,六考除大理寺丞。不及六考,卫尉寺丞。不及三考,大理评事。

支、掌、防、团判官,八考除著作佐郎。不及六考,大理寺丞。

节、度判官,六考除太子中允。不及六考,著作佐郎。

吏部流内铨诸色入流及循资磨勘选格入流

有出身:

进士、明经入望州判、司,次畿簿、尉。

《九经》入紧州判、司、望县簿、尉。

诸科《五经》、《三礼》、《三史》、《三传》,今虽无此科,缘见有逐色人。明法入上州判、司、紧县簿、尉。

学究、武举得班行人换授,入中州判、司,上县簿、尉。

无出身：

太庙斋郎<small>旧室长同</small>入中下州判、司，中县簿尉。

郊社斋郎<small>旧长坐同</small>试衔白衣选铨注官，司士、文学参军、长史、司马助教得正官，并班行试换文资，入下州判、官，中下县簿、尉。

三色人：

摄官入小县簿、尉。

进纳授试衔，入下州判、司，中下县簿、尉；授太庙斋郎，郎，入中州判、司，中县簿、尉。流外入下县簿尉。

已上并许超折地望注授。

循资

常调：

判司簿尉有出身两任四考，无出身两任五考，摄官出判、司三任七考，并入禄事参军。但有举主四人或有合使举主二人，并许通注县令。流外出身四任十考，入录事参军。<small>内系驱使官、沿堂五院人，只注大郡判、司，大郡县簿、尉。</small>进纳出身三任七考，曾省试下第二任五考，入下州令、录，乃差监当。

酬奖

判、司、簿、尉初任循一资入知令、录，次任二考巳上入正令、录。

知令、录循一资入初等职官，正令录入两使职官。初等职官循一资入两使职官，两资入支、掌、防、团判官，三资入节、察判官。

恩例：

判、司、簿、尉用祖父五路及广、桂知州带安抚，并知成都府、梓州及川、广转运提刑等恩例陈乞，循入试衔知县，仍差监当。

奏荐：

判、司、簿、尉。

举职官，有出身四考、有举主三人，移初等职官，仍差知县。有出身四考、无出身六考注初等职官。有出身六考、无出身七考注两使职官。

举县令,有出身三考、无出身四考,摄官出身六考,有举主三人,进纳出身六考、有举主四人,流外出身三任七考、有举主六人,并移县令。内流外人入录事参军。

令、录系举人入,任内有京官举主二人,循两使职、知县

初等职官、知县系举人入,任内有京官职举主二人,循两使职官,如愿知县者听。

磨勘:

判、司、簿、尉、七考,知令、录、职官六考,有京官举主五人,内一员转运使、副或提刑,并磨勘引见,转合入京朝官。

两使职官、知县系举人入,并因举循入,任内有京官举主二人,磨勘引见转合入京官。

令、录流外出身,系举人入,任内有班行举主三人,磨勘引见,改换班行。

差摄:

长史、文学　　两举进士　三举诸科　特恩与摄官

已上,广南东路长史、文学与举人,中半差摄;西路长史、文学七分,举人二分,特恩摄官一分。

试补:

正额及额外摄官并试公案,以合格名次高下差摄。内试不中及不能就试者,并在试中人之下。

解发:

入额人一任实满四年与解发。如差监当、监税,即以二年为一任,理两摄,并解发赴铨。海北摄官差往海南,减一年。犯公罪展摄二年,监当亏少课利罚,半月奉者,添摄一任,罚一月奉者添摄两任。

流外出官法

尚书省书令史、都省二十四司、礼部贡院、吏部流内铨、官诰院七选,都省敕库、兵部甲库八选,诸司驱、使官、都省散官十九选,贡院散官十八选:并补正名后理,或酬奖,减一等出簿、尉。

门下省白院令史七选,画头、书院甲库令史赞者八选,并补正名后理;驱使官九选,授勒留官后理:并出簿、尉。

中书省白院令史七选,甲库令史八选,并补正名后理;驱使官九选,授勒留后理:并出簿、尉。

学士院录事补正名后理,三年出奉职。孔目官遇大礼,从上出一名,不遇大礼七选;驱使官遇大礼,从上三人并出簿、尉,不遇恩十选:并授勒留官后理。

御史台令史七选补正名,驱使官九选授勒留官,并出簿尉。引赞官补正名后遇大礼出录事参军。试中刑法人充主推、五年出奉职。书史五年,出借职。系诸处取到人充主推,八年出借职书史出三班差使。

三司三部都孔目官三年出西头供奉官,前、后行入仕三十年已上,遇大礼,从上各出二人,前行出奉职,后行出借职;子司勾覆、开拆官五年出左、右班殿直,前、后行出二人。同三部衙司都押衙三年出奉职,衙佐三年出借职;通引官行首司五年出奉职:并补正名后理。

开封府孔目官补正名后理,五年出右班殿直。左番客押衙六年、通引官左番行首七年出奉职,并补正名后理。支计官、勾覆官、开拆官、接押官出奉职,诸司行首前行出借职,并遇大礼,以入仕及三十年已上者三人出职。

殿前司孔目官五年出右侍禁,通引官行首三年出奉职,并补正名后理。

马步军司孔目官五年出右班殿直,通引官行首三年出借职,并补正名后理。

入内内侍两省前、后行补正名后理,三年出奉职。

大宗正司勾押官补正名后理,三年出借职。

三班院勾押官补正名后理,五年出奉职。

审官院令史授勒留官后理,七年出簿、尉。

九寺府史、太常、大理寺七选,宗正、光禄、太府、太仆、卫尉、鸿胪、司农寺十选;驱使官十九选;宗正司楷书八选;并补正名后理,出簿、尉。

诸监都水监勾押官补正名后理,三年出奉职。少府、将作监府史十选,国子监八选,司天监礼生,历生选,少府、将作监驱使官十九选:并补正名后理,出簿、尉。

群牧司都勾押官补正名后理,三年出奉职。

客省行首补正名后理三年，勾押官五年，并出奉职。承受并驱使官授勒留官后理，七选出簿、尉。

四方馆书令史补正名后理，八选；表奏官、驱使官授勒留官后理，九选：并出簿、尉。

阁门行首补正名后理，三年出右侍禁。承受授勒留官后理，七选出簿、尉。

太常礼院礼直官自补副礼直官后，六经大礼，出西头供奉官。礼生补正名后理，六选出簿、尉。

审刑院充本院书令史后理，六选出簿、尉。

秘书殿中省令史楷书并补正名后理，八选出簿、尉。

起居院楷书八选、驱使官十九选，并补正名后理，出簿、尉。

崇文院孔目官补正名后理，遇大礼，出奉职。

三馆孔目官、四库书直官八选，楷书七选，书直、书库、表奏官九选，守当官二选，并授勒留官后理；楷书补正名后理：并出簿、尉。

秘阁典书、楷书并补正名后理，七选出簿、尉。

军头引见司勾押官补正名后理，五年出右班殿直。

皇城司勾押官补正名后理，三年出奉职。

内东门司押司官补正名后理，三年出借职。

管勾往来国信所勾押官补正名后理，三年出奉职。

翰林司专知官三年界满，大将，出奉职。

内藏库传知官二年界满出借职。

御药院押司官补正名后理，三年出借职。

御书院待诏五年出左班殿直书艺十年出右班殿直，御书祇候十五年出借职，并补正名后理。

进奏院进奏官补正名后理，十五年遇大礼，无过犯；从上五人出职。有过犯经洗雪，曾经决责；出借职。人数无定限。

御厨勾押官补正名后理，三年出职。

金吾街司、仗司孔目官，表奏、勾押、驱使官，并补正名后理，十九选出簿、尉。

文臣换右职之制

秘书监换防御使。

太卿监换团练使。

秘书少监,太常、光禄少卿换刺史。

少卿、监换皇城使、遥郡刺史。

带职郎中换阁门使。

前行郎中换宫苑使。

中行郎中换内藏库使。

后行郎中换庄宅使。

带职前行员外郎

前行员外郎并换洛苑使。

带职中行员外郎,起居舍人,侍御史,中行员外郎并换西京作坊使。

带职后行员外郎,左、右司谏,殿中侍御史,后行员外郎并换供备库使。已上并带遥郡刺史。

带职博士,左、右正言,监察御史换阁门副使。

太常博士换内藏库副使。

国子博士换左藏库副使。

太常丞换庄宅副使。

秘书丞换六宅副使。

殿中丞著作郎换文思副使。

太子中允换礼宾副使。

太子左右赞善大夫、中舍、洗马换供备库副使。

秘书郎,著作佐郎换内殿承旨。

大理寺丞换内殿崇班。

诸司监丞,节度、观察判官换东头供奉官。

大理评事,节度掌书记,观察支使换西头供奉官。

太常寺太祝,奉礼郎换左侍禁。

初等职官,知令、录并两使职官,防御、团练判官,令、录未及三考换左班殿直。

初等职官,知令、录未及三考换右班殿直。

判、司、簿、尉换三班奉职。

试衔斋郎并判、司、簿、尉未及三考换三班借职。已上京官至大常丞带职,加一资换。

右文官换右职者,除流外、进纳及犯私罪情重并赃罪外,年四十以下并许试换右职。三班使臣补换及三年、差使及五年,方许试换。已上并召京朝官或使臣二人委保。其文臣待制、武臣观察使已上愿换官,取旨。

绍兴复修试换之令,淳熙增广尚左、尚右、侍左、侍右换官之格,列而书之,以见新式。若中大夫而下文臣换官,仍政和旧制,则不书。

诸训武郎至进武校尉,不曾犯赃私罪及笞刑经决而愿换文资者,听召保官二员,具家状连保状二本,诣登闻鼓院投进乞试。外任人候替罢就试,文资换武者听。准此,即授小使臣后未及三年,授进武校尉后未及五年,三省、枢密院书令史以下授使臣、进武校尉;若保甲及试武艺并进纳、流外出身,不用此令。诸武臣试换文资,于《易》、《诗》、《周礼》、《礼记》各专一经,仍兼《论》、《孟》;愿试诗赋及依法官条试断案、《刑统》大义者,听。

换官:尚右,训武、修武郎换宣教郎。侍左,承直郎换从义郎。文林、从政郎奏举职官、知县同。换忠翊郎,未满三考成忠郎。从事、修职换成忠郎,未满三考保义郎。迪功郎换成节郎,未满三考承信郎。将仕郎换承信郎。侍右,从义郎换宣义郎。秉义郎换承事郎。忠训郎换承奉郎。忠翊郎换承务郎。成忠郎换从事郎。保义郎换修职郎。承节、承信郎换迪功郎。进武校尉、进义校尉换将仕郎。荫补换使臣。承奉郎换忠翊郎。承务郎换成忠郎。文林郎换保义郎。从事、从政、迪功、通事郎换成节郎。登仕、将仕郎换承信郎。

文散官二十九

开府仪同三司从一　　　　　特进正二

光禄大夫从二　　　　　　　金紫光禄大夫正三

银青光禄大夫从三　　　　　正奉大夫正四上阶

中奉大夫正四　　　　　　　太中大夫从四上阶

中大夫从四　　　　　　　　中散大夫正五上

朝奉大夫正五　　　　　　　朝散大夫从五上

朝请大夫从五　　　　　　　朝奉郎正六上

承直郎正六　　　　　　　　奉直郎从六上

通直郎从六　　　　　　　　朝请郎正七上

宣德郎正七　　　　　　　　朝散郎从七上

宣奉郎从七　　　　　　　　给事郎正八上

承事郎正八　　　　　　　　承奉郎从八上

承务郎从八　　　　　　　　儒林郎正九上

登仕郎正九　　　　　　　　文林郎从九上

将仕郎从九

右朝官阶、勋高,遇恩加八大夫。

武散官三十一

骠骑大将军从一　　　　　　辅国大将军正二

镇国大将军从二　　　　　　冠军大将军正三上

怀化大将军正三　　　　　　云麾将军从三上

归德将军从三　　　　　　　忠武将军正四上

壮武将军正四　　　　　　　宣威将军从四上

明威将军从四　　　　　　　定远将军正五上

宁远将军正五　　　　　　　游骑将军从五上

游击将军从五　　　　　　　昭武校尉正六上

昭武副尉正六　　　　　　　振威校尉从六上

振威副尉从六　　　　　　　致果校尉正七上

致果副尉正七　　　　　　　翊麾校尉从七上

翊麾副尉从七　　　　　宣节校尉正八上

宣节副尉正八　　　　　御武校尉从八上

御武副尉从八　　　　　仁勇校尉正九上

仁勇副尉正九　　　　　陪戎校尉从九上

陪戎副尉从九

　　右文朝官阶上经恩加一阶，郎阶上京朝官加五阶，选人加一阶。武散官冠军大将军、使相、节度使起复，改授游击将军。虽中书主事、诸司吏人加授，亦无累加法，余不常授。　　已上文官三品已上服紫，五品已上服绯，九品已上服绿。

　　《元丰寄禄格》以阶易官，杂取唐及国朝旧制，自开府仪同三司至将仕郎，定为二十四阶。崇宁初，因刑部尚书邓洵武请，又换选人七阶。大观初又增宣奉、正奉、中奉、奉直等阶。政和末，又改从政、修职、迪功，而寄录之格始备。自开府至迪功凡三十七阶。

新官	旧官
开府仪同三司或同平章事。	使相谓节度使兼侍中、中书令、
特进	左、右仆射
金紫光禄大夫	吏部尚书
银青光禄大夫	五曹尚书
光禄大夫	右、右丞
宣奉大夫大观新置。	
正奉大夫大观新置。	
正议大夫	六曹侍郎
通奉大夫大观新置。	
通议大夫	给事中
太中大夫	左、右谏议大夫
中大夫秘书监。	
中奉大夫大观新置。	

中散大夫	光禄卿至少府监
朝议大夫	太常卿、少卿，左、右司郎中
奉直大夫_{大观新置。}	
朝请大夫	前行郎中
朝散大夫	中行郎中
朝奉大夫	后行郎中
朝请郎	前行员外郎，侍御史
朝散郎	中行员外郎，起居舍人
朝奉郎	后行员外郎，左、右司
承议郎	左、右正言，太常、国子博士
奉议郎	太常、秘书、殿中丞，著作郎
通直郎	太子中允、赞善大夫、洗马
宣教郎_{元丰本"宣德"，政和避宣德门改。}	著作佐郎，大理寺丞
宣义郎	光禄卫尉寺、将作监丞
承事郎	大理评事
承奉郎	太祝，奉礼郎
承务郎	校书郎，正字，将作监主簿
承直郎	留守、节察判官
儒林郎	节察掌书记、支使，防、团判官
文林郎	留守、节察推官，军、监判官
从事郎_{承直至此四阶，并崇宁初换。}	防、团推官，监判官
从政郎_{崇宁通仕，政和再换。}录事参军，县令	
修职郎_{崇宁登仕，政和再换。}知录事参军，知县令	
迪功郎_{崇宁将仕，政和再换。}军巡判官，司理，司法，司户，主簿、尉	

　　国朝武选，自内客省至阁门使、副为横班，自皇城至供备库使为诸司正使，副为诸司副使，自内殿承制至三班借职为使臣。元丰

未及更,政和二年,乃诏易以新名,正使为大夫,副使为郎,横班十二阶使、副亦然。六年,及增置宣正、履正、协忠、翊卫亲卫大夫郎,凡十阶,通为横班。自太尉至下班祗应,凡五十二阶。

新官	旧官
太尉政和新置,以太尉本秦之主兵官,遂定为武阶之首。	
通侍大夫	内客省使
正侍大夫	延福宫使
宣正大夫	
履正大夫	
协忠大夫并政和新置。	
中侍大夫	景福殿使
中亮大夫	客省使
中卫大夫	引进使
翊卫大夫	
亲卫大夫	
拱卫大夫并政和增置。	
左武大夫	东上阁门使
右武大夫	西上阁门使
正侍郎	
宣正郎	
履正郎	
协忠郎	
中侍郎并政和增置。	
中亮郎	客省副使
中卫郎	引进副使
翊卫郎	
拱卫郎并政和增置。	

左武郎	东上阁门副使
右武郎	西上阁门副使
武功大夫	皇城使
武德大夫	宫苑、左右骐骥、内藏库使
武显大夫	左藏库、东西作坊使
武节大夫	庄宅、六宅、文思使
武略大夫	内苑、洛苑、如京、崇仪使
武经大夫	西京左藏库使
武义大夫	西京作坊、东西染院使
武翼大夫	供备库使
武功郎	皇城副使
武德郎	宫苑、左右骐骥、内藏库副使
武显郎	左藏库、东西作坊副使
武节郎	庄宅、六宅、文思副使
武略郎	内园、洛苑、如京、崇仪副使
武经郎	西京左藏库副使
武义郎	西京作坊、东西染院、礼宾副使
武翼郎	供备库副使
敦武郎	内殿承制
修武郎	内殿崇班
从义郎	东头供奉官
秉义郎	西头供奉官
忠训郎	左侍禁
忠翊郎	右侍禁
成忠郎	左班殿直
保义郎	右班殿直
承节郎	三班奉职
承信郎	三班借职
下班祗应	殿侍

元丰官制定,有请并易内侍官名者。神宗曰:"祖宗为此名,有深意,岂可轻议?"政和二年,始遂改焉。凡十有二阶。

新官	旧官
供奉官	内东头供奉官
左侍禁	内西头供奉官
右侍禁	殿头
左班殿直	高品
右班殿直	高班
黄门	黄门
祗候侍禁	祗候殿头
祗候殿直	祗候高品
祗候黄门	祗候高班内品
内品	
祗候内品	
贴祗候内品 已上三名	

　　　　仍旧不改。

政和初,既易武阶,遂改医官之名,凡十有四阶。

新官	旧官
和安、成安、成全、成和大夫	军器库使
保和大夫	西绫锦使
保安大夫	榷易使
翰林良医	翰林医官使
和安、成和、成安、成全郎	军器库副使
保和郎	西绫锦副使
保安郎	榷易副使
翰林医正	翰林医官副使

凡除职事官,以寄禄官品之高下为准:高一品已上为行,下一

品为守,下二品已下为试,品同者否。绍圣三年,户部侍郎吴居厚言:"神宗官制,凡台、省、寺、监之制,有行、守、试三等之别。元祐中,裁减冗费,而职事官带行者第存虚名而已。请付有司讲复旧制。"从之。四年,翰林学士蒋之奇言:"所谓试,则非正官也。今尚书、侍郎皆正官,而谓之试,失之矣。如以其阶卑,则谓之守可也。臣请凡为正官者皆改试为守。"崇宁中,吏部授选人差遣,亦用资序高下分行、守、试三等。政和三年,诏选人在京职事官,依品序带行、守、试,其外任则否。宣和以后,官高而仍旧职者谓之领,官卑而职高者谓之视,故有庶官视从官,从官视执政,执政视宰相。凡道官亦视文阶云。

爵一十二

王	嗣王	郡王
国公	郡公	开国公
开国郡公	开国县公	开国侯
开国伯	开国子	开国男

右封爵,皇子、兄弟封国,谓之亲王。亲王之子承嫡者为嗣王。宗室近亲承袭,特旨者封郡王。遇恩及宗室祖宗后承袭及特旨者封国公。余宗室近亲并封郡公。其开国公、侯、伯、子、男皆随食邑:二千户已上封公,一千户已上封侯,七百户已上封伯,五百户以上封子,三百户已上封男。见任、前任宰相食邑、实封共万户。嗣王、开国郡公、县公后不封。

勋一十二

上柱国	柱国	上护军
护军	上轻车都尉	轻车都尉
上骑都尉	骑都尉	骁骑尉
飞骑尉	云骑尉	武骑尉

右骑都尉已上,两府并武臣正任已上经恩加两转,文武朝官加

一转。武骑尉已上,京官加一转,朝官虽未至骁骑尉,经恩亦便加骑都尉。

功臣

推忠	佐理	协谋	同德
守正	亮节	翊戴	赞治
崇仁	保运	经邦	

右赐中书、枢密臣僚。宰相初加六字,余官初加四字,其次并加两字,旧有功臣者改赐。

推忠	保德	翊戴	守正
亮节	同德	佐运	崇仁
协恭	赞治	宣德	纯诚
保节	保顺	忠亮	竭诚
奉化	效顺	顺化	

右赐皇子、皇亲、文武臣僚、外臣初加四字,次加两字。

拱卫	翊卫	卫圣	保顺
忠勇	拱极	护圣	奉庆
果毅	肃卫		

右赐诸班直将士禁军初加二字,再加亦如之。

检校官一十九

太师	太尉	太傅	太保
司徒	司空	左仆射	右仆射
吏部尚书	兵部尚书	户部尚书	刑部尚书
礼部尚书	工部尚书	左散骑常侍	右散骑常侍
太子宾客	国子祭酒	水部员外郎	

右皇子初授官加太尉,初授枢密使、使相及曾任宰相、枢密使除节度使加太傅,初除宣徽、节度加太保。宗室初除使相加尚书左仆射,特除并换授诸司使已上加工部尚书,诸司副使加右散骑常

侍。除通事舍人、内殿崇班已上，初授加太子宾客；副率已上并三班及吏职、蕃官军员，该恩加国子祭酒。四厢都指挥使止于司徒，诸军都指挥使、忠佐马步都军头止于司空，军班都虞候、忠佐副都军头已上止于左、右仆射，诸军指挥使止于吏部尚书。其官止，遇恩则或加阶、爵、功臣。

宪官四

御史大夫	侍御史	殿中侍御史	监察御史

右通事舍人、内殿崇班已上，初除加兼御史大夫。宗室副率已上，初授军头等，经恩加兼监察御史，余经恩以次迁入。

试秩

大理司直	大理评事	秘书省校书郎
正字	寺监主簿	助教

右幕职初授则试秘书省校书郎，再任至两使推官，则试大理评事。掌书记、支使、防御、团练判官则试大理司直、评事，又加则兼监察御史。亦有解褐试大理评事、校书郎、正字、寺监主簿、助教者，谓之试衔。有选集，同出身例。

绍兴以后阶官

元丰新制以阶易官，定为二十四阶。崇宁、大观、政和相继润色之。绍兴举行元祐之法，分置左右：文臣为左，余人为右。淳熙初，因宗室善俊建言，阶官并去“左”、“右”字，今任子、杂流，惟纽转通直郎、奉直中散二大夫如故，若带贴职，则超资。自开府至迪功，序次于后。

文阶

开府仪同三司

特进

金紫光禄大夫　　　　　　　银青光禄大夫

光禄大夫　　　　　　　　　宣奉大夫大观新置。

正奉大夫　　　　　　　　　正议大夫

通奉大夫大观新置。　　　　通议大夫

太中大夫以上旧为侍从官。　中大夫

中奉大夫大观新置。　　　　中散大夫

朝议大夫以上系卿、监。　　奉直大夫大观新置。

朝请大夫　　　　　　　　　朝散大夫

朝奉大夫以上系正郎。　　　朝请郎

朝散郎　　　　　　　　　　朝奉郎以上系员郎

承议郎　　　　　　　　　　奉议郎

通直郎　　　　　　　　　　宣教郎

宣义郎　　　　　　　　　　承事郎

承奉郎　　　　　　　　　　承务郎以上系京官。

右四年一转，无出身人逐资转，有出身人超资转，至奉议并逐资转，至朝议大夫有止法，仍七年一转。内奉直、中散二大夫有出身人不转。

承直郎　　　　　　　　　　儒林郎

文林郎　　　　　　　　　　从事郎以上崇宁新置。

从政郎　　　　　　　　　　修职郎

迪功郎以上政和更定，

并系选人用举状及功赏改官。　通仕郎

登仕郎　　　　　　　　　　将仕郎以上系奏补未出身官人。

武阶

武阶旧有横行正使、横行副使，有诸司正使、诸司副使，有使臣。政和易以新名，正使为大夫，副使为郎，横行正、副亦然，于是有郎居大夫之上。至绍兴，始厘正其序。

太尉

通侍大夫　　　　　　　　　　　　　正侍大夫

宣正大夫政和新置。　　　　　履正大夫政和新置。

协忠大夫政和新置。　　　　　中侍大夫

中亮大夫　　　　　　　　　　中卫大夫

翊卫大夫　　　　　　　　　　亲卫大夫

拱卫大夫自翊卫至此，并政和新置。　　左武大夫

右武大夫以上为横行十三阶。

右并政和新置。内通侍大夫旧为客省使，国朝未尝除人，自易武阶，不迁通侍，沿初意也。转至中侍，无磨勘，特旨除。

武功大夫　　　　　　　　　　武德大夫

武显大夫　　　　　　　　　　武节大夫

武略大夫　　　　　　　　　　武经大夫

武义大夫　　　　　　　　　　武翼大夫以上，系旧诸司正使，八阶。

正侍郎　　　　　　　　　　　宣正郎

履正郎　　　　　　　　　　　协忠郎

中侍郎自正侍至此，并政和新置中亮郎

中卫郎　　　　　　　　　　　翊卫郎

新卫郎　　　　　　　　　　　拱卫郎自翊卫至此，并政和新置。

左武郎　　　　　　　　　　右武郎以上，旧为横行副使，政和更新，

　　　　　　　　　　　　　　　　增益共十二阶。

右自正侍至右武，旧在右武大夫之下，武功大夫之上，今从绍兴厘正书。

武功郎　　　　　　　　　　　武德郎

武显郎　　　　　　　　　　　武节郎

武略郎　　　　　　　　　　　武经郎

武义郎　　　　　　　　　　　武翼郎以上旧诸司副使，八阶。

训武郎　　　　　　　　　　　修武郎以上为大使臣。

从义郎　　　　　　　　　　　秉节郎

忠训郎　　　　　　　　　　　忠翊郎

成忠郎　　　　　　　　　保义郎

承节郎　　　　　　　　　承信郎以上为小使臣。

右并五年一转,至武功大夫,有止法。

进武校尉　　　　进义校尉

下班祗应　　　　进武副尉

进义副尉　　　　守阙进义副使

进勇副尉　　　　守阙进勇副使以上无品,二校尉参吏部,

　　　　　　　　　　　　下班参兵部,以下并参刑部。

内侍官十二阶,并政和旧制。

医官　政和既易武阶,而医官亦更定焉。绍兴因之,特损其额。旧额和安大夫至良医二十员,绍兴置五员;和安郎至医官三十员,置四员;医效十员,置二员;医痊十员,置一员;医愈至祗候、大方脉一百五十员,置十五员。

和安、成和、成安、成全大夫

保和大夫　　　　　　　　保安大夫

翰林良医　　　　　　　　和安、成和、成安、成全郎

保和郎　　　　　　　　　保安郎

翰林医正　　　　　　　　翰林医官

翰林医效　　　　　　　　翰林医痊

翰林医愈　　　　　　　　翰林医证

翰林医诊　　　　　　　　翰林医候

翰林医学

右医正而止,十四阶,并政和制,余续增焉。

宋史卷一七〇

志第一二三

职官十 杂制

赞引　导从　赐　食邑　实封
使职　宫观　赠官　叙封　致仕
荫补

旧中书门下、翰林学士、御史中丞并绯衣双引,仍传呼。开宝中,学士止令一吏前导,亦罢传呼,惟谢恩初上日,双引传呼云。使相、仆射、两省五品已上,一吏前引。枢密使兼相者,二吏,不赞引。大中祥符五年,止令于本厅赞引。不带相及副使,止令本院紫衣吏前赞引之。

淳化四年,令东宫三少、尚书、丞、郎入朝以绯衣吏前导,并通官呵止。二品已上用朝堂驱使官,余用本司驱使官,宰臣、亲王仍令紫衣一吏引马。

中书、枢密、宣徽院、御史台、开封府、金吾司皆有常从。景德三年诏:"诸行尚书、文明殿学士、资政殿大学士,给从七人;学士、丞节,六人;给事、谏议、舍人,五人;诸司三品,四人。于开封府、金吾司差借,每季代之。"中书先差金吾从人,自今亦令参用开封府散从官。宰臣、参知政事、仆射、御史大夫、中丞、知杂,皆通官呵止行人。淳化四年,令东宫三少、尚书、丞、郎,并通官呵止。

大中祥符五年，以群官导从不合品式，命翰林学士李宗谔、龙图直学士陈彭年与礼官详定。宗谔等请：自今除中书、枢密、宣徽使、御史中丞、知杂御史、金吾并摄事清道如旧制呵导外，仆射已上及三司使、知开封府，止四节；尚书、文明殿学士、资政殿大学士，三节；丞郎已上、三司副使，两节；大两省、卿、监，一节；小两制、御史、郎中、员外、诸司四品，三司、开封府判官推官，二人前行引，不得过五步。合于金吾借从人者，以诸军剩员代之。又外任节制知州、都监，从军士七十人；通判，十五人；防、团、事知州都监，五十人；通判，十人；河北、河东、陕西驻泊兵处，节镇知州、都监百人，防、团、军事知州都监七十人。转运使，三十人；咸平二年，诏节度、观察、防、团、刺史，或别镇、他镇，其给使者，止令本使给之。景德六年，令牧守以州兵随行者以一年为限。副使，二十五人；提点刑狱官，亦给军士；副留守、节度行军副使、留守两使判官，给散从官十五人；小尹、掌书记、支使、防御、团练副使、两使推官，十人；两浙推官、防团军事判官推官、军监判官，七人；录事诸曹，给承符人；县令、簿、尉、手力、弓手，其代还者，给人护送有差。

| 剑履上殿 | 诏书不名 | 赞拜不名 |
| 入朝不趋 | 紫金鱼袋 | 绯鱼袋 |

右升朝官该恩，著绿二十周年赐绯鱼袋，着绯及二十周年赐紫金鱼袋。特旨者，系临时指挥。

一万户	八千户	七千户	六千户
五千户	四千户	三千户	二千户
一千户	七百户	五百户	四百户
三百户	二百户		

右宰相、亲王、枢密使经恩加一千户，两府、使相、节度使七百户。宣徽、三司使，观文殿大学士以下至直学士，文臣侍郎、武臣观察使、宗室正任以上、皇子上将军、驸马都尉加五百户。宗室大将军

以上加四百户。知制诰、待制并文臣少卿监、武臣诸司副使、宗室副率已上，并承制、崇班、军员等，初该恩加三百户；承制、崇班、军员再该恩二百户。三千户以上虽有加例，缘无定法。亲王、重臣特加有至万户者。

| 一千户 | 八百户 | 五百户 | 四百户 |
| 三百户 | 二百户 | 一百户 | |

右宰臣、亲王、枢密使经恩加四百户。两府、使相、节度、宣徽使、皇子上将军、并宗室驸马都尉任观察使已上加三百户。观文殿学士并宗室正任已上、骑都尉加二百户。武臣崇班、宗室副率已上加一百户。五百户已上虽有加例，缘无定法。亲王、重臣有特加至数千户者。

《三朝志》云：检校、兼、试官之制，检校则三师、三公、仆射、尚书、散骑常侍、宾客、祭酒、卿、监、诸行郎中、员外郎之类，兼官则御史大夫、中丞、侍御、殿中、监察御史，试秩则大理司直、评事、秘书省校书郎。凡武官内职、军职及刺史已上，皆有检校官、兼官。内殿崇班初授检校祭酒兼御史大夫。三班及吏职、蕃官、诸军副都头加恩，初授检校太子宾客兼监察御史，自此累加焉。厢军都指挥使止于司徒，军都指挥使、忠佐马步都头止于司空，亲军都虞候、忠佐副都头以上止于仆射，诸军指挥使止于吏部尚书，其官止，若遇恩例，则或加阶、爵、勋臣。幕职初授则试校书郎，再任如至两使推官，则试大理评事。掌书记、支使、防御团练判官以上试大理司直、评事，又加则兼监察御史，亦有至检校员外郎已上者。行军副使皆检校员外已上。朝官阶、功高，遇恩亦有加检校官，郎中则卿、监、少监，员外郎则郎中，太常博士以下则员外郎，并无兼官。其解褐评事、校书郎、正字、寺监主簿、助教者，谓之试衔。有选集，同出身例。

兼领者：亲祀南郊，则有大礼、礼仪、仪仗、卤簿、桥道顿递五使，籍田、泰山封禅、汾阴奉祀、恭上宝册、南郊恭谢皆如之。自余行

礼，或止有大礼、礼仪使。建隆中，南郊置仪仗都部署、副都署。经始大
礼，则有经度制置使、副。巡幸，有行宫都部署，行宫有三司使、副
使、判官、行宫使、都监。旧，南郊止有御营使，咸平中，置行宫使。又有车
驾前后、行官四面、阑前收后、郊坛巡检巡阑仪仗勾当，编排卤簿。
其百司皆有行在之名。旧巡幸，百司皆称随驾。大中祥符初，并同行在某
司。京师居留，则有大内都部署、皇城都点检、巡检及增新旧巡检。
大阅亦置。征行，则有招讨使、招安使、或云捉贼、招安、安抚使名者。排
阵使、都监，前军、先锋、大阵、行营、壕砦、头车、洞子、招收部署钤
辖、都监，策应之名。又有拐子马、无地名马，选武干者别类之。亲征，则
冠以驾前之号。廉访民瘼，则有巡抚大使、副大使，安抚使、副使、都
监，采访使、副使。或官卑者止云巡抚、安抚，无使字。加礼外国，则有国
信、接伴、送伴使副；吊祭，大帅若是；又有翻译经润文使。宰相为使，
以翰林学士为润文官。伸达冤滥，则有理检使。劝课农桑，则有劝农
使。讲修马政，则有群牧制置使。最后明堂祫飨，置五使，如南郊。
其一时特置者，则各具志传。或临事更制者，事毕即停。内外名务
繁细者，犹不具载。

　　叙阶之法　开府仪同三司至将仕郎为文散官，骠骑大将军至
陪戎副尉为武散官。太平兴国元年，改正议大夫为正奉，通议大夫为朝奉，
朝议郎为朝奉，承议郎为承直，奉议郎为奉直，宣义郎为通直。京朝官、幕职
自将仕郎至朝奉郎，每加五阶，至朝散大夫已上，每加一阶，朝散、
银青者须已服绯紫者，入令录、判司簿尉，每加一阶，并幕职。计考
当服绯紫者，皆奏加朝散、银青阶。诸司使已上，如使额高者加金紫
阶。内殿崇班初授则银青阶。三班军职，使职遇恩检校、兼官，并除银青
阶。丁忧者起复，使相则授云麾将军。使相仍加金吾上将军，同正节度
使，大将军同正留后，以下无之。其胥吏掌事而至衣绯者，则授游击将
军。千牛备身则授陪戎副尉以上。

　　改赐功臣勋官，自上柱国至武骑尉。五代以来，初叙勋官，即授
柱国。淳化元年诏："自今京官、幕职州县官始武骑尉，朝官始骑都
尉，三班及军员、吏职经恩并授武骑尉。"又诏："古之勋爵，悉有职

奉之荫赎，宜以今之所授与散官等，不得用以荫勋。"封爵之差，唐制：王，食邑五千户；郡王、国公，三千户；开国郡公，二千户；县公，千五百户；县侯，千户；伯，七百户；子，五百户；男，三百户。又有食实封者，户给缣帛，每赐爵，递加一级。唐末及五代始有加邑特户，而罢去实封之给，又去县公之名，封侯以郡。宋初沿其制，文臣少监、少卿以上，武臣副率以上，内职崇班以上，有封爵；丞、郎、学士、刺史、大将军、诸司使以上，有实封。但以增户数为差，不系爵级。邑过其爵，则并进爵焉，止于郡公。每加食邑，自千户至二百户，实封自六百户至百户。亲王、重臣或特加，有逾千户者。郡公食邑有累加至万余，实封至数千户者。皇属特封郡公、县公或赠侯者，无"开国"字。侯亦在开国郡公之上。又采秦制赐爵曰"公士"。端拱二年，赐诸州高年一百二十七人爵公士。景德中，福建民有擒获强盗者，当授镇将，以远俗非所乐，并赐公士，自后率为例。

功臣者，唐开元间赐号"开元功臣"，代宗时有"宝应功臣"，德宗时有"奉天定难元从功臣"之号，僖宗将相多加功臣美名。五代浸增其制。宋初因之，凡宣制而授者，多赐焉。参知政事、枢密副使、刺史以上阶、勋高者，亦赐之。中书、枢密则"推忠"、"协谋"，亲王则"崇仁"、"佐运"，余官则"推诚"、"保德"、"翊戴"，掌兵则"忠果"、"雄勇"、"宣力"，外臣则"纯诚"、"顺化"。宰相初加即六字，余并四字，其累加则二字。中书、枢密所赐，若罢免或出镇，则改之。其诸班直将士禁军，则赐"拱卫"、"翊卫"等号，遇恩累加，但改其名，不过两字。

宋制，设祠禄之官，以佚老优贤。先时员数绝少，熙宁以后乃增置焉。在京宫观，旧制以宰相、执政充使，或丞、郎、学士以上充副使，两省或五品以上为判官，内侍官或诸司使、副政和改武臣官制，以使为大夫，以副使为郎。为都监，又有提举、提点、主管。其戚里近属及前宰执留京师者，多除宫观，以示优礼。时朝廷方经理时政，患疲老不任事者废职，欲悉罢之，乃使任宫观，以食其禄。王安石亦欲以此处异议者,遂诏:"宫观毋限员,并差知州资序人,以三十月为任。"又诏:"杭州洞霄宫、亳州明道宫、华州云台观、建州武夷观、台州崇道观、成都玉局观、建昌军仙都观、江州太平观、洪州玉隆观、五岳庙自今并依嵩山崇福宫、舒州灵仙观置管干或提举、提点官。""奉给,大两省、卿、监及职司资序人视小郡知州,知州资序人视小郡通判,武臣仿此。"四年,诏:"宫观、岳庙留官一员,余听如分司、致仕例,从便居住。"六年,诏:"卿、监、职司以上提举,余官管干。"又有以京官为干当者。又诏:"年六十以上者乃听差,毋过两任。"又诏:"兼用执政恩例者,通不得过三任。"

元丰中,王安石以左仆射、观文殿大学士为集禧观使,吕公著、韩维以资政殿学士兼侍读,仍提举中太一宫兼集禧观公事。元祐间,冯京以观文殿学士、梁焘以资政殿学士为中太一宫、醴泉观使。范镇落致仕,以端明殿学士提举中太一宫兼集禧观公事。三年,诏:"横行使、副无兼领者,许兼宫观一处。"六年,诏:"横行狄谘、宋球既领皇城司,罢提点醴泉观。"元符元年,高遵固年八十一,乞再任宫观,高遵礼年七十六,乞再任亳州太清宫,又从其再任之请,以待遇宣仁亲属故也。大观元年,赵挺之以观文殿大学士为祐神观使。政和六年诏:"措置宫观,如万寿、醴泉近百员,更不立额。"靖康元年,诏内外官见带提举、主管神霄玉清万寿宫并罢。大抵祠馆之设,均为佚老优贤,而有内外之别。京祠以前宰相、见任使相充使,次充提举;余则为提点,为主管,皆随官之高下,处以外祠。选人为监岳庙,非自陈而朝廷特差者,如黜降之例。

绍兴以来,士大夫多流离,困厄之余,未有阙以处之。于是许以承务郎以上权差宫观一次,续又有选人在部无阙可入与破格岳庙者,亦有以宰执恩例陈乞而与之者,月破供给,<small>非责降官并月破供给,依资序降二等支。</small>理为资任,意至厚也。然初将以抚安不调之人,末乃重侥求泛与之弊。于是臣僚交章,欲罢供给以绝干请,变理任以抑侥幸,严按格以去泛滥。上并从之。自是以后,稍复祖宗条法之旧。又有年及七十,耄昏不堪牧养而不肯自陈宫观者,复申明旧法,著为定令以律之。旧制,六十以上知州资序人,本部长官体量精神不致昏昧堪厘务者,许差一任,兼用执政官陈乞者加一任。绍兴三十二年,臣像言:"郡守之职,其任至重,昨朝廷以年及七十,令吏部与自陈官观,乞将前项指挥永为著令。"从之。盖不当请而请,则冗琐者流竟窃优闲廪稍;或当请而不请,则知进而不知退,识者羞焉。一祠馆之与夺,不可不谨如是。故重内祠,专使职,所以崇大臣之体貌,一次以定法,再任以示恩,绍熙五年庆寿赦,应文武臣宫观、岳庙已满不应再陈者,该今来庆寿恩,年八十以上,特许更陈一次。京官以上二年,选人三年,凡待庶僚者,皆于优厚之中寓闲制之意焉。

建隆已来,凡有恩例,文武朝官、诸司使副、禁军及藩方马步都指挥使以上,父亡皆赠官。亲王赠三官,可赠者赠二官,追加大国。皇属近亲如之,追加封爵。服疏及诸亲之服近者赠一官。宰相、枢密使赠二官。使相、参知政事、枢密副使、尚书已上、三司使、节度使、留后、观察使、统军上将军、内臣任都知副都知者,赠一官。此皇族及臣僚薨卒赠官之法也。其官秩未至,而因勋旧襃录或没王事,虽卑秩皆赠官加等者,并系临时取旨。至于母后、后族、臣僚,录其先世,各有等差。太皇太后、皇太后、皇后并赠三世,婕妤二世,贵人止赠其父而已。宰相、三师、三公、王、尚书令、中书令、侍中、枢密使副、知院、同知院事、参知政事、宣徽使、签书同签书枢密院事、观文殿大学士、节度使,并赠三世。东宫三师、仆射、留守、节度使、三司使、观文殿学士、资政殿大学士,并赠二世。余官或见任,或致仕,并赠一世。有兄弟同赠者,赠官加一等,父在止一资。文臣有出身,赠至秘书监,无出身,至光禄卿。武臣至金吾卫上将军止。

凡赠官至三世者,初赠东宫三少,次东宫三太,次三公,次中书令,次尚书令,次封小国,自小国升次国,自次国升大国,已大国者移国名而已。亦有不移者。若父、祖旧官已高者,自从旧官加赠。凡追封,不得至王爵。两省官及待制、大卿监、诸卫上将军、观察使、正任防御使、遥郡观察使、景福殿使、客省使,若子见任或父曾任此官,并赠至三公止。父子官俱不至者,文臣赠至诸行尚书止,武臣赠至节度使、诸卫上将军止。即父曾任中书、枢密使、使相、节度使并一品官者,无止限。待制已上持服经恩,服阕亦许封赠。

尚药奉御至医官使曾任文资,许换南班官。司天监官赠不得过大卿、监,仍不许换南班官。凡赠至正郎,许以所赠官换朝散大夫阶,大卿、监以上许换银青阶,赠至二世者即除朝散大夫阶,三世则金紫阶。咸平四年,诏舍人院详定。知制诰李宗谔等请:"追赠三世如旧。其东官一品以下虽曾任宰相,止从本品。文武群臣功隆位极者,特恩追封王爵亦如旧。若因子孙封赠,虽任将相,并不许封王,仍须历品而赠,勿得超越。"从之。宰相初拜,有即赠三世者。其后签书枢密以上皆即时赠,他官须经恩,学士及刺史以上,内侍都知、押班皆中书奉行,余则有司奏请。

唐制,视本官阶爵。建隆三年,诏定文武群臣母妻封号:太皇太后皇太后皇后曾祖母、祖母、母并封国太夫人;诸妃曾祖母、祖母、母并封郡太夫人,婕妤祖母、母并封郡太君;贵人母封县太君。宰相、使相、三师、三公、王、侍中、中书令,旧有尚书令。曾祖母、祖母、母封国太夫人;妻,国夫人。枢密使副、知院、同知、参知政事、宣徽节度使,曾祖母、祖母、母封郡太夫人;妻,郡夫人。签书枢密院事曾祖母、祖母、母封郡太君;妻,郡君。同知枢密院以上至枢密使、参知政事再经恩及再除者,曾祖母、祖母、母加国太夫人。三司使祖母、母封郡太君;妻,郡君。东宫三太、文武二品、御史大夫、六尚书、两省侍郎、太常卿、留守、节度使、诸卫上将军、嗣王、郡王、国公、郡公、县公,母,郡太夫人;妻,郡夫人。常侍、宾客、中丞、左右丞、侍郎、翰林学士至龙图阁直学士、给事中、谏议大夫、中书舍人、卿、监、祭酒、詹事、诸王傅、大将军、都督、中都护、副都护、观察留后、观察使、防御使、团练使,并母郡太君;妻,郡君。庶子、少卿监、司业、郎中、京府少尹、赤县令、少詹事、谕德、将军、刺史、下都督、下都护、家令、率更令、仆,母封县太君;妻,县君。其余升朝官已上遇恩,并母封县太君;妻,县君。杂五品官至三任与叙封,官当叙封者

不复论阶爵。致仕同见任。亡母及亡祖母当封者并如之。父亡无
嫡、继母，听封所生母。伎术官不得叙封。自宰相至签书枢密院叙
封与三世同，他官惟品至者即时拟封，余皆俟恩乃封。咸平四年，从
舍人院详定群臣母、妻所封郡县，依本姓望封。天禧元年，令文武升朝
官无嫡母者听封生母，曾任升朝而致仕，即许叙封。令给谏、舍人母并封郡太
君，妻，郡君。四年，又令翰林学士至龙图阁直学士如给、舍例。

　　封赠之典，旧制有三代、二代、一代之等，因其官之高下而次第
焉。凡初除及每遇大礼封赠三代者，太师、太傅、太保、左右丞相、少
师、少傅、少保、枢密使、开府仪同三司、知枢密院事、参知政事、同
知枢密院事、枢密副使、签书枢密院事。凡遇大礼封赠三代者，节度
使。三代初封，曾祖，朝奉郎；祖，朝散郎；父，朝请郎。签书枢密院事
降一等，谓如父与朝散郎之类。凡封父、祖系武臣者，视文武臣封赠对
换格，封赠一代亦如之。初赠，曾祖，太子少保；祖，太子少傅；父，太
子少师。封赠曾祖母、祖母、母、妻国夫人。执政官、签书枢密院事，郡夫
人。凡遇大礼封赠二代者，太子太师、太子太傅、太子太保、特进、观
文殿大学士、太子少师、太子少傅、太子少保、御史大夫、观文殿学
士、资政保和殿大学士、金紫光禄大夫、银青光禄大夫、光禄大夫、
左右金吾卫上将军、左右卫上将军、二代初封，祖，通直郎；父，奉议
郎。初赠，祖，朝奉郎；父，朝散郎。封赠祖母、母、妻郡夫人。观文殿
学士、资政、保和殿大学士，并淑人。凡遇大礼封赠一代者，文臣通直以，
武臣修武郎以上。一代初封赠父，文臣承事郎，武臣、内侍、伎术官、
将校并忠训郎，母、妻孺人。

　　凡文臣赠官

　　通直郎以上，寺、监官以上未升朝官，杂压在通直郎之上同。每赠两
官，至奉直大夫一官。有出身不赠奉直大夫、中散大夫。太子太师、太子
太傅、太子太保、特进、观文殿大学士、太子少师、太子少傅、太子少
保、御史大夫、观文殿学士、资政保和殿大学士、六曹尚书、金紫光
禄大夫、银青光禄大夫、光禄大夫、翰林学士承旨、翰林学士、资政
保和端明殿学士、龙图、天章、宝文、显谟、徽猷、敷文阁学士、左右

散骑常侍、权六曹尚书、御史中丞、开封尹、六曹侍郎、枢密直学士、龙图、天章、宝文、显谟、徽猷、敷文阁直学士,每赠三官,至奉直大夫二官,至通议大夫一官。有出身人不赠奉直、中散二大夫。

凡文武臣封赠对换诸文武臣封赠对换,以所加官准格对换,并听从高。

承事郎换忠训郎,宣义郎换从义、秉义郎,宣教郎换训武、修武郎,通直郎换武义、武翼郎,奉议郎换武节、武略、武经郎,承议郎换武功、武德、武显郎。朝奉郎换武义、武翼大夫,朝散郎换武节、武略、武经大夫,朝请郎换武功、武德、武显大夫。朝奉大夫换遥郡刺史,朝散大夫换遥郡团练使,朝请大夫换遥郡防御使。奉直、朝议大夫换刺史,中散、中奉大夫换团练使,中大夫换防御使,太中大夫、通议、通奉大夫换观察使,正议、正奉、宣奉大夫换承宣使,光禄大夫、银青、金紫光禄大夫换节度使。

凡文武官父任承直郎以下赠官

承直郎,留守、节察判官——留守府判官、节度判官,承议郎。儒林郎,支、掌、防、团判官——节度掌书记、观察支使、防御判官、团练判官,奉议郎。文林郎、从事郎、从政郎,两使初等职官、令、录——留守推官、观察推官、军事判官、军事推官、司录参军、录事参军,团练推官、军监判官、防御判官,县令,通直郎。修职郎,知令、录——知司录参军、知录事参军、县丞,宣教郎。迪功郎,判、司、簿、尉——军巡判官、司理参军、司法参军、司户参军、主簿、县尉,宣义郎。

凡文武朝官、内职引年辞疾者,多增秩从其请,或加恩其子孙。乾德元年,太子太师致仕侯益来预郊祀,太祖优待之,因诏曰:“群官列位,自有通规,旧德来朝,所宜加礼,且表优贤之意,用敦尚齿之风。自今一品致仕官曾带平章事者,每遇朝会,宜缀中书门下班。”二年,令藩镇带平章事求休致者亦如之。

咸平五年,诏文武官年七十一以上求退者,许致仕,因疾及有赃犯者听从便。牧伯、内职、三班皆换环卫、幕职、州县外官。景德元年三月,诏三班使臣七十以上视听未衰者与厘务,其老眊不任及年七十五以上者，借职授支郡上佐，奉职、殿直授节镇上佐，不愿者听归乡里。凡升朝官遇庆恩，父在者授致仕官，其不在者，文官始大理评事，武官始副率，再经恩累加焉。祖在而求回授者亦听。皆不给奉，亦有子居要近加赐章服者。

天圣、明道间，员外郎已上致仕者，录其子试秘书省校书郎。三丞已上为太庙斋郎。无子，听降等官其嫡孙若弟侄一。景祐三年诏曰："致仕官旧皆给半奉，而未尝为显官者或贫不能自给，岂所以遇高年养廉耻也？其大两省、大卿监、正刺史、阁门使以上致仕者，自今给奉并如分司官例，仍岁时赐羊酒、米面，令所在长吏常加存问。"其后，又许致仕官子孙免选除近官。四年，臣僚有请致仕，未及录其子孙而遽亡者，命既出，辅臣皆谓法当追收，仁宗悯之，竟官其后。侍御史知杂事司马池言："文武官年七十以上不自请致仕者，许御史台纠劾以闻。"庆历中，权御史中丞贾昌朝又言："臣僚年七十而筋力衰者，并优与改官致仕；虽七十而未衰及别有功状、朝廷固留任使者，勿拘此令。在京若尚书工部侍郎俞献卿、少府监毕世长、太常少卿李孝若、尚书驾部郎中李士良，在外若给事中盛京、光禄卿王盘、太常少卿张效、尚书兵部郎中张意，皆耄昏不可任事，并请除致仕。"诏："在京者令中书体量，在外者下诸处晓谕之。"

皇祐中，知谏院包拯、吴奎亦言："愿令御史台检察年七十已上，移文趣其请老不即自陈者，直除致仕。"朝廷未行。奎复言："国家谨礼法以维君子，明威罚以御小人。君子所顾者，礼法也；小人所畏者，威罚也。由文武二选为士大夫，是皆君子之地也，倘不以礼法待之，则是废名器而轻爵禄。七十致仕，学者所知，而臣下引年自陈，分之常也。人君好贤乐善而留之，仁之至也。自三代以来，用此以塞贪墨、耸廉隅，近者句希仲、陆轸等，皆以年高特与分司，初欲风动群臣，而在位殊未有引去者，是臣言未效也。请详前奏施行。"于是诏："少卿监以下年七十不任厘务者，外任令监司、在京委御史台及所属以状闻。尝任馆阁、台谏官及提点刑狱者，令中书裁处。待制已上能自引年，则优加恩礼。"然是时言事之人，竟欲击劾大臣，有高年者俱不自安。仁宗手诏曰：“老臣，朕之所眷礼也，进退体貌，恩意岂不有异哉！凡尝预政事之臣，自今毋或遽求引去，台谏官勿以为言。”其风动劝励之方又如此。至于因事责降分司，或老病不任官职之事，或居官犯法，或以不治为所部劾奏，冲替而求致仕者，子孙更不推恩，虽或推恩，其除官例皆降等。若耆老旧臣，体貌优异，赏或延于子孙，奉或全给半给，岁时问劳，皆有礼意。

治平四年，神宗即位，龙图阁直学士兼侍读李东之、李受相继致仕。旧制，阁门无谢辞例，帝特召东之对延和殿，命坐赐茶；以受先朝藩府旧僚，升其子一任差遣，并录其孙。皆宴饯资善堂，命讲读官赋诗，御制诗序以宠其行，示异数也。是岁，又以果州团练使何诚用、惠州防御使冯承用、嘉州团练使刘保吉、昭州刺史邓保寿皆年七十以上至八十余，并特令致仕，以枢密院言，致仕虽有著令，臣僚鲜能自陈故也。熙宁元年，以定国军节度使李端愿为太子少保致仕。故事，多除上将军，帝令讨阅唐制，优加是命。二年，以观文殿学士、吏部尚书赵概为太子少师致仕。故事，再请则许；概三乞始从，优耆旧也。三年，编修中书条例所言：

> 人臣非有罪恶，致仕而去，人君遇之如在位时，礼也。近世致仕并与转官，盖以昧利者多，知退者少，欲加优恩，以示劝奖。推行既久，姑从旧例。若两省正言以上官，三班使臣、大使臣、横行、正任等，并不除为致仕官。致仕带职者，皆落职而后优迁其官。看详别无义理，但致仕恩例不均。如谏议大夫不可改给事中，并转工部侍郎，乃是超转两资；工部尚书并除太子少保，乃是超转六资。若知制诰、待制官卑者除卿监，缘知制诰、待制待遇非与卿监比，今他官致仕皆得迁官，此独因致仕更见退抑。供奉官、侍禁八品，除率府副率，盖六品。诸司副使、承制、崇班七品，除将军，乃三品。至于节度使除上将军，防御、团练、刺史并除大将军，缘诸卫名额不一，至有刺史除官高于防御使者。今若令文武官带职致仕人许仍旧职，止转一官，及文臣正言、武臣借职以上皆得除为致仕官，则无轻重不等之

患。

若选人令、录以上并除朝官,经恩皆得封赠,荫及数世,旁支例得赎罪、免役。又京官致仕亦止迁一官,若光禄寺丞致仕,有出身除秘书省著作佐郎,无出身除大理寺丞,而令、录职官乃除太子中允或中舍,殊未为当。若进纳出身人例除京官,至有经覃恩迁至升朝官者,类多兼并有力之家,皆免州县色役及封赠父母。如京官七品,队衔前外,亦免余色役,尤为侥幸。条例繁杂,无所适从。如录事参军或除卫尉寺丞,或除大理评事,或除奉礼郎,恩例不同,可以因缘生弊。

今定:凡文臣京朝官以上各转一官,带职仍旧不转官,乞亲属恩泽者依旧条,选人依本资序转合入京朝官,进纳及流外人判、司、簿、尉除司马,令、录除别驾。在京诸司勒留官依簿、尉以上,亲贤劳旧合别推恩者取旨。历任有入己赃,不得乞亲戚恩泽,仍不迁官。其致仕官除中书、枢密院外,并在见任官之上。致仕及三年之上,元非因过犯,年未及七十,不曾经叙封及陈乞亲戚恩泽,却愿仕宦,并许进状叙述。若有荐举者,各依元资序授官。其才行为众所知,朝廷特任使者,不拘此法。

从之。自此宰相以下并带职致仕。

四年,以端明殿学士、尚书右丞王素为工部尚书、端明殿学士致仕,观文殿学士、兵部尚书欧阳修为太子少师、观文殿学士致仕。带职致仕,自素始也。五年,守司空兼侍中曾公亮迁守太傅致仕,特许入谢。以公亮逮事三朝,既加优礼,仍给见任支赐。十月,诏两省以上致仕官毋得因大礼用子升朝叙封迁官。先是,王安石言,李端愿、李东之叙封,中书失检旧例,法当改正。帝曰:“如此,则独不被恩。”安石曰:“叙封初无义理,今既未能遽革,庸可承误为例?如三师、三公官,因子孙郊恩叙授,尤非宜也。”帝从之。

元丰三年,诏:“自今致仕官遇诞节及大礼,许缀旧班。”以礼部侍郎范镇居都城外,遇同天节,乞随散官班上寿,帝令镇班见任翰林学士上,故有是诏。又诏:“致仕官朝失仪,勿劾,并著为令。”又诏:"自今致仕官领职事者,许带致仕,该迁转者转寄录官,若止系寄禄官,即以本官致仕。其见任致仕官,除三师、三公、东宫三师三少外,余并易之。"六年,以守太尉、开府仪同三司、知河南府文彦博为河东、永兴节度使、守太师致仕。彦博辞两镇,止以河东旧镇贴麻行下,彦博又言:"前辞阙下之日,尝奏得致仕后,当亲辞天陛,今既得请,欲赴阙廷。"降诏从之。七年,诏文臣中大夫、武臣诸司使以下致仕,更不加恩。

元祐元年,枢密院奏:"诸军年七十,若以疾假满百日不堪医治差使者,诸厢都指挥使除诸卫大将军致仕,诸军都指挥使、诸班直都虞候带遥郡除诸卫将军致仕,诸班直上四军除屯卫,拱圣以下除领军卫,并有功劳者为左,无则为右。"从之。四年,诏:"应乞致仕而不愿转官者,受敕后,所属保明以闻,当兴推恩。中大夫至朝奉郎及诸司使,本宗有服亲一人荫补恩泽。横行、诸司副使见有身自荫补人,及内殿承制、崇班、阁门祗候见理亲民,并承议、奉议郎,许陈乞有服亲一人恩例。中大夫、中散大夫、诸司使带遥郡者,荫补外准此。即朝奉郎以上及诸司使,虽未授敕而身亡,在外者以气致仕状到门下省日,在京以得旨日,亦许陈乞有服亲一人恩例。"六年,监察御史徐君平言:"文臣致仕以年七十为断,而使臣年七十犹与近地监当,至八十乃致仕,愿许其致仕之年如文臣法,而给其奉。"从之。三省言:"张方平元系宣徽南院使、检校太傅、太子少师致仕,元丰官制行,废宣徽使,元祐三年复置,仪品恩数如旧制,方平依旧带宣徽南院使致仕。"绍圣三年诏:"文武官该转官致仕,依旧出告外,其余守本官致仕者,并降敕,更不给告。内因致仕合该乞恩泽人更不具钞,令尚书省通书三司入熟状,仍不候印画。"又诏:"应臣僚丁忧中不许陈乞致仕。"

建中靖国元年,尚书省言:"臣僚在忧制中不得陈乞致仕,其间有官序合得致仕恩泽之人,合行立法。"诏:"臣僚丁忧中遇疾病危笃,其官序合该致仕恩泽者,听以前官经所属自陈。"大观二年,诏致仕官年八十以上应给奉者,以缗钱充。政和六年,提举广东学事孙璘言："诸州致仕官居乡者，乞许令赴贡士宴，择其年弥高者而惇事之，使长幼有序，献酬有礼，人知里选之法，孝悌之义。"从之。宣和四年，诏六曹尚书致仕遗表恩泽，共与四人，其余侍从官三人，立为定制。

建炎间，尝诏："文武官陈乞致仕，朝廷不从，致有身亡之人，许依条陈乞致仕恩泽。及陈乞致仕而道路不通，不曾被受敕命，亦许州、军保明推恩。"时强行父博学清修，不缘事故疾病，慨然请老，叶份言之，许令再仕。王次翁年未六十。浩然休退，吕祉言之，落致仕，特令再仕。凡类此者，盖因其材而挽留之也。直秘阁致仕郑南挂冠已久，年德俱高，大臣言之，诏除秘阁修撰，仍旧致仕。优其恩不夺其志也。吕颐浩以少保乞除一寄禄官致仕，诏除少傅，依前镇南军节度使、成国公致仕；韩世忠以太傅、镇南武安宁国军节度使充醴泉观使、咸安郡王乞身，诏除太师致仕。因将相之知止而优其归也。杨惟忠、邢焕皆以节度致仕。臣僚言："祖宗时，节将、臣僚得谢，不以文武，并纳节除一官，以今日不复纳节换官为非。"诏今后依祖宗典故。盖不以私恩胜公法也。昭庆军节度使、开府仪同三司、充万寿观使韦渊乞守本官致仕，诏免赴朝参，仍依两府例，合破请给人从。优亲之恩而异之也。

隆兴以后，因臣僚言年七十不陈乞致仕者，除合得致仕或遗表恩泽外，并不许遇郊奏荐。已而复诏，郊祀在近，未致仕人更许陈乞奏荐一次。可以不予而予之，示厚恩也。执政在谪籍者陈乞致仕，虽许叙复而寝罢合得恩泽，只据见存阶官荫补。淳熙十六年，宁武军承宣使、提举祐神观王友直复奉国军节度使致仕，臣僚论列，仍守本官职致仕。可以予而不予，严公法也。抑扬轻重间，可以见优老恤贤之意，可以识制情抑燥之术，故备录于篇。

太师至开府仪同三司：子，承事郎；孙及期亲，承奉郎；大功以下及异姓亲，登仕郎；门客，登仕郎。不理选限。

知枢密院事至同知枢密院事：子，承奉郎；孙及期亲，承务郎；

大功以下及异姓亲,登仕郎;门客,登仕郎。不理选限。

太子太师至保和殿大学士:子,承奉郎;孙及期亲,承务郎;大功以下,登仕郎;异姓亲,将仕郎。

太子少师至通奉大夫:子孙及期亲,承务郎;大功亲,登仕郎;异姓亲,登仕郎;小功以下亲,将仕郎。

御史中丞至侍御史:子,承务郎;孙及期亲,登仕郎;大功,将仕郎;小功以下及异姓亲,将仕郎。

中大夫至中散大夫:子,通仕郎;孙及期亲,登仕郎;大功,将仕郎;小功以下,将仕郎。

太常卿至奉直大夫:子,登仕郎;孙及期亲,将仕郎;大功小功亲,将仕郎。

国子祭酒至开封少尹:子孙及小功以上,将仕郎。

朝请大夫、带职朝奉郎以上理职司资序及不带职致仕者同。子,将仕郎;小功以上亲,将仕郎;缌麻,上州文学。注权官一任,回注正官,谓带职朝奉郎以上亡殁应荫补者。

广南东、西路转运副使:子,登仕郎;孙及期亲,将仕郎。提点刑狱:子,将仕郎;孙及期亲,将仕郎。

枢密使、开府仪同三司:子,秉义郎;孙及其亲,忠翊郎;大功以下亲,承节郎;异姓亲,承信郎。

知枢密院事、同知枢密院事、枢密副使、太尉、节度使:子,忠训郎;孙及期亲,成忠郎;大功,承节郎;小功以下及异姓亲,承信郎。

诸卫上将军、承宣使、观察使、通侍大夫:子,成忠郎;孙及期亲,保义郎;大功以下,承信郎;及异姓亲,承信郎。

枢密都承旨、正侍大夫至右武大夫、防御使、团练使、延福宫使至招宣使任入内内侍省都知以上:子,保义郎;孙及期亲,承节郎;大功以下亲,内各奏异姓亲者同。承信郎。

刺史:子,承节郎;孙及期亲,承信郎;大功以下,进武校尉。

诸卫大将军、武功至武翼大夫、枢密承旨至诸房副承旨:子,承节郎;孙及期亲,承信郎;大功以下,进武校尉。

诸卫将军,正侍至右武郎、武功至武翼郎:子,承信郎;孙,进武校尉;期亲,进义校尉。

枢密院逐房副承旨:子,承信郎。

训武、修武郎及阁门祗候:子,进义校尉。

忠佐带遥郡者,每两遇大礼荫补,子:刺史,进武校尉;团练使、防御使,承信郎。

宰相、执政官;本宗、异姓、门客、医人各一人。东宫三师、三少至谏议大夫:权六曹侍郎、侍御史同。本宗一人。

寺长贰、监长贰、秘书少监、国子司业、起居郎舍人、中书门下省检正、尚书省左右司郎官、枢密院检详、若六曹郎中、殿中侍御史、左右司谏、开封少尹:子或孙一人。

曾任宰相及见任三少、使相:三人。曾任三少、使相、执政官、见任节度使:二人。太中大夫及曾任尚书侍郎及右武大夫以上,并曾任谏议大夫以上及侍御史:一人。

曾任宰相及见任三少、使相:五人。曾任执政官、见任节度使:四人。太中大夫以上:一人。请卫上将军、承宣使:四人、观察使二三人。

宋史卷一七一
志第一二四

职官十一 <small>奉禄制上</small>

奉禄匹帛　职钱　禄粟　傔人衣粮
厨料　薪炭诸物

奉禄<small>自宰臣而下至岳渎庙令,凡四十一等。</small>

宰相,枢密使,月三百千。<small>春、冬服各绫二十匹,绢三十匹,冬绵百两。</small>枢密使带使相,侍中枢密使,<small>春、冬衣同宰相。</small>节度使同中书门下平章事已上及带宣徽使,并前两府除节度使及节度使移,镇枢密使、副、知院带节度使,四百千。

参知政事,枢密副使,知枢密院事,同知枢密院事,及宣徽使不带节度使,或检校太保签书枢密院事,三司使,二百千。<small>春、冬各绫十匹,春绢十匹,冬二十匹,绵五十两。自宰相而下,春各加罗一匹。检校太保签书者,春、冬绢二十匹,绵五十两。</small>节度观察留后知枢密院事及充枢密副使、同知枢密院事,并带宣徽使签书枢密院事,三百千。<small>绫、绢、罗、绵同参知政事。</small>

观文殿大学士,<small>料钱、衣赐随本官。</small>资政殿大学士,<small>料钱、衣赐随本官。</small>翰林学士承旨、学士,龙图、天章阁直学士,知制诰,龙图、天章阁学士,<small>绫各五匹,绢十七匹,自承旨而下加罗一匹,绵五十两。已上奉随本官,衣赐如本官例,大即依本官例,小即依逐等。</small>三师,三公,百二十千。<small>绫各十匹,绢三十匹。</small>东宫三司,仆射,九十千。<small>绫各五匹,绢二十匹。</small>东宫三少，御史大夫，尚书，六十千。门下、中书侍郎，太常、宗正卿，左、右丞，诸行侍郎，御史中丞，五十千。春、冬各绫五匹，绢十七匹，惟中丞绫七匹，绢二十匹。权御史中丞者给本官奉。太子宾客，四十五千。绫、绢同中丞。左、右散骑常侍，六十千。给事中，中书舍人，太卿、监，国子祭酒，太子詹事，四十五千。谏议，四十千。春、冬绫各三匹，绢十五匹。旧志：太常宗正卿、左右丞、侍郎充翰林承旨及侍读、侍讲，各绫七匹，绢二十匹；中书舍人若充翰林学士，绫五匹，绢十七匹；他官充龙图阁学士、枢密直学士，并准此。龙图阁学士知制诰，同谏议之数。权三司使，并权发遣使公事，料钱、衣赐并同本官。副使，五十千。春绫三匹，冬绫五匹，春、冬绢各十五匹。自三师以下，春各加罗一匹，冬绵五十两，权者同。判官并权及发遣，以至于司主判，河渠勾当公事，同管勾河渠公事，料钱、衣赐并同本官数。

左、右谕德，少卿、监，司业，郎中，三十五千。左、右庶子，起居郎、舍人，侍御史，知杂事同。如正郎知杂，即支本官奉料。左、右司谏，殿中侍御史，员外郎，赤令，三十千；丞，十五千。如京朝官愿请本官衣奉者，仍支米麦。少詹事，二十九千。春、冬绫各十三匹，惟赤县令衣赐随本官。左、右正言，监察御史，太常博士，通事舍人，国子五经博士，太常、宗正、秘书、殿中丞，著作郎，大理正，二十千。太子率更令、中允、赞善、中舍、洗马，殿中省五尚奉御，十八千。太常博士以上春、冬绢各十匹，谕德以下春加罗一匹，冬绵三十两，余各绢七匹。太常博士、著作、洗马旧各有增减。

司天十五千正十三千。春、冬绢各五匹，冬绵十五两。秘书郎，著作佐郎，春、冬绢各六匹，冬绵各二十两。五官正以下春罗各一匹。秘书旧无奉，兼三馆职事者给八十千；至道二年，令同著作郎给之。大理寺丞，十四千。诸寺、监丞，十二千。春、冬绢各五匹。大理评事，十千。春、冬各绢三匹。自大理寺丞以下冬绵各加十五两。诸寺、监丞，大理评事，旧有增损不同。太祝，奉礼，八千。司天监丞，五千。春、冬绢各五匹。主簿，五千。春、冬绢各三匹，丞、簿各绵十五两。灵台郎，三千。保章正，二千。春、冬绢各三匹，惟灵台郎冬随衣钱三千。

节度使，四百千。管军同。如皇子充节度使兼侍中、带诸王，皇族节度使同中书门下平章事，并散节度使及带王爵，奉同节度使。惟春、冬加绢各百匹,大绫各二十匹,小绫各三十匹。罗各十匹,绵各五百两。**节度观察留后,**官制行,改承宣使。**三百千。**管军同。两省都知押班、诸司使遥领者准此。如皇族充留后及带郡王同,惟春加绢二十匹,冬三十匹,大小绫各十匹,春罗一匹,冬绵百两。**观察使,二百千。**管军同。两省都知押班、诸司使并横行遥领者,奉准此。春、冬加绢各十匹,绵五十两。如皇族充观察者,即三百千,仍春、冬加绢各十五匹,绫十匹,春罗一匹,冬绵五十两。**防御使,三百千。**管军、皇族同。其皇族及两省都知押班、诸司使并横行、诸卫大将军将军遥领者,百五十千。皇族春、冬加绢各十五匹,绫十匹,春罗一匹,绵五十两。两省都知押班并横行,诸卫大将军领者,春、冬绢各十匹,绵五十两。**团练使,百五十千。**管军及皇族并军班除充者同。其皇族及两省都知押班、诸司使并横行、诸卫大将军遥领者,百千。皇族春、冬加绢各十五匹,绫十匹,春罗一匹,绵五十两。两省都知押班并横行、诸卫大将军将军领者,春、冬绢各十匹,冬绵五十两。

六军统军,百千。诸卫上将军,六十千。春、冬绫各五匹,绢十匹,绵五十两。如皇子充诸卫上将军,二百千,春、冬绫各十匹,春绢十匹,罗一匹,冬绢二十匹,绵五十两。**左、右金吾卫大将军,三十五千。诸卫大将军,二十五千。**春、冬绫各三匹,绢七匹,冬绵三十两。**将军,二十千**;春、冬绫各二匹,绢五匹,绵二十两。率府率、副,中郎将,十三千。春、冬绢各五匹,冬绵十五两。自诸卫上将军以下,春衣罗一匹。

内客省使,六十千。客省使,三十七千。延福宫、景福殿、宣庆、引进、四方馆、宣政、昭宣、阁门使,二十七千。皇城以下诸司使,二十五千。春绢各十匹,冬十匹,绵三十两。惟客省使春、冬绢各一十匹。

客省及皇城以下诸司副使,二十千。内殿承制,十七千。崇班,十四千。春绢各五匹,冬十匹,绵三十两。带阁门祗候并同。供奉官,十千。带阁门祗候者,十二千。春绢四匹,冬五匹,绵二十两。**侍禁,七千。**带阁门祗候者,一十千。**殿直,五千。**带阁门祗候者,九千。并春、冬绢各四匹,冬绵十五两。三班奉职、借职,四千。春、冬绢各三匹,钱二千。下茶酒班殿侍,一千。春、冬绢七匹,冬绵十五两。**下班殿侍,七百。**春、冬绢各五匹,二项并蕃官并土人补充者。

皇亲任诸卫大将军领刺史,八千;将军刺史,六十千。春、冬绫七匹,春绢十二匹,冬十三匹,绵五十两。旧志:春、冬绫十匹,绢十五匹,各加罗一匹。**将军**,三十千。春、冬绫二匹,绢五匹,罗一匹,冬绵四十两。**率府率**,二十千;**副率**,十五千。春、冬绫各二匹,绢五匹,罗一匹,绵四十两。

旧志:诸卫将军有五十千、四十千、三十千三等。一等春、冬各绫五匹,绢十匹;一等绫二匹,绢五匹。春并加罗一匹,冬并绵二十两。**诸司使**有四十千、三十千二等。副使以上下与异姓同,并给实钱。自诸司使至殿直,春、冬各罗一匹,绫二匹,绢各五匹,冬绵各四十两。

入内内侍省都知、副都知、押班,不带遥郡诸司使充者,二十五千。春绢七匹,冬十匹,绵三十两。**副使充者**,二十千。春绢五匹,冬七匹,绵二十两。**入内内侍省供奉官**,十二千。春绢五匹,冬七匹,绵三十两。**殿头**,七千。**高品,高班**,五千。春绢各五匹,冬六匹,绵二十两。**黄门**,三千。春、冬绢各五匹,绵十五两。**祗候殿头,祗候高品,祗候高班内品,祗候内品,祗候小内品,贴祗候内品,入内内品,后苑内品,后苑散内品**,七百。春、冬绢各五匹,绵十五两。**云韶部内品**,七百。春、冬绢各四匹,绵十五两。**入内内品管勾**,二千。**奉辇祗应**,一千五百。**打牧祗应**,一千。春、冬绢各五匹,绵各十五两。

内侍省内常侍,供奉官,十千。春、冬绢各五匹,内常侍春加罗一匹,冬绵十五两。供奉官春止加棉二十两。**殿头**,五千。**高品,高班**,三千。春、冬绢各四匹,冬绵各二十两。**黄门**,二千。春、冬绢各四匹,冬绵十五两。**殿头内侍,入内高品**,二千。春、冬绢各三匹,钱二千。**高班内品**,一千五百。衣粮带旧。**黄门内品在京人事**,一千。春、冬各碧罗、碧绫半匹,黄绢、生白绢各一匹,绵八两。**寄班小底**,二千。春、冬绢各十匹。**入内小黄门,前殿祗候内品,北班内品,外处拣来并城北班、后苑、把门内品,扫洒院子及西京内品依北班内品,依旧在西京收管**,七百。**西京内品**,五百。春、冬绢各五匹,绵各十五两。惟入内小黄门、前殿祗候内品,春、冬绢各四匹。**鄆、唐、复州内品**,三百。春、冬绢各二匹,布半匹,钱一千。旧志载内官不详,奉料皆减少。

枢密都承旨,四十千。**副都承旨,副承旨,枢密院诸房副承旨,逐房副承旨**,已上如带南班官同。**中书堂后官提点五房公事**,三十千。

都承旨以下春、冬绢各十五匹，春罗一匹，逐房副承旨绢各十三匹。都承旨、承旨春加绫三匹，冬五匹，绵五十两。副都承旨以下，绵各三十两。中书堂后官，二十千；特支五千。已上如带京朝官同。中书、枢密主事，二十千。录事、令史，十千。春、冬绢各十匹，春罗一匹，主事已上，冬绵五十两，录事，令史三十两。主书，七千。守当官，书令史，五千。春、冬绢各二匹。主书、书令史春钱三千，冬绵十二两，钱一千，守当官春钱一千。

自中书、枢密并曾任两府，虽不带职，曾任两府而致仕同。宣徽，三司，观文、资政、翰林、端明、翰林侍读侍讲、龙图、天章学士，枢密、龙图、天章直学士，知制诰，中书舍人，待制，御史台。开封府，节度使至刺史，三馆，秘阁，审刑院，刑部，大理寺，诸王府记室、翊善以下至诸王宫教授，知审官院，勾当三班院，纠察刑狱，判吏部铨、南曹，登闻检院、鼓院，司农寺及国子监直讲、丞、簿，河北、河东、陕西转运使，皇子亲王，诸卫大将军至率府副率，两省都知、押班，不带遥郡诸司使、副，两府供奉官以下至内品，惟内品特给一分见钱。及枢密都承旨以下，并给见钱。余官并防御使以下诸卫将军、横行、诸司使遥领者，悉一分见钱，二分他物。其两省都知、副都知遥领刺史以上者，即给一半见钱。

三司检法官，十千。春、冬绢各五匹，冬绵十五两。愿请前任请受者听。若转京朝官，随本官料钱、衣赐。权知开封府并判官、推官，料钱、衣赐并随本官。旧志云：判官三十千，推官二十千，并给见钱。司录，二十千。如差员外郎已上充，随本官料钱、衣赐。功曹，法曹，十二千。仓、户、士、兵四曹，十千。差京朝官充，随本官料钱，衣赐。刑部检法官、法直官，大理寺法直官、副法直官，十千。春、冬绢各五匹，冬绵十五两。如转京朝官，随本官料钱、衣赐。西京军巡判官，十五千。内开封府转至京官，支本官衣奉。

西京、南京、北京留守判官，河南、应天、大名府判官，三十千。春、冬绢各十二匹，冬绵二十两。节度、观察判官，二十五千。春、冬绢各六匹，冬绵十二两半。节度副使，三十千。行军司马，二十五千。如签书本州公事，衣奉依节、察判官。若监当即给一半折支，衣赐、厨料不给。节度掌书记,观察支使,二十千。绵、绢如推官。留守推官,府推官,节度、观察推官,十五千。春、冬绢各五匹,冬绵十两。防御、团练副使,二十千。如监当即给一半折支。防御、团练判官,十五千。《两朝志》云:奉给依本州录事参军,如无,依倚郭县令。防御、团练军事推官,军、监判官,七千。军事判官如本州录事参军之数。

京府司录参军,二十千。诸曹参军,十千。以京官知者奉从多给。景德三年,诏司录、六曹悉给春、冬衣。五万户已上州三京同。录事参军,二十千;司理,司法,十二千;司户,十千。三万户已上州录事,十八千;司理,司法,十二千;司户,九千。一万户已上州录事,十五千;司理,司法,十千;司户,八千。五千户已上州录事,十二千;司理,司法,十千;司户,七千。不满五千户州录事,司理,司法,十千;司户,七千。别驾,长史,司马,司士,参军,如授士曹,依司士。文学参军,七千。

东京畿县七千户已上知县,朝官二十二千,京官二十千;五千户已上知县,朝官二十千,京官十八千;三千户已上知县,朝官十八千,京官十五千;三千户已下知县,止命京官,十二千。已上衣赐并随本官。主簿,尉,十二千至七千,有四等,并给见钱。

河南府河南、洛阳县令,三十千。诸路州军万户已上县令,二十千;簿,尉,十二千。七千户已上令,十八千;簿,尉,十千。五千户已上令,十五千;簿,尉,八千。三千户已上令,十二千;簿,尉,七千。不满三千户令,十千;簿,尉,六千。京朝官及三班知县者,亦许给县令奉。本官奉多者,以从多给。兼监兵者,止请本奉添给。岳渎庙令,十千。丞,主簿,七千。全折。

幕职、州县料钱,诸路支一半见钱,一半折支。县尉全给见钱。广东、川陕并给见钱。

元丰制行:宰相,三百千。衣赐绫、绢、绵皆如旧制。然以左、右仆射为宰相。政和中,以三公为真相。靖康依旧制。枢密使带使相,侍中,枢密使,节度使同中书门下平章事以上及带宣徽使,并前两府除节度使移镇,枢密使、副知院带节度使,四百千。自治平末至元丰四年,如文彦博、吕公弼、冯京、吴充先后为使、副,是年十一月,始诏枢密院置知院、同知院,余并罢。至是,既罢使、副,只置知院、同知院,直至靖康不改。

知枢密院,门下、中书侍郎,尚书左、右丞,同知枢密院事,二百千。衣赐如旧。元祐中,复置签书枢密院事,绍圣中罢。

太师,太傅,太保,少师,少傅,少保,四百千春服罗三匹,小绫三十匹,绢四十匹,冬服小绫三十匹,绢四十匹,绵二百两。旧制,奉钱百二十千,春服小绫十匹,绢三十匹,罗一匹,冬服小绫十匹,绢三十匹,绵五十两。大观间增改。

开府仪同三司,百二十千。春、冬各小绫十匹,绢三十匹,春罗一匹,冬绵五十两。大观二年,以无特任者,遂删去。特进,九十千。春、冬各小绫十匹,绢二十五匹,春罗一匹,冬绵五十两。

金紫光禄大夫,银青光禄大夫,光禄大夫,六十千。春、冬各小绫七匹,绢二十匹,春罗一匹,绵五十两。宣奉、正奉、正议、通奉大夫,五十五千。春、冬各小绫五匹,绢十七匹,春罗一匹,冬绵五十两。通议、太中大夫,五十千。《元丰令》,太中大夫以上丁忧解官,给旧官料钱。中大夫,中奉、中散大夫,四十五千。春、冬各小绫三匹,绢十五匹,春罗一匹,冬绵五十两。朝议、奉直、朝请、朝散、朝奉大夫,三十五千。春、冬绢各十三匹,春罗一匹,冬绵三十两。

朝请、朝散、朝奉郎,三十千。春、冬服同正郎。承议、奉议、通直郎,二十千。承议春、冬绢各十匹,春罗一匹,冬绵三十两。奉议、通直,春、冬各绢七匹。宣教郎,十七千。春、冬绢各六匹,春罗一匹,冬绵二十两。《元丰格》有出身十七千,无出身十四千。六年,敕不以资考有无出身,并十五千,衣无罗。宣义郎,十二千。春、冬各绢五匹,冬绵十五两。承事郎,十千。春、冬绢各三匹,冬绵十五两。承奉郎,八千。承务郎,七千。元丰以来,厘务止支驿料。大观二年,定支。

承直郎,二十五千。春、冬各绢六匹,绵十二两半。元丰,留守判官、府判官,奉钱三十千,春、冬绢各十二匹,绵二十两;节度、观察判官,奉钱二十五千,春、冬绢各六匹,绵十二两半,凡二等。崇宁二年,改从一等。儒林郎,二十千。春、冬绢各五匹,绵十两。元丰,节度掌书记、观察支使,奉钱衣赐如上;

防、团军事判官考任合入令录者,奉钱十五千,凡二等。崇宁改从一等。**文林郎,十五千。**春、冬服同儒林。**从事、从政、修职郎,十五千。**从事郎,元丰旧制,考第合入令录者,视令录支,未合入令录者,视判、司、簿、尉支。从政郎,元丰,三京、州、府、军、监司录、录事参军,五万户以上二十千,三万户以上十八千,一万户以上十五千,五千户以上十二千,不满五千户十千。县令,一万户以上二十千,七千户以上十八千,五千户以上十五千,三千户以上十二千,不满二千户十千,凡二等。崇宁改从一等。**迪功郎,十二千。**元丰,四京军巡判官,十五千。三京、州、府、军、监司法参军,五万、三万户以上十二千,一万户及不满五千户七千。三京、州、府、军、监司户参军,及五万户以上十千,三万户以上九千,一万户以上八千,不满五千户七千,凡三等。崇宁改。初,熙宁四年,中书门下言:"天下选人奉薄而多少不均,不足以劝廉吏。今欲月增料钱:县令、录事参军三百六十七员,旧请十千、十二千者,增至十五千;司理、司法、司户参军,主簿、县尉二千一百五十三员,旧请七千、八千、十千者,增至十二千;防、团军事推官,军、监判官一百七十二员,旧请七千者,增至十二千。月通增奉钱一万二千余贯,米麦亦有增数。"从之。

　　太尉,一百千。春、冬各小绫十匹,春罗一匹,绢十匹冬绢二十匹,绵五十两。带节度使依本格。

　　节度使,四百千。曾任执政以上除、及移镇、初除、及管军,并同旧制。**承宣使,三百千。**即节度观察留后。**观察使,防御使,二百千。团练使,百五十千。刺史,一百千。**自节度使以下至诸卫中郎将,并如旧制。

　　通侍大夫,三十七千。正侍、宣正、协忠、中侍、中亮、中卫、翊卫、亲卫、拱卫、左武、右武大夫,二十七千。武功、武德、武显、武节、武略、武经、武义、武翼大夫,二十五千。春、冬绢各十匹,绵二十两。惟通侍大夫,十二匹。

　　正侍、宣正、履正、协忠、中侍、中亮、中卫、翊卫、亲卫、拱卫、左武、右武、武功、武德、武显、武节、武略、武经、武义、武翼郎,二十千。敦武郎,十七千。修武郎,十四千。春绢五匹,冬七匹,绵二十两。带阁门祗候并同。**从义、秉义郎,十千。**带阁门祗候十二千。**成忠、保义郎,五千。**带阁门祗候者九千,并春、冬绢各四匹,冬绵十五两。**承节、承信郎,四千。**春、冬绢各三匹,钱二千。

进武校尉,三千。进义校尉,二千。春、冬绢各三匹。进武副尉,三千。守阙进武副尉、进义副尉、守阙进义副尉,一千。

凡文武官料钱,并支一分见钱,二分折支。曾任两府虽不带职,料钱亦支见钱。

御史大夫,六曹尚书,行,六十千。守,五十五千;试,五十千。翰林学士承旨,翰林学士,五十千。衣赐,本官例。官小,春、冬服小绫各三匹,绢各十五匹,绵五十两。左、右散骑常侍,御史中丞,开封尹,行,一百千。守,九十千;试,八十千。崇宁四年重定。六曹侍郎,元祐中,置权六曹尚书,奉给依守侍郎,绍圣中,罢。行,五十五千。守,五十千;试四十五千。太子宾客、詹事,行,五十千。守、四十七千;试,四十五千。给事中,中书舍人,行,五十千。守,四十五千;试,四十千。左、右谏议大夫,元祐中,置权六曹侍郎,奉给依谏议大夫,绍圣中,罢。行,四十五千。守,四十千;试,三十七千。太常、宗正卿,行,三十八千。守,三十五千;试,三十二千。秘书监,行,四十二千。守,三十八千;试,三十五千。七寺卿,国子祭酒,太常、宗正少卿,秘书少监,行,三十五千。守,三十二千;试,三十千。太子左、右庶子,行,四十千。守,三十七千;试,三十五千。七寺少卿,行,三十二千。守,三十千;试,二十八千。中书、门下省检正诸房公事,尚书左、右司郎中,行,四十千。守,三十七千;试,三十四千。国子司业,少府、将作、军器监,行,三十二千。守,三十千;试,二十八千。太子少詹事,行,三十五千。守,三十二千;试,三十千。太子左、右谕德,行,三十二千。守,三十千;试,二十九千。起居郎,起居舍人,侍御史,左右司员外郎,枢密院检详诸房文字,尚书六曹郎中,行,三十七千。守,三十五千;试,三十二千。殿中侍御史,左、右司谏,行,三十五千。守,三十二千;试,三十千。左、右正言,行,三十二千。守、三十千;试,十七千。诸司员外郎,行,三十五千。守,三十二千;试,三十千。少府、将作、军器少监,行,三十千。守,二十八千;试,二十五千。太子侍读、侍讲,行,二十五千。守,二十二千;试,二十千。监察御史,行,三十二千。守,三十千;试,二十七千。太子中舍,太子舍人,行,二十二千。守,二十千;试,十八千。

太常、宗正、知大宗正、秘书丞，大理正，著作郎，太医令行，二十五千。守，二十二千；试，二十千。七寺丞，行，二十二千。守，二十千；试，十八千。秘书郎，行，二十二千。守，二十千；试，十八千。太常博士，著作佐郎，行，守，二十千。试，十八千。国子监丞，行，二十二千。守，二十千。大理司直、评事，行，二十二千。守，二十千；试，十八千。少府、将作、军器、都水监丞，行，二十千。守，十八千。秘书省校书郎，行，十八千。守，十六千；试，十四千。秘书省正字，行，十六千。守，十五千；试，十四千。御史检法官，主簿，行，二十千。守，十八千。宗学、太学、武学博士，行，二十千。守，十八千；试，十六千。律学博士，行，十八千。守，十七千；试，十六千。太常寺奉礼郎，行，十六千。太常寺太祝、郊社令，行，十八千。守，十六千。太学正、录，武学谕，行，十八千。守，十七千；试，十六千。律学正，行，十六千。守，十五千；试，十四千。

凡职事官职钱，不言"行"、"守"、"试"者，准"行"给，衣随寄录官例支；及无立定例者，并随寄录官给料钱。米麦计实数给；应两给者，谓职钱、米麦。从多给。承直郎以下充职事官，谓大理司直、评事，秘书省正字，太学博士、正、录，武学博士、谕，律学博士、正。听支阶官请给。衣及厨料、米麦不支。

唐贞元四年，定百官月俸。僖、昭乱离，国用窘阙，至天祐中，止给其半。梁开平三年，始令全给。后唐同光初，租庸使以军储不充，百官奉钱虽多，而折支非实，请减半数而支实钱。是后所支半奉，复从虚折。周显德三年，复给实钱。

宋初之制，大凡约后唐所定之数。乾德四年七月，诏曰："州县官奉皆给他物，颇闻货鬻不充其直，责以廉隅，斯亦难矣。至有赋于廛肆，重增烦扰，且复抵冒公宪，自罹刑辟，甚无谓也。汉乾祐中，置州县官奉户，除二税外，蠲其他役；周显德始革其制。自今宜逐处置回易料钱户，每本官所受物，凡一千，分纳两户，恣其质易，户输钱五百，蠲役之令，悉如汉诏；所赋官物，令诸州计度充一岁所给之数，与蚕盐同时并给之。其万户县令、五万户州录事、两京司录，旧月奉钱二万者，给四十户，率是为差；簿、尉及户、法掾，旧月奉六千者,增一千,如其所增之数,给与奉户。"是岁,令西川官全给实钱。
开宝三年,令西川州县官常奉外别给铁钱五千。四年十二月,诏:
"节、察、防、团副使权知州事,节度掌书记自朝廷除授及判别厅公
事者,亦给之;副使非知州、掌书记奏授而不厘务者,悉如故,给以
折色。

太平兴国元年诏曰:"耕织之家,农桑为本,奉户月输缗钱,蠹
兹细民,不易营置,罢天下奉户。其本官奉钱,并给以官物,令货鬻
及七分,仍依显德五年十二月诏,增给米麦。"二年二月,诏:"诸道
所给幕职、州县官奉,颇闻官估价高,不能充七分之数。宜令三分给
一分见钱,二分折色,令通判面估定官物,不得亏损其价。"四月,令
西川诸州幕职官奉外,更增给钱五千。雍熙三年,文武官折支奉钱,
旧以二分者,自今并给以实价。端拱元年六月,诏曰:"州郡从事之
职,皆参赞郡画,助宣条教;而州县之任,并饬躬莅政,以绥吾民。廪
禄之制,宜从优异,庶几丰泰,责之廉隅。除川陕、岭南已给见钱外,
其诸州府幕职、州县官料钱,旧三分之二给以他物,自今半给缗钱,
半给他物。"淳化元年五月,诏:"致仕官有曾历外职任者给半奉,以
他物充。"三年十一月,令京东西、河北、河东、陕西幕职州县官料
钱,当给以他物者,每千给钱七百。初,川陕、广南、福建幕职州县,并许
预借奉钱。大中祥符间,又诏江、浙、荆湖远地,麟、府等州,河北、河东缘边州
军,自今许预借两月,近地一月奉钱。至道二年诏:先是,京官满三十月
罢给,自今续给之。

真宗即位,以三司估百官奉给折支直,率增数倍,诏有司重定,
率优其数。咸平元年六月,诏:"文武群臣有分奉他所而身没,未闻
讣已给者,例追索,可怜。自今川峡、广南、福建一季。余处两月,悉
蠲之。"大中祥符七年诏:"三班使臣自今父母亡,勿住奉。"三年九月,诏群
臣月奉折支物,无收其算。五年七月,增川陕路朝官使臣等月给添
支。景德四年九月,上以承平既久,赋敛至薄,军国用度之外,未尝
广费自奉,且以庶官食贫劝事,遂诏:"自今掌事文武官月奉给折
支,京师每一千给实钱六百,在外四百,愿给他物者听。"大中祥符

五年,诏文武官并增奉。三师、三公、东宫三师、仆射各增二十千。三司、御史大夫、六尚书中丞、郎、两省侍郎、太常宗正卿、内客省使、上将军各增十千。横班诸司各增五千。朝官五品正、中郎将已上、诸司使、副各增三千。京官、内殿承制、崇班、阁门祗候各增二千。供奉官各增一千五百。奉职、借职增一千。余如旧。自乾兴以后,更革为多。至嘉祐始著《禄令》。元丰一新官制,职事官职钱以寄录官高下分行、守、试三等。大率官以《禄令》为准,而在京官司供给之数,皆并为职钱。如大夫为郎官,既请大夫奉,又给郎官职钱,视嘉祐为优矣。至崇宁间,蔡京秉政,吴居厚、张康国辈,于奉钱、职钱外,复增供给食料等钱。如京,仆射奉外,又请司空奉,其余兼从钱米并支本色,余执政皆然,视元丰制禄复倍增矣。

殿前司,自宣武都指挥使三十千,差降至归明神武、开封府马步军都指挥使十五千,凡二等。殿前左、右班虞候三十千,至天武、剩员都虞候十九千,凡四等。殿前班指挥使十千,至拣中、剩员僚直、广德指挥使十千,凡三等。殿前班都知十三千,至招箭班都知四千,凡七等。殿前班副都知十千,至招箭班副都知三千,凡五等。殿前押班七千,至招箭押班二千,凡五等。散指挥都头复有押班之名者,如押班给焉。兵士内员僚直复有副指挥使、行首、副行首,招箭班亦有行,七千至三千,凡三等。御龙直副指挥使、都头、副都头、十将、虞候十千至三千,凡五等。殿前指挥使五千,至殿侍一千,凡五等。捧日、天武指挥使十千,至拣中、广德指挥使四千,凡四等。捧日、天武副指挥使七千,至擒戎副指挥使三千,凡五等。捧日军使、天武都头五千,至擒戎军使千五百,凡五等。捧日副兵马使三千,至擒戎副兵马使一千,凡四等。天武副都头二千,至广德副都头千五百,凡二等。捧日军将二千,至龙猛、骁骑、带甲剩员军头、十将三百,凡八等。天武将、虞候而下五百,至飞猛、骁雄将、虞候已下三百,凡六等。此奉钱之差也。

其外,月给粟:自殿前班都头、虞候十五石,至广建副都头、吐

浑十将二石五斗,凡六等。殿前指挥使五石,鞭箭、清朔二石,凡五
等。殿前班都虞候已下至军士,岁给春、冬服三十匹至油绢六匹,而
加绵布钱有差,复月给兼粮自十人以至一人。诸班、诸直至捧日、天
武、拱圣、龙猛、骁骑、吐浑、归明渤海、契丹归明神武、契丹直、宁
朔、飞猛、宣武、虎翼、神骑、骁雄、威虎、卫圣、清朔、擒戎军士,皆给
兼一人以至半分,余军不给焉。

　　侍卫马军、步军司,自员僚直、龙神卫都虞候月给二十千,至有
马劲勇员七千,凡五等。指挥使自员僚直、龙神卫十千,至顺化三
千,凡五等。副指挥使自员僚直、龙神卫七千,至顺化二千,凡七等。
军使、都头自龙、神卫五千,至看船神卫一千,凡七等。副兵马使、副
都头自龙、神卫三千,至顺化一千,凡五等。军头、十将自龙、神卫千
三百,至顺化三百,凡五等。此外员僚直有行首、副行首、押番军头、
都知、副都知之名,自行首五千,至副都知一千,凡六等。而高阳关
有骁捷左、右厢都指挥使,月给三十千。开封府有马步军都虞候,月
给二十千。六军复有都虞候,月给五千。

　　员僚直、龙神卫而下,皆月给粟,自都虞候五石,至顺化、忠勇
军士二石,凡五等。自都虞候以下至军士,皆岁给春冬服,自绢三十
匹至油绢五匹,又加绵布钱有差。复有给兼粮,自十人至一人。其
员僚直、龙神卫、云骑、骁捷、横塞、及神卫上将、虎翼、清卫、振武、
忠猛军士,皆给兼一人至半分,他军不给焉"宣徽院、军头司,自员僚至
军士,咸月给钱粟及春冬服有差。

　　诸道州府厢军,自马步军都指挥使至牢城副都头,凡五等,月
给奉钱凡十五千至五百,凡十有二等。自河南府等五十州、府,邓州
等三十四州,莱州等一百四十四州、军,广济军等三十九军、监,所
给之数,差而减焉,咸著有司之籍。外有给司马刍秣,岁给春、冬服
加䌷、绵、钱、布,亦各有差。

　　禄粟自宰相至入内高品十八等。
　　宰相,参知政事,枢密使同中书门下平章事,枢密使、副使、知

院使、同知院事,及宣徽使签书枢密院事,节度观察留后知枢密院事及充枢密副使、同知枢密院事,并带宣徽使签书,检校太保签书,及三司使,中书、门下侍郎,尚书左、右丞,太尉,月各一百石。

枢密使带使相,节度使同中书门下平章事已上及带宣徽使,并前两府除节度使,枢密使、副、知院事带节度使,月各给二百石。

三公、三少,一百五十石。权三司使公事,七十石。权发遣使,三十五石。内客省使,二十五石。

节度使,一百五十石。管军同。如皇族节度使同中书门下平章事已上,并散节度使及带王爵者,并一百石。留后后改承宣使,观察、防御使,一百石。管军并两省都知押班、诸卫大将军、横行遥领者同。惟皇族遥领防御使七十石。团练使,七十石。管军并皇族及军班除充者同。其余正任并五十石。若皇族并两省都知押班、诸卫大将军、将军、横行遥领者同。刺史,五十石。皇族并军班除充者同。其余正任并管军三十石。两省都知押班、通侍大夫遥领者二十五石。诸卫大将军、将军遥领者十石。横行遥领者全分二十五石,减定十石。捧日、天武左右厢都指挥使,龙卫、神卫右厢都指挥使带遥郡团练使五十石。殿前诸班直、都虞候、龙卫、神卫及诸军都指挥使带遥郡刺史二十五石。凡一石给六斗,米麦各半。管军支六分米,四分麦。

赤令,七石;丞,四石。京府司录,五石。诸曹参军,四石至三石,有二等。畿县知县六石至三石,有四等。主簿、尉米麦三石至二石,有二等。诸州录事,五石至三石,有三等。司理、司法,四石至二石,有二等。司户,三石、二石,有二等。诸县令,五石至三石,有三等。惟河南洛县令随户口支。簿、尉,三石、二石,有二等。四京军巡、判官,四石。军、监判官,防、团推官,二石。司天监丞,四石。主簿,灵台郎,保章正,二石。已上并给米麦。

入内内侍省供奉官,四石。殿前,高品,三石。高班,黄门,入内内品,管勾奉辇祇应,入辇祇应,二石,打牧祇应,一石五斗。已上并给粳米。祇候殿头,祇候高品,祇候高班内品,祇候内品,祇候小内品,贴祇候内品,入内内品,后苑内品,后苑散内品,三石。云韶部内品,一石。已上并给月粮。惟云韶内品给细色。

内侍省供奉官,三石。殿头,高品,高班,二石。黄门,一石五斗。已上并给粳米。黄门内品在京人事,二石五斗。北班内品,前殿祗候内品,外处拣来并城北班、后苑、把门内品,扫洒院子及西京内品与北班内品,依旧在西京收管,西京内品,郢、唐、复州内品,二石。入内小黄门,一石。寄班小底,四石。已上并给月粮。惟入内小黄门给细色。殿头内侍,入内高班,一石。米麦各半。

熙宁二年,中书门下言:"天下选人奉薄,多少不一,不足以劝廉吏。欲月增米麦、料钱;县令、录事参军三百七十六员,旧请米麦三石者,并增至四石。司理、司法、司户、主簿、县尉二千五百一十三员,旧请米麦两石者,并增至三石。防、团军事推官,军、监判官一百七十二员,旧请米麦二石者,并增至三石。每月通增米麦三千七十余石。"从之。

元随傔人衣粮任宰相执政者有随身,任使相至正任刺史已上者有随身,余止傔人。

宰相,并文臣充枢密使同中书门下平章事,及枢密使,七十人。宰相旧五十人衣粮,二十人日食,后加。

枢密使带使相,侍中枢密使,节度使同中书门下平章事已上及带宣徽使,并前两府除节度使及节度使移镇,枢密使、副、知院事带节度使,一百人。

参知政事,文臣充枢密副使、知院事、同知院事,及宣徽使不带节度使签书枢密院事,节度观察留后知枢密院事并充枢密副使、同知枢密院事,并带宣徽使签书枢密院事,三司使,门下侍郎,中书侍郎,尚书左、右丞,五十人。检校太保签书枢密院事,三十五人。权三司使,三十人。权发遣公事,十五人。副使、判官、判子司,五人。副使、判官权并权发遣同。

观文殿大学士,二十人。观文殿学士,资政殿大学士,十人。资政、端明、翰林侍读侍讲、龙图、天章学士,枢密直学士,保和、宣和、延康殿学士,宝文、显谟、徽猷阁学士,七人。旧止给日食,政和月粮二石。

玉清昭应宫、景灵宫、会灵观三副使，十人；判官，五人。

节度使，留后改承宣使，观察使，五十人。管军同。如皇族节度使同中书门下平章事已上，并散节度使带王爵，及节度观察留后带郡王，并五十人。观察使，二十人。两省都知、押班带诸司使领节度观察留后，五十人。两省都知、押班并横行领观察使，十五人。**防御使**，三十人。管军同。皇族并遥领，并二十人。两省都知、押班带诸司使，并诸卫大将军，及横行遥领，并十五人。**团练使**，三十人。管军及军班除充者。同其余除授者，二十人。皇族充及带领，十五人。两省都知、押班带诸司使，并横行遥领者，十人。**刺史**，二十人。军班除充者同。其余除授并管军，十人。皇族充，十五人。两省都知、押班带诸司使，五人。横行遥领全分者，五人。减定者不给。**内客省使**，旧有景福殿使。二十人。

枢密都承旨，十人。副都承旨，副承旨，诸房副承旨，中书堂后官提点五房公事，七人。逐房副承旨，五人。中书堂后官至枢密院主事已上，各二人。录事，令史，寄班小底，各一人。

傔人餐钱中书、枢密、宣徽、三司及正刺史已上，皆有衣粮，余止给餐钱。

自判三馆、秘书监、两制、两省带修撰，五千。郎中以下带修撰者三千。直馆阁、校理，史馆检讨，校勘，各二千。直龙图阁，审刑院详议官，国子监书库官，五千。自修撰已上又有职钱五千，校勘已上三千。

京畿诸司库、务、仓、场监官：朝官自二十千至五千，凡七等。京官自十五千至三千，凡八等，诸司使、副，阁门通事舍人，承制，崇班，二十千至五千，凡九等。阁门祗候及三班，十五千至三千，凡十等。内侍，十七千至三千，凡九等。寄班，八千至五千，凡三等。旧志讹舛，今并从《两朝志》。

茶、酒、厨料之给

学士、权三司使以上兼秘书监，日给酒自五升至一升，有四等，法、糯酒自一升至二升,有二等。又宫观副使,文明殿学士,即观文。资政殿大学士,龙图、枢密直学士,并有给茶。节度使、副以下,各给厨料六斗,麦一石二斗。

薪、蒿、炭、盐诸物之给宰相旧无,后加。

宰相,枢密使,月给薪千二百束。参知政事,枢密副使,宣徽使,签书枢密院事,三司使,三部使,权三司使,四百束。三部副使,枢密都承旨,一百五十束。枢密副都承旨,中书提点五房,一百束。开封判官,节度判官,薪二十束,蒿四十束。开封推官,掌书记,支使,留守、节度推官,防、团军事判官,薪十五束,蒿三十束。留守判官,薪二十束,蒿三十束。防、团军事推官,薪十束,蒿二十束。

宰相,枢密使,岁给炭自十月至正月二百秤,余月一百秤。参知政事,枢密副使,宣徽使,签书枢密院事,三司使,三部使,三十秤。文明殿学士,资政殿大学士,龙图阁学士,十五秤。都承旨,二十秤。

给盐:宰相,枢密使,七石。参知政事,枢密副使,签书院事,宣徽使,三司使,三部使,权三司使,二石。节度使,七石。掌兵遥领,五石。留后,观察,防御,团练,刺史,五石。掌兵、遥领皆不给。

给马刍粟者,自二十四至一匹,凡七等。其军职,内侍,三班,伎术,中书,枢密、宣徽院,侍卫,殿前司,皇城司,内侍省,入内内侍省吏属借官马者,其本厩马刍粟随给焉。

给纸者,中书,枢密,宣徽,三司,宫观副使,判官,谏官,皆月给焉。自给茶、酒而下,《两朝志》无,《三朝志》虽不详备,亦足以见一代之制云。

宋史卷一七二
志第一二五

职官十二 奉禄制下

增给　公用钱　给券　职田

　　权三司使,知开封府,百千。权发遣三司使,五十千。玉清昭应宫、景灵宫、会灵观三副使,观文殿大学士,三十千。观文殿学士,资政殿大学士,元丰添保和殿大学士。宫观、三司判官,判子司,权及权发遣同。开封府判官,提举诸司库务,管辖三司军大将,提点内弓箭库,二十千。宫观都监、勾当官,十七千。任都知、押班者,二十千。资政、端明、翰林侍读,元祐复置翰林侍读、侍讲学士,绍圣中,罢。龙图、天章学士,元丰添保和、延康、宝文、显谟、徽猷学士。枢密直、后改述古殿。龙图、天章直学士,元丰添宝文、显谟、徽猷直学士,保和、龙图、天章、宝文、显谟、徽猷待制。十五千。春、冬绫各五匹,绢十七匹,罗一匹,绵五十两。已上大学士至待制,奉随本官,衣赐如本官例,大即依本官例,小即依逐等。大观二年,户部尚书左睿言:“见编修《禄格》,学士添支比正任料钱相去辽邈,如观文殿大学士,节度使从二品,大学士添支三十千而已,节度使料钱乃四百千,廪从、粟帛等称是。或谓大学士有寄录官料钱,故添支数少。今以银青光禄大夫任观文殿大学士较之,则通料钱不及节度使之半,其厚薄不均明矣。自余学士视诸正任,率皆不等。欲将职钱改作贴职钱以别之。正任料钱、公使为率,参酌立定。自学士至直阁以上贴职钱,不以内外,并给。观文殿大学士,百千。观文学士,资政大学士,八十千。端明后改延康殿学士,五十千。前执政加二十千。龙图、天章、宝文、显谟、徽猷学士,枢密直,改述古学士,四十千。龙图、天章、宝文、显谟、徽猷直学士,二十千。待制,二十千。集贤改集英殿修撰,十五千。直龙图阁至直秘阁十千。"诏从之。宣和三年,户部尚书沈积中、侍郎王蕃言:"元丰法,带职人依《嘉祐禄令》,该载观文殿大学士以下至直学士,添支钱三等,自二十千至十五千。大观中,因敕令所启请,改作贴职钱,观文大学士至直秘阁,自百千至十千,凡九等。兼增添在京供职米麦,观文殿大学士至待制,自五十石至二十五石四等,比旧法增多数倍。"又奏:"学士提举在京官,除本身请给外,更请贴职,并差遣添支,比六曹尚书、翰林学士承旨几及一倍以上,非称事制禄之意。"诏并依元丰法,御史中丞二十千,察案御史十千,籍田令七千;并依元丰三年诏,司农寺丞十五千,主簿京朝官十二千,选人十千。熙宁三年,诏广亲、睦亲宅记室、讲书十五千,教授十二千,军巡使十七千,权使及判官七千。已上并元丰制,已下惟增散官而已。群牧使、副使,开封推官,三司河渠勾当公事、同管勾河渠案公事,十五千。群牧都监,十三千。银台司。审官院,三班院,吏部铨,登闻检院,鼓院,太常礼院主判官,纠察在京刑狱,群牧判官,监察使,十千。判司农寺,七千。

其知判诸路州、军、府,有六十千至七千,凡八等。有以官者:三师,三公,六十千。仆射,东宫三师,并曾任中书、枢密、特进,五十千。尚书并左、右丞,东宫三少,金紫光禄大夫至光禄大夫,学士,给事中,谏议,舍人,待制已上,并横班使、副,三十千。横班有二十千者。待制已上充益、梓、利、夔州路知州,给铁钱二百。横班副使知夔州,一百五十千,知诸州、军者,八十千。大卿监,诸司使、副至供奉官,中大夫至中散大夫,武功郎至秉义郎,阁门祗候已上,十五千。十五千已上有从州、府地望给者。不系大卿,充益、梓、利、夔知州,给铁钱一百五十千。诸司副使至供奉官,阁门祗候已上知四州同。若知诸州、军,八十千。惟诸司使一百千。朝官忠翊郎,侍禁,阁门祗候,十千。朝官权知军、州、府者同。若知四路诸州、府,给铁钱八十千,知军六十千。侍禁、阁门祗候、知诸军、州同。保义郎,殿直,阁门祗候。八千。若知四路诸州、军者,给铁钱五十千。京官十千至七千,有二等。知四路州、府,给铁钱六十千;知军,五十千。试及州县官,职官兼知春州,七千。有以州望者:河南、大名、荆南、永兴、江宁、杭、扬、潭、并、代州,三十千。应天、真定、凤翔、陕府、秦、青、洪州,二十千。河中、郓、许、襄、孟、滑、郑、沧、邢、澶、贝、相、华、晋、潞、庐、寿、宿、泗、楚、苏、越、润、常州，十五千。广州知州，岁七百千，逐月均给。旧月给百千，大中祥符六年，令岁取五百千，余充添给。益州给铁钱三百千，梓州二百千，夔州百五十千，余州约铜钱数而给之。

有都总管、经略安抚等使者：河北四路，真定、瀛州、定州、大名。陕西逐路，永兴、秦州、渭州、庆州、延州。河东路，太原。前任两府，并五十千；谏议、舍人、待制、太中大夫已上，三十千。并特添二十千。知大名府带河北路安抚使同。知并州带学士即五十千，而无特给。三路管勾机宜文字，朝官十千，京官七千。知桂州充广南西路都钤辖、经略安抚使，自谏议、舍人、待制及大卿监、太中大夫、中散大夫已上，三十千。朝臣充广西路兵马都钤辖兼本路安抚管勾经略司公事，即二十千。河北沿边安抚副使、都监以横行使充者，三十千。自横行副使并诸司使、副至崇班、武功大夫、敦武郎以上充者，二十千。供奉官、秉义郎、阁门祇候充都监，十五千。同管勾河东缘边安抚司公事，以横行副使至内殿崇班、敦武郎以上，二十千。

通判，大藩有二十千至十五千者。余州、军，朝官有十千至七千者，京官七千。朝官通判益州，给铁钱八十千，京官六十千。朝官通判益、梓、利、夔路州、军、府，给铁钱七十千，京官五十千。签判，朝官十千，京官七千。朝官签判益、梓州，给铁钱七十千，京官五十千。

三路转运使，淮南、江浙、荆湖制置茶盐等税都大发运使，谏议、待制、大卿监以下，太中、中散以上，三十千。朝官充发运使、副，二十千。武功大夫至武翼郎、诸司使副充发运使副、都监，同朝官；充判官，十千。三门、白波发运使，朝官二十千；朝官充判官，十千，京官七千。诸路转运使、副，朝官宣德郎以下，二十千，任四路者，给铁钱一百五十千。判官十千。任福建、广南东西路，十五千。任益、梓、利、夔四路，给铁钱八十千。诸路提点刑狱，劝农使、副，开封府界提点诸县镇公事，二十千。忠翊郎、侍禁、阁门祇候以下任诸路提点刑狱、劝农使副并府界同提点，敦武郎、内殿崇班已上者，十五千。朝官并秉义郎、供奉官、阁门祇候已上任四路提点刑狱，给铁钱一百五十千。忠翊郎、侍禁、阁门祇候以下，一百千。

　　诸路副都总管,权总管,都钤辖,路分钤辖,州钤辖,路分都监,有五十千至八千,凡六等。任四路,给铁钱有二百千至一百千,凡三等。府界及诸路州、府、军、监、县、镇都监、巡检、砦主、监押,自诸司使以下至三班借职,武功大夫至承信郎已上,十五千至五千,凡六等。任四路,给铁钱有一百千至五十千,凡四等。陕西、河东沿边诸族蕃官巡检,自十五千至四千,凡六等。诸路走马承受公事,自从义郎至保义郎,供奉官至殿直,并两省自供奉官至黄门,自十千至五千,凡四等。任四路,给铁钱自六十千至四十千,凡三等。府界并诸路州、府、军、监、县、镇监当,朝官七千,京官五千至四千,凡二等。武功大夫以下至进义校尉,诸司使至下以三班使臣,自十千至三千,凡七等。朝官任川峡州、府、军、监,给铁钱五十千,京官三十千至二十五千,凡二等。三班使臣任四路者,自六十千至二十五千,凡五等。

　　朝官充陕西及江、浙、荆湖、福建、广南提举、提点铸钱等公事,自二十千至十五千,凡二等。朝官充都大提举河渠司,勾当及提举宫观,并催遣辇运、催纲,诸州监物务等,自十五千至七千,凡三等。任四路,给铁钱七十千。京官充催促辇运、催装斛斗纲船,并诸州监物务等,自七千至五千,凡二等。任四路,给铁钱五十千。都大提举修护黄河堤埽岸,诸处巡检,并监北京大内军器库,并蔡河拨发催纲等,并以两省供奉官以下至内品充,自十千至三千,凡七等。旧志有诸路都部署、钤辖,有五十千至十五千,凡四等。驻泊都监兵马都监,有二十千至十五千,凡六等。诸州监场务,朝官供奉以上七千,京官殿直五千,奉职内品三千,内课颐大者,京朝官与京官同,使臣与兵马监押同。

　　大中祥符二年,诏外任官不得挈家属赴任者,许分添给钱赡本家。添给羊,凡外任给羊有二十口至二口,凡六等。给米,有二十石至二石,凡七等。给麦,有三十石至二石,凡七等。兼从,有二十人至二人,凡七等。马,有十四匹至一匹,凡六等。旧志数不同,今从《四朝志》。

　　建炎南渡以后,奉禄之制,参用嘉祐、元丰、政和之旧,少所增损。惟兵兴之始,宰执请受权支三分之一,或支三分之二,或支赐一半,隆兴及开禧自陈损半支给,皆权宜也。其后,内外官有添支料钱,职事官有职钱、厨食钱,职纂修者有折食钱,在京厘务官有添支钱、添支米,选人、使臣职田不及者有茶汤钱,其余禄粟、兼人,悉还畴昔。今合新旧制而参记之。

元丰定制,以官寄禄。南渡重加修定:开府仪同三司,料钱一百贯。特进,九十贯。春、冬衣绢各二十五匹,小绫一十匹,春罗一匹,冬绵五十两。金紫光禄大夫,银青光禄大夫。料钱各六十贯,春、冬绢各二十匹,小绫七匹,春罗一匹,冬绵五十两。宣奉大夫,正奉大夫,正议大夫,通奉大夫。料钱各五十贯,春、冬绢各十七匹,小绫五匹,春罗一匹,冬绵五十两。通议大夫,太中大夫,中大夫,中奉大夫,中散大夫。料钱各四十五贯,春、冬绢二十五匹,小绫三匹,春罗一匹,冬绵五十两。朝议大夫,奉直大夫,朝请大夫,朝散大夫,朝奉大夫。以上料钱各三十五贯,春、冬绢各一十五匹,春罗一匹,冬绵三十两。朝请郎,朝散郎,朝奉郎。以上料钱各三十贯,春、冬绢各一十三匹,春罗一匹,绵三十两。承议郎。料钱二十贯,春、冬绢各一十匹,春罗一匹,冬绵三十两。奉议郎。料钱二十贯,春、冬绢各十匹,春罗一匹,冬绵三十两。通直郎。料钱十八贯,春、冬绢各七匹,春罗一匹,冬绵三十两。宣教郎。料钱十五贯,春、冬绢五匹,冬绵十五两。宣议郎。料钱十二贯,春、冬绢各五匹,冬绵十五两。承事郎。料钱十贯,春、冬绢各五匹,冬绵十五两。承奉郎。料钱八贯。承务郎。料钱七贯,元丰以来,厘务止支驿料,大观二年定支。以上料钱,一分见钱,二分折支。每贯折钱,在京六百文,在外四百文。到任添给驿料。

承直郎。料钱二十五贯,茶汤钱一十贯,厨料米六斗,面一石五斗,蒿四十束,柴二十束,马一匹,春、冬绢六匹,绵一十二两。儒林郎。料钱二十贯,茶汤钱一十贯,厨料米六斗,面一石五斗,蒿三十束,柴一十五束,春、冬绢各五匹,冬绵十两。文林郎。料钱一十五贯,茶汤钱十贯,厨料米六斗,面一石五斗,蒿三十束,柴十五束,春、冬绢各五匹,绵十两。从事郎,从政郎,修职郎。已上料钱各一十五贯,茶汤钱一十贯,米麦各二石。迪功郎。料钱一十二贯,茶汤钱一十贯,米麦各一石五斗。以上钱折支中给一半见钱,一半折支。每贯折见钱七百文。厘务日给,满替日住。

　　武臣请奉：太尉。 料钱一百贯，春服罗一匹，小绫及绢各十匹，冬服小绫十匹，绢二十匹，绵五十两。**正任节度使。** 在光禄大夫。初授及带管军同，料钱四百贯，禄粟一百五十石。**承宣使。** 在通议大夫之下，料钱三百贯，禄粟一百石。**观察使。** 在中大夫之下，料钱各二百贯，禄粟一百石，米麦各十五石。**防御使。** 在中散大夫之下，料钱二百贯，禄粟一百石，米麦各十二石五斗。**团练使。** 在中散大夫之下，料钱一百五十贯，禄粟七十石，米麦各九石。**诸州刺史。** 在中散大夫之下，料钱一百贯，禄粟五十石，米麦各七石五斗。自承宣使以下，不带阶官者为正任，带阶官者为遥郡，遥郡各在正任之下，请奉与次任、正任一同。靖康指挥：遥郡以上奉钱、衣赐、兼人、奉马，权支三分之二。

　　殿前三衙四厢、捧日、天武左右厢都指挥使遥郡团练使。 料钱一百贯文，春、冬服绢各十匹。**殿前诸班直都虞候，诸军都指挥使遥郡刺史。** 料钱五十贯，衣同前。**龙卫、神卫右厢都指挥使遥郡团练使。** 同捧日、天武。**龙、神卫诸军都指挥使遥郡刺史。** 同殿前。

　　左、右金吾卫上将军，左、右卫上将军。 在光禄大夫之下。**诸卫上将军。** 在通奉大夫之下。以上料钱各六十贯，春、冬绫各五匹，绢各一十匹，春罗一匹，冬绵五十两。**左右金吾卫大将军。** 在中散大夫之下，料钱三十五贯，春冬绫三匹，绢七匹，春罗一匹，绵三十两。**诸卫大将军。** 在中散大夫之下，料钱二十五贯，春、冬绫三匹，绢各七匹，春罗一匹，冬绵二十两。**诸卫将军。** 在朝奉郎之下，料钱二十五贯，春、冬绫各二匹，绢各七匹，春罗一匹，冬绵十五两。**率府率，** 在奉议郎之下。**率府副率。** 在通直郎之下。料钱十三贯，春、冬绢各五匹，春罗一匹，冬绵一十五两。

　　通侍大夫。 在中散大夫之下。料钱五十贯，禄粟二十五石，春绢七匹，冬绢十匹，绵三十两，兼二十人，马三匹。**正侍大夫，宣正大夫，履正大夫，协忠大夫，中侍大夫。** 以上在中散大夫之下。料钱各三十七贯，禄粟二十五石，春绢七匹，冬绢十匹，绵三十两，兼二十人，马三匹。**中亮大夫。** 在中散大夫之下。料钱三十七贯，禄粟二十五石，春绢七匹，冬绢十匹，绵三十两，兼二十人，马三匹。**中卫大夫，翊卫大夫，亲卫大夫，** 在中散大夫之下，防御使之上。**拱卫大夫，左武大夫，右武大夫。** 并在奉直大夫之下。诸司正使之上。以上料钱并二十七贯,春绢七匹,冬绢十匹,绵三十两。**武功大夫,武德大夫,武显大夫,武节大夫,武略大夫,武经大夫,武义大夫,武翼大夫。**并在朝奉大夫之下。以上各料钱二十五贯,厨料米一石,面二石,春绢七匹,冬绢十匹,绵三十两。

正侍郎,宣正郎,履正郎,协忠郎,中侍郎,中亮郎,中卫郎,翊卫郎,亲卫郎,拱卫郎,左武郎,右武郎。以上并在朝奉郎之下。钱各二十贯,春绢五匹,冬绢七匹,绵二十两。**武功郎,武德郎,武显郎,武节郎,武略郎,武翼郎,武义郎。**并在承议郎之下。以上各料钱二十贯,厨料米、面各一石,春绢五匹,冬绢七匹,绵二十两。**训武郎。**料钱一十七贯,春绢五匹,冬绢七匹,绵二十两。**修武郎。**料钱一十七贯,春绢五匹,冬绢七匹,绵二十两。**从义郎,秉义郎。**并料钱十贯,带职钱十二贯,春绢四匹,冬绢五匹,绵一十两。**忠训郎,忠翊郎。**并料钱七贯,带职钱十贯,春、冬绢各四匹,绵一十五两。**成忠郎,保义郎。**并料钱五贯,带职钱七贯,春、冬绢各四匹,绵一十五两。**承节郎,承信郎。**并料钱四贯,春、冬绢各三匹,钱二贯文。

进武校尉。料钱三贯,春、冬绢各三匹。**进义校尉。**料钱二贯,春、冬绢各三匹。**下班祗应。**各随差使理年不等。自三年至十二月,料钱七百文,粮二石一斗,春、冬绢各五匹。**进武副尉。**料钱三贯。**进义副尉。**料钱一贯。**守阙进义副尉。**料钱二贯。

料钱、职钱,绍兴仍政和之旧;宰相,枢密使,料钱月三百贯。政和左辅、右弼为宰相,绍兴左右仆射同中书门下平章事为宰相。旧制,春、冬服小绫各二十匹,绢各三十匹,春罗一匹,冬绵一百两。初,建炎元年指挥,宰执请受并权支三分之二,支赐支一半。**知枢密院事,参知政事,枢密副使,同知枢密院事,签书枢密院事。**料钱二百贯,春、冬服小绫各十匹,绢各二十匹,春罗一匹,冬绵五十两。**太师,太傅,太保,少师,少傅,少保。**料钱三百贯,春服罗三匹,权支一匹,小绫三十匹,支二十匹;绢四十匹,支三十匹,冬服绫、绢同。绵二百两,支一百两。

以下职事官并支职钱:开封牧,钱一百贯。春服罗一匹,小绫、绢各十匹,冬服小绫十匹,绢二十匹,绵五十两。**太子太师,太傅,太保,职钱二百贯。**春服罗一匹,小绫十匹,绢二十五匹,冬服绫、绢同,绵五十两。少师，少傅，少保，百五十贯。春、冬服小绫各七匹，绢各二十匹，春罗一匹，冬绵五十两。**御史大夫，六部尚书。**行，六十贯；守，五十五贯；试，五十贯。春服罗一匹，小绫五匹，绢十七匹，冬服绫、绢同，绵五十两。**翰林学士承旨，翰林学士，五十贯。**春服同上。**左、右散骑常侍。**行，五十五贯；守，五十贯；试，四十五贯。春服小绫三匹，绢十五匹，罗一匹，冬绫、绢同，绵五十两。**权六曹尚书，御史中丞，六曹侍郎并同常侍，太子宾客。**行，五十贯；守，四十七贯；试，四十五贯。春服小绫七匹，绢二十匹，罗一匹，冬绫、绢同，绵三十两。**太子詹事。**钱、衣同宾客，小绫各上三匹。**给事中，中书舍人。**行，五十贯；守，四十五贯；试，四十贯。服同詹事。**左、右谏议大夫。**行，四十五贯；守，四十贯；试，三十七贯。余同舍人。**权六曹侍郎。**职钱四十贯，绢同上。**太常、宗正卿。**行，三十八贯；守，三十五贯；试，三十二贯。春、冬衣随官序。

秘书监。行，四十二贯；守，三十八贯；试，三十五贯。**七寺卿，国子祭酒。**行，三十五贯；守，三十二贯；试，三十贯。**太常、宗正少卿，秘书少监。**行，三十二贯；守，三十贯；试，二十八贯。**中书门下省检正诸房公事，左、右司郎中。**行，四十贯；守，三十七贯；试，三十五贯。**国子司业，少府、将作、军器监。**行，三十二贯；守，三十贯；试，二十八贯。**太子少詹事。**行，三十五贯；守，三十二贯；试，三十贯。**太子左、右谕德。**行，三十三贯；守，三十贯；试，二十九贯。**起居郎，起居舍人，侍御史。**行，三十七贯；守，三十五贯；试，三十二贯。**左、右司员外郎，六曹郎中。**同上。**殿中侍御史，左、右司谏。**行，三十五贯；守，三十二贯；试，三十贯。

左、右正言。行，三十二贯；守，三十贯；试，二十七贯。**诸司员外郎。**同司谏。**少府、将作、军器少监。**行，三十贯；守，二十八贯；试，二十五贯。**太子侍读、侍讲。**行，二十五贯；守，二十二贯；试，二十贯。**监察御史。**同正言。**太子中舍人，太子舍人。**行，二十贯；守，十九贯；试，十八贯。**太常丞，太医令，宗正丞，知太宗正丞，秘书丞，大理正，著作。**行，二十五贯；守，二十二贯；试，二十贯。绍兴元年指挥，宣教郎任馆职，寺监丞、簿、评事，台法、主簿、寺簿正、司直，添给职钱一十六贯，指挥每月特支米三石。**七寺丞。**行，二十二贯；守，二十贯。**秘书郎。**行，二十二贯；守，二十贯；试，一十八贯。**太常博士。**同七寺丞。**著作佐郎。**同秘书郎。**国子监丞。**同七

寺丞。大理司直、评事。同著作郎。少府、将作、都水监丞。行,二十贯;
守,十八贯。秘书省校书郎;行,十八贯;守,十六贯;试,十四贯。正字。行,
十六贯;守,十五贯;试,十四贯。御史台检法、主簿,九寺簿,行,二十贯;
守,十八贯。诸王宫大小学教授,太学、武学博士。行,二十贯;守,十八
贯;试,十六贯。今诸王府翊善、赞读、直讲、记室料钱,并支见钱。律学博士。
行,十八贯;守,十七贯;试,十六贯。太常寺奉礼郎。十六贯太常寺太祝,
郊社令;行,十八贯;守,十六贯。太官令。十六贯。五监主簿。行,十八
贯;守,十六贯。太学正、录,武学谕。行,十八贯;守,十七贯;试,十六贯。
律学正。行,十六贯;守,十五贯;试,十四贯。

枢密院官属:都承旨,承旨。料钱四十贯,职钱三十贯,承旨二十五
贯。春服罗一匹,小绫三匹,绢十五匹,冬服小绫五匹,绢十五匹,绵五十两。
副都承旨。料钱三十贯,职钱二十贯,副承旨、诸房副承旨十五贯,若诸房副
承旨同主管承旨司公事,加五贯。春衣罗一匹,绢十五匹,冬绢同,绵三十两。
检详诸房文字。职钱三十五贯,厨食钱每日五百。计议、编修官。添支钱
十贯,第三等折食钱二十五贯,厨食钱每日五百。

凡诸职事官职钱不言"行"、"守"、"试"者,准"行"给。职事官
衣,如寄禄官例,及无立定则例者,随寄禄官给。职料钱、米麦计实
数给,两应给者,从多给。谓职钱、米麦。诸承直以下充职事官,谓大理
司直、评事,秘书省正字,太学博士、正、录,武学博士,谕、律学博士、正。听支
阶官请受、添给。诸称请受者,谓衣粮、料钱,余并为添给。

旧制,观文殿大学士,三十贯。米三石,麦五石。观文殿学士,资
政、保和殿大学士,二十贯。米三石,麦五石。资政、保和殿学士,十五
贯。米三石,麦五石,同上。春、冬小绫各五匹,绢各十七匹,春罗一匹,冬绵五
十两。龙图、天章、宝文、显谟、徽猷、敷文阁学士、直学士,十五贯。
春、冬小绫各三匹,绢各十五匹,春罗一匹,冬绵五十两。保和殿,龙图、天
章、宝文、显谟、徽猷、敷文阁待制同。

先是,大观,或言添支厚薄不均,其后,自学士而下改名贴职
钱:观文殿大学士;贴职钱一百贯文,米麦各二十五石,添支米三石,麦五
石,万字茶二斤。观文殿学士,资政、保和殿大学士;贴职钱八十贯,米麦

同,添支钱十贯,添支米麦同。**资政、保和殿学士**;贴职钱七十贯,米麦同,添支米面同,万字茶二斤,春、冬绫五匹,绢一十七匹,绵五十两,罗一匹。**端明殿学士**;贴职钱五十贯,米麦二十石,添支米三石,面五石,万字茶二斤,春、冬绫五匹,绢一十七匹,罗一匹,冬绵五十两。**龙图、天章、宝文、显谟、徽猷、敷文阁学士,枢密直学士**;正三品,贴职钱四十贯,米麦各一十石,添支米二石,面五石,万字茶二斤,春、冬绫五匹,绢一十七匹,春罗一匹,冬绵五十两。**龙图、天章、宝文、徽猷、敷文阁直学士,保和殿待制**;贴职钱三十贯,米麦各一十七石五斗,春、冬绫各三匹,绢一十五匹,春罗一匹,冬绵五十两。**龙图、天章、宝文、显谟、徽猷、敷文阁待制**;贴职钱二十贯,米麦各一十二石五斗,冬绫各三匹,绢一十五匹,春罗一匹,冬绵五十两。**集英殿修撰,右文殿修撰,秘阁修撰**;以上贴职钱各一十五贯。**直龙图、天章、宝文阁,直显谟、徽猷、敷文阁,直秘阁**。以上贴职钱各一十贯。

　　宣和间,罢支贴职钱,仍旧制添支。绍兴因之,令诸观文殿大学士至保和殿大学士料钱、春冬服随本官;资政殿学士至待制料钱随本官,春、冬服从一多给。又诸学士添支钱,曾任执政官以上者,在京、外任并支;其余在京支,外任不支。米、面、茶、炭、奉马、傔人衣粮,内外任并给。酒、添支,马草料,外任勿给。外此,有依祖例添支。如六部尚书而下职事官,分等第支厨食钱,自十五贯至九贯,凡四等,并依宣和指挥。修书官折食钱,监修国史四十千,史馆修撰、直史馆,本省长贰三十七贯五百,检讨、著作三十五贯,并依自来体例。有特旨添支。如绍兴元年指挥:馆职,寺监丞、簿、评事,台法,主簿,寺正、司直,博士,添职钱一十贯。六年指挥:五寺;三监、秘书、大宗正丞,太常博士,著作、秘书、校书郎,著作佐郎,正字,大理寺正、司直、评事,台簿,删定官,检、鼓、奏告院,特支米三石,计议、编修官一石。

　　禄粟及随身、傔人:宰相,一百石,绍兴:三公,侍中,中书、尚书令,左、右仆射同平章事,并为宰相。随身七十人。知枢密院事,参知政事,枢密副使,同知枢密院事,一百石,随身五十人。太师,太傅,太保,少师,少保,一百石,旧制百五十石。随身一百人。太尉,一百石,随身五十人。节度使,禄粟已具奉禄类。元随五十人。承宣使,元随五十人。观察使,防御使,元随三十人。团练使,已上并具奉禄类。元随三十人。

诸州刺史,同上。元随二十人。通侍大夫,正侍大夫,宣正大夫,履正、协忠、中侍、中亮大夫,禄粟、兼人并具奉禄类。捧日、天武左右厢都指挥使遥郡团练使,五十石,傔十人。龙、神卫右厢都指挥使遥带遥郡团练使同。殿前诸班直都虞候,诸军都指挥使遥郡刺史,二十五石,傔五人。龙、神卫诸军都指挥使带遥郡刺史同。

诸学士添支米已附于前,今载:观文殿大学士,兼二十人。观文殿学士,资政、保和殿大学士,兼十人。资政、保和殿学士,龙图、天章、宝文、显谟、徽猷、敷文阁学士,兼七人。枢密都承旨,兼十人;副都承旨,诸房副承旨,七人。其余京畿守令、幕职曹官,自十石、七石、五石至于二石各有等。中书堂后官,提点五房公事,逐房副承旨,自七人、五人至于一人各有数。因仍前制,旧史已书。凡任宰相、执政有随身,太尉至刺史有元随,余止傔人。

绍兴折色:凡禄粟每石细色六斗。米麦中支。管军给米六分,麦四分。随身、元随、傔人粮,每斗折钱三十文,衣绸绢每匹一贯,布每匹三百五十文,绵每两四十文。

自节度使兼使相,有给二万贯者。其次,万贯至七千贯,凡四等。节度使,万贯至三千贯,凡四等。节度观察留后,五千贯至二千贯,凡四等。观察使,三千贯至二千五百贯,凡二等。防御使,三千贯至千五百贯,凡四等。团练使,二千贯至千贯,凡三等。刺史,千五百贯至五百贯,凡三等。亦有不给者。观察使以下在禁军校者,皆不给。京守在边要或加钱给者,罢者如故,皆随月给受,如禄奉焉。咸平五年,令河北、河东、陕西诸州,皆逐季给。

京师月给者:玉清昭应宫使,百千。景灵宫使,崇文院,七十千。会灵观使,六十千。祥源观都大管勾,五十千。御史台,三百千。大理寺,二百五十三千。刑部,九十六千。舍人院,二十千。太常寺,二十五千。秘阁,二十千。宗正寺,十五千。太常礼院,起居院,十千。门下省,登闻检院、鼓院,官诰院,三班院,各五十千。

岁给者:尚书都省,银台司,审刑院,提举诸司库务司,每给三十千，用尽续给，不限年月；余文武常参官内职知州者，岁给五千至百千，凡十三等，皆长吏与通判署籍连署以给用；少卿监以上，有增十千至百千者。淳化元年九月，诏诸州、军、监、县无公使处，遇诞降节给茶宴钱，节度州百千，防、团、刺史州五十千，监、三泉县三十千，岭南州、军以幕府州县官权知州十千。

文武群臣奉使于外，藩郡入朝，皆往来备饔饩，又有宾幕、军将、随身、牙官，马驴、橐驼之差：节、察俱有宾幕以下；中书、枢密、三司使有随身而无牙官，军将随；诸司使以上有军将、橐驼。余皆有牙官、马驴、惟节、察有宾幕。诸州及四夷贡奉使，诸司职掌祗事者，亦有给焉。四夷有译语、通事、书状、换医、十券头、首领、部署、子弟之名，贡奉使有厅头、子将、推船、防授之名，职掌有兼。

京朝官、三班外任无添给者，止续给之。京府按事畿内，幕职、州县出境比较钱谷，覆按刑狱，并给券。其赴任川峡者，给驿券，赴福建、广南者，所过给仓券，入本路给驿券，皆至任则止。车驾巡幸，群臣扈从者，中书、枢密、三司使给馆券，余官给仓券。

周自卿以下有圭田不税，晋有刍槁田，后魏宰人之官有公田，北齐一品以下公田有差，唐制内外官各给职田，五代以来遂废。咸平中，令馆阁检校故事，申定其制，以官庄及远年逃亡田充，悉免租税，佃户以浮客充，所得课租均分，如乡原例。州县长吏给十之五，自余差给。其两京、大藩府四十顷，次藩镇三十五顷，防御、团练州三十顷，中、上刺史州二十顷，下州及军、监十五顷，边远小州、上县十顷，中县八顷，下县七顷，转运使、副十顷，兵马都监押、砦主、厘务官、录事参军、判司等，比通判、幕职之数而均给之。

景德二年七月，诏诸州职田如有灾伤，准例蠲课。大中祥符九年，殿中侍御史王奇上言，请天下纳职田以助振贷。帝曰："奇未晓给纳之理。然朕每览法寺奏款，外官占田多逾往制，不能自备牛种，水旱之际又不蠲省，致民无告。"遂罢奇奏，因下诏戒饬之。

天圣中，上患职田有无不均，吏或多取以病民；诏罢天下职田，悉以岁入租课送官，具数上三司，计直而均给之。朝廷方议措置未下，仁宗阅具狱，见吏以贿败者多，恻然伤之；诏复给职田，毋多占佃户，及无田而配出所租，违者以枉法论。

又十余年，至庆历中，诏限职田，有司始申定其数。凡大藩长吏二十顷，通判八顷，判官五顷，幕职官四顷。凡节镇长吏十五顷，通判七顷，判官四顷，幕职官三顷五十亩。凡防、团以下州军长吏十顷，通判六顷，判官三顷五十亩，幕职官三顷。其余军、监长吏七顷，判官、幕官，并同防、团以下州军。凡县令，万户以上六顷，五千户以上五顷，不满五千户并四顷。凡簿、尉，万户以上三顷，五千户以上二顷五十亩，不满五千户二顷。录事参军比本判官。曹官比倚郭簿、尉。发运制置、转运使副，武臣总管，比节镇长吏。发运制置判官，比大藩府通判。安抚都监，路分都监，比节镇通判。大藩府都监，比本府判官。黄、汴河、许汝、石塘河、都大催纲，比节镇判官。节镇以下至军监，诸路走马承受并砦主，都同巡检，提举捉贼，提点马监，都大巡河，不得过节镇判官。在州监当及催纲、拨发，巡捉私茶盐贼盗，驻泊捉贼，不得过簿、尉。自此人有定制，士有定限，吏以职田抵罪者，视昔为庶几焉。

至熙宁间，复诏详定：

凡知大藩府三京、京兆、成都、太原、荆南、江宁府、延、秦、扬、杭、潭、广州。二十顷，节领十五顷，余州及军淮阳、无为、临江、广德、兴国、南康、南安、建昌、邵武、兴化。并十顷，余小军、监七顷。通判，藩府八顷，节镇七顷，余州六顷。留守、节度、观察判官，藩府五顷，节镇四顷。掌书记以下幕职官三顷五十亩。防御、团练军事推官，军监判官三顷。令、丞、簿、尉，万户以上，县令六顷，丞四顷；不满万户，令五顷，丞三顷；不满五千户，令四顷，丞二顷五十亩。簿、尉减令之半。藩府、节镇录参，视本州判官，余视幕职官。藩府、节镇曹官，视万户县簿、尉，余视不满万户者。

发运、转运使副，视节镇知州。开封府界提点，视余州。发运、转运判官,常平仓司提举官,视藩府通判。同提举,视万户县令。发运司干当公事,视节镇通判。转运司管干文字,提刑司检法官,提举常平仓司干当公事,视不满万户县令。蔡河、许汝石塘河都大催纲,管干机宜文字,府界提点司干当公事,视节镇判官。

总管,视节镇知州。路分钤辖,视余州知州。安抚、路分都监,州钤辖,视节镇通判。藩府都监,视本州判官。诸路正将,视路分都监;副将,视藩府都监。走马承受,诸州都监,都同巡,都大巡河,并视节镇判官。巡检,堡砦都监,砦主,在州监当及催纲、拨发,巡捉私茶盐贼盗,驻泊捉贼,并视幕职官。巡辖马递铺,监堰并县、镇、砦监当,并视本县簿、尉。诸路州学教授,京朝视本州判官,选人视本州曹官。

又诏:"成都府路提点刑狱司,以本路职田令逐州军岁以子利稻麦等拘收变钱,从本司以一路所收钱数,又纽而为斛斗价直,然后等第均给。"自熙宁三年始,知成都府,一千石。转运使,六百石。钤辖二员,各五百石。转运判官,视钤辖。通判二员,各四百五十石。签判,节推,察推,知录,干当粮料院,监军资库,都监,都巡检,巡检,以大使臣。走马承受,京朝官知县,各二百石。内职官系两使支掌以上资序者同。如系初等及权入者,各一百五十石。监商税、市买院、交子务,系京朝官或大使臣充者。视职官。城外巡检,排岸,十县巡检,系三班使臣者。各一百五十石。司理,司户,司法,府学教授,系敕札正授者。监甲仗库,各一百石。知眉、蜀、彭、雅、邛、嘉、简、陵州,永康军,视成都通判。其通判减三之一。知威、黎、茂州,视眉、蜀通判。其都监,监押,驻泊,都巡检,系大使臣者。签判,推、判官,系两使职官并支掌以上资序。知录,京朝官并职官知县,监棚口镇,系京朝官。视成都职官。监押,巡检,同巡检,驻泊,系三班使臣。初等职官或权入职官,录事参军,县令,试衔知县,视成都城外巡检。司理,司户,司法,诸县主簿、尉,应监当场务选人监税、监盐,巡辖马铺,系三班使臣。视成都曹官。应诸县令佐系职员权摄者不给。岁有丰凶,则数有少剩,皆随时等级为之增减。初,权御史中丞吕海、御史知杂刘述奉诏同均定成都、梓、利、夔四路职田。海等以成都路岁收子利稻麦、桑丝、麻竹等物逐处不同,遂计实直纽作稻谷一色,每斗中价百有二十,自知成都府以官属等第均定。及再诏详定,而三路数少,均分不足,用定到成都路数目以闻,中书再行详定,而有是诏。

元丰中,诏熙河、泾原、兰州路州军官属职田,每顷岁给钱钞十千。以其元给田及新造之区,募弓箭手及留其地以为营田。元符三年,朝散郎杜子民奏:"职田之法,每患不均。神宗首变两川之法,均给上下,一路便之。元祐中,推广此意,以限月之法,变而均给。士大夫贪冒者,或穷日之力以赴期会,或交书请属以倖权摄,奔竞之风长,廉耻之节丧。乞复元丰均给之法,以养士廉节。"从之。

建中靖国元年,知延安府范纯粹奏:"昨帅河东日,闻晋州守臣所得职田,因李君卿为州,谕意属邑增广租入,比旧数倍。后襄陵县令周汲力陈其弊,郡守时彦岁减所入十七八,佃户始脱苛敛之苦。而晋、绛、陕三州圭腴,素号优厚,多由违法所致。或改易种色,或遣子弟公皂监获,贪污猥贱,无所不有。乞下河东、陕西监司,悉令改正。"从之。

大观四年,臣僚言:"圭田欲以养廉,无法制以防之,则贪者奋矣。奸吏挟肥瘠之议,以逞其私,给田有限,课入无算,祖宗深虑,其弊以提点刑狱官察之,而未尝给以圭租,庶不同其利而公其心也。近岁提点刑狱所受圭租,同于他司,故积年利病,壅于上闻。元丰旧制,检法官,其属也,当视其长。自元祐初并提举常平司职事入提刑司,兼领编敕,遂将提举官合给之数拨与提刑司,参详修立,而检法官亦预焉。"诏依旧法。

政和八年,臣僚言:"尚书省以县令之选轻,措置自不满五千户至满万户递增给职田一顷。夫天下圭租,多寡不均久矣,县令所得,亦复不齐。多至九百斛,如淄州高苑;八百斛,如常之江阴;六百斛,常之宜兴。亦六百斛。自是而降,或四五百,或三二百。凡在河北、京东、京西、荆湖之间,少则有至三二十斛者;二广、福建有自来无圭租处;川峡四路自守倅至簿、尉,又以一路岁入均给,令固不得而独有。今欲一概增给一顷,岂可得哉?"诏应县令职田顷亩未及条格者,催促摽拨。

宣和九年诏:"诸路职官各有职田,所以养廉也。县召客户、税户,租佃分收,灾伤检覆减放,所以防贪也。诸县多逾法抑都保正长,及中上户分佃认纳。不问所收厚薄,使之必输,甚至不知田亩所在,虚认租课。闻之恻然。应违法抑勒及诡名委保者,以违诏论;灾伤检放不尽者,计赃以枉法论;入己者以自盗论。"

靖康元年,诏诸路职田租存田亡者,并与落租额。绍兴间,惧其不均,则诏诸路提刑司依法摽拨,官多田少,即于邻近州县通融,须管数足。又诏将空闲之田为他司官属所占者,拨以足之,仍先自簿、尉始。其有无职田,选人并亲民小使臣,每员月支茶汤钱一十贯文。内虽有职田,每月不及十贯者,皆与补足,所以厚其养廉之利。惧其病民,则委通判、县令核实,除其不可力耕之田,损其已定过多之额。凡职租不许辄令保正催纳,或抑令折纳见钱,或无田平白监租,或以虚数勒民代纳,或额外过数多取,皆申严禁止之令。察以监司,坐以赃罪,所以防其不廉之害。罢废未几而复旧,拘借未久而给还。移充籴本,转收马料,旋复免行,皆所以示优恩、厉清操也。

若其顷亩多寡,具有成式:知藩府,谓三京、颍昌、京兆、成都、太原、建康、江陵、延安、兴仁、隆德、开德、临安府,秦、扬、潭、广州。二十顷。发运、转运使副,总管,副总管,知节镇一十五顷。知余州及广济、淮阳、无为、临江、广德、兴国、南康、南安、建昌、邵武、兴化、汉阳、永康军,并路分钤辖,一十顷。发运、转运判官,提举淮南、两浙、江南、荆湖东西、河北路盐事官,通判藩府,八顷。知余军及监,并通判节镇州,钤辖,安抚副使,都监,路分都监,将官,发运司干办公事,七顷。通判余州及军,满万户县令,六顷。藩府判官,录事参军,州学教授,并谓承务郎以上者。都监,发运、转运司主管文字,满五千户县令,副将官,节镇判官,录事参军,州学教授,并谓承务郎以上者。转运司主管帐司,不满五千户县令,满万户县丞,余州都监,走马承受公事,主管机宜文字,同巡检,都大巡河,提点马监,四顷。节度掌书记,观察支使,藩府及节镇推官,巡检,县、镇、砦都监,砦主,巡捉私茶盐,驻泊捉贼,在城监当,余州判官、学教授,并谓承务郎以上者。军、监都监,三顷五十亩。军、监判官,余州推官,余州及军、监录事参军,巡检,县、镇、砦都监,砦主,巡捉私茶盐,驻泊捉贼,在城监当,藩府及节镇曹官,州学教授,谓承直郎以下。满五千户县丞,满万户县簿、尉,巡辖马递铺,县、镇、砦监当及监堰,三顷。余州及军、监曹官,州学教授,谓承直郎以下。不满五千户县丞,满五千户县簿、尉,巡辖马递铺,县、镇、砦监当及监堰,二顷五十亩。不满五千户县簿、尉,巡辖马递铺,县、镇、砦监当及监堰,二顷。

宋史卷一七三

志第一二六

食货上一

农　田

昔武王克商,访箕子以治道,箕子为之陈洪范九畴,五行五事
之次,即曰"农用八政",八政之目,即以食货为先。五行,天道也;五
事,人道也。天人之道治,而国家之政兴焉。是故食货而下,五卿之
职备举于是矣:宗伯掌邦礼,祀必有食货而后仪物备,宾必有食货
而后委积丰;司空掌邦土,民必有食货而后可奠于厥居;司徒掌邦
教,民必有食货而后可兴于礼义;司寇掌邦禁,民必有食货而后可
远于刑罚;司马掌邦政,兵必有食货而后可用于征戍。其曰"农用八
政",农,食货之本也。唐杜佑作《通典》,首食货而先田制,其能推本
《洪范》八政之意欤。

宋承唐、五季之后,太祖兴,削平诸国,除藩镇留州之法,而粟
帛钱币咸聚王畿;严守令劝农之条,而稻、粱、桑、枲务尽地力。至于
太宗,国用殷实,轻赋薄敛之制,日与群臣讲求而行之。传至真宗,
内则升中告成之事举,外则和戎安边之事滋,由是食货之议,日盛
一日。仁宗之世,契丹增币,夏国增赐,养兵西陲,费累百万;然帝性
恭俭寡欲,故取民之制,不至掊克。神宗欲伸中国之威,革前代之
弊,王安石之流进售其强兵富国之术,而青苗、保甲之令行,民始罹
其害矣。哲宗元祐更化,斯民稍望休息;绍圣而后,章惇倡绍述之

谋,秕政复作。徽宗既立,蔡京为丰亨豫大之言,苛征暴敛,以济多欲,自速祸败。高宗南渡,虽失旧物之半,犹席东南地产之饶,足以裕国。然百五十年之间,公私粗给而已。

考其祖宗立国初意,以忠厚仁恕为基,向使究其所为,勉而进于王道,亦孰能御之哉?然终宋之世,享国不为不长,其租税征榷,规模节目,烦简疏密,无以大异于前世,何哉?内则牵于繁文,外则挠于强敌,供亿既多,调度不继,势不但已,征求于民;谋国者处乎其间,又多伐异而党同,易动而轻变。殊不知大国之制用,如巨商之理财,不求近效而贵远利。宋臣于一事之行,初议不审,行之未几,即区区然较其失得,寻议废格。后之所议未有以愈于前,其后数人者,又复訾之如前。使上之为君者莫之适从,下之为民者无自信守,因革纷纭,非是贸乱,而事弊日益以甚矣。世谓儒者论议多于事功,若宋人之言食货,大率然也。又谓汉文、景之殷富,得诸黄、老之清静,为黄、老之学者,大忌于纷更,宋法果能然乎?时有古今,世有升降,天地生财,其数有限,国家用财,其端无穷,归于一是,则“生之者众,食之者寡,为之者疾,用之者舒”之外,无他技也。

宋旧史志食货之法,或骤试而辄已,或亟言而未行。仍之则徒重篇帙,约之则不见其始末,姑去其泰甚,而存其可为鉴者焉。篇次离为上下:其一曰农田,二曰方田,三曰赋税,四曰布帛,五曰和籴,六曰漕运,七曰屯田,八曰常平义仓,九曰课役,十曰振恤。或出或入,动关民生;国以民为本,故列之上篇焉。其一曰会计,二曰铜铁钱,三曰会子,四曰盐,五曰茶,六曰酒,七曰坑冶,八曰矾,九曰商税,十曰市易,十一曰均输,十二曰互市舶法。或损或益,有系国体,国不以利为利,故列之下篇焉。各疏其事,二十有二目,通为十有四卷云。

农田之制　　自五代以兵战为务,章条多阙,周世宗始遣使均括诸州民田。太祖即位,循用其法,建隆以来,命官分诣诸道均田,苛暴失实者辄遣黜。申明周显德三年之令,课民种树,定民藉为五等,第一等种杂树百,每等减二十为差,梨棘半之;男女十岁以上种韭一畦,阔一步,长十步,乏井者,邻伍为凿之;令、佐春秋巡视,书其数,秩满,第其课为殿最。又诏所在长吏谕民,有能广植桑棘、垦辟荒田者,止输旧租;县令、佐能招徕劝课,致户口增羡、野无旷土者,议赏。诸州各随风土所宜,量地广狭,土壤脊埆不宜种艺者,不须责课。遇丰岁,则谕民谨盖藏,节费用,以备不虞。民伐桑棘为薪者罪之;剥桑三工以上,为首者死,从者流三千里;不满三工者减死配役,从者徒三年。

太宗太平兴国中,两京、诸路许民共推练土地之宜、明树艺之法者一人,县补为农师,令相视田亩肥瘠及五种所宜,某家有种,某户有丁男,某人有耕牛;即同乡三老、里胥召集余夫,分画旷土,劝令种莳,候岁熟共取其利。为农师者蠲税免役。民有饮博怠于农务者,农师谨察之,白州县论罪,以警游惰。所垦田即为永业,官不取其租。其后以烦扰罢。初,农时,太宗尝令取畿内青苗观之,听政之次,出示近臣。是岁,畿内菽粟苗皆长数尺。帝顾谓左右曰:“朕每念耕稼之勤,苟非兵食所资,固当尽复其租税。”

端拱初,亲耕籍田,以劝农事。然几甸民苦税重,兄弟既壮乃析居,其田亩聚税于一家,即弃去;县岁按所弃地除其租,已而匿他舍,冒名佃作。帝闻而思革其弊,会知封丘县窦玭言之,乃诏赐绯鱼,绢百匹;擢太子中允,知开封府司录事,俾按察京畿诸县田租。玭专务苛刻以求课最,民实逃亡者,亦搜索于邻里亲戚之家,益造新籍,甚为劳扰,数月罢之。时州县之吏多非其人,土地之利不尽出,租税减耗,赋役不均,上下相蒙,积习成敝。乃诏:“诸知州、通判具如何均平赋税,招辑流亡,惠恤孤贫,窒塞奸幸,凡民间未便事,限一月附疾置以闻。”而比年多稼不登,富者操奇赢之资,贫者取倍称之息,一或小稔,富家责偿愈急,税调未毕,资储罄然。遂令州县戒里胥、乡老察视,有取富民谷麦赀财,出息不得逾倍,未输税毋得先偿私逋,违者罪之。

言者谓江北之民杂植诸谷,江南专种粳稻,虽土风各有所宜,至于参植以防水旱,亦古之制。于是诏江南、两浙、荆湖、岭南、福建诸州长吏,劝民益种诸谷,民乏粟、麦、黍、豆种粳者,于淮北州郡给之;江北诸州,亦令就水广种粳稻,并免其租。淳化五年,宋、亳数州牛疫,死者过半,官借钱令就江、淮市牛。未至,属时雨沾足,帝虑其耕稼失时,太子中允武成献踏犁,运以人力,即分命秘书丞、直史馆陈尧叟等即其州依式制造给民。

凡州县旷土,许民请佃为永业,蠲三岁租,三岁外,输三分之一。官吏劝民垦田,悉书于印纸,以俟旌赏。至道二年,太常博士、直史馆陈靖上言:

先王之欲厚生民,莫先于积谷而务农,盐铁榷酤斯为末矣。按天下土田,除江淮、湖湘、两浙、陇蜀、河东诸路地里夐远,虽加观督,未遽获利。今京畿周环二十三州,幅员数千里,地之垦者十才二三,税之入者又十无五六。复有匿里舍而称逃亡,弃耕农而事游惰,赋额岁减,国用不充。

诏书累下,许民复业,蠲其租调,宽以岁时。然乡县扰之,每一户归业,则刺报所由。朝耕尺寸之田,暮入差徭之籍,追胥责问,继踵而来,虽蒙蠲其常租,实无补于捐瘵。况民之流徙,始由贫困,或避私债,或逃公税。亦既亡逋,则乡里检其资财,至于室庐、什器、桑棘、材木,咸计其直,或乡官用以输税,或债主取以偿逋;生计荡然,还无所诣,以兹浮荡,绝意归耕。

如授以闲旷之田,广募游惰,诱之耕垦,未计赋租,许令别置版图,便宜从事;酌民力丰寡、农亩肥硗,均配督课,令其不倦。其逃民归业,丁口授田,烦碎之事,并取大司农裁决。耕桑之外,令益树杂木蔬果,孳畜羊犬鸡豚。给授桑土,潜拟井田,营造室居,使立保伍,养生送死之具,庆吊问遗之资,并立条制。候至三五年间,生计成立,即计户定征,量田输税。若民力不足,官借杂钱,或以市穊粮,或以营耕具。凡此给受,委于司农,比及秋成,乃令偿直,依时价折纳,以其成数关白户部。

帝览之喜,令靖条奏以闻。

靖又言:"逃民复业及浮客请佃者,委农官勘验,以给受田土收附版籍,州县未得议其差役;乏粮种、耕牛者,令司农以官钱给借。其田制为三品:以膏沃而无水旱之患者为上品,虽沃壤而有水旱之患、埆瘠而无水旱之虑者为中品,既埆瘠复患于水旱者为下品。上田人授百亩,中田百五十亩,下田二百亩,并五年后收其租,亦只计百亩,十收其三。一家有三丁者,请加受田如丁数,五丁者从三丁之制,七丁者给五丁,十丁给七丁;至二十、三十丁者,以十丁为限。若宽乡里多,即委农官裁度以赋之。其室庐、蔬韭及梨枣、榆柳种艺之地,每户十丁给百五十亩,七丁者百亩,五丁者七十亩,三丁者五十亩,不及三丁者三十亩。除桑功五年后计其租,余悉蠲其课。"

宰相吕端谓靖所立田制,多改旧法,又大费资用,以其状付有司。诏盐铁使陈恕等共议,请如靖奏。乃以靖为京西劝农使,按行陈、许、蔡、颍、襄、邓、唐、汝等州,劝民垦田,以大理寺丞皇甫选、光禄寺丞何亮副之。选、亮上言功难成,愿罢其事。帝志在勉农,犹诏靖经度。未几,三司以费官钱数多,万一水旱,恐致散失,事遂寝。

真宗景德初,诏诸州不堪牧马闲田,依职田例招主客户多方种莳,以沃瘠分三等输课。河朔戎寇之后,耕具颇阙,牛多瘴死。二年,内出踏犁式,诏河北转运使询于民间,如可用,则官造给之;且令有司议市牛送河北。又以兵罢,民始务农创什器,遂权除生熟铁度河之禁。是岁,命权三司使丁谓取户税条敕及臣民所陈田农利害,与盐铁判官张若谷、户部判官王曾等参详删定,成《景德农田敕》五卷,三年正月上之。谓等又取唐开元中宇文融请置劝农判田,检户口、田土伪滥;且虑别置官烦扰,而诸州长吏除当劝农,乃请少卿监为刺史、阁门事以上知州者,并兼管内劝农使,及通判并兼劝农事,诸路转运使、副兼本路劝农使。诏可。

大中祥符四年,诏曰:"火田之禁,著在《礼经》,山木之间,合顺时令。其或昆虫未蛰,草木犹蕃,辄纵燎原,则伤生类。诸州县人畲田,并如乡土旧例,自余焚烧野草,须十月后方得纵火。其行路野宿人,所在检察,毋使延燔。"帝以江、淮、两浙稍旱即水田不登,遣使就福建取占城稻三万斛,分给三路为种,择民田高仰者莳之,盖旱穗也。内出种法,命转运使揭榜示民。后又种于玉宸殿,帝与近臣同观;毕刈,又遣内侍持于朝堂示百官。稻比中国者穗长而无芒,粒差小,不择地而生。六年,免诸路农器之税。明年,诸州牛疫,又诏民买卖耕牛勿算;继令群牧司选医牛古方,颁之天下。

天禧初,诏诸路自今候登熟方奏丰稔,或已奏丰稔而非时灾沴者,即须上闻,违者重置其罪。先是,民诉水旱者,夏以四月,秋以七月,荆湖、淮南、江浙、川峡、广南水田不得过期,过期者吏勿受;令佐受诉,即分行检视,白州遣官覆检,三避定分数蠲税,亦有朝旨特增免数及应输者许其倚格,京畿则特遣官覆检。太祖时,亦或遣官往外州检视,不为常制;伤甚,有免覆检者。至是,又以覆检烦扰,止遣官就田所阅视,即定蠲数时。久罢畋游,令开封府谕民,京城四面禁围草地,许其耕牧。三年,诏民有孝弟力田、储蓄岁计者,长吏倍存恤之。

初,朝议置劝农之名,然无职局。四年,始诏诸路提点刑狱朝臣为劝农使、使臣为副使,所至,取民籍视其差等,不如式者惩革之;劝恤农民,以时耕垦,招集逃散,检括陷税,凡农田事悉领焉。置局案,铸印给之。凡奏举亲民之官,悉令条析劝农之绩,以为殿最黜陟。

自景德以来,四方无事,百姓康乐,户口蕃庶,田野日辟。仁宗继之,益务约己爱人。即位之初,下诏曰:"今宿麦既登,秋种向茂,其令州县谕民,务谨盖藏,无或妄费。"上书者言赋役未均,田制不立,因诏限田:公卿以下毋过三十顷,牙前将吏应复役者毋过十五顷,止一州之内,过是者论如违制律,以田赏告者。既而三司言:限田一州,而卜葬者牵于阴阳之说,至不敢举事。又听数外置墓田五顷。而任事者终以限田不便,未几即废。

时又禁近臣置别业京师及寺观毋得市田。初,真宗崩,内遣中人持金赐玉泉山僧寺市田,言为先帝植福,后毋以为例。由是寺观稍益市田。明道二年,殿中侍御史段少连言:"顷岁中人至涟水军,称诏市民田给僧寺,非旧制。"诏还民田,收其直入官。后承平浸久,势官富姓,占田无限,兼并冒伪,习以成俗,重禁莫能止焉。

帝敦本务农,屡诏劝劢,观稼于郊,岁一再出;又躬耕籍田,以先天下。景祐初,患百姓多去农为兵,诏大臣条上兵农得失,议更其法。遣尚书职方员外郎沈厚载出怀、卫、磁、相、邢、洺、镇、赵等州,教民种水田。京东转运司亦言:"济、兖间多闲田,而青州兵马都监郝仁禹知田事,请命规度水利,募民耕垦。"从之。时秋,诏曰:"仍岁饥歉,民多失职。今秋稼甫登,方事敛获,州县毋或追扰,以妨农时。刑狱须证逮者速决之。"

帝每以水旱为忧,宝元初,诏诸州旬上雨雪,著为令。庆历三年,诏民犯法可矜者别为赎令,乡民以谷麦,市人以钱帛。谓民重谷帛,免刑罚,则农桑自劝,然卒不果行。参知政事范仲淹言:"古者三公兼六卿之职,唐命相判尚书六曹,或兼诸道盐铁、转运使。请于职事中择其要者,以辅臣兼领。"于是以贾昌朝领农田,未及施为而仲淹罢,事遂止。皇祐中,于苑中作宝岐殿,每岁召辅臣观刈谷麦,自是罕复出郊矣。

帝闻天下废田尚多,民罕土著,或弃田流徙为闲民。天圣初,诏民流积十年者,其田听人耕,三年而后收,减旧额之半;后又诏流民能自复者,赋亦如之。既而又与流民限,百日复业,蠲赋役,五年减旧赋十之八;期尽不至,听他人得耕。至是,每下赦令,辄以招辑流亡、募人耕垦为言。民被灾而流者,又优其蠲复,缓其期招之。诏诸州长吏、令佐能劝民修陂池、沟洫之久废者,及垦辟荒田、增税二十万已上,议赏;监司能督责部吏经画,赏亦如之。

久之,天下生齿益蕃,辟田益广。独京西唐、邓间尚多旷土,入草莽者十八九,或请徙户实之,或议置屯田,或欲遂废唐州为县。嘉祐中,唐守赵尚宽言土旷可辟,民希可招,而州不可废。得汉邵信臣故陂渠遗迹而修复之,假牛犁、种食以诱耕者,劝课劳来岁余,流民自归及淮南,湖北之民至者二千余户;引水溉田几数万顷,变硗瘠为膏腴。监司上其状,三司使包拯亦以为言,遂留再任。治平中,岁满当去。英宗嘉其勤,且倚以兴辑,特进一官,赐钱二十万,复留再任。时患守令数易,诏察其有实课者增秩再任,而尚宽应诏为天下倡。后太守高赋继之,亦以能劝课被奖,留再任。

天下垦田:景德中,丁谓著《会计录》云,总得一百八十六万余顷。以是岁七百二十二万余户计之,是四户耕田一顷,由是而知天下隐田多矣。又川峡、广南之田,顷亩不备,第以五赋约之。至天圣中,国史则云:开宝末,垦田二百九十五万二千三百二十顷六十亩;至道二年,三百一十二万五千二百五十一顷二十五亩;天禧五年,五百二十四万七千五百八十四顷三十二亩。而开宝之数乃倍于景德,则谓之所录,固未得其实。皇祐、治平,三司皆有《会计录》,而皇祐中垦田二百二十八万余顷,治平中四百四十万余顷,其间相去不及二十年,而垦田之数增倍。以治平数视天禧则犹不及,而叙《治平录》者以谓此特计其赋租以知顷亩之数,而赋租所不加者十居其七。率而计之,则天下垦田无虑三千余万顷。是时,累朝相承,重于扰民,未尝穷按,故莫得其实,而废田见于籍者犹四十八万顷。

治平四年,诏曰:“岁比不登,今春时雨,农民桑蚕、谷麦,众作勤劳,一岁之功,并在此时。其委安抚、转运司敕戒州县吏,省事息民,无夺其时。”“诸路逃田三十年者除其税十四,四十年以上十五,五十年以上六分,百年以上七分;佃及十年输五分,二十年输七分,著为令。”

神宗熙宁元年,襄州宜城令朱纮复修木渠,溉田六千顷,诏迁一官。权京西转运使谢景温言:“在法,请田户五年内科役皆免。今汝州四县客户,不一二年便为旧户纠扯,与之同役,因此即又逃窜,田土荒莱。欲乞置垦田务,差官专领,籍四县荒田,召人请射。更不以其人隶属诸县版籍,须五年乃拨附,则五年内自无差科。如招及千户以上者,优奖。"诏不置务,余从所请。

明年,分遣诸路常平官,使专领农田水利。吏民能知土地种植之法,陂塘、圩埠、堤堰、沟洫利害者,皆得自言;行之有效,随功利大小酬赏。民占荒逃田若归业者,责相保任,逃税者保任为输之。已行新法县分,田土顷亩、川港陂塘之类,令、佐受代,具垦辟开修之数授诸代者,令照籍有实乃代。

中书议劝民栽桑。帝曰:"农桑,衣食之本。民不敢自力者,正以州县约以为赏,升其户等耳。宜申条禁。"于是司农寺请立法,先行之开封,视可行,颁于天下。民种桑柘毋得增赋。安肃广信顺安军、保州,令民即其地植桑榆或所宜木,因以限阂戎马。官计其活茂多寡,得差减在户租数,活不及数者罚,责之补种。

兴修水利田,起熙宁三年至九年,府界及诸路凡一万七百九十三处,为田三十六万一千一百七十八顷有奇。神宗元丰元年,诏开废田,水利,民力不能给役者,贷以常平钱谷,京西南路流民买耕牛者免征。五年,都水使者范子渊奏:"自大名抵乾宁,跨十五州,河徙地凡七千顷,乞募人耕种。"从之。

哲宗即位,宣仁太后临朝,首起司马光为门下侍郎,委之以政。诏天下臣民皆得以封事言民间疾苦。光抗疏曰:"四民之中,惟农最苦,寒耕热耘,沾体涂足,戴日而作,戴星而息;蚕妇治茧、绩麻、纺纬,缕缕而积之,寸寸而成之,其勤极矣。而又水旱、霜雹、蝗蜮间为之灾,幸而收成,公私之债,交争互夺。谷未离场,帛未下机,已非己有,所食者糠籺而不足,所衣者绨褐而不完。直以世服田亩,不知舍此之外有何可生之路耳。而况聚敛之臣,于租税之外,巧取百端,以邀功赏。青苗则强散重敛,给陈纳新;免役则刻剥穷民,收养浮食;保甲则劳于非业之作;保马则困于无益之费,可不念哉!今者浚发德音,使畎亩之民得上封事。虽其言辞鄙杂,皆身受实患,直贡其诚,不可忽也。"

初,熙宁六年,立法劝民栽桑,有不趋令,则仿屋粟、里布为之罚。然长民之吏不能究宣德意,民以为病。至是,楚丘民胡昌等言其不便,诏罢之,且蠲所负罚金。兴平县抑民田为牧地,民亦自言,诏悉还之。元祐四年,诏:"濒河州县,积水冒田。在任官能为民经画疏导沟畎,退出良田自百顷至千顷,第赏。"

崇宁中,广南东路转运判官王觉,以开辟荒田几及万顷,诏迁一官。其后,知州、部使者以能课民种桑枣者,率优其第秩焉。政和六年,立管干圩岸、围岸官法,在官三年,无隳损埋塞者赏之。京畿提点刑狱王本言:"前任提举常平,根括诸县天荒瘠卤地一万二千余顷入稻田务,已佃者五千三百余顷,尚虑令、左不肯究心。"诏比开垦确地格推赏。平江府兴修围田二千余顷,令、佐而下以差减磨勘年。

八年,权淮南、江、浙、荆湖制置发运使任谅奏:"高邮军有逃田四百四十六顷,楚州九百七十四顷,泰州五百二十七顷,平江府四百九十七顷,以六路计之,何可胜数。欲诸县专选官按籍根括。"诏无丞处委他官,余并从之。

宣和二年,臣僚上言:"监司、守令官带劝农,莫副上意,欲立四证验之:按田莱荒治之迹,较户产登降之籍,验米谷贵贱之价,考租赋盈亏之数。四证具,则其实著矣。"命中书审定取旨。五年,诏:"江东转运司根括到逃田一百六十顷一十六亩,两浙根括到四百五十六顷,召人出租,专充今年增屯戍兵衣粮。"初,政和中,品官限田,一品百顷,以差降杀,至九品为十亩;限外之数,并同编户差科。七年,又诏:"内外宫观舍置田,在京不得过五十顷,在外不得过三十顷,不免科差、徭役、支移。虽奉御笔,许执奏不行。"

建炎元年五月,高宗即位,命有司招诱农民,归业者振贷之,蠲欠租,免耕牛税。三年,广州州学教授林勋献《本政书》十三篇,大略谓:"国朝兵农之政,大抵因唐末之故。今农贫而多失职,兵骄而不可用,是以饥民窜卒,类为盗贼。宜仿古井田之制,使民一夫占田五十亩,其羡田之家毋得市田;其无田与游惰末作者,皆使为农,以耕田之羡。杂纽钱谷,以为什一之税。本朝二税之数,视唐增至七倍。

今本政之制，每十六夫为一井，提封百里，为三千四百井，率税米五万一千斛，钱万二千缗。每井赋二兵一马，率为兵六千八百人，马三千四百匹。此方百里之县所出赋税之数。岁取五之一以为上番之额，以给征役；无事则又分为四番，以直官府，以给守卫。是民凡三十五年，而役始一遍也。悉上则岁食米万九千余斛，钱三千六百余缗，无事则减四分之三，皆以一同之租税供之。匹妇之贡，绢三尺，绵一两，百里之县，岁收绢四千余匹，绵二千四百斤；非蚕乡则布六尺，麻二两，所收视绵绢倍之。行之十年，则民之口算，官之酒酤，与凡茶、盐、香、矾之榷，皆可弛以予民。"其说甚备。寻以勋为桂州节度掌书记。

建炎以来，内外用兵，所在多逃绝之田。绍兴二年四月，诏两浙路收买牛具，贷淮东人户。七月，诏："知兴国军王绹、知永兴县陈升率先奉诏诱民垦田，科增一秩。三年九月，户部言："百姓弃产，已诏二年外许人请射，十年内虽已请射及充职田者，并听归业。孤幼及亲属应得财产者，守令验实给还，冒占者论如律。州县奉行不虔，监司按劾。"从之。先是，臣僚言："近诏州县拘籍被虏百姓税赋，而苛酷之吏不考其实，其间有父母被虏儿女存者，有中道脱者，有全家被虏而亲属偶归者，一概籍没，人情皇皇。"故有是命。十月，募佃江东、西闲田，三等定租：上田亩输米一斗五升，中田一斗，下田七升。四年，贷庐州民钱万缗，以买耕牛。

五年五月，立《守令垦田殿最格》残破州县垦田增及一分，郡守升三季名次，增及九分，迁一官；亏及一分，降三季名次，亏及九分，镌一官。县令差减之。增亏各及十分者，取旨赏罚。其后以两淮、荆湖等路民稍复业，而旷土尚多，户部复立格之上：每州增垦田千顷，县半之，守宰各进一秩；州亏五百顷，县亏五分之一，皆展磨勘年。诏颁之诸路。增，谓荒田开垦者；亏，谓熟田不因灾伤而致荒者。又令县具归业民数及垦田寡，月上之州，州季上转运，转运岁上户部，户部置籍以考之。七月，都督行府言："潭、鼎、岳、沣、荆南归业之民，其田已佃者，以附近闲田与之，免三年租税；无产愿受闲田者，亦与之。"上谕辅臣曰："淮北之民襁负而至，亦可给田,以广招徕之意。”

六年,减江东诸路逃田税额。知平江府章谊言:“民所甚苦者,催科无法,税役不均。强宗巨室阡陌相望,而多无税之田,使下户为之破产。乞委通判一员均平赋役。”九年,宗正少卿方庭实言:“中原士民奔进南州,十有四年,出违十年之限及流徙僻远卒未能归者,望诏有司别立限年。”户部议:“自复降赦日为始,再期五年,如期满无理认者,见佃人依旧承佃。中原士民流寓东南,往往有坟墓,或官拘籍,或民冒占,便行给还。”从之,十一年,复买牛贷淮南农户。

十二年,左司员外郎李椿年言经界不正十害,且言:“平江岁入昔十七万有奇,今按籍虽三十九万斛,然实入才二十万耳。询之土人,皆欺隐也。望考按核实,自平江始,然后施之天下,则经界正而行政行矣。”上谓宰执曰:“椿年之论,颇有条理。”秦桧亦言其说简易可行。程克俊曰:“比年百姓避役,正缘经界不正,行之,乃分私之利。”以椿年为两浙路转运副使,措置经界。椿年请先往平江诸县,俟就绪即往诸州,要均平,为民除害,不增税额。十三年,以提举洪州玉隆观胡思、直显谟阁徐林议沮经界,停官远徙。以民田不上税簿者没官,税簿不谨书者罪官吏。时量田不实者,罪至徒、流,江山尉汪大猷白椿年曰:“法峻,民未喻,固有田少而供多者,愿许陈首追正。”椿年为之轻刑、省费甚众。

十四年,以椿年权户部侍郎,措置经界。寻经母忧去,以两浙转运副使王铁权户部侍郎措置。十五年,诏户部及所遣官委曲措置,务使赋税均而无扰。又因兴国军守臣宋时言,诏诸州县违期归业者,其田已佃及官卖者,即以官田之可耕者给还。十六年,王铁以疾罢。十七年,复以李椿年权户部侍郎,措置经界。先是,真州兵烬之余,疮痍未复,洪兴祖为守,请复租二年,明年又请复之,自是流民寖归。十八年,垦荒田至七万余亩。

十九年,诏敕令所删定官郑克行四川经界法。克颇峻责州县,所谓“省庄田”者,虽蔬果、桑柘莫不有征,而邛、蜀民田至什税其伍。通判嘉州杨承曰:“仁政而虐行之,非法意也。上不违令,下不扰民,则仁政得矣。"召诸邑令谓曰:"平易近民,美成在久,其谨行之。无愧于心,何畏焉?"事迄成,为列郡最。其后,民有诉不均者,殿中侍御史曹筠劾椿年罢之。上谓秦桧曰:"若下田受重税,将无以输。"桧曰:"臣已谕户部侍郎宋贶,有未均处亟与改正。"二十年,诏:两淮沃壤宜谷,置力田科,募民就耕,以广官庄。知资州杨师锡言:有司奉行失当,田亩不分腴瘠,市居丈尺隙田,亦充税产。于是降诏曰:"椿年乞行经界,去民十害,今闻浸失本意。凡便民者依已行,害民者与追正。"二十一年四月,宋贶罢。二十六年正月,上谓辅臣曰:"经界事李椿年主之,若推行就绪,不为不善。今诸路往往中辍,愿得一通晓经界者款曲议之。"会潼川府转运判官王之望上书,言蜀中经界利害甚悉。明年,以之望提点刑狱,毕经界事。

三月,户部言:"蜀地狭人夥,而京西、淮责膏腴官田尚多,许人承佃,官贷牛、种,八年乃偿。并边免租十年,次边半之,满三年与其业。愿往才给据津发。"上曰:"善。但贫民乍请荒田,安能便得牛、种?若不从官贷,未免为虚文,可令相度支给。"四月,通判安丰军王时升言:"淮南土皆膏腴,然地未尽辟、民不加多者,缘豪强虚占良田,而无遍耕之力;流民襁负而至,而无开耕之地。望凡荒闲田许人铲佃。"户部议:期以二年,未垦者即如所请;亦西路如之。诏以时升为司农寺丞。十月,用御史中丞汤鹏举言,离军添差之人,授以江、淮、湖南荒田,人一顷,为世业。所在郡以一岁奉充牛、种费,仍免租税十年,丁役二十年。

二十八年,王之望言:"去年分遣官诣经界不均县裁正,今已迄事。此后吏民尚敢扇摇以疑百姓者,乞重置于法。"从之。二十九年,知潭州魏良臣言:"本州归业之民,以熟田为荒,不输租。今令结甲输税,自明年始,不实,许人告,以其田赏之。"户部议:"期逾百日,依匿税法。"诏可。三十年,初令纯州平江县民实田输税,亩输米二千四合。

孝宗隆兴元年,诏:"凡百姓逃弃田宅,出二十年无人归认者,依户绝法。"乾道元年正月,都省言:"淮民复业,宜先劝课农桑。令、丞植桑三万株至六万株,守、倅部内植二十万株以上,并论赏有差。”二月,三省、枢密院言:“归正人贫乏者散居两淮,去冬淮民种麦甚广,逃亡未归,无人收获。”诏诸郡量口均给,其已归业者毋例扰之。四年,知鄂州李椿奏:“州虽在江南,荒田甚多,请佃者开垦未几,便起毛税,度田追呼,不任其扰,旋即逃去。今欲召人请射,免税三年;三年之后为世业,三分为率,输苗一分,更三年增一分,又三年全输。归业者别以荒田给之。”又诏楚州给归正人田及牛具、种粮钱五万缗。

六年二月,诏曰:“朕深惟治不加进,思有以正其本者。今欲均役法,严限田,抑游手,务农桑。凡是数者,卿等二三大臣为朕任之。”十有二月,监进奏院李结献《治田三议》:一曰务本,二曰协力,三曰因时。大略谓:“浙西低田恃堤为固,若堤岸高厚,则水不能入。乞于苏、湖、常、秀诸州水田塘浦要处,官以钱米贷田主,乘此农隙,作堰增令高阔,则堤成而水不为患。方此饥馑,俾食其力,因其所利而利之。秋冬旱涸,泾浜断流,车畎修筑,尤为省力。”诏令胡坚常相度以闻。其后,户部以三议切当,但工力浩瀚,欲晓有田之家,各依乡原亩步出钱米与租田之人,更相修筑,庶官无所费,民不告劳。从之。

七年二月,知扬州晁公武奏:“朝廷以沿淮荒残之久,未行租税,民复业与创户者,虽阡陌相望,然闻之官者十才二三,咸惧后来税重。昔晚唐民务稼穑则增其租,故播种少;吴越民垦荒田而不加税,故无旷土。望诏两淮更不增赋,庶民知劝。”诏可。十月,司马伋请劝民种麦,为来春之计。于是诏江东西、湖南北、淮东西路帅漕,官为借种及谕大姓假贷农民广种,依赈济格推赏,仍上已种顷亩,议赏罚。九年,王之奇奏增定力田赏格,募人开耕荒田,给官告绫纸以备书填,及官会十万缗充农具等用。以种粮不足,又诏淮东总领所借给稻三万石。

淳熙五年,诏:“湖北佃户开垦荒田,止输旧税。若包占顷亩,未悉开耕,诏下之日,期以二年,不能遍耕者拘作营田,其增税、铲佃之令勿行。"六年五月,提举浙西常平茶盐颜师鲁奏:"设劝课之法,欲重农桑、广种植也。今乡民于己田连接间旷碗确之地,垦成田园,用力甚勤。或以未陈起税,为人所讼,即以盗耕罪之,何以劝力田哉?止宜实田起税,非特可戢告讦之风,亦见盛世重农之意。"诏可。十有一月,臣僚奏:"比令诸路帅、漕督守令劝谕种麦,岁上所增顷亩。然土有宜否,湖南一路唯衡、永等数郡宜麦,余皆文具。望止谕民以时播种,免其岁上增种之数,庶得劝课之实。"

七年,复诏两浙、江、淮、湖南、京西路帅、漕臣督守令劝民种麦,务要增广。自是每岁如之。八年五月,诏曰:"乃者得天之时,蚕麦既登,及命近甸取而视之,则穗短茧薄,非种植风厉之功有所未至欤?朕将稽勤惰而诏赏罚焉。"是岁连雨。下田被浸,诏两浙诸州军与常平司措置,再借种粮与下户播种,毋致失时。十有一月,辅臣奏:"田世雄言,民有麦田,虽垦无种,若贷与贫民,犹可种春麦。臣僚亦言,江、浙旱田虽已耕,亦无麦种。"于是诏诸路帅、漕、常平司,以常平麦贷之。

先是,知扬州郑良嗣言:"两淮民田,广至包占,多未起税。朝廷累限展首,今限满适旱,乞更展一年。"诏如其请。九年,著作郎袁枢振两淮还,奏:"民占田不知其数,二税既免,止输谷帛之课。力不能垦,则废为荒地;他人请佃,则以疆界为词,官无稽考。是以野不加辟,户不加多,而郡县之计益窘。望诏州县画疆立券,占田多而输课少者,随亩增之;其余闲田,给与佃人,庶几流民有可耕之地,而田莱不至多荒。"

绍熙元年,初,朱熹为泉之同安簿,知三郡经界不行之害。至是,知漳州。会臣僚请行闽中经界,诏监司条具,事下郡。熹访闻讲求,纤悉备至。乃奏言:"经界最为民间莫大之利,绍兴已推行处,公私两利,独泉、漳、汀未行。臣不敢先一身之劳逸,而后一州之利病,切独其必可行也。然必推择官吏,委任责成;度量步亩,算计精确;画图造帐,费从官给;随产均税,特许过乡通县均纽,庶几百里之内,轻重齐同。今欲每亩随九等高下定计产钱,而合一州租税钱米之数,以产钱为母,每文输米几何,钱几何,止于一仓一库受纳。既输之后,却视元额分隶为省计,为职田,为学粮,为常平,各拨入诸仓库。版图一定,则民业有经矣。但此法之行,贫民下户固所深喜,然不能自达其情;豪家猾吏实所不乐,皆善为说辞,以惑群听;贤士大夫之喜安静、厌纷扰者,又或不深察而望风沮怯,此则不能无虑。"辅臣请行于漳州。明年春,诏漕臣陈公亮同熹协力奉行。会农事方兴,熹益加讲究,冀来岁行之。细民知其不扰而利于已,莫不鼓舞,而贵家豪右占田隐税、侵渔贫弱者,胥为异论以摇之,前诏遂格。熹请祠去。五年,蠲庐州旱伤百姓贷稻种三万二千一百石。

庆元元年二月,上以岁凶,百姓饥病,诏曰:"朕德菲薄,饥馑荐臻,使民阽于死亡,夙夜惨怛,宁敢诿过于下耶?顾使者、守令所与与朕分寄而共尤也,乃涉春以来,闻一二郡老稚乏食,去南亩,捐沟壑,咎安在耶?岂振给不尽及民欤?得粟者未必饥,饥者未必得欤?偏聚于所近,不能均济欤?官吏视成而不自省欤?其各恪意措画,务使实惠不壅,毋得虚文蒙上,则朕汝嘉。"

宁宗开禧元年,夔路转运判官范荪言:"本路施、黔等州荒远,绵亘山谷,地旷人稀,其占田多者须入耕垦,富豪之家诱客户举室迁去。乞将皇祐官庄客户逃移之法校定:凡为客户者,许役其身,毋毋及其家属;凡典卖田宅,听其离业,毋就租以充客户;凡贷钱,止凭文约交还,毋抑勒以为地客;凡客户身故、其妻改嫁者,听其自便,女听其自稼。庶使深山穷谷之民,得安生理。"刑部以皇祐逃移旧法轻重适中,可以经久,淳熙比附略人之法太重,今后凡理诉官庄客户,并用皇祐旧法。从之。

嘉定八年,左司谏黄序奏:"雨泽愆期,地多荒白。知余杭县赵师恕请劝民杂种麻、粟、豆、麦之属,盖种稻则费少利多,杂种则劳多获少。虑收成之日,田主欲分,官课责输,则非徒无益;若使之从便杂种,多寡皆为己有,则不劝而勤,民可无饥。望如所陈,下两浙、两淮、江东西等,凡有耕种失时者并令杂种,主毋分其地利,官毋取其秋苗,庶几农民得以续食,官免振救之费。"从之。

知婺州赵恣夫行经界于其州,整有伦绪,而恣夫报罢。士民相率请于朝,乃命赵师岩继之。后二年,魏豹文代师岩为守,行之益力。于是向之上户析为贫下之户,实田隐为逃绝之田者,粲然可考。凡结甲册、户产簿、丁口簿、鱼鳞图、类姓簿二十三万九千有奇,创库匮以藏之,历三年而后上其事于朝。

淳祐二年九月,敕曰:"四川累经兵火,百姓弃业避难,官以其旷土权耕屯以给军食,及民归业,占据不还。自今凡民有契券,界至分明,所在州县屯随即归还。其有违戾,许民越诉,重罪之。"

六年,殿中侍御史兼侍讲谢方叔言:

豪强兼并之患,至今日而极,非限民名田有所不可,是亦救世道之微权也。国朝驻跸钱塘,百有二十余年矣。外之境土日荒,内之生齿日繁,权势之家日盛,兼并之习日滋,百姓日贫,经制日壤,上下煎迫,若有不可为之势。所谓富贵操柄者,若非人主之所得专,识者惧焉。夫百万生灵资生养之具,皆本于谷粟,而谷粟之产,皆出于田。今百姓膏腴皆归贵势之家,租米有及百万石者;小民百亩之田,频年差充保役,官吏诛求百端,不得已,则献其产于巨室,以规免役。小民田日减而保役不休,大官田日增而保役不及。以此弱之肉,强之食,兼并浸盛,民无以遂其生。于斯时也,可不严立经制以为之防乎?

去年,谏官尝以限田为说,朝廷付之悠悠。不知今日国用边饷,皆仰和籴。然权势多田之家,和籴不容以加之,保役不容以及之。敌人睥睨于外,盗贼窥伺于内,居此之时,与其多田厚赀不可长保,曷若捐金助国共纾目前?在转移而开导之耳。乞谕二三大臣,摭臣僚论奏而行之,使经制以定,兼并以塞,于以尊朝廷,于以裕国计。陛下勿牵贵近之言以摇初意,大臣勿避仇怨之多而废良策,则天下幸甚。

从之。

十一年九月,敕曰:"监司、州县不许非法估籍民产,戒非不严,而贪官暴吏,往往不问所犯轻重,不顾同居有分财产,壹例估籍,殃及平民。或户绝之家不与命继；或经陈诉许以给还，辄假他名支破，竟成乾没；或有典业不听收赎，遂使产主无辜失业。违戾官吏，重置典宪。"是岁，信、常、饶州、嘉兴府举行经界。

景定元年九月，赦曰："州县检校孤幼财产，往往便行侵用，洎至年及陈乞，多称前官用过，不即给还。自今如尚违戾，以吏业估偿，官论以违制，不以去官、赦、降原减。"

咸淳元年，监察御史赵顺孙言："经界将以便民，虽穷阎下户之所深愿，而未必豪宗大姓之所以尽乐。自非有以深服其心，则亦何以使其情意之悉孚哉？且今之所谓推排，非昔之所为自实也。推排者，委之乡都，则径捷而易行；自实者，责之于人户，则散漫而难集。嘉定以来之经界，时至近也，官有正籍，乡都有副籍，彪列旷分，莫不具在，为乡都者不过按成牍而更业主之姓名。若夫绍兴之经界，其时则远矣，其籍之存者寡矣。因其鳞差栉比而求焉，由一而至百，由百而至千。由千而至万，稽其亩步，订其主佃，亦莫如乡都之便也。朱熹所以主经界而辟自实者，正谓是也。州县能守朝廷乡都任责之令，又随诸州之便宜而为之区处，当必人情之悉孚，不令而行矣。"从之。

三年，司农卿兼户部侍郎季镛言："夫经界尝议修明矣，而修明卒不行；尝令自实矣，而自实卒不竟。岂非上之任事者每欲避理财之名，下之不乐其成者又每倡为扰民之说。故宁坐视邑政之坏，而不敢诘猾吏奸民之欺；宁忍取下户之苛，而不敢受豪家大姓之怨。盖经界之法，必多差官吏，必悉集都保，必遍走阡陌，必尽量步亩，必审定等色，必纽折计等，奸弊转生，久不迄事。乃若推排之法，不过以县统都，以都统保，选任才富公平者，订田亩税色，载之图册，使民有定产，产有定税，税有定籍而已。臣守吴门，已尝见之施行。今闻绍偿亦渐就绪，湖南漕臣亦以一路告成。窃谓东南诸郡，皆奉行惟谨。其或田亩未实，则令乡局厘正之；图册未备，则令县局程督之。又必郡守察县之稽违，监司察郡之怠弛，严其号令，信其赏罚，期之秋冬以竟其事，责之年岁以课其成，如《周官》日成、月要、岁会以综核之。"于是诏诸路漕、帅施行焉。

大抵南渡后水田之利，富于中原，故水利大兴。而诸籍没田募民耕者，皆仍私租旧额，每失之重，输纳之际，公私事例迥殊。私租额重而纳轻，承佃犹可；公租额重而纳重，则佃不堪命。州县胥吏与仓庾百执事之人，皆得为侵渔之道于耕者也。季世金人乍和乍战，战则军需浩繁，和则岁弊重大，国用常苦不继，于是因民苦官租之重，命有司括卖官田以给用。其初弛其力役以诱之，其终不免于抑配，此官田之弊也。嘉定以后，又有所谓安边所田，收其租以助岁弊。至其将亡，又限民名田，买其限外所有，谓之公田。初议欲省和籴以纾民力，而其弊极多，其租尤重；宋亡，遗患犹不息也。凡水田、官田之法，公田见于史者，汇其始末而悉载于篇，有足鉴者焉。

绍兴元年，诏宣州、太平州守臣修圩。二年，以修圩钱米及贷民种粮，并于宣州常平义仓米拨借。三年，定州县圩田租额充军储。建康府永丰圩租米，岁以三万石为额。圩四至相去皆五六十里，有田九百五十余顷，近岁垦田不及三之一。至是，始立额。

五年，江东帅臣李光言："明、越之境，皆有陂湖，大抵湖高于田，田又高于江、海。旱则放湖水溉田，涝则决田水入海，故无水旱之灾。本朝庆历、嘉祐间，始有盗湖为田者，其禁甚严。政和以来，创为应奉，始废湖为田。自是两州之民，岁被水旱之患。余姚、上虞每县收租不过数千斛，而所失民田常赋，动以万计。莫若先罢两邑湖田。其会稽之鉴湖、鄞之广德湖、萧山之湘湖等处尚多，望诏漕臣尽废之。其江东、西圩田，苏、秀围田，令监司守令条上。"于是诏诸路漕臣议之。其后议者虽称合废，竟仍其旧。

初，五代马氏于潭州东二十里，因诸山泉，筑堤潴水，号曰龟塘，溉田万顷。其后堤坏，岁旱，民皆阻饥。七年，守臣吕颐浩始募民修复，以广耕稼。十六年，知袁州张面己言："江西良田，多占山冈，望委守令讲陂塘灌溉之利。"其后比部员外郎李泳言，淮西高原处旧有陂塘，请给钱米，以时修浚。知江阴军蒋及祖亦请浚治本军五卸沟以泄水，修复横河支渠以溉旱。乃并诏诸路常平司行之，每季以施行闻。

二十三年，谏议大夫史才言："浙西民田最广，而平时无甚害者，太湖之利也。近年濒湖之地，多为兵卒侵据，累土增高，长堤弥望，名曰坝田。旱则据之以溉，而民田不沾其利；涝则远近泛滥，不得入湖，而民田尽没。望尽复太湖旧迹，使军民各安，田畴均利。"从之。二十四年，大理寺丞周环言："临安、平江、湖、秀四州下田，多为积水所浸。缘溪山诸水并归太湖，自太湖分二派：东南一派由松江入于海，东北一派由诸浦注之江。其沿江泄水，惟白茅一浦最大。今泥沙于塞，宜决浦故道，俾水势分派流畅，实四州无穷之利。"诏两浙漕臣视之。

二十八年，两浙转运副使赵子潚、知平江府蒋璨言："太湖者，数州之巨浸，而独泄以松江之一川，宜其势有所不逮。是以昔人于常熟之北开二十四浦，疏而导之江；又于昆山之东开一十二浦，分而纳之海。三十六浦后为潮汐沙积，而开江之卒亦废，于是民田有淹没之患。天圣间，漕臣张纶尝于常熟、昆山各开众浦；景祐间，郡守范仲淹亦亲至海浦，浚开五河；政和间提举官赵霖复尝开浚。今诸浦湮塞，又非前比，计用工三百三十余万，钱三十三万余缗，米十万余斛。"于是诏监御史任古复视之。既而古至平江言："常熟五浦通江诚便，若依所请，以五千功，月余可毕。"诏以激赏库钱、平江府上供米如数给之。二十九年，子潚又言："父老称福山塘与丁泾地势等，若不浚福山塘，则水必倒注于丁泾。"乃命并浚之。

隆兴二年八月，诏："江、浙水利，久不讲修，势家围田，堙塞流水。诸州守臣按视以闻。"于是知湖州郑作肃、知宣州许尹、知秀州姚宪、知常州刘唐稽并乞开围田，浚港渎。诏湖州委朱夏卿，秀州委曾憕，平江府委陈弥作，常州、江阴军委叶谦亨，宣州、太平州委沈枢措置。九月，刑部侍郎吴芾言："昨守绍兴，尝请开鉴湖废田二百七十顷，复湖之旧，水无泛溢，民田九千余顷，悉获倍收。今尚有低田二万余亩，本亦湖也，百姓交佃，亩直才两三缗。欲官给其半，尽废其田，去其租。"户部请符浙东常平司同绍兴府守臣审细标迁。从之。

乾道二年四月，诏漕臣王炎开浙西势家新围田：草荡、荷荡、菱荡及陂湖溪港岸际旋筑塄畦、围裹耕种者，所至守令同共措置。炎既开诸围田，凡租户贷主家种粮债负，并奏蠲之。六月，知秀州孙大雅代还，言："州有柘湖、澱山湖、当湖、陈湖，支港相贯，西北可入于江，东南可达于海。旁海农家作坝以却碱潮，虽利及一方，而水患实害邻郡；设疏导之，则又害及旁海之田。若于诸港浦置闸启闭，不惟可以泄水，而旱亦获利。然工力稍大，欲率大姓出钱，下户出力，于农隙修治之。"于是以两浙转运副使姜诜与守臣视之，诜寻与秀常州、平江府、江阴军条上利便。诏："秀州华亭县张泾闸并澱山东北通陂塘港浅处，俟今年十一月兴修；江阴军、常州蔡泾闸及申港，明年春兴修；利港俟休役一年兴修；平江府姑缓之。"三年三月，诜使还，奏："开浚毕功，通泄积水，久浸民田露出塄岸。臣已谕民趁时耕种。恐下户阙本，良田复荒，望令浙西常平司贷给种粮。"又奏措置、提督、监修等官知江阴军徐藏等减磨勘年有差。

四年，以彭州守臣梁介修复三县一十余堰，灌溉之利及于邻邦，诏介直秘阁、利路转运判官。七年，王炎言："兴元府山河堰世传汉萧、曹所作。本朝嘉祐中，提举史炤上堰法，获降敕书刻石堰上。绍兴以来，户口凋疏，堰事荒废，遂委知兴元府吴拱修复，发卒万人助役。宣抚司及安抚、都统司共用钱三万一千余缗，尽修六堰，浚大小渠六十五里，凡溉南郑、褒城田二十三万三千亩有奇。"诏奖谕拱。

八年，户部侍郎兼枢密都承旨叶衡言："奉诏核实宁国府、太平州圩岸，内宁国府惠民化、化成旧圩四十余里，新筑九里余；太平州黄池镇福定圩周四十余里，延福等五十四圩周一百五十余里，包围诸圩在内，芜湖县圩周二百九十余里，通当涂圩共四百八十余里。并高广坚致，濒水一岸种植榆柳，足捍风涛，询之农民，实为永利。"于是诏奖谕判宁国府魏王恺，略曰："大江之壖，其地广袤，使水之

蓄泄不病而皆为膏腴者，圩之为利也。然水土斗啮，从昔善坏。卿
聿修稼政，巨防屹然，有怀勤止，深用叹嘉。”

九年八月，臣僚言江西连年荒旱，不能预兴水利为之备。于是
乃降诏曰：“朕惟旱乾、水溢之灾，尧、汤盛时，有不能免。民未告病
者，备先具也。豫章诸郡县，但阡陌近水者，苗秀而实；高卬之地，雨
不时至，苗辄就槁。意水利不修，失所以为旱备乎？唐韦丹为江西
观察使，治陂塘五百九十八所，灌田万二千顷。此特施之一道，其利
如此，矧天下至广也。农为生之本也，泉流灌溉，所以毓五谷也。今
诸道名山，川原甚众，民未知其利。然则通沟渎，潴陂泽，监司、守
令，顾非其职欤？其为朕相丘陵愿隰之宜，勉农桑，尽地利，平由行
水，勿使失时。虽有丰凶，而力田者不至拱手受弊，亦天人相因之理
也。朕将即勤惰而寓赏罚焉。”

淳熙二年，两浙转运判官陈岘言：“昨奉诏遍走平江府、常州、
江阴军，谕民并力浚利港诸处，并已毕功。始欲官给钱米，岁不下数
万，今皆百姓相率效力而成。”诏常熟知县刘颖特增一秩，余论赏有
差。三年，赐皇子判明州魏王恺诏曰：“陂湖川泽之利，或通或塞，存
乎其人。四明为州实治鄞，鄞之乡东西凡十四，而钱湖之水实溉其
东之七。吏惰不虔，封茭芜翳，利失其旧，农人病焉。卿临是邦，乃
能讲求利便而浚治之，遂使并湖七乡之田，无异时旱乾之患，其为
泽岂浅哉？剡奏彻闻，不忘嘉叹。”

十年，大理寺丞张抑言：“陂泽湖塘，水则资之潴泄，旱则资之
灌溉。近者浙西豪宗，每遇旱岁，占湖为田，筑为长堤，中植榆柳，外
捍茭芦，于是旧为田者，始隔水之出入。苏、湖、常、昔有昔有水患，
今多旱灾，盖出于此。乞责县令毋给据，尉警捕，监司觉察。有围裹
者，以违制论；给据与失察者，并坐之。”既而漕臣钱冲之请每围立
石以识之，共一千四百八十九所，令诸郡遵守焉。

绍熙二年，诏守令到任半年，后具水源湮塞合开修处以闻；任
满日，以兴修水利图进，择其劳效著名赏之。庆元二年，户部尚书袁
说友等言：“浙西围田相望，皆千百亩，陂塘溇渎，悉为田畴，有水则

无地可潴，有旱则无水可戽。不严禁之，后将益甚，无复稔岁矣。"嘉泰元年，以大理司直留祐贤、宗正寺主簿李澄措置，自淳熙十一年立石之后，凡官民围裹者尽开之。又令知县并以"点检围田事"入衔，每岁三四月，同尉点检有无奸民围裹状，上于州，州闻于朝。三年遣官审视，及委台谏察之。二年二月，祐贤、澄使还，奏追毁临安、平江、嘉兴、湖、常开掘户元给佃据。三月，右正言施康年言："近属贵戚不体九重爱民之心，止为一家营私之计，公然投牒以沮成法，乞戒饬；自今有陈状者，指名奏劾，必罚无赦。"

开禧二年，以淮农流移，无田可耕，诏两浙州县已开围田，许元主复围，专召淮农租种。嘉定三年，臣僚言："窃闻豪民巨室并缘为奸，加倍围裹，又影射包占水荡，有妨农民灌溉。"于是复诏浙西提举司俟农隙开掘。七年，复临安府西湖旧界，尽蠲岁增租钱。十七年，臣僚言："越之鉴湖，溉田几半会稽，兴化之木兰陂，民田万顷，岁饮其泽。今官豪侵占，填于益狭。宜戒有司每岁省视，厚其潴蓄，去其壅底，毋容侵占，以妨灌溉。"皆次第行之。

宝庆元年，以右谏议大夫朱端常奏，除嘉泰闻已开浙西围田租钱，盖税额尚存，州县迫民白纳故也。宝祐元年，史馆校勘黄国面对："围田自淳熙十一年识石者当存之，复围者合权其利害轻重而为之存毁，其租或归总所，或隶安边所，或分隶诸郡。"上曰："安边所田，近已拨归本所。"国又奏："自丁未巳来创围之田，始因殿司献草荡，任事者欲因以为功，凡旱乾处悉围之，利少害多，宜开掘以通水道。"上然之。咸淳十年，以江东水伤，除九年圩田租，减四分。

绍兴二十七年，赵子潚奉诏措置镇江府沙田，欲轻立租课，令见佃者就耕；如势家占吝，追日前所收租利。诏速拘其田措置，蠲其冒佃之租。二十八年正月，诏户部员外郎莫濛同浙西、江东、淮南漕臣赵子潚、邓根、孙荩视诸路沙田、芦场。先是，言者谓江、淮间沙田、卢场为人冒占，岁失官课至多，故以命濛等。既而殿中侍御史叶义问言："奉行者不恤百姓，名为经量，实逼县官按图约纽，惟务增数，以希进用。有力之家初无加损，贫民下户已受其害。因小利扰之，必致逃移，坐失税额。"因极论之。二月，诏："沙田、芦场止为势家诡名冒占，其三等以下户勿例根括。"六月，以孙蒇措置沙田灭裂，罢之。诏："浙西江东沙田、芦场，官户十顷、民户二十顷以上并增租，余如旧。置提领官田所掌之，不隶户部。"二十九，以莫濛经量沙田、芦场失实，责监饶州景德镇税，遂诏尽罢所增租。

三十二年九月，赵子潚言："浙西、江东、淮东沙田，往年经量，有不尽不实处，为人户包占。期以今冬自陈，给为己业，与免租税之半；过期许人告，以全户所租田赏之。其芦场量立轻租。"诏以冯方措置。十有一月，方滋疏论沙田。上问："沙田或以为可取，或以为可捐。"陈康伯等奏："君子小人，各从其类。小人乐于生事，不惜为国敛怨；君子务存大体，唯恐有伤仁政，所以不同。"上然之，命止前诏勿行。

乾道元年，臣僚言："浙西、江东、淮东路沙田芦场，顷亩浩瀚，宜立租税，补助军食。"诏复令梁俊彦与张津等措置。二年，辅臣奏："俊彦所上沙田、芦场之税，或十取其一，或取其二，或取其三，皆不分主客。"朝廷疑之。六年，以俊彦所括沙田、芦场二百八十余万亩，其间或已充己业，起税不一，及包占未起租者，乞并估卖、立租。诏蔡光、梁彦俊行在置司措置。八年七月，诏提领官田所所催三路沙田、芦场租钱并归户部。十月，遣官实江、淮沙田、芦场顷亩，悉追正之。

建炎元年，籍蔡京、王黼等庄以为官田，诏见佃者就耕，岁减租二分。三年，凡天下官田，令民依乡例自陈输租。绍兴元年，以军兴用度不足，诏尽鬻诸路官田。五年，诏诸官田比邻田租，召人请买，佃人愿买者听，佃及三十年以上者减价十之二。六年，诏诸路总领谕民投买户绝、没官、及江涨沙田、海退泥田。七年，以贼徒田舍及逃田充官庄，其没官田依旧出卖。二十年，凡没官田、城空田、户绝房廊及田，并拨隶常平司；转运、提刑、茶盐司没入田亦如之。

二十一年，以大理寺主簿丁仲京言，凡学田为势家侵佃者，命提学官觉察；又命拨僧寺常住绝产以赡学。户部议并拨无敕额庵院田，诏可。初，闽以福建八郡之田分三等：膏腴者给僧寺、道院，中下者给土著、流寓。自刘孨为福州，始贸易取赏。迨张守帅闽，绍兴二年秋。上倚以拊循凋瘵，存上等四十余刹以待高僧，余悉令民请买，岁入七八万缗以助军衣，余宽百姓杂科，民皆便之。

二十六年，以诸路卖官田钱七分上供，三分充常平司籴本。初，尽鬻官田，议者恐佃人失业，未卖者失租。侍御史叶义问言：“今尽鬻其田，立为正税，田既归民，税又归官，不独绝欺隐之弊，又可均力役之法。”浙东刑狱使者邵大受亦乞承买官田者免物力三年至十年。一千贯以下免三年，一千贯以上五年，五千贯以上十年。于是诏所在常平没官、户绝田，已佃未佃、已添租未添租，并拘卖。二十九年，初，两浙转运司官庄田四万二千余亩，岁收稻、麦等四万八千余斛；营田九十二万六千余亩，岁收稻、麦、杂豆等十六万七千余斛，充行在马料及籴钱。四月，诏令出卖。七月，诏诸路提举常平官督察欺弊，申严赏罚。分水令张升佐、宜兴令陈迟以卖田稽违，各贬秩罢任。九月，浙东提举常平都洁以卖田最多，增一秩。三十年，诏承买荒田者免三年租。

乾道二年，户部侍郎曾怀言：“江西路营田四千余顷，已佃一千九百余顷，租钱五万五百余贯，若出卖，可得六万五千余贯；及两浙转运司所括已佃九十余万亩，合而言之，为数浩瀚。今欲遵元诏，见佃愿买者减价二分。”诏曾怀等提领出卖，其钱输左藏南库别贮之。四年四月，江东路营田亦令见佃者减价承买，期以三月卖绝，八月住卖；诸路未卖营田，转运司收租。七年，提举浙西常平李结乞以见管营田拨归本司，同常平田立官庄。梁克家亦奏：“户部卖营田，率为有力者下价取之，税入甚微，不如置官庄，岁可得五十万斛。”八年，以大理寺主簿薛季宣于黄冈、麻城立官庄二十二所。九年，以司农寺丞叶翥等出卖浙东、西路诸官田，以登闻检院张孝贲等出卖江东、西路诸官田,以郎官薛元鼎拘催江、浙、闽、广卖官田钱四百余万缗。

淳熙元年,臣僚言:"出卖官田,二年之间,三省、户部困于文移,监司、州郡疲于出卖。上下督责,不为不至,始限一季,继限一年,已卖者才十三,已输者才十二。盖买产之家,无非大姓。估价之初,以上色之产,轻立价贯,揭榜之后,率先投状;若中下之产,无人属意,所立之价,轻重不均。莫若且令元佃之家著业输租,岁犹可得数十万斛。"从之。六年,诏诸路转运、常平司,凡没官田、营田、沙田、沙荡之类,复括数卖之。绍熙四年,以臣僚言住卖。庆元元年八月,江东转运提举司以绍熙四年住卖以后续没官田,依乡价复召人承买,以其钱充常平籴本。十有一月,余端礼、郑侨言,福建地狭人稠,无以赡养,生子多不举。福建提举宋之瑞乞免鬻建、剑、汀、邵没官田,收其租助民举子之费,诏从之。四年,诏诸路召卖不行田,覆实减价,其沙砾不可耕处除之。

开禧三年,韩侂胄既诛,金人讲解。明年,用廷臣言,置安边所,凡侂胄与其他权倖没入之田,及围田、湖田之在官者皆隶焉。输米七十二万二千七百斛有奇,钱一百三十一万五千缗有奇,藉以给行人金、缯之费。迨与北方绝好,军需边用每于此取之。

景定四年,殿中侍御史陈尧道、右正言曹孝庆、监察御史虞虑张晞阿颜等言廪兵、和籴、造楮之弊,乞"依祖宗限田议,自两浙、江东西官民户逾限之田,抽三分之一买充公田。得一千万亩之田,则岁有六七百万斛之入可以饷军,可以免籴,可以重楮,可以平物而安富,一举而五利具矣。"有旨从其言。朝士有异议者,丞相贾似道奏:"救楮之策莫切于住造楮,住造楮莫切于免和籴,免和籴莫切于买逾限田。"因历诋异议者之非,帝曰:"当一意行之。"浙西安抚魏克愚言:"取四路民田立限回买,所以免和籴而益邦储,议者非不自以为公且忠也。然未见其利,而适见其害。近给事中徐经孙奏记丞相,言江西买田之弊甚详,若浙西之弊,则尤有甚于经孙所言者。"因历述其为害者八事,疏奏不省。

　　六郡回买公田,亩起租满石者偿二百贯,九斗者偿一百八十贯,八斗者偿一百六十贯,七斗者偿一百四十贯,六斗者偿一百二十贯。五千亩以上,以银半分、官告五分、度牒二分、会子二分半;五千亩以下,以银半分、官告三分,度牒三分、会子三分半;千亩以下,度牒、会子各半;五百亩至三百亩,全以会子。是岁,田事成,每石官给止四十贯,而半是告、牒,民持之而不得售,六郡骚然。所遣刘良贵、陈訔、赵与訔、廖邦杰、成公策等推赏有差。邦杰之在常州,害民特甚,民至有本无田而以归并抑买自经者。分置庄官催租,州县督庄官及时交收运发。

　　五年,选官充官田所分司,平江、嘉兴,安吉各一员,常州、江阴、镇江共一员,凡公田事悉以委之。是岁七月,彗见于东方。下诏求言,京学生萧规、叶李等三学六馆皆上封章;前秘书监高斯得亦应诏驰驿上封事,力陈买田之失人心、致天变;谢枋得校文江东运司,方山京校文天府,皆指陈得失。未几,萧规等真决黥隶,枋得、山京相继被劾,斯得虽予郡,寻罢之。

　　咸淳三年,京师籴贵,勒平江、嘉兴上户运米入京,鞭笞囚系,死于非命者十七八。太常寺簿陆逵谓:买田本以免和籴,今勒其运米,害甚于前。似道怒,出逵知台州,未至,怖死。四年,以差置庄官弊甚,尽罢之。令诸郡公租以三千石为一庄,听民于分司承佃,盗易者以盗卖官田论。其租于先减二分上更减一分。德祐元年三月,诏:"公田最为民害,稔怨召祸,十有余年。自今并给佃主,令率其租户为兵。"而宋祚讫矣。

宋史卷一七四
志第一二七

食货上二

方田　赋税

方田　　神宗患田赋不均,熙宁五年,重修定方田法,诏司农
以《均税条约并式》颁之天下。以东西南北各千步,当四十一顷六十
六亩一百六十步,为一方;岁以九月,县委令、佐分地计量,随陂原
平泽而定其地,因赤淤黑垆而辨其色;方量毕,以地及色参定肥瘠
而分五等,以定税则;至明年三月毕,揭以示民,一季无讼,即书户
帖,连庄帐付之,以为地符。

均税之法,县各以其租额税数为限,旧尝收蹙奇零,如米不及
十合而收为升,绢为满十分而收为寸之类,今不得用其数均摊增
展,致溢旧额,凡越额增数皆禁。若瘠卤不毛,及众所食利山林、陂
塘、沟路、坟墓,皆不立税。

凡田方之角,立土为峰,植其野之所宜木以封表之。有方帐,有
庄帐,有甲帖,有户帖;其分烟析产、典卖割移,官给契,县置簿,皆
以今所方之田为正。令既具,乃以济州钜野尉王曼为指教官,先自
京东路行之,诸路仿焉。六年,诏土色分五等,疑未尽,下郡县物其
土宜,多为等以期均当,勿拘以五。七年,京东十七州选官四员,各
主其方,分行郡县,以三年为任。每方差大甲头二人,小甲头三人,
同集方户,令各认步亩,方田官验地色,更勒甲头、方户同定。诸路

及开封府界秋田灾伤三分以上县权罢，余候农隙。河北西路提举司乞通一县灾伤不及一分勿罢。

元丰五年，开封府言："方田法，取税之最不均县先行，即一州而及五县，岁不过两县，今府界十九县，准此行之，十年乃定。请岁方五县。"从之。其后岁稔农隙乃行，而县多山林者或行或否。八年，帝知官吏扰民，诏罢之。天下之田已方而见于籍者，至是二百四十八万四千三百四十有九顷云。

崇宁三年，宰臣蔡京等言："自开阡陌，使民得以田私相贸易，富者恃其有余，厚立价以规利，贫者迫于不足，薄移税以速售，而天下之赋调产平久矣。神宗讲究方田利害，作法而推行之，方为之帐，而步亩高下丈尺不可隐；户给之帖，而升合尺寸无所遗；以卖买，则民不能容其巧；以推收，则吏不能措其奸。今文籍具在，可举而行。"诏诸路提举常平官选官习熟其法，谕州县官吏各以丰稔日推行，自京西、北两路始。四年，指教官每三县加一员，点检官每路二员。未几，诏诸路添置指教官不得过三员，又不专差点检官，从提举司于本路见任人内选差。五年，诏罢方田。大观二年，复诏行之，四年罢，其税赋依未方旧则输纳。十一月，诏："方田官吏非特妄增田税，又兼不食之山方之，俾出刍草之直，民户因时废业失所。监司其悉改正，毋失其旧。"

政和三年，河北西路提举常平司奏："所在地色极多，不下百数，及至均税，不过十等。第一等虽出十分之税，地土肥沃，尚以为轻；第十等只均一分，多是瘠卤，出税虽少，犹以为重。若不入等，则积多而至一顷，止以柴蒿之直，为钱自一百而至五百，比次十等，全不受税；既收入等，但可耕之地便有一分之税，其间下色之地与柴蒿之地不相远，乃一例每亩均税一分，上轻下重。欲乞土色十等如故外，即十等之地再分上、中、下三等，折亩均数。谓如第十等地每十亩合折第一等一亩，即十等之上，受税十一，不改元则；十等之中，数及十五亩，一等之下，数及二十亩，方比上等受一亩之税，庶几上下轻重皆均。"诏诸路概行其法。五年，福建、利路茶户山园，如盐田例免方量均税。

宣和元年，臣僚言："方量官惮于跋履，并不躬亲；行缠拍峰、验定土色，一付之胥吏。致御史台受诉，有二百余亩方为二十亩者，有二顷九十六亩方为一十七亩者，虔之瑞金县是也。有租税十有三钱而增至二贯二百者，有租税二十七钱则增至一贯四百五十者，虔文会昌县者是也。诏望常平使者检察。"二年，前诏罢之。民因方量流徙者，守令招诱归业；荒闲田土，召人请佃。自今诸司毋得起请方田。诸路已方量者，赋税不以有无诉论，悉如旧额输纳；民逃移归业，已遂逋欠税租，并与除放。

赋税　自唐建中初变租庸调法作年支两税，夏输毋过六月，秋输毋过十一月，遣使分道按率。其弊也，先期而苛敛，增额而繁征，至于五代极矣。

宋制岁赋，其类有五：曰公田之赋，凡田之在官，赋民耕而收其租者是也。曰民田之赋，百姓各得专之者是也。曰城郭之赋，宅税、地税之类是也。曰丁口之赋，百姓岁输身丁钱米是也。曰杂变之赋，牛革、蚕盐之类，随其所出，变而输之是也。岁赋之物，其类有四：曰谷，曰帛，曰金、铁，曰物产是也。谷之品七：一曰粟，二曰稻，三曰麦，四曰黍，五曰穄，六曰菽，七曰杂子。帛之品十：一曰罗，二曰绫，三曰绢，四曰纱，五曰绝，六曰绸，七曰杂折，八曰丝线，九曰棉，十曰布葛。金铁之品四：一曰金，二曰银，三曰铁、错，四曰铜、铁钱。物产之品六：一曰六畜，二曰齿、革、翎毛，三曰茶、盐，四曰竹木、麻草、刍莱，五曰果、药、油、纸、薪、炭、漆、蜡，六曰杂物。其输有常处，而以有余补不足，则移此输彼，多近输远，谓之"支移"。其入有常物，而一时所须则变而取之，使其直轻重相当，谓之"折变"。其输之迟速，视收成早暮而宽为之期，所以纾民力。诸州岁奏户帐，具载其丁口，男夫二十为丁，六十为老。两物折科物，非土地所宜而抑配者，禁之。

五代以来，常检视见垦田以定岁租。吏缘为奸，税不均适，由是百姓失业,田多荒芜。太祖即位,诏许民辟土,州县毋得检括,止以见佃为额。选官分莅京畿仓庾,及诣诸道受民租调,有增羡者辄得罪,多入民租者或至弃市。

旧诸州收税毕,符属县追吏会钞,县吏厚敛里胥以赂州之吏,里胥复率于民,民甚苦之。建炎四年,乃下诏禁止。令诸州受租籍不得称分、毫、合、龠、铢、厘、丝、忽,钱必成文,绢帛成尺,粟成升,丝绵成两,薪蒿成束,金银成钱。绸不满半疋、绢不满一疋者,许计丈尺输直,无得三户、五户聚合成疋,送纳烦扰。民输夏税,所在遣县尉部弓手于要路巡护,后闻扰民,罢之,止令乡耆、壮丁防援。

诸州税籍,录事参军按视,判官振举,形势户立别籍,通判专掌督之。二税须于三限前半月毕输。岁起纳二税,前期令县各造税籍,具一县户数、夏税、秋苗亩、桑功及缘科物为帐一,送州覆校定,用州印,藏长吏厅,县籍亦用州印,给付令佐。造夏税籍以正月一日,秋税籍以四月一日,并限四十五日毕。

开封府等七十州夏税,旧以五月十五日起纳,七月三十日毕。河北、河东诸州气候差晚,五月十五日起纳,八月五日毕。颍州等一十三州及淮南、江南、两浙、福建、广南、荆湖、川峡五月一日起纳,七月十五日毕。秋税自九月一日起纳,十二月十五日毕,后又并加一月。或值闰月,其田蚕亦有早晚不同,有司临时奏裁。继而以河北、河东诸州秋税多输边郡,常限外更加一月。江南、两浙、荆湖、广南、福建土多粳稻,须霜降成实,自十月一日始收租。掌纳官吏以限外欠数差定其罚,限前毕,减选、升资。民逋租逾限,取保归辨,毋得禁系。中国租二十石输牛革一准钱千。川蜀尚循旧制,牛驴死,革尽入官。乃诏蠲之;定民租二百石输牛革一,准钱千五百。

太平兴国二年,江西转运使言:“本路蚕桑数少,而金价颇低。今折征,绢估少而伤民,金估多而伤官。金上等旧估两十千,今请估八千;绢上等旧估匹一千,今请估一千三百,余以次增损。”从之。

咸平三年,以刑部员外、直史馆陈靖为京畿均田使,听自择京朝官,分县据元额定税,不得增收剩数;逃户别立籍,令本府招诱归业;桑功更不均检,民户广令种植。寻闻居民弗谕朝旨,翦伐桑柘,即诏罢之。六年,广南西路转运使冯涟上言:"廉、横、宾、白州民虽垦田,未尝输送,已命官检括,令尽出常租。"帝曰:"远方之民,宜省徭赋。"亟命停罢。知袁州何蒙请以金折本州二税,真宗曰:"若是,将尽废耕农矣。"不许。

大中祥符初,连岁丰稔,边储有备,河北诸路税赋,并听于本州军输纳。二年,颁幕职州县官招徕户口旌赏条制。旧制,县吏能招增户口者,县即升等,乃加其奉;至有析客户为主户者,虽登于籍,而赋税无所增。四年,诏禁之。雍熙初,尝诏荆湖等路民输丁钱,未成丁、已入老并身有废疾者,免之。至是,又除两浙、福建、荆湖、广南旧输身丁钱,岁凡四十五万四百贯。九年,诏诸路支移税赋勿至两次,仍许以粟、麦、荞、菽互相折输。

凡岁赋,谷以石计,钱以缗计,帛以匹计,金银、丝绵以两计,藁秸、薪蒸以围计,他物各以其数计。至道末,总七千八十九万三千;天禧五年,视至道之数有增有减,总六千四百五十三万。其折变及移输比壤者,则视当时所须焉。

宋克平诸国,每以恤民为先务,累朝相承,凡无名苛细之敛,常加铲革,尺缣斗粟,未闻有所增益。一遇水旱徭役,则蠲除倚格,殆无虚岁,倚格者后或凶歉,亦辄蠲之。而又田制不立,甽亩转易,丁口隐漏,兼并冒伪,未尝考按,故赋入之利视前代为薄。丁谓尝言:二十而税一者有之,三十而税一者有之。仁宗嗣位,首宽畿县田赋,诏三等以下户毋远输。河中府、同华州请免支移,帝以问辅臣,对曰:"西鄙宿兵,非移用民赋则军食不足。"特诏量减支移。

福州王氏时有田千余顷,谓之"官庄"。自太平兴国中授券予民耕,岁使输赋。至是,发运使方仲荀言:"此公田也,鬻之可得厚利。"遣尚书屯田员外郎幸惟庆领其事,凡售钱三十五万缗,诏减缗钱三之一,期三年毕偿。监察御史朱谏以为伤民,不可。既而期尽,未偿者犹十二万八千余缗,诏悉蠲之。后又诏公田重复取赋者皆罢。天圣时,贝州言:"民析居者例加税,谓之'罚税',他州无此比。"诏除之。自是，州县有言税之苛细无名者，蠲损甚众。

自唐以来，民计田输赋外，增取他物，复折为赋，谓之"杂变"，亦谓之"沿纳"。而名品烦细，其类不一。官司岁附帐籍，并缘侵扰，民以为患。明道中，帝躬耕籍田，因诏三司以类并合。于是悉除诸名品，并为一物，夏秋岁入，第分粗细二色，百姓便之。

州县赋入有籍，岁一置，谓之空行簿，以待岁中催科；闰年别置，谓之实行簿，以藏有司。

天圣初，或言实行簿无用，而率民钱为扰，罢之。景祐元年，侍御史韩渎言："天下赋入之繁，但存催科一簿，一有散亡，则耗登之数无从钩考。请复置实行簿。"诏再闰一造。至庆历中复故。

时患州县赋役之烦，诏诸路上其数，俾工府大臣合议蠲减。又诏曰："税籍有伪书逃徙，或因推割，用倖走移，若请占公田而不输税。如此之类，县令、佐能究见其弊，以增赋入，量数议赏。"既而谏官王素言："天下田赋轻重不等，请均定。"而欧阳修亦言："秘书丞孙琳尝往洺州肥乡县，与大理寺丞郭谘以千步方田法括定民田，愿诏二人者任之。"三司亦以为然，且请于亳、寿、蔡、汝四州择尤不均者均之。于是遣谘蔡州。谘首括一县，得田二万六千九百三十余顷，均其赋于民。既而谘言州县多逃田，未可尽括，朝廷亦重劳人，遂罢。

陕西、河东用兵，民赋率多支移，因增取地里脚钱，民不能堪。五年，诏陕西特蠲之，且令后勿复取。既而诏河东亦然。又令诸路转运司："支移、折变，前期半岁书于榜以谕民，有未便者听自言，主者裁之。"皇祐中，诏："广西赋布，匹为钱二百。如闻有司擅损其价，重困远人，宜令复故。"州郡岁常先奏雨足岁丰，后虽灾害，不敢上闻，故民赋罕得蠲者，乃下诏申饬之。又损开封诸县田赋，视旧额十之三，命著于法。

支移、折变，贫弱者尤以为患。景祐初，尝诏户在第九等免之，后孤独户亦皆免。至是，因下赦书，责转运司裁损，岁终条上。其后赦书数以为言，又令折科为平估，毋得害农。久之，复诏曰："如闻诸路比言折科民赋，多以所折复变他物，或增取其直，重困良农。虽屡戒敕，莫能奉宣诏令。自今有此，州长吏即时上闻。"然有司规聚敛，罕能承帝意焉。

初，湖、广、闽、浙因旧制岁敛丁身钱米，大中祥符间，诏除丁钱，而米输如故。至天圣中，始并除婺、秀二州丁钱。后庞籍请罢漳、泉、兴化军丁米，有司持不可。皇祐三年，帝命三司首减郴永州、桂阳监丁米，以最下数一岁为准，岁减十余万石。既而漳、泉、兴化亦第损之。嘉祐四年，复命转运司裁定郴、永、桂阳、衡、道州所输丁米及钱绢杂物，无业者弛之，有业者减半；后虽进丁，勿复增取。时广南犹或输丁钱，亦命转运司条上。自是所输无几矣。

自郭谘均税之法罢，论者谓朝廷徒恤一时之劳，而失经远之虑。至皇祐中，天下垦田视景德增四十一万七千余顷，而岁入九谷乃减七十一万八千余石，盖田赋不均，其弊如此。后田京知沧州，均无棣田，蔡挺知博州，均聊城、高唐田；岁增赋谷帛之类，无棣总一千一百五十二，聊城、高唐总万四千八百四十七，而沧州之民不以为便，诏输如旧。嘉祐五年，复诏均定，遣官分行诸路，而秘书丞高本在遣中，独以为不可均，才均数郡田而止。

景德中，赋入之数总四千九百一十六万九千九百，至皇祐中，增四百四十一万八千六百六十五，治平中，又增一千四百一十七万九千三百六十四。其以赦令蠲除以便于民，若逃移户绝不追者，景德中总六百八十二万九千七百，皇祐中三十三万八千四百五十七，治平中一千二百二十九万八千七百。每岁以灾害蠲除者，又不在是焉。

神宗留意农赋，湖、广之民旧岁输丁米，大中祥符以后屡裁损，犹不均，熙宁四年，乃遣屯田员外郎周之纯往广东相度均之。元丰三年，诏：诸路支移折税，并具所行月日，上之中书。初，熙宁八年，诏支移二税于起纳前半岁谕民，使民宿办，无仓卒劳费。时有司往往缓期，故申约之。州县又或令民输钱，谓之"折斛钱"，而籴贱颇用伤农。海南四州军税籍残缺，吏多增损，辄移税入他户，代输者类不能自明。琼州、昌化军丁税米，岁移输朱崖军，道远，民以为苦。至是，用体量安抚朱初平等议，根括四州军税赋旧额，存其正数，二州丁税米止令输钱于朱崖自籴以便民。

权发三司户部判官李琼根究逃绝税役，江、浙所得逃户凡四十万一千三百有奇，为书上之。明年，除琼淮南转运副使。两路凡得逃绝、诡名挟佃、簿籍不载并阙丁凡四十七万五千九百有奇，正税并积负凡九十二万二千二百贯、石、匹、两有奇。琼盖用贯石万数立赏，以诱所委之吏，增加浩大，三路之民，大被其害。而唐州亦增民赋，人情骚然。六年，御史翟思言：“始，赵尚宽为唐守，劝民垦田，高赋继之，流民自占者众，凡百亩起税四亩而已。税轻而民乐输，境内殆无旷土。近闻转运司辟土百亩增至二十亩，恐其势再致转徙。望戒饬使者，量加以宽民。”帝每遇水旱，辄轻弛租；或因赦宥，又蠲放倚阁未尝绝；赋输远方不均，皆遣使按之，率以为常。

哲宗嗣位，宣仁太后同听政，务行裕民之政，凡民有负，多所宽减。患天下积欠名目烦多，法令不一，王岩叟为开封，请随等第立贯百为催法。兖州邹令张文仲议其不便，遂令十分为率，岁随夏秋料带纳一分，是为五年十料之法。

陕西转运使吕大忠令农户支移，斗输脚钱十八。御史劾之，下提刑司体量，均其轻重之等。以税赋户籍在第一等、第二等支移三百里，三等、四等者二百里，五等一百里。不愿支移而愿输道里脚价者，亦酌度分为三等，以从其便。河东助军粮草，支移毋得逾三百里。灾伤五分以上者免折变，折变皆循旧法。

绍圣中，尝诏郡县货物用足钱、省陌不等，折变宜用中等。俄以所估时值多寡不齐，难概立法，命仍旧焉。言者谓：“欲民不流，不若多积谷；欲多积谷，不若推行折纳粜籴之法。今常平虽有折纳之法，止用中价，故民不乐输。若依和籴以实价折之，则无损于民。”

崇宁二年，诸路岁稔，遂行增价折纳之法，支移、折变、科率、配买，皆以熙宁法从事，民以谷菽、物帛输积负零税者听之。大观二年诏:"天下租赋科拨支折,当先富后贫,自近及远。乃者漕臣失职,有不均之患,民或爱害,其定为令。"支移本以便边饷,内郡罕用焉。间有移用,则赁民以所费多寡自择,故或输本色于支移之地,或输脚费于所居之邑。而折变之法,以纳月初旬估中价准折,仍视岁之丰歉,以定物之低昂,俾官吏毋得私其轻重。七月,诏曰:"比闻慢吏废期,凡输官之物,违期促限,蚕者未丝,农者未获,追胥旁午,民无所措。自今前期督输者,加一等坐之;致民逃徙者,论更加等。"旧凡以赦令蠲赋,虽多不过三分。四年,乃诏:天下逋赋,五年外户口不存者,悉蠲之。

京西旧不支移,崇宁中,将漕者忽令民曰:"支移所宜同,今特免;若地里脚费,则宜输。"自是岁以为常。脚费,斗为钱五十六,比元丰既当正税之数,而反覆纽折,数倍于昔。民至鬻牛易产犹不能继,转运司乃用是以取办理之誉,言者极论其害。政和元年,遂诏应支移而所输地里脚钱不及斗者,免之。寻诏五等户税不及斗者,支移皆免。

时天下户口类多不实,虽尝立法比较钩考,岁终会其数,按籍檃括脱漏,定赏罚之格,然蔡攸等计德、霸二州户口之数,率三户四口,则户版讹隐,不待校而知。乃诏诸路凡奏户口,令提刑司及提举常平司参考保奏。而终莫能拯其弊,故租税亦不得而均焉。

是时,内外之费浸以不给,中官杨戬主后苑作,有言汝州地可为稻田者,因用其言,置务掌之,号"稻田务"。复行于府畿,易名公田。南暨襄、唐,西及渑池,北逾大河,民田有溢于初券步亩者,辄使输公田钱。政和末,又置营缮所,亦为公田。久之,后苑、营缮所公田皆并于西城所,尽山东、河朔天荒逃田与河堤退滩租税举入焉,皆内侍主其事。所括为田三万四千三百余顷,民输公田钱外,正税不复能输。

重和元年,献言者曰:"物有丰匮,价有低昂,估丰贱之物,俾民输送,折价既贱,输官必多,则公私之利也。而州县之吏,但计一方所乏,不计物之有无,责民所无,其费无量。至于支移,徙丰就歉,理则宜然。豪民赇吏，故徙歉以就丰，赍挟轻货，以贱价输官，其利自倍；而贫下户各免支移，估直既高，更益脚费，视富户反重。因之逋负，困于追胥。"诏申戒焉。

宣和初，州县主吏催科失职，逋租数广，令转运司察守贰勤惰，听专达于内侍省。浙西逃田、天荒、草田、封茭荡、湖泺退滩等地，皆计籍召佃立租，以供应奉。置局命官，有"措置水利农田"之名，部使者且自督御前租课。

三年，言者论西蜀折科之弊，其略谓："西蜀初税钱三百折绢一疋，草十围计钱二十。今本路绢不用本色，疋折草百五十围，围估钱百五十，税钱三百输至二十三千。东蜀如之。仍支移新边，谓之远仓，民破产者众。"七年，言者又论："非法折变，既以绢折钱，又以钱折麦。以绢较钱，钱倍于绢；以钱较麦，麦倍于钱。展转增加，民无所诉。"

唐、邓、襄、汝等州，自治平后，开垦岁增，然未定税额。元丰中，以所垦新田差为五等输税，元祐元年罢之。大观三年，用转运副使张徽言之请，复元丰旧制，俄又以诉者而罢。政和三年，转运使王琦复言官失租赋，诏依元丰法，第折以见钱，凡得三十万缗。钦宗立，诏蠲焉。旧税租加耗，转运司有抛桩明耗，州县有暗桩暗耗之名，诸仓场受纳，又令民输头子钱。熙宁以后，给纳并收，其数益增焉，至是悉罢。

高宗建炎元年五月庚寅，诏二税并依旧法，凡百姓欠租、阁赋及应天府夏税，悉蠲之。庚子，诏被虏之家蠲夏秋租税及科配。

绍兴元年五月诏："民力久困，州县因缘为奸，今颁式诸路，凡因军期不得已而贷于民者，并许计所用之多寡，度物力之轻重，依式开具，使民通知，毋得过数科率。"八月，减大观税额三分之一。十有一月，言者论："浙西科敛之害，农末殆不聊生。鬻田而偿，则无受者；弃之而逃，则质其妻孥。上下相蒙，民无所措手足。利归贪吏，而怨归陛下。愿重科敷之罪，严贪墨之刑。"诏漕司究实以闻。二年正月，知绍兴府陈汝锡违诏科率，谪漳州。四月，建盗范汝为平，诏蠲本路今年二税及夏料役钱。既而手诏:"访闻州县以为著令不过三分,甚非所以称朕惠恤之意,可以赦并免。"十有一月,焚州县已蠲税簿,示民以不疑也。五年二月,诏诸路转运司以增收租数上户部,课赏罚。

六年八月,预借江、浙来年夏税绸绢之半,尽令折米:两浙绸绢各折七千,江南六千有半,每疋折米二石。九月,右司谏王揞言:"诸寺院之多产者,类请求贵臣改为坟院,冀免科敷,则所科归之下户。"诏户部申严禁之。十有二月,诏淮西残破州县更免租税二年。是月戊申,诏曰:"朕惟养兵之费,皆取于民,吾民甚苦,而吏莫之恤,贪缘军须,掊敛无艺,朕甚悼之。监司郡守,朕所委寄以惠养元元者也,今漫不加省,复何赖焉!其各勤乃职,察民之侵渔纳贿者,按劾以闻。苟庇覆弗治,朕不汝贷。"是岁,两浙转运李迨取婺秀湖州、平江府岁计宽剩钱二十二万八千缗有奇,依折帛钱限起发。自是以为例。

七年三月,诏:驻跸及所过州县欠绍兴五年以前税赋,并蠲之。七月,诏:新复州军请佃官田,输租外免输正税。己田谓之税,佃田谓之租,旧不并纳,刘豫尝并取之,至是,乃从旧法。九年,蠲新复州军税租及土贡、大礼银绢三年,差徭五年。初,刘豫之僭,凡民间蔬圃皆令三季输税。宣谕官方庭实言其不便,起居舍人程克俊言:"河南父老苦豫烦苛久矣,赋敛及于絮缕,割剥至于果蔬。"于是诏新复州县,取刘豫重敛之法焚之通衢。

十三年,淮东宣抚使韩世忠请以赐田及私产自昔未输之税并归之官,诏奖谕而可之。初,神武右军都统制张俊乞蠲所置产凡和买科敷,诏特从之。后,三省言:"国家兵革未息,用度至广,陛下哀悯元元,俾士大夫及勋戚之家与编户等敷,盖欲宽民力,均有无。今俊独得免,则当均在余户,是使民为俊代输也。方今大将不止俊一人,使各援例求免,何以拒之?望收前诏。"诏从之。越数年间,俊复乞免岁输和买绢,三省拟岁赐俊绢五千疋,庶免起例。上以示俊,因谕之曰:"朕固不惜,但恐公议不可。"俊惶悚,力辞赐绢。

十五年，户部议："准法，输官物用四钞，曰户钞，付民执凭；曰县钞，关县司销簿；曰监钞，纳官掌之；曰住钞，仓库藏之。所以防伪冒、备毁失也。毁失县钞者，以监、住钞销鉴；若辄取户钞，或追验于人户者，科杖。"

二十三年，知池州黄子游言："青阳县苗税七八倍于诸县，因南唐尝以县为宋齐丘食邑，亩输三斗，后遂为额。"诏减苗税二分有半，租米二分。是时，两浙州县合输绵、绸、税绢、茶绢、杂钱、米六色，皆以市价折钱，却别科米麦，有亩输四五斗者。京西括田，租加于旧。湖南有土户钱、折䌷钱、醋息钱、曲引钱，名色不一。荆南户口十万，寇乱以来，几无人迹。议者希朝廷意，谓流民已复，可使岁输十二，频岁复增，积迨至二十余万缗。曹泳为户部侍郎，责偿甚急。盖自桧再相，密谕诸路暗增民税七八，故民力重困，饿死者众，皆桧之为也。

二十六年，先是，右承议郎鲁冲上书论郡邑之弊："以臣前任宜兴一县言之，漕计合收窠名，有丁盐坊场课利钱，租地钱，租丝租纻钱，岁入不过一万五千余缗。其发纳之数，有大军钱、上供钱、籴本钱、造船钱、军器物料钱、天申节银绢钱之类，岁支不啻三万四千余缗。又有见任寄居官请奉、过往官兵批券、与非泛州都督索拖欠，略无虚日。今之为令者，苟以宽恤为意，而拙于催科，旋踵以不职罢；能迎合上司，惨刻聚敛，则以称职闻。是使为令者惴惴惟财赋是念，朝不谋夕，亦何暇为陛下奉行宽恤诏书、承流宣化者哉？"吏部侍郎许兴古议："今铨曹有知县、令二百余阙，无愿就者，正缘财赋督迫被罪，所以畏避如此。若罢献羡余，蠲民积欠，谨择守臣，戒饬监司，则吏称民安矣。"乃诏行之。

二十九年，上闻江西盗贼，谓辅臣曰："轻徭薄赋，所以息盗。岁之水旱，所以不能免，傥不宽恤而惟务科督，岂使民不为盗之意哉？"于是诏诸路州县，绍兴二十七年以前积欠官钱三百九十七万余缗及四等以下户官欠，悉除之。九月，诏：两浙、江东西水，浙东、江东西螟，其租税尽蠲之。自是水旱、经兵，时有蠲减，不尽书也。

三十二年六月戊寅,孝宗受禅赦:"凡官司债负房赁、租赋、和买、役钱及坊场、河渡等钱,自绍兴三十年以前并除之。诸路或假贡奉为名,渔夺民利,使所在居民以土物为苦,太上皇帝已尝降诏禁约。自今州军条上土贡之物,当议参酌天地、祖宗陵寝荐献及德寿宫甘旨之奉,止许长吏修贡,其余并罢。州县因缘多取,以违制坐之。"七月:"诸县受民已输税租等钞,不即销簿者,当职官吏并科罪;民赍户钞不为使,而抑令重输者,以违制论,不以赦免,著为令。"八月,诏:"州县受纳秋苗,官吏多收加耗,肆为奸欺。方时艰虞,用度未足,欲减常赋而未能,岂忍使贪脏之徒重为民蠹?自今违犯官吏,并置重典,仍没其家。"此孝宗初诏也。

先是,常州宜兴县无税产百姓,丁输盐钱二百文。下户有墓地者,谓之墓户,经界之时均纽正税,又令带输丁盐绢作折帛钱。至隆兴元年,始用知县姜诏言,令与晋陵、武进、无锡三县一例随产均输。二年四月,知赣州赵公称以宽剩钱十万缗为民代输夏税,是后守臣时有代输者。五月,诏:"温、台、处、徽不通水路,其二税物帛,许依折法以银折输,数外妄有科折,计脏定罪。"

乾道元年,蠲兴化军"犹剩米"之半。以知军张允蹈言"自建炎三年,本军秋税,岁余军储外,犹剩米二万四千四百余石,供给福州,谓之'犹剩米'。四十年间,水旱相仍,不复减损",故有是命。至八年,乃并其半蠲之。三年六月,减临安府新城县进际税之半。以知县耿秉言,曩钱氏以进际为名,虚额太重故也。十有一月,蠲临安府属县欠乾道元年三税、坊场课利、折帛、免丁等钱。七年,敕令所修《输苗乞取法》,受纳官比犯人减一等,州县长官不觉察与同罪。暨上三等及形势户遗赋,虽遇赦不除。八年,蠲绍兴府增起苗米四万九千余石。

淳熙三年,臣僚言:"湖北百姓广占官田,量输常赋,似为过优,比议者欲从实起税而开陈道之门。殊不思朝廷往年经界,独两淮、京西、湖北依旧。盖以四路被边,土广人稀,诱之使耕,犹惧不至,若履亩而税,孰肯远徙力耕,以供公上之赋哉?今湖北惟鼎、沣地接湖南,垦田稍多,自荆南、安、复、岳、鄂、汉、沔汙莱弥望,户口稀少,且皆江南狭乡百姓，扶老携幼，远来请佃，以田亩宽而税赋轻也。若从议者之言，恐于公家无一毫之益，而良民有无穷之扰矣。如臣所见，且当诱以开耕，不宜恐以增税。使田畴尽辟，岁收滋广，一遇丰稔，平籴以实边，则所省漕运亦博。望且依绍兴十六年诏旨，以十分为率，年增输一分，不愿开垦者，即许退田别佃。期限稍宽，取之有渐，远民安业，一路幸甚。"诏户部议之。

四年，臣僚言："屡赦蠲积欠，以苏疲民，州县不能仰承德意，至变易名色以取之。宜下漕司，如合除者毋更取之于州，州毋取之于县，县销民欠籍，书其名数，谕民通知。"诏可。五年八月，诏曰："比年以来，五谷屡登，蚕丝盈箱，嘉与海内共享阜康之乐，尚念耕夫蚕妇终岁勤动，价贱不足以偿其劳。郡邑两税，除折帛、折变自有常制，当输正色者，毋以重价强之折钱。若有故违，重置于法。临安府刻石，遍赐诸路。"六年，以谏议大夫谢廓然言："州县违法科敛，侵渔日甚，其咎虽在县令，而督迫实由郡守。县令按劾，而郡守自如。"诏："自今凡有过需横取，监司悉行按劾，无详于小而略于大。"

七年夏，大旱。知南康军朱熹应诏上封事言："今民闻二税之入，朝廷尽取以供军，州县无复赢余，于是别立名色巧取。今民贫赋重，惟有核兵籍，广屯田，练民兵，可以渐省列屯坐食之兵，稍损州郡供军之数。使州县之力浸纾，然后禁其苛敛，责其宽恤，庶几穷困之民得保生业，无流移漂荡之患。"八年，诏监司、太守察所部催科不扰者荐之，烦扰害民者劾之。十一年，户部奏：诸路州军检放旱伤米数近六十万石。上谕王淮曰："若尽令核实，恐他年郡县怀疑，不复检放。惟宁国数最多，可令漕司核实而蠲之。"

绍熙元年，臣僚言："古者赋租出于民之所有，不强其所无。今之为绢者，一倍折而为钱，再倍折而为银。银愈贵，钱愈艰得，谷愈不可售，使民贱粜而贵折，则大熟之岁反为民害。原诏州郡：凡多取而多折者，重置于罚；民有粜不售者，令常平就籴，异时岁歉，平价以粜。庶于民无伤，于国有补。"诏从之。

秘书监杨万里奏："民输粟于官谓之苗，旧以一斛输一斛，今以二斛输一斛矣。输帛于官谓之税，旧以正绢为税绢，今正绢处有和买矣。旧和实官给其直，或以钱，或以盐。今皆无之，又以绢估直而倍折其钱矣。旧税亩一钱输免役一钱，今岁增其额，不知所止矣。既一倍其粟，数倍其帛，又数倍其钱，而又有月桩钱、版帐钱，不知几倍于祖宗之旧，又几倍于汉、唐之制乎。此犹东南之赋可知也，至于蜀赋之额外无名者，不可得而知也。陛下欲薄赋敛，当节用度。用节而后财而可积，财积而后国可足，国足积后赋可减，赋减而后民可富，民富而后邦可宁。不然，日复日，岁复岁，臣未知其所终也。"时金主璟新立，万里迓使客于淮，闻其蠲民间房园地基钱，罢乡村官酒坊，减盐价，除田租，使虚誉达于吾境，故因转对而有是言也。

二年，诏曰："朕惟为政之道，莫先于养民。故自即位以来，蠲除甚赋，颁宣宽条，嘉兴四方臻于安富。郡守、县令，最近民者也。诚能拊循惠爱，以承休德，庶几政平讼理之效。今采之人言，乃闻科敛先期，竞务办集，而民之虚实产问；追呼相继，敢为椎剥，而民之安否不恤。财计之外，治理蔑闻，甚不称朕委属之意。国用有常，固在经理，而非掊克督趣以为能也。知本末先后之谊，此朕所贵于守令者。继自今以轸恤为心，以牧养为务，俾民安业，时予汝嘉。"

庆元二年，诏浙江东、西夏税、和买绸绢并依绍兴十六年诏旨折纳。绍兴十六年诏旨：绢三分折钱，七分本色；绸八分折钱；二分本色。

嘉熙二年臣僚言："陛下自登大宝以来，蠲赋之诏无岁无之，而百姓未沾实惠。盖民输率先期归于吏胥、揽户，及遇诏下，则所放者吏胥之物，所倚阁者揽户之钱，是以宽恤之诏虽颁，愁叹之声如故。尝观汉史恤民之诏，多减明年田租。今宜仿汉故事，如遇朝廷行大惠，则以今年下诏，明年减租示民先知减数，则吏难为欺，民拜实赐矣。"从之。

淳祐八年，监察御史兼崇政殿说书陈求鲁奏："本朝仁政有余，而王制未备。今之两税，本大历之弊法也。常赋之入尚为病，况预借乎？预借一岁未已也，至于再，至于三；预借三岁未已也，至于四，至于五。窃闻今之州县,有借淳祐十四年者矣。以百亩之家计之,罄其永业,岂足支数年之借乎?操纵出于权宜,官吏得以簸弄,上下为奸,公私俱困。臣愚谓今日救弊之策,其大端有四焉:宜采夏侯太初并省州郡之议,俾县令得以直达于朝廷;用宋元嘉六年为断之法,俾县令得以究心于抚字;法艺祖出朝绅为令之典,以重其权;遵光武擢卓越茂为三公之意,以激其气。然后为之正其经界,明其版籍,约其妄费,裁其横敛,则预借可革,民瘼有瘳矣。"

咸淳十年,侍御史陈坚、殿中侍御史陈过等奏:"今东南之民力竭矣,西北之边患棘矣,诸葛亮所谓危急存亡之时也。而邸第戚畹、御前寺观,田连阡陌,亡虑数千万计,皆巧立名色,尽蠲二税。州县乏兴,鞭挞黎庶,鬻妻卖子,而钟鸣鼎食之家,仓头庐儿,浆酒藿肉;琳宫梵宇之流,安居暇食,优游死生。安平无事之时尤且不可,而况艰难多事之际乎?今欲宽边患,当纾民力;欲纾民力,当纾州县,则邸第、寺观之常赋,不可姑息而不加厘正也。望与二三大臣亟议行之。"诏可。

建炎二年,初复钞旁定帖钱,命诸路提刑司掌之。绍兴二年,诏伪造券旁者并依军法。五年三月,诏诸州勘合钱贯收十文足。勘合钱,即所谓钞旁定帖钱也。初令诸州通判印卖田宅契纸,自今民间争田,执白契者勿用。十有一月,以调度不足,诏诸路州县出卖户帖,令民具田宅之数而输其直。既而以苛扰稽缓,乃立价:凡坊郭乡村出等户皆三十千,乡村五等、坊郭九等户皆一千,凡六等,惟闽、广下户差减;期三月足输送行在,旱伤及四分在上者听旨。

三十一年,先是,诸州人户典卖田宅契税钱所收窠名,七分隶经、总制,三分属系省。至是,总领四川财赋王之望言,请从本所措置拘收,以供军用,诏从之。凡嫁资、遗嘱及民间葬地,皆令投契纳税,一岁中得钱四百六十七万余引,而极边所捐八郡及卢、夔等未输者十九郡不与焉。乾道五年,户部尚书曾怀言:"四川立限拘钱数百万缗,婺州亦得钱三十余万缗他路恬不加意。"诏:百姓白契,期三月自陈,再期百日输税,通判拘入总制帐。输送及十一万缗者,知、通推赏；违期不首，及输钱违期者，许人告，论如律。"淳熙六年，敕令《重修淳熙法》，有收舟、驴、驼、马契书之税，帝命删之，曰："恐后世有算及舟车之言。"

建炎三年，张浚节制川、陕，承制以同主管川、秦茶马赵开为随军转运使，总领四川财赋。自蜀有西师，益、利诸司已用便宜截三路上供钱。川峡布绢之给陕西、河东、京西者。四年秋，遂尽起元丰以来诸路常平司坊场钱，元丰以来封椿者。次科激赏绢，是年初科三十三万疋，俟边事宁即罢。绍兴十六年，减利、夔三万疋，惟东、西川三十万疋至今不减。次奇零绢估钱，即三路纲也，岁三十万疋。西川疋理十一引，东川十引。自绍兴二十五年至庆元初，两川并减至六引。次布估钱，成都崇庆府、鼓汉邛州、永康六郡，自天圣间，官以三百钱市布一疋，民甚便之，后不复予钱。至是，宣抚司又令民疋输估钱三引，岁七十余万疋，为钱二百余万引。庆元初，累减至一百三十余万引。次常平积年本息，此熙、丰以来所谓青苗钱者。建炎元年，遗驾部员外郎喻汝砺括得八百余万缗，至是，取以赡军矣。次对籴米，谓如户当输税百石，则又科籴百石，故谓之对籴。及他名色钱。如酒、盐等。大抵于先朝常赋外，岁增钱二千六十八万缗，而茶不预焉。自是军储稍充，而蜀民始困矣。

绍兴五年，浚召拜尚书右仆射，以席益为四川安抚制置大使，赵开为四川都转运使。益颇侵用军期钱，开愬于朝，又数增钱引，而军计犹不给。六年，以龙图阁直学士李迨代开为都转运使。都官员外郎冯康国言："四川地狭民贫，祖宗时，正税重者折科稍轻，正税轻者折科稍重，二者平准，所以无偏重偏轻之患。百有余年，民甚安之。近年，漕、总二司辄更旧法，反覆纽折，取数务多，致民弃业逃移。望并罢之，一遵旧制。"诏如所请，令宪臣察其不如法者。

七年三月，迨以赡浑钱粮令四路漕臣分认，而榷茶钱不用，蜀人不以为是。九月，浚罢，赵鼎为尚书左仆射。十有一月，以直秘阁张深主管四川茶马，迨请祠。八年二月，命深及宣抚司参议官陈远猷并兼四川转运副使。席益以忧去，枢密直学士胡世将代之。十月，鼎罢，秦桧独相。九年，和议成。签书枢密院事楼炤宣谕陕西还，以金四千两、银二十万两输激赏库,皆取诸蜀者。会吴玠卒,以世将为宣抚副使,以吏部尚书张焘知成都府兼本路安抚使。上谕辅臣曰:"焘可付以便宜。如四川前日横敛,宜令减以纾民。"成都帅行民事,自焘始。世将奏以宣抚司参议官井度兼四川转运副使。

十一年正月,赵开卒。自金人犯陕、蜀,开职馈饷者十年,军用无乏,一时赖之。其后计臣屡易,于开经画无敢变更。然茶、盐、榷酤、奇零绢布之征,自是为蜀之常赋,虽屡经蠲减而害不去,议者不能无咎开之作俑焉。

十月,以郑刚中为川、陕宣谕使。十二年,世将卒,改宣抚使。十三年,刚中献黄金万两。十五年正月,刚中奏减成都路对籴米三之一。四月,省四川都转运使,以其事归宣抚司。刚中寻以事忤桧,于是置四川总领所钱粮官,以太府少卿赵不弃为之。又改命不弃总领四川宣抚司钱粮。十六年,刚中奏减两川米脚钱三十二万缗,激赏绢二万疋,免创增酒钱三万四千缗。以四川总制钱五十万缗充边费。十七年,以户部员外郎符行中总领四川宣抚司钱粮,召刚中赴行在,不弃权工部侍郎,知成都府李璆权四川宣抚司事。

先是,刚中奏:"本司旧贮备边岁入钱引五百八二十一万五千道,如拨供岁计,即可对减增添,宽省民力。"诏李璆、符行中参酌减放。于是减四川科敷虚额钱岁二百八十五万缗,两川布估钱三十六万五千缗,夔路盐钱七万六千缗,坊场、河渡净利抽贯税钱四万六千余缗,又减两川米脚钱四十二万缗。时宣抚司降赐库贮米一百万石,乃命行中酌度对籴分数均减。

十八年,罢四川宣抚司,以璆为四川安抚制置使兼知成都府,太府少卿汪召嗣总领中川财赋军马钱粮。宣抚司降赐库钱,除制置司取拨二十万缗,余令总领所贮之。二十二年,总领所奏蠲诸路欠绍兴十七年以前折估籴本等钱一百二十九万余缗,米九万八千七百余石,绫、绢一万四千余疋。先是,自讲和后,岁减钱四百六十二万缗有奇,朝廷犹以为重。二十四年,遣户部员外郎锺世明同四川制、总两司措置裕民。二十五年,以符行中等言,减两川绢估钱二十八万缗,潼川府秋税脚钱四万缗,利路科斛脚钱十二万缗,两川米脚钱四十万缗,盐酒重额钱七十四万缗,激赏绢九千余疋,合一百六十余万缗;蠲州县绍兴十九年至二十三年折估籴本等逋欠二百九十二万缗。

是时,朝廷虽蠲民旧逋,而符行中督责犹峻,蜀人怨之。于是以萧振为四川安抚制置使兼知成都府,行中提举江州太平兴国宫。二十六年,上以蜀民久困供亿,诏制置萧振、总领汤允恭、主管茶马李洞、成都转运判官许尹、潼川转运判官王之望措置宽恤,于是之望奏减四川上供之半。二十七年,用萧振等言,减三川籴米十六万九千余石,夔路激赏绢五万疋,两川绢估钱二十八万缗有奇,潼川、成都奇零折帛疋一千;又减韩球所增茶额四百六十二万余斤,茶司引息虚额钱岁九十五万余缗。

初,利州旧宣抚司有积缗二百万,守者密献之朝,下制置司取拨。振曰:“此所以备水旱军旅也,一旦有急,又将取诸民乎？请留其半。”是岁振卒,李文会代之。二十八年,文会卒,中书舍人王刚中代之。二十九年,蠲四川折估籴本积欠钱三百四十万缗。

乾道二年,蠲奇欠白契税钱三十万余缗。三年,蠲川、秦茶马两司绍兴十九年至三十二年州县侵用及民积欠六十六万四千九百余缗。四年,又诏:四川诸州欠绍兴三十一年至隆兴二年赡军诸窠名钱物,暨退剥亏分之数,及漏底折欠等钱,并蠲之。蠲成都人户埋运封籴米脚钱三十五万缗。淳熙十六年诏:“四川岁发湖、广总领所纲运百三十五万六千余顷,自明年始,与免三年。当议对减盐酒之额,制置、总领同诸路转运、提刑司条上。其湖、广岁计,朝廷当自给之。”

绍兴三年,蠲潼川府去年被水州县租税,资普荣叙州、富顺监凡夏输亦如之。寻又诏:“本路旱伤州县租税,官为代输及民已输者,悉理今年之数。”四年,蠲绍熙三年成都、潼川两路奇零绢估钱引四十七万一千四百五十余道,潼川府激赏绢一十六万六千九百七十五疋。又诏:四川州县盐、酒课额自明年更放三年。

　　嘉定七年,再蠲四川州县盐、酒课额三年,其合输湖、广总领所纲运亦免三年。十一年,蠲天水军今年租役差科,西和州蠲十之七,成州蠲十之六,将利、河池两县各蠲十之五,以经兵也。

宋史卷一七五
志第一二八

食货上三

布帛　和籴　漕运

　　布帛　宋承前代之制，调绢、绸、布、丝、绵以供军须，又就所产折科、和市。其纤丽之物，则在京有绫锦院，西京、真定、青益梓州场院主织锦绮、鹿胎、透背，江宁府、润州有织罗务，梓州有绫绮场，亳州市绉纱，大名府织绉縠，青、齐、郓、濮、淄、潍、沂、密、登、莱、衡、永、全州市平绝。东京榷货务岁入中平罗、小绫各万匹，以供服用及岁时赐与。诸州折科、和市，皆无常数，唯内库所须，则有司下其数供足。自周显德中，令公私织造并须幅广二尺五分，民所输绢匹重十二两，疏薄短狭、涂粉入药者禁之；河北诸州军重十两，各长四十二尺。宋因其旧。

　　开宝三年，令天下诸州凡丝、绵、绸、绢、麻布等物，所在约支二年之和，不得广科市以烦民。初，蓬州请以租丝配民织绫，给其工直，太祖不许。太宗太平兴国中，停湖州织绫务，女工五十八人悉纵之。诏川峡市买场、织造院，自今非供军布帛，其锦绮、鹿胎、透背、六铢、欹正、龟壳等段匹，不须买织，民间有织卖者勿禁。马元方为三司判官，建言："方春乏绝时，预给库钱贷民，至夏秋令输绢于官。"大中祥符三年，河北转运使李士衡又言："本路岁给诸军帛七十万,民间罕有缗钱,常预假于豪民,出倍称之息,至期则输赋之外,先偿逋欠,以是工机之利愈薄。请预给帛钱,俾及时输送,则民获利而官亦足用。"诏优予其直。自是诸路亦如之。或蚕事不登,许以大小麦折纳,仍免仓耗及头子钱。

天圣中,诏减两蜀岁输锦绮、鹿胎、透背、欹正之半,罢作绫花纱。明道中,又减两蜀岁输锦绮、绫罗、透背、花纱三之二,命改织绸、绢以助军。景祐初,遂诏罢输锦背、绣背、遍地密花透背段,自掖庭以及间巷禁用。其后岁辄增益梓路红锦、鹿胎,庆历四年复减半。既而又减梓路岁输绢三之一,红锦、鹿胎半之。先是,咸平初,广南西路转运使陈尧叟言:"准诏课植桑枣,岭外唯产苎麻,许令折数,仍听织布赴官场博市,匹为钱百五十至二百。"至是,三司请以布偿刍直,登、莱端布为钱千三百六十,沂布千一百,仁宗以取直过厚,命差减其数。自西边用兵,军须绸绢,多出益、梓、利三路,岁增所输之数;兵罢,其费乃减。嘉祐三年,始诏宽三所输数。治平中,岁织十五万三千五百余匹。

神宗即位,京师米有余蓄,命发运司损和籴数五十万石,市金帛上京,储之榷货务,备三路军须。京古转运司请以钱三十万二千二百贯给贷于民,令次年输绢,匹为钱千,随夏税初限督之。诏运其钱于河北,听商人入中。

熙宁三年,御史程颢言:"京东转运司和买绸绢,增数抑配,率千钱课绢一匹,其后和买并税绢,匹皆输钱千五百。"时王广渊为转运使,谓和买如旧,无抑配。颢言其迎合朝廷意。王安石谓广渊在京东尽力以赴事功,不宜罪以迎合。乃诏所给内帑别额绸绢钱五十万缗,收其本储之北京,息归之内帑。右正言李常亦言:"广渊以陈汝羲所进羡余钱五十万缗,随和买绢钱分配,于常税折科放买外,更取二十五万缗,请以颢言付有司。"定州安抚司又言:"转运司配绸、绢、绵、布于州镇军砦等坊郭户,易钱数多,乞悯其灾伤,又居极边,特蠲损之。"诏提刑司别估,民不愿市,令官自卖,已给而抑配者正之。自王安石秉政，专以取息为富之务，故当时言利小人如王广渊辈，假和买绸绢之名，配以钱而取其五分之息，其刻又甚于青苗。然安石右广渊，颢、常言卒不行。二月，诏移巴蜀羡财，市布帛储于陕西以备边，省蜀人输送及中都漕挽之费。

七年，两浙察访沈括言："本路岁上供帛九十八万，民苦备偿，而发运司复以移用财货为名，增预买绸绢十二万。"诏罢其所增之数。八年，韩琦奏倚阁预买绸绢等，虽稍丰稔，犹当五七岁带输。安石以为不然，言于神宗曰："预买绸绢，祖宗以来未尝倚阁，往岁李稷有请，因从之。近方镇监司争以宽恤为事，不计有无，异日国用阙，当复刻剥于民尔。"

元丰以来，诸路预买绸绢，许假封桩钱或坊场钱，少者数万缗，多者至数十万缗。其假提举司宽剩钱者，又或令以绢帛入常平库，俟转运司以价钱易取。三年，京东转运司请增预买数三十万，即本路移易，从之。四年，遣李元辅变运川峡四路司农物帛。中书言：物帛至陕西，择省样不合者留易，籴粮储于边，期以一年毕。五年，户部上其数凡八百十六万一千七百八十匹两，三百四十六万二千缗有奇。

绍圣元年，两浙丝蚕薄收，和买并税绸绢，令四等下户输钱，易左帑绸绢；又令转运司以所输钱市金银，遇蚕丝多，兼市纱、罗、绸、绢上供。元符元年，雄州榷场输布不如样，监司通判贬秩、展磨勘年有差；令损其直，后似此者勿受。

尚书省言："民多愿请预买钱，宜视岁例增给，来岁市绸绢计纲赴京。"左司员外郎陈瓘言："预买之息，重于常平数倍，人皆以为苦，何谓愿请？今复创增，虽名济乏，实聚敛之术。"提点京东刑狱程堂亦言："京东、河北灾民流未复，今转运司东西路岁额无虑二百万匹两，又于便外增买，请罢之。"乃诏诸路提举司勿更给钱，俟蚕麦多选官置场。崇宁中，诸路预买，令所产州县乡民及城郭户并准赀力高下差等均给。川峡路取元丰数最多一年为额，旧不给者如故。

　　江西和买绸绢岁五十万匹，旧以钱、盐三七分预给。自盐钞法行，不复给盐，令转运司尽给以钱，而卒无有，逮今五年，循以为常，民重伤困。大观初，诏假本路诸司封桩钱及邻路所掌封桩盐各十万缗给之。其后提举常平张根复言：“本路和买，未尝给钱，请尽给一岁蚕盐，许转运司移运或民户至场自请。”而江西十郡和买数多，法一匹给盐二十斤，比钱九百，岁预于十二月前给之。转运司得盐不足，更下发运司会积岁所负给偿。

　　尚书省言大观库物帛不足，令两浙、京东、淮南、江东西、成都、梓州、福建路市罗、绫、纱一千至三万匹各有差。二年，又令京东、淮南、两浙市绢帛五万及三万匹，并输大观库；又四川各二万，输元丰库。江东西如四川之数，输崇宁库。而州县和买，有以盐一席折钱六千，令民至期输绸绢六匹，又前期督促，致多逃徙，诏递加其罪。坊郭户预买有家至四五百匹，兴仁府万延嗣户业钱十四万二千缗，岁均千余匹，乃令减半均之。

　　两浙和买并税绸绢布帛，头子钱外，又收市例钱四十，例外约增数万缗，以分给人吏。政和初，诏罢市例钱。诸路绸绢布帛比价高数倍，而给直犹用旧法，言者请稍增之，度支以元丰便定，沮抑不行，令如期给散而已。江东和买，弊如江西，比年才给二百，转运司又以重十三两为则，不及则，准丝价补纳以钱，两率二百有余。宣和三年，诏提刑司厘正以闻。先是，成都、河北、预买，官户许减半，四年，令旧尝全科者如旧。既又以两浙多官户，令预买通敷。七年冬，郊祀，河北、京东和买科取物帛丝绵等数并免，以供奉物给降，其所蠲贷，几数百万。

　　初，预买绸绢务优直以利民，然犹未免烦民，后或令法折输钱，或物重而价轻，民力浸困，其终也，官不给直，而赋取益甚矣。十二月，诏令转运司各会一路之数，分下州县经画，不以钱以他物、不以正月以他月给者，并论以违制。然有司鲜能承顺焉。靖康元年，命转运司以常平钱前一季预备，如正月之期给之，毋贷以他物而损其数。京东州县勿以逃移户旧数科著业人，仍先除其数，俟流民归业均敷。余路亦如之。

建炎三年春,高宗初至杭州,朱胜非为相。两浙转运副使王琮言:"本路上供、和买、夏税绸绢,岁为匹一百一十七万七千八百,每匹折输钱二千以助用。"诏许之。东南折帛钱自此始。五月,诏每岁预买绵绢,令登时给其直。又诏江、浙和预买绢减四分之一,仍给见钱,违者置之法。绍兴元年,初赋鼎州和买折帛钱六万缗,以赡蔡兵。以两浙夏税及和买绸绢一百六十余万匹,半令输钱,匹二千。二年,以诸路上供丝、帛并半折钱如两浙例,江、淮、闽、广、荆湖折帛钱自此始。时江、浙、湖北、夔路岁额绸三十九万匹,江南、川、广、湖南、两浙绢二百七十三万匹,东川、湖南绫罗绝七万匹,西川、广西七十七万匹,成都锦绮千八百余匹,皆有奇。

三年三月,以两浙和买物帛,下户艰于得钱,听以七分输正色,三分折见缯。初,洪州和买,八分输正色,二分折省钱,匹三千。四年,帅臣域胡世将请以三分匹折六千省。又言绢直踊贵,请匹增为五千足。户部定为六千足。殿中侍御史张致远言:"江西残破之余,和预买绢请折输钱,朝廷从之,是欲少宽民力。匹输钱五千省,比旧直已增其半,较之两浙时直,匹多一千五百,户部又令折六贯文足,是欲乘民之急而倍其敛也。物不常贵,则绢有时而易办;钱额既定,则价无时而可减。"于是诏江西和买绢匹折输钱六千省,愿输正色者听。是冬,初令江、浙民户悉输折帛钱。当是时,行都月费钱百余万缗,重以征戍之费,令民输绸者全折,输绢者半折,匹五千二百省。折帛钱由此愈重。

九年正月,复河南,减折帛钱匹一千,未几又增之。十七年,减折帛钱:江南匹为六千,两浙七千,和买六千五百;绵,江南两为三百,两浙四百。二十年,诏:"广西折布钱因张浚增至两倍以上,今减作一贯文折输。"二十九年,中书省奏:江、浙四路所起折帛钱,地里遥远,宜就近储之。诏除徽、处、广德旧折轻货,余州当折银者输钱,愿输银者听,浙西提刑司、三总领所主之。先是,江、浙路折帛钱岁为钱五百七十三万余缗,并输行都,至是,始外储之以备军用。

乾道四年,减两浙、乾道五年夏税、和买折帛钱之半。六年,知徽州郏升卿代还,奏:"州自五代陶雅守郡,妄增民赋,至今二百余年,比邻境诸县之税独重数倍,而杂钱之税科折尤重,请赐蠲免。"九年,诏徽州额外创科杂钱一万二千一百八十余缗,及元认江东、两浙运司诸处绢一万六千六百余匹,并蠲之。

绍熙五年,诏两浙、江东西和买绸绢折帛钱太重,可自来年匹减钱一贯五百文,三年后别听旨。所减之钱,令内藏、封桩两库拨还。

庆元元年,户部侍郎袁说友言临安、余杭二县和买科取之弊:"乞将余杭县经界元科之额配以绢数,不分等则,以二十四贯定数一匹,衮科而下,足额而止,捐其余以惠末产之民。如此则吏不得而制民,民无资于诡户,救弊之良策也。"说友又奏:"贯头均科之法行,则县邑无由多取,乡司无所走弄,而诡挟者不能幸免,是以奸民顽吏立为异论以摇之。"诏令集议。二年,吏部尚书叶翥等议请如帅漕所奏推行之,诏可。

建炎元年,知越州翟汝文奏:"浙东和预买绢岁九十七万六千匹,而越乃六十万五百匹,以一路计之,当十之三。望将三等以上户减半,四等以下户权罢。"寻以杭之和买绢偏重,均十二万匹于两浙。乾道九年,秘书郎赵粹中言:"两浙和买,莫重于绍兴,而会稽为最重。缘田薄税重,诡名隐寄,多分子户。自经界后至乾道五年,累经推排,减落物力,走失愈重,民力困竭。若据亩均输,可绝诡户之弊。"淳熙八年,诏两淮漕臣吴琚与帅臣张子颜措置。子颜等言:"势家豪民分析版籍以自托于下户,是不可不抑。然弊必原,谓如浙东七州,和买凡二十八万一千七百三十有八;温州本无科额,合台、明、衢、处、婺之数,不满一十三万;而绍兴一郡独当一十四万六千九百三十有八,则是以一郡视五郡之输而赢一万有奇,此重额之弊也。又如赁牛物力,以其有资民用,不忍科配;酒坊、盐亭户,以其尝趁官课,难令再敷;至于坍江落海之田,壤地漂没;僧道寺观之产,或奉诏蠲免;而省额未除,不免阴配民户,此暗科之弊也。二弊相乘,民不堪命,于是规避之心生,而诡户之患起。旧例物力三十八贯五百为第四等,降一文以下即为第五等,为诡户者志于规避,往往止就二三十贯之间立为砧基。今若自有产有丁系真五等依旧不科,其有产无丁之户,将实管田产钱一十五贯以上并科和买,其一十五贯以下则存而不敷,庶几伪五等不可逃,真五等不受困。"于是诏:"绍兴府横宫田园、诸寺观、延祥庄并租牛耕牛合蠲和买,并于省额除之;坊场、盐亭户见敷和买物力,及坍江田、放生池合减租税物力,并核实取旨。"

十一年,臣僚言两浙、江东西四路和买不均之弊,送户部、给舍等官详议。郑丙、丘崈议,亩头均科之说至公至平,诏施行之。十六年,知绍兴府王希吕言:"均敷和买,曩者亟于集事,不暇覆实,一切以为诡户而科之,于是物力自百文以上皆不免于和买,贫民始不胜其困。乞将创科和买二万五十七匹有奇尽放,则民被实惠矣。"于是诏下户和买二万五十人余匹住催一年,又减元额四万四千匹有奇;均敷一节,令知绍兴府洪迈从长施行。绍熙元年,迈定其法上之,诏依所措置推行,于是绍兴贫民下户稍宽矣。

和籴　宋岁漕以广军储、实京邑。河北、河东、陕西三路及内郡,又自籴买,以息边民飞挽之劳,其名不一。建隆初,河北连岁大稔,命使置场增价市籴,自是率以为常。咸平中,尝出内府绫、罗、锦、绮计直缗钱百八十万、银三十万两,付河北转运使籴粟实边。继而诏:凡边州积谷可给三岁即止。大中祥符初,三路岁丰,仍令增籴广蓄,靡限常数。后又时出内库缗钱,或数十万,或百万,别遣官经画市籴,中等户以下免之。

初,河东既下,减其租赋。有司言其地沃民勤,颇多积谷,请每岁和市,随常赋输送,其直多折色给之。京东西、陕西、河北阙兵食,州县括民家所积粮市之,谓之推置;取上户版籍,酌所输租而均籴

之,谓之对籴,皆非常制。麟、府州以转饷道远,遣常参官就置场和
籴。河北又募商人输刍粟于边,以要券取盐及缗钱、香药、宝货于京
师或东南州军,陕西则受盐于两池,谓之入中。陕西籴谷,又岁预给
青苗钱,天圣以来,罢不复给,然发内藏金帛以助籴者,前后不可胜
数。宝元中,出内库珠直缗钱三十万,付三司售之,收其直以助边
费。欧阳修奉使河东还,言:“河东禁并边地不许人耕,而私籴北界
粟麦为兵储,最为大患。”遂诏岢岚、火山军闲田并边壕十里外者听
人耕,然竟无益边备,岁籴如故。大抵入中利厚而商贾趋之,罢三路
入中,悉以见钱和籴,县官之费省矣。

熙宁五年,诏以银绢各二十万赐河东经略安抚司,听人赊买,
收本息封桩备边。息是三路封桩,所给甚广,或取之三司,或取之市
易务,或取之他路转运司,或赐常平钱,或鬻爵、给度牒,而出内藏
钱帛不与焉。

七年,以岷州入中者寡,令三司具东南及西盐钞法经久通行利
病以闻。知熙州王韶建议:“依沿边和籴例,以一分见缗、九分西钞,
别约价,募入中者。凡边部入中有阙,则多出京钞或饶益诱之,以纾
用度。”是岁,河东并边大稔,诏都转运使李师中与刘庠广籴,积五
年之蓄。复命辅臣议,更以陕西并塞刍粮之法,令转运司增旧籴三
分,以所籴亏羡为赏罚,仍遣吏按视。而陕西和籴,或以钱、茶、银、
绸、绢籴于弓箭手。

八年,河东察访使李承之言:“太原路二税外有和籴粮草,官虽
量予钱、布,而所得细微,民无所济,遇岁凶不蠲,最为弊法。”继而
知太原韩绛复请和籴于元数省三分,罢支钱、布,乞精选才臣讲求
利害。诏委陈安石。元丰元年,安石奏:“河东十三州二税,以石计
凡三十九万二千有余,而和籴数八十二万四千有余,所以岁凶仍输
者,以税轻、军储不可阙故也。旧支钱、布相半,数既奇零,以钞贸
易,略不收半,公家实费,百姓乃得虚名。欲自今罢支籴钱,岁以其
钱令并边州郡和市封桩,即岁灾以填所蠲数,年丰则三岁一免其
输。”朝廷以为然,始诏河东岁给和籴钱八万余缗并罢,以其钱付漕

司,如安石议。因用安石为河东转运使。其后经略使吕惠卿复请别议立法,除河外三州理为边郡宜免,余十一州可概均籴。下有司议,以岁和籴见数十分之,裁其二,用八分为额,随户色高下裁定,毋更给钱;岁灾同秋税蠲放,以转运司应给钱补之,灾不及五分。听以久例支移。遂易和籴之名为助军粮草。

元丰四年,以度支副使蹇周辅兼措置河北籴便司。明年,诏以开封府界、诸路阙额禁军及淮、浙、福建等路剩盐息钱,并输籴便司为本。令瀛、定、澶等州各置仓,凡封桩,三司毋关预,委周辅专其任,司农寺市易、淤田、水利等司所计置封桩粮草并归之。六年,诏提点河北西路王子渊兼同措置。未几,手诏周辅:今河朔丰成,宜广收籴。是岁,大名东、西济胜二仓,定州衍积、宝盈二仓与瀛之州仓皆成,周辅召拜户部侍郎,以左司郎中吴雍代之。明年,雍言河北仓廪皆充实,见储粮料总千一百七十六万石。诏赐同措置王子渊三品服。宣和中,罢几内和籴。

自熙宁以来,和籴、入中之外,又有坐仓、博籴、结籴、表籴、兑籴、寄籴、括籴、劝籴、均籴等名。其曰坐仓:熙宁二年,令诸军余粮愿籴入官者,计价支钱,复储其米于仓。王珪奏曰:“外郡用钱四十可致斗米于京师,今京师乏钱,反用钱百坐仓籴斗米,此极非计。”司马光曰:“坐仓之法,盖因小郡乏米而库有余钱,故反就军人籴米以给次月之粮,出于一时急计耳。今京师有七年之储,而府库无钱,更籴军人之米,使积久陈腐,其为利害非臣所知。”吕惠卿曰:“今坐仓得米百万石,则减东南岁漕百万石,转易为钱以供京师,何患无钱?”光曰:“臣闻江、淮之南,民间乏钱,谓之钱荒。而土宜粳稻,彼人食之不尽。若官不籴取以供京师,则无所发泄,必甚贱伤农矣。且民有米而官不用米,民无钱而官必使之出钱,岂通财利民之道乎?”不从。明年,又虑元价贱,神、龙卫及诸司每石等第增钱收籴,仍听行于河北、河东、陕西诸路。元符以后,有低价抑籴之弊,诏禁止之。

其曰博籴:熙宁七年,诏河北转运、提举司置场,以常平及省仓岁用余粮，减直听民以丝、绵、绫、绢增价博籴，俟秋成博籴。崇宁五年，又诏陕西钱重于轻，委转运司措置，以银、绢、丝、绸之类博籴斛斗，以平物价。

其曰结籴：熙宁八年，刘佐体量川茶，因便结籴熙河路军储，得七万余石，诏运给焉。未几，商人王震言：结籴多散官或浮浪之人，有经年方输者。诏措置熙河财用孙迥治以闻。迥奏总管王君万负熙、河两州结籴钱十四万六百三十余缗，银三百余两。乃遣蔡确驰往本路劾之，君万及高遵皆坐借结籴违法市易，降黜有差。崇宁初，蔡京行于陕西；尽括民财以充数。五年，以星变讲修阙政，罢陕西、河东结籴、对籴。

其曰俵籴：熙宁八年，令中书计运米百万石费约三十七万缗，帝怪其多。王安石因言："俵籴非特省六七十万缗岁漕之费，且河北入中之价，权之在我，迂斗斛贵住籴，即百姓米无所粜，自然价损，非唯实边，亦免伤农。"乃诏岁以末盐钱钞在京粳米六十万贯石，付都提举市易司贸易。度民田入多寡，豫给钱物，秋成于澶州、北京及缘边入米粟封桩。即物价踊，权止入中，听籴便司允用，须岁丰补偿。绍圣三年，吕大忠之言，召农民相保，豫货官钱之半，循税限催科，余钱至夏秋用时价随所输贴纳。崇宁中，蔡京令坊郭，乡村以等第给钱，俟收，以时价入粟，边郡弓箭手，青唐番部皆然。用俵多寡为官吏赏罚。

其曰兑籴：熙宁九年，诏淮南常平司于麦熟州郡及时兑籴。元祐二年，尝以麦熟下诸路广籴，诏后价若与本相当，即许变转兑籴。

其曰寄籴：元丰二年，籴便粮草王子渊论纲舟利害，因言："商人入中，岁不小登，必厚价，故设内郡寄籴之法，以权轻重。七年，诏河北瀛、定二州所籴数以钜万，而散于诸郡寄籴，恐缓急不相及，不若臻商人自运。李南公，王子渊俱言："寄籴法行已久，且近都仓，缓运致非难。"于是寄籴卒不罢。

其曰括籴：元符元年，泽源经略使章楶请并边籴买；豫榜谕民，毋得与公家争籴，即官储有乏，括索赢粮之家，量存其所用，尽籴入官。

其曰劝籴，均籴：政和元年，童贯宣抚陕西议行之。鄜延经略使钱即言：“劝籴非可以久行。均籴先入其斛斗斛乃给其直，于有斛斗之家未有害也。坊郭之人，素无斛斗，必须外籴，转有烦费。”疏奏，坐贬。时又诏河北、河东仿陕西均籴，知定州王汉之坐沮格夺职罢。未几，遂立均籴法。三年，以岁稔，诸路推行均籴。五年，言者谓：“均籴法严，然已籴而不偿其直，或不度州县之力，敷数过多，有一户而籴数百石者。”乃诏诸路毋辄均籴。既而州县以和籴为名，低裁其价，转运司程督愈峻，科率倍于均籴，诏约止之。宣和三年，方腊平，两浙亦量官户轻重均籴。明年，荆湖南、北均籴，以家业为差。劝籴之法，其后浸及于新边鄯廓州、积石军，蕃部患之。

自熙宁以来，王韶开熙河，章惇营溪洞，沈起、刘彝启交址之隙，韩存宝、林广穹乞弟之役，费用科调益繁。陕西宿兵既多，元丰四年，六路大举西讨，军费最甚于他路。帝先虑科役扰民，令赵卨廉问，颇得其事。又以粮饷粗恶，欲械斩河东、泾原漕臣，以厉其余，卒以师兴役众，鲜克办给。又李稷为鄜延漕臣督运，诏许斩知州以下乏军兴者，民苦摺运，多散走，所杀至数千人，道毙者不在焉。于是文彦博奏言：“关陕人户，昨经调发，不遗余力，死亡之余，疲瘵已甚。为今之计，正当劳来将士，安抚百姓，全其疮痍，使得苏息。”明年，优诏嘉答。初，西师无功，议者虑朝廷再举，自是，帝大感悟，申饬边臣固境息兵，关中以苏。

哲宗即位，诸老大臣维持初政，益务绥静，边郡类无调发，第令诸路广籴以备蓄积，及诏陕西、麟府州计五岁之粮而已。绍圣初，乃诏河北镇、定、瀛州籴十年之储，余州七年。其后陕西诸路又连岁兴师，及进筑鄯、湟等州，费资粮不可胜计。元符二年，泾原经略使章楶谏曰：“伏见兴师以来，陕西府库仓廪储蓄，内外一空，前后资贷内藏金帛，不知其几千万数。即今所在粮草尽乏，漕臣计无所出，文移指空而已。今者，正休兵息民、清心省事之时，唯深察臣言，裁决斯事。若更询主议大臣，窃恐专务兴师，上误圣听。”主议大臣，指章悖也。时内藏空乏,陕西诸路以军赏银绢数寡,请给于内藏库,诏以绢五十万匹予之。帝谓近臣曰:"内库绢才百万,已辍其半矣。"

蔡京用事,复务拓土,劝徽宗招纳青唐,用王厚经置,费钱亿万,用大兵凡再,始克之,而湟州戍兵费钱一千二十四万九千余缗。五年,熙河兰湟运使洪中孚言:"本道青稞亩收五石,粒当大麦之三。异时人粮给精米,马料给青稞,率皆八折,不惟人马之食自足,而价亦相当。今边臣不烛事情,精米、青稞与糙米、大麦一例抵斗给散,即公有一分之耗,私有一分之赢。会计一路岁费斛斗一百八十万,杂色五十万外,青稞一百三十万,抵斗岁费二十六万石,石三十缗,计七百八十万。"帝虑其米仍粗,将士或有饥色,乃命九折。明年,复令计斗给散,竟罢九折。又于陕建四都仓:平夏城曰裕财,镇戎军曰裕国,通峡砦曰裕民,西安州曰裕边。自夏人叛命,诸路皆谋进筑,陕以西保甲皆运粮。后童贯又自将兵筑靖夏、制戎、伏羌等城,穷讨深入,凡六七年。至宣和末,馈饷空乏,鄜延至不能支旬月。时边臣争务开边,夔、峡、岭南不毛之地,草创郡邑,调取于民,费出于县官,不可胜计。最后有燕山之役,雄、霸等州仓廪皆竭,兵士饥忿,有掷瓦击守贰、刃将官者。燕山郭药师所将常胜一军,计口给钱廪,月费米三十万石、钱一百万缗。河北之民力不能给,于是免夫之议兴。

初,黄河岁调夫修筑埽岸,其不即役者输免夫钱。熙、丰间,淮南科黄河夫,夫钱十千,富户有及六十夫者,刘谊盖尝论之。及元祐中,吕大防等主回河之议,力役既大,因配夫出钱。大观中,修滑州鱼池埽,始尽令输钱。帝谓事易集而民不烦,乃诏凡河堤合调春夫,尽输免夫之直,定为永法。及是,王黼建议,乃下诏曰:"大兵之后,非假诸路民力,其克有济?谕民国事所当竭力,天下并输免夫钱,夫二十千,淮、浙、江、湖、岭、蜀夫三十千。"凡得一千七百余万缗,河北群盗因是大起。

南渡,三边馈饷,籴事所不容已。绍兴间,于江、浙、湖南博籴,多者给官告,少者给度牒,或以钞引,类多不售,而吏缘为奸,人情大扰。于是减其价以诱积粟之家,初不拘于官、编之户。凡降金银钱帛而州县阻节不即还者,官吏并徒二年。广东转运判官周纲籴米十五万石,无扰及无陈腐,抚州守臣刘汝翼饷兵不匮,及劝诱赈赈粜流离,皆转一官。七年,以饶州之籴石取耗四斗,罪其郡守。自是籴者计剩科罪。十三年,荆湖岁稔,米斗六七钱,乃就籴以宽江、浙之民。十八年,免和籴,命三总领所置场籴之。旧制:两浙、江、湖岁当发米四百六十九万斛,两浙一百五十万,江东九十三万,江西百二十六万,湖南六十五万,湖北三十五万。至是,欠百万斛有奇。乃诏临安、平江府及淮东西、湖广三计司,岁籴米百二十万斛;浙西凡籴十六万五千,湖广、淮东皆十五万。二十八年,除二浙以三十五万斛折钱,诸路纲米及籴场岁收四百五十二万斛。二十九年,籴二百三十万石以备振贷,石降钱二千,以关子、茶引及银充其数。

孝宗乾道三年秋,江、浙、淮、闽淫雨,诏州县以本钱坐仓收籴,毋强配于民。四年,籴本给会子及钱银,石钱二贯五百文。淳熙三年,诏广西运司,籴钱以岁丰歉市直高下增减给之。

宝庆三年,监察御史汪刚中言:“和籴之弊,其来非一日矣,欲得其要而革之,非禁科抑不可。夫禁科抑,莫如增米价,此已试而有验者,望饬所司奉行。有旨从之。绍定元年,锡银、会、度牒于湖广总所,令和籴米七十万石饷军。五年,臣僚言:“若将民间合输缗钱使输斛斗,免令财粟输钱,在农人亦甚有利,此广籴之良法也。”从之。开庆元年,沿江制置司招籴米五十万石,湖南安抚司籴米五十万石,两浙转运司五十万石,淮、浙发运司二百万石,江东提举司三十万石,江西转运司五十万石,湖南转运司二十万石,太平州一万石,淮安州三十万石,高邮军五十万石,涟水军一十万石,庐州一十万石,并视时以一色会子发下收籴,以供军饷。

咸淳六年,都省言:“咸淳五年和籴米,除浙西永远住籴及四川制司就籴二十万石桩充军饷外,京湖制司、湖南、江西、广西共籴一百四十八万石,凡遇和籴年分皆然。”

漕运 宋都大梁,有四河以通漕运:曰汴河,曰黄河,曰惠民河,曰广济河,而汴河所漕为多。太祖起兵间,有天下,惩唐季五代藩镇之祸,蓄兵京师,以成强干弱支之势,故于兵食为重。建隆以来,首浚三河,令自今诸州岁受税租及莞榷货利、上供物帛,悉官给舟车,输送京师,毋役民妨农。开宝五年,率汴、蔡两河公私船,运江、淮米数十万石以给兵食。是时京师岁费有限,漕事尚简。至太平兴国初,两浙既献地,岁运米四百万石。所在雇民挽舟,吏并缘为奸,运舟或附载钱帛、杂物输京师,又回纲转输外州,主藏吏给纳邀滞,于是擅贸易官物者有之。八年,乃择干强之臣,在京分掌水陆路发运事。凡一纲计其舟车役人之直,给付主纲吏雇募,舟车到发、财货出纳,并关报而催督之,自是调发邀滞之弊遂革。

初,荆湖、江、浙、淮南诸州,择部民高赀者部送上供物,民多质鲁,不能检御舟人,舟人侵盗官物,民破产不能偿。乃诏牙吏部送,勿复扰民。大通监输铁尚方铸兵器,锻炼用之,十裁得四五;广南贡藤,去其粗者,斤仅得三两。遂令铁就冶即淬治之,藤取堪用者,无使负重致远,以劳民力。汴河挽舟卒多饥冻,太宗令中黄门求得百许人,蓝缕枯瘠,询其故,乃主粮吏率取其口食。帝怒,捕鞫得实,断腕殉河上三日而后斩之,押运者杖配商州。雍熙四年,并水陆路发运为一司。主纲吏卒盗用官物,及用水土杂糅官米,故毁败舟船致沈溺者,弃市,募告者厚赏之;山河、平河实因滩碛风水所败,以收救分数差定其罪。端拱元年,罢京城水陆发运,以其事分隶排岸司及下卸司,先是,四河所运未有定制,太平兴国六年,汴河岁运江、淮米三百万石,菽一百万石;黄河粟五十万石,菽三十万石;惠民河粟四十万石,菽二十万石;广济河粟十二万石;凡五百五十万石。非水旱蠲放民租,未尝不及其数。至道初,汴河运米五百八十万石。大中祥符初,至七百万石。

江南、淮南、两浙、荆湖路租籴,于真、扬、楚、泗州置仓受纳,分调舟船泝流入汴,以达京师,置发运使领之。诸州钱帛、杂物、军器上供亦如之。陕西诸州菽粟，自黄河三门沿流入汴，以达京师，亦置发运司领之。粟帛自广济河而至京师者，京东之十七州；由石塘、惠民河而至京师者，陈、颍、许、蔡、光、寿六州，皆有京朝官廷臣督之。河北卫州东北有御河达乾宁军，其运物亦廷臣主之。广南金银、香药、犀象、百货，陆运至虔州而后水运。川益诸州金帛及租、市之布，自剑门列传置，分辇负檐至嘉州，水运在荆南，自荆南遣纲吏运送京师，咸平中，定岁运六十六万匹，分为十纲。天禧末，水陆运上供金帛、缗钱二十三万一千余贯、两、端、匹，珠宝、香药二十七万五千余斤。诸州岁造运船，至道末三千二百三十七艘，天禧末减四百二十一。先是，诸河漕数岁久益增，景德四年，定汴河岁额六百万石。天圣四年，荆湖、江、淮州县和籴上供，小民阙食，自五年后权减五十万石。庆历中，又减广济河二十万石。后黄河岁漕益减耗，才运菽三十万石，岁创漕船，市材木，役牙前，劳费甚广；嘉祐四年，罢所运菽，减漕船三百艘。自是岁漕三河而已。

江、湖上供米，旧转运使以本路纲输真、楚、泗州转般仓，载盐以归，舟还其郡，卒还其家。汴舟诣转般仓运米输京师，岁摺运者四。河冬涸，舟卒亦还营，至春复集，名曰放冻。卒得番休，逃亡者少；汴船不涉江路，无风波沉溺之患。后发运使权益重，六路上供米团纲发船，不复委本路，独专其任。文移壅并，事目繁夥，不能检察。操舟者赇诸吏，得诣富饶郡市贱贸贵，以趋京师。自是江、汴之舟，混转无辨，挽舟卒有终身不还其家、老死河路者。籍多空名，漕事大弊。

皇祐中，发运使许元奏："近岁诸路因循，粮纲法坏，遂令汴纲至冬出江，为他路转漕，兵不得息。宜敕诸路增船载米，输转般仓充岁计如故事。"于是牟利者多以元说为然，诏如元奏。久之，诸路纲不集。嘉祐三年，下诏切责有司以格诏不行，及发运使不能总纲条，转运使不能斡岁入。预敕江、淮、两浙、转运司，期以期年，各造船补卒，辅本路纲，自嘉祐五年汴船不得复出江。至期，诸路船犹不足。

汴船既不至江外，江外船不得至京师，失商贩之利；而汴船工卒讫冬坐食，恒苦不足，皆盗毁船材，易钱自给，船愈坏而漕额愈不及矣。论者初欲漕卒得归息，而近岁汴船多佣丁夫，每船卒不过一二人，至冬当留守船，实无得归息者。时元罢已久，后至者数奏请出汴船，执政不许。治平三年，始诏出汴船七十纲，未几，皆出江复故。

治平二年，漕粟至京师，汴河五百七十万五千石，惠民河二十六万七千石，广济河七十四万石。又漕金帛缗钱入左藏、内藏库者，总其数一千一百七十三万，而诸路转移相给者不预焉。由京西、陕西、河东运薪炭至京师，薪以斤计一千七百一十三万，炭以秤计一百万。是岁，诸路创漕船二千五百四十艘。治平四年，京师粳米支五岁余。是时，漕运吏卒，上下共为侵盗贸易，甚则托风水沉没以灭迹。官物陷折，岁不减二十万斛。熙宁二年，薛向为江、淮等路发运使，始募客舟与官舟分运，互相检察，旧弊乃去。岁漕常数既足，募商舟运至京师者又二十六万余石而未已，请充明年岁计之数。

三司使吴充言："宜自明年减江、淮漕米二百万石，令发运司易经货二百万缗，计五年所得，无虑缗钱千万，转储三路平籴备边。"王安石谓："骤变米二百万石，米必陡贱；骤致轻货二百万贯，货必陡贵。当令发运司度米贵州郡，折钱变为轻货，储之河东、陕西要便州军用，常平法籴籴为便。"诏如安石议。七年，京东路察访邓润甫等言："山东沿海州郡地广，丰岁则谷贱，募人为海运，山东之粟可转之河朔，以助军食。"诏京东、河北路转运司相度，卒不果行。是岁，江、淮上供谷至京师者三分不及一，令督发运使张颉亟办来岁漕计。

宣徽南院使张方平言："今之京师，古所谓陈留，天下四冲八达之地，利漕运而赡师旅。国初，浚河渠三道以通漕运，立上供年额，汴河六百万石，广济河六十二万石，惠民河六十万石。广济河所运，止给太康、咸平、尉氏等县军粮，唯汴河运米麦，乃太仓蓄积之实。近罢广济河，而惠民河斛斗不入太仓，大众所赖者汴河。议者屡作改更，必致汴河日失其旧。"十二月，诏浚广济河，增置漕舟。其后河成,岁漕京东谷六十万石。东南诸路上供杂物旧陆运者,增舟水运。押汴河江南、荆湖纲运,七分差三班使臣,三分军大将、殿侍。又令真、楚、泗州各造浅底舟百艘,分为十纲入汴。

元丰五年,罢广济河辇运司及京北排岸司,移上供物于淮阳计置入汴,以清河辇运司为名。御史言广济安流而上,与清河泝流入汴,远近险易不同。诏转运、提点刑狱比较利害以闻。江、淮等路发运副使蒋之奇、都水监丞陈祐甫开龟山运河,漕运往来,免风涛百年沉溺之患。诏各迁两官,余官减年循资有差。八年,罢岁运百万石赴西京。先是,导洛入汴,运东南粟实洛下,至是,户部奏罢之。是年,立汴河粮纲赏罚,岁终检察。绍圣二年,置汴纲,通作二百纲。在部进纳官铨试不中者,注押上供粮斛,不用衙前、土人、军将。未几,复募土人押诸路纲如故。

政和七年,立东南六路州军知州、通判装发上供粮斛任满赏格,自一万石至四十万石升名次减年有差。张根为江南西路转运副使,岁漕米百二十万石给中都。江南州郡僻远,官吏艰于督趣,根常存三十万石为转运之本,以宽诸郡,时甚称之。宣和二年,诏:“六路米麦纲运依法募官,先募未到部小使臣及非泛补授校尉以上未许参部人并进纳人管押;淮南以五运,两浙及江东二千里内以四运,江东二千里外及江西三运,湖南、北二运,各欠不及五厘,依格推赏外,仍许在外指射合入差遣一次。召募土人并罢。”七年,诏结绝应奉司江淮诸局、所及罢花石纲,令逐路漕臣速拘舟船装发纲运备边。靖康初,汴河决口有至百步者,塞之,工久未讫,干涸月余,纲运不通,南京及京师皆乏粮。责都水使者陈求道等,命提举京师所陈良弼同措置。越两旬,水复旧,纲运沓至,两京粮乃足。

河北、河东、陕西三路租税薄,不足以供兵费,屯田、营田岁入无几,籴买入中之外,岁出内藏库金帛及上京榷货务缗钱,皆不翅数百万。选使臣、军大将,河北船运至乾宁军,河东、陕西船运至河阳,措置陆运,或用铺兵厢军,或发义勇保甲,或差雇夫力,车载驮行,随道路所宜。河北地里差近,西路回远,又涉碛险,运致甚艰。熙宁六年,诏鄜延路经略司支封桩钱于河东买橐驼三百,运沿边粮草。

元丰四年,河东转运司调夫万一千人随军,坊郭上户有差夫四百人者,其次一二百人。愿出驴者三驴当五夫,五驴别差一夫驱喝。一夫雇直约三十千以上,一驴约八千,加之期会迫趣,民力不能胜。军须调发烦扰,又多不急之务,如绛州运枣千石往麟、府,每石止直四百,而雇直乃约费三十缗。泾原路转运判官张大宁言:“馈运之策,莫若车便。自熙宁砦至磨哆口皆大川,通车无碍,自磨哆至兜岭下道路亦然。岭以北即山险少水,车乘难行。可就岭南相地利建一城砦,使大车自镇戎军载粮草至彼,随军马所在,以军前夫畜往来短运。更于中路量度远近,以遣回空夫筑立小堡应接,如此则省民力之半。”神宗嘉之。京西转运司调均、邓州夫三万,每五百人差一官部押,赴鄜延馈运。其本路程涂日支钱米外,转运司计自入陕西界至延州程数,日支米钱三十、柴菜钱十文,并先给。陕西都转运司于诸州差雇车乘人夫,所过州交替,人日支米二升、钱五十,至沿边止。军粮出界,止差厢军。六年,诏熙河兰会经力量制置司,计置兰州人万马二千运粮草,于次路州军铲刮官私橐驼二千与经制司,自熙、河摺运。事力不足,发义勇保甲。给河东、陕西边用非机速者,并作小纲数排日递送。

大观二年,京畿都转运使吴择仁言:“西辅军粮,发运司岁拨八万石贴助,于荥泽下卸,至州尚四五十里,摆置车三铺,每铺七十人,月可达八千四百石。所运渐多,据数增添铺兵。”靖康元年十月,诏曰:“一方用师,数路调发,军功未成,民力先困。京西运粮,每名六斗,用钱四十贯;陕西运粮,民间倍费百余万缗,闻之骇异。今岁四方丰稔,粒米狼戾,但可逐处增价收籴,不得轻议般运,以称恤民之意。若般纲水运及诸州支移之类仍旧。”三路陆运以给兵费,大略如此,其他州县运送或军兴调发以给一时之用,此皆不著。

转般,自熙宁以来,其法始变,岁运六百万石给京师外,诸仓常有余蓄。州郡告歉，则折收上价，谓之额斛。计本州岁额，以仓储代输京师，谓之代发。复于丰熟以中价收籴，谷贱则官籴，不至伤农，饥歉则纳钱，民以为便。本钱岁增，兵食不乏。崇宁初蔡京为相，始求羡财以供侈费，用所亲胡师文为发运使，以籴本数百万缗充贡，入为户部侍郎。来者效尤，时有进献，而本钱竭矣；本钱既竭，不能增籴，而储积空矣；储积既空，无可代发，而转般之法坏矣。

崇宁三年，户部尚书曾孝广言："往年，南自真州江岸，北至楚州淮堤，以堰潴水，不通重船，般剥劳费。遂于堰旁置转般仓，受逐州所输，更用运河船载之入汴，以达京师。虽免推舟过堰之劳，然侵盗之弊由此而起。天圣中，发运使方仲荀奏请度真、楚州堰为水闸，自是东南金帛、茶布之类直至京师，惟六路上供斛斗，犹循用转般法，吏卒糜费与在路折阅，动以万数。欲将六路上供斛斗，并依东南杂运直至京师或南京府界卸纳，庶免侵盗乞贷之弊。"自是六路郡县各认岁额，虽湖南、北至远处，亦直抵京师，号直达纲，丰不加籴，歉不代发。方纲米之来，立法峻甚，船有损坏，所至修整，不得逾时。州县欲其速过，但令供状，以钱给之，沿流乡保悉致骚扰，公私横费百出。又盐法已坏，回舟无所得，舟人逃散，船亦随坏，本法尽废。

大观三年，诏直达纲自来年并依旧法复行转般，令发运司督修仓敖，荆湖北路提举常平王璹措置诸路运粮舟船。

政和二年，复行直达纲，毁拆转般诸仓。谭稹上言："祖宗建立真、楚、泗州转般仓，一以备中都缓急，二以防漕渠阻节，三则纲船装发，资次运行，更无虚日。自其法废，河道日益浅涩，遂致中都粮储不继，淮南三转般仓不可不复。乞自泗州为始，次及真、楚，既有瓦木，顺流而一，不甚劳费。俟岁丰计置储蓄，立法转般。"淮南路转运判官向子諲奏："转般之法，寓平籴之意，江、湖有米，可籴于真，两浙有米，可籴于扬，宿、亳有麦，可籴于泗。坐视六路丰歉，有不登处，则以钱折斛，发运司得以斡旋之，不独无岁额不足之忧，因可以宽民力。运渠旱干，则有汴口仓。今所患者，向来籴本岁五百万缗，支移殆尽。"

　　宣和五年，乃降度牒及香、盐钞各一百万贯，令吕淙、卢宗原均籴斛斗，专备转般。江西转运判官萧序辰言："转般道里不加远，而人力不劳卸纳，年丰可以广籴厚积，以待中都之用。自行直达，道里既远，情弊尤多，如大江东西、荆湖南北有终岁不能行一运者，有押米万石欠七八千石，有抛失舟船、兵梢逃散、十不存一二者。折欠之弊生于稽留，而沿路官司多端阻节，至有一路漕司不自置舟船，裁留他路回纲，尤为不便。"诏发运司措置。六年，以无额上供钱物并六路旧欠发斛斗钱，贮为籴本，别降三百万贯付卢宗原，将湖南所起年额，并随正额预起抛欠斛斗于转般仓下卸，却将已卸均籴斗斛转运上京，所有直达，候转般斛斗有次第日罢之。靖康元年，令东南六路上供额斛，除淮南、两浙依旧直达外，江、湖四路并置转般。

　　高宗建炎元年，诏诸路纲米以三分之一输送行在，余输京师。二年，诏二广、湖南北、江东西纲运输送平江府，京畿、淮南、京东西、河北、陕西及川纲输送行在。又诏二广、湖南北纲运如过两浙，许输送平江府；福建纲运过江东、西，亦许输送江宁府。三年，又诏诸路纲运见钱并粮输送建康府户部，其金银、绢帛并输送行在。绍兴初，因地之宜，以两浙之粟供行在，以江东之粟饷淮东，以江西之粟饷淮西，荆湖之粟饷鄂、岳、荆南。量所用之数，责漕臣将输，而归其余行在，钱帛亦然。雇舟差夫，不胜其弊，民间有自毁其舟、自废其田者。

　　绍兴四年，川、陕宣抚吴玠两川夫运米一十五万斛至利州，率四十余千致一斛，饥病相仍，道死者众，蜀人病之。漕臣赵开听民以粟输内郡，募舟挽之，人以为便。总领所遣官就籴于沿流诸郡，复就兴、利、阆州置场，听商人入中。然犹虑民之劳且怠也，又减成都水运对籴米。绍兴十六年。

　　三十年，科拨诸路上供米：鄂兵岁用米四十五万余石，于全、永、郴、邵、道、衡、潭、鄂、鼎科拨；荆南兵岁用米九万六千石，于德安、荆南、沣、纯、潭、复、荆门、汉阳科拨；池州兵岁用米十四万四千石,于吉、信、南安科拨;建康兵岁用米五十五万石,于洪、江、池、宣、太平、临江、兴国、南康、广德科拨;行在合用米一百十二万石,就用两浙米外,于建康、太平、宣科拨;其宣州见屯殿前司牧马岁用米,并折输马料三万石,于本州科拨;并诸路转运司桩发。时内外诸军岁费米三百万斛,而四川不预焉。

嘉定兵兴,扬、楚间转输不绝,濠、庐、巡丰舟楫之通亦便矣,而浮光之屯,仰馈于齐安、舒、蕲之民,远者千里,近者亦数百里。至于京西之储,襄、郢犹可径达,独枣阳陆运,夫皆调于湖北鼎、沣等处,道路辽邈,夫运不过八斗,而资粮扉屦与夫所在邀求,费常十倍。中产之家雇替一夫,为钱四五十千;单弱之人一夫受役,则一家离散,至有毙于道路者。

至于部送纲运,并差见任官,阙则迷募得替待阙及居官有材干者,其责繁难,人以为惮。自绍兴以来优立赏格,其有欠者亦多方而悯之。乾道初,蠲欠五十石以下者;三年,蠲欠百石以下者。九年,初,纲运欠及一分者关有司究弊,至是,臣僚申明纲运欠及一分者亦许其补足。淳熙元年,诏:"不许所欠多寡,并与除放。其有因纲欠追降追官资者,如本非侵盗,且补输已足,许叙复。"自是纲运欠失虽责偿于官吏,然以其山川隩远,非一人所能究,亦时寓于蠲放焉。

宋史卷一七六
志第一二九

食货上四

屯田　常平　义仓

　　前代军师所在，有地利则开屯田、营田，以省馈饷。宋太宗伐契
丹，规取燕蓟，边隙一开，河朔连岁绎骚，耕织失业，州县多闲田，而
缘边益增戍兵。自雄州东际于海，多积水，契丹患之，不得肆得其侵
突；顺安军西至北平二百里，其地平旷，岁常自此而入。议者谓宜度
地形高下，因水陆之便，建阡陌，浚沟洫，益树五稼，可以实边廪而
限戎马。端拱二年，分命左谏议大夫陈恕、右谏议大夫樊知古为河
北东、西路招置营田使，恕对极言非便。行数日，有诏令修完城堡，
通导沟渎，而营田之议遂寝。时又命知代州张齐贤制置河东诸州营
田，寻亦罢。

　　六宅使何承矩请于顺安砦西引易河筑堤为屯田。既而河朔连
年大水，及承矩知雄州，又言宜因积潦蓄为陂塘，大作稻田以足食。
会沧州临津令闽人黄懋上书言："闽地惟种水田，缘山导泉，倍费功
力。今河北州军多陂塘，引水溉田，省功易就，三五年间，公私必大
获其利。"诏承矩按视，还，奏如懋言。遂以承矩为制置河北沿边屯
田使，懋为大理寺丞充判官，发诸州镇兵一万八千人给其役。凡雄、
莫、霸州、平戎顺安等军兴堰六百里，置斗门，引淀水灌溉。初年种
稻，值霜不成。懋以晚稻九月熟，河北霜早而地气迟，江东早稻七月

即熟，取其种课令种之，是岁八月，稻熟。初，承矩建议，沮之者颇众，武臣习攻战，亦耻于营葺。既种稻不成，群议愈甚，事几为罢。至是，承矩载稻穗车，遣吏送阙下，议者乃息。而莞蒲、蜃蛤之饶，民赖其利。

度支判官陈尧叟等亦言："汉、魏、晋、唐于陈、许、邓、颍暨蔡、宿、亳至于寿春，用水利垦田，陈迹具在。请选官大开屯田，以通水利，发江、淮下军散卒及募民充役。给官钱市牛、置耕具，导沟渎，筑防堰。每屯千人，人给一牛，治田五十亩，虽古制一夫百亩，今且垦其半，俟久而古制可复也。亩约收三斛，岁可收十五万斛，七州之间置二十屯，可得三百万斛，因而益之，数年可使仓廪充实，省江、淮漕运。民田未辟，官为种植，公田未垦，募民垦之，岁登所取，并如民间主客之例。傅子曰：'陆田命悬于天，人力虽修，苟水旱不时，则一年之功弃矣。水田之制由人力，人力苟修，则地利可尽。'且虫灾之害亦少于陆田，水田既修，其利兼倍。"帝览奏嘉之，遣大理寺丞皇甫选、光禄寺丞何亮乘传按视经度，然不果行。

至咸平中，大理寺丞黄宗旦请募民耕颍州陂塘荒地凡千五百顷。部民应募者三百余户，诏令未出租税，免其徭役。然无助于功利。而汝州旧有洛南务，内园兵种稻，雍熙二年罢，赋予民，至是复置，命京朝官专掌。募民户二百余，自备耕牛，立团长，垦地六百顷，导汝水溉灌，岁收二万三千石。襄阳县淳河，旧作堤截水入官渠，溉民田三千顷；宜城县蛮河，溉田七百顷；又有屯田三百余顷。知襄州耿望请于旧地兼括荒田，置营田上、中、下三务，调夫五百，筑堤堰，仍集邻州兵每务二百人，荆湖市牛七百分给之。是岁，种稻三百余顷。

四年，陕西转运使刘综亦言："宜于古原州建镇戎军置屯田。今本军一岁给刍粮四十余万石、束，约费茶盐五十余万，倘更令远民输送，其费益多。请于军城四面立屯田务，开四五百顷，置下军二千人、牛八百头耕种之；又于军城前后及北至木峡口，各置堡砦，分居其人，无寇则耕，寇来则战。就命知军为屯田制置使，自择使臣充四砦监押,每砦五百人充屯戍。"从之。既而原、渭州亦开方田,戎人内属者皆依之得安其居。

是时兵费浸广,言屯、营田者,辄诏边臣经度行之。顺安军兵马都监马济请于静戎军东壅鲍河,开渠入顺安、威虏二军,置水陆营田于其侧。命莫州部署石普护其役,逾年而毕。知保州赵彬复奏决鸡距泉,自州西至蒲城县,分徐河南流注运渠广置水陆屯田,诏驻泊都监王昭逊共成之。自是定州亦置屯田。五年,罢襄州营田下务。六年,耿望又请于唐州赭阳陂置务如襄州,岁种七十余顷,方城县令佐掌之,调夫耘耨。

景德初,从京西转运使张巽之请,诏止役务兵。二年,令缘边有屯、营田州军,长吏并兼制置诸营田、屯田事,旧兼使者如故。大中祥符九年,改定保州、顺安军营田务为屯田务,凡九州军皆遣官监务,置吏属。淮南、两浙旧皆有屯田,后多赋民而收其租,第存其名。在河北者虽有其实,而岁入无几,利在蓄水以限戎马而已。天禧末,诸州长田总四千二百余顷,河北岁收二万九千四百余石,而保州最多,逾其半焉。

襄、唐二州营田既废,景德中,转运使许逖复之。初,耿望借种田人牛及调夫耨获,岁入甚广。后张巽改其法,募水户分耕,至逖又参以兵夫,久之无大利。天圣四年,遣尚书屯田员外郎刘汉杰往视,汉杰言:"二州营田自复至今,襄州得谷三十三万余石,为缗钱九万余;唐州得谷六万余石,为缗钱二万余。所给吏兵俸廪、官牛杂费,襄州十三万余缗,唐州四万余缗,得不补失。"诏废以给贫民,顷收半税。

其后陕西用兵,诏转运司度隙地置营田以助边计,又假同州沙苑监牧地为营田,而知永兴军范雍括诸郡牛颇烦扰,未几遂罢。右正言田况言:"镇戎、原、渭,地方数百里,旧皆民田,今无复农事,可即其地大兴营田,以保捷兵不习战者分耕,五百人为一堡,三两堡置营田一领之,播种以时,农隙则习武事。"疏奏,不用。后乃命三司户部副使夏安期等议并边置屯田,迄不能成。

　　治平三年，河北屯田三百六十顷，得谷三万五千四百六十八石。熙宁初，以内侍押班李若愚同提点制置河北屯田事。三年，王韶言：“渭原城而下至秦州成纪，旁河五六百里，良田不耕者无虑万顷，治千顷，岁可得三十万斛。”知秦州李师中论：“韶指极边见招弓箭手地，恐秦州益多事。”诏遣王克臣等按视，复奏与师中同。再下沈起，起奏：“不见韶所指何地，虽实有之，恐召人耕种，西蕃惊疑。”侍御史谢景温言：“闻沈起妄指甘谷城弓箭手地以塞韶妄。”而窦舜卿奏：“实止有间田一顷四十三亩。”中书言：“起未尝指甘谷城地以实韶奏，而师中前在秦州与韶更相论奏，互有曲直。”韶遂以妄指间田自著作佐郎责保平军节度推官，师中亦落待制。其后韩缜知秦州，乃言：“实有古渭砦弓箭手未请空地四千余顷。”遂复韶故官，从其所请行之。明年，河北屯田司奏：“丰岁屯田，入不偿费。”于是诏罢缘边水陆屯田务，募民租佃，收其兵为州厢军。

　　时陕西旷土多未耕，屯戍不可撤，远方有输送之勤，知延州赵卨请募民耕以纾朝廷忧，诏下其事。经略安抚使郭逵言：“怀宁砦所得地百里，以募弓箭手，无间田。”卨又言之，遂括地得万五千余顷，募汉蕃兵几五千人，为八指挥，诏迁卨官，赐金帛。而熙州王韶又请河州蕃部近城川地招弓箭手，以山坡地招蕃兵弓箭手，每砦五指挥，以二百五十人为额，人给地一顷，蕃官二顷，大蕃官三顷。熙河多良田，七年，诏委提点秦凤路刑狱郑民宪兴营田，许奏辟官属以集事。

　　枢密使吴充上疏曰：“今之屯田，诚未易行。古者一夫百亩，又受田十亩为公田，莫若因弓箭手仿古助田法行之。熙河四州田无虑万五千顷，十分取一以为公田，大约中岁亩一石，则公田所得十五万石。官无屯营牛具廪给之费，借用众力而民不劳，大荒不收而官无所损，省转输，平籴价，如是者其便有六。”而提点刑狱郑民宪言：“祖宗时屯、营田皆置务，屯田以兵，营田以民，固有异制。然襄州营田既调夫矣，又取邻州之兵，是营不独以民也；边州营屯，不限兵民，皆取给用，是屯田不独以兵也；至于招弓箭手不尽之地，复以募民，则兵民参错，固无异也。而前后施行，或侵占民田，或差借耧夫，或诸郡括牛，或兵民杂耕，或诸州厢军不习耕种、不能水土，颇致烦扰。至于岁之所入，不偿其费，遂又报罢。惟因弓箭手为助田法，一夫受田百亩，别以十亩为公田，俾之自备种粮功力，岁亩收一石，水旱三分除一，官无廪给之费，民有耕鉴之利，若可以为便。然弓箭手之招至，未安其业，而种粮无所仰给，又责其借力于公田，虑人心易摇，乞候稍稔推行。”九年，诏："熙河弓箭手耕种不及之田，经略安抚司点厢军田之，官置牛具农器，人一顷，岁终参较弓箭手、厢军所种优劣为赏罚。弓箭手逃地并营田召佃租课，许就近于本城砦输纳，仍免折变、支移。"

元丰二年，改定州屯田司为水利司。及章惇筑沅州，亦为屯田务，其后遂罢之，募民租佃，役兵各还隶。五年，诏提举熙河等路弓箭手、营田、蕃部共为一司，隶泾原路制置司。提举熙河营田康识言："新复土地，乞命官分画经界，选知田厢军，人给一顷耕之，余悉给弓箭手，人加一顷，有马者又加五十亩，每五十顷为一营。""四砦堡见缺农作厢军，许于秦凤、泾原、熙河三路选募厢军及马递铺卒，愿行者人给装钱二千。"诏皆从之。

知太原府吕惠卿尝上《营田疏》曰："今葭芦、米脂裹外良田，不啻一二万顷，夏人名为'真珠山'、'七宝山'，言其多出禾粟也。若耕其半，则两路新砦兵费，已不尽资内地，况能尽辟之乎？前此所不敢进耕者，外无捍衞也。今于葭芦、米脂相去一百二十里间，各建一砦，又其间置小堡铺相望，则延州之义合、白草与石州之吴堡、克明以南诸城砦，千里边面皆为内地，而河外三州荒闲之地，皆可垦辟以赡军用。凡昔为夏人所侵及苏安靖弃之以为两不耕者，皆可为法耕之。于是就籴河外，而使河内之民被支移者，量出脚乘之直，革百年远输贵籴，以免困公之弊。财力稍丰，又通葭芦之道于麟州之神木，其通堡砦亦如葭芦、米脂之法，而横山膏腴之地，皆为我有矣。"

七年，惠卿雇五县耕牛，发将兵外护，而耕新疆葭芦、吴堡间膏腴地号木瓜原者,凡得地五百余顷,麟、府、丰州地七百三十顷,弓箭手与民之无力及异时两不耕者又九百六十顷。惠卿自谓所得极厚,可助边计,乞推之陕西。八年,枢密院奏:"去年耕种木瓜原,凡用将兵万八千余人,马二千余匹,费钱七千余缗,谷近九千石,糇糒近五万斤,草万四千余束;又保甲守御费缗费钱千三百,米石三千二百,役耕民千五百,雇牛千具,皆疆民为之;所收禾粟、荞麦万八千石,草十万二千,不偿所费。又借转运司谷以为子种,至今未偿,增入人马防拓之费,仍在年计之外。虑经略司来年再欲耕种,乞早约束。"诏谕惠卿毋蹈前失。

河东进筑堡砦,自麟石、鄜延南北近三百里,及泾原、环庆、熙河兰会新复城砦地土,悉募厢军配卒耕种免役。已而营田司言诸路募发厢军的不闲田作,遂各遣还其州。

绍兴元年,知荆南府解潜奏辟宗纲、樊宾措置屯田,诏除宗纲充荆南府、归峡州、荆门公安军镇抚使司措置五州营田官,樊宾副之。渡江后营田盖始于此。其后荆州军食仰给,省县官之半焉。三年,德安府、复州、汉了军镇抚使陈规放古屯田,凡军士:相险隘,立堡砦,且守且耕,耕必给费,敛复给粮,依锄田法,余并入官。凡民:水田亩赋粳米一斗,陆田豆麦夏秋各五升,满二年无欠,给为永业。兵民各处一方,流民归业浸众,亦置堡砦屯聚之。凡屯田事,营田司兼之;营田事,府、县兼之。廷臣因规奏推广,谓一夫授田百亩,古制也,今荒田甚多,当听百姓请射。其有阙耕牛者,宜用人耕之法,以二人曳一犁。凡授田,五人为甲,别给蔬地五亩为庐舍场圃。兵屯以大使臣主之,民屯以县令主之,以岁课多少为殿最。下诸镇推行之。

诏江东、西宣抚使韩世忠措置建康营田,如陕西弓箭手法。世忠言:"沿江荒田虽多,大半有主,难如陕西例,乞募民承佃。"都督府奏如世忠议,仍蠲三年租,满五年,田主无自陈者,给佃者为永业。诏湖北、浙西、江西皆如之,其徭役科配并免。五年,诏淮南、川陕、荆襄屯田。

　　六年，都督张浚奏改江、淮屯田为营田，凡官田逃田并拘籍，以五顷为一庄，募民承佃。其五家为保，共佃一庄，以一人为长，每庄给牛五具，耒耜及种副之，别给十亩为蔬圃，贷钱七十千，分五年偿。命樊宾、王弗行之。寻命五大将刘光世、韩世忠、张俊、岳飞、吴玠及江、淮、荆、襄、利路帅悉领营田使。迁宾司农少卿，提举江、淮营田，置司建康，弗屯田员外郎副之。官给牛、种、抚存流移，一岁中收谷三十万石有奇。殿中侍御史石公揆、监中岳李寀及王弗皆言营田之害，张浚亦觉其扰，请罢司，以监司领之，于是诏帅臣兼领营田。

　　九月，以川陕宣抚吴玠治废堰营田六十庄，计田八百五十四顷，岁收二十五万石以助军储赐诏奖谕焉。三十二年，督视湖北、京西军马汪澈言：“荆、鄂两军屯守襄、汉，粮饷浩瀚。襄阳古有二渠长渠溉田七千顷，木渠溉田三千顷，兵后堙废。今先筑堰开渠，募边民或兵之老弱耕之，其耕牛、耒耜、种粮，令湖北、京西转运司措置，既省馈运，又可安集流亡。”从之。

　　隆兴元年，臣僚言州县营田之实，其说有十，曰：择官必审，募人必广，穿渠必深，乡亭必修，器用必备，田处必利，食用必充，耕具必足，定税必轻，赏罚必行。且欲立赏格以募人，及住广西马纲三年以市牛。会有诉襄阳屯田之扰者，上欲罢之。工部尚书张阐言：“今日荆襄屯田之害，以其无耕田之民而课之游民，游民不足而强之百姓，于是百姓舍己熟田而耕官生田，或远数百里征呼以来，或名双丁而役其强壮，老稚无养，一方骚然，罢之诚是也。然自去岁以来，置耕牛农器，修长、木二渠费已十余万，一旦举而弃之，则荆襄之地终不可耕。比见两淮归正之民，动以万计，官不能续食，则老弱饥死，强者转而之他。若使之就耕荆襄之田，非惟可免流离，抑使中原之民闻之，知朝廷有以处我，率皆襁负而至矣。异时垦辟既广，取其余以输官，实为两便。”诏除见耕者依旧，余令虞允文同王珏措置。二年，江、淮都督府参赞陈俊卿言：“欲以不披带人，择官荒田，标旗立砦，多买牛犁，纵耕具中，官不收租，人自乐从。数年之后，垦田必多,谷必贱。所在有屯,则村落无盗贼之忧;军食既足,则馈饷无转运之劳。此诚经久守淮之策。"诏从之。

乾道五年三月,四川宣抚使郑刚中拨军耕种,以岁收租米对减成都路对籴米一十二万石赡军。然兵民杂处村疃,为扰百端;又数百里外差民保甲教耕,有二三年不代者,民甚苦之。知兴元府晁公武欲以三年所收最高一年为额,等第均敷召佃,放兵及保甲以护边。从之。八月,诏镇江都统司及武锋军三处屯田兵并拘收入隧教阅。六年,罢和、扬州屯田。八年,复罢庐州兵屯田。

淳熙十年,鄂州、江陵府驻札副都统制郭杲言:"襄阳屯田,兴置二十余年,未能大有益于边计。非田之不良,盖人力有所未至。今边陲无事,正宜修举,为实边之计。本司有荒熟田七百五十顷,乞降钱三万缗,收买耕牛农具,使可施功。如将来更有余力,可括荒田接续开垦。"从之。

绍熙元年,知和州刘炜以剩田募民充万弩手分耕。嘉定七年,以京西屯田募人耕种。十三年,四川宣抚安丙、总岭任处厚言:"绍兴十五年,诸州共垦田二千六百五十余顷,夏秋输租米一十四万一千余石,饷所屯将兵,罢民和籴,为利可训博矣。乾道四年以后,屯兵归军教阅而营田付诸州募佃,遂致租利陷失,骄将豪民乘时占据,其弊不可概举。今豪强移徙,田土荒闲,正当拘种之秋,合自总领所与宣抚司措置。其逃绝之田,关内外亦多有之,为数不赀,其利不在营田之下,乞并括之。"初,玠守蜀,以军储不继,治褒城堰为屯田,民不以为便。困漕臣郭大中言,约中其数,使民自耕。民皆归业,而岁入多于屯田。

端平元年八月,以臣僚言,屯五万人于淮之南北,且田且守,置屯田判官一员经纪其事,暇则教以骑射。初弛田租三年,又三年则取其半。十月,知大宁监邵潜言:"昔郑刚中尝于蜀之关隘杂兵民屯田,岁收粟二十余万石。是后屯田之利既废,粮运之费益增,宜诏帅臣纵兵民耕之,所收之粟计直以偿之,则总所无转输之苦,边关有储峙之丰,战有余勇,守有余备矣。"从之。

嘉熙四年,令流民于边江七十里内分田以耕,遇警则用以守江;于边城三五十里内亦分田以耕,遇警则用以守城;在砦者则耕四野之田,而用以守砦。田在官者免其租,在民者以所收十之一二归其主,俟三年事定则各还元业。

咸淳三年,诏曰:"淮、蜀、湖、襄之民所种屯田,既困重额,又困苛取,流离之余,口体不充,及遇水旱,收租不及,而催输急于星火,民何以堪? 其日前旧欠并除之,复催者以违制论。"

常平、义仓,汉、随利民之良法,常平以平谷,义仓以备凶灾。周显德中,又置惠民仓,以杂配钱分数折粟贮之,岁歉,减价以出惠民。宋兼存其法焉。

太祖承五季之乱,海内多事,义仓浸废。乾德初,诏诸州于各县置义仓,岁输二税,石别收一斗。民饥欲贷充种食者,县具籍申州,州长吏即计口贷讫,然后奏闻。其后收输送烦劳,罢之。淳化三年,京畿大穰,分遣使臣于四城门置场,增价以籴,虚近仓贮之,命曰常平,岁饥即下其直予民。

咸平中,库中员外郎成肃请福建增置惠民仓,因诏诸路申淳化惠民之制。景德三年,言事者请于京东西、河北、河东、陕西、江南、淮南、两浙皆立常平仓,计户口多寡,量留上供钱自二三千贯至一二万贯,令转运使每州择清干官主之,领于司农寺,三司无辄移用。岁夏秋视市价量增以籴,粜减价亦如之,所减不得过本钱。而沿边州郡不置。诏三司集议,请如所奏。于是增置司农官吏,创廨舍,藏蓄帐,度支别置常平案。大率万户岁籴万石,户虽多,止五万石。三年以上不粜,即回充粮廪,易以新粟。灾伤州郡粜粟,斗毋过百钱。后又诏当职官于元约数外增籴及一倍已上者,并与理为劳绩。天禧四年,荆湖、川峡、广南皆增置常平仓。五年,诸路总籴数十八万三千余斛粜二十四万三千余斛。

景祐中,淮南转运副使吴遵路言:"本路丁口百五十万,而常平钱粟才四十余万,岁饥不足以救恤。愿自经画增为二百万,他毋得移用。"许之。后又诏:天下常平钱粟,三司转运司皆毋得移用。不数年间,常平积有余而兵食不足,乃命司农寺出常平钱百万缗助三司给军费。久之,移用数多,而蓄藏无几矣。

自景祐初畿内饥,诏出常平粟贷中下户,户一斛。庆历中,发京西常平粟振贫民,而聚敛者或增旧价籴粟,欲以市恩;皇祐三年,诏诫之。淮南、两浙体量安抚陈升之等言:"灾伤州军乞粜常平仓粟,令于元价上量添十文、十五文,殊非恤民之意。"乃诏止于元籴价出粜。五年,诏曰:"比者湖北岁俭,发常平以济饥者,如闻司农寺复督取,岂朝廷振恤意哉?其悉除之。"

明道二年,诏议复义仓,不果。景祐中,集贤校理王琪请复置:"令五等已上户,随夏秋二税,二斗别输一升,水旱减税则免输。州县择便地置仓贮之,领于转运使。计以一中郡正税岁入十万石,则义仓可得五千石,推而广之,则利博矣。明道中,饥歉,国家欲尽贷饥民军食不足,故民有流转之患。是时,兼并之家出粟数千石则补吏,是岂以官爵为轻欤?特爱民济物,不获已为之尔。且兼并之家占田常广,则义仓所入常多;中下之家占田常狭,则义仓所入常少。及水旱振济,则兼并之家未必待此而济中下之民实先受其赐矣。"事下有司会议,议者异同而止。庆历初,琪复上其议,仁宗纳之,命天下立义仓,诏上三等户输粟,已而复罢。

其后贾黯又言:"今天下无事,年谷丰熟,民人安乐,父子相保。一遇水旱,则流离死亡,捐弃道路,发仓廪振之则粮不给,课粟富人则力不赡,转输千里则不及事,移民就粟则远近交困。朝廷之臣,郡县之吏,仓卒不知所出,则民饥而死者过半矣。愿放随制立民社义仓,诏天下州军遇年谷丰登,立法劝课蓄积,以备凶灾。此所谓'乐岁粒米狼戾,多取之而不为虐'者也,况取之以为民耶?"下其说诸路以度可否,以为可行才四路,余或谓赋税之外两重供输,或谓恐招盗贼,或谓已有常平足以振给,或谓置仓烦扰。

于是黯复上奏曰:"臣尝判尚书刑部,见天下岁断死刑多至四千余人，其间盗贼率十六七，盖愚民迫于饥寒，因之水旱，枉陷重辟。故臣请复民社义仓，以备凶岁。今诸路所陈，类皆妄议。若谓赋税之外两重供输，则义仓之意，乃教民储积以备水旱，官为立法，非以自利，行之既久，民必乐输。若谓恐招盗贼，盗贼利在轻货，不在粟麦，今乡村富室有贮粟数万石者，不闻有劫掠之虞。且盗贼之起，本由贫困。臣建此议，欲使民有贮积，虽遇水旱，不忧乏食，则人人自爱而重犯法，此正消除盗贼之原也。若谓有常平足以振给，则常平之设，盖以准平谷价，使无甚贵甚贱之伤。或遇凶饥，发以振救，既已失其本意，而费又出帑，今国用颇乏，所蓄不厚。近岁非无常平，小有水旱，辄离饿莩，起为盗贼，则是常平果不足仰以振给也。若谓置仓廪，敛材木，恐有烦扰，则今州县修治邮传驿舍，皆敛于民，岂于义仓独畏烦扰？人情可与乐成，不可与谋始，愿自朝廷断而行之。"然当时牵于众论，终不果行。

嘉祐二年，诏天下置广惠仓。初，天下没入户绝田，官自鬻之。枢密使韩琦请留勿鬻，募人耕，收其租别为仓贮之，以给州县郭内之老幼贫疾不能自存者，领以提点刑狱，岁终具出内之数上之三司。户不满万，留田租千石，万户倍之，户二万留三千石，三万四千石，四万留五千石，五万留六千石，七万万留八千石，十万留万石。田有余，则鬻如旧。四年，诏改隶司农寺，州选官二人主出纳，岁十月遣官验视，应受米者书名于籍。自十一月始，三日一给，人米一升，幼者半之，次年二月止。有余乃及诸县，量大小均给之。其大略如此。治平三年，常平入五十万一千四十八石，出四十七万一千一百五十七石。

熙宁二年，制置三司条例司言："诸路常平、广惠仓钱谷，略计贯石可及千五百万以上，敛散未得其宜，故为利未博。今欲以见在斛斗，遇贵量减市价粜，遇贱量增市价籴，可通融转运司苗税及钱斛就便转易者，亦许兑换。仍以见钱，依陕西青苗钱例，愿预借者给之。随税输纳斛斗，半为夏料，半为秋科，内有请本色或纳时价贵愿纳钱者，皆从其便。如遇灾伤，许展至次料丰熟日纳。非惟足以待凶荒之患,民既受贷,则兼并之家不得乘新陈不接以邀倍息。又常平、广惠之物,收茂积滞,必待年俭物贵然后出粜,所及者不过城市游手之人。今通一路有无,贵发贱敛,以广蓄积,平物价,使农人有以赴时趋事,而兼并不得乘其急。凡此皆以为民,而公家无所利其入,是亦先王散惠兴利、以为耕敛补助之意也。欲量诸路钱谷多寡,分遣官提举,每州选通判幕职官一员,典干转移出纳,仍先自河北、京东、淮南三路施行,俟有绪推之诸路。其广惠仓除量留给老疾贫穷人外,余并用常平仓转移法。"诏可。

既而条例司又言:"常平、广惠仓条约,先行于河北、京东、淮南三路,访问民间多愿支贷,乞遍下诸路转运司施行,当议置提举官。"时天下常平钱谷见在一千四百万贯石。诏诸路各置提举官二员,以朝官为之,管当一员,京官为之,或共置二员,开封府界一员,凡四十一人。

初,神宗既用王安石为参知政事,安石为帝言天下财利所当开阖敛散者,帝然其说,遂创立制置三司条例司。安石因请以著作佐郎编校集贤书籍吕惠卿为制置司检详文字,自是专一讲求立为新制,欲行青苗之法。苏辙自大名推官上书,召对,亦除条例司检详文字。安石出青苗法示之,辙曰:"以钱贷民,使出息二分,本非为利。然出纳之际,吏缘为奸,虽有法不能禁;钱入民手,虽良民不免非理费用;及其纳钱,虽富民不免违限。如此则鞭笞必用,州县多事矣。唐刘晏掌国计,未尝有所假贷。有尤之者,晏曰:'使民侥倖得钱,非国之福;使吏倚法督责,非民之便。吾虽未尝假贷,而四方丰凶贵贱,知之未尝逾时。有贱必籴,有贵必粜,以此四方无甚贵甚贱之病,安用贷为?'晏之言,汉常平法耳,公诚能行之,晏之功可立俟也。"安石自此逾月不言青苗。

会河北转运司干当公事王广廉召议事,广廉尝奏乞度僧牒数千道为本钱,于陕西转运司私行青苗法,春散秋敛,与安石意合。至是,请施行之河北,于是安石决意行之,而常平、广惠仓之法遂变而为青苗矣。苏辙以议不合罢。而诸路提举官往往迎合安石之意,务以多散为功。富民不愿取，贫者乃欲得之，即令随户等高下品配，又令贫富相兼，十人为保首，王广廉在河北，一等户给十五千，等而下之，至五等犹给一千，民间喧然不以为便。广廉入奏谓民皆欢呼感德，然言不便者甚众。右正言李常、孙觉乞诏有司毋以强民。时提举府界常平事侯叔献屡督提点府界县镇吕景散钱，景以畿县各有屯兵，岁入课利仅能赡给；又民户尝贷粮五十余万石，尚悉以阁；今条例司又以买陕西盐钞钱五十万缗为青苗钱给散，恐民力不堪。诏送条例司。召提举司官至中书戒谕之。王安石言："若此，诸路必顾望，不敢推行新法，第令条例司指挥。"从之。

三年，判大名府韩琦言：

臣准散青苗诏书，务在惠小民，不使兼并乘急以要倍息，而公家无所利其入。今所立条约，乃自乡户一等而下皆立借钱贯陌，三等以上更许增借，坊郭户有物业胜质当者，亦依乡户例支借。且乡村上等户并坊郭有物业者，乃从来兼并之家，今令多借之钱，一千令纳一千三百，则是官自放钱取息，与初诏绝相违戾。又条约虽禁抑勒，然须得上户为甲头以任之，民愚不虑久远，请时甚易，纳时甚难。故自制下以来，上下惶惑，皆谓若不抑散，则上户必不愿请；近下等第与无业客户虽或愿请，必难催纳。将来必有行刑督索，及勒干系书手、典押、耆户长同保均陪之患。

去岁河朔丰稔，米斗不过七八十钱，若乘时多敛，俟贵而粜，不唯合古制，无失陷，兼民实惠，亦足收其羡赢。今诸仓方籴而提举司已亟止之，意在移此籴本尽为青苗钱，则三分之息可为己功，岂暇更恤期民久远之患？若谓陕西尝行其法，官有所得而民以为便，此乃转运司因军储有阙，适自冬及春雨雪及时，麦苗滋盛，定见成熟，行于一时可也。今乃建官置司，以为每岁常行之法，而取利三分，岂陕西权宜之比哉？兼初诏且于京东、淮南、河北三路试行，俟有绪方推之他路。今三路未集，而遽尽于诸路置使，非陛下忧民、祖宗惠下之意。乞尽罢提举官,第委提点刑狱官依常平旧法施行。

帝袖出琦奏示执政曰:"琦真忠臣,朕始谓可以利民,不意乃害民如此。且坊郭安得青苗,而使者亦强与之?"安石勃然进曰:"苟从其所欲,虽坊郭何害?"因难琦奏,曰:"陛下修常平法以助民,至于收息,亦周公遗法也。如桑弘羊笼天下货财以奉人主私用,乃可谓兴利之臣;今抑兼并,振贫弱,置官理财,非所以佐私欲,安可用谓兴利之臣乎?"曾公亮、陈升之皆言坊郭不当俵钱,与安石论难久之而罢。帝终以琦说为疑,安石遂称疾不出。

帝谕执政罢青苗法,公亮、升之欲即奉诏,赵抃独欲俟安石出自罢之,连日不决。帝更以为疑,因令吕惠卿谕旨起安石,安石入谢。既视事,志气愈悍,面责公亮等,由是持新法益坚。诏以琦奏付制置条例司,条例司疏列琦奏而辨析其不然。琦复上疏曰:

制置司多删去臣元奏要语,唯举大概,用偏辞曲难,及引《周礼》"国服为息"之说,文其谬妄,上以欺罔圣听,下以愚弄天下。臣窃以为周公立太平之法,必无剥民取利之理,但汉儒解释或有异同。《周礼》"园廛二十而税一,唯漆林之征二十而五,"郑康成乃约此法,谓:"从官贷钱若受园廛之地,贷万钱者出息五百,"贾公彦广基说,谓:"如此则近郊十一者,万钱期出息一千,远郊二十而三者,万钱期出息一千五百,甸、稍、县、都之民,万钱都期出息二千。"如此,则须漆林之户取货,方出息二千五百,当时未必如此。今放青苗钱,凡春货十千,半年之内便令纳利二千,秋再放十千,至岁终又令纳利二千,则是贷万钱者,不问远近,岁令出息四千。《周礼》至远之地止出息二千,今青苗取息过《周礼》一倍,制置司言比《周礼》取息已不为多,是欺罔圣听,且谓天下之人不能辩也。

且古今异宜,《周礼》所载有不可施于今者,其事非一。若谓泉府一职今可施行,则制置司何独举注疏贷钱取息一事,以诋天下之公言哉?康成又注云:"王莽时贷以治产业者,但计所赢受息无过岁什一。公彦疏云:"莽时虽计本多少为定,及其催科,唯所赢多少。假令万钱岁赢万钱催一千,赢五千催五百,余皆据利催什一。"若赢钱更少,则纳息更薄,以今青苗取利尤为宽少。而王莽之外,上自两汉,下及有唐,更不闻有贷钱取利之法。今制司遇尧、舜之主,不以二帝、三王之道上裨圣政,而贷钱取利更过莽埋,此天下不得大指以为非,而老臣不可以不辩也。

况今天下田税已重,固非《周礼》什一之法,更有农具、牛皮、盐曲、鞋钱之类,凡十余目,谓之杂钱。每夏秋起纳,官中更以绸绢斛斗低估,令民以此杂钱折纳。又岁散官盐与民,谓之蚕盐,折纳绢帛。更有预买、和买绸绢,如此之类,不可悉举,皆《周礼》田税什一之外加敛之物,取利已厚,伤农已深,奈何又引《周礼》"国服为息"之说,谓放青苗钱取利乃周公太平已试之法?此则诬污圣典,蔽惑睿明,老臣得不太息而恸哭也?

制置司又谓常平旧法亦粜与坊郭之人。坊郭有物力户未尝零籴常平仓斛斗,此盖欲多钱与坊郭有业之人,以望收利之多,妄称《周礼》以为无部都邑鄙野之限,以文其曲说,唯陛下详之。

枢密使文彦博亦数言不便,帝曰:"吾遣二中使亲问民间,皆云甚便。"彦博曰:"韩琦三朝宰相,不信,而信二宦者乎?"先是,王安石阴结入内副都知张若水、押班蓝元震,帝因使二人潜察府界俵钱事,还言民皆情愿,无抑配者,故帝益信之。初,群臣进读迄英毕,帝问:"朝廷每更一事,举朝汹汹,何也?"司马光曰:"青苗出息,平民为之,尚能以蚕食下户至饥寒流离,况县官法度之威乎?"吕惠卿曰:"青苗法愿则取之,不愿不强也。"光曰:"愚民知取债之利,不知还债之害,非独县官不强,富民亦不强也。"帝曰:"陕西行之久,民不以为病。"光曰:"臣陕西人也,见其病不见其利。朝廷初不许,有司马能以病民,况法许之乎!"及拜官枢密副使,光上章力辞至六七,曰:"帝诚能罢制置条例司,追还提举官,不行青苗、助役等法,虽不用臣,臣受赐多矣。不然,终不敢受命。"竟出知永兴军。

当是时,争青苗钱者甚众,翰林学士范镇言:"陛下初诏云公家无所利其入,今提举司以户等给钱,皆令出三分之息,物议纷纭,皆云自古未有天子开课场者。民虽至愚,不可不畏。"后以言不行致仕。台谏官吕公著、孙觉、李常、张戬、程颢等皆以论青苗罢黜。知亳州富弼、知青州欧阳修继韩琦论青苗之害,且持之不行,亦坐移镇。知陈留县姜潜之官才数月,青苗令下,潜即榜于县门,又移之乡村,各三日无人至,遂撤榜付吏曰:"民不愿矣!"府、寺疑潜壅令,使其属按验,无违令者。潜知不免,即移疾去。

知山阴县陈舜俞不肯奉行,移状自劾曰:"方今小民匮乏,愿贷之人往往有之。譬如孺子见饴蜜,孰不染指争食?然父母疾止之,恐其积甘足以生病。故耆老戒其乡党,父兄诲其子弟,未尝不以贷贯为不善治生。今乃官自出举,诱以便利,督以威刑,非王道之举也。况正月放夏料,五月放秋料,而所敛亦在当月,百姓得钱便出息输纳,实无所利。是使民一取青苗钱,终身以及世世一岁尝两输息钱,乃别为一赋以弊生民也。"坐谪监南康军盐酒税"陕西转运副使陈绎止环、庆等六州毋散青苗钱,且留常平仓物以备用,条例司劾其罪,诏释之。五月,制置三司条例司罢归中书,以常平新法付司农寺,命集贤校理吕惠卿同判寺,兼领田役水利。七年,帝患俵常平官吏多违法,王安石请县专置一主簿,主给纳役钱及常平,不过五百员,费钱三十万贯耳。从之。

帝以久旱为忧,翰林学士承旨韩维言:"畿县近督青苗甚急,往往鞭挞取足,民至伐桑为薪以易钱。旱灾之际,重罹此苦。"帝颇感悟。太皇太后亦尝为帝言:"闻民间甚苦青田、助役钱,盍罢之!"会百姓流离,帝忧见颜色,益疑新法不便,欲罢之。安石不悦,屡求去,四月,出知江宁府。然安石荐韩绛代相,仍以吕惠卿佐之,于安石所为遵守不变。既而诏诸路常平钱谷常留一半外,方得给散。两经倚阁常平钱人户,不得支借。民间非时阙乏,许以物产为抵,依常平限输纳。当输钱而愿输谷若金帛者,官立中价示民。物不尽其钱,足以钱;钱不尽其物者,还其余直。又听民以金帛易谷,而有司少加金帛之直。

六年,户部言:"准诏诸路常平可酌三年敛散中数,取一年为格,岁终较其增亏。今以钱银谷帛贯、石、匹、两定年额:散一千一百三万七千七百七十二,敛一千三百九十六万五千四百五十九。比元丰三年散增二百一十四万八千三百四十二,敛增一百三万四千九百六十三;四年散增二百七十九万九千九百六十四,敛亏一百九十八万六千五百一十五。"诏三年四年散多敛少及散敛俱少之处,户部下提举司具析以闻。

十年,诏开封府界先是自丰稔畿县立义仓法。明年,提点府界诸县镇公事蔡承禧言:"义仓之法,以二石而输一斗,至为轻矣,乞今年夏税之始,悉令举行。"诏可,仍以义仓隶提举司。京东西、淮南、河东、陕西路义仓以今年秋料为始,民输税不及斗免输,颁其法于川峡四路。元丰二年,诏威、茂、黎三州罢行义仓法,以夷夏杂居,岁赋不多故也。八年,并罢诸路义仓。

元祐元年,诏:"提举官累年积蓄钱谷财物,尽桩作常平钱物,委提点刑狱交管,依旧常平仓法行之。罢各县专置主簿。"四月,再立常平钱谷给敛出息之法,限二月或正月以散及一半为额,民间丝麦丰熟,随夏税先纳所输之半,愿伴纳者止出息一分。左司谏王岩叟、监察御史上官均、右正言王觌、右司谏苏辙、御史中丞刘挚交章论复行青苗之非。八月,司马光奏:"先朝散青苗,本为利民,并取情愿。后提举官速要见功,务求多散,或举县追呼,或排门抄劄;亦有无赖子弟谩昧尊长,钱不入家;亦有他人冒名诈请,莫知为谁,及至追催,皆归本户。今朝廷深知其弊,故悉罢提举官,不复立额考校,访闻人情安便。欲下诸路提点刑狱,申严州县抑配之禁。"诏从之。

中书舍人苏轼不书录黄,奏曰:"熙宁之法,未尝不禁抑配,而其害至此。民家量入为出,虽贫亦足,若令分外得钱,则费用自广。况子弟欺谩父兄,人户冒名诈请,似此本非抑配。臣谓以散及一半为额,与熙宁无异。今许人愿请,未免设法罔民,使快一时非理之用,而不虑后日催纳之患。二者皆非良法,相去无几。今已行常平籴粜之法,惠民之外,官亦稍利,何用二分之息,以贾无穷之怨?”于是王岩叟、苏辙、朱光庭、王觌等复言:“臣等屡有封事,乞罢青苗,皆不蒙付外。愿尽付三省,公议得失。”初,同知枢密院范纯仁以国用不足,建请复散青苗钱,四月之诏,盖纯仁意也。时司马光以疾在告,已而台谏皆言其非,不报。光寻奏乞约束州县抑配,苏轼又缴奏,乞尽罢之。光始大悟,遂力疾入对。寻诏:“常平钱谷,止令州县依旧法趁时籴粜,青苗钱更不支俵。除旧欠二分之息,元支本钱验见欠多少,分料次随二税输纳。

绍圣元年,诏除广南东、西路外,并复置义仓,自来岁始,放税二分已上免输,所贮专充振济,辄移用者论如法。二年,户部尚书蔡京首言:“承诏措置财利,乞检会熙、丰青苗条约,参酌增损,立为定制。”淮南转运司副使庄公岳谓:“自元祐罢提举官后,钱谷为他司侵借,所存无几。欲乞追还给散,随夏秋税偿纳,勿立定额,自无抑民失财之患。”奉议郎郑仅,朝奉郎郭时亮,承议郎许几、董遵等皆言:“青苗最为便民,愿戒抑配,止收一分之息。”诏并送详定重修敕令所。三年,旧欠常平钱斛人户,仍许请给。

宣和五年,令州县岁散常平钱谷毕,即揭示请人名数,逾月敛之,庶革伪冒之弊。先是,诸路灾伤,截拨上供年额米斛数多,致阙中都岁计,令京东、江南、两浙、荆湖路义仓谷各留三分,余并起发赴京,补还截拨之数。六年,诏罢之。

高宗绍兴元年,并提举常平司于提刑司。明年,以臣僚言复常平官,讲补助之政以广储蓄。九年,用宗正丞郑鬲言,以常平钱于输赋未毕之时,悉数和籴。二十八年,以赵令䛣请,粜州县义仓米之陈腐者。

孝宗隆兴二年,遣司农少卿陈良弼点检浙东常平等仓。乾道六年,知衢州胡坚奏广籴常平。福建转运副使沈枢奏,水旱州郡请留转运司和籴米以续常平,上即为之施行。八年,户部侍郎杨倓奏:“义仓在法夏秋正税斗输五合,不及斗者免输,凡丰熟县九分以上即输一升。今诸州县岁收苗米六百余万石,其合收义仓米数不少,间有灾伤,支给不多。访闻诸州军皆擅用,请稽之。”

宁宗庆元元年,诏户部右曹专领义仓。十一年,臣僚言:“绍兴初,台臣尝请通一县之数,截留下户苗米,输之于县,别储以备振济。使穷民不至于艰食;惟负郭义仓,则就州输送。至于属县之义仓,则令、丞同主之,每岁终,令、丞合诸乡所入之数上之守、贰,守、贰合诸县所入之数上之提举常平,提举常平合一道之数上之朝廷,考其盈亏,以议殿最。”从之。

宝庆三年,侍御史李知孝言:“郡县素无蓄积,缓急止仰朝廷,非立法本意。曩淮东总领岳琦任江东转运判官,以所积经常钱籴米五万石,桩留江东九郡,以时济粜,诸郡皆蒙其利。其后史弥忠知饶州,赵彦悈知广德军,皆自积钱籴米五千石。以是推之,监司、州郡苟能节用爱民,即有赢羡。若立之规绳,加以黜陟,所籴至万石者旌擢,其不收籴与扰民及不实者镌罚,庶几郡县趋事,蓄积岁增,实为经久之利。”有旨从之。

景定元年九月,赦曰:“诸路已粜义米价钱,州郡以低价抑令上户补籴,正税逃阁,义米用亏,常平司责县道陪纳,县道遂敷吏贴、保正、长揽户等人均纳。自今视时收籴,见系吏贴等人陪纳之钱并与除放。”五年,监察御史程元岳奏:“随粳带义,法也。今粳糯带义之外,又有所谓外义焉者,绢、绸、豆也,岂有绢、绸、豆而可加之义乎?纵使违法加义,则绢加绢,绸加绸,豆加豆,犹可言也;州县一意椎剥,一切理苗而加一分之义,甚者赦恩已蠲二税,义米依旧追索。贫民下户所欠不过升合,星火追呼,费用不知几百倍。破家荡产,鬻妻子,怨嗟之声,有不忍闻。望严督监司,止许以粳带义,其余尽罢。其有循习病民者重其罚。”从之。咸淳二年,以诸路景定三年以前常平义仓米二百余万石,减时直粜之。

宋史卷一七七
志第一三〇

食货上五

役法上

役法　役出于民，州县皆有常数。宋因前代之制，以衙前主官物，以里正、户长、乡书手课督赋税，以耆长、弓手、壮丁逐捕盗贼，以承符、人力、手力、散从官给使令；县曹司至押、录，州曹司至孔目官，下至杂职、虞候、拣、掏等人，各以乡户等第定差。京百司补吏，须不碍役乃听。

建隆中，诏文武官、内诸司、台省、寺监、诸军、诸使，不得占州县课役户，州县不得役道路居民为递夫。后又诏诸职官不得私占役户供课。京西转运使程能请定诸州户为九等，著于籍，上四等量轻重给役，余五等免之，后有贫富，随时升降。诏加裁定。淳化五年，始令诸县以第一等户为里正，第二等户为户长，勿冒名以给役。自余众，役多调厢军。大中祥符五年，提点刑狱府界段惟几发中牟县夫二百修马监仓，群牧制置使代以厩卒，因下诏禁之。惟诏令有大兴作而后调丁夫。

然役有轻重劳佚之不齐，人有贫富强弱之不一，承平既久，奸伪滋生。命官、形势占田无限，皆得复役，衙前将吏得免里正、户长；而应役之户，困于繁数，伪为券售田于形势之家，假佃户之名，以避徭役。乾兴初，始立限田法，形势敢挟他户田者听人告，予所挟田三之一。

　　时州县既广,徭役益众,太常博士范讽知广济军,因言:"军地方四十里,户口不及一县,而差役与诸郡等,愿复为县。"转运司执不可,因诏裁损役人。自是数下诏书,督州县长吏与转运使议蠲冗役,以宽民力。又令州县录丁产及所产役使,前期揭示,不实者民得自言。役之重者,自里正、乡户为衙前,主典府库或辇运官物,往往破产。景祐中,稍欲宽其法,乃命募人充役。初官八品以下死者,子孙役同编户;至是,诏特蠲之。民避役者,或窜名浮图籍,号为出家,赵州至千余人,诏出家者须落发为僧,乃德免役。禁诸县非捕盗毋擅役壮丁。庆历中,令京东西、河北、陕西、河东裁损役人,即给使不足,益以厢兵。既而诏诸路转运司条析州县差徭赋敛之数,委二府大臣裁减,科役不均,以乡村、坊郭户均差。时范仲淹执政,谓天下县多,故役蕃而民瘵,首废河南诸县,欲以次及他州。当时以为非,未几悉复。王逵为荆湖转运使,率民输钱免役,得缗钱三十万,进为羡余,蒙诏奖。由是他路竞为掊克以市恩。皇祐中,诏州县里正、押司、录事既代而令输钱免役者,论如违制作。又禁役乡户为长名衙前。

　　初,知并州韩琦上疏曰:"州县生民之苦,无重于里正衙前。有媚母改嫁,亲族分居,或弃田与人,以免上等,或非命求死,以就单丁,规图百端,苟免沟壑之患。每乡被差疏密,与赀力高下不均。假有一县甲乙二乡,甲乡第一等户十五户,计赀为钱三百万,乙乡第一等户五户,计赀为钱五十万;番休递役,即甲乡十五年一周,乙乡五年一周。富者休息有余,贫者败亡相继,岂朝廷为民父母者乎?请罢里正衙前,命转运司以州军见役人数为额,令佐视五等簿通一县计之,籍皆在第一等,选赀最高者一户为乡户衙前,后差人放此。即甲县户少而役蕃,听差乙县户多而役简者。簿书未尽实,听换取他户。里正主督租赋,请以户长代之,二年一易。"下其议京畿、河北、河东、陕西、京东西转运司度利害,皆以为便。而知制诰韩绛、蔡襄极论江南、福建里正衙前之弊,绛请行乡户五则之法,襄请以产钱多少定役重轻。至和中，命绛、襄与三司、置司参定，继遣尚书都官员外郎吴几复趋江东，殿中丞蔡禀趋江西，与长吏、转运使议可否。因请行五则法，凡差乡户衙前，视赀产多寡置籍，分为五则，又第其役轻重放此。假有第一等重役十，当役十人，列第一等户百；第二等重役五，当役五人，列第二等户五十，以备十番役使。藏其籍通判治所，遇差人，长吏以下同按规之，转运使、提点刑狱察其违慢。遂更著淮南、江南、两浙、荆湖、福建之法，下三司颁焉。

自罢里正衙前，民稍休息。又诏诸路转运司、开封府界访衙前之役有重为害者条奏之；能件悉便利、大去劳弊者议赏。置宽恤民力司，遣使四出。自是州县力役多所裁损，凡二万三千六百二十二人。

治平四年，诏曰："农，天下之大本也，间因大旱，颇致流离，殆州郡差役之法甚烦，其诏中外臣庶条陈利害以闻。"先是，三司使韩绛言："闻京东民有父子二丁将为衙前役者，其父告其子曰'吾当求死，使汝曹免于冻馁'，遂自缢而死。又闻江南有嫁其祖母及与母析居以避役者，又有鬻田减其户等者。田归官户不役之家，而役并于同等见存之户。望博访利害，集议裁定，使力役无偏重之害。"役法更议始此。

熙宁元年，知谏院吴充言："今乡役之中，衙前为重。民间规避重役，土地不敢多耕，而避户等；骨肉不敢义聚，而惮人丁。故近年上户浸少，中下户浸多，役使频仍，生资不给，则转为工商，不得已而为盗贼。宜早定乡役利害，以时施行。"后帝阅风藏库奏，有衙前越千里输金七钱，库吏邀乞，逾年不得还者。帝重伤之，乃诏制置条例司讲立役法。二年，遣刘彝、谢卿材、侯叔献、程颢、卢秉、王汝翼、曾伉、王广廉八人行诸路，相度农田水利、税赋科率、徭役利害。

条例司检详文字苏辙言："役人之不可不用乡户，犹官吏之不可不用士人也。今遂欲两税之外别立一科，谓之庸钱，以备官雇，不问户之高低，例使出钱，上户则便，下户实难。"辙以议不合罢。

条例司言："使民出泉雇役,即先王致民财以禄庶人在官者之意,愿以条目遣官分行天下,博尽众议。"于是条谕诸路曰:"衙前既用重难分数,凡买扑酒税坊场,旧以酬衙前者,从官自卖,以其钱同役钱随分数给之。其厢镇场务之类,旧酬奖衙前、不可令民买占者,即用旧定分数为投我衙前酬奖。如部水陆运及领仓驿、场务、公使库之类,其旧烦扰且使陪备者,今当省使毋费。承符、散从官等旧苦重役偿欠者,今当改法除弊,庶使无困。凡有产业物力而旧无役者,今当出泉以助役。"久之,司农寺言:"今立役条,所宽优者,皆村乡朴蠢不能自达之穷氓;所裁取者,乃仕宦兼并能致人言之豪右。若经制一定,则衙司县吏无以施诛求巧舞之奸,故新法之行尤所不便。欲先自一两州为始,候其成就,即令诸州军仿视施行,若实便百姓,当特奖之。"诏可。

于是提点府界公事赵子几奏上府界所在条目,下之司农,诏判寺邓绾、曾布更议之。绾、布言:"畿内乡户,计产业若家资之贫富,上下分为五等。岁以夏秋随等输钱,乡户自四等、坊郭自六等以下勿输。两县有产业者,上等各随县,中等并一县输。析居者随所析而定、降其等。若官户、女户、寺观、未成丁,减半输。皆用其钱募三等以上税户代役,随役重轻制禄。开封县户二万二千六百有奇,岁输钱万二千九百缗。以万二百为禄,赢其二千七百,以备凶荒欠阁,他县仿此。"然输钱计等高下,而户等著籍,昔缘巧避失实。乃诏责郡县,坊郭三年,乡村五年,农隙集众,稽其物产,考其贫富,察其诈伪,为之升降;若故为高下者,以违制论。

募法:三人相任,衙前仍供物产为抵;弓手试武艺,典史试书计;以三年或二年乃更,为法既具,揭示一月,民无异辞,著为令。令下,募者执役,被差者得散去。开封一府罢衙前八百三十人,畿县乡役数千,遂颁其法于天下。

天下土俗不同,役重轻不一,民贫富不等,从所便为法。凡当役人户,以等第出钱,名免役钱。其坊郭等第户及未成丁、单丁、女户、寺观、品官之家,旧无色役而出钱者,名助役钱。凡敷钱,先视州若县应用雇直多少，随户等均取；雇直既已用足，又率其数增取二分，以备水旱欠阁，虽增毋得过二分，谓之免役宽剩钱。

三年，命集贤校理吕惠卿同判司农寺，已而林旦、曾布相继典主其事。四年，罢许州衙前公使库，以军校主之，用给食钱三千。后行于诸路，人皆便之。

两浙提点刑狱王庭老、提举常平张靓率民助役钱至七十万。薛向为帝言，帝问王安石，安石曰：“提举官据数取之，朝廷以恩惠科减，于体为顺。”御史中丞杨绘亦言：“靓等科配民输钱，多者一户至三百千，乞少裁损，以安民心。”五月，东明县民数百诣开封府诉超升等第，不受；遂突入王安石私第，安石谕以相府不知；诉之御史台，台不受诉，谕令散去。杨绘又言：“司农寺不用旧则，自据户数创立助役钱等第，不县令著之籍，如酸枣县升户等皆失实。”帝乃命提点司究所从升降，仍严升降之法，畿民不愿输钱免役，县案所当供役岁月，如期役之，与免输钱。先是，帝既知东明事，及闻绘言，两降手敕问王安石曰：“酸枣既有自下户升入上户，则四等有免输役钱之名，而无其实。”安石力言尝取诸县新旧籍对覆升降，闻外间扇摇役法者，谓输多必有赢余，若群诉必可免，彼既聚众侥倖，苟受其诉，与免输钱，当仍役之。帝乃尽用其言。

中书孙迪、张景温休量不愿出钱之民，欲困以重役，杨绘复论之。而监察御史刘挚谓：“昨者；团结保甲，民方惊扰，又作法使人均出缗钱，非时升降户等，期会急迫，期分急迫，人情惶骇。”因陈新法十害，其要曰：“上户常少，中下户常多，故旧法上户之役类皆数而重，下户之役率常简而轻；今不问上下户，概视物力以差出钱，故上户以为幸，而下户苦之。岁有丰凶，而役人有定数，助钱岁不可阙，则是赋税有时减阁，而助钱更无蠲损也。役人必用乡户，为其有常产则自重，今既招雇，窃恐止得浮浪奸伪之人，则帑庾、场务、纲运不惟不能典干，窃恐不胜其盗用而冒法者众；至于弓手、耆、壮、承符、散从、手力、胥史之类，恐遇寇则有纵逸，因事辄为搔扰也。司农新法，衙前不差乡刻，其旧尝愿为长名者，听仍其旧，却用官自召卖酒税坊场并州县坊郭人户助役钱数，酬其重难，惟此一法，有若可行；然坊郭二等户，缓急科率，郡县赖之，难更使之均出助钱。乞诏有司，若坊场钱可足衙前雇直，则详究条目，徐行而观之。"帝因安石进呈现役钱文字，谓之曰："民供税敛已重，坊郭及官户等不须减，税户升等事更与兴裁之。"安石曰："朝廷制法，当断以义，岂须规规恤浅近之人议论耶？"

于是提点赵子几怒知东明县贾蕃不能禁遏县民来讼，杂摭他事致蕃于理。又使子几自鞫之。杨绘谓是希安石意指，而致县令于罪也。即疏辨之曰："子几若劾蕃五月十日前事，臣固无言；若所劾后乎此日，是以威胁令佐使民不得赴愬，得为便乎？"又言："助役之利一，而难行有五。请先言其利，假如民田有一家而百顷者，亦有户三顷者，其等乃俱在第一，以百顷而较三顷，则已三十倍矣，而受役月日，均齐无异；况如官户，则除耆长外皆应无役，今例使均出雇钱，则百顷所输必三十倍于三顷者，而又永无决射之讼，此其利也。然难行之说亦有五：民惟种田，而责其输钱，钱非田之所出，一也。近边州军，就募者非土著，奸细难防，二也。逐处田税，多少不同，三也。耆长雇人，则盗贼难止，四也。衙前雇人，则失陷官物，五也。乞先议防此五害，然后著为定制，仍先戒农寺无欲速就以祈恩赏，提举司无得多取于民以自为功，如此则谁复妄议。"

刘挚亦言："赵子几以他事揖摭贾蕃为过，且变更役法，意欲便民，民苟以为有利害也，安可禁其所欲言！今因畿民有诉，而刻薄之人，反怒县官不能禁遏。臣恐四远人情，必疑朝廷钳天下之口，而职在主民者，必皆视蕃为戒，则天下休戚，陛下何由知之？子几挟情之罪，伏请付吏部施行。"

于是同判司农寺曾布摭绘、挚所言而条奏辨诘之，其略曰：

　　畿内上等户尽罢昔日衙前之役，故今所输钱比旧受役时，其费十减四五；中等人户旧充弓手、手力、承符、户长之类，今使上等及坊郭、寺观、占丁、官户皆出钱以助之，故其费十减六七;下等人户尽除前日冗役,而专充壮丁,且不输一钱,故其费十减八九。大抵上户所减之费少,下户所减之费多。言者谓优上户而虐下户,得聚敛之谤,臣所未谕也。

提举司以诸县等第不实,故首立品量升降之法,开封府、司农寺方奏议时,辣不知已尝增减旧数。然旧敕每年一造簿书,等第尝有升降,则今品量增减亦未为非;又况方晓谕民户,苟有未便,皆与厘正,则凡所增减,实未尝行。言者则以谓品量立等者,盖欲多敛雇钱,升补上等以足配钱之数。至于祥符等县,以上等人户数多减充下等,乃独掩而不言,此臣所未谕也。

凡州县之役,无不可募人之理。今按名衙前半天下,未尝不典主仓库、场务、纲运;而承符、手力之类,旧法皆许雇人,行之久矣;惟耆长、壮丁,以今所措置最为轻役,故但轮差乡户,不复募人。言者则以谓衙前雇人,则失陷官物,耆长雇人,则盗贼难止。又以谓近边奸细之人应募,则焚烧仓库,或守把城门,则恐潜通外境,此臣所未谕也。

免役或输见钱,或纳斛斗,皆从民便,为法至此,亦已周矣。言者则谓直使输钱,则丝帛粟麦必贱,若用他物准直为钱,则又退拣乞索,且为民害。如此则当如何而可?此臣所未谕也。

昔之徭役皆百姓所为,虽凶荒饥馑,未尝罢役;今役钱必欲稍有余羡,乃所以为凶年蠲减之备,其余又专以兴田利、增吏禄。言者则以谓助钱非如税赋有倚阁减放之期,臣不知昔之衙前、弓手、承符、手力之类,亦尝倚阁减放否?此臣所未谕也。

两浙一,户一百四十余万,所输缗钱七十万尔;而畿内户十六万,率缗钱亦十六万。是两浙所输才半畿内,畿内用以募役,所余亦自无几。言者则以谓吏缘法意,广收大计,如两浙欲以羡钱徼幸,司农欲以出剩为功,此臣所未谕也。

贾蕃为令,不受民诉,使趋京师喧哗,其意必有谓也。诚令用心无他,亦可谓不职矣。蕃之不职不法,其状甚众,皆赵子几所不得不问;御史之言,欲舍蕃而治子几,是不顾陛下之法、陛下之民，宜莫如蕃与御史也。？

于是下其疏于绘、挚，使各言状。

绘录前后四奏以自辨。挚言："助役敛钱之法，有大臣及御史主之于内，有大臣亲党为监司、提举官而行之于诸路，其势顺易矣然；旷日弥年，终未有定论，为不顺乎民心而已。陛下以司农为是耶，则事尽前奏，可以覆视；以臣言为非耶，则贬黜而已。虽复使臣言之，亦不过所谓十害者，而风宪之官，岂当与有司较是非胜负耻？"诏绘知郑州；挚落馆阁校勘、监察御史里行，监衡州盐仓。

遣察访使遍行诸路，促成役书，改助役为免役，不愿就募而强之者论如律。初，诏监司各定所部助役钱数，利路转运使李瑜欲定四十万，判官鲜于侁曰："利路民贫，二十万足矣。"议不合，遂各为奏。帝是侁议。侍御史邓绾言利路役岁须缗钱九万余，而李瑜率取至三十三万有奇，提点刑狱周约亦占名无异辞。诏责瑜、约，而擢侁为副使。

诸路役书既上之司农，乃颁募役法于天下，用免役钱禄内外胥吏。有禄而赃者，用仓法重其坐。初，京师赋吏禄，岁仅四千缗。至八年，计缗钱三十八万有奇，京师吏旧有禄及外路吏禄又不在是焉。时知长葛县乐京称助役之法不可久行，常平司询其故，不答，遂罢。京西使者召知湖阳县刘蒙会议，蒙不肯议，退而条上利害，即投劾去。而权江西提刑提举金君卿首募受代官部钱帛纲趋京，不差乡户衙前，而费减十五六。赐诏奖谕，仍落权为真。

免役剩钱，诏州县用常平法给散休息，添给吏人餐钱，仍立为法。京东免役钱以秋料起催，若雇直多少、役使重轻有未究者，命监司详具来上，仍须熙宁七年乃行。永兴、秦凤比之他路，民贫役重，诏提举司并省冗役，次第蠲减，常留二分宽剩，以为水旱阁放之备。

七年，诏："役钱千别纳头子五钱，凡修官舍，作什器，夫力辇运之类，皆许取以供费；不给，以情轻赎铜钱足之。诸路公人如弓箭手法，给田募人为之。凡逃、绝、监牧之田籍于转运司者，不许射买请佃。提刑司以其田给应募者，而核其所直，准一年雇役为钱几何，而归其直于转运司。"衢州西安县用缗钱十二万买田,始足募一县之役。司农寺言,不独两浙如此,他路宜亦如之。费多难赡,乃欲改法。遂诏自今用宽剩钱买募役田,须先参会余钱可以枝梧灾伤,方许给买,若田价翔贵之地,则已之。

时免役出钱或未均,参知政事吕惠卿及其弟曲阳县尉和卿皆请行手实法。其法:官为定立田产中价,使民各以田亩多少高下,随价自占;仍并屋宅分有无蕃息立等,凡居钱五当蕃息之钱一。非用器、田谷而辄隐落者许告,有实以三分之一充赏。将造簿,预具式示民,令依式为状,县受而籍之。以其价列定高下,分为五等。既该见一县之民物产钱数,乃参会通县役钱本额而定所当输,明书其数,示众两月,使悉知之。诏从其请。

司农寺乞废户长、坊正,令州县坊郭择相邻户三二十家,排比成甲,迭为甲头,督输税赋苗役,一税一替。其后,诸路皆言甲头催税未便,遂诏耆户长、壮丁仍旧募充,其保正、甲头、承帖法并罢。

王安石言给田募役,有害十余。八年,罢给田募役法,已就募人如旧,阙者勿补。官户输役钱免其半,所免虽多,各无过二十千,两县以上有物产者通计之,两州两县以上有物产者随所在输钱,等第不及者从一多处并之。

初,手实法行,言者多论其长告讦,增烦扰。至是,惠卿罢政,御史中丞邓绾言其法不便,罢之,委司农寺再详定以闻。

九年,以荆湖两路敷役钱太重,较一岁入出,宽剩钱数多,诏权减二年。寻诏自今宽剩役钱及买扑坊场钱,更不以给役人,岁具羡数上之司农,余物凡籍之常平司者,常留一半。侍御史周尹言:"募役钱数外留宽剩一分,闻州县希提举司风旨,广敷民钱,省役额,损雇直,而民间输数一切如旧,宽剩数多。募直轻而仓法重,役人多不愿就募。天下皆谓朝廷设法聚敛,不无疑怨。乞募耆长、户长及役人不可过减者悉复旧额,约募钱足用,其宽剩止留二分。"

是岁,诸路上司农寺岁收免役钱一千四十一万四千五百五十三贯、石、匹、两:金银钱斛匹帛一千四十一万四千三百五十二贯、石、匹、两，丝绵二百一两；支金银钱斛六百四十八万七千六百八十八两、贯、石、匹；应在银钱斛匹帛二百六十九万三千二十贯、匹、石、两，见在八十七万九千二百六十七贯、石、匹、两。

十年，知彭州吕陶奏："朝廷欲宽力役，立法召募，初无过敛民财之意，有司奉行过当，增添科出，谓之宽剩。自熙宁六年施行役法，至今四年，臣本州四县，已有宽剩钱四万八千七百余贯，今岁又须科纳一万余贯。以成都一路计之，无虑五六十万，推之天下，见今约有六七百万贯宽剩在官。岁岁如此，泉币绝乏，货法不通，商旅农夫，最受其弊。臣恐朝廷不知免役钱外有此宽剩数目，乞契勘见在约支几岁不至阙乏，需发德音，特免数年；或逐年限定，不得过十分之一。所贵民不重困。"不报。

王安石去位，吴充为相，沈括献议莫若稍变役法，杂以差徭为便。御史知杂蔡确括反覆，贬括知宣州。

役钱立额，浙东多以田税钱数为则，浙西多用物力。至是，诏令通物力、税钱互纽为数，从便输纳。淮东路估定物产，如其实直，以均敷取。初，许两浙坊郭户家产不及二百千，乡村户不及五十千，毋输役钱，已而乡户不及五十千亦不免输。元丰二年，提举司言坊郭户免输法太优，乃诏如乡户法裁定所敷钱数。提举广西常平刘谊言："广西一路户口二十万，而民出役钱至十九万缗，先用税钱敷出；税数不足，又敷之田米；田米不足，复算于身丁。夫广西之民，身之有丁，既税以钱，又算以米，是一身而输二税，殆前世弊法。今既未能蠲除，而又益以役钱，甚可悯也。至于广东西监司、提举司吏一月之给，上同令录，下倍摄官，乞裁损其数，则两路身丁田米亦可少宽。"遂诏吏辈月给钱递减二千，岁遂减役钱一千二百余缗。三年，司农寺丞吴雍言："议定淮、浙役书，减冗占千三百余人，裁省缗钱近二十九万，会定岁用，宽剩钱一百四万余缗，诸路役书多若此类。乞先自近京三两路修定，下之诸路。"从之。

七年，天下免役缗钱岁计一千八百七十二万九千三百，场务钱五百五万九千，谷帛石匹九十七万六千六百五十七，役钱较熙宁所入多三之一。

帝之力主免役也，知民间通苦差役，而衙投之任重行远者尤甚，特创免役。虽均敷雇直，不能不取之民；然民得一意田亩，实解前日困弊。故群议杂起，意不为变。顾其间采王安石策，不正用雇直为额，而展敷二分以备吏禄、水旱之用。君臣每以为言，屡疑屡诘，而安石持之益坚。此其为法既不究防弊，而聚敛小人又乘此增取，帝虽数诏禁戒，而不能尽止。至是，雇役不加多，而岁入比前增广，则安石不能将顺德意，其流弊已见矣。

哲宗立，宣仁后垂帘同听政，门下侍郎司马光言：

按因差役破产者，惟乡户衙前。盖山野愚戆之人，不能干事，或因水火损败官物，或为上下侵欺乞取，是致欠折，备偿不足，有破产者。至于长名衙前，在公精熟，每经重难，别得优轻场务酬奖，往往致富，何破产之有？又向者役人皆上等户为之，其下等、单丁、女户及品官、僧道，本来无役，今使之一概输钱，则是赋敛愈重。自行免役法以来，富室差得自宽，贫者困穷日甚，监司、守令之不仁者，于雇役人之外多取羡余，或一县至数万贯，以冀恩赏。又青苗、免役，赋敛多责见钱。钱非私家所铸，要须贸易，丰岁追限，尚失半价，若值凶年，无谷可粜，卖田不售，遂致杀牛卖肉，代桑鬻薪，来年生计，不暇复顾，此农民所以重困也。

臣愚以为宜悉罢免役钱，诸色役人，并如旧制定差，见雇役人皆罢遣之。衙前先募人投充长名，召募不足，然后差乡村人户，每经历重难差遣，依旧以优轻场务充酬奖。所有见在役钱，拨充州县常平本钱，以户口为率，存三年之蓄，有余则归转运司。凡免役之法，纵富强应役之人，征贫弱不役之户，利于富不利于贫。及今耳目相接，犹可复旧名，若更年深，富者安之，民不可复差役矣。

于是始诏修定役书，凡役钱，惟元定额及额外宽剩二分已下许著为准,余并除之。若宽剩元不及二分者,自如旧则。寻诏耆户长、壮丁皆仍旧募人供役,保正、甲头、承帖人并罢。

元祐元年,侍御史刘挚言:"率户赋钱,有从一不预差役而概被敛取者,有一户而输数百以至千缗者。昔惟衙前一役,有至破产者尔。今天下坊场,官收百官买之,岁计缗钱无虑数百万,自可足衙前雇募支酬之直,则役之重者已无所事于农民矣。外惟散从、承符、弓手、手力、耆户长、壮丁之类,无大劳费,宜并用祖宗差法,自第一等而下通任之。"监察御史王岩叟请于衙前大役立本等相助法,以尽变通之利。借如一邑之中当应大役者百家,而岁取十人,则九十家出力为助,明年易十户,复如之,则大役无偏重之弊;其于百色无名之差占,一切非理之资陪,悉用熙宁新法禁之,虽不助犹可为也。

殿中侍御中刘次庄言:"近制许雇耆户长须三等已上户。不知三等已上不愿受雇,既无愿者,则郡县必阳循雇名,阴用差法,不若立法明差之为便。"户部言:"诏凡耆户长、壮丁并募人供役,窃虑户长雇钱数少,无应募者。兼四等以下户旧不敷役钱,惟输差壮丁,今悉雇券,用钱额广,提举司必从人户增敷。盖旧法役不尽雇,亦有轮差轮募之处,欲且如本法。"

中书舍人苏轼言:"先帝初行役法,取宽剩钱不得过二分,以备灾伤。有司奉行过当,行之几十六七年,积而不用,至三千余万贯石。熙宁中,行给田募役法,大略如边郡弓箭手。臣知密州,先募弓手,民甚便之,曾未半年,此法复罢。"因列其五利。王岩叟言:"苏轼乞买田募役,其五利难信,而有十弊。"大指谓:"官市民田,虑不当价;民受田就募,既非永业,则卤莽其耕,又将转而他之。"而其六弊特详,曰:"弓箭手虽名应募,实与家居农民无异,虽或番上及缓急不免点集,实不废田业,非如州县色役长在官寺,则弓箭手之扰可知矣。然犹闻阙额常难补招,已就招者又时时窜去,引以为比,不切事情。"其七弊曰:"户及三等以上,皆能自足,必不肯佃田供役。今立法须二等以上户方充弓手,三等以上方得供散从官以下色役,乃是用给田募役之名,行揭簿定差之实。既云百姓乐于应募,何以户降四等必须上二等户保任？任之而逃，则勒任者就供田役，此岂得云乐应也耶？"上官均亦陈五不可行，轼议遂格。

司马光复奏：

今免役之法，其害有五：上户旧充役，固有陪备，而得番休，今出钱比旧费特多，年年无休息。下户元不充役，今例使出钱。旧日所差皆土著良民，今皆浮浪之人应募，无顾藉，受赇，侵陷官物。又农民出钱难于出力，若遇凶年，则卖庄田、牛具、桑柘，以钱纳官。提举常平仓司惟务多敛役钱，广积宽剩。此五害也。

今莫若直降敕命，尽罢天下免役钱，其诸色役人，并依熙宁元年以前旧法人数，委本县令佐揭簿定差。其人不愿身自供役，许择可任者雇代，有逋逃失陷，雇者任之。惟衙前一役，最号重难，固有因而破产者，为此始作助役法。自后色色优假，禁止陪备，别募命官将校部押远纲，遂不闻更有破产之人；若今衙前仍行差法，陪备既少，当不至破家。若犹矜其力难独任，即乞如旧法，于官户、寺观、单丁、女户有屋产月收僦直可及十五千、庄田中熟所收及百石以上者，并随贫富以差出助役钱，自余物产，约此为准。每州椿收，候有重难役使，即以支给。

尚虑役人利害，四方不能齐同。乞许监司、守令审其可否，可则亟行，如未究尽，县许五日具措画上之州，州一月上转运司，转运司季以闻。朝廷委执政审定，随一路一州各为之敕，务要曲尽。然免役行之近二十年，富户习于优利，一旦变更，不能不怀异同。又差役复行，州县不能不有小扰，提举官专以多敛役钱为功，必竟言免役钱不可罢。当此之际，愿勿以人言轻坏良法。

知枢密院章惇取光所奏疏略未尽者驳奏之。尚书左丞吕公著言惇专欲求胜，不顾命令大体，望选差近臣详定。右正言王觌奏："光议初上，惇尝同奏，待既施行，方列光短，其资小人，不当置腹心地。"于是诏以资政殿大学士韩维、给事中范纯仁等专切详定以闻。

王觌又言："近制改募为差,用旧法人数为则,而熙宁元年以后,募数屡经裁减,则旧数不可复用,请悉准见额定差。"先是,差法既复,知开封府蔡京如敕五日内尽用开封、祥符两旧役人数,差一千余人以足旧额。右司谏苏辙言："开封府亟用旧额尽差,如坛子之类,近例率用剩员,今悉改差民户,故为烦扰以摇成法,乞正其罪。"

司马光之始议差役,中书舍人范百禄言于光曰："熙宁免役法行,百禄为咸平县,开封罢遣衙前数百人,民皆欣幸。其后有司求羡余,务刻剥,乃以法为病。今第减助免钱额以宽民力可也。"光虽不从,及议州县吏因差役受赇从重法加等配流,百禄押刑房,固执不可曰:"乡民因徭为吏,今日执事而受赇,明日罢役,复以财遗人,若尽以重法绳之,将见黥面赭衣充塞道路矣。"光曰:"微公言,几为民害。"遂已之。

苏辙又言:

差役复行,应议者有五:其一曰旧差乡户为衙前,破败人家,甚如兵火。自新法行,天下不复知有衙前之患;然而天下反以为苦者,农家岁出役钱为难,及许人添铲见卖坊场,遂有输纳不给者尔。向使止用官卖坊场课入以雇衙前,自可足办,而他色役人止如旧法,则为利较然矣。初疑衙前多是浮浪投雇,不如乡差税户可托。然行之十余年,投雇者亦无大败阙,不足以易乡差衙前之害。今略计天下坊场钱,一岁可得四百二十余万贯,若立定中价,不许添铲,三分减一,尚有二百八十余万贯。而衙前支费及召募非泛纲运,一岁共不过一百五十余万缗,则是坊场之直,自可了辨衙前百费,何用更差乡户?今制尽复差役,知衙前若无陪备,故以乡户为之;至于坊场,元无明降处分,不知官自出卖耶,抑仍用以酬奖衙前?若仍用以酬奖,即召募部纲以何钱应用? 若不与之钱,即旧名重难,乡户衙前仍前自备,为害不小。

其二,坊郭人户旧苦科配,新法令与乡户并出役钱,而免科配,其法甚便。但敷钱太重,未为经久之法。乞取坊郭、官户、寺观、单丁、女户,酌今役钱减定中数,与坊场钱用以支雇衙前及召募非泛纲运外,却令桩备募雇诸色役人之用。

其三,乞用见今在役人数定差,熙宁未减定前,其数实冗,不可遵用。

其四,熙宁以前,散从、弓手、手力诸役人常苦逆送,自新法以来,官吏皆请雇钱,役人既便,官亦不至阙事,乞仍用雇法。

其五,州县胥吏并量支雇钱募充,仍罢重法,亦许以坊场、坊郭钱为用;不足用,方差乡户,乡户所出雇钱,不得过官雇本数。

诏送看详役法所详定,择其要者先奏以行。

于是役人悉用见数为额,惟衙前用坊场、河渡钱雇募,不足,方许揭簿定差。其余役人,惟募者得募,余悉定差。遂罢官户、寺观、单丁、女户出助役,其今夏役钱即免输。寻以衙前不皆有雇直,遂改雇募为招募。凡熙、丰尝立法禁以衙前及役人非理役使及令陪备圆融之类,悉申行之,耆壮依保正长法。坊场河渡钱、量添酒钱之类,名色不一,惟于法许用者支用外,并椿备招募衙前、支酬重难及应缘役事之用。如一州钱不供用,许移别州钱用之,一路不足,许从户部通他路移用;其或有余,毋得妄用,其或不足,毋得减募增置。衙前最为重役,若已招募足额,十一等户有虚闲不差者,令供次等色役。乡差役人,在职官如敢抑令别雇承符、散从承代其役者,转运司刻奏重责。时提举常平司已罢置。凡役事改隶提刑司。

殿中侍御史吕陶言:“天下版籍不齐,或以税赋钱贯百,或以田地顷亩,或以家之积财,或以田之受种。虽皆别为五等,然有税赋钱一贯、占田一顷、积财千缗、受种十石而入之一等。一等之上,无等可加,遂至税缗、田亩、积财、受种十倍于此,亦不过同在一等。凭此差役,必不均平,虽无今日纳钱之劳,反有昔时偏颇陪费之害。莫若裁量新旧,著为条约:如税钱一贯为第一等,合于本等中差一役,税钱两倍于一役者并差二役,又倍即差三役;虽税钱多,不过三役,并听雇人。或本县户多役少,则上户之役不须并差,但可次叙休役年月远近而均其劳逸。假令甲充役后可闲五年,乙税钱两倍于甲,可闲三年,丙又倍于乙,可闲一年。其以田土顷亩之类为等并其余同等多少不侔者,并仿此。又成、梓两路差役,旧专以户税为差等,熙宁初,别定坊郭户营运钱以助免役。乃在税产之外,州县抑认成额,至今不减,至有停闲居业移避乡村,犹不得免。今方议法,坊郭等第固不可偏废,然须参虚实,别行排定,以宽民力。"并送详定所。

苏辙又言:"雇募衙前改为招募,既非明以钱雇,必无肯就招者,势须差拨,不知岁收坊场、河渡缗钱四百二十余万,欲于何地用之?熙宁以前,诸路衙前雇长名当役,如西川全是长名,淮南、两浙长名太半以上,余路亦不减半。今坊场官既自卖,必无愿充长名,则衙前并是乡户。虽号招募,而上户处于免役,方肯占名,与差无异。上户既免衙前重役,则凡役皆当均及以次人户,如此则下户充役,多如熙宁前矣。"

宋史卷一七八

志第一三一

食货上六

役法下　振恤

役法　中书舍人苏轼在详定役法所,极言役法可雇不可差,第不当于雇役实费之外,多取民钱,若量入为出,不至多取,则自足以利民。司马光不然之,光言:"差役已行,续闻有命:雇募不足,方许定差。屡有更张,号令不一。又转运使欲合一路共为一法,不令州县各从其宜,或已受差却释役使去,或已辞雇却复拘之入役,或仍旧用钱招雇,或不用钱白招,纷纭不定,浸违本意。"遂条举始奏之文,尝许州县、监司陈列宜否。"自今外官苟见利否,县许直上转运司,州许直奏,使下情无壅。详定所第当稽阅监司、州县所陈,详定可否;非其任职而务出奇论、不切事情者勿用,亦不可以一路、一州、一县土风利害概行天下。"从之。

未几,诏:"诸路坊郭五等以上,及单丁、女户、官户、寺观第三等以上,旧输免役钱者并减五分,余户等下此者悉免输,仍自元祐二年始。凡支酬衙前重难及纲运公皂迸送饩钱,用坊场、河渡钱给赋。不足,方得于此六色钱助用;而有余,封桩以备不时之须。"

臣僚上言:"朝廷虽立差法,而明许民户雇代,州县多已施行。近命弓手须正身,恐公私未便。"诏:"不愿身自任役,许募尝为弓手而有劳效者,雇直虽多,毋逾元募之数。"御史中丞刘挚言:"弓手不可不用差法者，盖乡人在役，则不独有家丁子弟之助，至于族姻乡党，莫不与为耳目，有捕辄获；又土著自重，无逃亡之患。自行雇募，盗寇充斥，盖浮惰不能任责故也。如五路弓手，熙宁未变法前，身自执役，最号强劲，其材艺捕缉胜于他路。近日复差，不闻有不乐而愿出钱雇人。惟是川蜀、江、浙等路，昨升差上一等户，皆习于骄脆，不肯任察捕之责。欲乞五路必差正身，余路即用新敕，厘为三色：旧有户等已尝受差者，曾有战斗劳效应留者，愿雇人代己者。立此三色，所冀新旧相兼，渐习御捕。”侍御史王岩叟亦言雇代恐不能任事，略与挚同。

监察御史上官均言：“役之最重，莫如衙前，其次弓手。今东南长名衙前招募既足，所差不及上户，上户必差弓手，则是以上户就中户之役，实为优幸。上户产厚而役轻，下户产薄而无役，然则所当补恤，正在中户。今若增上户役年，使中户番休稍久，则补除相均矣。”又言：“近许当差弓手户役得雇人为代，此法最便。议者谓‘身任其役，则自爱而重犯法’，熙宁募法久行，何尝闻盗贼充斥？彼自爱之民，承符帖追逮则可，俾之与贼角死，岂其能哉？两浙诸路以法案差弓手，必责正身，至有涕泣辞免者。此岂可恃以为用哉？今既立法许雇尝为弓手而有劳效之人，比之泛募，宜有间矣。”

殿中侍御史吕陶谒告归成都，因令与转运司议定役法。后议立增减役年之法曰：“户多之乡以十二年，户少以九年，而应差之户通输一周。以一周月日而参之户等，户税多者占役之日多，少者以率减下，则均适无颇矣。虽以等周差，皆许募人为代，如此则四等往往少差，而五等差所不及矣。衙前悉令招募，以坊场钱支酬重难，此法为允。”

当是时，议役法者皆下之详定所，久不能决。于是文彦博言：“差役之法，置局众议，命令杂下，致久不决。”于是诏罢详定局，役法专隶户部。

谏议大夫鲜于侁言：“开封府多官户，祥符县至阃乡止有一户应差，请裁其滥。凡保甲之授班行者，如进纳人例，须至升朝，方免色役。"旧法，户赋免役钱及三百缗者，令仍输钱免役。侍御史王岩叟谓："此法不见其利。借如两户，其一输钱及三百千，其一及二百八九十千，相去几何，而应差者三年五年即得休息，其应输助者毕世入钱，无有已时，非至破家，终不得免。此其势必巧为免计，有弟兄则析居，不则减卖其业，但少降三百千之数，则遂可免。不出二三年，高强户皆成中户。"其后又诏：旧输免役钱户及百千以上，令如六色户输钱助役。盖欲以其钱广雇，使番休优久。凡户少之乡，应差不及三番者，许以六色钱募州役；尚不及两番，则申户部，移用他州钱，以纾差期。乡户衙前受役，当休无代，即如募法给雇食之直；若愿就投募者，仍免本户身役，不愿者，速募人代之。

元祐三年，翰林学士兼侍读苏轼言："差役之法，天下皆云未便。昔日雇役，中户岁出几何，今者差役，中户岁费几何，更以几年一役较之，约见其数，则利害灼然。而况农民在官，官吏百端蚕食，比之雇人，苦乐十倍。五路百姓朴拙，间遇差为胥吏，又须转雇惯习之人，尤为患苦。"寻诏郡县各具差役法利害，条析以闻。

四年，右正言刘安世言，御史中丞李常请复雇募，怀奸害政。先是，常言："差法诏下，民知更不输钱，尝欢呼相庆，行之既久，始觉不输钱为害。何也？差法废久，版籍不明，重轻无准，乡宽户多者仅得更休，乡狭户窄者频年在役。上户极等昔有岁输百千至三百千者，今止差为弓手，雇人代役，岁不过用钱三四十千。中下户旧输钱不过三二千，而今所雇承符、散从之类，不下三十千。然则今法徒能优便上户，而三等四等户困苦日甚。望诏一二练事臣僚，使与赋臣取差雇二法便于百姓者行之。无牵新书，无执旧说，民以为善，斯善矣。"而安世则以责民出钱为非，乞固守差役初议，故以常为罪。

知杭州苏轼亦言：

改行差法，则上户之害皆去。独有三等人户，方雇役时，户岁出钱极不过三四千，而今一役二年，当费七十余千。休闲不过六年，则是八年之中，昔者徐出三十余千，而今者并出七十余千，苦乐可知。

　　朝廷既取六色钱,许用雇役以代中户,颇除一害,以全二利。今惟狭乡户少,役者替闲不及三番,方得用六色钱募人以代州役,此法未允。何者?百姓出钱本为免役,今乃限以番次,不用尽用。留钱在官,其名不正,又所雇者少,未足以纾中户之劳。

　　又投名衙前不足元额,而乡差衙前又当更代,即又别差,更不支钱;若愿就长名,则支酬重难尽以给之,仍计日月除其户役及免助役钱二十千;及州役惟吏人、衙前得皆雇募,此外番用差法,如休役未久三年,即以助役钱支募,此法尤为未通。自元丰前,不闻天下有阙额衙前者,岂尝抑勒,直以重难月给要以足用故也。当进奉使如李承之之徒,所至已辄减刻,元祐改法,又行减削,既多不支月给,如何肯就招募?今不循其本,乃欲重困乡差,全不支钱,而应募之人尽数支给,又放免役钱二十贯,欲以诱胁尽令应募,何如直添重难月给,令招募得打。乞促招阙额长名衙前刻期须足,如合增钱雇募,上之监司,议定即行。

　　役率以二年为一番,向来尚许一户歇役不及三番,则令雇募,是欲百姓空闲六年。今忽减作二年。幸六色钱足用有余,正可加添番数,而乃减番添役,农民皆纷然妄谓朝廷移此钱他之。虽云量留一分备用,若有余剩数,却量减下无丁户及女户所敷役钱,此乃空言无实。丁口、产税开收增减,年年不同,如何前知未来年应用而预为桩科?若亟行减下,临期不足,又须增取,吏缘为奸,不可胜防矣。大抵六色钱以免役取,当于雇役乎尽之,然后名正而人服。惟有一事不得不虑:州县六色钱多少不同,若各随多少以为之用,则敷钱多处,役户优闲太久,六色人户反觉敷钱数多。欲乞今后六色钱常存一年备用之数,而会计岁所当用,以赢余而通一路,酌人户贫富、色役多少预行品配,以一路六色钱通融分给,令州县尽用雇人,以本处色役轻重为先后。如此则钱均而无弊,雇人稍广,中户渐苏,则差役良法可以久行而不变矣。

是时,论役法未便者甚众。五年,再诏中书舍人王岩叟、枢密都承旨韩川、谏议大夫点检户曹文字刘安世同看详利害。户部请:"河北、河东、陕西乡差衙前,以投募人所得雇直为则,而减半给之。投名衙前惟差耆长,他役皆免。"

六年,三省援三路投募衙前役例,概行他路。诏:"凡投募人免其户二等已下色役,乡差人户悉用投名人代之,愿长投募者听。"又诏:"诸州衙前已许量支雇直、餐钱,虑费广难支,转运、提刑司其随土俗参酌立定优重分数及月给餐钱,用支酬额钱给之,不得过旧法元数。"州役之应乡差者,若一乡人户终役皆未及四年,许以助役钱募人为之。总计一州雇直,其助役钱不足用,即于户狭役烦乡分先与雇代一役,役竟按籍复差如初。诸州岁计助役钱常留一分外,以雇直对计,或阙或剩,提刑司通一路移用。应差诸县手力,合一乡休役皆不及三年者,亦许用助役钱雇募;既终一役,别有闲及三年者,复行差法。诸州县置差役都鼠尾簿,取民户税产、物力高下差取,分五等排定,而疏其色役年月及其更代人姓名于逐户之下。每遇差役,即按籍自上而下,吏毋得移审先后。坊场、河渡钱以雇衙前而有宽剩,亦令补助其余役人。

三省言:

朝廷审定民役,差募兼行,斟酌补除,极为详备;而州县不尽用助役钱募人,以补频役之地。今括具纲目,下之州县,使恪承之。

其一曰:应差之户,三等以上许休役四年,四等以下许休役六年。若户少无与更代,卸役不及应闲年数,即用助役钱募人代役以足之。其二曰:狭乡之县役人,除衙前州胥许雇、壮丁直差不雇外,凡州县役人皆许招募,以就募月日补除应差而闲不及四年、六年之人,使及年数。每县通计应差、应募役数若干,立定二额:差者仡役,以应差人承之;雇者有阙,止别募人充数。二额悉已立定,如户力应升应降,须俟三年造薄日按籍别定；未应造薄凭定额为准。若本等户少，不充州县合役之数，即用次等户之物力及本等七分者为之。其三曰：宽乡之县，除已雇衙前、州胥外，余役皆以序按差。其四曰：官雇弓手，先雇尝充弓手之人，如不足，以武勇有雇籍者充。他役人愿就雇，其选受亦如之。其五曰：壮丁皆按户版簿名次实轮充役，半年而更。其六曰：一州一路有狭乡役频县分，募钱不足，提刑司以一路助役宽剩钱通融移用；又不足，以坊场、河渡宽剩钱给之。仍通纽一岁应用支酬衙前之类费钱若干，而十分率之，每年于宽剩数内更留二分，以备支酬衙前之类，桩留至五年，通选一全年宽剩总额，即止桩；又不足，户部以别路逐色宽剩钱移用以补足之。其七曰：助钱岁岁桩留一分，每及五分止，或时支用，即随拨补，使常足五分之数。其八曰：军人应差迓送者，本以代有雇钱役人，其沿迓送军人有费，提刑司计数归之转运司。其九曰：重役人应替而愿仍就募者，许给雇钱受役。其十曰：役人须有税产乃得就募。其有荫应赎及曾犯徒刑，虽愿募不雇。若工艺人，须有赀产人二户任之。雇直虽多，皆不得加于旧法已募之数。其十一曰：陕西镇戍德顺军、熙州衙前，皆受田于官以当募直，内地户愿如其法应田募者听之，仍以坊场、河渡补还辅运司合输租课。

凡县，岁具色役轻重、乡分宽狭、凡役雇直有无余欠，各以其实枚别而上之州。州上监司，监司聚议，连书上户部。仍别具一路移用及宽剩县多钱数，致之户部。

先是，收到官田，尝令：田已籍于官及见佃人逃亡，悉拘入之，留充雇募衙前。至是，遂参行田募之法。

八年，诏："耆长、壮丁役期已足，不许连续为之。"盖知其利于赇请，不愿更罢故也。民有执父母丧而应在役者，三等以下户除之，二等以上户令量纳役钱，在户钱十分止责输三分，服除日仍旧。

哲宗始亲政，三省言役法尚未就绪，帝曰："第行元丰旧法，而减去宽剩钱，百姓何有不便?"范纯仁曰:"四方异宜，须因民立法，乃可久也。"遂令户部议之。右司谏朱绂言:"输钱免役，有过数多敷者;用钱雇役，有立直太重者;用钱雇役，有立直太重者;役色之内，又有优便而愿自投募，不必给雇者。请详为裁者。"中书言:"自行差法十年，民间苦于差扰，前后议者绘纭，更变不一，未有底止。"

于是诏:"复免役法，凡条约悉用元丰八年见制。乡差役人，有应募者可以更代，即罢遣之。许借坊场、河渡及封椿钱以为雇直，须有役钱日补足其数。所输免役钱，自今年七月始。耆户长、壮丁召雇，不得已保正、保长、保丁充代，其他役色应雇者放此。所敷宽剩钱，不得过一分，昔常过数、今应减下者，先自下五等人户始。路置提举官一员，视提刑置司之州为治。如方俗利害不同，事有未尽未便而应更改增损旧法者，画一条疏，与转运、提刑司连奏。"

又诏:用旧法取量添酒钱赢数，给推法司吏餐钱;不足，则抵当息钱亦许贴用。先尝以七月起输，其后又自来年始。土俗差雇不一，姑仍其旧，俟起输，至五月尽行雇法，凡因差在役者悉罢遣之。旧免役法行，壮丁间有差而不募者，其毋敷役钱如故。凡钱额所敷，取三年雇直实支，而酌一年中数，立为岁额，以均敷取，此外所取宽余，不得过额十分之一。免役钱方复未输，且以助役钱给雇直，不足，虽免役宽剩钱亦许给用。

七月，户部看详役法所言:"幕职监当官之官、罢官，依元丰制，悉用雇役人逆送而差定其数，凡元祐溢额所添厢军皆罢减。其有抑乡差之人仍旧在役，或改易名字就便应募，悉计其在役月日应得更代者，以次蠲遣之。诸路旧立出等高强户，户力转高，敷取难胜，应出免役钱百千以上，每累及百千，悉与减免三分。凡人户匿寄财产、假借户贯、冒名官户苟可避免等第科配者，各以违制论;许人陈告，以其半给之。元丰令:在籍宗子及太皇太后、皇后缌麻亲得免役。皇太妃亦如之。"诏皆如请。

旧户等簿，如略可凭即用之，若漫灭等第，即虽未及应造之年，亦令改造。户部举行元丰条制，以保正长代耆长，甲头代户长，承帖人代壮丁。二年，申诏诸路："役人额数、雇直，并依元丰旧制，仍依已命，宽剩钱不得过一分。常平免役，元丰止用提举官专领，转运、提刑司自今毋预其事。"

旧置重修编敕所看详中外文字本，以去年所差乡役未尽善，遂入议曰："都、副保正比耆长事责已轻，又有承帖人受行文书，即保长苦无公事。元丰本制，一都之内，役者十人，副正之外，八保各差一大长。今若常轮二大长分催十保税租，常平钱物，一税一替，则自不必更轮保丁充甲头矣。凡都保所雇承帖人，必选家于本保者，而雇者皆从官给，一年一替，则自无浮浪稽留符移之弊。承帖雇直固有旧数，其今所雇保正之直视耆长，保长之直则视户长；若应此三役不愿替代者，自从其愿。壮本元不敷雇直处，听如其旧。承帖雇钱许以旧宽剩钱通融支募，如土俗有不愿就保正长雇役者，许募本土有产税户，使为耆长、壮丁以代之。其所雇耆、户长，已立法不得抑勒矣，若保正、长不愿就雇而辄差雇者，从徒二年坐罪。"诏皆从之。

三年，左正言孙谔言："役法之行，在官之数，元丰多，元祐省，虽省未尝废事，则多不若省；雇役之直，元丰重，元祐轻，虽轻未尝不应募，则重不若轻。今役法优下户使弗输，而尽取诸上户，意则美矣，而法未善也。夫先帝建免役之法，而熙宁、元丰有异论，元祐有更变，正惟不能无弊尔。愿无以元丰、元祐为间，期至于均平便民而止，则善矣。"翰林学士蔡京言："谔之论多省、轻重，明有抑扬，谓元丰不若元祐明矣。谔于陛下追绍之日，敢为此言，臣窃骇之。免役法复行将及一年，天下吏习而民安之，而谔指以为弊，则所诋才熙宁、元丰也。且元丰，雇法也；元祐，差法也，雇与差不可并行。元祐固尝兼雇，已纷然无纪矣，而谔欲不间熙、祐，是欲伸元祐之奸，惑天下之听。"诏罢谔正言，黜知广德军。

后又诏："诸县无得以催税比磨追甲头、保长，无得以杂事保追正、副。在任官以承帖为名、占破当直者，坐赃论。所管催督租赋，州县官辄令陪备输物者，以违制论。"

是岁，以常平、免役、农田、水利、保甲，类著其法，总为一书，名《常平免役敕令》，颁之天下。诏翰林学士承旨兼详定役法蔡京依旧详定重修敕令。侍御史董敦逸言：“京在元祐初知开封府，附司马光行差法，祥符一县，数日间差至一千一百人。乞以役法专委户部。”诏令疏析。京奏上，复令敦逸自辨，京无责焉。

元符二年，以萧世京、张行为郎。二人在元祐中，皆尝言免役法为是，帝出其疏擿之。

既而诏河北东西、淮南运司，府界提点司，如人户已尝差充正夫，其免夫钱皆罢催。后又诏：“虽因边事起差夫丁，须以应差雇实数上之朝廷，未得辄差。其河防并沟河岁合用一十六万八千余夫，听人户纳钱以免。”

建中靖国元年，户部奏：“京西北路乡书手、杂职、斗子、所由、库秤、拣、掏之类，土人愿就募，不须给之雇直，他路亦须详度施行。”诏从之。知延安府范纯粹言：“比年衙前公盗官钱，事发即逃。乞许轮差上等乡户使供衙役。”殿中侍殿史彭汝霖劾纯粹所言有害良法，宜加黜责。诏纯粹所乞不行。其后，知襄州俞㮚以襄州总受他州布纲而转致他州，是衙前重役并在一州，事理不均。臣僚谓㮚辄毁绍圣成法，请重黜。㮚坐责授散官，安置太平州。

崇宁元年，尚书省言：“前令大保长催税而不给雇直，是为差役，非免役也。”诏提举司以元输雇钱如旧法均给。永兴军路州县官乞复行差役；湖南、江西提举司以物贱乞减吏胥雇直，罢给役人雇钱，皆害法意，应改从其旧。诏户部并遵奉《绍圣常平免役敕令格式》及先降《绍圣签贴役法》，行之天下。

二年，臣僚言：“常平之息，岁取二分，则五年有一倍之数；免役剩钱，岁取一分，则十年有一年之备。故绍圣立法，常平息及一倍，免役宽剩及三料，取旨蠲免，以明朝廷取于民者，非以为利也。而集贤殿修撰、知邓州吕仲甫前为户部侍郎，辄以状申都省，乞删去上条。”诏黜仲甫，落职知海州。后又诏：常平司候丰衍有余日，具此制奏蠲之。

大观元年，诏："诸州县召募吏人，如有非四等以上户及在州县五犯杖罪，悉从罢遣，不得再占诸处名役，别募三等以上人充。"于是旧胥既尽罢，而弊根未革，老奸巨滑，匿身州县，舞法扰民，盖甚前日。其后，又不许上三等人户投充弓手，所募皆浮浪，无所顾藉，盗贼公行，为害四方。至是，复诏州县募役依元丰旧法。

政和元年，臣僚言："元丰中，巩州岁敷役钱止四百千，今累敷至缗钱近三万。又元丰八年，命存留宽剩钱毋得过二分，绍圣再加裁定，止许存留一分。此时考详法意，非取宽剩，遂改名准备钱，而严立禁约，若擅增敷额及椿留准备过数者，并以违制论。今乞饬提举常平官检察，及核究巩州取赢之因以闻。"从之。

宣和元年，言者谓："役钱一事，神宗首防官户免多，特责半输。今比户称官，州县募役之类既不可减，顾令官户所减之数均入下户，下户于常赋之外，又代官户减半之输，岂不重困？"诏："自今二等以上户，因直降指挥非泛补官者，输赋、差科、免役并不得视官户法减免，已免者改之。进纳人自如本法。"保长月给雇钱，督催税赋。比年诸县或每税户一二十家，又差一人充甲头及催税人，十日一进，赴官比磨，求取决责，有害良民，诏禁之。七年，诏："州县昨因徼察私铸，令五家为保。城郭亦差坊正、副领受文书，由此追呼陪费，或析居、逃移以避差使。其所置坊正、副可罢。"

自绍圣复雇役，而建炎初之。已而讨论其法之不可废也，参政李回言于高宗曰："常平法本于汉耿寿昌，岂可以王安石而废之？"且当时招射士无以供庸直，诏官户役钱勿减半，民户役钱概增三分。后复减之。兼官旧给庸钱以募户长，及立保甲，则储庸钱以助经费。未几，废保甲，复户长，而庸钱不复给，遂为总制窠名焉。

然役起于物力，物力升降不确，则役法公。是以绍兴以来，讲究推割、推排之制：凡百姓典卖产业，税赋与物力一并推割。至于推排，则因其赀产之进退为之升降，三岁而下行之。然当时之弊，或以小民粗有米粟，仅存室庐，凡耕耨刀斧之器，鸡豚犬彘之畜，织微细琐皆得而籍之。吏视赂之多寡,为物力之低昂。上之人忧之,于是又为之限制,除质库房廊、停塌店铺、租牛、赁船等外,不得以猪羊杂色估计,其后并耕牛租牛以免之。若江之东西,以亩头计税,亦有不待推排者。

保正、长之立也,五家相比,五五为保,十大保为都保,有保长,有都、副保正;余及三保亦置长,五大保亦置都保正,其不及三保、五大保者,或为之附庸,或为之均并,不一也。户则以物力之高下为役次之久近。

若夫品官之田,则有限制,死亡,子孙减半;荫尽,差役同编户。一品五十顷,二品四十五顷,三品四十顷,四品三十五顷,五品三十顷,六品二十五顷,七品二十顷,八品十顷,九品五顷。封赠官子孙差役,亦同编户。谓父母生前无官,因伯叔或兄弟封赠者。凡非泛及七色补官,不在限田免役之数;其奏荐弟侄子孙,原自非泛、七色而来者,仍同差役。进纳、军功、捕盗、宰执给使、减年补授,转至升朝官,即为官户;身亡,子孙并同编户。太学生及得解及经省试者,虽无限田,许募人充役。

单丁、女户及孤幼户,并免差役。凡无夫无子,则为女户。女适人,以奁钱置产,仍以夫为户。其合差保正、长,以家业钱数多寡为限,以限外之数与官、编户轮差。总首、部将免保正、长差役。文州义士已免之田,不许典卖,老疾身亡,许承袭。

凡募人充役,并募士著之人,其放停兵及尝为公人者,并不许募。既有募人,官不得复追正身。募人冯藉官势,奸害善人,断罪外,坐募之者。高宗在河朔,亲见闾阎之苦,尝叹知县不得人,一充役次,即便破家,是以讲究役法甚备。

乾通五年,处州松阳县介为义役,众出田谷,助役户轮充,自是所在推行。十一年,御史谢谔言:“义役之行,当从民便,其不愿者,乃行差役。”上然之。朱熹谓义役有未尽善者四事。盖始倡义役者,惟恐议之未详,虑之未周,而踵之者不能皆善人,于是其弊日开,其流日甚。或以材智把握,而专义役之利;或以气力凌驾,而私差役之权。是以虐贫优富,凌寡暴孤。义役之名立,而役户不得安其业;雇役之法行，而役户不得以其安居，信乎所谓未尽善之弊也。淳熙五年，臣僚奏令提举官岁考属邑差役当否，以词讼多寡为殿最；令役户轮管以提其役，置募人以奉官之行移，则公私便而义役立矣。庆元二年，吏部尚书许及之因淳熙陈居仁所奏，取祖宗免役旧法及绍兴十七年以后续降旨符，修为豁一书，名曰《役法撮要》。五年，书成，左丞相京镗上之。其法要以悠久，其或未久而辄弊者，人也。

振恤　水旱、蝗螟、饥疫之灾，治世所不能免，然必有以待之，《周官》"以荒政十有二聚万民"是也。宋之为治，一本于仁厚，凡振贫恤患之意，视前代尤为切至。诸州岁歉，必发常平、惠民诸仓粟，或平价以粜，或贷以种食，或直以振给之，无分于主客户。不足，则遣使驰传发省仓，或转漕粟于他路；或募富民出钱粟，酬以官爵，劝谕官吏，许书历为课；若举放以济贫乏者，秋成，官为理偿。又不足，则出内藏或奉宸库金帛，鬻祠部度僧牒；东南则留发运司岁漕米，或数十万石，或百万石济之。赋租之未入、入未备者，或纵不取，或寡取之，或倚阁以须丰年。宽逋负，休力役，赋入之有支移、折变者省之，应给蚕盐若和籴及科率追呼不急、妨农者罢之。薄关市之征，鬻牛者免算，运米舟车除沿路力胜钱。利其可与民共者不禁，水乡则蠲蒲、鱼、果、蔬之税。选官分路巡抚，缓囚系，省刑罚。饥民劫困窖者，薄其罪；民之流亡者，关津毋责渡钱；道京师者，诸城门振以米，所至促进以官第或寺观，为淖糜食之，或人日给粮。可归业者，计日并给遣归；无可归者，或赋以闲田，或听隶军籍，或募少壮兴修工役。老疾幼弱不能存者，听官司收养。水灾州县具船栿拯民，置之水不到之地，运薪粮给之。因饥役若厌溺死者，官为埋祭，厌溺死者加赐其家钱粟。京师苦寒，或物价翔踊，置场出米及薪炭，裁其价予民。前后率以为常。蝗为害，又募民扑捕，赐以钱粟，蝗子一升至易菽粟三州或五升。诏州郡长吏优恤其民，间遣内侍存问，戒监司俾察官吏之老疾、罢懦不任职者。

初，建隆三年，户部郎中沈义伦使吴越还，言："场、泗饥民多死,郡中军储尚百余万斛,宜以贷民。"有司沮之曰:"若来岁稔,谁任其咎?"义伦曰:"国家以廪粟济民,自当召和气,致丰年,宁忧水旱耶?"太祖悦而从之。四年,诏州县兴复义仓,岁收二税,石别收一斗,贮以备凶歉。平广南、江南,辄诏振其饥,其勤恤远人,德意深厚。

太宗恭俭仁爱,谆谆劝民务农重谷,毋或妄费。是时惠民所积,不为无备,又置常平仓,科时增籴,唯恐其不足。真宗继之,益务行养民之政,于是推广淳化之制,而常平、惠民仓殆遍天下矣。

仁宗、英宗一遇灾变,则避朝变服,损膳撤乐。恐惧修省,见于颜色;恻怛哀矜,形于诏旨。庆历初,诏天下复立义仓。嘉祐二年,又诏天下置广惠仓,使老幼贫疾皆有所养。累朝相承,相虑于民也既周,其施于民也益厚。而又一进牧守,亦多得人,如张咏之治蜀,岁籴米六万石,著之皇祐甲令。富弼之移青州,择公私庐舍十余区,散处流民以廪之,凡活五十余万人,募而人兵者又万余人,天下传以为法。知郓州刘夔发廪振饥,民赖全活者甚众,盗贼衰止,赐诏褒美。知越州赵抃揭榜于通衢,令民有米增价以粜,于是米商辐凑,越之米价顿减,民无饥死。若是之政,不可悉书,故于先王救荒之法为略具焉。

神宗即位以来,河北诸路水旱荐臻,兼发籴便司、广惠仓粟以振民。熙宁二年,赐判北京韩琦诏曰:"河北岁比不登,水溢地震。方春东作,民携老幼,弃田庐,日流徙于道。中夜以兴,惨怛不安。其经制之方,听便宜从事,有可以左右吾民者,宜为朕抚辑而振全之,毋使后时,以重民困。"而王安石秉政,改贷粮法而为借助移常平,广惠仓钱斛而为青苗,皆令民出息,言不便者辄得罪,而民遂不聊生。又诏卖天下广惠仓田。自是先朝良法美意,所存无几。哲宗虽诏复广惠仓,既而章惇用事,又罢之,卖其田如熙宁法。常平量留钱斛,不足供振给,义仓不足,又令通一路兑拨。于是绍圣、大观之间,直给空名告敕、补牒赐诸路,政日以隳,民日以困,而宋业遂衰。

先是,仁宗在位,哀病者乏方药,为颁《庆历善救方》。知云安军王端请官为给钱和药予民，遂行于天下。尝因京师大疫，命太医和药，内出犀角二本，析而视之。其一通天犀，内侍李舜举请留供帝服御。帝曰："吾岂贵异物而贱百姓？"竟碎之。又蠲公私僦舍钱十日。令太医择善察脉者，即县官授药，审处其疾状予之，无使贫民为庸医所误，夭阏其生。天禧中，于京畿近郊佛寺买地，以瘗死之无主者。瘗尸，一棺给钱六百，幼者半之；后不复给，死者暴露于道。嘉祐末，复诏给焉。

京师旧置东、西福田院，以廪老疾孤穷丐者，其后给钱粟者才二十四人。英宗命增置南、北福田院，并东、西各广官舍，日廪三百人。岁出内藏钱五百万给其费，后易以泗州施利钱，增为八百万。又诏："州县长吏遇大雨雪，蠲僦舍钱三日，岁毋过九日，著为令。"熙宁二年，京师雪寒，诏："老幼贫疾无依丐者，听于四福田院额外给钱收养，至春稍暖则止。"九年，知太原韩绛言："在法，诸老疾自十一月一日州给米豆，至次年三月终。河东地寒，乞自十月一日起支，至次年二月终止；如有余，即至三月终。"从之。凡鳏、寡、孤、独、癃老、疾废、贫乏不能自存应居养者，以户绝屋居之；无，则居以官屋，以户绝财产充其费，不限月。依乞丐法不给米豆；不足，则给以常平息钱。崇宁初，蔡京当国，置居养院、安济坊。给常平米，厚至数倍。差官卒充使令，置火头，具饮膳，给以衲衣絮被。州县奉行过当，或具帷帐，雇乳母、女使，糜费无艺，不免率敛，贫者乐而富者扰矣。

三年，又置漏泽园。初，神宗诏："开封府界僧寺旅寄棺柩，贫不能葬，令畿县各度官不毛地三五顷，听人安厝，命僧主之。葬及三千人以上，度僧一人，三年与紫衣；有紫衣，与师号，更使领事三年，愿复领者听之。"至是，蔡京推广为园，置籍，瘗人并深三尺，毋令暴露，监司巡历检察。安济坊亦募僧主之，三年医愈千人，赐紫衣、祠部牒各一道。医者人给手历，以书所治痊失，岁终考其数为殿最。诸城、砦、镇、市户及千以上有知监者，依各县置居养院、安济坊、漏泽园。道路遇寒僵仆之人及无衣丐者，许送近便居养院，给钱米救济。孤贫小儿可教者，令入小学听读，其衣襕于常平头子钱内给造，仍免入斋之用。遗弃小儿,雇人乳养,仍听宫观、寺院养为童行。宣和二年,诏:"居养、安济、漏泽可参考元丰旧法,裁立中制。应居养人日给稅米或粟米一升,钱十文省,十一月至正月加柴炭,五文省,小儿减半。安济坊钱米依居养法,医药如旧制。漏泽园除葬埋依见行条法外,应资给若斋醮等事悉罢。"

高宗南渡,民之从者如归市。既为之衣食以振其饥寒,又为之医药以救其疾病;其有陨于戈甲、毙于道路者,则给度牒瘗埋之。若丐者育之于居养院;其病也,疗之于安济坊;其死也,葬之于漏泽园,岁以为常。绍兴以来,岁有水旱,发常平义仓,或济或粜或贷,如恐不及。然当艰难之际,兵食方急,储蓄有限,以振给无穷,复以爵赏诱富人相与补助,亦权宜不得已之策也。

元年,诏出粟济粜者赏各有差。粜及三千石以上,与守阙进义副尉;一万五千石以上,与进武校尉;二万石以上,取旨优赏;已有官荫不愿补授者,比类施行。六年,湖、广、江西旱,诏拨上供米振之。婺民有遏粜致盗者,诏闭粜者断遣。殿中侍御史周秘言:"发廪劝分,古之道也,许以断遣,恐贪吏怀私,善良被害。望戒守令多方劝谕,务令乐从,或有扰害,提举司劾奏。"从之。是岁,潼川守臣景兴宗、广安军守臣李瞻、果州守臣王骘、汉州守臣王梅活饥民甚众,前史部郎中冯楫亦出米以助振给,兴宗升一职,瞻、骘、梅、楫各转一官。十年,通判婺州陈正同振济有方,穷谷深山之民,无不沾惠,以其法下诸路。

二十八年夏,浙东、西田损于风水。在法,水旱及七分以上者振济,诏自今及五分处亦振之。二十九年,诏诸处守臣拨常平义仓米二分振粜,临安府拨桩积之米。三十一年正月,雪寒,民多艰食。诏临安府并属县以常平米减时价之半,振粜十日;临安城内外贫乏之家,人给钱二百、米一斗及柴炭钱,并于内藏给之;凡遇寒、遇暑、遇雨、遇火、遇赦及祈祷、即位、生辰、上尊号、生皇子、晏驾、大祥之类,临安之民暨三衙诸军时有振恤,及放商税、公私房赁。辅郡之民,令诸州以常平钱依临安府振之。

孝宗隆兴二年秋,霖雨害稼,出内帑银四十万两,变籴以济民。乾道六年夏,振浙西被水贫民。七年八月,湖南、江西旱,立赏格以劝积粟之家。无官人:一千五百石补进义校尉,愿补不理选将仕郎者听;二千石补进武校尉,进士与免文解一次;四千石补承信郎,进士与补上州文学;五千石补承节郎,进士补迪功郎。文臣:一千石减二年磨勘,选人转一官;二千石减三年磨勘,选人转一资,各与占射差遣一次;三千石转一官,选人循两资,各与占射差遣一次。武臣:一千石减二年磨甚,选人转一资;二千石减三年磨勘,选人循一资,各与占射差遣一次;三千石转一官,选人循两资,各与占射差遣一次。五千石以上,文武臣并取旨优与推恩。九月,臣僚言:"诸路旱伤,请以检放展阁责之运司,籴给贷贷责之常平,觉察妄滥责之提刑,体量措置责之安抚。"上谕宰执曰:"转运司止令检放,恐他日振济不肯任责。"虞允文奏曰:"转运司主一路财赋,谓之省计。凡州郡有余、不足,通融相补,正其责也。"淳熙八年,诏:"去岁江、浙、湖北、淮西旱伤处已行振粜,其鳏寡孤独贫不自存、无钱收籴者,济以义米。"宁宗庆元元年,以两浙转运副使沈诜言米价翔踊,凡商贩之家尽令出粜,而告藏之令设矣。嘉定十六年,诏于楚州所储米拨二万石济山东、西。

淳熙八年,浙东提举朱熹言:"乾道四年民艰食,熹请于府,得常平米六百石振贷,夏受粟于仓,冬则加息计米以偿。自后随年敛散,歉,蠲其息之半;大饥,即尽蠲之。凡十有四年,得息米造仓三间,及以元数六百石还府。见储米三千一百石,以为社仓,不复收息,每石只收耗米三升。以故一乡四五十里间,虽遇凶年,人不阙食。请经是行于仓司。"时陆九渊在敕令局,见之欢曰:"社仓几年矣,有司不复举行,所以远方无知者。"遂编入《振恤》。凡借贷者,十家为甲,甲推其人为之首;五十家则择一通晓者为社首。每年正月,告示社首,下都结甲。其有逃军及无行之人,与有税钱衣食不阙者,并不得入甲。其应入甲者,又问其愿与不愿。愿者,开具一家大小口若干,大口一石,小口减半,五岁以下不预请。甲首加请一倍。社首审订虚实,取人人手书持赴本仓,再审无弊,然后排定。甲首附都簿载某人借若干石,依正簿分两时给:初当下田时,次当耘耨时。秋成还谷不过八月三十日足,湿恶不实者罚。嘉定末,真德秀帅长沙行之,凶年饥岁,人多赖之。然事久而弊,或移用而无可给,或拘催无异正赋,良法美意,胥此焉失。

宝庆三年,监察御史汪刚中言:"丰穰之地,谷贱伤农,凶歉之地,济粜无策,惟以其所有余济其所不足,则饥者不至于贵籴,而农民亦可以得利。乞申严遏粜之禁,凡两浙、江东西、湖南北州县有米处,并听贩鬻流通;违,许被害者越诉,官按劾,吏决配,庶几令出惟行,不致文具。"从之。端平元年六月,臣僚奏:"建阳、邵武群盗啸聚,变起于上户闭粜。若专倚兵威以图殄灭,固无不可;然振救之政一切不讲,饥馑所迫,恐人怀等死之心,附之者日众。欲望朝廷厉兵选士,荡定已窃发之寇;发粟振饥,怀来未从贼者之心,庶人知避害,贼势自孤,可一举而灭矣。此成周荒政散利除盗之说也。"八月,以河南州军新复,令江、淮制置大使司科降米麦一百万石振济。淳熙十一年,福建诸郡旱,锡米二十五万石振粜,一万石振贫乏细民。

景定元年,临安府平籴仓旧贮米数十万石,粜补循环,其后用而不补,所存无几。有旨令临安收籴米四十万石,用平籴仓钱三百四万七千八百五十九贯,封桩库十七界会子一千九十五万二千一百余贯,共凑十七界一千四百万贯,充籴本钱。二年,以都城全仰浙西米斛,诱人入京贩粜,赏格比乾道七年加优。

咸淳元年,有旨丰储仓拨公田米五十万石付平籴仓,遇米贵平价出粜。二年,监察御史赵顺孙言:"今日急务,莫过于平籴。乾道间,郡有米斗直五六百钱者,孝宗闻之,即罢其守,更用贤守,此今日所当法者。今粒食翔踊,未知所届,市井之间见楮而不见米。推原其由,实富家大姓所至闭廪,所以籴价愈高而楮价阴减。陛下念小民之艰食,为之发常平义仓,然为数有限,安得人人而济之?愿陛下课官吏,使之任牛羊刍牧之责;劝富民,使之无秦、越肥瘠之视。籴价一平,则楮价不因之而轻,物价不因之而重矣。"七年,以咸淳三年以前诸路义米一百一十二万九千余石减价发粜,薄收郡县听民不关、会,见钱收籴。

宋史卷一七九

志第一三二

食货下一

会　计

　　宋货财之制,多因于唐。自天宝以后,天下多事,户口凋耗,租税日削,法既变而用不给,故兴利者进,而征敛名额繁矣。方镇握重兵,皆留财赋自赡,其上供殊鲜。五代疆境逼蹙,藩镇益强,率令部曲主场、院,其属三司者,补大吏以临之,输额之外亦私有焉。

　　太祖周知其弊,及受命,务恢远略,修建法程,示之以渐。建隆中,牧守来朝,犹不贡奉以助军实。乾德三年,始诏诸州支度经费外,凡金帛悉送阙下,毋或占留。时藩郡有阙,稍命文臣权知所在场务,或遣京朝官廷臣监临。于是外权始削,而利归公上,条禁文簿渐为精密。诸州通判官到任,皆须躬阅帐籍所列官物,吏不得以售其奸。主库吏三年一易。市征、地课、盐曲之类,通判官、兵马都监、县令等并亲临之,见月籍供三司,秩满较其殿最,欺隐者置于法,募告者,赏钱三十万。而小民求财报怨,诉讼烦扰,未几,除募告之禁。

　　先是,茶盐榷酤课额少者,募豪民主之。民多增额求利,岁更荒俭,商旅不行,至亏常课,用籍其赀产以偿。太宗始诏以开宝八年为额,既又虑其未均,乃遣使分诣诸州,同长吏裁定。凡左藏及诸库受纳诸州上供均输金银、丝帛暨他物,令监临官谨视之。欺而多取,主称、藏吏皆斩,监临官亦重置其罪。罢三司大将及军将主诸州榷课,命使臣分掌。掌务官吏亏课当罚,长吏以下分等连坐。雍熙二年,令三司勾院纠本部陷失官钱,及百千赏以十之一,至五千贯者迁其职。

淳化元年诏曰:"周设司会之职,以一岁为准;汉制上计之法,以三年为欸。所以详知国用之盈虚,大行群吏之诛赏,斯乃旧典,其可废乎?三司自今每岁具见管金银、钱帛、军储等簿以闻。"四年,改三司为总计,左右大计分掌十道以财赋。令京东西南北各五十州为率,每州军岁计金银、钱、缯帛、刍粟等费,逐路关报总计司,总计司置簿,左右计使通计置裁给,余州亦如之。未几,复为三部。

宋聚兵京师,久州无留财,天下支用悉出三司,故其费浸多。太宗孜孜庶务,或亲为裁决。有司尝言油衣、帟幕损破者数万段,帝令煮之,染以杂色,制旗帜数千。调退材给窑务为薪,俾择其可用者造什物数千事。其爱民惜费类此。

真宗嗣位,诏三司经度茶、盐、酒税以充岁用,勿增赋敛以困黎元。是时条禁愈密,较课以祖额前界递年相参。景德初,榷务连岁增羡,三司即取多收者为额,帝虑或致掊克,诏凡增额比奏。上封者言:"诸路岁课增羡,知州、通判皆书历为课最,有亏者则无罚。"乃令诸路茶、盐、酒税及诸场务,自今总一岁之课,合为一,以额较之。有亏则计分数,知州通判减监官一等科罚,州司典史减专典一等论,大臣及武臣知州军者止罚通判以下。

至道末,天下总入缗钱二千二百二十四万五千八百。三岁一亲祀郊丘,计缗钱常五百余万,大半以金银、绫绮、绁绸、平其直给之。天禧末,上供惟钱帛增多,余以移用颇减旧数,而天下总入一万五千八十五万一百,出一万二千六百七十七万五千二百,而赢数不预焉。景德郊祀七百余万,东封八百余万,祀汾阴、上宝册又增二十万。丁谓为三司使,著《景德会计录》以献,林特领使,亦继为之。凡举大礼,有司皆籍当时所费以闻,必优诏奖之。

初,吴、蜀、江南、荆湖、南粤皆号富强,相继降附,太祖、太宗因其蓄藏，守以恭俭简易。天下生齿尚寡，而养兵未甚蕃，任官未甚冗，佛老之徒未甚炽；外无金缯之遗，百姓亦各安其生，不为巧伪放侈，故上下给足，府库羡溢。承平既久，户口岁增，兵籍益广，吏员益众。佛老、外国耗蠹中土，县官之费数倍于昔，百姓亦稍纵侈，而上下始困于财矣。

仁宗承之，经费浸广。天圣初，首命有司取景德一岁用度，较天禧所出，省其不急者。自祥符天书一出，斋醮糜费甚众，京城之内，一夕数处，至是，始大裁损。京师营造，多内侍传旨呼索，费无艺极。帝与太后知其弊，诏自今营造所须，先下三司度功费然后给。又减内外宫观清衙卒及工匠，分隶诸军、八作司。旧殿直已上，虽幼未任朝谒，遇乾元、长宁节皆赐服，至是亦罢给。故事，上尊号、谥号，随册宝物并用黄金。帝曰："先帝、太后用黄金，若朕所御，止用涂金。"时洞真宫、寿宁观相继灾，宰相张知白请罢不急营造，以答天戒。及滑州塞决河，御史知杂王鬷复以为言。既而玉清昭应宫灾，遂诏谕中外，不复缮修。自是道家之奉有节，土木之费省矣。

帝天资恭俭，尤务约已以先天下，有司言利者，多摈不取。闻民之有疾苦，虽厚利，舍之无所爱。贡献珍异，故事有者，或罢之。山林川泽、陂池之利，久与民共者，屡敕有司毋辄禁止。至于州县征取苛细，蠲减盖不可胜数。

至宝元中，陕西用兵，调度百出，县官之费益广。天章阁侍讲贾昌朝言："臣尝治畿邑，邑有禁兵三千，而留万户赋输，仅能取足，郊祀庆赏，乃出自内府。计江、淮岁运粮六百余万石，以一岁之入，仅能充期之用，三分二在军旅，一在冗食，先所蓄聚，不盈数载。天下久无事，而财不于国，又不在民，傥有水旱军戎之急，计将安出？"于是议省冗费。右司谏韩琦言："省费当自掖庭始。请诏三司取先朝及近岁赐予日费之数，裁为中制，无名者一切罢之。"乃令入内内侍省、御药院、内东门裁定，有司不预焉。

议者或欲损吏兵奉赐。帝谓："禄廪皆有定制，毋遽变更以摇人心。"尹洙在陕西,请为鬻爵之法,亦不果行。其后西兵久不解,财用益屈,内出诏书:"减皇后至宗室妇郊祠半赐,著为式;皇后、嫔御进奉乾元节回赐物皆减半,宗室、外命妇回赐权罢。"于是皇后、嫔御各上奉钱五月以助军费,宗室刺史已上,亦纳公使钱之半。荆王元俨尽纳公使钱,诏给其半,后以元俨叔父,全给如故。帝亦命罢左藏库月进钱一千二百缗。公卿、近臣以次减郊祠所赐银绢,旧四千、三千者损一千,千损三百,三百损百,百损二十,皆著为式。

三司使王尧臣取陕西、河北、河东三路未用兵及用兵后岁出入财用之数,会计以闻。宝元元年未用兵,三路出入钱帛粮草:陕西入一千九百七十八万,出二千一百五十一万;河北入二千一十四万,出一千八百二十三万;河东入一千三十八万,出八百五十九万。用兵后,陕西入三千三百九十万,出三千三百六十三万,盖视河东、北尤剧,以兵屯陕西特多故也。又计京师出入金帛;宝元元年,入一千九百五十万,出二千一百八十五万,是岁郊祠,故出入之数视常岁为多;庆历二年,入二千九百二十九万,出二千六百一十七万,而奇数皆不预焉。

会元昊请臣,朝廷亦已厌兵,屈意抚纳,岁赐缯、茶增至二十五万,而契丹邀割地,复增岁遗至五十万,自是岁费弥有所加。西兵既罢,而调用无所减,乃下诏切责边臣及转运司趣议裁节,稍徙戍兵还内地。命三司户部副使包拯行河北,与边臣、转运司议罢省冗官,汰军士之不任役者。诏翰林学士承旨王尧臣等较近岁天下财赋出入之数,相参耗登。皇祐元年,入一亿二千六百二十五万一千九百六十四,而所出无余。尧臣等为书七卷上之,送三司,取一岁中数以为定式。初,真宗时,内外兵九十一万二千,宗室、吏员受禄者九千七百八十五。宝元以后,募兵益广,宗室蕃衍,吏员岁增。至是,兵一百二十五万九千,宗室、吏员受禄者万五千四百四十三,禄廪奉赐从而增广。又景德中,祀南郊,内外赏赉金帛、缗钱总六百一万。至是,乡明堂,增至一千二百余万,故用度不得不屈。

至和中,谏官薄镇上疏曰:"陛下每遇水旱之灾,必露立仰天,痛自刻责,而吏不称职,陛下忧勤于上,人民悉叹于下。今岁无麦,朝廷为放税免役及发仓廪拯贷,存恤之恩不为不至。然人民流离,父母妻子不相保者,平居无事时,不少宽其力役,轻其租赋;岁大熟,民不得终岁之饱;及有小歉,虽加重放,已不及事。此无他,重敛之政在前也。国家自陕西用兵以来,赋役烦重。及近年,转运使复于常赋外进羡钱以助南郊,其余无名敛率不可胜计。"

又言:"古者冢宰制国用,今中书主民,枢密主兵,三司主财,各不相知。故财已匮而枢密院益兵不已,民已困而三司取财不已。中书视民之困,而不知使枢密减兵、三司宽财者,制国用之职不在中书也。愿使中书、枢密通知兵民财利大计,与三司量其出入,制为国用,则天下民力庶几少宽。"然自天圣以来,帝以经费为虑,屡命官裁节,而有司不能承上之意,卒无所建明。

治平中,兵数少损,隶籍者犹百六十万二千,宗室、吏员视皇祐无虑增十之三。英宗以勤俭自饬,然享国日浅,于经纪法度所未暇焉。治平二年,内外入一亿一千六百十三万八千四百五,出一亿二千三十四万三千一百七十四,非常出者一千一百五十二万一千二百七十八。是岁,诸路积一亿六千二十九万二千九十三,而京师不预焉。

神宗嗣位,尤先理财。熙宁初,命翰林学士司马光等置局看详裁减国用制度,仍取庆历二年数,比今支费不同者,开析以闻。后数日,先登对言:"国用不足,在用度大奢,赏赐不节,宗室繁多,官职冗滥,军旅不精。必须陛下与两府大臣及三司官吏,深思救弊之术,磨以岁月,庶几有效,非愚臣一朝一夕所能裁减。"帝遂罢裁减局,但下三司共析。

王安石执政,议置三司条例司,讲修钱谷之法。帝因论措置之宜,言:"今财赋非不多,但用不节,何由给足?宫中一私身之奉有及八十千者,嫁一公主至费七十万缗,沈贵妃料钱月八百缗。闻太宗时宫人惟系皂绸襦,元德皇后尝用金线缘襦,太宗怒其奢。仁宗初定公主奉料，以问献穆，再三始言初仅得五贯尔，异时中宫月有止七万钱者。"时天下承平，帝方略四夷，故每以财用不给为忧。日与大臣讲求其故，命官考三司簿籍，商量经久废置之宜，凡一岁用度及郊祀大费，皆编著定式。

有司请造龙图、天章阁覆阑槛青毡四百九十。帝谓："禁中诸殿阑槛率弊，不必覆也。"既而并延福宫覆槛毡罢之。后吕嘉问复建议省仪鸾司供禁中彩帛。是岁，诏内外勿给土木工作，非两宫、仓廪、武库，皆罢省。三年，仪鸾司阙毡三千，三司请命河东制之。帝曰："牛羊司积毛数万斤，皆同粪壤，三司不取于此，而欲勤远民乎？"全州岁贡班竹帘，简州岁贡绵绸，安州市红花万斤，梓州市碌二千斤，帝皆以道远扰民，亟命停罢。

制置司言："诸路科置上供羊，民费钱几倍，而河北榷场博买契丹羊岁数万，路远，抵京皆瘦恶耗死，公私旨钱四十余万缗。"诏著作佐郎程博文访利害。博文募民有保任者，以产为抵，官预给钱，约期限、口数、斤重以输。民多乐从，岁计充足。凡供御膳及祀祭与泛用者，皆别其牢栈，以三千为额，所裁省冗费十之四。其后，又用吕嘉问、刘永渊之言，治灶藏冰，以省工费。

帝尝患增置官司费财。王安石谓增置官司，所以省费。帝曰："古作什一而税，今取财百端。"安石谓古非特什一而已。帝又以仓吏给军食，多侵盗，诏足其概量，严立诸仓弛取法。中书因请增诸仓主典、役人禄至一万八千九百缗，且尽增选人之禄，均其多寡。令、录增至十五千；司理至簿、尉，防团军监推、判官增至十二千。其后又增中书、审官东西、三班院、枢密院、三司、吏部流内铨、南曹、开封府吏禄，受财者以仓法论。安石盖欲尽禄天下之吏，帝以役法未就，缓其议。三司上新增吏禄数：京师岁增四十一万三千四百余缗，监司、诸州六十八万九千八百余缗。时主新法者皆谓吏禄既厚，则人知自重，不敢冒法，可以省刑。然良吏实寡，赇取如故，往往陷重辟，议者不以为善。

初，陕西用兵，凡费缗钱七百余万。帝以问王安石，安石曰："楚建中考沈起簿书,计一道半岁费钱银绸绢千二百万贯、匹、两。"帝因欲知陕西岁用钱谷、金帛及增亏凡数,乃诏薛向条上。王安石以为扰,力请罢之,止诏三司帐司会计熙宁六年天下财用出入之数以闻。

韩绛既相,建言:"三司总天下财赋,请选官置司,以天下户口、人丁、税赋、场务、坑冶、河渡、房园之类租额年课,及一路钱谷出入之数,去其重复,岁比较增亏、废置及羡余、横费。计赢阙之处,使有无相通,而以任职能否为黜陟,则国计大纲可以省察。"三司使章惇亦以为言,乃诏置三司会计司,以绛提举。其后一州一路会计式成,上之,余未就绪,未几遂罢。

元丰官制既行,三司所掌职务散于六曹、诸寺监。元祐初,司马光言:"今户部尚书,旧三司使之任,左曹隶尚书,右曹不隶焉。天下之财分而为二,视彼有余,视此不足,不得移用。宜令尚书兼领左右曹,侍郎分职而治,旧三司所掌钱谷财用事,有散于五曹及诸寺、监者,并归户部。"遂诏尚书省立法。

有司请以府界、诸路在京库务及常平等文帐悉归户部。初,熙宁五年,患天下文帐之繁,命曾布删定法式。布因请选吏于三司颛为一司,帐司之置始此。至元丰三年,首尾七八年,所设官吏仅六百人,费钱三十九万缗,而勾磨出失陷钱止万缗。朝廷知其无益,遂罢帐司,使州郡应上省帐皆归转运司,惟钱帛、粮草、酒曲、商税等别为计帐上户部。至是,令户部尽收诸路文帐。苏辙时为谏官,谓徒益纷纷,请如旧为便。不行。

三年,户部尚书韩忠彦、侍郎苏辙、韩宗道言:"文武百官、宗室之蕃,一倍皇祐,四倍景德,班行、选人、胥吏率皆增益,而两税、征推、山泽之利,与旧无以相过。治平、熙宁之间,因时立政,凡改官者自三岁而为四岁,任子者自一岁一人而为三岁一人、自三岁一人而为六岁一人,宗室自袒免以上渐杀恩礼,此则今日之法。乞检会宝元、庆历、嘉祐故事,置司选官共议。"诏户部取应干财用,除诸班诸军料钱、衣赐、赏给、特支如旧外,余费并裁省。又诏:"方将裁损入流,以清取士之路。命今后遇圣节、大礼、生辰,太皇太后、皇太后、皇太妃所得恩泽,并四分减一。"于是上自杀宗室贵近,下至官曹胥吏,旁及宫室械器,皆命裁损。久之,事未就。议者谓裁减浮费所细碎苛急,甚损国体。于是已议未行者一切寝之。后乃诏:"元祐裁损除授正任以下奉禄,失朝廷优礼,见条悉除之,循元丰旧制。"

元丰钩考隐漏官钱,督及一分者赏三厘。自元祐改法,赏薄而吏怠,遂复其旧。时议裁损吏禄,隶省、曹、寺、监者,止以元丰三年钱数为额,而吏三省者,凡兼领事因事别给并旧请并罢。刘挚遂乞悉罢创增吏禄,诏韩维等究度,然不果罢。其后有司计中都吏禄,岁费缗钱三十二万,诏以坊场税钱给之。于是吏禄之冗滥者,率多革去矣。然三省吏犹有人受三奉而不改者,故孙升、傅尧俞皆以为言。至绍圣、元符,务反元祐之政,下至六曹史,亦诏皆给见缗,如元丰之制。

先是,既罢导洛、堆垛等局,又罢熙河兰会经制财用司,减放市易欠负及积欠租输,选官体量茶盐之法。使者之刻剥害民,如吴居厚、吕孝廉、王子京、李琮,内臣之生事敛怨,如李宪、宋用臣等,皆相继正其罪。既而稍复讲修财利。李清臣因白帝,今中外钱谷艰窘,户部给百官奉,常无数月之备。章惇遂以财用匮乏,专指为司马光、吕公著、吕大防、苏辙诸人之罪。左司谏翟思亦奉疏诋:"元祐以埋财为讳,利入名额类多废罢,督责之法不加于在职之臣,财利既多散失,且借贷百出,而熙、丰余积,用之几尽。方今内外财用,月计岁会,的入不足给所出。愿下诸路会元祐以前所储金谷及异时财利名额、岁入经数,著为成式。"

建中靖国元年,诏诸路转运司以岁入财用置都籍,定诸州祖额,且计一路凡数;即有赢缩,书其籍。崇宁元年,又令:"岁以钱谷出入名数报提刑司保验,以上户部;户部岁条诸路转运使财赋亏赢,以行赏罚。诸路无额钱物,立式下提刑司,括三年外未发数,期以一季奏。"二年,官吏违负上供钱物,以分数为科罪之等,不及九分者罪以徒,多者更加之。岁首则列次年之数,闻于漕司,考实申部。又以督限未严,更一季为一月。然国之经费,往往不给。

五年,诏省罢官司,命户部侍郎许几专切提举措置。裁罢开封府重禄通引官客司并街道司额外兵士,及罢在京料次钱三十八处。

大观三年,罢诸路州军见贡六尚局供奉物名件四百四十余,存者才十一二,减数十二,停贡六。户部侍郎范坦言:"户部岁入有限,支用无穷,一岁之入,仅了三季,余仰朝廷应付。今岁支遣,较之去年又费百万。"有诏镌减财赋,命御史中丞张克公与吴居厚、许几等置局论议。克公抗言:"官冗者汰,奉厚者减,今官较之元祐已多十倍,国用安得不乏。乞将节度使下至遥郡刺史,除军功转授者,各减奉半,然后闲慢局务、工伎末作,亦宜减省。自贵及贱,自近及远,行之公当,人自无词。"时论韪之。

时诸路转运司类以乏告,诏户部编次一岁财用出纳之数,诸路州县各为都籍,以待考较;工部金、银、铜、铅、水银、朱砂等,亦严帐籍之法;令诸路各条三十年以还一岁出入及泛用之数。初,比部掌勾稽天下文帐,吏习偷惰,自崇宁至政和,稽违积数凡二千六百七十有余。于是申敕六曹,以拘督一岁多寡为寺、监赏罚。

政和七年,命户部参稽熙、丰及今财用有余不足之数,又立旁通俗,令诸路漕司各条元丰、绍圣、崇宁、政和一岁财用出入多寡来上。淮南漕臣张根言:"天下之费,莫大于土木之功。其次如人臣赐第,一第无虑数十万缗,稍增雄丽,非百万不可。佐命如赵普,定策如韩琦,不闻峻宇雕墙,僭拟宫省,奈何剥民肤髓,为厮役之奉乎?其次如田产、房廊,虽不若赐第之多,然日削月朘,所在无几。又如金帛以供一时之好赐,有不可已者,而亦不可不节。至如赐带,其直虽不过数百缗,然天下金宝糜费日久,夫岂易得?今乃赍及仆隶,使混淆公卿间,贵贱、贤不肖,莫之辨也。如以为左右趋走之人,不欲其墨绶,当别为制度,以示等威。"疏奏,不省。

重和初,罢讲画经费局。有司议勾收白,禁榷铁货,方田增税,榷酤增价，量收醋息，河北添折税米等。俄虑骚扰，悉罢之，并焚其条约。未几，又置裕民局，命蔡京提举，徐处仁详定。京大不悦，寻亦罢。宣和元年，以左藏军亏没一百七十九万有奇，乃别造都籍，催辖司、太府寺、左藏库互相钩考，以绝奸弊。

帝初即位，思节冗费，中都吏重补复增给及泛滥员额，并诏裁损。后苑尝计增葺殿宇，计用金箔五十六万七千。帝曰："用金为箔，以饰土木，一坏不可复收，甚亡谓也。"令内侍省罚请者。及蔡京为相，增修财利之政，务以侈靡惑人主，动以《周官》惟王不会为说，每及前朝惜财省费者，必以为陋。至于土木营造，率欲度前规而侈后观。元丰改官制，在京官司供给之数，皆并为职钱，视嘉祐、治平时赋禄优矣。京更增供给、食料等钱，于是宰皆然。京既罢相，帝恶其变乱法度，将尽更革。命户部侍郎许几裁损浮费及百官滥禄，悉循元丰之旧，宰执亦听辞所增奉。京不便，与其党倡言："减奉非治世事。司马光请听宰臣辞南郊给赐，神宗卒不允，且增选人及庶人在官者之奉。帝以继述为事，当奉承神宗。"由是官吏奉给并仍旧，而宰执亦增如故。初，宰执堂食亦皆有常数。至是，品目猥多，有公使、泛支之别，台省、寺、监又增对钱。侍御史毛注尝奏论之，不行。蔡京复得政，言者遂以裁损禄廪为几罪，几坐夺职。

于时天下久平，吏员冗溢，节度使至八十余员，留后、观察下及遥郡刺史多至数千员，学士、待制中外百五十员。京又专用丰亨豫大之说，谀悦帝意，始广茶利，岁以一百万缗进御，以京城所主之。其后又有应奉司、御前生活所、营缮所、苏杭造作局、御前人船所，其名杂出，大率争以奇侈为功。岁运花石纲，一石之费，民间至用三十万缗。奸吏旁缘，牟取无艺，民不胜弊。用度日繁，左藏库时月费缗钱三十六万，至是，衍为一百二十万。

又三省、密院吏员猥杂，有官至中大夫，一身而兼十余奉，故当时议者有"奉入超越从班，品秩几于执政"之言。又增置兼局，礼制、明堂，详定《国朝会要》、《九域图志》、《一司敕令》之类，职秩繁委，廪给无度。侍御史黄葆光论其弊，帝善之而未行；俄而诏云"当丰亨豫大之时,为衰乱减损之计",自是罕敢言者。然吏禄泛冒已极,以史院言之,供检吏三省几千人。蔡京又动以笔帖于榷货务支赏给,有一纸至万缗者。京所侵私,以千万计,朝论喧然。乃诏三省、枢密院吏额用元丰法,其岁赐悉裁之,时翕然以为快。臣僚上言:"诸州遇天宁节,除公使外,别给系省钱,充锡宴之用。独诸路监司许支逐司钱物,一筵之馔,有及数百千者,浮侈相夸,无有艺极。"自是诏:"遇天宁节宴,旧应给钱者,发运、监司每司不得过三百贯。余每司不得过二百贯,以上旧给数少者,止依旧。"

自崇宁以来,言利之臣殆析秋毫,沿汴州县创增镇栅以牟税利。官卖石炭增二十余场,而天下市易务,炭皆官自卖。名品琐碎,则有四脚铺床、榨磨、水磨、庙图、淘沙金等钱,不得而尽记也。宣和以后,王黼专主应奉,掊剥横赋,以羡为功。岭南、川蜀农民陂罚钱,罢学制学事司赡学钱,皆归应奉司。所入虽多,国用日匮。

六年,尚书左丞宇文粹中言:

近岁南伐蛮獠,北赡幽燕,关陕、绵、茂、边事日起,山东、河北寇盗偶发。赋敛岁入有限,支梧繁夥,一切取足于民。陕西上户多弃产而居京师,河东富人多弃产而入川蜀。河北衣被天下,而蚕织皆废;山东频遭大水,而耕稼失时。他路取辨目前,不务存恤。谷麦未登,已先俵籴;岁赋已纳,复理欠负。托应奉而买珍异奇宝,欠民积者一路至数十万计;假上供而织文绣锦绮,役工女者一郡至百余人。

陛下勤恤民隐,诏令数下,悉为虚文。民不聊生,不惟寇盗繁滋,偶恐灾异数起。祖宗之时,国计所仰,皆有实数。有额上供四百万,无额上供二百万,京师商税、店宅务、抵当所诸处杂收钱一百余万。三司以七百万之入,供一年之费,而储其余以待不测之用。又有解池盐钞、晋矾、市舶遗利,内赡京师,外实边鄙,间遇水旱,随以振济,盖量入为出,沛然有余。近年诸局务、应奉等司截拨上供,而繁富路分一岁所入,亦不敷额。然创置书局者比官之数为多,检计修造者比实用之物增倍,其他妄耗百出,不可胜数。若非痛行裁减,虑智者无以善其后。
久之,乃诏蔡攸等就尚书省置讲议财利司,除茶法已有定制,余并
讲究条上。攸请:内侍职掌,事干宫禁,应裁省者,委童贯取旨。时
贯以广郡王领右府故也。于是不急之务,无名之费,悉议裁省。帝
亦自罢诸路应奉官吏,省六尚岁贡。

七年,诏诸路帅臣、监司各条所部当裁省凡目以闻。后苑书艺
局等月省十九万缗,岁可省二百二十万。应奉司所管诸色窠名钱数
内:两浙路钞旁定帖息钱,湖、常、温、秀州无额上供钱,淮南路添酒
钱等,并行截节,更不充应奉支用。十二月,诏曰:"比年宽大之诏数
下,裁省之令屡行。有司便文而实惠不至,盖缘任用非人,兴作事
端,蠹耗邦财。假享上之名,济营私之欲,渔夺百姓,无所不至。朕
夙夜痛悼,思有以抚循慰安之。应茶盐立额结绝。应奉司两浙诸路
置局及花石纲等,诸路非泛上供抛降物色,延福宫西城所租课,内
外修造诸处采斫木植、制造局所,并罢。诸局及西城所见管钱物并
付有司,其拘收到百姓地土,并给还旧佃人。减掖庭用度,减侍从官
以上月廪,及罢诸兼局,以上并令有司据所得数拨充诸路籴本,及
椿充募兵赏军之用。应斋醮道场,除旧法合有外,并罢道官及拨赐
宫观等房钱、田土之类。六尚,并依祖宗法。罢大晟府,罢都乐所,
罢教坊额外人。罢行幸局,罢采石所,罢待诏额外贸。罢都茶场,依
旧归朝廷。河坊非危急泛科、免夫钱并罢。"

是时天下财用岁入,有御前钱物、朝廷钱物、户部钱物,其措置
敛敛、取索支用,各不相知。天下财赋多为禁中私财,上溢下漏,而
民重困。言者请令户部周知大数,而不失盈虚缓急之宜。上至宫禁
所须,下逮吏卒廪饩一切付之有司,格以法度,示天下以至公。诏
可。户部尚书聂山亦请以熙、丰后增置添给,如额外医官、内中诸阁
分位次主管文字等使臣、福源灵应诸观清卫卒、后妃戚里及文武臣
僚之家母妻封国太夫人郡太夫人等请给,并添给食料、茶汤等钱四
十万八千九百余缗,凡熙、丰无法该载者罢之。

　　靖康元年,诏曰:"朕托于兆庶之上,永念民惟邦本,思所以闵恤安定之。乃者,减乘舆服御,放宫女,罢苑囿,焚玩好之物,务以率先天下;减冗官,澄滥赏,汰贪吏,为民除害。方诏减上供收买之额,蠲有司烦苛之令,轻刑薄赋,务安元元,而田里之间,愁痛未苏,倘不蠲革,何以靖民!今询酌庶言,疏剔众弊,举其纲目,以授四方。诏到,监司、郡守其悉力奉行;应民所疾苦,不在此诏,许推类闻奏。"于是凡当时苛刻烦细、一切不便于民者皆罢。

　　高宗建炎元年,诏:"诸路无额上供钱,依旧法,更不立额。"三年二月,减婺州上供额罗二万八千匹,著为定制。闰八月,减福建、广南路岁买上供银三分之一。绍兴二年,罢镇江府御服罗,省钱七万缗,助刘光世军。四年二月,诏:"诸路州县天申节礼物,并置场和买,毋得抑配于民。"十有一月,免淮南州军大礼绢。五年,以四川上供钱帛依旧留以赡军。十一年,始命四川上供罗复输内藏,其后绫、纱、绢悉如之。四路天申节大体绢及上供绸、绫、锦、绮,共九万五千八百匹。

　　淳熙五年,湖北漕臣刘焞言:"鄂、岳、汉阳自绍兴九年所收赋财,十分为率,储一分充上供始,十三年年增二分。鄂州元储一分,钱一万九千五百七十缗,今已增至一十二万九千余缗;岳州五千八百余缗,今增至四万二千一百余缗;汉阳三千七百缗,今增至二万二千三百余缗。民力凋弊,无所从出。"于是以见增钱数立额,已后权免递增。诏夔州路九州百姓科买上供金、银、绢,自淳熙六年为始尽免。十六年,蠲两淮州军合发上供诸窠名钱物,极边全免,次边展免一年。

　　绍定元年,江、浙诸州军折输上供物帛钱数,除合起轻货,并用钱、会中半;路不通水,愿以银折输者听,两不过三贯三百文。两浙、江东共四百一十三万八千六百一十二贯有奇,并输送左藏西库。

　　咸淳六年,都省言:"南渡以来,诸路上供数重,自嘉定至嘉熙,起截之数虽减,而州县犹以大数拘催,害及百姓。"有旨:"自咸淳七年为始,银、钱、关、会用咸淳三年起截中数拘催,绸、绢、丝、绵、绫、罗用咸淳二年起截中数拘催。钱、关、会子二千四百九十五万八千七百四十八贯,银一十六万九千六百四十三两,绸四万一千四百三十八匹,绢七十三万七千八百六十匹,丝九万五千三百三十三两,绵一百五万七千九百二十五两,绫五千一百七十九匹,罗七千三百五十五匹,户部遍牒诸路,视今所减定额起催。”

　　所谓经总制钱者,宣和末,陈亨伯以发运兼经制使,因以为名。建炎二年,高宗在扬州,四方贡赋不以期至,户部尚书吕颐浩、翰林学士叶梦得等言:“亨伯以东南用兵,尝设经制司,取量添酒钱及增一分税钱,头子、卖契等钱,敛之于细,而积之甚众。及为河北转运使,又行于京东西、河北路,一岁得钱近二百万缗,所补不细。今若行于诸路州军,岁入虑数百万计,边事未要,苟不出此,缓急必致暴敛。与其敛于仓卒,曷若积于细微。”于是以添酒钱、添卖漕钱、典卖田宅增牙税钱、官员等请给头子钱、楼店务增三分房钱,令两浙、江东西、荆湖南北、福建、二广收充经制钱,以宪臣领之,通判敛之,季终输送。绍兴五年,参政孟庾提领措置财用,请以总制司为名,又因经制之额增析而为总制钱,而总制钱自此始矣。

　　财用司言:“诸路州县出纳系省钱所收头子钱,贯收钱二十三文省,内一十文省作经制起发上供,余一十三文充本路郡县并漕司用。今欲令诸路州县杂税出纳钱贯收头子钱上,量增作二十三文足。除漕司及州旧合得一十三文省,余尽入经制寘名帐内,起发助军。”江西提举司言:“常平钱物,旧法贯收头子钱五文足。今当依诸色钱例,增作二十三文足,除五文依旧法支用,余增至钱与经制司别作寘名输送。”

　　九年,谏议大夫曾统上疏言:“经制使本户部之职,更置一司,无益于事。如创供给酒库,亦是阴夺省司之利。若谓监司、郡县违法废令,别建此司按之,则又不然。夫朝廷置监司以辖州郡,立省部以辖监司,祖宗制也。税赋失实,当问转运司;常平钱谷失陷,当问提举司。若使经制司能事事检察，则虽户部版曹，亦可废矣。且自置司以来，漕司之移用，宪司之赃罚，监司之妄支，固未尝少革其弊。罢之便。"疏奏，不省。十六年，以诸路岁取经总制钱，本路提刑并检法干办官拘催，岁终通纽以课殿最。二十一年，以守、倅同检察。二十九年，诏专以通判主之。

乾道元年，诏："诸路州县出纳，贯添收钱一十三文省，充经总制钱，以所增钱别输左藏西库，补助经费。"自是经总制钱每千收五十六文矣。然遇兵凶，亦时有蠲免。三年，复以守、倅共掌之。

淳熙十六年，光宗即位，减江东西、福建、淮东、浙西经总制钱一十七万一千缗。绍熙二年，诏平江府合发经总制钱岁减二万缗。嘉定十七年，诏蠲嘉定十五年终以前所亏钱数。端平三年，诏："诸路州军因灾伤检放苗米，毋收经总制头子、勘合朱墨等钱；自今放苗米，随苗带纳钱并与除放。"

所谓月桩钱者，始于绍兴之二年。时韩世忠驻军建康，宰相吕颐浩、朱胜非议令江东漕臣月桩发大军钱十万缗，以朝廷上供经制及漕司移用等钱供亿。当时漕司不量州军之力，一例均科，既有偏重之弊，上供经制，无额添酒钱并净利钱，赡军酒息钱，常平钱，及诸司封桩不封桩、系省不系省钱，皆是朝廷窠名也。于是郡县横敛，铢积丝累，江东、西之害尤甚。十七年，诏州郡以宽剩钱充月桩，以宽民力，遂减江东、西之钱二十万七千缗有奇。

又有所谓板帐钱者，亦军兴后所创也。如输米则增收耗剩，交钱帛则多收糜费，幸富人之犯法而重创罚，恣胥吏之受赇而课其入，索资赃则不偿失主，检财产则不及卑幼，亡僧、绝户不俟核实而入官，逃产、废田不与消除而抑纳，他如此类，不可遍举。州县之吏固知其法也，然以版帐钱额太重，虽欲不横取于民，不可得已。

凡货财不领于有司者，则有司内藏库，盖天子之别藏也。县官有钜费，左藏之积不足给，则发内藏佐之。宋初，诸州贡赋皆输左藏库，及取荆湖，定巴蜀，平岭南、江南，诸国珍宝、金帛尽入内府。初，太祖以帑藏盈溢，又于讲武殿后别为内库，尝谓：军旅、饥馑当预为之备，不可临事厚敛于民。

太宗嗣位，漳泉、吴越相次献地，又下太源，储积益厚，分左藏库为内藏库，令内藏库使翟裔等于左藏库择上绫罗等物别造帐籍，月申枢密院；改讲武殿后库为景福殿库，俾隶内藏。其后乃令拣纳诸州上供物，具月帐于内东门进入，外庭不得预其事。帝因谓左右曰："此盖虑计司之臣不能节约，异时用度有阙，复赋率于民，朕不以此自供嗜好也。"

自乾德、开宝以来，用兵及水旱振给、庆泽赐赉、有司计度之所阙者，必籍其数以贷于内茂，候课赋有余，即偿之。淳化后二十五年间，岁贷百万，有至三百万者。累岁不能偿，则除其籍。

景德四年，又以新衣库为内藏西库。初，刘承珪尝掌库，经制多其所置，又推究置库以来出纳，造都帐及《须知》，屡加赏焉。真宗再临幸，作铭刻石。大中祥符五年，重修库屋，增广基地。既而又以香药库、仪鸾司屋益之，分为四库：金银一库，珠玉、香药一库，锦帛一库，钱一库。金银、珠宝有十色，钱有新旧二色，锦帛十三色，香药七色。天禧二年，又出内藏缗钱二百万给三司。

天圣以后，兵师、水旱费无常数，三岁一赉军士，出钱百万缗，绸绢百万匹，银三十万两，锦绮、鹿胎、透背、绫罗纱縠合五十万匹，以佐三司。又岁入饶、池、江、建新铸缗钱一百七万，而斥旧蓄缗钱六十万于左藏库，率以为常。异时三司用度不足，必请贷于内藏，辄得之。其名为贷，实罕能偿。景祐中，内藏库主者言："岁斥缗钱六十万助三司，自天禧三年始。计明道二年距今才四年，而所贷钱帛九百一十七万。"在太宗时三司所贷甚众，久不能偿，至庆历中，诏悉蠲之。盖内藏岁入金帛，皇祐中，二百六十五万七千一十一；治平一百九十三万三千五百五十四。其出以助经费，前后不可胜数，至于储积赢缩,则有司莫得详焉。

神宗临御之初,诏立岁输藏钱帛之额,视庆历上供为数。尝谓辅臣曰:"比阅内藏库籍,文具而已,财货出入,初无关防。旧以龙脑、珍珠鬻于榷货务,数年不输直,亦不钩考。尝闻太宗时内藏财库,每千计用一牙钱记之。凡名物不同,所用钱色亦异,他人莫能晓,匣而置之御阁,以参验帐籍中定数。晚年,出其钱示真宗曰:'善保此足矣。'今守茂内臣,皆不晓帐籍关防之法。"即命干当御药李舜举领其事。继诏诸路金银输内藏库者,岁以上三司拘催。元丰以来,又诏诸路金帛、缗钱输内库者,委提点刑狱司督趣,若三司、发运司擅留者,坐之。起发坊场钱勿寄市易务,直赴内藏库寄帐封桩。当输内库金帛、缗钱,逾期或他用者,如擅用封桩钱法。

初,艺祖尝欲积缣帛二百万易敌人首,又别储于景福殿。元丰初,乃更景德殿库名,自制诗以揭之曰:"五季失图,猾狁孔炽,艺祖造邦,思有惩艾,爰设内府,基以募士,曾孙保之,敢忘厥志。"一字一库以号之,凡三十二库。后积羡赢为二十库,又揭诗曰:"每虔夕惕心,妄意遵遗业,雇于不武姿,何日成戎捷。"

元祐元年,监察御史上官均言:"自新官制,盖有意合理财之局总于一司,故以金部右曹主行内藏受纳,而奉宸内藏库受纳又隶太府寺。然按其所领,不过关通所入名数,为之拘催而已,支用多寡,不得转质。总领之者,止中官数十人,彼惟知谨扃钥、涂窗牖,以为固密尔,又安能钩考其出入多少,与夫所蓄之数哉?宜因官制之意,令户部、太府寺,于内藏诸库皆得检察。"明年,诏内藏库物听以多寡相除。置库百余年,至是始编阅云。

崇宁元年,诏:"祖宗置内藏库贮经费余财,所以募士威敌,振乏固本,皆有成法。比岁官司懈弛,侵蠹耗减,务在协力遵守,无令偏废。"于是命仓部郎中丘括行诸路驱磨。三年,中书奏:"熙宁之制,江南诸路金银课利并输内帑。元祐中,户部尚书李常于中以三分助转运司,致内帑渐以亏减。"乃诏诸路新旧坑冶所收课利金银并输内帑,如熙宁之旧。后又入于大观东库。寻命仍旧以七分输内帑,余给转运司。宣和六年,申截留、借兑内帑钱物之制。

时又有元丰库,则杂储诸司羡余钱。诸道榷酤场,旧以酬衙前之陪备官费者,熙宁役法行,乃听民增直以售,取其价给衙前。久之,坊场钱益多,司农请岁发百万缗输中都。元丰三年,遂于司农寺南作元丰库贮之,以待非常之用。

元祐元年,右司谏苏辙论河北保甲之害,因言:"元丰及内库财物山委,皆先帝多方蓄藏,以备缓急。若积而不用,与东汉西园钱,唐之琼林、大盈二库何异?愿以三十万缗募保甲为军。"寻用其议。元祐三年,改封桩钱物库为元祐库。未几,分元丰库为元丰南、北库。数月,以北库为司空吕公著廨,封桩并附南库仍旧。元丰六年,诏岁以内藏库缗钱五十万桩元丰库,补助军费。崇宁以后,诸路封桩禁军阙额给三路外,与常平、坊场、免役、䌷绢、贴输东北盐钱,及鬻卖在官田屋钱,应前收桩管封桩权添酒钱、侵占房廊白地钱、公使库遗利等钱并输元丰库。别又置大观库,制同元丰,但分库东西之别。最后,建宣和库,有泉货、币余、服御、玉食、器贡等名,盖蔡絛欲效王黼以应奉司贡献要宠,事不足纪。

靖康元年,诏诸路公使库及神霄宫金银器皿,所在尽输元丰库。户部尚书聂山辄取元丰库北珠,宰相吴敏白帝,言:"朝廷有元丰、大观库,犹陛下有内藏库。朝廷有阙用,需于内藏,必得旨然后敢取,户部岂可擅取朝廷库务物哉?若人人得擅取库物,则纲纪乱矣。"钦宗然之。

南渡,内藏诸库货财之数虽不及前,然兵兴用乏,亦时取以为助。其籍帐之详莫得而考,则以后宋史多阙云。

宋史卷一八〇

志第一三三

食货下二

钱　币

钱币　钱有铜、铁二等,而折二、折三、当五、折十,则随时立制。行之久者,唯小平钱。夹锡钱最后出,宋之钱法至是而坏。盖自五代以来,相承用唐旧钱,其别铸者殊鲜。太祖初铸钱,文曰"宋通元宝"。凡诸州轻小恶钱及铁镴钱悉禁之,诏到限一月送官,限满不送官者罪有差,其私铸者皆弃市。铜钱阑出江南、塞外及南蕃诸国,差定其法,至二贯者徒一年,五贯以上弃市,募告者赏之。江南钱不得至江北。

蜀平,听仍用铁钱。开宝中,诏雅州百丈县置监冶铸,禁铜钱入两川。太平兴国四年,始开其禁,而铁钱不出境,令民输租及榷利,铁钱十纳铜钱一。时铜已竭,民甚苦之。商贾争以铜钱入川界与民互市,铜钱一得铁钱十四。

明年,转运副使张谔言:"川峡铁钱十直铜钱一,输租即十取二。旧用铁钱千易铜钱四百,自平蜀,沈伦等悉取铜钱上供,及增铸铁钱易民铜钱,益买金银装发,颇失裁制,物价滋长,铁钱弥贱。请市夷人铜,斤给铁钱千,可以大获铜铸钱。民租当输钱者,许且输银绢,候铜钱多,即渐令输之。"诏令市夷人铜,斤给铁钱五百,余皆从之。然铜卒难得,而转运副使聂咏、转运判官范祥皆言:民乐输铜钱,请岁递增一分,后十岁则全取铜钱。诏如所请。咏、祥等因以月俸所得铜钱市与民,厚取其直,于是增及三分,民益以为苦,或发古冢、毁佛像器用,才得铜钱四五,坐罪者甚众。知益州辛仲甫具言其弊,诏使臣吴承勖驰传审度。仲甫集诸县令、佐问之,多潜持两端,莫敢正言。仲甫以大谊责之,乃皆言其不便。承勖复命。七年,遂令川峡输租榷利勿复征铜钱。咏、祥等皆坐罪免。既而又从西川转运使刘度之请,官以铁钱四百易铜钱一百,后竟罢之。

平广南、江南,亦听权用旧钱,如川蜀法。初,南唐李氏铸钱,一工为钱千五百,得三十万贯。太平即位,诏升州置监铸钱,令转运使按行所部,凡山川之出铜者悉禁民采,并以给官铸焉。太平兴国二年,樊若水言:“江南旧用铁钱,于民非便。今诸州铜钱尚六七万缗,虔、吉等州未有铜钱,各发六七万缗,俾市金帛轻货上供及博籴谷麦。于升、鄂、饶等州产铜之地,大铸铜钱,铜钱既不渡江,益以新钱,则民间钱愈多,铁钱自当不用,悉熔铸为农器什物,以给江北流民之归附者。除铜钱渡江之禁。”从之。

自唐天祐中,兵乱窘乏,以八十五钱为百,后唐天成中,减五钱,汉乾祐初,复减三钱。宋初,凡输官者亦用八十或八十五为百,然诸州私用则各随其俗,至有以四十八钱为百者。至是,诏所在用七十七钱为百。

西北边内属戎人,多赍货帛于秦、阶州易铜钱出塞,销铸为器。乃诏吏民阑出铜钱百已上论罪,至五贯以上送阙下。

旧饶州永平监岁铸钱六万贯,平江南,增为七万贯,而铜、铅、锡常不给。转运使张齐贤访求得南唐承旨丁钊,能知饶、信等州山谷产铜、铅、锡,乃便宜调民采取;且询旧铸法,惟永平用唐开元钱料最善,即诣阙面陈。八年,诏增市铜、锡、炭价,于是得铜八十一万斤、铅三十六万斤,锡十六万斤岁铸钱三十万贯。补钊殿前承旨,领三州铜山。然民间犹杂用旧大小钱。是时,以福建铜钱数少,令建州铸大铁钱并行,寻罢铸,而官私所有铁钱十万贯,不出州境,每千钱与铜钱七百七十等,外邑邻两浙者亦不用。

雍熙初,令江南诸州官库所贮杂钱,每贯及四斤半者送阙下,不及者销毁。民间恶钱尚多,复申乾德之禁,销峻其法。京城居民蓄铜器者,限两月悉送官。

端拱元年,内侍萧延皓使岭南还,以民间私铸三等钱来上,且言多与蛮人贸易,侵败禁法。因诏察民私铸及销熔好钱作薄恶钱者,并弃市;辄以新恶钱与蛮人博易者,抵罪。

江北诸州所用钱非甚薄恶者,新旧大小兼用。江南虽用旧大钱,淳化四年,乃诏每贯及前诏斤数、有官监宗号者皆许用,不分新旧。

先是,淳化二年,宗正少卿赵安易言:尝使蜀,见所用铁钱至轻,市罗一匹,为钱二万。坚请改铸一当十大钱,御书钱式,遣诣川峡路诸州冶铸,所在并为御书钱监;诸州旧贮小铁钱悉辇送官,民间小钱许送监,计数给大钱,若改铸未集,许民大小兼用。既而一岁才成三千余贯,众皆以为不便。会安易入奏事,因留不遣,遂罢冶铸。五年,安易复请,不许,第令川峡仍以铜钱一当铁钱十。

荆湖、岭南民输税须大钱,民以小钱二或三易大钱一,官属以奉钱易于民以规利。诏自今吏受民输,但常所通行钱勿却,官吏毋得以奉钱换易。至道二年,始禁道、贺州锡,官益其价市之,以给诸路铸钱。

咸平初,又申新小钱之禁,令官置场尽市之。旧犯铜禁,七斤以上处死,奏裁多蒙减断,然待报常淹缓。四年,诏满五十斤以上取裁,余从第减。

景德四年,诏曰:“鼓铸钱刀,素有程限,悯其劳苦,特示矜宽。自今五月一日至八月一日止收半功,本司每岁量支率分钱以备医药。”十二月,令铸匠每旬停作一日。天禧三年,诏:犯铜、鍮石,悉免极刑。

时铜钱有四监:饶州曰永平,池州曰永丰,江州曰广宁,建州曰丰国。京师、升鄂杭州、南安军旧皆有监,后废之。凡铸钱用铜三斤十两,铅一斤八两,锡八两,得钱千,重五斤。唯建州增铜五两,减铅如其数。至道中，岁铸八十万贯；景德中，增至一百八十三万贯。大中祥符后，铜坑多不发，天禧末，铸一百五万贯。

铁钱有三监：邛州曰惠民，嘉州曰丰远，兴州曰济众。益州、雅州旧亦有监，后并废。大钱贯十二斤十两，以准铜钱。嘉、邛二州所铸钱，贯二十五斤八两，铜钱一当小铁钱十兼用。后以铁重，多盗熔为器，每二十五斤鬻之直二千。大中祥符七年，知益州凌策言："钱轻则易赍，铁少则熔者鲜利。"于是诏减景德之制，其见使旧钱仍用如故。岁铸总二十一万贯，诸路钱岁输京师，四方由此钱重而货轻。

景祐初，诏三司以江东、福建、广南岁输缗钱合三十余万易为金帛，钱流民间。

许申为三司度支判官，建议以药化铁与铜杂铸，轻重如铜钱法，铜居三分，铁六分，皆有奇赢，亦得钱千，费省而利厚。诏申用其法铸于京师。大率铸钱杂铅、锡，则其液流速而易成，申杂以铁，涩而多不就，工人苦之。初命申铸万缗，逾月裁和万钱。申性诡谲，少成事，自度言无效，乃求为江东转运使，欲用其法于江州。朝廷从之，因诏申即江州铸百万缗，毋漏其法。中外知其非是，而宰相主之，卒无成功。

初，太宗改元太平兴国，更铸"太平通宝"，淳化改铸，又亲书"淳化元宝"，作真、行、草三体。后改元更铸，皆口"元宝"，而冠以年号，至是改元宝元，文当曰"宝元元宝"，仁宗特命以"皇宋通宝"为文，庆历以后，复寇以年号如旧。

自天圣以来，毁钱铸钟及为铜器，皆有禁。庆历初，阑出铜钱，视旧法第加其罪，钱千，为首者抵死。

五年，泉州青阳铁冶大发，转运使高易简不俟诏，置铁钱务于泉，欲移铜钱于内地；梓州路转运使崔辅、判官张固亦请即广安军鱼子铁山采矿炭，置监于合州，并销旧小钱以铸减轻大钱，未得报，先移合州相地置监。州以上闻，朝廷以易简、辅、固为擅铸钱，皆坐贬。

　　军兴,陕西移用不足,始用知商州皮仲容议,采洛南县红崖山、虢州青水冶青铜,置阜民、朱阳二监铸钱。既而陕西都转运使张奎、知永兴军范雍请铸大铜钱与小钱兼行,大钱一当小钱十;又请因晋州积铁铸小钱。及奎徙河东,又铸大铁钱于晋、泽二州,亦以一当十,助关中军费。未几,三司奏罢河东铸大铁钱,而陕西复采仪州竹尖岭黄铜,置博济监铸大钱。因敕江南铸大铜钱,而江、池、饶、仪、虢又铸小钱,悉辇致关中。数州钱杂行,大约小铜钱三可铸当十大铜钱一,以故民间盗铸者众,钱文大乱,物价翔踊,公私患之。于是奎复奏晋、泽、石三州及威胜军日铸小铁钱,独留用河东。河东铁钱既行,盗铸获利什六,钱轻货重,患如陕西。知并州郑戬请河东铁钱以二当铜钱一,行之一年,又以三当一或以五当一,罢官炉日铸,且行旧钱。而契丹亦铸铁钱,易并边铜钱。

　　庆历末,叶清臣为三司使,与学士张方平等上陕西钱议,曰:"关中用大钱,本以县官取利太多,致奸人盗铸,其用日轻。比年以来,皆虚高物估,始增直于下,终取偿于上,县官虽有折当之虚名,乃受亏损之实害。救弊不先自损,则法未易行。请以江南、仪、商等州大铜钱一当小钱三,小铁钱三当铜钱一,河东小铁钱如陕西,亦以三当一,且罢官所置炉。"自是奸人稍无利,犹未能绝滥钱。其后,诏商州罢铸青黄铜钱,又令陕西大铜钱、大铁钱皆以一当二,盗铸乃止。然令数变,令民耗于资用,类多咨怨,久之始定。方大钱之行,有刘义叟者语人曰:"是于周景王所铸无异,上其感心腹之疾乎。"已而果然,语在本传。

　　时兴元府西县增置济远监,而韶州天兴铜大发,岁采二十五万斤,诏即其置永通监。后济远监废,仪州博济监既废复置。

　　皇祐中,饶、池、江、建、韶五州铸钱百四十六万缗,嘉、邛、兴三州铸大铁钱二十七万缗。至治平中,饶、池、江、建、韶、仪六州铸钱百七十万缗,而嘉、邛以率买铁炭为扰,自嘉祐四年停铸十年,以休民力,至是,独兴州铸钱三万缗。

　　熙宁初，同、华二州积小铁钱凡四十万缗，诏赐河东，以铁偿之。四年，陕西转运副使皮公弼奏："自行当二钱，铜费相当，盗铸衰息。请以旧铜铅尽铸。"诏听之。自是折二钱遂行于天下。京西转运使吴几复建议：郢、唐、均、房、金五州多林木，而铜铅积于淮南，若由襄、郢转致郢、唐等州置监铸钱，可以纾钱重之弊。神宗是之，而王安石沮之，其议遂寝。后乃诏京西、淮南、两浙、江西、荆湖五路各置铸钱监，江西、湖南十五万缗、余路十万缗为额，仍申熟钱斤重之限。又以兴国军、睦衡舒鄂惠州既置监六，通旧十六监，水陆回远，增提点之官。

　　时诸路大率务于增额：韶惠州永通、阜民监旧额八十万，至七年，增三十万，及折二凡五十万；后卫州黎阳监岁增折二凡五万缗，西京阜财监岁增市易本钱凡十万缗，兴州济众监岁增七万二千余缗，陕西三铜钱监各岁增五万缗。而睦州则置神泉，徐州则置宝丰，梧州以铜锡易得，万州以多铁矿，皆置监。又诏秦凤等路即凤翔府斜谷置监，已而所铸钱青铜夹锡，脆恶易毁，罢之。然私钱往往杂用，不能禁，至是法弊，乃诏禁私钱，在官恶钱不堪用者，别为模以铸。商、虢、洛南增三监，耀、郿权置两监，通永兴、华、河中、陕旧监为九，以给改铸。永兴、郿、耀、河中、陕去铁冶远，听改铸一年罢；商、洛南、华、虢最近铁冶，听久置；郿州等五监候罢改铸，并其工作归永兴等四监，专铸大钱，所铸大铁钱约补及所废伪钱，及可以待交子所用而止。

　　八年，诏河东铸钱七十万缗外，增铸小钱三十万缗。于是知太原韩绛请仿陕西令本重模精，以息私铸之弊。

　　初，薛向铸铁钱于陕西，后许彦先铸于广南。既而民不便用，神宗欲遂罢之。王安石固争，乃诏京师畿，内并罢，其行于四方盖如故。元丰以后，西师大举，边用匮阙，徐州置宝丰下监，岁铸折二钱二十万缗，转移陕府。

　　于时，同、渭、秦、陇等州钱监，废置移徙不一，铜铁官多建言铸钱，事不尽行，而又自弛钱禁，民之销毁与夫阑出境外者为多。张方平尝极谏曰:"禁铜造币,盗铸者抵罪至死。示不与天下共其利也。故事,诸监所铸钱悉入于王府,岁出其奇羡给之三司,方流布于天下。然自太祖闰江南,江、池、饶、建置炉,岁鼓铸至百万缗。积百年所入,宜乎贯朽于中藏,充足于民间矣。比年公私上下并苦乏钱,百货不通,人情窘迫,谓之钱荒。不知岁所铸钱,今将安在。夫铸钱禁铜之法旧矣,令敕具载,而自熙宁七年颁行新敕,删去旧条,削除钱禁,以此边关重车而出,海舶饱载而回,闻沿边州军钱出外界,但每贯收税钱而已。钱本中国宝货,今乃与四夷共用,又自废罢铜禁,民间销毁无复可办。销熔十钱得精铜一两,造作器用,获利五倍。如此则逐州置炉,每炉增数,是犹畎浍之益,而供尾闾之泄也。"

元丰八年,哲宗嗣位,复申钱币阑出之禁,如嘉祐编敕;罢徐州宝丰鼓铸;诏户部条诸监之可减者,凡增置铸钱监十四皆罢之。

陕西行铁钱,至陕府以东即铜钱地,民以铁钱换易,有轻重不等之患。元祐六年,乃议限东行,有税物者以十分率之,止许易二分,人毋得过五千。八年,命公私给纳、贸易并专用铁钱,而官给铜钱以时计置,运致内郡,商旅愿于陕西内郡入便铜钱,给据请于别路者听。仍定加饶之数,每百缗,河东、京西加饶三千,在京、余路四千。

先是,太祖时取唐飞钱故事,许民入钱京师,于诸州便换。其法:商人入钱左藏库,先经三司投牒,乃输于库。开宝三年,置便钱务,令商人入钱诣务陈牒,即辇致左藏库,给以券,仍敕诸州凡商人赍券至,当日给付,违者科罚。至道末,商人入便钱一百七十余万贯。天禧末,增一百一十三万贯。至是,乃复增定加饶之数行焉。

折二铜钱又定钩致之法。初欲复旧,止行于本路。议者谓:"关东诸路既已通行,夺彼予此,理亦非便。且陕右所用折二铁钱,止当一小铜钱,即折二铜钱尽归陕西,不直般运费广,猝难钩致,且与铁钱一等,虑铁钱转更加轻。"乃令折二铜钱宽所行地,听行于陕西一路,及河东晋、绛、石、慈、隰州,京西西京、河阳、许、汝、郑、金、房、均、邓等州,余路则禁。仍限二年毋更用,在民者听以输买纳,在官帑者以输上供,即非尚流地或素无上供者,所隶运司移发输京师。寻诏更铸小铜钱。河东安抚、提刑司言:"顷绛州垣曲县置监鼓铸铜钱,费且不给,今已废监,又禁折二铜钱不通行,非便。"乃听行使如旧。

供备库使郑价使契丹还,言其给舆箱者钱,皆中国所铸。乃增严三路阑出之法。

熙、丰间铜铁钱尝并行,铜钱千易铁钱千五百,未闻轻重之弊。及后铜钱日少,铁钱滋多,绍圣初,铜钱千遂易铁钱二千五百,铁钱浸轻。元符二年,下陕西诸路安抚司博究利害。于是诏陕西悉禁铜钱,在民间者令尽送官,而官铜悉取就京西置监。永兴帅臣陆师闵言:"既拣毁私钱,禁铜罢冶,则物价当减。愿下陕西州县,凡有市买,并准度铜钱之直,以平其价。"诏用其言,而豪贾蓄家多不便。

徽宗嗣位,通判凤州以马景夷言:"陕西自去年罢使铜钱,续遣官措置钱法,未闻有深究钱币轻重灼见利害者。铜钱流注天下,虽千百年未尝有轻重之患。独铁钱局于一路,所以通交易有无者,限以十州之地,欲无滞碍,安可得乎?又诸州钱监鼓铸不已,岁月增多,以鼓铸无穷之钱,而供流转有限之用,更数十年,积滞一隅,暴如丘山,公私为害,又倍于今日矣。谓宜弛其禁界,许邻近陕西、河东等路特不入京城外,凡解盐地州县并许通行折二铁钱。如此则流注无穷,久远自无轻重之患。"继而言者谓:"铁钱重滞,难以赍远,民间皆愿复用铜钱。当公私匮乏之时,诸路州县官私铜钱积贮万数,反无所用。"乃诏铜铁钱听民间通行,而铜钱止用籴买。

建中靖国元年,陕西转运副使孙杰以铁钱多而铜钱少,请复铸铜钱,候铜铁钱轻重稍均,即听兼铸。崇元年,前陕西转运判官都郎覼复请权罢陕西铸铁钱。户部尚书吴居厚言:"江、池、饶、建钱额不敷,议减铜增铅、锡,岁可省铜五十余万斤,计增铸钱十五万九各余缗。所铸光明坚韧,与见行钱不异。"诏可。然课犹不登。二年,居厚乃请检用前后上供铸钱条约,视其登耗之数,别定劝沮之法。

会蔡京当政,将以利惑人主,托假绍述,肆为纷更。有许天启者,京之党也,时为陕西转运副使,迎合京意,请铸当十钱。五月,始令陕西及江、池、饶、建州,以岁所铸小平钱增料改铸当五大铜钱,以"圣宋通宝"为文,继而并令舒、睦、衡、鄂钱监,用陕西式铸折十钱,限今岁铸三十万缗,铁钱二百万缗。募私铸人丁为官匠,并其家设营以居之,号铸钱院,谓得昔人招天下亡命即山铸钱之意。所铸铜钱通行诸路,而陕西、河东、四川系铁钱地者禁之,第铸于陕西铁钱地而已。

自熙宁以来,折二钱虽行民间,法不许运致京师,故诸州所积甚多。至是,发运司因请以官帑所有折二钱改铸折十钱。三年,遂罢铸小平钱及折五钱。置监于京城所,复徐州宝丰、衢州黎阳监,并改铸折二钱为折十,旧折二钱期一岁勿用。大严私铸之令,民间所用鍮石器物,并官造鬻之,辄铸者依私有法加二等。命诸路转运司于沿流顺便地,随宜增置钱监,俾民以所有折二钱换纳于官,运致所增监改铸折十钱。二广产铁,令鼓铸小铁钱,止行于两路;其公私铜钱兑换运输元丰库,仍于浔州置铁钱监,依陕西料例铸当二钱。

四年,立钱纲验样法。崇宁监以所铸御书当十钱来上,缗用铜九斤七两有奇,铅半之,锡居三之一。诏颁其式于诸路,令赤仄乌背,书画分明。时赵挺之为门下侍郎,断拜右仆射,与蔡京议多不合,因极言当十钱不便,私铸浸广。乃令提刑司岁较巡捕官一路所获多寡,继令福建、广南毋行用,第铸以上供及给他路。凡为人附带若封识影庇私铸钱者,悉论以法,毋得荫赎。其置铸钱院,盖将以尽收所在亡命盗铸之人,然犯法者不为止。乃命荆湖南北,江南东西,两浙并以折十钱为折五;旧折二钱仍旧。虑冒法入东北也,令以江为界,淮南重宝钱京作当五用焉。

五年,两浙盗铸尤甚,小平钱益少,市易濡滞。遂令以折五、折十上供,小平钱留本路;江、池、饶、建、韶州钱监,岁课以八分铸小平钱,二分铸当十钱。俄诏广南、江南、福建、两浙、荆湖、淮南用折二钱改铸折十钱皆罢,其创置铸钱院及招置钱户并停。继复罢铸当十二分之令,尽铸小平钱。荆湖、江南、两浙、淮南重宝钱作当三,在京、京畿、京东西、河东、河北、陕西、熙河作当五。通宝钱所铸未多，在官者悉封桩，在民间者以小平钱纳换。旋复诏京畿、京东西、河北、河东、陕西、熙河当十钱仍旧，两浙作当三，江南、淮南、荆湖作当五。

时钱币苦重，条序不一，私铸日甚。御史沈畸奏曰："小钱便民久矣，古者军兴，锡赏不继，或以一当百，或以一当千，此权时之宜，岂可行于太一无事之日哉？当十鼓铸，有数倍之息，虽日斩之，其势不可遏。"未几，诏当十钱止行于京师、陕西、河东、河北，俄并畿内用之。余路悉禁，期一季送官，偿以小钱，换纳到者输于元丰、崇宁库，而私钱亦限一季自致，计铜直增二分，偿以小钱，隐藏者论如法。寻诏郑州、西京亦听用折十钱，禁贸易为二价者。东南诸监增铸小平钱，以待偿钱，而私钱亦改铸焉。

折十钱为币既重，一旦更令，则民骤失厚利，又诸路或用或否，往往不尽输于官，冒法私贩。始令四辅、畿内、开封府许搜索舟车，赏视旧法增倍。水陆所由，官司失察者皆停替而受纳不拣选容私钱其间者，以差定罪法。又以私钱猥多，不能悉禁，乃令外路每一私钱，计小平钱三，以小钱易于官，在京以四小平钱易之。京师出纳及民间贸易，并大小钱参用，而私铸小平钱辄行用。立搜索告捕罪赏，越江、淮入汴钱至京者，一依当十钱法。御史张茂直请严私贩当十之令，纲舟载卸，皆选官监索，保无藏匿，舟车兜担，即疑虑私贩者，并听搜索；而福建民或私铸转入淮、浙、京东等路者，所由州县官司皆治漏逸之罪，不以赦免。法滋密矣。

大观元年，张茂直复言："州县督捕加峻，私小黄钱投委江河，不敢复出。请令东南州县置木匮封键于阛阓中，听民以私钱自投，如自首法。当三、当五钱，舟船附带者，亦多弃之江河，请下诸路捞漉。"

时蔡京复相，再主用折十钱。二月，首铸御书当十钱，以京畿钱监所得私钱改铸，寻兴复京畿两监，以转运使宋乔年领之，用提举京畿铸钱司为名。乔年铸乌背漉铜钱来上，诏以漉铜式颁行诸路。

京之初为折十钱,人不以为便,帝亦知之。故崇宁四年以后,稍更其法,及京去位,遂诏谕中外。京再得政复行之,知盗铸者必众,将威以刑。会有告苏州章綖盗铸数千万缗,遂兴大狱。初遣李孝寿,又遣沈畸、萧服,末以命知苏州孙杰、发运副使吴择仁。綖坐刺流海岛,连坐者十余人,时皆冤之。于是颁行大观新修钱法于天下,申命开封府尹少、外路监司,各分州郡举行,按举能否,月检会法令,使民知禁。用孙杰来言,盗铸依淮东重法地,襄橐强盗之家,籍其财以待赏,居停邻保并均备;告验私钱依私茶法,给随行物;州常桩盗铸赏钱五千缗,州县稽于施行,监司失察,不以赦原。是岁,京畿既置钱监,乃专铸当十大钱,而小平钱则铸于诸路。既而当十钱少,复置真州铸钱监,以本路所换钱不依式者及诸司当二见缗,用旧式改铸当十钱。

明年,令江、池、饶、建州钱监,自来岁以铸当十五分铸小平钱。申严私铸之法,即托权要事势,度越关津,拒捍搜索者,虽轻以违制论,载御物者同之。初,崇宁五年,始禁陕西铁钱行于兴元府等界。至是,又以铁钱猥多,禁陕西铁钱入蜀。有董奎者,为走马承受,遂令以铁钱三折铜钱一,事闻,责奎以妄肆胸臆,致币轻物重,奎遂即罪。

三年,申当十钱行使之令,益以京东、京西,而河北并边州县镇砦、四榷场及登、莱、密州缘海县镇等皆禁。时蔡京复罢政矣。四年,诏:"鼓铸当十钱移,虑法随以弊,其止铸旧额小平钱。"张商英为相,奏言:"当十钱为害久矣。旧小平钱有出门之禁,故四方客旅之货,交铁得钱,必太半入中末盐钞,收买告牒,而余钱又流布在市井,此上下内外交相养。自当十钱行,以一夫而负八十千,小车载四百千,钱既为轻赍之物,则告牒为滞货,盐钞非得虚抬之息则不行。臣今欲借内库并密院诸司封桩绸绢、金银并盐钞,下令折十钱限民半年所在送官,十千给银绢各一匹,两限竟毋更用。俟钱入官,择其恶者铸小平钱,存其好者折三行用。如此则钱法、钞法不相低昂,可以复旧。"

利州路提刑司言:"旧铜铁钱轻重相寻,以大铁钱一折小铜钱二,今大铁钱五止当一铜钱,比旧轻十倍。又流入川界,钱轻物重,颇类陕西。欲将折二大铁钱以一折一,虽稍减钱数,钱必稍重。"诏许陕西铁钱入蜀仍旧,尽释其禁,且命以今物价量宜裁之。

政和元年诏:"钱重则物轻,钱轻则物重,其势然也。今诸路所铸小平钱,行之久而无弊,多而不壅,为利博矣。往岁图利之臣鼓铸当十钱,苟济目前,不究悠久,公私为害,用之几十年,其法日弊而不胜。奸猾之民规利冒法,销毁当二、小平钱,所在盗铸,滥钱益多,百物增价。若不早革,即弊无已时。其官私见在当十钱,可并作当三,以为定制。尚虑豪猾惮于折阅,胥动浮言,可内自京尹,外逮监司、郡县,悉心开谕。"

自当十钱行,抵冒者多。大观四年,星变,赦天下。凡以私钱得罪,有司上名数,亡虑十余万人,蔡京罔上毒民,可谓烈矣。时御府之用日广,东南钱额不敷,宣和以后尤甚。乃令饶、赣钱监铸小平钱,每缗用铁三两,而倍损其铜,稍损其铅。继又令江、池、饶钱监,尽以小平钱改铸当二钱,以纾用度,有司犹数告乏。靖康元年,罢政和敕陕西路用铜钱断徒二年配千里法。

初,蔡京主行夹锡钱,诏铸于陕西,亦命转运副使许天启推行。其法以夹锡钱一折铜钱二,每缗用铜八斤,黑锡半之,白锡又半之。既而河东转运使洪中孚请通行于天下,京欲用其言,会罢政。大观元年,京复相,遂降钱式及锡母于铸钱之路,铸钱院专用鼓铸,若产铜地始听兼铸小平钱。复命转运司及提刑司参领其事,衡州熙宁、鄂州宝泉、舒州同安监暨广南皆铸焉。二年,江南东西、福建、两浙许铸使铁钱。三年,京复罢政,诏以两浙铸夹锡钱扰民,凡东南所铸皆罢。明年,并河北、河东、京东等路罢之,所在监、院皆废。唯河东三路听存旧监,以铸铜、铁钱;产铜郡县听存,用改铸小平钱。

政和元年,钱轻物重,细民艰食,诏:"应陕西旧行使铁钱地,并依元丰年大铁钱折二,公私通行,夹锡钱同之,毋得分别。见存铁钱,毋改更铸夹锡,河东官私折二、夹锡钱同之。"

童贯宣抚陕西,以诏亟平物价,帅臣徐处仁切责其非,坐贬。钱
即经略鄜延,抗疏言:"详考诏旨,谓铁钱复行,与夹锡并用。虑奸民
妄作轻重,欲维持推行,俾钱物相直,非欲以威力协制百姓,顿减物
价于一两月之间。今宣抚司裁损米谷、布帛、金银之价,殆非人情。
徐处仁言虽未尽,所见为长,望速询其实。如臣言乖谬,愿同处仁
贬。"诏即妄有建明,毁辱使命,谪置偏州。寻亦罢行夹锡钱,且禁裁
物价,民商贸易,各从其便。继而童贯复请与旧法铁钱并折二通行。
知閿乡县论九龄俄坐以铜钱一估夹锡钱七八,并知州王宷、转运副
使张深俱被劾。时关中钱甚轻,夹锡欲以重之,其实与铁钱等,物价
日增,患甚于当十。

二年,蔡京复得政,条奏广、惠、康、贺、衡、鄂、舒州昨铸夹锡钱
精善,请复铸如故,广西、湖北、淮东如之,且命诸路铜钱监复改铸
夹锡,遂以政和钱颁式焉。夹锡钱既复推行,钱轻不与铜等,而法必
欲其重,乃严擅易抬减之令。凡以金银、丝帛等物贸易,有弗受夹
锡、须要铜钱者,听人告论,以法惩治。市井细民朝夕鬻饼饵熟食以
自给者,或不免于告罚。未几,以夹锡钱不以何路所铸,并听通行。

陕西用"政和通宝"旧大铁钱,与夹锡钱杂。虑流转诸路,四年,
诏毋更行用,致令诸监改铸夹锡钱,在民间者赴官换纳。郑居中、刘
正夫为相,以为不便,令淮南夹锡钱期三日官私俱禁不用,仍罢鼓
铸,夹锡钱悉辇椿关中。寻诏河东、陕西外,余路并罢;俄诏并河东
罢铸夹锡钱,止用旧法鼓铸。重和元年,权罢京西铸夹锡钱,继以关
中籴买,用之通流,复命鼓铸,专给关中。夹锡行,小民往往以药点
染,与铜钱相乱,河北漕臣张翚等尝坐贬焉。

先是,江池饶州、建宁府四监,岁铸钱百三十四万缗,充上供;
衡、舒、严、鄂、韶、梧州六监,岁铸钱百五十六万缗,充逐路支用。建
炎轻兵,鼓铸皆废。绍兴初,并广宁监于虔州,并永丰监于饶州,岁
铸才及八万缗。以铜、铁、铅、锡之入,不及于旧,而官吏稍廪工作之

费，视前日自若也，每铸钱一千，率用本钱二千四百文。时范汝为作乱，权罢建州鼓铸，寻复旧，泉司供给铜、锡六十五万余斤。

六年，敛民间铜器，诏民私铸铜器者徒二年。赣、饶二监新额钱四十万缗，提点官赵伯瑜以为得不偿费，罢鼓铸，尽取木炭铜铅本钱及官吏阙额衣粮水脚之属，凑为年计。十三年，韩球为使，复铸新钱，兴废坑冶，至于发冢墓，坏庐舍，籍冶户姓名，以胆水盛时浸铜之数为额。浸铜之法：以生铁锻成薄片，排置胆水槽中浸渍数日，铁片为胆水所薄，上生赤煤，取刮铁煤入炉，三炼成铜。大率用铁二斤四两，得铜一斤。饶州兴利场、信州铅山场各有岁额，所谓胆铜也。无铜可输者，至熔钱为铜，然所铸亦才及十万缗。

二十四年，罢铸钱司归之漕司。二十七年，出版漕钱八万缗为铸本，岁权以十五万缗为额。复饶、赣、韶铸钱监，以漕臣往来措置，通判主之。殿中侍御史王珏言泉司不可废，复以户部侍郎荣薿提领，许置官属二员。二十八年，出御府铜器千五百事付泉司，大索民间铜器，得铜二百余万斤，寺观钟、磬、饶、钹既籍定投税外，不得添铸。二十九年，令命官之家留见钱二万贯，民庶半之，余限二年听转易金银，算请茶、盐、香、矾钞引之类，越数寄隐，许人告。

以李植提点铸钱公事，植言："岁额内藏库二十三万缗，右藏库七十余万缗，皆至道以后数也。绍兴以来，岁收铜二十四万斤，铅二十万斤，锡五万斤，仅可铸钱一十万缗。诸道拘到铜器二百万斤，附以铅、锡，可铸六十万缗。然拘者不可以常，唯当据坑冶所产。"下工部，权以五十万缗为额。又明年，才铸及十万缗。今泉司岁额增至十五万缗，小平钱一万八千缗，折二钱六万六千缗。岁费铸本及起纲縻费约二十六万缗，司属之费又约二万缗。东南十一路一百一十八州之所供，有坑冶课利钱、木炭钱、锡本钱，约二十一万缗，比岁所收不过十五六万缗耳。岁额：金一百二十八两，银无额，以七分入内库，三分归本司，铜三十九万五千八百斤，铅三十七万七千九百斤，锡一万九千八百七十五斤，铁二百三十二万八千斤，比岁所榷十无二三。每当二钱千，重四斤五两，小平钱千，重四斤十三两，视旧制,铜少铅多,钱愈锲薄矣。

孝宗隆兴元年,诏铸当二、小平钱,如绍兴之初。乾、淳迄于嘉泰、开禧皆如之。乾道六年,并铸钱司归发运司,寻复置。八年,饶州、赣州复各置提点官。以新铸钱骰杂,提点铸钱及永平监官、左藏西库监官、户部工部长贰官责降有差。九年,大江之西及湖、广间多毁钱,夹以沙泥重铸,号“沙毛钱”,诏严禁之。淳熙二年,并赣司归饶州。庆元三年,复禁铜器,期两月鬻于官,每两三十。湖州旧鬻监,至是官自铸之。二年,禁销钱为铜顺者,以违制论;炉户决配海外。复神泉监,以所括铜器铸当三大钱,隶工部。

旧额,内帑岁收新钱一百五万,江、池、饶、建四监。而每年退却六十万,三年一郊,又以一百万输三司,是内帑年才得十一万六千余缗,而左藏得九十三万三千余缗。今岁额止十五万,而隶封椿者半,内藏者半,左藏咸无焉。

又自置市舶于浙、于闽、于广,舶商往来,钱实所由以泄,是以自临安出门,下江海,皆有禁。淳熙九年,诏广、泉、明、秀漏泄铜钱,坐其守臣。嘉定元年,三省言:“自来有市舶处,不许私发番船。绍兴末,臣僚言:泉、广二舶司及西、南二泉司,遣舟回易,悉载金钱。四司既自犯法,郡县巡尉其能谁何? 至于淮、楚屯兵,月费五十万,见缗居其半,南北贸易缗钱之入敌境者,不知其几。于是沿边皆用铁钱矣。”

淮南旧铸铜钱,乾道初,诏两淮、京西悉用铁钱,荆门隶湖北,以地接襄、岘。京用铁钱。六年,先是,以和州旧有钱监,舒州山口镇亦有古监,诏司农丞许子中往淮西措置。于是子中以舒、蕲、黄皆产铁,请各置监,舒州同安监,蕲州新春监,黄州齐安监。且铸折二钱。以发运司通领四监。江之广宁监,兴国之大冶监,临江这丰余监,抚之裕国监。子中所领三监,岁各认三十万贯,其大小铁钱,令两淮通行。七年,舒、蕲守臣皆以铸钱增羡迁官,然淮民为之大扰。八年,以江州、兴国军铁冶额亏,守贰及大冶知县各降一官。

淳熙五年,诏舒州岁增铸十万贯,以三十万贯为额,蕲州增铸五万贯,以十五万贯为额,如更增铸,优与推赏。御史黄洽言:"兴天下之利者,不穷天下之力。舒、蕲岁铸四十五万,不易为也。又有增铸之赏,恐其难继。"诏除之。八年,以舒州水远,薪炭不便,减额五万贯。明年,又减十万贯,与蕲州并以十五万贯为额。十年,并舒州之宿城监入同安监。十二年,诏舒、蕲铸铁钱,并增五万贯,以"淳熙通宝"为文。

光宗绍熙二年,减蕲春、同安两监岁铸各十万贯。嘉泰三年,罢舒、蕲鼓铸;开禧三年,复之。

嘉定五年,臣僚言江北以铜钱一折铁钱四,禁之。时铜钱之在江北者,自乾道以来,悉以铁钱易之,或以会子一贯。易铜钱一贯。其铜钱输送行在及建康、镇江府。凡沿江私渡及边径严禁漏泄,及于边界三里内立埭,如出界法;其易京铜钱,如两淮例。京西、湖北之铁钱,则取给于汉阳监及兴国富民监,后并富民监于汉阳监,以二十万为额。

前宋时,川、陕皆行铁钱,益、利、夔皆即山冶铸。绍兴九年,诏陕西诸路复行铁钱。十五年,置利州绍兴监,岁铸钱十万缗支救钱引。二十二年,复之丰远、邛之惠民二监,铸小平钱。二十三年,诏利州并铸折二钱,后又铸折三钱。淳熙十五年,四川饷臣言:"诸州行使两界钱引,全籍铁钱称提,止有利州绍兴监岁铸折三钱三万四千五百贯有奇,邛州惠民监岁铸折三钱一万二千五百贯。今大安军淳熙、新兴、迎恩三炉,出生铁四十九万五千斤,利之昭化、嘉川县亦有炉,新产铁三十余万斤。乞从鼓铸。"嘉定元年,即利州铸当五大钱。三年,制司欲尽收旧引,又于绍兴、惠民二监岁铸三十万贯,其料并同当三钱。若四川铜钱,淳熙简易送湖广总所储之,后又交卸于江陵。

宝庆元年,新钱以"大宋元宝"为文。端平元年,以胆铜所铸之钱不耐久，旧钱之精致者泄于海舶，申严下海之禁。嘉熙元年，新钱当二并小平钱并以"嘉熙通宝"为文。当三钱以"嘉熙重宝"为文。

淳祐四年，右谏议大夫刘晋之言："臣家停积，犹可以发泄，铜器钣销，犹可以止遏，唯一入海舟，往而不返。"于是复申严漏泄之禁。

八年，监察御史陈求鲁言："议者谓楮便于运转，故钱废于蛰藏；自称提之屡更，故圜法为无用。急于扶楮者，至嗾盗贼以窥人之闺奥，峻刑法以发人之窖藏，然不思患在于钱之荒，而不在于钱之积。夫钱贵则物宜贱，今物与钱俱重，此一世之所共忧也。蕃舶巨艘，形若山岳，乘风驾浪，深入遐陬。贩于中国者皆浮靡无用之异物，而泄于外夷者乃国家富贵之操柄。所得几何，所失者不可胜计矣。京城之销金，衢、信之输器，醴、泉之乐具，皆出于钱。临川、隆兴、桂林之铜工，尤多于诸郡。姑以长沙一郡言之，乌山铜炉之所六十有四，麻潭鹅羊山铜户数百余家，钱之不坏于器物者无几。今京邑输铜器用之类，鬻卖公行于都市畿甸之近，一绳以法，由内及外，观听聿新，则钣销之奸知畏矣。香、药、象、犀之类异物之珍奇可悦者，本无适用之实，服御之间昭示俭德，自上化下，风俗丕变，则漏泄之弊少息矣。此端本澄原之道也。"有旨从之。

十年，以会价低减，复申严下海之禁。十二年，申严钣销之禁及伪造之法。咸淳元年，复申严钣销、漏泄之禁。宝祐元年，新钱以"皇宋元宝"为文。

宋史卷一八一
志第一三四

食货下三

会子　盐上

　　会子、交子之法，盖有取于唐之飞钱。真宗时，张咏镇蜀，患蜀人铁钱重，不便贸易，设质剂之法，一交一缗，以三年为一界而换之。六十五年为二十二界，谓之交子，富民十六户主之。后富民赀稍衰，不能偿所负，争讼不息。转运使薛田、张若谷请置益州交子务，以榷其出入，私造者禁之。仁宗从其议。界以百二十五万六千三百四十缗为额。

　　神宗熙宁初，立伪造罪赏如官印文书法。河东运铁钱劳费，公私苦之。二年，乃诏置交子务于潞州。转运司以其法行则盐、矾不售，有害入中粮草，遂奏罢之。四年，复行于陕西，而罢永兴军盐钞场，文彦博言其不便；会张景宪出使延州还，亦谓可行于蜀不可行于陕西，未几竟罢。五年，交子二十二界将易，而后界给用已多，诏更造二十五界者百二十五万，以偿二十三界之数，交子有两界自此始。时交子给多而钱不足，致价太贱，既而竟无实钱，法不可行。而措置熙河财利孙迥言："商人买贩，牟利于官，且损钞价。"于是罢陕西交子法。

　　绍圣以后，界率增造，以给陕西沿边籴买及募兵之用，少者数十万缗，多者或至数百万缗。而成都乏用，又请印造，故每岁书放亦无定数。

崇宁三年，置京西北路专切管干通行交子所，仿川峡路立伪造法。通情转用并邻人不告得，皆罪人；私造交子纸者，罪以徒配。四年，令诸路更用钱引，准新样印制，四川如旧法。罢在京并永兴军交子务，在京官吏，并归买钞所。时钱引通行诸路，惟闽、浙、湖、广不行，赵挺之以为闽乃蔡京乡里，故得免焉。明年，尚书省言："钱引本以代盐钞，而诸路行之不通，欲权罢印制。在官者，如旧法更印解盐钞；民间者，许贸易，渐赴买钞所如钞法分数计给。"从之。

大观元年，诏改四川交子务为钱引务。自用兵取湟、廓、西宁，藉其法以助边费，较天圣一界逾二十倍，而价愈损。及更界年，新交子一当旧者四，故更张之。以四十三界引准书放数，仍用旧印行之，使人不疑扰，自后并更为钱引。二年，而陕西、河东皆以旧钱引入成都换易，故四川有壅遏之弊，河、陕有道途之艰，豪家因得以损直敛取。乃诏永兴军更置务纳换陕西、河东引，仍遣文臣二人监之。八月，知威州张持奏："本路引一千者今仅直十之一，若出入无弊，可直八百，流通用之，官吏奉旧并用引，请稍给钱便用。"擢持为成都路转运判官，提举川引。后引价益贱，不可用，持复别用印押以给官吏，他无印押者皆弃无用。言者论其非法，持坐远谪。三年，诏钱引四十一界至四十三界毋收易，自后止如天圣额书放，铜钱地内勿用。四年，假四川提举诸司封桩钱五十万缗为成都务本，侵移者准常平法。

政和元年，户部言成都漕司奏："昨令输官之引，以十分为率，三分用民户所有，而七分赴官场买纳，由是人以七分为疑。请自今无计以三七分之数，并许通用，愿买纳者听。民间旧以本钱未至，引价大损，故州官官钱亦减数收市；今本钱已足，请勿减数以祛民惑。又请四十三界引俟界满勿换给，自四十四界为改法之首。"而户部详度欲止四十四界，其四十五界勿印。若通行及乏用，听于界内续增其新引给换之，余如旧齎之，或于给钱之所易钱储以为本，移用者如擅支封桩钱法。诏可。靖康元年，令川引并如旧即成都府务纳换。以置务成都，便利岁久，至诸州则有料次交杂之弊，故有是诏。

大凡旧岁造一界，备本钱三十六万缗，新旧相因。大观中，不蓄本钱而增造无艺，至引一缗当钱十数。及张商英秉政，奉诏复循旧法。宣和中，商英录奏当时所行，以为自旧法之用，至今引价复平。

高宗绍兴元年，有司因婺州屯兵，请椿办合用钱，而路不通舟，钱重难致。乃造关子付婺州，召商人入中，执关于榷货务请钱，愿得茶、盐、香货钞引者听。于是州县以关子充籴本，未免抑配，而榷货务又止以日输三分之一偿之，人皆嗟怨。六年，诏置行在交子务。臣僚言："朝廷措置见钱关子，有司浸失本意，改为交子，官无本钱，民何以信？"于是罢交子务，令榷货务储见钱印造关子。二十九年，印公据、关子，付三路总领所：淮西、湖广关子各八十万缗，淮东公据四十万缗，皆自十千至百千，凡五等。内关子作三年行使，公据二年，许钱银中半入纳。

三十年，户部侍郎钱端礼被旨造会子，储见钱，于城内外流转，其合发官钱，并许兑会子输左藏库。明年，诏会子务隶都茶场。三十二年，定伪造会子法。犯人处斩，赏钱千贯，不愿受者补进义校尉。若徒中及庇匿者能告首，免罪受赏，愿补官者听。当时会纸取于徽、池，续造于城都，又造于临安。会子初行，止于两浙，后通行于淮、浙、湖北、京西。除亭户盐本用钱，其路不通舟处上供等钱，许尽输会子；其沿流州军，钱、会中半；民间典卖田宅、马牛、舟车等如之，全用会子者听。

孝宗隆兴元年，诏会子以"隆兴尚书户部官印会子之印"为文，更造五百文会，又造二百、三百文会。置江州会子务。乾道二年，以会子之弊，出内库及南库银一百万收之。三年，以民间会子破损，别造五百万换给。又诏损会贯百钱数可验者，并作上供钱入输，巨室以低价收者坐之。四年，以取到旧会毁抹付会子局重造，三年立为一界，界以一千万贯为额，随界造新换旧。以户部尚书曾怀同共措置，铸"提领措置会子库"印。每道收靡费钱二十足，零百半之，凡旧会破损、贯百安存、印文可验者，即与兑换。五年，令行在榷货务、都茶场将请算茶、盐、香、矾钞引，权许收换第一界，自后每界收换如之。其州县诸色纲钱，以七分收钱，三分收会。九年，定捕造伪会之赏。

淳熙元年，诏左藏南上库给会子二十五万，收买临安、平江、绍兴、明秀州额外浮盐，其赍到钞钱，令榷货务月终输封桩库，以备循环换易会子。三年，诏第三界、四界各展限三年，令都茶场会子库以第四界续印会子二百万贮南库。当时户部岁入一千二百万，其半为会子，而南库以金银换收者四百万，流行于外者才二百万耳。光宗绍熙元年，诏第七、第八界会子各展三年。臣僚言：“会子界以三年为限，今展至再，则为九年，何以示信？”于是诏造第十界立定年限。

庆元元年，诏会子界以三千万为额。嘉定二年，以三界会子数多，称提无策，会十一界除已收换，尚有一千三百六十万余贯，十二界、十三界除烧毁尚有一万二百余万贯。十二界四千七百万余贯，十三界五千五百万余贯。诏封桩库拨金一十五万两，两为钱四十贯。度牒七千道，每道为钱一千贯。官告绫纸、乳香，乳香每套一贯六百文。凑成二千余，添贴临安府官局，收易旧会，品搭入输。十一界会子二分，十二、十五界会子各四分。以旧会之二，易新会之一。泉州守臣宋均、南剑州守臣赵崇宄、陈宓，皆以称提失职，责降有差。

绍定五年，两界会子已及二亿二千九百余万。端平二年，臣僚言：“两界会子，远者曾未数载，近者甫及期年，非有破坏涂污之弊，今当以所收之会付封桩库贮之，脱有缓急，或可济事。”有旨从之。淳祐二年，宗正丞韩祥奏：“坏楮币者只缘变更，救楮币者无如收减。自去年至今，楮价粗定，不至折阅者，不变更之力也。今已罢诸造纸局及诸州科买楮皮，更多方收减，则楮价有可增之理。”上曰：“善。”三年，臣僚言：“今官印之数虽损，而伪造之券愈增；且以十五、十六界会子言之，其所入之数，宜减于所出之数。今收换之际，元额既溢，来者未已，若非伪造，其何能致多如是？大抵前之二界，尽用川纸，物料既精，工制不苟，民欲为伪，尚或难之。迨十七界之更印,已杂用川、杜之纸,至十八界则全用杜纸矣。纸既可以自造,价且五倍于前,故昔之为伪者难,今为之为伪者易,人心循利,甚于畏法,况利可立致,而刑未即加者乎?臣愚以为抄撩之际,增添纸料,宽假工程,务极精致,使人不能为伪者,上也;禁捕之法,厚为之劝,厉为之防,使人不敢为伪者,次也。"七年,以十八界与十七界会子更不立限,永远行使。十一年,以会价增减课其官吏。景定四年,以收买逾限之田,复日增印会子一十五万贯。

咸淳四年,以近颁见钱关子,贯作七百七十文足,十八界每道作二百五十七文足,三道准关子一贯,同见钱转使,公私擅减者,官以赃论,吏则配籍。五年,复申严关子减落之禁。七年,以行在纸局所造关子纸不精,命四川制司抄造输送,每岁以二千万作四纲。

川引自张浚开宣府,赵开为总饷,以供籴本,以给军需,增印日多,莫能禁止。七年,川、陕副帅吴玠请置银会于河池,不许。盖前宋时,蜀交出放两界,每界一百二十余万。今三界通行,为三千七百八十余万,至绍兴末,积至四千一百四十七万余贯;所贮铁钱,仅及七十万贯,以盐酒等阴为称提。是以饷臣王之望亦谓添印钱引以救目前,不得不为朝廷远虑。诏添印三百万,之望止添印一百万。孝宗隆兴二年,饷臣赵沂添印二百万。淳熙五年,以蜀引增至四千五百余万,立额不令再增。光宗绍熙二年,诏川引展界行使。宁宗嘉泰末,两界出放凡五千三百余万缗,通三界出放益多矣。

开禧末,饷臣陈咸以岁用不足,尝为小会,卒不能行。嘉定初,每缗止直铁钱四百以下,咸乃出金银、度牒一千三百万,收回半界,期以岁终不用。然四川诸州,去总所远者千数百城,期限已逼,受给之际,吏复为奸,吏复为奸。于是商贾不行,民皆嗟怨,一引之直,仅售百钱。制司乃谕人除易一千三百万引,三界依旧通行,又檄总所取金银就成都置场收兑,民心稍定。自后引直铁钱五百有奇,若关外用铜钱,引直百七十钱而已。

嘉定三年春,制、总司收换九十一界二千九百余万缗;其千二百万缗,以茶马司羡余钱及制司空名官告,总所桩金银、度牒对凿,余以九十三界钱引收兑;又造九十四界钱引五百万缗,以收前宣抚程松所增之数;凡民间输者,每引百贴八千。其金银品搭,率用新引七分,金银三分,其金银品色官称,不无少亏,每旧引百,贴纳二十引。盖自元年、三年两收旧引,而引直遂复如故。昔高宗因论四川交子,最善沈该称提之说,谓官中常有钱百万缗,如交子价减,官用钱买之,方得无弊。

九年,四川安抚制置大使司言:“川引每界旧便三年一易。自开禧军兴以后,用度不给,展年收兑,遂至两界、三界通使;然率以三年界满,方出令展界,以致民听惶惑。今欲以十年为一界,著为定令,则民旅不复怀疑。”从之。

宝祐四年台臣奏:“川引、银会之弊,皆因自印自用,有出无收。今当拘其印造之权,归之朝廷,仿十八界会子造四川会子,视淳祐之令,作七百七十陌,于四川州县公私行使。两料川引并毁,见在银会姑存。旧引既清,新会有限,则楮价不损,物价自平,公私俱便矣。”有旨从之。咸淳五年,复以会板发下成都运司掌之,从制司抄纸发往运司印造毕,功发回制司,用总所印行使,岁以五百万为额。

绍兴末,会子未有两淮、湖广之分,其后会子太多而本钱不足,遂致有弊。乾道二年,诏别印二百、三百、五百、一贯交子三百万,止行用于两淮,其旧会听对易。凡入输买卖,并以交子及钱中半。如往来不便,诏给交子、会子各二十万,付镇江、建康府榷货务,使淮人之过江、江南人之渡淮者,皆得对易循环以用。然自绍兴末年,铜钱禁用于淮而易以铁钱,会子既用于淮而易以交子,于是商贾不行,淮民以困。右司谏陈良祐言交子不便,诏两淮郡守、漕臣条其利害,皆谓所降交子数多,而铜钱并会子不过江,是致民旅未便。于是诏铜钱并会子依旧过江行用,民间交子许作见钱输官,凡官交,尽数输行在左藏库。

三年,诏造新交子一百三十万,付淮南漕司分给州军对换行使,不限以年;其运司见储交子,先付南库交收。绍熙三年,诏新造交子三百万贯,以二百万付淮东,一百万付淮西,每贯准铁钱七百七十文足,以三年为界。庆元四年,诏两淮第二界会子限满,明年六月,更展一界。嘉定十一年,造两淮交子二百万,增印三百万。十三年,印二百万,增印一百五十万。十四年、十五年,皆及三百万。自是其数日增,价亦日损,称提无术,但屡与展界而已。

初,襄、郢等处大军支请,以钱银品搭。孝宗隆兴元年,始措置于大军库储见钱,印造五百并一贯直便会子,发赴军前,并当见钱流转。印造之权既专,印造之数日益;且总所所给止行于本路,而荆南水陆要冲,商贾必由之地,流通不便。乾道三年,收其会子印板。四年,以淮西总所关子二十万,都茶场钞引八十万,付湖北漕司收换,输左藏库,又命降银钱收之。五年,诏户部给行在会子五十万,付荆南府兑换。淳熙七年,诏会子库先造会子一百万,降付湖广总所收换破会。十一年,臣僚言:“湖北会子创于隆兴初,迄今二十二年,不曾兑易,称提不行。”诏湖广总领同帅、漕议经久利便。帅、漕、总领言:“乞印给一贯、五百例湖北会子二百万贯,收换旧会,庶几流转通快,经久可行。”从之。

十三年,诏湖广会子仍以三年为界。绍熙元年,诏湖广总所将见行及桩贮新旧会取数,仿行在例立界收换。饷臣梁总奏:“自来不曾立界,但破损者即行换易,除累易外,尚有五百四十余万,见在民间行用。乞别样制作两界,印造收换。”从之。

嘉定五年,湖广饷臣王釜,请以度牒、茶引兑第五界旧会、每度牒一道,价千五百缗,又贴搭茶引一千五百缗,方许收买,期以一月。然京湖二十一州止置三场,不便。制臣刘光祖乃会总所以第六界新会五万缗,令军民以旧楮二而易其一;继又令军民以一楮半而易其一;又请于朝添给新楮十万,军民赖之。十四年,造湖广会子三十万易破会。十七年,造湖广第六界会子二百万。嘉熙二年,拨第七界湖会九百万付督视参政行府。宝祐二年,拨第八界湖会三百万贯付湖广总所，易两界存会，自后因仍行之。

　　盐之类有二：引池而成者，曰颗盐，《周官》所谓盬盐也；煮海、煮井、煮碱而成者，曰末盐，《周官》所谓散盐也。宋自削平诸国，天下盐利皆归县官。官鬻、通商，随州郡所宜，然亦变革不常，而尤重私贩之禁。

　　引池为盐，曰解州解县、安邑两池。垦地为畦，引池水沃之，谓之种盐，水耗则盐成。籍民户为畦夫，官廪给之，复其家。募巡逻之兵百人，目为护宝都。岁二月一日垦畦，四月始种，八月乃止。安邑池每岁岁种盐千席，解池减二十席，以给本州及三京，京东之济兖、曹、濮、单、郓州、广济军，京西之滑、郑、陈、颍、汝、许、孟州；陕西之河中府、陕虢州、庆成军，河东之晋、绛、慈、隰州；淮南之宿、亳州，河北之怀州及澶州诸县之在河南者。凡禁榷之地，官立标识、候望以晓民。其通商之地，京西则蔡、襄、邓、随、唐、金、房、均郢州、光化信阳军，陕西则京兆、凤翔府，同、华、耀、乾、商、泾、原、邠、宁、仪、渭、鄜、坊、丹、延、环、庆、秦、陇、凤、阶、成州、保安镇戎军，及澶州诸县之在河北者。颗、末盐皆以五斤为斗，颗盐之直每斤自四十四至三十四钱，有三等。至道二年，两池得盐三十七万三千五百四十五席，席一百一十六斤半。三年，鬻钱七十二万八千余贯。

　　咸平中，度支使梁鼎言："陕西沿边解盐请勿通商，官自鬻之。"诏以鼎为陕西制置使，又以内殿崇班杜承睿同制置陕西青白盐事。承睿言："鄜、延、环、庆、仪、渭等州泊禁青盐之后，今商人入刍粟，运解盐于边货鬻，其直与青盐不至相悬，是以民食贱盐，须至畏法，而蕃部青盐难售。今闻运解盐于边，欲与内地同价，边民必冒法图利，却入蕃界私贩青盐，是助寇资而结民怨矣。"继又有上疏言其不便者，鼎请候至边部幹运，及乘传至解池即禁止商贩。旋运盐赴边，公私大有烦费，而边民顿无入市，物论纷扰。于是命判盐铁勾院林特、知永兴军张咏详议，以为公私非便，请复旧商贩。诏切责鼎，罢度支使。大中祥符九年，陕西转使张象中言："两池所贮盐计直二千一百七十六万一千八十贯，虑尚有遗利，望行条约。"真宗曰："地利之阜，此亦至矣，遇求增羡，虑有时而阙。"不许。

先是，五代时盐法太峻。建隆二年，始定官盐阑入法，禁地贸易至十斤、煮碱盐至三斤者乃坐死，民所受蚕盐以入城市三十斤以上者，上请。三年，增阑入至三十斤、煮碱至十斤坐死，蚕盐入城市百斤以上，奏裁。自乾德四年后，每诏优宽。太平兴国二年，乃诏阑入至二百斤以上，煮碱及主吏盗贩至百斤以上，蚕盐入城市五百斤以上，并黥面送阙下。至淳化五年，改前所犯者止配本州牢城。代州宝兴军之民私市契丹骨堆渡及桃山盐，雍熙四年，诏犯者自一斤论罪有差，五十斤加役流，百斤以上部送阙下。

天圣以来，两池畦户总三百八十，以本州及旁州之民为之，户岁出夫二人，人给米日二升，岁给户钱四万。为盐岁百五十二万六千四百二十九石，石五十斤，以席计，为六十五万五千一百二十席，席百一十六斤。禁榷之地，皆官役乡户衙前及民夫，谓之帖头，水陆漕运。而通商州军并边秦、延、环、庆、渭、原、保安、镇戎、德顺，又募人入中刍粟，以盐偿之。

凡通商州军，在京西者为南盐，在陕西者为西盐，若禁盐地则为东盐，各有经界，以防侵越。天圣初，计置司议茶盐利害，因言："两池旧募商人售南盐者，入钱京师榷货务。乾兴元年，岁入才二十三万缗，视天禧三年数损十四万。请一切罢之，专令入中并边刍粟，及为之增约束、申防禁，以绝繁贩之弊。"久之，复诏入钱京师，从商人所便。

三京、二十八州军，官自輦盐，百姓困于转输。天圣八年，上书者言："县官禁盐，得利微而为害博，两池积盐为阜，其上生木合抱，数莫可较。宜听通商，平估以售，可以宽民力。"诏翰林学士盛度、御史中丞王随议更其制度。因画通商五利上之曰："方禁商时，伐木造船輦运，兵民不胜疲劳，今去其弊，一利也；陆运既差帖头，又役车户，贫人惧役，连岁逋逃，今悉罢之，二利也；船运有沉溺之患，纲吏侵盗,杂以泥沙硝石,其味苦恶,疾生重腿,今皆得食真盐,三利也;钱币国之货泉,欲使通流,富家多藏镪不出,民用益蹙,今岁得商人出缗钱六十余万助经费,四利也;岁减监官、兵卒、畦夫佣作之给,五利也。"十月,诏罢三京、二十八州军榷法,听商人入钱若金银京师榷货务,受盐两池。行之一年,视天圣七年,增缗钱十五万。其后岁课减耗,命翰林学士宋痒等以天圣九年至宝元二年新法较之,视乾兴至天圣八年旧法,旧课损二百三十六万缗。康定元年,诏京师、南京及京东州军,淮南宿、亳州,皆禁如旧。未几,复弛京师榷法,并诏三司议通淮南盐给京东等八州,于是兖、郓、宿、亳皆食淮南盐矣。

自元昊反,聚兵西鄙,并边入中刍粟者寡。县官急于兵食,调发不足,因听入中刍粟,予券趋京师榷货务受钱若金银;入中它货,予券偿以池盐。由是羽毛、筋角、胶漆、铁炭、瓦木之类,一切以盐易之。猾商贪吏,表裹为奸,至入橡木二,估钱千,给盐一大席,为盐二百二十斤。虚费池盐,不可胜计,盐直益贱,贩者不行,公私无利。庆历二年,复京师榷法,凡商人虚估受券及已受盐未鬻者,皆计直输亏官钱。人地州军民间盐,悉收市入官,官为置场增价出之。复禁永兴、同、华、耀、河中、陕、虢、解、晋、绛、庆成十一州军商盐,官自辇运,以衙前主之。又禁商盐私入蜀,置折博务于永兴、凤翔,听人入钱若蜀货,易盐趋蜀中以售。久之,东、南盐地悉复禁榷,兵民辇运,不胜其苦,州郡骚然。所得盐利,不足以佐县官之急。并边务诱人入中刍粟,皆为虚估,腾踊至数倍,大耗京师钱币,帑藏益虚。

太常博士范祥,关中人也,熟其利害,常谓两池之利甚博,而不能少助边计者,公私侵渔之害也;傥一变法,岁可省度支缗钱数十百万。乃画策以献。是时韩琦为枢密副使,与知制诰田况皆请用祥策。四年,诏祥驰传与陕西都转运使程戡议之,而戡议与祥不合,祥寻亦丧去。八年,祥复申其说,乃以为陕西提点刑狱兼制置解盐事,使推行之。其法:旧禁盐地一切通商,听盐入蜀;罢九州军入中刍粟,令入实钱,偿以盐,视入钱州军远近及所指东、西、南盐,第优其直;东、南盐又听入钱永兴、凤翔、河中;岁课入钱总为盐三十七万五千大席,授以要券,即池验券,按数而出,尽弛兵民辇运之役。又以延、庆、环、渭、原、保安、镇戎、德顺地近乌、白池,奸人私以青白盐入塞,侵利乱法。乃募人入中池盐,予券优其估,还以池盐偿之;以所入盐官自出鬻,禁人私售,峻青白盐之禁。并边旧令入中铁、炭、瓦、木之类,皆重为法以绝之。其先以虚估受券及已受盐未鬻者,悉计直使输亏官钱。又令三京及河中、河阳、陕、虢、解、晋、绛、濮、庆成、广济官仍鬻盐,须商贾流通乃止。以所入缗钱市并边九州军刍粟,悉留榷货务钱币以实中都。行之数年,黠商贪贾,无所侥幸,关内之民,得安其业,公私便之。

皇祐元年,侍御史知杂何郯复言改法非是。明年,遣三司户部副使包拯驰视,还言行之便,第请商人入钱及延、环等八州军鬻盐,皆重损其直,既入盐州军者,增直以售,三京及河中等处禁官鬻盐。而三司谓京师商贾罕至则盐贵,请得公私并贸,余禁止。皆听之。田况为三司使,请久任祥,俾专其事。擢祥权陕西转运使,赐金紫服。祥初言岁入缗钱可得二百三十万,皇祐三年,入缗钱二百二十一万;四年,二百一十五万。以四年数视庆历六年,增六十八万;视七年,增二十万。又旧岁出榷货和缗钱,庆历二年,六百四十七万;六年,四百八十万。至是,榷货务钱不复出。其后,岁入虽赢缩不常,至五年,犹及百七十八万,至和元年,百六十九万。时祥已坐它罪贬,命转运使李参代之。三年,遂以元年入钱为岁课定率,量入计出,可助边费十分之八。

久之,并边复听入刍粟以当实钱,而虚估之弊滋长,券直亦从而贱,岁损官课,无虑百万。嘉祐三年,三司使张方平及包拯请复用祥,于是复以祥总盐事。祥请重禁入刍粟者,其券在嘉祐三年已前,每券别请输钱一千,然后予盐。又言商人持券若盐鬻京师,皆亏失本钱。请置官京师,蓄钱二十万缗,以待商人至者,券若盐估贱,则官为售之。券纸六千,盐席十千,毋辄增损,所以平其市估,使不得为轻重。诏以都盐院监官兼领,自是稍复旧。未几祥卒,以转运副使薛向继之。治平二年，岁入百六十七万。

初，祥以法既通商，恐失州县征算，乃计所历所至合输算钱，并率以为入中之数。自后州县犹算如旧。嘉祐六年，向悉罢之，并奏减八州军鬻盐价。两池畦户，岁役解、河中、陕、虢、庆成之民，官司旁缘侵剥，民以为苦，乃诏三岁一代。尝积通课盐至三百三十七万余席，遂蠲其半。中间以积盐多，特罢种盐一岁或二岁三岁，以宽其力。后又减畦户之半，稍以佣夫代之，五州之民始安。

青白盐出乌、白两池，西羌擅其利。自李继迁叛，禁毋入塞，未几罢，已而复禁。乾兴初，尝诏河东边人犯青白盐禁者发陕西法。庆历中，元昊纳款，请岁入十万石县官，仁宗以其乱法，不许。自范祥议禁八州军商盐，重青白盐禁，而官盐估贵，土人及蕃部贩青白盐者益众，往往犯支抵死而莫肯止。至和中，诏蕃部贩青白盐抵死者，止投海岛，群党为民害者，上请。嘉祐赦书，稍迁配徒者于近地，自是禁法稍宽。熙宁初，诏淮南转运使张靖究陕西盐、马得失。靖指向欺隐状，王安石右向，靖竟得罪，擢向为江、淮等路发运使。谏官范纯仁言赏罚失当，因数向五罪，向任如初。乃请即永兴军置卖盐场，又以边费钱十万缗，储永兴军为盐钞本，继又增二十万。

四年，诏陕西行蜀交子法，罢市销；或论其不便，复旧。七年，中书议陕西盐钞出多虚钞，而盐益轻，以钞折兑粮草，有虚抬边籴之患。请用交子法，使其数与见钱相当，可济缓急。诏以皮公弼、熊本、宋迪分领其事，赵瞻制置。又以内藏钱二百万缗假三司，遣市易吏行四路请买盐引，仍令秦凤、永兴盐钞，岁以百八十万为额。八年，中书奏陕西盐钞利害及立法八事，大抵谓买钞本钱有限，而出钞过多，买不尽则钞贱而籴贵，故出钞不可无限。然商人欲变易见钱，而官不为买，即为兼并所抑，则钞价益贱；而边境有急，钞未免多出，故当置场以市价平之。今当定买两路实卖盐二百二十万缗，以当用钞数立额，永兴路八十一万五千，秦凤路一百三十八万五千，内熙洒路五十三万七千；永兴军遣官买钞，岁支转运司钱十万缗买西盐钞，又用市易务赊请法募人赊钞变易，即民间钞多而滞，则送解池毁之。诏从其请，然有司给钞溢额，犹视其故。九年，乃诏御史劾陕西官吏，止三司额外出钞。

十年，三司言："盐法之弊，由熙河钞溢额，故价贱而刍粮贵。又东、西、南三路通商郡邑榷卖官盐，故商旅不行。今盐法当改，官卖当罢。请先收旧钞，印识之旧盐，行加纳之法。官尽买旧钞，其已出盐，约期听商人自言，准渐价增之，印盐席，给符验。东、南旧法盐钞，席才三千五百，西盐钞席减一千，官尽买。先令解州场院验商人钞书之，乃许卖。已请盐，立限告赏，听商人自陈，东、南盐席加钱二千五百，西盐席加三千，为易旧符，立期令卖。罢两处禁榷官卖，提举司卖盐并用新价，钱承买旧钞，商人愿对行算请者听，官为印识如法。应通商地各举官一员，其盐席限十日自言，乃令加纳钱，为印识，给新引，听以旧钞当加纳钱。"皆行之。而别定官卖盐地，市易司已买盐，亦加纳钱。

旧制，河南北曹、濮以西，秦、凤以东，皆食解盐。自仁宗时，解盐通商，官不复榷；熙宁中，市易司始榷开封、曹濮等州。八年，大理寺丞张景温提举出卖解盐，于是开封府界阳武、酸枣、封丘、考城、东明、白马、中牟、陈留、长坦、胙城、韦城，曹、濮、澶、怀、济、单、解州、河中府等州县，皆官自卖。未几，复用商人议，以唐、邓、襄、均、房、商、蔡、郢、随、金、晋、绛、虢、陈、许、汝、颍、隰州、西京、信阳军通商，畿县及澶、曹、濮、怀、卫、济、单、解、同、华、陕、河中府、南京、河阳，令提举解盐司运盐货鬻，仍诏三司讲求利害。

盐价既增，民不肯买，乃课民买官盐，随贫富作业为多少之差。买卖私盐，听人告，重给赏，给犯人家财给之。买官盐食不尽，留经宿者，同私盐法。于是民间骚怨。盐钞旧法每席六缗，至是二缗有余，商不入粟，边储失备。召陕西转运使皮公弼入议，公弼极言官卖不便，沈括为三司使，不能夺。王安石主景温，括希安石意，言通商岁失官卖缗钱二十余万。安石去位，括在三司，乃言官卖当罢。于是河阳、同、华、解州、河中、陕府、陈留、雍丘、襄邑、中牟、管城、尉氏、鄢陵、扶沟、太康、咸平、新郑、听通商，其入不及官卖者，官复自卖;澶、濮、济、单、曹、怀州、南京、阳武、酸枣、封丘、考城、东明、白马、长垣、胙城、韦城九县,官卖如故。诏商盐入京,悉卖之市易务,每席毋得减千;民盐皆买之市易务,私与商人为市,许告,没其盐。

皮公弼盐法,酌前后两池所支盐数,岁以二百三十万缗为额。又令京师置七场,买东、南盐钞,市易务计为钱五十九万三千余缗,三司阙钱,请颇还其钞,令卖之于西,买者其三给钱,其七准沿边价给新引;庶得民间旧钞,而新引易于变易。诏用其议。公弼请复范祥旧法平市价,诏假三司钱三十万缗,市钞于京师。先是,解盐分东西,西盐卖有分域;又并边州军市籴粮,给钞过多,故钞及盐甚贱,官价自分为二。于是增西盐价比东盐,以平钞法,岁约增十二万缗,毋复分东西,悉废西盐约束。解池盐钞旧以二百二十万缗为额,转运使皮公弼请增十万,以助边籴,至是,又为二百四十二万。商人已请西盐,令加纳钱,使与新法价平。元丰三年,三司举张景温卖解盐息羡,进官赐帛。

明年,权陕西转运使李稷言:"自新法未行,钞之贵贱,视有司出之多寡。新法已后,钞有定数,起熙宁十年冬,尽元丰三年,通印给一百七十七万余席,而盐池所出才一百一十七万五千余席,余钞五十九万有余,流布官私,其势不得不贱。"遂下三司住给。五年,户部犹以钞多难售,岁给陕西军储钞二百万,裁其半,然钞多,卒不能平价。

元祐元年,户部及制置解盐司议:"延、庆、渭、原、环、镇戎、保安、德顺等八州军,皆官自籴,以万五千五百席为额,听商旅入纳于八州军折博务,算给交引,如范祥旧法。盐价钱应偿者,以转运司年额盐钞给之,所籴盐钱,以待转运司籴买。仍举承务郎以上一员,于在京置场,以盐钞籴见钱而输之都盐院库,遇给解盐额钞尽归之本司,毋更给转运司。他司皆毋得贩易,虽有专旨,听执奏。其已买钞,自本司拘之,若民间钞少或给本路缗钱,即上户部议籴其钞。"诏皆从之。既而又以商人入纳解盐减年额卖盐费钱二万七千余缗,增在京买钞之本。入中解盐,并效熙河钞,而价随事增损以折,澶、怀、滑州、阳武盐价,定为钱八千二百。时,陕西民多以朴硝私炼成颗,谓之倒硝,颇与解盐相乱。绍圣三年,制置使孙路以闻,诏犯者减私盐法一等坐之。

初,神宗时,官卖解盐,京西则通商。有沈希颜者为转运使,更为榷法,请假常平钱二十万缗,自买解盐,卖之本路,民已买解盐尽买入官,搭克牟利,商旅苦之。哲宗即位,殿中侍御史黄降劾希颜罪,元祐元年,京西始复旧制通商,然犹官卖,元符元年乃罢之。永兴军渭河北高阴、栎阳、泾等县,如同、华等六州军,官仍自卖盐,而禁官司于折博务买解盐贩易规利。俄以水坏解池,听河中府解州小池盐、同华等州私土盐、阶州石盐、通远军岷州官井盐鬻于本路,而京东、河北盐亦通行焉。三年,诏陕西转运副使兼制置解盐使马城,提举措置催促陕西、河东木枕薛嗣昌,提举开修解州盐池。

崇宁元年,解州贾瓦南北圆池修沼畦眼,拍磨布种,通得盐百七十八万二千七百余斤。初,解梁东有大盐泽,绵亘百余里,岁得亿万计。自元符初,霖潦池坏,至是,乃议修复;四年,池成。凡开二千四百余畦,百官所皆贺。内侍王仲千者董其役,以课额敷溢为功。然议者谓解池灌水盈尺,暴以烈日,鼓以南风,须臾成盐,其利固博;苟欲溢额,不俟风日之便,厚灌以水,积水而成,味苦不适口。

崇宁初,言事者以钞法屡变,民听疑惑,公家失轻重之权,商旅困往来之费,乞复范祥旧法,谨守而力行之,无庸轻改。虽可其请,未儿、蔡京建言:“河北、京东末盐,客运至京及京西,袋输官钱六千,而盐本不及一千,施行未久,收息及二百万缗。如通至陕西,其利必倍。”议遣韩敦立等分路提举。及盐池已复,京仍欲旧解盐地客算东北末盐,令榷货务入纳见缗无穷,以收己功,乃令解盐新钞止行陕西。五年,诏:“钞法用之,民信已久,飞钱裕国,其利甚大,比考前后法度,颇究利害,其别为号验,给解盐换请新钞。先以五百万缗赴陕西、河东,止给籴买,听商旅赴榷货务换请东南盐钞。贴输见缗四分者在旧三分之上,五分者在四分之上。且带行旧钞,输四分者带五分,输五分者带六分;若不愿贴输钱者,依旧钞价减二分。”先是,患豪商擅利源轻重之柄,率减钞直,使并边籴价增高,乃裁限之。崇宁四年,以钞价虽裁,其入中州郡,复增籴价,客持钞算请,坐牟大利。乃诏陕西旧钞易东南末盐,每百缗用见钱三分,旧钞七分。后又诏减落钞价逾五千者,论以法。

及大观四年,张商英为相,议复通行解盐如旧法,而东北盐毋得与解盐地相乱。继而有司议解池而复,依旧法印钞请。商旅已买东北盐,随处官司期三日尽籍,输官偿其价,隐匿者如私盐法。解盐未到,官籴所得东北盐,解盐到即止。已请钞已支者悉毁,已支未请者听别议。在京仍通行,其经由州县郑州、中牟、开封府祥符、阳武县境内,亦许通放。而王仲千所请通入京西北路陈颍蔡州、信阳军,权止之。商旅已算请东北盐,元指定东京,未至者,止令所至州军批引;其已入京未货者,都盐院全袋拘买籴之,许坐贾请买碎卖。

政和元年,诏陕西钞依钞面实价,辄增减者,以违制论。未几,复以陕西通行盐钞,旧虽约以铜钱六千为钞面,然钞贵则入粟增多,钞平则入谷减少。若限以六千,陕西唯行铁钱,是盐钞一席得六千铁钱斛斗矣,深损公家,其随时增减听之。二年,蔡京复用事,法仍变改,钞不可用者悉同败楮。六年,两池漫生盐,募人倍力采取,且议加赏;继生红盐,百官皆贺,制置解盐使李百禄等第赏有差。七年,议复行解盐,时童贯宣抚关、河,实主之。诏解盐地见行东北盐,复尽收入官,官给其直,在京于平货、在外于市易务桩管,如解盐法籴之;不自陈,如私盐法。重和元年,诏复行解盐旧法。逾年,榷货岁亏数百万贯,又钞价减落,籴买不行,三省趣讲画以闻,贯遂请罢领解盐。俄而三省条奏:旧东北盐地客贩解盐,立限尽籴,限竟籴未尽者,运往解盐地,逾者论如私盐法。京畿、京西复置官提举。初,崇宁中,以盐各利一方,故解盐止行本路,东南籴海利博,行于数路。既复行解盐,商旅苦于折阅,即改如旧,虑商旅疑惑,遂诏谕诸路,钞法更不改易,扇摇者论如法,仍倍之。

靖康元年,解盐钞入纳算请,并参照熙宁、元丰以前旧法,又增改解盐及东北盐地,即商旅不愿盐,则用钞面请钱如旧法。继定每席钞为八贯省,尽收入钞面,其入纳粮草者,许直赴池请盐,省复入京批钞之扰。

煮海为盐,曰京东、河北、两浙、淮南、福建、广南,凡六路。其鬻盐之地曰亭场,民曰亭户,或谓之灶户。户有盐丁,岁课入官,受钱或折租赋,皆无常数,两浙又役军士定课鬻焉。诸路盐场废置,皆其利之厚薄,价之赢缩,亦未尝有一定之制。末盐之直,斤自四十七至八钱,有二十一等。至道三年,鬻钱总一百六十三万三千余贯。

其在京东曰密州涛洛场,一岁煮三万二千余石,以给本州及沂、潍州,唯登、莱州则通商,后增登州四场。旧南京及曹、濮、济、兖、单、郓、广济七州军食池盐,余皆食二州盐,官自煮之。庆历元年冬,以淄、潍、青、齐、沂、密、徐、淮阳八州军仍岁凶荒,乃诏弛禁,听人贸易,官收其算,而罢密、登岁课,第令户输租钱。其后兖、郓皆以壤地相接,罢食池盐,得通海盐,收算如淄、潍等州。自是诸州官不贮盐,而百姓蚕盐岁皆罢给,然使输钱如故。至和中,始诏百姓输钱以十分为率,听减三分。

元丰三年,京东转运副使李察言:"南京、济、濮、曹、单行解盐;余十有二州行海盐,请用今税法置买卖盐场。"其法,尽灶户所鬻盐而官自卖,重禁私为市者,岁收钱二十七万三千余缗,而息几半之。吴居厚为转运判官,承察后治盐法,利入益多。六年,较本路及河北买卖盐场,自改法抵今一年有半,得息钱三十六万缗。察、居厚皆进官,加赐居厚三品服。诏运卖盐钱储之北京,令河北都转运使蹇周辅、判官李南公受法于居厚,行之河北。

其在河北曰滨州场,一岁煮二万一千余石,以给本州及隶、祁州杂支,并京东之青、淄、齐州,若大名、真定府,贝、冀、相、卫、邢、洺、深、赵、沧、磁、德、博、滨、棣、祁、定、保、瀛、莫、雄、霸州,德河、通利、永静、乾宁、定远、保定、广信、永安、安肃军则通商。后滨州分四务,又增州三务,岁课九千一百四十五石,以给一路,而东京之淄、青、齐既通商,乃不复给。

自开宝以来,河北盐听人贸易,官收其算,岁额为钱十五万缗。上封者尝请禁榷双收遗利,余靖时为谏官,亟言:"前岁军兴,河北点义勇强壮及诸科率,数年之间,未得休息。臣尝痛燕蓟之地,陷入契丹几百年,而民忘南顾心者,大率契丹之法简易,盐曲俱贱,科役不烦故也。昔太祖推恩河朔,故许通商,今若榷之,价必腾踊,民苟怀怨,悔将何及。河朔土多盐卤,小民税地不生五谷,惟刮碱煎盐以纳二税,禁之必至逃亡。盐价若高,犯法亦众,边民怨望,非国之福,乞且仍旧通商。"其议遂寝。

庆历六年,三司使王拱辰复建议悉榷二州盐入官,以专其利。都转运使鱼周询以为不可,且言:"商人贩盐,与所过州县吏交通为弊,所算十无二三。请敕州县以十分算之,听商人至所鬻州军并输算钱,岁可得缗钱之十余万。"三司奏用其策,仁宗曰:"使人顿食贵盐,岂朕意哉?"于是三司更立榷法而未下,张方平见上问曰:"河北再榷盐何也?"上曰:"始议立法,非再榷。"方平曰:"周世宗榷河北盐,犯辄处死。世宗北伐,父老庶道泣诉,愿以盐课均之两税,而弛其禁,许之,今两税盐钱是也。岂非再榷乎?且今未榷,而契丹盗贩不已,若榷则盐贵,契丹之盐益售,是为我敛怨而使契丹获福也。契丹盐入益多,非用兵莫能禁,边隙一开,所得盐利能补用兵之费乎?"上大悟曰:"其语宰相立罢之。"方平曰:"法虽未下,民已户知之,当直以手诏罢之,不可自下出也。"上喜,命方平密撰手诏下之。河朔父老相率拜迎,于澶州为佛老会七日,以报上恩,且刻诏北京。后父老过其下,必稽首流涕。

久之,缗钱所入益耗,皇祐中,视旧额几士其半。陕州录事参军王伯瑜昨沧州盐山务,献议商人受盐沧、滨二州,以囊贮之,囊毋过三石三斗,斗为盐六斤,除三斗为耗勿算,余算其半。予券为验,州县验券纵之,听至所鬻州军并输算钱;即所贮过数,予及受者皆罚,商人私挟它盐,并没其赀。时知沧州田京,与伯瑜合议上闻,诏试行之,逾年,岁课增三万余缗,遂以为定制。熙宁八年,三司使章惇又请榷河北盐,召提举河北、京东盐税周革入议,将施行焉。文彦博论其不便,乃诏仍旧。

宋史卷一八二

志第一三五

食货下四

盐 中

元丰七年,知沧州赵瞻请自大名府、澶、恩、信、安、雄、霸、瀛、莫、冀等州尽榷卖以增其利,才半岁,获息钱十有六万七千缗。哲宗即位,监察御史王岩叟言:"河北二年以来新行盐法,所在价增一倍,既夺商贾之利,又增居民之价以为息,闻贫家至以盐比药。伏惟河朔天下根本,祖宗推此为惠,愿陛下不以损民为利,而以益民为利,复盐法如故,以为河北数百万生灵无穷之赐。"会河北转运使范子奇奏,盐税欲收以十分,遣范锷商度。岩叟复言:"臣在河北,亦知商贾有自请于官,乞罢榷买,愿输倍税。主计者但知于商贾倍得税缗以为利,不知商贾将于民间复增卖价以为害也。庆历六年,既不行三司榷买之法,又不从转运司增税之请,仁宗直谓朕虑河北军民骤食贵盐,可令依旧。是时计岁增几六十万缗,仁宗岂不知为公家之利?意谓藏之官不若藏之民。今陛下即位之始,宜法仁宗之意,不宜以小利失人心也。"明年,遂罢河北榷法,仍旧通商。六年,提举河北盐税司请令商贾贩盐,于场务输税,以及等户保任,给小引,量道里为限,即非官监镇店,听以便鬻之,盐税旧额五分者,增为七分。则盐税盖已行焉。

绍圣中,河北官复卖盐,继诏如京东法。元符三年,崇仪使林豫言:"河北榷盐,未必敷前日税额,且契丹盐益售,虑启边隙。"明年,给事中上官均亦以为言,皆不果行。宣和元年,京畿、四辅及滑州、河阳所产碱地,悉垦为田,革盗刮煎盐之弊,知河阳王序以劝诱推赏。三年,大改盐法,旧税盐并易为钞盐。凡未卖税盐钞引及已请算或到仓已投暨未投者,并赴榷货务改给新法钞引,许通贩;已请旧法税盐货卖者,自陈,更买新钞带卖,已请钞引,毋得带支。初,茶盐用换钞对带之法,民旅皆病,然河北犹未及也;至是,并河北、京东行之。

其在两浙曰杭州场,岁煮七万七千余石,明州昌国东、西两监二十万一千余石,秀州场二十万八千余石,温州天富南北盐、密鹦永嘉二场,七万四千余石,台州黄岩监一万五千余石,以给本州及越、处、衢、婺州。天圣中,杭、秀、温、台、明中监一,温州又领场三,而一路岁课视旧减六万八千石,以给本路及江东之歙州。

庆历初,制置司言:比年河流浅涸,漕运艰阻,靡费益甚,请量增江、淮、两浙、荆湖六路粜盐钱。下三司议,三司奏荆湖已尝增钱,余四路三十八州,请斤地二钱或四钱。诏俟河流通运复故。既而江州置转般仓,益置漕船及佣客舟以运,制置司因请六路五十一州军斤增五钱。民苦官盐估高,无以为食,诸路皆言其不便。久之,韩绛安抚江南还,亦极言之。其后两浙转运使沈立、李肃之奏:"本路盐课缗钱岁七十九万,嘉祐三年,才及五十三万,而一岁之内,私贩坐罪者三千九十九人,弊在于官盐估高,故私贩不止,而官课益亏。请裁官估,罢盐纲,令铺户衙前自趋山场取盐,如此则盐善而估平,人不肯冒禁私售,官课必溢。"发运司难之,立、肃之固请试用其法二三年,可见利害,诏可。

立尝论东盐利害,条亭户、仓场、漕运之弊,谓:"爱恤亭户使不至困穷,休息漕卒使有以为生,防制仓场使不为掊克率敛,绝私贩,减官估,果能行此五者,岁可增缗钱一二百万。"集《盐策》二十卷以进,其言亭户困乏尤甚。然自皇祐以来,屡下诏书辄及之,命给亭户官本,皆以实钱;其售额外盐者,给粟帛必良;亭户逋岁课久不能输者,悉蠲之。所以存恤之意甚厚,而有司罕申承顺焉。

熙宁以来,杭、秀、温、台、明五州共领监六、场十有四,然盐价苦高,私贩者众,转为盗贼,课额大失。二年,有万奇者献言欲扑两浙盐而与民,乃遣奇从发运使薛向询度利害。神宗以问王安石,对曰:"赵抃言衢州扑盐,所收课敌两浙路,抃但见衢、湖可扑,不知衢盐侵饶、信,湖盐侵广德、升州。故课可增,如苏、常则难比衢、湖。今宜制置煎盐亭户及差盐地人户督捕私贩,贩运以时,严察拌和,则盐法自举,毋事改制。"

五年,以卢秉权发遣两浙提点刑狱,仍专提举盐事。秉前与著作佐郎曾默行淮南、两浙,询究利害。异时灶户煮盐,与官为市,盐场不时偿其直,灶户益困。秉先请储发运司钱及杂钱百万缗以待偿,而诸场皆定分数:钱塘县杨村场上接睦、歙等州,与越州钱清场等,水势稍淡,以六分为额;杨村下接仁和之汤村为七分;盐官场为八分;并海而东为越州余姚县石堰场、明州慈溪县鸣鹤场皆九分;至岱山、昌国,又东南为温州双穗、南天富、北天富场为十分;盖其分数约得盐多寡而为之节。自岱山以及二天富炼以海水,所得为最多。由鸣鹤西南及汤桩则刮碱淋卤,十得六七。盐官、汤村用铁盘,故盐色青白;杨村及钱清场织竹为盘,涂以石灰,故色少黄;石堰以东近海水碱,故虽用竹盘,而盐色尤白。秉因定伏火盘数以绝私鬻,自三灶至十灶为一甲,而煮盐地什伍其民,以相几察;及募酒坊户愿占课额,取盐于官卖之,月以钱输官,毋得越所酤地;而又严捕盗贩者,罪不至配,虽杖者皆同妻子迁五百里。仍益开封府界、京东兵各五百人防捕。

时惟杭、越、湖三州格新法不行,发运司劾奏亏课,皆狱治。王安石为神宗言捕盐法急,可以止刑。久之,乃诏两浙提举盐事司,诸州亏课者未得遽劾,以增亏及违法轻重分三等以闻。七年,以卢秉盐课虽增,刑狱实繁,虑无辜即罪者众,徙其职淮南,以江东漕臣张靓代之,且体量其事。靓言秉在事,越州监催盐偿至有母杀子者,诏劾其罪,然竟免,仍以增课擢太常博士,升一资。岁余,三司言两浙漕司宽弛,盐息大亏,命著作佐郎翁仲通更议措置。元祐初,言者论秉推行浙西盐法,务诛利以增课,所配流者至一万二千余人,秉坐降职。两浙盐亭户计丁输盐,逋负滋广,二年,诏蠲之。后更积负无以偿,元符初,察访使以状闻,有司乃以朝旨不行,右正言邹浩尝极疏其害。

明州鸣鹤场盐课弗登,拨隶越州,宣和,元州楼异为明州,请仍旧,且于接近台州给旧盐五七万囊。诏曰:"明州盐场三,昨以施置不善,以鸣鹤一场隶越,客始辐凑。犹有二场积盐以百万计,未见功绪,此而不图,东欲取于越,西欲取于台,改令害法,动摇众情。"令状析以闻。

其在淮南曰楚州盐城监,岁煮四十一万七千余石,通州丰利监四十八万九千余石,泰州海陵监如皋仓小海场六十五万六千余石,各给本州及淮南之庐和舒蕲黄州、无为军,江南之江宁府、宣、洪、袁、吉、筠、江、池、太平、饶信、歙、抚州、广德临江军,两浙之常、润、湖、睦州,荆湖之江陵府、安、复、潭、鼎、鄂、岳、衡、永州、汉阳军。海州板浦、惠泽、洛要三场岁煮四十七万七千余石,涟水军海口场十一万五千余石,各给本州军及京东之徐州,淮南之光、泗、濠、寿州,两浙之杭、苏、湖、常、润州、江阴军。天圣中,通、楚州场各七,泰州场入,海州场二,涟水军场一,岁煮视旧减六十九万七千五百四十余石,以给本路及江南东西、荆湖南北四路,旧并给两浙路,天圣七年始罢。

凡盐之入,置仓以受之,通、楚州各一,泰州三,以受三州盐。又置转般仓二,一于真州,以受通、泰、楚五仓盐;一于涟水军,以受海州涟水盐。江南、荆湖岁漕米至淮南,受盐以归。东南盐利,视天下为最厚。盐之入官,淮南、福建、两浙之温台明斤为钱四,杭、秀为钱六,广南为钱五。其出,视去盐道里远近而上下其估,利有至十倍者。

咸平四年,秘书丞直史馆孙冕请:"令江南、荆湖通商卖盐,缘边折中粮草,在京入纳金银钱帛,则公私皆便,为利实多。设虑淮南、因江南、荆湖通商,或至年额稍亏,则国家折中粮草,足赡边兵,中纳金银,实之官库,且免和雇车乘,差扰民户,冒寒涉远。借如荆湖运钱万贯,淮南运米千石,以地里脚力送至穷边,则官费民劳,何啻数倍。”诏吏部侍郎陈恕等议。恕等谓:“江、湖官卖盐,盖近鬻海之地,欲息犯禁之人,今若通商,住卖官盐,立乏一年课额。”冕议遂寝。至天禧初,始募人入缗钱粟帛京师及淮、浙、江南、荆湖州军易盐。乾兴元年,入钱货京师总为缗钱一百十四万。会通、泰煮盐岁损,所在贮积无几,因罢入粟帛,第令入钱,久之,积盐复多。

明道二年,参知政事王随建言:“淮南盐初甚善。自通、泰、楚运真州,自真州运至江、浙、荆湖,纲吏舟卒,侵盗贩鬻,从而杂以沙土。涉道愈远,杂恶殆不可食,吏卒坐鞭笞,徒配相继而莫能止。比岁运河浅涸,漕挽不行,远州村民,顿乏盐食,而淮南所积一千五百万石,至无屋以贮,则露积苦覆,岁以损耗。又亭户输盐,应得本钱或无以给,故亭户贫困,往往起为盗贼,其害如此。愿权听通商三五年,使商人入钱京师,又置折博务于扬州,使输钱及粟帛,计直予盐。盐一石约售钱二千,则一千五百万石可得缗钱三千万以资国用,一利也;江、湖远近皆食白盐,二利也;岁罢漕运糜费,风水覆溺,舟人不陷刑辟,三利也;昔时漕盐舟可移以漕米,四利也;商人入钱,可取以偿亭户,五利也。”

时范仲淹安抚江、淮,亦以疏通盐利为言,即诏知制诰丁度等与三司使、江淮制置使同议。皆谓听通商恐私贩肆行,侵蠹县官,请敕制置司益漕船运至诸路,使皆有二三年之蓄;复天禧元年制,听商人入钱粟京师及淮、浙、江南、荆湖州军易盐;在通、楚、泰、海、真、扬、涟水、高邮贸易者毋得出城,余州听诣县镇,毋至乡村;其入钱京师者增盐予之,并敕转运司经画本钱以偿亭户。诏皆施行。景祐二年,诸路博易无利,遂罢,而入钱京师如故。

康定元年,诏商人入刍粟陕西并边,愿受东南盐者加数与之。会河北谷贱,三司因请内地诸州行三说法,亦以盐代京师所给缗钱,籴二十万石止。庆历二年,又诏:"入中陕东、河东者持券至京师,偿以钱及金帛各半之,不愿受金帛者予茶盐、香药,惟其所欲。"而东南盐利厚,商旅皆耗得盐。八年,河北行四说法,盐居其一,而并边刍粟,皆有虚估,腾踊至数倍。券至京师,反为蓄贾所抑,盐百八斤旧售钱十万,至是六万,商人以贱估售券取盐,不复入钱京师,帑藏益乏。皇佑二年,复入钱京师法,视旧钱数稍增予盐,而并边入中先得券受盐者,江东、陕西入刍粟直钱十万,止给盐直七万,河北又损为六万五千,且令入钱十万于京师,乃听兼给,谓之对贴,自是入钱京师稍复故。

初,天圣九年,三司请榷货务入钱售东南盐,以百八十万三千缗为额,复增至四百万缗。嘉祐中,诸路漕运不足,榷货务课益不登,于是即发运司置官专领运盐公事。治平中,京师入缗钱二百二十七万,而淮南、两浙、福建、江南、荆湖、广南六路岁售缗钱,皇佑中二百七十三万,治平中三百二十九万。

江、湖运盐既杂恶,官估复高,故百姓利食私盐,而并海民以鱼盐为业,用工省而得利厚。由是不逞无赖盗贩者众,捕之急则起为盗贼,江、淮间虽衣冠士人,狃于厚利,或以贩盐为事。江西则虔州地连广南,而福建之汀州亦与虔接,虔盐弗善,汀故不产盐,二州民多盗贩广南盐以射利。每岁秋冬,田事才毕,恒数十百为群,持甲兵旗鼓,往来虔、汀、漳、潮、循、梅、惠、广八州之地。所至劫人谷帛,掠人妇女,与巡捕吏卒斗格,至杀伤吏卒,则起为盗,依阻险要,捕不能得,或赦其罪招之。岁月浸淫滋多,而虔州官粜盐,岁才及百万斤。

庆历中,广东转运使李敷、王繇请运广州盐于南雄州,以给虔、吉,未报,即运四百余万斤于南雄,而江西转运同不以为便,不往取。后三司户部判官周湛等八人复请运广盐入虔州,江西亦请自具本钱取之。诏尚书屯田员外郎施元长等会议,皆请如湛等议,而发运使许元以为不可,遂止。

嘉祐以来，或请商贩广南盐入虔、汀，所过州县收算；或请放虔、汀、漳、循、梅、潮、惠七州盐通商；或谓第岁运淮南盐七百万斤至虔，二百万斤至汀，民间足盐，寇盗自息；或请官自置铺役兵卒，运广南、福建盐至虔、汀州，论者不一。先尝遣职方员外郎黄炳乘传会所属监司及知州、通判议，谓虔州食淮南盐已久，不可改，第损近岁所增官估，斤为钱四十，以十县五等户夏秋税率百钱令籴盐二斤，随夏税入钱偿官。继命提点铸钱沈扶覆视可否，扶等请选江西漕船转为十纲，以三班使臣部之，直取通、泰、楚都仓盐。诏用炳等策，然岁才增粜六十余万斤。

江西提点刑狱蔡挺制置盐事，乃令民首纳私藏兵械给巡捕吏卒，而贩黄鱼笼挟盐不及二十斤、徒不及五人、不以甲兵自随者，止输算勿捕。淮南既团新纲漕盐，挺增为十二纲，纲二十五艘，镵枚至州乃发。输官有余，以畀漕舟吏卒，官复以半贾取之，由是减侵盗之弊，盐遂差善。又损粜价，岁课视旧增至三百余万斤，乃罢炳等议所率籴盐钱。异时，汀州人欲贩盐，辄先伐鼓山谷中，召愿从者与期日，率常得数十百人已上，与俱行。至是，州县督责耆保，有伐鼓者辄捕送，盗贩者稍稍畏缩。朝廷以挺为能，留之江西，积数年乃徙。久之，江西盐皆团纲运致如虔州焉。

初，荆湖亦病盐恶，且岁漕常不足，治平二年，才及二十五万余石。三年，拨淮西二十四纲及佣客舟载盐以往，是岁运及四十万石。四年，至五十三万余石。

庆历初，判户部勾院王琪言："天禧初，尝以荆湖盐估高，诏斤减三钱或二钱，自后利入浸损。请复旧估，可岁增缗钱四万。"许之。治平中，淮南转运使李复圭、张刍、苏颂，三司度支判官韩缜，相继请减淮南盐价，然卒不果行。

熙宁初，江西盐课不登，三年，提点刑狱张颉言："虔州官盐卤湿杂恶，轻不及斤，而价至四十七钱。岭南盗贩入虔，以斤半当一斤；纯白不杂，卖钱二十，以故虔人尽食岭南盐。乃议稍减虔盐价，更择壮舟，团为十纲，以使臣部押。后蔡挺以赣江道险，议令盐船三岁一易，仍以盐纯杂增亏为纲官、舟人殿最，盐课遂敷，盗贩衰止。自挺去，法十废五六，请复之便。"诏从之。仍定岁运淮盐十二纲至虔州。及章惇察访湖南，符本路提点刑狱朱初平措置般运广盐，添额出卖，然未及行。元丰三年，惇既参政，有郏亶者，邪险锐进，素为惇所喜，迎合惇意，推仿湖南之法，乞运广盐于江西。即遣蹇周辅往江西相度。周辅承望惇意，奏言："虔州运路险远，淮盐至者不能多，人苦淡食，广东盐不得辄通，盗贩公行。淮盐官以九钱致一斤，若运广盐，尽会其费，减淮盐一钱，而其盐更善，运路无阻。请罢运淮盐，通般广盐一千万斤于江西虔州、南安军，复均淮盐六百一十六万斤于赣、吉、筠、袁、抚、临江、建昌、兴国军，以补旧额。"诏周辅立法以闻。周辅具盐法并总目条上，大率峻剥于民，民被其害。旧，江西盐场许民买扑，周辅悉籍于官卖之。遂以周辅遥领提举江西、广东盐事，即司农寺置局。

四年，周辅改漕河北。明年，提举常平刘谊言道途汹汹，以卖盐为患。诏江东提点刑狱范峋体量，未报，谊坐言役法等事罢。及峋奏至，但以州县违法塞诏，竟无更张。未几，周辅奏："虔州、南安军推行盐法方半年，已收息十四万缗。"自以为功。诏命发运副使李琮体访利害，琮知周辅方被奖用，止谓盐法宜变通而已，不敢斥言其害。六年，周辅为户部侍郎，复奏湖南郴、道州邻接韶、连，可以通运广盐数百万，却均旧卖淮盐于潭、衡、永、全、邵等州，并准江西、广东见法，仍举郏亶初议，郴、全、道三州亦卖广盐。诏委提举常平张士澄、转运判官陈偲措置。明年，士澄等具条约来上，诏施行之，额利增加，一方骚然。于时淮西亦推行周辅盐法，发运使蒋之奇奏立知州、通判、盐事官赏罚，下户部著为令。

绍圣三年，发运司言淮南亭户贫瘠，官赋本钱六十四万缗，皆倚办诸路，以故不时至，民无所得钱，必举倍称之息。欲以籴本钱十万缗给之，不足，畀以凭由，即欲质于官，与平之七，而蠲其息，盐本集，复给其三分，凭由毁弃。

崇宁七年，蔡京议更盐法，乃言东南盐本或阙，滞于客贩，请增给度牒及给封桩坊场钱通三十万缗。并列七条：一、许客用私船运致，仍严立辄逾疆至夹带私盐之禁；二、盐场官吏概量不平或支盐失伦次者，论以徒；三、盐商所由官司、场务、堰闸、津渡等辄加苛留者，如上法；四、禁命吏、荫家、贡士、胥史为贾区请盐；五、议贷亭户；六、盐价太低者议增之；七、令措置官博尽利害以闻。明年，诏盐舟力胜钱勿输，用绝阻遏，且许舟行越次取疾，官纲等舟辄拦阻者坐之。遂变钞法，置买钞所于榷货务。凡以钞至者，并以末盐、乳香、茶钞并东北一分及官告、度牒、杂物等换给。末盐钞换易五分，余以杂物，而旧钞止许易末盐、官告。仍以十分率之，止听算三分，其七分兼新钞。定民间买钞之价，以抑豪强，以平边籴。在河北买者，率百缗毋得下五千，东南末盐钞毋得下十千，陕西盐钞毋得下五千五百，私减者坐徒徙之罪，官吏留难、文钞展限等条皆备。

四年，又以算请盐价轻重不等，载定六路盐价，旧价二十钱以上皆递增以十钱，四十五者如旧；算请东南末盐，愿折以金银、物帛者听其便。而亭户贷钱，旧输息二分者蠲之。五年，诏算请不贴纳见钱，以十分率之，毋过二分。大观元年，乃令算请东南末盐贴输及带旧钞如见条外，更许带日前贴输三分钱钞，输四分者带二分，五分者带三分。后又贴输四分者带三分，五分者带四分，而东南盐并收见缗换请新钞者，如四分五分法贴输。其换请新钞及见钱算东南末盐，如不带六等旧钞者，听先给；如止带五等旧钞，其给盐之叙，在崇宁四年十月前所带不贴输旧钞之上。六等者，谓贴三、贴四、贴五、当十钞，并河北公据、免贴纳钱是也。

时钞法纷易，公私交弊。四年，侍御史毛注言："崇宁以来，盐法顿易元丰旧制，不许诸路以官船回载为转运司之利，许人任便用钞请盐，般载于所指州县贩易，而出卖州县用为课额。提举盐事司苛责郡县，以卖盐多寡为官吏殿最，一有循职养民不忍侵克，则指为沮法，必重奏劾谴黜，州县孰不望风畏威，竞为刻虐？由是东南诸州每县三等以上户，俱以物产高下，勒认盐数之多寡。上户岁限有至千缗，第三等末记不下三五十贯，籍为定数，使依数贩易，以足岁额;稍或愆期,鞭挞随之。一县岁额有三五万缗,今用为常额,实为害之大者。"

又言:

朝廷自昔谨三路之备,粮储丰溢,其术非他,惟钞法流通,上下交信。东南末盐钱为河北之备,东北盐为河东之备,解池盐为陕西之备,其钱并积于京师,随所积多寡给钞于三路。如河北粮草钞至京,并支见钱,号飞钱法;河东三路至京,半支见钱,半支银、绸、绢;陕西解盐钞则支请解盐,或有泛给钞,亦以京师钱支给。惟钱积于京师,钞行于三路,至则给钱,不复滞留。当时商旅皆悦,争运粮草,入于边郡。商贾既通,物价亦平,官司上下,无有二价,斗米止百余钱,束草不过三十,边境仓廪,所在盈满。

自崇宁来钞法屡更,人不敢信,京师无见钱之积,而给钞数倍于昔年。钞至京师,无钱可给,遂至钞直十不得一,边郡无人入中,籴买不敷,用以银绢、见钱品搭文钞,为籴买之直。民间中籴,不复会算钞直,惟计银绢、见钱,须至高抬粮草之价,以就虚数。致使官价几倍于民间,斗米有至四百,束草不下百三十余钱,军储不得不阙,财用不得不匮。如解盐钞每纸六千,今可直三千,商旅凡入东南末盐钞,乃以见钱四分,盐引六分,榷货务惟和七十千之人,而东南支盐,官直百千,则盐本已暗有所损矣。

臣谓钞法不循复熙、丰,则物价无由可平,边储无由可积,方今大计,无急于此。薛向昔讲究于嘉佑中,行之未几,谷价遽损,边备有余,逮及熙、丰,其法始备。比年榷货务不顾钞法屡变,有误边计,惟冀贴纳见钱,专买东南盐钞,图增钱数,以侥冒劳赏。前钞方行,而后钞又复易,特令先次支盐,则前钞遂为废纸,罔人攘利,商旅怨嗟。臣愿明诏执政大臣,精择能吏,推明钞法,无以见行为有妨,无以既往为不可复,如薛向之法已效于昔者,可举而行之。

今之练政事、通钞法,不患无人;在京三库之积,皆四方郡县所入,不患无备。如以三四百万缗桩留京师,随数以给钞引,使钞至给钱,不复邀阻,上下交信,则人以钞引为轻赍,转相贸易。或支请多,惟转廊就给东南末盐钞或度牒之类,如东南末盐钞或度牒敕牒唯许以钞引就给外,余并令在京亦以见钱入易,桩留以为钞引之资,京计之得者。若旧出文钞,亦当体究立法,量为分数,支盐偿之。自昔立法之难,非特造始,修复既废,亦为非易。欲兴经久之利,则目前微害,宜亦可略,惟详酌可否施行之。

未几,张商英为相,乃议变通损益,复熙、丰之旧,令内府钱别桩一千五百万缗,余悉移用,以革钱、钞、物三等偏重之弊。陕西给钞五百万缗,江、淮发运司给见钱文据或截兑上供钱三百万缗。以左司员外郎张察措置东南盐事,提举江西常平张根管干运淮盐于江西,罢提举盐香,诸路盐事各归提刑司。议定五等旧钞,商旅已换请新钞及见钱钞不对带,听先给东南末盐诸路货易。仍下淮、浙盐场,以盐十分率之,桩留五分,以待支发官纲,备三路商旅转廊算请,余五分以待算请新钞及见钱钞与不带旧钞当先给者。于是推行旧法,以商旅五色旧钞,若用换请新钞对带,方许支盐,虑伺候岁月,欲给无由,乃立增纳之法。贴三钞许于榷货务更贴见缗七分,贴四钞更贴六分,贴五、当十钞贴七分,河北见钱文据贴五分算请。

有司议,三路钞法如熙、丰旧法,全仰东南末盐为本,若许将旧钞贴纳算请,正与推行三路熙、丰钞法相戾;即不令贴纳算还,又钞无所归。议将河北见钱文据减增纳二分,余各减二分,以告敕、度牒、香药、杂物、东南盐算请给偿。帝诏:“东南六元丰年额卖盐钱,以缗计之,诸路各不下数十万。自行钞盐,漕计窘匮,以江西言之,和、籴买欠民价不少,何以副仁民爱物之意?”令东南诸路转运司协力措置般运。

政和元年,诏商旅愿依熙、丰法转廊者,许先次用三新钞算请,往他所定价给卖。优存两浙亭户额外中盐,斤增价三分。已而张察均定盐价，视绍圣斤增二钱，诏从其说，仍斤增一钱。议者谓："异时盐商于榷货务入纳转廊，惟视东南诸郡积盐多寡，盐多则请钞者众，所入亦倍，其阙盐地，客不肯住。在元丰时远地须豫备二年或三年，次远一年至二年，最近亦半年及一年，谓之准备盐，而后钞法乃通。绍圣间遵用旧制，广有准备，故均价之后，课利增倍。谓宜严责转运司般运准备盐外，更及元丰准备之数，则钞法始通，课利且羡。亭户煎盐，官为买纳，比旧既增矣，止用元丰旧价自可，况用新价，而有本钱，复加借贷，何虑不增？若斤更增一钱，虚费亦大。"诏施行之。六路通置提举盐事官，置司于扬州，未几罢。

议者复谓："客人在京榷货务买东南末盐者，其法有二：一曰见钱入纳，二曰钞面转廊。今既许三路文钞得以转廊，若更循旧制，许以见钱入纳，则额旅之钱，当入于榷货，而不入于兼并，见钱留于京师，客旅走于东南。"诏采用焉。又有谓："旧法听以物货及官钞引抵当，所以扶持钞价，不大减损，昨禁之非是。其旧转廊盐钞，其旧转廊盐钞，贩致东南，转运司乃专以见钱为务，致多壅阏。"于是复钞引抵当，一如其旧。末盐以十分率之，限以八分给末钞，二分许鬻见缗，后又增见缗为三分。

二年，江宁府、广德军、太平州斤更增钱二，宣、歙、饶、信州斤增钱三，池、江州、南康军斤增钱四，各以去产盐地远近为差。是岁，蔡京复用事，大变盐法。五月，罢官般卖，令商旅赴场请贩，已般盐并封桩。商旅赴榷货务算请，先至者增支盐以示劝。前转廊已算钞未支者，率百缗别输见缗三分，乃用新钞带给旧钞三分；已算支者，所在抄数别输带卖如上法。其算请悉用见缗，而给盐伦次，以全用见缗不带旧盐者为上，带旧盐者次之，带旧钞者又次之。三路籴买文钞，算给七分东南末盐者，听对见缗支算二分，东南盐亦如之。自余文钞，毋得一例对算。复置诸路提举官。于是诏书褒美京功，然商旅终以法令不信为疑，算请者少，乃申扇摇之令，增赏钱五百缗。

三年，以商人承前先即诸州投勾，乃请盐于场，留滞，罢之。若请盐大带斤重者，官为秤验，乃输钱给钞。时法既屡变，蔡京更欲巧笼商贾之利,乃议措置十六条,裁定买官盐价,囊以三百斤,价以十千,其鬻者听增损随时,旧加饶脚耗并罢。客盐旧止船贮,改依东北盐用囊,官制鬻之,书印及私造贴补,并如茶笼篰法,仍禁再用。受盐、支盐官司,析而二之,受于场者管秤盘囊封,纳于仓者管察视引据、合同号簿。囊二十,则以一拆验合同递牒给商人外,东南末盐诸场,仍给钞引号簿,有欲改指别场者,并批销号簿及钞引,仍用合同递牒报所指处给随盐引,即已支盐,关所指处籍记。中路改指者仿此。其引缴纳,限以一年,有故展毋得逾半年,限竟,盐未全售者毁引,以见盐籍于官,止听鬻其处,毋得翻改。大抵者视茶法而多为节目,欺夺民利,故以免究盗贩、私煎、大带斤重为名,而专用对带之法。客负钞请盐,往往阨不即界,必对元数再买新钞,方听带给旧钞之半。虑令之不行也,严避免之禁,申沮坏之制,重扇摇之法,季辄比较,务峻督责以取办。

四年,以远地商贩者稀,盐仓以地远近为叙,先给远者。继令大搭带正盐,期一月不买新钞,没官,而剩盐即没纳。五年,伪造引者并依川钱引定罪。六年,以产盐州军大商弗肯止留,其用小袋住卖者听输钱二十给钞,毋得辄出州界。

宣和二年,诏六路封桩旧盐数逾亿万,其听商旅般贩,与淮、浙仓盐盐仓即今盐钞对算。四年,榷货务建议:“古有斗米斤盐之说,熙、丰以前,米石不过六七百,时盐价斤为钱六七十,今米价石两千五百至三千,而盐仍旧六十。崇宁曾定盐价,买钞折算,酌以中价,斤为钱四十,今一斤三十七钱,亏公稍多。欲囊增为十三千入纳,而亭户所输并增价,庶克自赡,盗贩衰止。”于是旧盐尽禁住卖,而籍记、贴输、带卖之令复用焉。

初,盐钞法之行,积盐于解池,积钱于京师榷货务,积钞于陕西沿边诸郡,商贾以物斛至边入中,请钞以归。物斛至边有数倍之息,惟患无回货,故极利于得钞,径请盐于解池,而解盐通行地甚宽;或请钱于京师,每钞六千二百,登时给与,但输头子等钱数十而已。以此所由州县,贸易者甚众。崇宁间,蔡京始变法,俾商人先输钱请钞，赴产盐郡授盐，欲囊括四方之钱，尽入中都，以进羡要宠，钞法遂废，商贾不通，边储失备；东南盐禁加密，犯法被罪者多，民间食盐，杂以灰土，解池天产美利，乃与粪壤俱积矣。大概常使见行之法售给才通，辄复变易，名对带法，季年又变封带为循环。循环者，已卖钞，未授盐，复更钞；已更钞，盐未给，复贴输钱，凡三输钱，始获一直之货。民无赀更钞，已输钱悉乾没，数十万券一夕废弃，朝为豪商，夕俦流丐，有赴水投缳而死者。

时有魏伯刍者，本省大胥，蔡京委信之，专主榷货务。政和六年，盐课通及四千万缗，官吏皆进秩。七年，又以课羡第赏。伯刍年除岁迁，积官通议大夫、徽猷阁待制，既而党附王黼，京恶而黜之。伯刍非有心计，但与交引户关通，凡商旅算请，率克留十分之四以充入纳之数，务入纳数多，以眛人主而张虚最。初，政和再更盐法，伯刍方为蔡京所倚信，建言：“朝廷所以开阖利柄，驰走商贾，不烦号令，亿万之钱辐凑而至，御府须索，百司支费，岁用之外沛然有余，则榷盐之入可谓厚矣。顷年，盐法未有一定之制，随时变革以便公私，防闲未定，奸弊百出。自政和立法之后，顿绝弊源，公私兼利。异时一日所收不过二万缗，则已诧其太多，今日之纳乃常及四五万贯。以岁计之，有一郡而客钞钱及五十余万贯者，处州是也；有一州仓而客人请盐及四十万袋者，泰州是也。新法于今才二年，而所收已及四千万贯，虽传记所载贯朽钱流者，实未足为今日道也。伏乞以通收四千万贯之数，宣付史馆，以示富国裕民之政。”小人得时聘志，无所顾忌，遂至于此。

于时御府用度日广，课入欲丰，再申岁较季比之令，在职而暂取告，其月日皆毋得计折，害法者不以官荫并处极坐，微至于盐袋鬻盐，莫不有禁，州县惟务岁增课以避罪法，上下程督加厉。七年，乃诏：“昨改盐法，立赏至重，抑配者多，计口敷及婴孩，广数下逮驼畜，使良民受弊，比屋愁叹。悉从初令，以利百姓。三省其申严近制，改奉新钞。”然有司不能承守，故比较已罢而复用，抄札既免而复行，盐囊既增而复止，一囊之价裁为十一千，既又复为十三千，民力因以扰匮,而盗贼滋焉。

靖康元年,诏未降新钞前已给见钱公据文钞,并给还商贾,以示大信。时盐尽给新钞,亦用带卖旧盐立限之法。言者论:"王黼当国,循用蔡京弊法,改行新钞,旧盐贴钱对带,方许出卖,初限两月,再限一月。是时黼方用事,专务害民,剥下益上,改易钞法,甚于盗贼。然令不改覆车之辙,又促限止半月,反不及王黼之时,商贾岂得不怨?"诏申限焉。

南渡,淮、浙亭户,官给本钱。诸州置仓,令商人买钞,五十斤为石,六石为袋,输钞钱十八千。绍兴元年,诏临安府、秀州亭户二税,依皇祐法输盐,立监官不察亭户私煎及巡捕漏泄之法。二年九月,诏淮、浙盐令商人袋贴输通货钱三千,已算请而未售者亦如之,十日不自陈,如私盐律。时吕颐浩用提辖张纯议,峻更盐法。十有一月,诏淮、浙盐以十分为率,四分支今降旨符以后文钞,四分支建炎渡江以后文钞。先是吕颐浩以对带法不可用,令商人贴输钱,至是复以分数如对带法,于是始加严酷矣。三年,减民间蚕盐钱。四年正月,诏淮、浙盐钞钱每袋增贴输钱三贯,并计纲输行在,寻命广盐亦如之。九月,以入输迟细,减所添钱。然自建炎三年改钞法,及今所改,凡五变,而建为旧钞支尚未绝,乃命以先后并支焉。

孝宗乾道六年,户部侍郎叶衡奏:"今日财赋,鬻海之利居其半,年来课入不增,商贾不行,皆私贩害之也。且以淮东、二浙盐出入之数言之,淮东盐灶四百一十二所,岁额盐二百六十八万三千余石,去年两务场卖淮盐六十七万二千三百余袋,收钱二千一百九十六万三千余贯;二浙课额一百九十七万余石,去年两务场卖浙盐二十万二千余袋,收钱五百一万二千余贯,而盐灶乃计二千四百余所。以盐额论之,淮东之数多于二浙五之一,以去岁卖盐钱数论之,淮东多于二浙三之二,及以灶之多寡论之,两浙反多淮东四之三,盖二浙无非私贩故也。欲望遣官分路措置。"

淳熙八年,诏住卖带卖积盐,以朝廷徒有带卖之名,总所未免有借拨之弊故也。十年，先是湖北盐商吴传言："国家鬻海之利，以三分为率，淮东居其二。通、泰、楚隶买盐场十六，催煎场十二。四百十二。绍兴初，灶煎盐多止十一筹，筹为盐一百斤；淳熙初，亭户得尝试卤水之法，灶煎至二十五筹至三十筹，增旧额之半。缘此，盐场买亭户盐，筹增称盐地十斤至三十斤为浮盐。日买盐一万余筹，其浮盐止以二十斤为则，有二十万斤，为二千筹，筹为钱一贯八百三十文，内除船脚钱二百文，有一贯六百三十文。其盐并再中入官，为钞钱四百五十一万七千五百余缗。又纲取盐一袋并诸窠名等，及卖又多称斤两，亭户饥寒，不免私卖。若朝廷严究，还其本钱，而后可以尽革私卖之弊。"至是，诏还通、泰等州诸盐场欠亭户盐本钱一百一十万贯。

宁宗庆元初，诏罢循环盐钞，改增剩钞名为正支文钞给算，与已投仓者通理先后支散。以淮东提举陈损之言循环钞多弊，故有是命，于是富商巨贾有顿为贫民者矣。开禧二年，诏自今新钞一袋，搭支旧钞一袋，如新钞多于旧钞，或愿全以新钞支盐，及无旧钞而愿愉买新钞者听，以新钞理资次。嘉定二年，诏淮东贴输盐钱免二分交子，止用钱会中半。三年诏："停塌钞引之家，增长旧钞价直，袋卖官会百贯以上。自今令到日，盐钞官钱袋增收会子二十贯，三务场朱印于钞面，作"某年某月新钞"，俟通卖及一百万袋，即免增收。其日前已未支盐并为旧钞，期以一年持赴仓场支盐，袋贴输官会一十贯，出限更不行用。"此淮、浙盐之大略也。

唐乾元初，第五琦为盐铁使，变盐法，刘晏代之，当时举天下盐利，岁才四十万缗。至大历，增至六在余万缗，天下之赋，盐利居半。元佑间，淮盐与解池等岁四百万缗，比唐举天下之赋已三分之二。绍兴末年以来，泰州海陵一监，支盐三十余万席，为钱六七百万缗，则是一州之数，过唐举天下之数矣。

宝庆二年，监察御史赵至道言："夫产盐固藉于盐户，鬻盐实赖于盐商，故盐户所当存恤，盐商所当优润。庆元之初，岁为钱九百九十万八千有奇，宝庆元年，止七百四十九万九千有奇，乃知盐课之亏,实盐商之无所赢利。为今之计,莫若宽商旅,减征税,庶几庆元盐课之盛,复见于今日矣。"从之。绍定元年,以侍御史李知孝言,罢上虞、余姚海涂地创立盐灶。端平二年,都省言:"淮、浙岁额盐九十七万四千余袋,近二三年积亏一百余万袋,民食贵盐,公私具病。"有旨,三路提举茶盐司各置主管文字一员,专以兴复盐额、收买散盐为务,岁终尚书省课其殿最。淳佑元年,臣僚奏:"南渡立国,专仰盐钞,绍兴、淳熙,率享其利。嘉定以来,二三十年之间,钞法或行或罢,而浮盐之说牢不可破,其害有不可胜言者。望付有司集议,孰为可罢,天地之藏与官民共之,岂不甚盛?"从之。五年,申严私贩苛征之禁。

宝祐元年,都省言:"行在榷货务都茶场上本务场淳佑十二年收趁到茶盐等钱一万一千八百一十五万六千八百三十三贯有奇,比今新额四千万贯增一倍以上,合视淳佑九年、十年、十一年例倍赏之,以励其后。"有旨依所上推赏。四年五月,以行在务场比新额增九千一百七十三万五千九百一十二贯有奇,本务场并三省、户部、太府寺、交引库,凡通管三务场职事之人,视例推赏,后以为常。十有二月,殿中侍御史朱熠言:"近者课额顿亏,日甚一日,姑以真州分司言之,见亏二各余万,皆由台阃及诸军帅兴贩规利之由。"于是复申严私贩之禁。五年,朱熠复言:"盐之为利博矣。以蜀、广、浙数路言之,皆不及淮盐额之半。盖以斥卤弥望,可以供煎烹,芦苇阜繁,可以备燔燎。故环海之湄,有亭户,有锅户,有正盐,有浮盐。正盐出于亭户,归之公上者也;浮盐出于锅户,鬻之商贩者也,正盐居其四,浮盐居其一。端平之初,朝廷不欲使浮盐之利散而归之于下,于是分置十局,以收买浮盐,以岁额计之,二千七百九十三万斤。十数年来,钞法屡更,公私俱困,真、扬、通、泰四州六十五万袋之正盐,视昔犹不及额,尚何暇为浮盐计邪?是以贪墨无耻之士大夫,知朝廷住买浮盐,龙断而笼其利;累累灶户,列处沙洲,日藉铢两之盐,以延旦夕之命,今商贾既不得私贩,朝廷又不与收买,则是绝其衣食之源矣。为今之计,莫若遵端平之旧式,收锅户之浮盐。所给盐本,当过于正盐之价,则人皆与官为市,欲以此盐售于上江,所得盐息,径输朝廷,一则可以绝戎阃争利之风,二则可以续锅户烹煎之利。"有旨从之。

宋史卷一八三
志第一三六

食货下五

盐下　茶上

　　其在福建曰福州长清场，岁鬻十万三百石，以给本路。天圣以来，福漳泉州、兴化军皆鬻盐，岁视旧额增四万八千九百八石。

　　熙宁十年，有廖恩者起为盗，聚党掠州郡。恩既平，御史中丞邓润甫言："闽越山林险阻，连亘数千里，无赖奸民比他路为多，大抵盗贩盐耳。恩平，遂不为备，安知无蹑恩之迹而起者？"乃诏福建路蹇周辅度利害，周辅言："建剑汀州、邵武军官卖盐价苦高，漳、泉、福州、兴化军鬻盐价贱，故盗多贩卖于盐贵之地。异时建州尝计民赋钱买盐，而民惮求有司，徒出钱或不得盐。今请罢去，颇减建、剑、汀、邵武盐价，募上户为铺户，官给券，定月所卖，从官场买之，如是则民易得盐，盗贩不能规厚利。又稍兴复旧仓，选吏增兵。立法，若盗贩、知情囊橐之者，不以赦原；三犯，杖、编管邻州；已编管复犯者，杖、配犯处本城。"皆行之，岁增卖二十三万余斤，而盐官数外售者不预焉。

　　元丰二年，提举盐事贾青请自诸州改法酌三年之中数立额。又请捕盗官获私盐多者，论赏不限常法。三年，青上所部卖盐官吏岁课，比旧额增羡。诏曰："周辅承命创法，青相继奉行，期年有成，课增盗止，东南赖之。"时周辅已擢三司副使，监司已次被赏者凡二十人。

　　哲宗即位，御史中丞黄履奏福建多以盐抑民，诏：“去岁先帝已立分遣御史、郎官察举监司之法，福建遣御史黄降，江西遣御史陈次升按之。”继又以命吏部郎中张汝贤并察举同辅所立盐法。降言：“福州缘王氏之旧，每产钱一当余州之十，其科纳以此为率，余随均定，盐额亦当五倍，而实减半焉。昨王子京奏立产盐法，失于详究，遂概以额增，多寡之间，辽远绝殊，远民久无以伸。”诏付汝贤。明年，按察司尽以所察事状闻，于是福建转运副使贾青、王子京皆坐掊克，谪监湖南盐酒税；刑部侍郎寋周辅坐议江西盐法，掊克诞谩，削职知和州；郑寔坐倡议运广盐江西，张士澄坐附会推行周辅之法，肆志抑扰，并黜官；闽清县尹徐寿独用盐法初行，能守官不挠，民以故不多受课，言于朝加赏焉。汝贤请定福建产卖盐额，诏从其请；凡抑民为盐户及愿退不为行者，以徒一年坐之，提举盐事官知而不举，论如其罪。

　　已而殿中侍御史吕陶奏：“朝廷以福建、江西、湖南等路盐法之弊，流毒生灵，遣使按视，谴黜聚敛之吏，以慰困穷之民，天下皆知公议之不可废也。然湖南、江西运卖广盐添额之害，京东、河北榷盐，皆章惇所倡，愿付有司根治有罪，使贼民罔上之臣，少知所畏。”监察御史孙升继言：“江西、湖南盐法之害，两路之民，残虐涂炭，甚于兵火，独提举官刘谊乃能上言极其利害，谊坐夺官勒停。”诏复谊官，起守韶州。

　　崇宁以后，蔡京用事，盐法屡变，独福建盐于政和初斤增钱七，用熙宁法听商人转廊算请，依六路所算末盐钱每百千留十之一，输请盐处为盐本钱。

　　建炎间，淮、浙之商不通，而闽、广之钞法行；未几，淮、浙之商既通，而闽、广之钞法遂罢。旧法，闽之上四州建、剑、汀、邵行官卖盐法，闽之下四州福、泉、漳、化行产盐法。随税输盐也。官卖之法既革，产盐之法亦弊，钞法一行，弊若可革，而民俗又有不便。故当时转运、提举司请上四州依上法，下四州且令从旧。及钞法既罢，岁令漕司认钞钱二十万缗输行在所榷货务,自后或减或增,卒为二十二万缗。

二十七年,常平提举张汝楫复申明钞法,上以问宰执。陈诚之奏曰:"建、剑山溪之险,细民冒法私贩,虽官卖盐犹不能革,若使民自卖,其能免私贩乎?私贩既多,钞额必亏。"上曰:"中间曾用钞法,未几复罢,若可行,祖宗已行之矣。大抵法贵从俗,不然不可经久。"淳熙五年,诏泰宁、尤溪两县计产买盐之令,更不施行。

八年,福建市舶陈岘言:"福建自元丰二年转运使王子京建运盐之法,不免有侵盗科扰之弊,且天下州县皆行钞法,独福建膺运盐之害。绍兴初,赵不已尝措置钞法,而终不可行者,盖漕司则藉盐纲为增盐钱,州县则藉盐纲以为岁计,官员则有卖盐食钱、縻费钱,胥吏则有发遣交纳常例,公私龃龉,无怪乎不可行也。钞法未成伦序,而纲运遽罢,百姓率无食盐,故漕运乘此以为不便,请抱引钱而罢钞法。钞法罢而纲运兴,官价高,私价贱,民多食私盐而官不售,科抑之弊生矣。"于是诏岘措置。岘请从榷货务自立五千斤至百斤,分为五等,造大小钞给买,仍预措置卖钞,先以本钱界三仓买盐,以备商旅请买。九年正月,以福建盐自来运卖,近为钞法敷扰害民,于是诏福建转运司,诸州盐纲依旧官般官卖。三月,诏转运傅自得、杨由义廉察官卖盐未便者,措置以闻。

淳熙十三年,四川安抚制置赵汝愚言:"汀州民贫,而官盐抑配视他州尤甚,乞以汀州为客钞。"事下提举应孟明及汀州守臣议,孟明等言:"上四州军有去产盐之地甚迩者,官不盐则私禁不严,民食私盐则客钞不售,既无翻钞之地则客卖销折,所以钞法屡行而屡罢。四川阔远,犹不可翻钞,汀州将何所往?故支虽良,不可行于汀州,惟裁减本州并诸县合输内钱,而严科盐之禁,庶几汀民有瘳矣。"复下转运赵彦操等措置裁减,以岁运二百万四千斤会之,总减三万九千三十八缗有奇,又免其分隶诸司,则汀州六邑岁减于民者三万九千缗有奇,减于官者一万缗有奇,所补州用又在外。盖上四州财赋绝少,所恃者官卖盐耳。

又濒海诸郡计产输钱,官给之盐以供食,其后遂为常赋,而民不复请盐矣,此又下四州产盐之弊也。宁宗嘉定六年,臣僚尝极言之,于是下转运司,将福之下四州军凡二十文产以下合输盐五斤之家尽免,其析户产钱仅及二十文者不输盐钱。

宝庆二年,监察御史梁成大言:"福建州县半系濒海产盐之地,利权专属漕臣,乃其职也。盐产于福州、兴化,而运于剑、建、汀、邵,四郡二十二县之民食焉。福建提举司主常平茶事而盐不预,漕司与认净镪以助用,近来越职营利,多取纲运,分委属县。县邑既为漕司措办盐课,今又增提举司之额,其势必尽敷于民,殆甚于青苗之害。望将运盐尽归漕司,提举司不得越职,庶几事权归一,民瘼少苏矣。"从之。

景定元年九月,明堂赦曰:"福建上四州县倚盐为课,其间有招趁失时,月解拖欠,其欠在宝佑五年以前者,并与除放,尚敢违法计口科抑者,监司按劾以闻。"三年,臣僚言:"福建上四州山多田少,税赋不足,州县上供等钱银、官吏宗子官兵支遣,悉取办于卖盐,转运司虽拘榷盐纲,实不自卖。近年创例自运盐两纲,后或岁运十纲至二十纲,与上四州县所运岁额相妨,而纲吏搭带之数不预焉。州县被其挽夺,发泄不行,上供常赋,无从趁办,不免敷及民户,其害有不可胜言者。"有旨:"福建转运司视自来盐法,毋致违戾;建宁府、南剑州、汀州、邵武军依此施行。"

广州东筦静康等十三场,岁鬻二万四千余石,以给本路及西路之昭桂州、江南之南安军。廉州白石、石康二场,岁鬻三万石,以给本州及容、白、钦、化、蒙、龚、藤、象、宜、柳、邕、浔、贵、宾、梧、横、南仪、郁林州。又高、窦、春、雷、融、琼、崖、儋、万安州各鬻以给本州,无定额。天圣以后,东、西海场十三皆领于广州,岁鬻五十一万三千六百八十六石,以给东、西二路。而琼、崖诸州,其地荒阻,卖盐不售,类抑配衙前。前后官此者,或擅增盐数,煎盐户力不给,有破产者。元丰三年,朱初平奏镯盐之不售得,又约所卖数定为煎额,以惠远民。久之,广西漕司奏民户逋盐税,其县令监官虽已代,并住奉勒催,须足乃罢。而广东漕臣复奏岭外依六路法,以逐州管干官为盐官,提点刑狱兼提举盐事,考较赏罚如之。琼、崖等州复请赋盐于民,斤重视其户等,而民滋困矣。

南渡,二广之盐皆属于漕司,量诸州岁用而给之盐。然广东俗富,犹可通商;广西地广莫而凋瘵,食盐有限,商贾难行。自东广而出,乘大水无滩碛,其势甚易;自西广而出,水小多滩碛,其势甚难。建炎末鬻钞,未几复止,然官般、客钞,亦屡有更革,东、西两漕,屡有分合。"

绍兴元年三月,南恩州阳江县土生碱,募民垦之,置灶六十七,产盐七十万八千四百斤,收息钱三万余缗。十有二月,复置广西茶盐司。八年,诏广西盐岁以十分为率,二分令钦、廉、雷、化、高五州官卖,余八分行钞法。寻又诏广东盐九分行钞法,一分产盐州县出卖。广南去中州绝远,土旷民贫,赋入不给,故漕司鬻盐,以其息什四为州用,可以粗给,而民无加赋。昭州岁收买盐钱三万六千缗,以七千缗代浔、贵州上供赴经略司买马,余为州用。及罢官卖,遂科七千缗于民户,谓之糜费钱焉。九年,罢广东官卖,行客钞法,以其钱助鄂兵之费。

孝宗乾道四年,罢盐钞,令广西漕司自认漕钱二十万。且广西之盐乃漕司出卖,自乾道元年因曾连请并归广东,于是度支唐琢言:"广西盐引钱欠几八千万缗,缘向来二广盐事分东西两司,而西路盐常为东路所侵,昔广西自作一司,故盐课不至于亏减,今既罢西司并入东路,则广东之盐无复禁止,广西坐失一路所入。"故有是命。既而宰执进蒋芾之奏:"盐利旧属漕司,给诸州岁,自卖钞盐之后,漕司遂以苗米高价折钱。今朝廷更不降盐钞,只令漕司认发岁额,则漕司自获盐息,折米招籴之弊皆去矣。"九年,诏广州复行官般官卖法。

淳熙三年,诏广西转运司岁收官盐息钱三分拨诸州,七分充漕计,从经略张栻请也。栻去而漕臣赵公澣增盐直斤百钱为百六十,钦州岁卖盐千斛而五增之。六年，侍御史江溥以为言，上黜公澥，诏闽、广卖盐自有旧额定直，自今毋得擅增。

九年，诏遣浙西抚干胡庭直访求利害，与帅、漕、提举详议以闻。使还，寻令庭直提举广东同措置广西盐事。十年，诏曰："广南在数千里外，疾痛艰于上闻，朕悯之尤切。盖盐者，民资以食，向也官利其赢，转而自鬻，久为民疾。朕为之更令，俾通贩而杜官鬻，民固以为利矣；然利于民者官不便焉，必胥动以浮言，且朕知恤民而已，浮言奚恤？矧置监司、守令以为民，朕有美意，弗广其推，顾挠而坏之，可乎？自今如或有此，必置之法。"于是命詹仪之知静江府，并广东、西盐事为一司，其两路卖盐，岁以十六万五千箩为额。仪之等言："两路盐且以十万箩为额，俟三数年，视其增亏，乃增其额。所有客钞东西路通货钱与免，以便商贩。"

十六年，经略应孟明言："广中自行钞法，五六年间，州县率以钞抑售于民，其害有甚于官般。"诏孟明、朱晞颜与提举广南盐事王光祖从长措置经久利便，毋致再有科抑之弊。宝庆元年，以广州安抚司水军大为兴贩，罢其统领尹椿、统辖黄受，各降一官。

煮碱为盐，曰并州永利监，岁鬻十二万五千余石，以给本州及忻、代、石、岚、宪、辽、泽、潞、麟、府州，威胜、苛岚、火山、平定、宁化、保德军，许商人贩鬻，不得出境。仁宗时，分永利东、西两监，东隶并州，西隶汾州。籍州民之有碱土者为铛户，户岁输盐于官，谓之课盐，余则官以钱售之，谓之中卖。盐法亦与海盐同，岁煮视旧额减三千四百三十七石。河东唯晋、绛、慈、隰食池盐，余皆食永利盐。其入官，斤为八钱或六钱，出为钱三十六，岁课缗钱十八万九千有奇。

自咸平以来，听商人辇盐过河西麟、府州，浊轮砦贸易，官为下其价予之。后积盐益多，康定初，罢东监煮盐三年。皇祐中，又权罢西监煮盐，俟盐少复故。时议者请募商入刍粟麟府州、火山军，予券偿以盐，从之。既而刍粟虚估高，券直千钱，为盐商所抑，才售钱四百有余，而出官盐五十斤，蠹耗县官。或请罢入刍粟，第令入实钱，转运司议以为非便而止。大抵碱土或厚或薄,薄则利微,铛户破产不能足其课。至和初,韩琦请户满三岁,地利尽,得自言,摘他户代之。明年,又诏铛户输岁课以分数为率,锢复有差,遇水灾,又听摘他户代役,百姓便之。河北、陕西亦有煮碱为盐者,然其利薄。明道初,尝诏废河中府、庆成军碱场,禁民煮盐以侵池盐之利。

熙宁八年,三司使章惇言:"两监旧额岁课二十五万余缗,自许商人并边入中粮草,增饶给钞支盐,商人得钞行钱,售价半之,县官阴有所亡,坐贾获利不赀。又私盐不禁,岁课日减,今才十万四千余缗,若计粮草虚估,官才得实钱五万余缗,视旧亏十之八。请如解盐例,募商人入钱请买,或官自运,鬻于本路,重私贩之禁,岁课且大增,并边市粮草,一用见钱。"诏如所奏,官自运鬻于本路。

元丰元年,三司户部副使陈安石言:"永利东、西监盐,请如庆历前商人输钱于麟、府、丰、代、岚、宪、忻、岢岚、宁化、保德、火山等州军,本州军给券于东、西监请盐,以除加饶折笄之弊。仍令商人自占所卖地,即盐已运至场务者,商人买之加运费。如是则官直价平而商贩通。"遂行其说,用安石为河东都转运使。安石请犯西北青白盐者,以皇佑救论罪,首从皆编配;又青白入河东,犯者罪至流,所历官司不察者罪之。四年,安石自言治盐岁有羡余,及增收忻州碱地铛户、马城池盐课,诏安石迁官,赏其属。

元祐元年,右司谏苏辙言:"异时河东除食解盐,余仰东、西永利盐,未尝阙。元丰三年后,前宰相蔡确、兄砺等始议创增河东忻州马城池盐,夹硝味苦,民不愿买。乞下转运司,苟无妨阙,即止勿收。"诏从之。

四年,陈安石坐为河东转运使附会时论,兴置盐井,害及一路,降知郑州。先是,熙宁中,议收熙河蕃部包顺盐井,或以为非宜,王安石谓边将苟自以情得之,何害?议者不能夺焉。

六年,诏代州卖盐年额酌以中数,以八十五万斤为额,部内多少均裁之。绍圣元年,河东复行官卖法。崇宁三年,以河东三路钞无定估,本路尤贱,害于笄买,罢给三路钞,止给见钱钞,他如河北新降钞法。四年,诏河东永利两监土盐仍官收,见缗钱之,听商人入纳算请,定往河东州军,罢客贩东北盐入河东者。

煮井为盐,曰益、梓、夔、利,凡四路。益州路一监九十八井,岁煮八万四千五百二十二石;梓州路二监三百八十五井,十四万一千七百八十石;夔州路三监二十井,八万四千八百八十石;利州路一百二十九井,一万二千二百石:各以给本路。大为监,小为井,监则官掌,井则土民干鬻,如其数输课,听往旁境贩卖,唯不得出川峡。初,川峡承旧制,官自鬻盐。开宝七年,诏斤减十钱,令干鬻者有羡利但输十之九。

太平兴国三年,右拾遗郭泌上言:“剑南诸州官巢盐,斤为钱七十。盐井浚深,煮盐极苦,樵薪益贵,辇之甚艰,加之风水之虞,或至漂丧;豪民黠吏,相与为奸,贱市于官,贵巢于民,至有斤获钱数百,官亏岁额,民食贵盐。望销增旧价为百五十文,则豪猾无以规利,民有以给食。”从之。有司言:“昌州岁收虚额盐万八千五百余斤,乃开宝中知州李佩掊敛以希课最,废诸井薪钱,岁额外课部民煮盐,民不习其事,甚以为苦,至破产不能偿其数,多流入他部,而积年之征不可免。”诏悉除之,其旧额二万七千六十斤如故。端拱元年七月,西川食盐不足,许商贩阶、广州青白盐、峡路井盐、永康军崖盐,勿收算。

川峡诸州自李顺叛后,增屯兵,仍募人入粟,以盐偿之。景德二年,权三司使丁谓言:“川峡粮储充足,请以盐易丝帛。”诏诸州军食及二年、近溪洞州三年者,从其请。大中祥符元年,诏泸州南井灶户遇正、至、寒食各给假三日,所收日额,仍与除放。三年,减泸州淯井监课盐三之一。

仁宗时,成都、梓、夔三路六监与宋初同,而成都增井三十九,岁课减五万六千五百九十七石;梓州路增井二十八,岁课减十一万一十九石;利州路井增十四,岁课减四百九十二石三斗有奇;夔州路井增十五,岁课减三千一百八十四石。各以给一路,夔州则并给诸蛮,计所入盐直,岁输缗钱五分,银、绸绢五分。又募人入钱货诸州,即产盐厚处取盐,而施、黔并边诸州,并募人入米。

康定元年,淮南提点刑狱郭维言:"川峡素不产银,而募人以银易盐,又盐酒场主者亦以银折岁课,故贩者趋京及陕西市银以归,而官得银复辇置京师,公私劳费。请听入银京师榷货务或陕西并边州军,给券受盐于川峡,或以折盐酒岁课,愿入钱,二千当银一两。"诏行之。既而入银陕西者少,议盐百斤加二十斤予之,并募入中凤翔、永兴。会西方用兵,军食不足,又诏入刍粟并边,俟有备而止。刍粟虚估高,盐直贱,商贾利之,西方既无事,犹入中如故。夔州转运使蒋贲以为入中十余年,虚费夔盐计直二十余万缗,今陕西用池盐之利,军储有备,请如初。诏许之。

先是,益、利盐入最薄,故并食大宁盐、解池盐,商贾转贩给之。庆历中,令商人入钱货益州以射大宁监盐者,万斤增小钱千缗,小钱十当大钱一。贩者滋少,蜀中盐踊贵,斤为小钱二千二百,知益州文彦博以为言,诏皆复故。

四路盐课,县官之所仰给,然井源或发或微,而积课如旧,任事者多务增课为功,往往贻患后人。时方切于除民疾苦,尤以远人为意,有司上言,辄为蠲减。初,盐课听以五分折银、绸、绢,盐一斤计钱二十至三十,银一两、绸绢一匹折钱六百至一千二百,后诏以课利折金帛者从时估。荆湖之归、峡二州,州二井,岁课二千八百二十石,亦各以给本州。

熙宁中,蜀盐私贩者众,禁不能止。欲尽实私井,运解盐以足之,议未决。神宗以问修起居注沈括,对曰:"私井既容其扑买,则不得无私易,一切实之而运解盐,使一出于官售,此亦省刑罚笼遗利之一端;然忠、万、戎、沪间夷界小井尤多,止之实难,若列候加警,恐所得不酬所费。"议遂寝。九年,刘佐入蜀经度茶事,尝岁运解盐十万席。侍御史周尹奏:"成都府路素仰东川产盐,昨转运司商度卖陵井场,遂止东盐及闭卓筒井,失业者众,言利之臣,复运解盐,道险续运甚艰;成都盐踊贵,东川盐贱,驱民冒法。乞东盐仍入成都,勿闭卓筒井，罢官运解盐。"诏商贩仍旧，卖解盐依客商例，禁抑配于民。未几，官运解盐竟罢。

元祐元年，诏委成都提点刑狱郭概体量盐事。右司谏苏辙劾概观望阿附，奏不以实，且言："四川数州卖邛州蒲江井官盐，斤为钱百二十，近岁碱泉减耗，多杂沙土，而梓、夔路客盐及民间贩小井白盐，价止七八十，官司遂至抑配，概不念民朝夕食此贵盐。"诏遂罢概，令黄廉体量以闻。上封事者言："有司于税课外，岁令井输五十缗，谓之官溪钱。"诏付廉悉蠲之。诏自今溪有盐井输课利盐税外，毋得更增以租。

崇宁二年，川峡利、洋、兴、剑、蓬、阆、巴、绵、汉、兴元府等州，并通行东北盐。四年，梓、遂、夔、绵、汉州、大宁监等盐仍鬻于蜀，惟禁侵解盐地。

绍兴二年，四川总领赵开初变盐法，仿大观法置合同场，收引税钱，大抵与茶法相类，而严密过之。斤输引钱二十有五，土产税及增添约九钱四分，所过税钱七分，住税一钱有半，引别提勘钱六十，其后又增贴输等钱。凡四川四千九百余井，岁产盐约六千余万斤，引法初行，百斤为一檐，又许增十斤勿算以优之，其后递增至四百余万缗。二十九年，减西和州卖盐直之半。

孝宗淳熙六年，四川制置胡元质、总领程价言："推排四路盐井二千三百七十五、场四百五，除井一千一百七十四、场一百五十依旧额煎输，其自陈或纠决增额者井一百二址五、场二十四，并今淖淘旧井亦愿入籍者四百七十九，其无盐之井，即与铲除，不敷而抱输者，即与量减，共减钱引四十万九千八百八十八道，而增收钱引十三万七千三百四十九道，庶井户免困重额。"七年，元质又言："盐井推排，所以增有余补不足，有司务求赢余，盈者过取，涸者略减，尽出私心。今后凡遇推排，以增补亏，不得逾已减之数。"十一年，以京西转运副使江溥言金州帅司置场拘买商盐，高价科卖，致商旅坐困，民食贵盐，诏金州依法听商人从便买卖，不得置场拘催。

初，赵开之立榷法也，令商人入钱请引，井户但如额鬻盐，输土产税而已。然碱脉有盈缩,月额有登耗,间以虚钞付之,而收其算,引法由是大坏。井户既为商人所要,因增其斤重予之,每檐有增至百六十斤者。又逃绝之井,许增额承认,小民利于得井,界增其额,而不能售,其引息土产之输,无所从出,由是刻缯相寻,公私病之。

光宗绍熙三年,吏部尚书赵汝愚言:"绍兴间赵开所议盐法,诸井皆不立额,惟禁私卖,而诸州县镇皆置合同场,以招商贩,其盐之斤重,远近皆平准之,使彼此均一而无相倾夺,贵贱以时而为之翕张。今其法尽废,宜下四川总所视旧法施行。"时杨辅为总计,去虚额,闭废井,申严合同场法,禁斤重之逾格者,而重私贩之罚,盐直于是顿昂。辅又请罢利州东路安抚司所置盐店六,及津渡所收盐钱,与西路兴州盐店。后总领陈晔又尽除官井所增之额焉。

五年,户部言:"潼川府盐、酒为蜀重害。盐既收其土产钱给卖官引,又从而征之,矧州县额外收税,如买酒钱、到岸钱、榻地钱之类,皆是创增。"于是申禁成都、潼川、利路诸司。宁宗嘉定七年,诏四川盐川专隶总所,既而宣抚使安丙言防秋藉此以助军兴,乃复夺之。

茶　宋榷茶之制,择要会之地,曰江陵府,曰真州,曰海州,曰汉阳军,曰无为军,曰蕲州之蕲口,为榷货务六。初,京城、建安、襄复州皆置务,后建安、襄复州务废,京城务虽存,但会给交钞往还,而不积茶货。在淮南则蕲、黄、庐、舒、光、寿六州,官自为场,置吏总之,谓之山场者十三;六州采茶之民皆隶焉,谓之园户。岁课作茶输租,余则官悉市之。其售于官者,皆先受钱而后入茶,谓之本钱;又民岁输税愿折茶者,谓之折税茶。总为岁课八百六十五万余斤,其出鬻皆就本场。在江南则宣、歙、江、池、饶、信、洪、抚、筠、袁十州,广德、兴国、临江、建昌、南康五军;两浙则杭、苏、明、越、婺、处、温、台、湖、常、衢、睦十二州;荆湖则江陵府、潭沣、鼎、鄂、岳、归、峡七州、荆门军;福建则建、剑二州,岁如山场输租折税。总为岁课江南千二十七万余斤,两浙百二十七万九千余斤,荆湖二百四十七万余斤,福建三十九万三千余斤,悉送六榷务鬻之。

茶有二类,曰片茶,曰散茶。片茶蒸造,实棬模中串之,唯建、剑则既蒸而研,编竹为格,置焙室中,最为精洁,他处不能造。有龙、凤、石乳、白乳之类十二等,以充岁贡及邦国之用。其出虔、袁、饶、池、光、歙、潭、岳、辰、澧州、江陵府、兴国、临江军,有仙芝、玉津、先春、绿芽之类二十六等,两浙及宣、江、鼎州又以上中下或第一至第五为号。散茶出淮南、归州、江南、荆湖,有龙溪、雨前、雨后之类十一等,江、浙又有以上中下或第一至第五为号者。买腊茶斤自二十钱至二百九十钱有十六等,片茶大片自六十五钱至二百五钱有五十五等,散茶斤自十六钱至三十八钱五分有五十九等;鬻腊茶斤自四十七钱至四百二十钱有十二等,片茶自十七钱至九百一十七钱有六十五等,散茶自十五钱至一百二十一钱有一百九等。

民之欲茶者售于官,其给日用者,谓之食茶,出境则给券。商贾贸易,入钱若金帛京师榷货务,以射六务、十三场茶,给券随所射与之,愿就东南入钱若金帛者听,计直予茶如京师。至道末,鬻钱二百八十五万二千九百余贯,天禧末,增四十五万余贯。天下茶皆禁,唯川峡、广南听民自买卖,禁其出境。

凡民茶折税外,匿不送官及私贩鬻者没入之,计其直论罪。园户辄毁败茶树者,计所出茶论如法。旧茶园荒薄,采造不充其数者,蠲之。当以茶代税而无茶者,许输他物。主吏私以官茶贸易,及一贯五百者死。自后定法,务从轻减。太平兴国二年,主吏盗官茶贩鬻钱三贯以上,黥面送阙下;淳化三年,论直十贯以上,黥西配本州牢城,巡防卒私贩茶,依本条加一等论。凡结徒持仗贩易私茶、遇官司擒捕抵拒者,皆死。太平兴国四年,诏鬻伪茶一斤杖一百,二十斤以上弃市。雍熙二年,民造温桑伪茶,比犯真茶计直十分论二分之罪。淳化五年,有司以侵损官课言加犯私茶一等,非禁法州县者,如太平兴国诏条论决。

　　茶之为利甚博，商贾转致于西北，利尝至数倍。雍熙后用兵，切于馈饷，多令商人入刍粮塞下，酌地之远近而为其直，取市价而厚增之，授以要券，谓之交引，至京师给以缗钱，又移文江、淮、荆湖给以茶及颗、末盐。端拱二年，置折中仓，听商人输粟京师，优其直，给茶盐于江、淮。

　　淳化三年，监察御史薛映、秘书丞刘式等请罢诸榷务，令商人就出茶州军官场算买，既大省辇运，又商人皆得新茶。诏以三司盐铁副使雷有终为诸路茶盐制置使，左司谏张观与映副之。四年二月，废沿江八务，大减茶价。诏下，商人颇以江路回远非便，有司又以损直亏课为言。七月，复置八务，罢制置使、副。至道初，刘式犹固执前议，西京作坊使杨允恭言商人市诸州茶，新陈相糅，两河、陕西诸州，风土各有所宜，非参以多品则少利，罢榷务令就茶山买茶不可行。太宗欲究其利害之说，命宰相召盐铁使陈恕等与式、允恭定议，召问商人，皆愿如淳化所减之价，不然，即望仍旧。有司职出纳，难于减损，皆同允恭之说，式议遂寝。即以允恭为江南、淮南、两浙发运兼制置茶盐使。二年，从允恭等请，禁淮南十二州军盐，官鬻之，商人先入金帛京师及扬州折博务者，悉偿以茶。自是鬻盐得实钱，茶无滞积，岁课产五十万八千余贯，允恭等皆被赏。

　　初，商人以盐为急，趋者甚众，及禁江、淮盐，又增用茶，如百千又有官耗，增十千场耗，随所在饶益。其输边粟者，持交引诣京师，有坐贾置铺，隶名榷货务，怀交引者凑之。若行商，则铺贾为保任，诣京师榷务给钱，南州给茶；若非行商，则铺贾自售之，转鬻与茶贾。及南北和好罢兵，边储稍缓，物价稍缓，物价差减，而交引虚钱未改。既以茶代盐，而买茶所入不补其给，交引停积，故商旅所得茶，指期于数年之外，京师交引愈贱，至有裁和所入刍粟之实价，官私俱无利。是年，定监买官亏额自一厘以上罚奉、降差遣之制。

　　景德二年,命盐铁副使林特、崇仪副使李溥等就三司悉索旧制详定,而召茶商论议,别为新法:其于京师入金银、绵帛实直钱五十千者,给百贯实茶,若须海州茶者,入见缗五十五千;河北缘边入金帛、刍粟,如京师之制,而茶增十千,次边增五千;河东缘边次边亦然,而所增有八千六千之差;陕西缘边亦如之,而增十五千,须海州茶者,纳物实直五十二千,次边所增如河北缘边之制。其三路近地所入所给,皆如京师。河北次边、次东缘边次边,皆不得射海州茶。茶商所过,当输算,令记录,候至京师并输之。仍约束山场,谨其出纳。议奏,三司皆以为便。五月,以溥为淮南制置发运副使,委成其事。行之一年,真宗虑未尽其要,三年,命枢密直学士李浚等比较新旧法利害。时新法方行,商人颇眩惑,特等罢比较,从之。

　　有司上岁课:元年用旧法,得五百六十九贯,二年用新法,得四百一十万贯,三年二百八万贯。特言“所增盖官本少而有利”,乃实课也,所亏虚钱耳。四年秋,特等皆迁官,仍诏三司行新法,不得辄有改更。大中祥符二年,特、溥等上编成《茶法条贯》并课利总数二十三策。

　　自新法之行,旧有交引而未给者,已给而未至京师者,已至而未磨者,悉差定分数,折纳入官。大约商人有旧引千贯者,令依新法岁入二百千,候五岁则新旧皆给足。官府有茶充公费者,虑其价贱乱法,悉改以他物。山场节其出耗,所过商税严其觉举。诸榷务所受茶,皆均第配给场务,以交引至先后为次。大商刺知精好之处,日夜走僮使赍券诣官,率多先焉。初,禁淮南盐,小商已困,至是,益不能行。

　　六年,申监买官赏罚之式,凡买到入算茶,及租额递年送榷务交足而有羡余者,即理为课绩,其不入算者,虽多不在此限。大中祥符五年,岁课二百余万贯,六年至三百万贯,七年又增九十万贯,八年才百六十万贯。

　　是时数年间,有司以京师切须钱,商人旧执交引至场务即付物,时或特给程限,逾限未至者,每十分复令别输二分见缗,谓之贴纳。豪商率能及限，小商或不即知，或无贴纳，则贱鬻于豪商。有司徒知移用之便，至有一岁之内文移小改至十数者，商人惑之，顾望不进。乃诏刑部尚书冯拯、翰林学士王曾详定，拯等深以慎重敦信为言，而上封者犹竞陈改法之弊。九年，乃命翰林学士李迪、权御史中丞凌策、侍御史知杂吕夷简与三司同议条制。时以茶多不精，给商人罕有饶益，行商利薄，陕西交引愈贱，鬻于市才八千。知秦州曹玮请于永兴、凤翔、河中府官出钱市之，诏可。迪等以入中缗钱、金帛，旧从商人所有受之，至是请令十分输缗钱四五，又定加饶贴纳之差。然凡有条奏，多令李溥裁酌，溥务执前制，罕所变革。

天禧二年，太常博士李垂请放行茶货，左谏议大夫孙奭言："茶法屡改，商人不便，非示信之道，望重定经久之制。"即诏奭与三司详定，务从宽简。未几，奭出知河阳，事遂止。三司言："陕西入中刍粮，详依河北例，斗束量增其直，计实钱给钞，入京以见钱买之，愿受茶货交引，给依实钱数，令榷货务并依时价纳缗钱支茶，不得更用刍粮文钞贴纳茶货。"诏每入百千，增五千茶与之，余从其请。时陕西交引益贱，京师裁直五千，有司惜其费茶。五年，出内库钱五十万贯，令阁门祗候李德明于京师市而毁之。

乾兴以来，西北兵费不足，募商人入中刍粟如雍熙法给券，以茶偿之。后又益以东南缗钱、香药、犀齿，谓之三说；而塞下急于兵食，欲广储待，不爱虚估，入中者以虚钱和实利，人竞趋焉。及其说法既敝，则虚估日益高，茶日益贱，入实钱金帛日益寡。而入中者非尽行商多其土人，既不知茶利厚薄，且急于售钱，得券则转鬻于茶商或京师交引铺，获利无几；茶商及交引铺或以券取茶，或收蓄贸易，以射厚利。由是虚估之利皆入豪商巨贾，券之滞积，虽二三年茶不足以偿，而入中者以利薄不趋，边备日蹙，茶法大坏。初，景德中丁谓为三司使，尝计其得失，以谓边籴才及五十万，而东南三百六十余万茶利尽归商贾。当时以为至论，厥后虽屡变法以救之，然不能亡敝。

天圣元年，命三司使李谘等较茶、盐、矾税岁入登耗，更定其法。遂置计置司,以枢密副使张士逊、参积压政事吕夷简、鲁宗道总之。首考茶法利害,奏言:"十三场茶岁课缗钱五十万,天禧五年才及缗钱二十三万,每券直钱十万,鬻之售钱五万五千,总为缗钱实十三万,除九万余缗为本钱,岁才得息钱三万余缗,而官吏廪给杂费不预,是则虚数多而实利寡,请罢三说,行贴射法。"其法以十三场茶买卖本息并计其数,罢官给本钱,使商人与园户自相交易,一切定为中估,而官收其息。如鬻舒州罗源场茶,斤售钱五十有六,其本钱二十有五,官不复给,但使商人输息钱三十有一而已。然必辇茶入官,随商人所指予之,给券为验,以防私售,故有贴射之名。若岁课贴射不尽,或无人贴射,则官市之如旧。园户过期而输不足者,计所负数如商人入息。旧输茶百斤,益以二十斤至三十五斤,谓之耗茶,亦皆罢之。其入钱以射六务茶者如旧制。

先是,天禧中,诏京师入钱八万,给海州、荆南茶,入钱七万四千有奇,给真州、无为、蕲口、汉阳并十三场茶,皆直十万,所以饶裕商人;而海州、荆南茶善而易售,商人愿得之,故入钱之数厚于他州。其入钱者,听输金帛十之六。至是,既更为十三场法,又募入钱六务,而海州、荆南增为储备万六千,真州、无为、蕲口、汉阳增为八万。商人入刍粟寒下者,随所在实估,度地里远近,量增其直。以钱一万为率,远者增至七百,近者三百,给券至京,一切以缗钱偿之,谓之见钱法;愿得金帛,若他州钱、或茶盐、香药之类者听。大率使茶与边籴,各以实钱出纳,不得相为轻重,以绝虚估之敝。朝廷皆用其说。

行之期年,豪商大贾不能为轻重,而论者谓边籴偿以见钱,恐京师府藏不足以继,争言其不便。会江、淮制司言茶有滞积坏败者,请一切焚弃。朝廷疑变法之敝,下书责计置司,又遣官行视茶积。谘等因条上利害,且言:"尝遣官视陕西、河北,以镇戎军、定州为率,镇戎军入粟直二万八千,定州入粟直四万五千,给茶皆直十万。以蕲州市茶本钱视镇戎军粟直,反亡本钱三之一,得不偿失,茶与边籴相须为用,故更今法。以新旧二法较之,乾兴元年用三说法,每券十万,茶售钱五万一千至六万二千,香药、象齿售钱四百一千有奇,东南缗钱售钱八万三千,而京师实入缗钱五十七万有奇,边储乌二百五万余围,粟二百九十八万石。天圣元年用新法,至二年,茶及香药、东南缗钱每给直十万,茶入实钱七万四千有奇至八万,香药、象齿入钱七万二千有奇,东南缗钱入钱十万五百,而京师实入缗钱增一百四万有奇,边储乌增一千一百六十九万余围,粟增二百一十三万余石。旧以虚估给券者,至京师出钱售之,或折为实钱给茶,贵贱从其市估。其先贱售于茶商者,券钱十万,使别输实钱五万,共给天禧五年茶直十五万,小商百万以下免输钱,每券十万,给茶直七万至七万五千;天禧茶尽,则给乾兴以后茶,仍增别输钱五万者为七万,并给耗如旧,俟旧券尽而止。如此又省合给茶及香药、象齿、东南缗钱总直缗钱一百七十一万。”二府大臣亦言:“所省及增收计为缗钱六百五十余万。时边储有不足以给一岁者,至是,多者有四年,少者有二年之蓄,而东南茶亦无滞积之弊。其制置司请焚弃者,特累年坏败不可用者尔。推行新法,功绪已见。盖积年侵蠹之源一朝闭塞,商贾利于复故,欲有以动摇,而论者不察其实,助为游说。愿力行之,毋为流言所易。”于是诏有司榜谕商贾以推行不变之意,赐典史银绢有差,然论者犹不已。

宋史卷一八四

志第一三七

食货下六

茶　下

　　茶　天圣三年八月,诏翰林侍讲学士孙奭等同究利害,奭等言:"十三场茶积而未售者六百一十三万余斤,盖许商人贴射,则善者皆入商人,其入官者皆粗恶不时,故人莫肯售。又园户输岁课不足者,使如商人入息,而园户皆细民,贫弱力不能给,烦扰益甚。又奸人倚贴射为名,强市盗贩,侵夺官利,其弊不可不革。"十月,遂罢贴射法,官复给本钱市茶。商人入钱以售茶者,奭等又欲优之,请凡入钱京师售海州、荆南茶者,损为七万七千,售真州等四务十三场茶者,又第捐之,给茶皆直十万。自是,河北入中复用二说法,旧给东南缗钱者,以京师榷货榷货务钱偿之。

　　奭等议既用,益以李谘等变法为非。明年,摭计置所上天圣二年比视增亏数差谬,诏令尝典议官张士逊等条析。夷简言:"天圣初,环庆等路数奏刍粮不给,京师府藏常阙缗钱,吏兵月奉仅能取足。自变法以来,京师积钱多,边计不闻告乏,中间蕃部作乱,调发兵马,仰给有司,无不足之患。以此推之,颇有成效。三司比视数目差互不同,非执政所能亲自较计。"然士逊等犹被罚,谘罢三司使。初,园户负岁课者如商人入息,岁不能偿。至四年,太湖等九场凡通息钱十三万缗,诏悉蠲之。然自奭等改制,而茶法浸坏。

景佑中,三司吏孙居中等言:"自圣三年变法,而河北入中虚估之敝,复类乾兴以前,蠹耗县官,请复行见钱法。"时谘已执政矣。三年,河北转运使杨偕亦陈三说法十二害,见钱法十二利,以谓止用三说所支一分缗钱,足以赡一岁边计。遂命谘与参知政事蔡齐等合议,且令诏商人访其利害。是岁三月,谘等请罢河北入中虚估,以实钱偿刍粟,实钱售茶,皆如天圣元年之制。又以北商持券至京师,旧必得交引铺为之保任,并得三司符验,然后给钱,以是京师坐贾率多邀求,三司吏稽留为奸,乃悉罢之,命商持券径趣榷货务验实,立偿之钱。初,奭等虽增商人入钱之数,而犹以为利薄,故竞市虚估之券,以射厚利,而入钱者寡,县官日以侵削,京师少蓄藏。至是,谘等请视天圣三年入钱数第损一千有奇,入中增直亦视天圣元年数第加三百。诏皆可之。前已用虚估给券者,给茶如旧,仍给景佑二年已前茶。

既而谘等又言:"天圣四年,尝许陕西入中愿得茶者,每钱十万,所在给券,径趣东南受茶十一万一千。茶商获利,争欲售陕西券,故不复入钱京师,请禁止之。"并言商人所不便者,其事甚悉,请为更约束,重私贩之禁,听商人输钱五分,余为置籍召保,期半年悉偿,失期者倍其数。事皆施行。谘等复言:"自奭等变法,岁损财利不可胜计,且以天圣九年至景佑二年较之,五年之间,河北入中虚费缗钱五百六十八万;今一旦复用旧法,恐豪商不便,依托权贵,以动朝廷,请先期申谕。"于是帝为下诏戒敕,而县官滥费自此少矣。

久之,上书者复言:"自变法以来,岁辇京师金帛,易刍粟于河北,配扰居民,内虚府库,外困商旅,非便。"宝元元年,命御史中丞张观等与三司议之。观等复请入钱京师以售真州等四务十三场茶,直十万者,又视景佑三年数损之,为钱六万七千,入中河北愿售茶者,又损一千。既而诏又第损二千,于是入钱京师止为钱六万五千,入中河北为钱六万四千而已。

康定元年,叶清臣为三司使,是岁河北谷贱,因请内地诸州行三说法,募人入中,且以东南盐代京师实钱。诏籴止二十万石。庆历二年，又请募人入刍粟如康定元年法，数足而止，自是三说稍复用矣。八年，三司盐铁判官董沔亦请复三说法，三司以为然，因言："自见钱法行，京师钱入少出多，庆历七年，榷货务缗钱入百十九万，出二百七十六万，以此较之，恐无以赡给，请如沔议，以茶、盐、香药、缗钱四物予之。"于是有四说之法。初，诏止行于并边诸州，而内地诸州有司盖未尝请，即以康定元年诏书从事。自是三说、四说二法并行于河北，不数年间，茶法复坏。刍粟之直，大约虚估居十之八，米斗七百，甚者千钱。券至京师，为南商所抑，茶每直十万，以售钱三千，富人乘时收蓄，转取厚利。三司患之，请行贴买之法，每券直十万，比市估三千，倍为六千，复入钱四万四千，贴为五万，给茶直十万。诏又损钱一万，然亦不足以平其直。久之，券比售钱三千者，才得二千，往往不售，北商无利，入中者寡，公私大弊。

皇佑二年，知定州韩琦及河北转运司皆以为言，下三司议。三司奏："自改法至今，凡和籴二百二十八万余石，刍五十六万余围，而费缗钱一百九十五万有奇，茶、盐、香药又为缗钱一千二百九十五万有奇。茶、盐、香药，民用有限，榷货务岁课不过五百万缗，今散于民间者既多，所在积而不售，故券直亦从而贱。茶直十万，旧售钱六万五千，今止二千，以至香一斤，旧售钱三千八百，今止五六百，公私两失其利。请复行见钱法，一用景佑三年约束。"乃下诏曰："比食货法坏，刍粟价益倍，县官之费日长，商贾不行，豪富之家，乘时牟利，吏缘为奸。自今有议者，须究厥理，审可施行，若事已上而验问无状者，置之重罚。"

是时虽改见钱法，而京师积钱少，恐不足以支入中之费，帝又出内藏库钱帛百万以赐三司。久之，入中者浸多，京师帑藏益乏，商人持券以俟，动弥岁月，至损其直以售于蓄贾之家。言利者请出内藏库钱稍增价售之，可得遗利五十万缗。既行，而谏官范镇谓内藏库、榷货务皆领县官，岂有榷货务故稽商人，而令内藏乘时射利？伤体坏法，莫斯为甚。诏即罢之，然自此并边虚估之弊复起。

至和三年，河北提举籴便粮草薛向建议："并边十七州军，岁计粟百八十万石,为钱百六十万缗,豆六十五万石,刍三百七十万围,并边租赋岁可得粟、豆、刍五十万,其余绵商入中。请罢并边入粟,自京辇钱帛至河北,专以见钱和籴。"时杨察为三司使,请用其说。因辇绢四十万匹当缗钱七十万,又蓄见钱及择上等茶场八,总为缗钱百五十万,储之京师,而募商人入钱并边,计其道里远近,优增其直,以是偿之,且省辇运之费,唯入中刍豆计直偿以茶如旧。行未数年,论者谓辇运科折,烦扰居民,且商人入钱者少,刍豆虚估益高,茶益贱。诏翰林学士韩绛等即三司经度。绛等言:"自改法以来,边储有备,商旅颇通,未宜轻变。唯辇运之费,悉从官给,而本路旧输税绢者,毋得折为见钱,入中刍豆罢勿给茶,籴在平其市估,至京偿以银、绸、绢。"自是茶法不复为边籴所须,而通商之议起矣。

初,官既榷茶,民私蓄盗贩皆有禁,腊茶之禁又严于他茶,犯者罪尤重,凡告捕私茶皆有赏。然约束愈密而冒禁愈繁,岁报刑辟,不可胜数。园户困于征取,官司并缘侵扰,因陷罪戾至破产逃匿者,岁比有之。又茶法屡变,岁课日削。至和中,岁市茶淮南才四百二十二万余斤,江南三百七十五万余斤,两浙二十三万余斤,荆湖二百六万余斤,唯福建天圣末增至五十万斤,诏特损五万,至是增至七十九万余斤,岁售钱并本息计之,才百六十七万二千余缗。官茶所在陈积,县官获利无几,论者皆谓宜弛禁便。

先是,天圣中,有上书者言茶、盐课亏,帝谓执政曰:"茶盐民所食,而强设法以禁之,致犯者众。顾经费尚广,未能弛禁尔!"景祐中,叶清臣上疏曰:

　　山泽有产,天资惠民。兵食不充,财臣兼利,草芽木叶,私不得专,封园置吏,随处立管。一切官禁,人犯则刑,既夺其资,又加之罪,黥流日报,逾冒不悛。诚有厚利重赏,能济国用,圣仁恤隐,矜赦非辜,犹将弛禁缓刑,为民除害。度支费用甚大,榷易所收甚薄,刳剥园户,资奉商人,使朝廷有聚敛之名,官曹滋虐滥之罚,虚张名数,刻蠹黎元。

　　建国以来,法敝辄改,载详改法之由,非有为国之实,皆商吏协计，倒持利权，幸在更张，倍求奇羡。富人豪族，坐以贾赢，薄贩下估，日皆朘削，官私之际，俱非远策。臣窃尝校计茶利所入，以景祐元年为率，除本钱外，实收息钱五十九万余缗，又天下所售食茶，并本息岁课亦祗及三十四万缗，及茶商见通行六十五州军，所收税钱已及五十七万缗。若令天下通商，祗收税钱，自及数倍，即榷务、山场及食茶之利，尽可笼取。又况不费度支之本，不置榷易之官，不兴辇运之劳，不滥徒黥之辟。

臣意生民之弊，有时而穷，盛德之事，俟圣不惑。议者谓榷卖有定率，征税无彝准，通商之后，必亏岁计。臣按管氏盐铁法，计口受赋，茶为人用，与盐铁均，必令天下通行，以口定赋，民获善利，又去严刑，口数出钱，人不厌取。景祐元年，天下户千二十九万六千五百六十五，丁二千六百二十万五千四百四十一，三分其一为产茶州军，内外郭乡又居五分之一，丁赋钱三十，村乡丁赋二十，不产茶州军郭乡村乡如前计之，又第损十钱，岁计已及缗钱四十万。榷茶之利，凡止九十余万缗，通商收税，且以三倍旧税为率，可得一百七十余万缗，更加口赋之入，乃有二百一十余万缗，或更于收税则例，微加增益，即所地至寡，所聚逾厚，比于官自榷易，驱民就刑，利病相须，炳然可察。

时下三司议，皆以为不可行。

至嘉祐中，著作佐郎何鬲、三班奉职王嘉麟又皆上书请罢给茶本钱，纵园户贸易，而官收租钱与所在征算，归榷货务以偿边籴之费，可以疏利源而宽民力。嘉麟为《登平致颂书》十卷、《隆衍视成策》二卷上之，淮南转运副使沈立亦集《茶法利害》为十卷，陈通商之利。时富弼、韩琦、鲁公亮执政，决意向之，力言于帝。三年九月，命韩绛、陈升之、吕景初即三司置局议之。十月，三司言："茶课缗钱岁当入二百二十四万八千，嘉祐二年才及一百二十八万，又募人入钱，皆有虚数，实为八十六万，而三十九万有奇是为本钱，才得子钱四十六万九千，而辇运糜耗丧失，与官吏、兵夫廪给杂费，又不预焉。至于园户输纳,侵扰日甚,小民趋利犯法,刑辟益繁,获利至少,为弊甚大。宜约至和以后一岁之数,以所得息钱均赋茶民,恣民买卖,所在收算,请遣官询察利害以闻。"诏遣官分行六路,还言如三司使议便。

四年二月,诏曰:"古者山泽之利,与民共之,故民足于下,而君裕于上,国家无事,刑罚以清。自唐建中时,始有茶禁,上下规利,垂二百年。如闻比来为患益甚,民被诛求之困,日惟咨嗟,官受滥恶之入,岁以陈积,私藏盗贩,犯者实繁,严刑重诛,情所不忍,是于江湖之间幅员数千里,为陷阱以害吾民也。朕心恻然,念此久矣,间遣使者往就问之,而皆欣然愿弛其禁,岁入之课以时上官。一二近臣,条析其状,朕犹若慊然,又于岁茂输裁减其数,使得饶阜,以相为生,俾通商利。历世之敝,一旦而除,著为经常,弗复更制,损上益下,以休吾民。尚虑喜于立异之人、缘而为奸之党,妄陈奏议,以惑官司,必置明刑,无或有贷。"

初,所遣官既议弛禁,因以三司岁课均赋茶户,凡为缗钱六十八万有奇,使岁输县官。比输茶时,其出几倍,朝廷难之,为损其半,岁输缗钱三十三万八千有奇,谓之租钱,与诸路本钱悉储以待边籴。自是唯腊茶禁如旧,余茶肆行天下矣。论者犹谓朝廷志于恤人,欲省刑罚,其意良善;然茶户困于输钱,而商贾利薄,贩鬻者少,州县征税日蹙,经费不充,学士刘敞、欧阳修颇论其事。敞疏大要以谓先时百姓之摘山者,受钱于官,而今也顾使之纳钱于官,受纳之间,利害百倍;先时百姓冒法贩茶者被罚耳,今悉均赋于民,赋不时入,刑亦及之,是良民代冒法者受罪;先时大商富贾为国懋迁,而州郡收其税,今大商富贾不行,则税额不登,且乏国用。修言新法之行,一利而有五害,大略与敞意同。时朝廷方排众论而行之,敞等虽言,不听也。

治平中,岁入腊茶四十八万九千余斤,散茶二十五万五千余斤,茶户租钱三十二万九千八百五十五缗,又储本钱四十七万四千三百二十一缗,而内外总入茶税钱四十九万八千六百缗,推是可见茶法得失矣。自天圣以来,茶法屡易,嘉佑始行通商,虽议者或以为不便,而更法之意则主于优民。

熙宁四年,神宗与大臣论昔茶法之弊,文彦博、吴充、王安石各论其故,然于茶法未有所变。及王韶建开湟之策,委以经略。七年,始遣三司干当公事李杞入蜀经画买茶,于秦凤、熙河博马。而韶言西人颇以善马至边,所嗜唯茶,乏茶与市。即诏趣杞据见茶计水陆运致,又以银十万两、帛二万五千、度僧牒五百付之,假常平及坊场余钱,以著作佐郎蒲宗闵同领其事。初,蜀之茶园,皆民两税地,不殖五谷,唯宜种茶。赋税一例折输,盖为钱三百,折输绸绢皆一匹;若为钱十,则折输绵一两;为钱二,则折输草一围。役钱亦视其赋。民卖茶资衣食,与农夫业田无异,而税额总三十万。杞被命经度,又诏得调奉官属,乃即蜀诸州创设官场,岁增息为四十万,而重禁榷之令。其输受之际,往往压其斤重,侵其价直,法既知急矣。八年,杞以疾去。

先是,杞等岁增十万之息,既而运茶积滞,岁课不给,即建画于彭、汉二州岁买布各十万匹,以折脚费,实以布息助茶利,然茶亦未免积滞。都官郎中刘佐复议岁易解盐十万席,雇运回车船载入蜀,而禁商贩,盖恐布小难敷也。诏既以佐代杞,未几,盐法复难行,遂罢佐。而宗闵乃议川峡路民茶息收十之三,尽卖于官场,更严私交易之令,稍重至徒刑,仍没缘身所有物,以待赏给。于是蜀茶尽榷,民始病焉。

十年,知彭州吕陶言:"川峡四路所出茶,比东南十不及一,诸路既许通商,两川却为禁地,亏损治体。如解州有盐池,同间煎者乃是私盐,晋州有矾山,民间炼者乃是私矾,今川蜀茶园,皆百姓己物,与解盐、晋矾不同。又市易司笼制百货,岁出息钱不过十之二,炎必以一年为率;今茶场司务重立法,尽榷民茶,随买随卖,取息十之三,或今日买十千之茶,明日即作十三千买之,变转不休,比至岁终，岂止三分？"因奏刘佐、李杞、蒲宗闵等苟希进用，必欲出息三分，致茶户被害。始诏息止收十之一，佐坐措置乖方罢，以国子博士李稷代之，而陶亦得罪。稷依李杞例兼三司判官，仍委权不限员举劾。

侍御史周尹论蜀中榷茶为民害，罢为提点湖北刑狱。利州路漕臣张宗谔、张升卿议废茶场司，依旧通商，诏付稷方以茶利要功，言宗谔等所陈皆疏谬，罪当无赦。虽会赦，犹皆坐贬秩二等。于是稷建议卖茶官非材，许对易，如阙员，于前资待阙官差；茶场司事，州郡毋得越职听治。又以茶价增减或不一，裁立中价，定岁入课额，及设酬赏以待官吏，而三路三十六场大小使臣并不限员。重园户采造黄老秋叶茶之禁，犯者没官。蒲宗闵亦援稷比，许举劾官吏，以重其权，二人皆务浚利刻急。茶场监官买茶精良及满五千驮以及万驮，第赏有差，而所买粗恶伪滥者，计亏坐赃论。凡茶场州军知州、通判并兼提举，经略使所在，即委通判。又禁南茶入熙河、秦凤、泾原路，如私贩腊茶法。

自熙宁十年冬推行茶法，元丰元年秋，凡一年，通课利及旧界息税七十六万七千六十余缗。帝谓稷能推原法意，日就事功，宜速迁擢，以劝在位，遂落权发遣，以为都大提举茶场，而用永兴军等路提举常平范纯粹同提举。久之，用稷言徙司秦州，而录李杞前劳，以子珏试将作监主簿。蒲宗闵更请巴州等处产茶并用榷法。

五年，李稷死永乐城，诏以陆师闵代之。师闵言稷治茶五年，百费外获净息四百二十八万余缗，诏赐田十顷。而师闵榷利，尤刻于前，建言："文、阶州接连，而茶法不同，阶为禁地，有博马、卖茶场，文独为通商地。乞文、龙二州并禁榷；仍许川路余羡茶货入陕西变卖，于成都府置博卖都茶场。"事皆施行。初，群牧判官郭茂恂言，卖茶买马，事实相须，诏茂恂同知举茶场。至是，师闵以买马司兼领茶场，茶法不能自立，诏罢买马司兼领；令茶场都大提举视转运使，同管干视转运判官，以重其任。贾种民更立茶法，师闵论奏茶场与他场务不同，诏并用旧条。初，李杞增诸州茶场，自熙宁七年至元丰八年,蜀道茶场四十一,京西路金州为场六,陕西卖茶为场三百三十二,税息至稷加为五十万,及师闵为百万。

元祐元年,侍御史刘挚奏疏曰:"蜀茶之出,不过数十州,人赖以为生,茶司尽榷而市之。园户有茶一本,而官市之,额至数十斤。官所给钱,靡耗于公者,名色不一,给借保任,输入视验,皆牙侩者主之,故费于牙侩者又不知几何。是官于园户名为平市,而实夺之。园户有逃而免者,有投死以免者,而其害犹及邻伍。欲伐茶则有禁,欲增植则加市,故其俗论谓地非生茶也,实生祸也。愿选使者,考茶法之敝,以苏蜀民。"右司谏苏辙继言:"吕陶尝奏改茶法,止行长引,令民自贩,每缗长引钱百,诏从其请,民方有息肩之望。孙迥、李稷入蜀商度,尽力掊取,息钱、长引并行,民间始不易矣。且盗贼赃及二贯,止徒一年,出赏五千,今民有以钱八百私买茶四十斤者,辄徒一年,赏三十千,立法苟以自便,不顾轻重之宜。盖造立茶法,皆倾险小人,不识事体。"且备陈五害。吕陶亦条上利害,诏付黄廉体量;未至,挚又言陆师孟恣为不法,不宜仍任事。诏即罢之。先是,师闵提举榷茶,所行职务,他司皆不得预闻,事权震灼,为患深密。及黄廉就领茶事,乃请凡缘茶事有侵损良法,或措置未当及有诉讼,依元丰令,听他司关送。十一月,蒲宗孟亦以附会李稷卖茶罢。

明年,熙河、秦凤、泾原三路茶仍官为计置,永兴、鄜延、环庆许通商,凡以茶易谷者听仍旧,毋得逾转运司和来价,其所博斛斗勿取息。七年,诏成都等路茶事司,以三百万缗为额本。

绍圣元年,复以陆师闵都大提举成都等路茶事,而陕西复行禁榷。师闵乃奏龙州仍为禁茶地,凡茶法并用元丰旧条。师闵自复用,以讫哲宗之世,其掊克之迹,不若前日之著,故建明亦罕见焉。

茶之在诸路者,神宗、哲宗朝无大更革。熙宁八年,尝诏都提举市易司岁买商茶,以三百万斤为额。元祐五年,立六路茶税租钱诸州通判转运司月暨岁终比较都数之法。七年,以茶隶提刑司,税务毋得更易为杂税收受。绍圣四年,户部言:"商旅茶税五分,治平条立输送之限既宽,复虑课主无准,故定以限约,毋得更展。元祐中,辄展以季,课入漏失。且茶税岁计七十万缗,积十年未尝检察,请内外委官,期一年驱算以闻。"诏听其议,展限令出一时,毋承用。

崇宁元年,右仆射蔡京言:"祖宗立禁榷法,岁收净利凡三百二十余万贯,而诸州商税七十五万贯有奇,食茶之算不在焉,其盛时几五百余万缗。庆历之后,法制浸坏,私贩公行,遂罢禁榷,行通商之法。自后商旅所至,与官为市,四十余年,利源浸失。谓宜荆湖、江、淮、两浙、福建七路所产茶,仍旧禁榷官买,勿复科民,即产茶州郡随所置场,申商人园户私易之禁,凡置场地园户折税仍旧。产茶州军许其民赴场输息,量限斤数,给短引,于旁近郡县便鬻;余悉听商人于榷货务入纳金银、缗钱或并边粮草,即本务给钞,取便算请于场,别给长引,从所指州军鬻之。商税自场给长引,沿道登时批发,至所指地,然后计税尽输,则在道无苛留。买茶本钱以度牒、末盐钞、诸色封桩、坊场常平剩钱通三百万缗为率,给诸路,诸路措置,各分命官。"诏悉听焉。

俄定诸路措置茶事官置司:湖南于潭州,湖北于荆南,淮南于扬州,两浙于苏州,江东于江宁府,江西地洪州。其置场所在:蕲州即其州及蕲水县,寿州以霍山、开顺,光州以光山、固始,舒州即其州及罗源、太湖,黄州以麻城,庐州以舒城,常州以宜兴,湖州即其及长兴、德清、安吉、武康,睦州即其州及青溪、分水、桐庐、遂安,婺州即其州及东阳、永康、浦江,处州即其州及遂昌、青田,苏、杭、越各即其州,而越之上虞、余姚、诸暨、新昌、剡县皆置焉,衢、台各即其州,而温州以平阳。大法既定,其制置节目,不可毛举。四年,京复议更革,遂罢官置场,商旅并即所在州县或京师给长短引,自买于园户。茶贮以笼箬,官为抽盘,循第叙输息讫,批引贩卖,茶事益加密矣。

大观元年,议提举茶事司须保验一路所产茶色高下、价直低昂,而请茶短引以地远近程以三等之期。复虑商旅影挟旧引,冒诈规利,官吏因得扰动,以御笔申饬之。又以诸路再定茶息,多寡或不等,令斤各增钱十。三年,计七路一岁之息一百二十五万一千九百余缗,榷货务再岁一百十有八万五千余缗。京专用是以舞智固权,自是岁以百万缗输京师所供私奉,掊息益厚,盗贩公行,民滋病矣。

政和二年,大增损茶法。凡请长引再行者,输钱百缗,即往陕西,加二十,茶以百二十斤;短引输缗钱二十,茶以二十五斤。私造引者如川钱引法。岁春茶出,集民户约三岁实直及今价上户部。茶笼篰并皆官制,听客买,定大小式,严封印之法。长短引辄窜改增减及新旧对带、缴纳申展、住卖转籴科条悉具。初,客贩茶用旧引者,未严斤重这限,影带者众。于是又诏凡贩长引斤重及三千斤者,须更买新引对卖,不及三行斤者,即用新引以一斤带二斤籴之,而合同场之法出矣。场置于产茶州军,而簿给于都茶场。凡不限斤重茶,委官司秤制,毋得上凭批引为定,有赢数即没官,别定新引限程及重商旅规避秤制之禁,凡十八条,若避匿抄札及擅卖,皆坐以徒。复虑茶法犹轻,课入不羡,寂园户私卖及有引而所卖逾数,保内有犯不告,并如煎盐亭户法。短引及食茶关子辄出本路,坐以二千里流,赏钱百万。

重和元年,诏:"客贩输税,检括抵保,吏因扰民,其蠲之。"未几,复输税如旧。大抵茶、盐之法,主于蔡京,务巧掊利,变改法度,前后相逾,民听眩惑。初,令茶户投状籍于官,非在籍者,禁与商旅贸易,未几即罢。初,限计斤重,令买新此,茶有赢者,即及一千五百斤,须用新引贴贩,或止贩新茶带卖者听;未几,以带粜者多,又罢其令。

陕西旧通蜀茶,崇宁二年,始通东南茶。政和中,陕西没官茶令估卖,继以妨商旅,下令焚弃。俄令正茶没官者听兴贩,引外剩茶及私茶数以给告者。长引限以一年,短引限以半岁缴纳。久之,令已买引而未得于园户者,期七年,许民间同见缗流转,长引听即本路住卖,以二浙盐香司有言而止。其科条纤悉纷更,不可胜记,虑商旅疑豫,茶货不通,乃重扇摇之令。于时掊克之吏,争以赢羡为功,朝廷亦严立比较之法。州郡乐赏畏刑,惟恐负课,优假商人,陵轹州郡,盖莫有言者。独邠州通判张益谦奏:"陕西非产茶地,奉行十年,未经立额,岁岁比较,第务增益,稍或亏少,程督如星。州县惧殿,多前路招诱豪商,增价以幸其来,故陕西茶价,斤有至五六缗者,或稍裁之,则批改文引,转之他郡。及配之铺户,安能尽售?均及税农,民实受害,徒令豪商坐享大利。"言竟不行。

然自茶法更张,至政和六年,收息一千万缗,茶增一千二百八十一万五千六百余斤。及方腊窃发,乃诏权罢比较。腊诛,有司议招集园户,借贷优恤,止于文具,奸臣仍用事,蠹国害民,又虑人言,扇摇之令复出矣。靖康元年,诏川茶侵客茶地者,以多寡差定其罪。

初,熙宁五年,以福建茶陈积,乃诏福建茶在京、京东西、淮南、陕西、河东仍禁榷,余路通商。元丰七年,王子京为福建转运副使,言"建州腊茶,旧立榷法,自熙宁权听通商,自此茶户售客人茶甚良,官中所得惟常茶,税钱极微,南方遗利,无过于此,乞仍旧行榷法。建州岁出茶不下三百万斤,南剑州亦不下二十余万斤,欲尽买入官,度逐州军民户多少及约邻路民用之数计置,即官场卖,严立告赏禁。建州卖私末茶,借丰国监钱十万缗为本。"并从之;所请均入诸路榷卖,委转运司官提举:福建王子京,两许懋,江东杜伟,江西朱彦博,广东高镈,然子京盖未免抑配于民。

时远方若桂州修仁诸县、夔州路达州有司皆议榷茶,言利者踵相蹑,然神宗闻鄂州失催茶税,辄蠲之。建州园户等以茶粗滥当剥纳,为钱三万六千余缗,虑其不能偿,令准输茶。初,成都帅司蔡延庆言邛部川蛮主苴尪等愿卖马,即诏延庆以茶招来,后闻边计蛮情非便,即罢之。哲宗嗣位,御史安惇首劾王子京买腊茶抑民,诏罢子京事任,令福建禁榷州军视其旧,余并通商。桂州修仁等县禁榷及陕西卖芽茶皆罢。

崇宁二年,尚书省言:"建、剑二州茶额七十余万斤,近岁增盛,而本钱多不继。"诏更给度牒四百,仍给以诸色封桩。继诏商旅贩腊茶蠲其税,私贩者治元售之家,如元丰之制。腊茶旧法免税,大观三年,措置茶事,始收焉。四年,私贩勿治元售之家,如元符令。政和初,复增损为新法。三年,诏免输短引,许依长引于诸路住卖,后末骨茶每长引增五百斤，短引仿此；诸路监司、州郡公使食茶禁私买，听依商旅买引。六年，诏福建茶园如盐田，量土地产茶多寡，依等第均税。重和元年，以改给免税新引，重定福建骨茶斤重，长引以六百斤为率。

元丰中，宋用臣都提举汴河堤岸，创奏修置水磨，凡在京茶户擅磨末茶者有禁，并许赴官请买，而茶铺入米豆杂物揉和者募人告，一两赏三千，及一斤十千，至五十千止。商贾贩茶应往府界及在京，须令产茶山场州军给引，并赴京场中卖，犯者依私贩腊茶法。诸路末茶入府界者，复严为之禁。迄元丰末，岁获息不过二十万，商旅病焉。

元祐初，宽茶法，议者欲罢水磨。户部侍郎李定以失岁课，持不可废，侍御史刘挚、右司谏苏辙等相继论奏，遂罢。绍圣初，章惇等用事，首议修复水磨。乃诏即京、索、天源等河为之，以孙迥提举，复命兼提举汴河堤岸。四年，场官钱景逢获息十六万余缗，吕安中二十一万余缗，以差议赏。元符元年，户部上凡获私末茶并杂和者，即犯者未获，估价给赏，并如私腊茶获犯人法。杂和茶宜弃者，斤特给二十钱，至十缗止。

初，元丰中修置水磨，止于在京及开封府界诸县，未始行于外路。及绍圣复置，其后遂于京西郑、滑、颍昌府，河北澶州皆行之，又将即济州山口营置。崇宁二年，提举京城茶场所奏："绍圣初，兴复水磨，岁收二十六万余缗。四年，于长葛等处京、索、溟水河增修磨二百六十余所，自辅郡榷法罢，遂失其利，请复举行。"从之。寻诏商贩腊茶入京城者，本场尽买之，其翻引出外者，收堆垛钱。裁元丰制更立新额，岁买山场草茶以五百万斤为率。客茶至京者，许官场买十之三，即索价故高，验元引买价量增。三年，诏罢之。

明年，改令磨户承岁课视酒户纳曲钱法。五年，复罢民户磨茶，官用水磨仍依元丰法，应缘茶事并隶都提举汴河堤岸司。大观元年，改以提举茶事司为名，寻命茶场、茶事通为一司。三年，复拨隶京城所，一用旧法。政和元年，京城所请商旅贩茶起引定入京住卖者,即许借江入汴,如元丰旧制其借江入汴却指他路住卖者禁,已请引者并令赴京。二年,以课人不登,商贾留滞,诏以其事归尚书省。于是尚书省言:"水磨茶自元丰创立,止行于近畿,昨乃分配诸路,以故致弊,欲止行于京城,仍通行客贩,余路水磨并罢。"从之。四年,收息四百万贯有奇,比旧三倍,遂创月进。

高宗建炎初,于真州印钞,给卖东南茶盐。当是时,茶之产于东南者,浙东西、江东西、湖南北、福建、淮南、广东西,路十,州六十有六,县二百四十有二。雪川顾渚生石上者谓之紫笋,毗陵之阳羡,绍兴之日铸,婺源之谢源,隆兴之黄龙、双井,皆绝品也。建炎三年,置行在都茶场,罢合同场十有八,惟洪、江、兴国、潭、建各置场一,监官一。罢食茶小引,捕私茶法视捕私盐。二十一年,秦桧等始进《茶盐法》。先是,臣僚或因事建明,朝廷亦因时损益,至是审订成书,上之。

孝宗隆兴二年,淮东宣谕钱端礼言:"商贩长引茶,水路不许过高邮,陆路不许过天长,如愿往楚州及盱眙界,引贴输翻引钱十贯五百文,如又过淮北,贴输亦如之。"当是时,商贩自榷场转入虏中,其利至博,几禁虽严,而民之犯法者自若也。乾道二年,户部言:"商贩至淮北榷场折博,除输翻引钱,更输通货佮息钱十一缗五百文。"八年,减输翻引钱止七缗,通货佮息钱止八缗。淳熙二年,以长短茶引权以半依元引斤重钱数,分作四缗小引印给,而翻引贴输钱随小引输送。光宗绍熙初,漳州守臣朱熹奏除属邑科茶七千余缗。臣僚申明长短小引相兼,从人之便。户部言给卖小引,除金银、会子分数入输,余愿专以会子算请者听。

宁宗嘉泰四年,知隆兴府韩逸奏请:"隆兴府惟分宁县产茶,他县无茶,而豪民武断者乃请引,穷索一乡,使认茶租非便。"于是禁非产茶县不许民擅认茶租。

建宁腊茶,北苑为第一,其最佳者曰社前,次曰火前,又曰雨前,所以供玉食,备赐予。太平兴国始置,大观以后制愈精,数愈多,胯式屡变,而品不一,岁贡片茶二十一万六千斤。建炎以来,叶浓、杨勍等相因为乱,园丁亡散,遂罢之。绍兴二年,躅未起大龙凤茶一千七百二十八斤。五年,复减大龙凤及京铤之半。十二年,兴榷场,遂取腊茶为榷场本,凡胯、截、片、铤,不以高下多少,官尽榷之,申严私贩入海之禁。议者请鬻建茶于临安,移茶事司于建州买发,明年,以失陷引钱,复令通商。自是上供龙凤、京铤茶料,凡制作之费、筐笥之式,令漕司专之。

蜀茶之细者,其品视南方已下,惟广汉之赵坡,合州之水南,峨眉之白牙,雅安之蒙顶,土人亦珍之,但所产甚微,非江、建比也。旧无榷禁,熙宁间,始置提举司,收岁课三十万;至元丰中,累增至百万。建炎元年,成都转运判官赵开言榷茶、买马五害,请"用嘉祐故事尽罢榷茶,而令漕司买马。或未能然,亦当减额以苏园户,轻价以惠行商,如此则私贩衰而盗贼息。"遂以开同主管川、秦茶马。二年,开至成都,大更茶法,仿蔡京都茶场法,以引给茶商,即园户市茶,百斤为一大引,除其十勿算。置合同场以讥其出入,重私商之禁,为茶市以通交易。每斤引钱春七十、夏五十,市利头子钱不预焉。所过征一钱,所止一钱五分。自后引息钱至一百五万缗。至十七年,都大茶马韩球尽取园户加饶之茶为额,茶司岁收二百万,而买马之数不加多。

乾道末年,青羌作乱,茶司增长细马名色等钱岁三十万。淳熙六年以后,累减园户重额十六万,又减引息钱十六万。至绍熙初,杨辅为使,遂定为法。成都府、利州路二十三场,岁产茶二千一百二万斤,通博马物帛岁收钱二百四十九万三千余缗。朝廷岁以一百一十三万缗隶总领所赡军,然茶马司率多难之;乾道以后,岁拨止一二十万缗,至淳熙十年,遂以五十万缗为准。

自熙、丰以来,茶司官权出诸司之上。初,元丰开川、秦茶场,园户既输二税,又输土产,隆安县园户二税、土产兼输外,又催理茶课估钱,建炎元年立为额,至宁宗庆元初,始除之。六年,诏四川产茶处岁输经总制头子钱五千四十一道有奇,又科租钱三千一百四十道有奇。

宋初,经理蜀茶,置互市于原、渭、德顺三郡,以市蕃夷之马;熙宁间,又置于熙河。南渡以来,文、黎、珍、叙、南平、长宁、阶、和凡八场,其间卢甘蕃马岁一至焉,洮州蕃马成一月或两月一至焉,叠州蕃马或半年或三月一至焉,皆良马也。其他诸蕃马多驽,大率皆以互市为利,宋朝曲示怀远之恩,亦以是羁縻之。绍兴二十四年,复黎州及雅州碉门灵西砦易马场,乾道初,川、秦八场马额九千匹,淳熙以来,为额万二千九百九十四匹,自后所市未尝及焉。

宋史卷一八五
志第一三八

食货下七

酒　坑冶　矾　香附

　　酒　宋榷酤之法：诸州城内皆置务酿酒，县、镇、乡、闾或许民酿而定其岁课，若有遗利，所在多请官酤。三京官造曲听民纳直以取。

　　陈、滑、蔡、颍、随、郢、邓、金、房州、信阳军旧皆不榷。太平兴国初，京西转运使程能请榷之，所在置官吏局署，取民租米麦给酿，以官钱市薪槱及吏工奉料。岁计获无几，而主吏规其盈羡，及醖齐不良，酒多醨薄，至课民婚葬，量户大小令酤，民甚被其害。岁俭物贵，殆不偿其费。太宗知其弊，淳化五年，诏募民自酿，输官钱减常课三之二，使其易办；民有应募者，检视其赀产，长吏及大姓共保之，后课不登则均偿。是岁，取诸州岁课钱少者四百七十二处，募民自酤，或官卖南收其直。其后民应募者寡，犹多官酿。

　　陕西虽榷酤，而尚多遗利。咸平五年，度支员外郎李士衡请增课以助边费，乃岁增十一万余贯。两浙旧募民掌榷，雍熙初，以民多私酿，遂蠲其禁，其榷酤岁课如曲钱之制，附两税均率。二年，诏曰："有司请罢杭州榷酤，乃使豪举之家坐专其利，贫弱之户岁责所输，本欲惠民，乃成侵扰。宜仍旧榷酒，罢纳所均钱。"天禧四年，转运副

使方仲荀言："本道酒课旧额十四万贯，遗利尚多。"乃岁增课九万
八千贯。

川峡承旧制，卖曲价重，开宝二年，诏减十之二。既而颇兴榷
酤，言事者多陈其非便，太平兴国七年罢，仍旧卖曲。自是，惟夔、
达、开、施、泸、黔、涪、黎、威州、梁山、云安军，及河东之麟、府州，荆
湖之辰州，福建之福泉、汀、漳州、兴化军，广南东、西路不禁。

自春至秋，酝成即鬻，谓之"小酒"，其价自五钱至三十钱，有二
十六等；腊酿蒸鬻，候夏而出，谓之"大酒"，自八钱至四十八钱，有
二十三等。凡酝用粳、糯、粟、黍、麦等及曲法、酒式，皆从水土所宜。
诸州官酿所费谷麦，准常籴以给，不得用仓储。酒匠、役人当受粮者
给钱。凡官曲，麦一斗为曲六斤四两。卖曲价：东京、南京斤直钱百
五十五，西京减五。

咸平末，江、淮制置增榷酤钱，颇为烦刻。景德二年，诏毋增榷，
自后制置使不得兼领酒榷。四年，又诏中外不得更议增课以图恩
奖。天禧初，著作郎张师德使淮南，上言："乡村酒户年额少者，望并
停废。"从之。

至道二年，两京诸州收榷课铜钱一百二十一万四千余贯、铁钱
一百五十六万五千余贯，京城卖曲钱四十储备万余贯。天禧末，榷
课铜钱增七百七十九万六千余贯，铁钱增一百三十五万四千余贯，
曲钱增三十九万一千余贯。

五代汉初，犯私曲者并弃市；周，至五斤者死。建隆二年，以周
法太峻，犯私曲至十五斤、以私酒入城至三斗者始处极刑，余论罪
有差；私市酒、曲者减造人罪之半。三年，再下酒、曲之禁，凡私造差
定其罪：城郭二十斤、乡闾三十斤，弃市；民持私酒入京城五十里、
西京及诸州城二十里者，至五斗处死；所定里数外，有官署酤酒而
私酒入其地一石，弃市。乾德四年，诏比建隆之禁第减之：凡至城郭
五十斤以上、乡闾百斤以上、私酒入禁地二石三石以上、至有官署

处四石五石以上者,乃死。法益轻而犯者鲜矣。

端拱二年令:民买曲酿酒酤者,县镇十里如州城二十里之禁。天圣以后,北京售曲如三京法,官售酒、曲亦画疆界,戒相侵越,犯皆有法。其不禁之地,大概与宋初同,唯增永兴军、大通监、川峡之茂州、富顺监。

时天下承平既久,户口浸蕃,为酒醪以靡谷者益众。乾兴初,言者谓:"诸路酒课,月比岁增,无有艺极,非古者禁群饮、教节用之义。"遂诏:"乡村毋得增置酒场,已募民主之者,期三年;他人虽欲增课以售,勿听;主者自欲增课,委官吏度异时不至亏额负课,然后上闻。"既而御中丞晏殊请酒场利薄者悉禁增课。

天圣七年,诏:"民间有吉凶事酤酒,旧听自便,毋抑配,而江、淮、荆湖、两浙酒户往往豪制良民,至出引目,抑使多售。其严禁止,犯者听人告,募人代之。"庆历初,三司言:"陕西用兵,军费不给,尤资榷酤之利。请较监临官岁课,增者第赏之。"继令萧定基、王琪等商度利害。

初,酒场岁课不登,州县多责衙前或伍保输钱以充其数,嘉祐、治平中,数戒止之。治平四年,手诏蠲京师酒户所负曲钱十六万缗,又江南比岁所增酒场,强率人酤酒者禁止。皇祐中,酒曲岁课合缗钱一千四百九十八万八千一百九十六,至治平中,减二百一十二万三千七百三;而皇祐中,又入金帛、丝纩、刍粟、材木之类,总其数四百万七百六十,治平中,乃增一百九十九万一千九百七十五。

熙宁三年,诏诸郡遇节序毋得以酒相馈。初,知渭州蔡挺言:"陕西有醖公使酒交遗,至逾二十驿,道路烦苦。"诏禁之。至是,都官郎中沈衡复言:"知莫州柴贻范馈他州酒至九百余瓶,用兵夫逾二百人。"故并诸路禁焉。

四年,三司承买酒曲坊场钱率千钱税五十,储以禄吏。六月,令式所删定官周直孺言:"在京曲院酒户鬻酒亏额,原于曲数多则酒亦多,多则价贱,贱则人户损其利。为今之法,宜减数增价,使酒有限而必售，则人无耗折之患，而官额不亏。请以百八十万斤为定额，闰上增十五万斤。旧直，斤百六十八，百以八十五为数，请增为二百，百用省数，以便入出。"七年，诸郡旧不酿酒者许酿，以公使钱率百缗为十石，溢额者以违制论。在京酒户岁用糯三十万石，九年，江、浙灾伤，米直腾贵，诏选官至所产地预给钱，俟成稔折输于官。未几，诏勿行，止以所籴在京新米与已籴米半用之。元丰元年，增在京酒户曲钱，较年额损曲三十万斤，闰年益造万斤。二年，诏："在京鬻曲，岁以百二十万斤为额，斤直钱二百五十，俟鬻及旧额，令复旧价。酒户负漕、糯钱，更期以二年带输，并蠲未请曲数十万斤。"先是，京师曲法，自熙宁四年更定后，多不能偿，虽屡阁未请曲数，及损岁额为百五十万斤，斤增钱至二百四十，未免逋负。至是，命毕仲衍与周直孺讲求利病，请："损额增直，均给七十店，令月输钱，周岁而足，月输不及数，计所负倍罚；其炊醖非时、擅益器量及用私曲。皆立告赏法。"悉施行之，而裁其价。三年，诏："带输旧曲钱及倍罚钱，仍宽以半岁，未经免罚者蠲三之一。"五年，外居宗室酒，止许于旧宫院尊长及近属寄醖。增永兴军乾祐县十酒场。酒户负糟、糯钱，更令三年之内均月限以输，并除限内罚息，其倍罚曲钱已蠲三分之一，下户更免一分。

元祐元年，删监司鬻酒及三路馈遗条。绍圣二年，左司谏翟思言：诸郡酿酒，非沿边并复熙宁之数。诏："熙宁五年以前，诸郡不酿酒、及有公使钱而无酒者，所酿并依《熙宁编敕》数。仍令诸郡所减勿逾百石，旧不及数者如旧，毋得于例外供馈。"后又以陕西沿边官监酒务课入不足，乃令边郡非帅府并酌条制定酿酒数，诸将并城砦止许于官务寄酿。

崇宁二年，知涟水军钱景允言建立学舍，请以承买醋坊钱给用。诏常平司计无害公费如所请，仍令他路准行之。初，元祐臣僚请罢榷醋，户部谓本无禁文。后翟思请以诸郡醋坊日息用余悉归常平，至是，景允有请，故令常平计之。十月，诸路官监酒直，上者升增钱二，中下增一，经充学费，余裨转运司岁用。

大观四年,以两浙转运司之请,官监醠糟钱别立额比较。又诏:"诸郡榷酒之地,入出酒米,并别遣仓官。卖醋毋得越郡城五里外,凡县、镇、村并禁,其息悉归转运司,旧属常平者如故。

政和二年,淮南发运副使董正封言:"杭州都酒务甲于诸路,治平前岁课三十万缗,今不过二十万。请令分务为三,更置比较务二,毋增官吏兵匠,仍请本路诸郡并增务比较。"从之。四年,两浙转运司亦请置务比较,定课额酿酒收息,以增亏为赏罚。诏:"酒务官二员者分两务,三员者复增其一,员虽多毋得过四务。内有官虽多而课息不广者,听如旧。"是岁,以湖南路诸务糟醇钱分入提举司,令斤增钱三,为直达粮纲水工之费。立酒匠阙听选试清务厢军之法。清务者,本州选刺供踏曲爨蒸之役,阙则募人以充。

宣和二年,公使库假用米曲及因耗官课者,以坐赃罪之,监官移替。三年,发运使陈遘奏:"江、淮等路官监酒直,上者升权增钱五,次增三,为江、浙新复州县之用。"其后尚书省请令他路悉行之。诏如其请,所收率十之三以给漕计,余输大观库。五年,罢夔路榷酤,未几复旧,以转运司言新边城砦籴以供亿故也。六年,在任官以奉酒抑卖坊户转酾者,论以违制律。先是,政和末,尝诏毋得令人置肆以酾,令并禁之。诸路增酒钱,如元丰法,悉充上供,为户部用,毋入转运。七年,诸路酾醋息,率十五为公使,余如钞旁法,令提刑司季具储备之数,毋得移用。靖康元年,两浙路酒价屡增,较熙、丰几倍,而岁籴米曲直贱,民规利,轻冒法,遂令罢所增价。

渡江后,屈于养兵,随时增课,名目杂出,或主于提刑,或领于漕司,或分隶于经、总制司,惟恐军资有所未裕。建炎三年,总领四川财赋赵开遂大变酒法:自成都始,先罢公帑卖供给酒,即旧扑买坊场所置隔酿,设官主之,民以米入官自酿,斛输钱三十,头子钱二十二。明年,遍下其法于四路,岁递增至六百九十余万缗,凡官槽四百所,私店不预焉,于是东南之酒额亦日增矣。四年,以米曲价高,诏上等升增二十文,下等升增十八文,俟米曲价平依旧。

绍兴元年,两浙酒坊于买扑上添净利钱五分,季输送户部。又增诸酒钱上升二十文,下十文。其诸州军卖酒亏折,随宜增价,一分州用,一分漕计,一分隶经制司。先是,酒有定价,每增须上请。是后,郡县始自增,而价不一矣。五年,令诸州酒不以上下,升增五文,隶总制司。六年,以诏兴二年以后三年中一年中数立额,其增羡给郡县用。罢四川州、军、县、镇酒百七员,其酒息微处并罢之。

七年,以户部尚书章谊等言,行在置赡军酒库。四川制置使胡世将即成都、潼川、资、普、广安立清酒务,许民买扑,岁为钱四万八千余缗。自赵开行隔槽法,增至十四万六千余缗,绍兴元年。及世将改官监,所入又倍,自后累增至五十四万八千余缗,绍兴二十五年。而外邑及民户坊场又为三十九万缗。淳熙二年,然隔槽之法始行,听就务分槽酝卖,官计所入之米而收其课,若未病也。行之既久,酝卖亏欠,则责入米之家认输,不复覆其米而第取其钱,民始病矣。

十年,罢措置赡军酒库所,官吏悉归户部,以左曹郎中兼领,以点检赡军酒库为名,与本路漕臣共其事。十五年,弛夔路酒禁。以南北十一库并充赡军激赏酒库,隶左右司。十七年,省四川清酒务监官,成都府二员,兴元遂宁府、汉、绵、邛、蜀、鼓、简、果州、富顺监并汉州绵州县各一员。

二十一年,诏诸军买扑酒坊监官赏格依旧。四万、三万贯以上场务:增及一倍,减一年磨勘,二倍减二年磨励,三倍减三年磨勘,四倍减四年磨勘。二万、一万贯已上场务:增及一倍,减三季磨勘,二倍减一年磨勘,三倍减三年磨勘。七千贯以上场务:增及一倍,升三季名次,二倍减一年磨勘,三倍减一年半磨勘,四倍减二年磨勘。七千贯以下场务:增及一万贯,减一年磨勘,二万贯减二年磨勘,三万贯减三年磨勘,四万贯减四年磨勘。二十五年,罢诸路漕司寄造酒。二十七年,以隔槽酒扰民,许买仆以便民。罢官监,后复置之。

三十年,以点检措置赡军酒库改隶户部。既而户部侍郎邵大受等言:“岁计赖经、总制,窠名至多,今诸路岁亏二百万,皆缘诸州公使库广造,别置店酤卖,以致酒务例皆败坏。”诏罢诸州别置酒库,如军粮酒库、防月库、月桩库之类,并省务寄造酒及帅司激买酒库,凡未分隶经、总制钱处,并立额分隶,补趁亏额。三十一年,殿帅赵密以诸军酒坊六十六归之户部,见九年。同安郡王杨存中罢殿帅,复以私扑酒坊九上之;岁通收息六十万缗有奇,以十分为率,七分输送行在,三分给漕计。盖自军兴以来,诸帅擅榷酤之利,由是,县官始得资之以佐经费焉。

孝宗乾道元年,以浙东、西犒赏库六十四隶三衙,输课于左藏南库,余钱充随年赡军及造军器。二年,诏:“临安府安抚司酒库悉归赡军;并赡军诸库及临安府安抚司酒务,令户部取三年所收一年中数立额。”日售钱万缗,岁收本钱一百四十万,息钱一百六十万,曲钱二万,羡余献以内藏者又二十万,其后增为五十万。四年,立场务官赏格。七年,以淮西总领周闳言,总所库四,安抚司库五,都统司库十八,马军司库一,增置行宫库一,共为库二十九,以三年最高年为额;其行宫新库息钱,除分认诸处钱及糜费,以净息三分为率,一分输御前酒库以提领建康府户部赡军酒库为名,遂铸印及改库名。八年,知常德府刘邦翰言:“江北之民困于酒坊,至贫之家,不损万钱则不能举一吉凶之礼。”乃检《乾道重修敕令》,申严抑买之禁,淳熙三年诏:“四川酒课折估困弊,可减额钱四十七万三千五百余缗,令礼部给降度牒六百六十一道,补还今岁减数,明年于四川合给湖广总所钱补之。”

宁宗开禧元年,知临安府兼黜检赡军激赏库赵善防、转运判官提领户部犒赏酒库詹徽之言,官吏冗费,请诸司官属兼管。明年,又以都省言课额失陷,依旧辟置。

初,赵开之立隔酿法也,盖以纾一时之急,其后行之诸郡,国家赡兵,郡县经费,率取给此。故虽罢行、增减,不一而足,而其法卒不可废云。

坑冶　凡金、银、铜、铁、铅、锡监冶场务二百有一:金产商、饶、歙、抚四州,南安军。银产凤、建、桂阳三州,有三监;饶、信、虔、越、衢、处、道、福、汀、漳、南剑、韶、广、英、连、恩、春十七州，建昌、邵武、南安三军，有五十一场；秦、陇、兴元三州，有三务。铜产饶、处、建、英、信、汀、漳、南剑八州，南安、邵武二军，有三十五场；梓州有一务。铁产徐、兖、相三州，有四监；河南、凤翔、同、虢、仪、蕲、黄、袁、英九州，兴国军，有十二冶；晋、磁、凤、沣、道、渠、合、梅、陕、耀、坊、虔、汀、吉十四州，有二十务信、鄂、连、建、南剑五州，邵武军，有二十五场。铅产越、建、连、英、春、韶、衢、汀、漳、南剑十州，南安、邵武二军，有三十六场、务。锡产河南、南康、虔、道、贺、潮、循七州，南安军，有九场。水银产秦、阶、商、凤四州，有四场。朱砂产商、宜二州，富顺监，有三场。

开宝三年，诏曰："古者不贵难得之货，后代赋及山泽，上加侵削，下益凋弊。每念兹事，深疚于怀，未能损金于山，岂忍夺人之利。自今桂阳监岁输课银，宜减三分之一。"民铸铜为佛像、浮图及人物之无用者禁之，铜铁不得阑出蕃界及化外。

至道二年，有司言："定州诸山多银矿，而凤州山铜矿复出，采炼大获，而皆良焉。请置官署掌其事。"太宗曰："地不爱宝，当与众庶共之。"不许。东、西川盐酒商税课半输银帛外，有司请令二分入金。景德三年，诏以非土产罢之。

天圣中，登、莱采金，岁益数千两。仁宗命奖劝官吏，宰相王曾曰："采金多则背本趋末者众，不宜诱之。"景祐中，登、莱饥，诏弛金禁，听民采取，俟岁丰复故。然是时海内承平已久，民间习俗日渐侈靡，糜金以饰服器者不可胜数，重禁莫能止焉。景祐、庆历中，屡下诏申敕之，语在《舆服志》。大率山泽之利有限，或暴发辄竭，或采取岁久，所得不偿其费，而岁课不足，有司必责主者取盈。仁宗、英宗每降赦书，辄委所在视冶之不发者，或废之，或蠲主者所负岁课，率以为常；而有司有请，亦辄从之，无所吝。故冶之兴废不常，而岁课增损随之。

皇祐中，岁得金万五千九十五两，银二十一万九千八百二十九两,铜五百一十万八百三十四斤,铁七百二十四万一千斤,铅九万八千一百五十一斤,锡三十三万六百九十五斤,水银二千二百斤。

其后,以赦书从事或有司所请,废冶百余。既而山泽兴发,至治平中,或增冶或复故者六十有八,而诸州坑、冶总二百七十一:登、莱、商、饶、汀、南恩六州,金之冶十一;登、虢、秦、凤、商、陇、越、衢、饶、信、虔、郴、衡、漳、汀、泉、建、福、南剑、英、韶、连、春二十三州,南安、建昌、邵武三军,桂阳监,银之冶八十四;饶、信、虔、建、漳、汀、南剑、泉、韶、英、梓十一州,邵武军,铜之冶四十六;登、莱、徐、兖、凤翔、陕、仪、邢、虢、磁、虔、吉、袁、信、沣、汀、泉、建、南剑、英、韶、渠、合、资二十四州,兴国、邵武二军,铁之冶七十七;越、衢、信、汀、南剑、英、韶、春、连九州,邵武军,铅之冶三十;商、虢、虔、道、贺、潮、循七州,锡之冶十六;而水银、丹砂州冶,与至道、天禧之时则一,皆置吏主之。是岁,视皇祐金减九千六百五十六,银增九万五千三百八十四,铜增一百八十七万,铁、锡增百余万,铜增二百万,又得丹砂二千八百余斤,独水银无增损焉。

熙宁元年,诏:"天下宝货坑冶,不发而负岁课者蠲之。"八年,令近坑冶坊郭乡村并淘采烹炼,人并相为保;保内及于坑冶有犯,知而不纠或停盗不觉者,论如保甲法。

元丰元年,诸坑冶金总收万七百一十两,银二十一万五千三百八十五两,铜千四百六十万五千九百六十九斤,铁五百五十万一千九十七斤,铅九百十九万七千三百三十五斤,锡二百三十二万一千八百九十八斤,水银三千三百五十六斤,朱砂三千六百四十六斤十四两有奇。

先是,熙宁七年,广西经略司言:"邕州右江填乃洞产金,请以邓辟监金场。"后五年,凡得金为钱二十五万缗,辟迁官者再焉。元丰四年,始以所产薄罢贡,而虔、吉州界铅悉禁之。七年,户部尚书王存等请复开铜禁,各殿磨勘年有差。是岁,坑冶凡一百三十六所,领于虞部。

绍圣元年,户部尚书蔡京奏:"岑水场铜额浸亏,而商、虢间苗脉多,陕民不习烹采,久废不发。请募南方善工诣陕西经画,择地兴冶。"于是以许天启同管干陕西坑冶事。元府三年,天启罢领坑冶,以其事归之提刑司。初,新旧坑冶合为一司,而漕司兼领。天启为同管干,欲专其事,虑有所牵制,乃请川、陕、京西路坑冶自为一司,许检束州县,刺举官吏,而漕司不复兼坑冶。至是,中书奏天启所领,首末六岁,总新旧铜止收二百六万余斤,而兵匠等费繁多,故罢之。

崇宁元年,提举江、淮等路铜事游经言:"信州胆铜古坑二:一为胆水浸铜,工少利多,其水有限;一为胆土煎铜,无穷而为利寡。计置之初,宜增本损息,浸铜斤以钱五十为本,煎铜以八十。"诏用其言。诸路坑冶,自川、陕、京西之外,并令常平司同管干。所收息薄而烦官监者,如元符、绍圣敕立额,许民封状承买。四年,湖北旺溪金场,以岁收金千两,乃置监官。广东漕臣王觉自言尝领常平,讲求山泽之利,岑水一场去年收铜,比祖额增三万九千一百斤,较之常年亦增六十六万一千斤。遂增其秩。是岁,山泽坑冶名数,令监司置籍,非所当收者别籍之,若弛兴、废置、移并,亦令具注,上于虞部。

大观二年,诏:"金银坑发,虽告言而方检视,私开淘取者以盗论。坑冶旧不隶知县、县丞者,并令兼监,赏罚减正官一等。"有冶地,知县月一行点阅。言者论其职在宣导德泽,平征赋狱讼,不宜为利走山谷间,遂已之。八月,提举陕西坑冶司改并入转运司。

政和元年,张商英言:"湖北产金,非止辰、沅、靖溪峒,其峡州夷陵、宜都县,荆南府枝江、江陵县赤湖城至鼎州,皆商淘采之地。漕司既乏本钱,提举司买止千两,且无专司定额。请置专切提举买金司,有金苗无官监者,许遣部内州县官及使臣掌干。"诏提举官措画以闻,仍于荆南置司。广东漕司复奏:"端州高明、惠州信上、立溪场皆宜停闭;韶州曹峒场、英州银冈场皆并入英之清溪场,惟黄坑场欲权存,俟岁终会所入别奏:惠州杨梅东坑、康州云烈、潮州丰政、连州元鱼铜坑、黄田、白宝,广州大利、宜禄,韶州伍注、岑水、铜罔、循州大佐、罗翊、英州鍾铜凡十六场，请并如旧；循之夜明、英之竹溪、韶之思溪、连之同安请更遣摄官。”从之。

三年，尚书省言：“陕西路坑冶已遣官提辖提置，川路金银坑冶兴发，虑失利源。”诏：“令陕西措置官兼行川路事。坑冶所收金、银、铜、铅、锡、铁、水银、朱砂物数，令工部置籍签注，岁半消补，上之尚书省。”自是，户工部、尚书省皆有籍钩考，然所凭唯帐状，至有有额而无收，有收而无额，乃责之县丞、监官及曹、部奉行者，而更督递年违负之数。九月，措置陕西坑冶蒋彝奏：本路坑冶收金千六百两，他物有差。诏输大观西库，彝增秩，官属各减磨勘年。四年，令监司遣官同诸县丞遍视坑冶之利，为图籍签注，监司覆实保奏，议遣官再覆，酌重轻加赏，异同、脱漏者罪之。六年，川、陕路各置提辖措置。坑冶官刘芑计置万、永州产金，一岁收二各四百余两，特与增秩。十二月，广东漕司言：“本路铁场坑冶九十二所，岁额收铁二百八十九万余斤，浸铜之余无他用。”诏令官悉市以广浸，仍以诸司及常平钱给本。尚书省奏：“五路坑冶已有提辖措置专司，淮南、湖北、广东西亦监司兼领，其余路请并令监司领之。”于是江东西、福建、两浙漕臣皆领坑冶。

七年，提举东南九路坑冶徐禋奏：“太平瑞应，史不绝书。今部内山泽、坑冶，若获希世珍物及古宝器，请赴书艺局上进。”盖自政和初，京西漕王璹奏太和山产水精，知桂州王觉奏枕门等处产金及生花金田，提辖京西坑冶王景文奏汝州青岭镇界产玛瑙，其后湟州界蕃官结彪地内金坑千余，收生熟金四等，凡三十四两有奇。蔡京请宣付史馆，帅百官表贺，故禋复有是请焉。是时，河北、京东西及徐禋所领九路兴修坑冶，类凿空扰下，抑州县承额，于是降黜河北提辖官，遣廉访使者郑谌并诸路廉访悉究陈利病真伪。八月，中书奏坑冶浸已即绪，诏京东西、河北路并提举东南九路坑冶并罢。十一月，尚书省言：“徐禋以东南黑铅留给鼓铸之余，悉造丹济，鬻以济用。”诏诸路常平司以三十万输大观西库，余从所请。

明年，令诸路铁仿茶盐法榷鬻，置炉冶收铁，给引召人通市。苗脉微者听民出息承买，以所收中卖于官，私相贸易者禁之。先是，元丰六年，京东漕臣吴居厚奏："徐、郓、青等州岁制军器及上供简铁之类数多，而利国、莱芜二监铁少不能给。请铁从官兴煽，所获可多数倍。"自是，官榷铁造器用以鬻于民，至元祐罢之。其后大观初，入内皇城使裴绚为泾原干当，奏上渭州通判苗冲淑之言："石河铁冶既令民自采炼，中卖于官，请禁民私相贸易。农具、器用之类，悉官为铸造，其冶坊已成之物，皆以输官而偿其直。"乃禁毋得私相贸，农具、器用勿禁，官自卖铁唯许铸泻户市之。

政和初，臣僚言："监铁利均，今盐筴推行已备，而铁货尚未讲画。请即冶户未偿之钱，收其已炼之铁，为器鬻之。兼京东二监所出尤多，河北固镇等冶并官监，其利不赀，而河东铁、炭最盛，若官榷为器，以赡一路，旁及陕、雍，利入甚广，且以销盗铸之弊。又夏人茶山铁冶既入中国，乏铁为器，闻以盐易铁钱于边，若官自为器则铁与钱俱重，可伐其谋。请榷诸路铁，择其最励者，可置监设官总之，渠诸路不越数十处，余止为铸泻之地，属之都监或监当官兼领。凡农具、器用皆官铸造，表以字号，官本之余，取息二分以上，仍置铁引以通诸路，储其钱助三路钞本。"诏户部下诸路漕臣详度。会次年，广东路请以可监之地如旧法收其净利，苗脉微者召人承买，官不榷取，遂并诸路详度之旨不行。至是，臣僚复以为言，故严贸易之禁，而铁利尽榷于官，然农具、器用从民铸造，卒如旧法。

四月，广东廉房黄烈等言："广、惠、英、康、韶州，兴庆府，政和中，宝货司立坑冶金银等岁额，或苗脉徽，或无人承买，而浮冗之人虚托其名，发毁民田，骚动邀赂。"诏："政和元罢提举坑冶官，其江南路仍令江西漕臣刘蒙同措置。

宣和元年，石泉军江溪沙碛麸金，许民随金脉淘采，立课额，或以分数取之。十月，复置相州安阳县铜冶村监官。先是，诏留邢州綦村、磁州固镇两冶，余创置冶并罢，而常平司谓铜冶村近在河北，得利多，故有是命。六年，诏："坑冶之利，二广为最，比岁所入，稽之熙、丰，十不逮一。令漕臣郑良提举经画，分任官属典掌计置，取元丰以来岁入多数立额,定为常赋,坑冶司毋预焉。"时江、淮、荆、浙等九路,坑冶凡二百四十五,铸钱院监十八,岁额三百余万缗。五月,诏:"坑冶旧隶转运司,如熙、丰、绍旧法;崇宁以后隶常平司者,如崇宁法;其江、淮等路坑冶官属,如熙、丰员数,余路官属并罢,仍令中书选提点官。"

靖康元年,诸路坑冶苗矿既微,或旧有今无,悉令蠲损,凡民承买金场并罢。宋初,旧有坑冶,官置场监,或民承买以分数中卖于官。初隶诸路转运司,本钱亦资焉,其物悉归之内帑。崇宁已后,广搜利冗,榷赋益备。凡属之提举司者,谓之新坑冶,用常平息钱与剩利钱为本,金银等物往往皆积之大观库,自蔡京始。政和间数罢数复,然告发之地多坏民田,承买者立额重,或旧有今无,而额不为损。钦宗即位,诏悉罢之。

南渡,坑冶废兴不常,岁入多寡不同。今以绍兴三十二年金、银、铜、铁、铅、锡之冶废兴之数一千一百七十,及乾道二年铸钱司比较所入之数附之:

湖南、广东、江东西金冶二百六十七,废者一百四十二;湖南、广东、福建、浙东、广西、江东西银冶一百七十四,废者八十四;潼川、湖南、利州、广东、浙东、广西、江东西福建铜冶一百九,废者四十五。旧额岁七百五万·七千二百八十斤有奇,乾道岁入二十六万三千一百六十斤有奇。

淮西、夔州、成都、利州、广东、福建、浙东、广西、江东西铁冶六百三十八,废者二百五十一,旧额岁二百一十六万二千一百四十斤有奇,乾道岁入八十八万三百斤有奇。

淮西、湖南、广东、福建、浙东、江西铅冶五十二,废者一十五,旧额岁三百二十一万三千六百二十斤有奇,乾道岁入一十九万一千二百四十斤有奇。

湖南、广东、江西锡冶一百一十八,废者四十四,旧额岁七十六万一千二百斤有奇,乾道岁入二万四百五十斤有奇。

宋初,诸冶外隶转运司,内隶金部;崇宁二年,始隶右曹;建炎元年,复隶金部、转支司。隆兴二年,坑冶监官岁收买金及四千两、银及十万两、铜锡及四十万斤、铅及一百二十万斤者,转一官;守倅部内岁比祖额增金一万两、银十万两、铜一百万斤亦转一官;令丞岁收买及监官格内之数,减半推赏。

庆元二年,宰执言:“封桩银数比淳熙末年亏额几百五十万。今务场所入岁不满三十万,而岁奉三宫及册宝费约四十万,恐愈侵银额。欲权以三分为率,一分支银,二分支会子。”上曰:“善。”

端平三年,敕曰:“诸路州县坑冶兴发,在观寺、祠庙、公宇、居民坟地及近坟园林地者,在法不许人告,亦不受理。访闻官司利于告发,更不究实,多致扰害。自今许人户越诉,官吏并讼者重置典宪”及有坑冶停闭、苗脉不发之所,州县勒令坑户虚认岁额,提点铸钱司核实追正。”

矾　唐于晋州置平阳院以收其利,开成三年,度支奏罢之,乃以矾山归之州县。五代以来,复创务置官吏,宋因之。

白矾出晋慈坊州、无为军及汾州之灵石县,绿矾出慈、隰州及池州之铜陵县,皆设官典领,有镬户鬻造入官市。晋、汾、慈州矾,以一百四十斤为一驮,给钱六千。隰州矾驮减三十斤,给钱八百。博卖白矾价:晋州每驮二十一贯五百,慈州又增一贯五百;绿矾:汾州每驮二十四贯五百,慈州又增五百,隰州每驮四贯六百。散卖白矾:坊州斤八十钱,汾州百九十二钱,无为军六十钱;绿矾,斤七十钱。

建隆中,诏:“商人私贩幽州矾,官司严捕没入之。”继定私贩河东幽州矾一两以上、私鬻矾三斤、及盗官矾至十斤者,弃市。开宝三年,增私贩至十斤、私鬻及盗满五十斤者死,余论罪有差。太平兴国初,以岁鬻不充,乃诏私贩化外矾一两以上、及私鬻至十斤,并如律论决,再犯才悉配流,还复犯者死。淳化元年,有司言:“慈矾滞积,小民多于山谷僻奥之地私鬻侵利,而绿矾价贱,不宜与晋矾均法。"诏同犯私茶罪赏。"

先是,建隆二年,命左谏议大夫刘熙古诣晋州制置矾,许商人输金银、布帛、丝绵、茶及缗钱,官偿以矾,凡岁增课八十万贯。太平兴国初,岁博缗钱、金银计一十二万余贯,茶计三万余贯。端拱初,银、绢帛二万余贯,茶计十四万贯。至是,言者谓:"矾直酬以见钱,商人以陈茶入博,有利豪商,无资国用。"诏今后惟听金银、见钱入博。

至道中,白矾岁课九十七万六千斤,绿矾四十万五千余斤,鬻钱增六万九千余贯。真宗末,白矾增二十万一千余斤,绿矾增二万三千余斤,鬻钱增六万九千余贯。天圣以来,晋、慈二州矾募民鬻之,季鬻矾一盆,多者千五六百斤,少者六七百斤,四分输一入官,余则官市之。无为军亦置鬻矾,后听民自鬻,官置场售之,私售矾禁如私售茶法。六年,诏弛两蜀榷矾之禁。

时河东矾积益多,复听入金帛、刍粟。刍粟虚估高,商人利于入中。麟州粟斗实直钱百,虚估增至三百六十,矾之出官为钱二万一千五百,才易粟六石,计粟实直钱才六千,而矾一驮已费本钱六千。县官徒有榷矾之名,其实无利。嘉祐六年,罢入刍粟,复令入缗钱。矾以百四斤为一驮,入钱京师榷货务者,为钱十万七千;入钱麟、府州者,又减三千。自是商贾不得专其利矣。皇祐中,晋、慈入矾二百二十七万三千八百斤,以易刍粟之类,为缗钱十三万六千六百,无为军矾售缗钱三万三千一百。治平中,晋、慈矾损一百九万六千五百四斤;无为军矾售钱岁有常课,发运使领之,视皇祐数无增损;隰州矾至是入三十九万六千斤。亦以易缗钱助河东岁籴。

熙宁元年,命河东转运司经画矾、盐遗利。李师中言:"官积矾三百斤,走卤消耗,恐后为弃物。"诏令商人入中粮草,即以偿之。三年,罢潞州交子务,以妨中纳粮草、算请矾盐故也。知庆州王庆渊言:"河东、矾为利源之最,请河东、京东、河北、陕西别立矾法,专罢提举官。"诏遣光禄丞杨蟠会议以闻。蟠言:"坊州产矾,官虽置场,而商多私售。请置镤户,定其数,许于陕西北界黄河,东限潼关,南及京西均、房、襄、邓金州,光化军,令镤户递相保察。或私卖越界,禁如私白矾法,仍增官获私矾辄以夹杂减斤重之法。"从之。

元丰元年,定畿内及京东、西五路许卖晋、隰矾;陕西自潼关以西、黄河以南,达于京西均、房、襄、邓、金州则售坊州矾;矾之出于西山、保霸州者,售于成都、梓州路;出无为军者,余路售之。私鬻与越界者,如私矾法。

自熙宁初,矾法始变。岁课所入,元年为钱三万六千四百缗有奇,并增者五年,乃取熙宁六年中数,定以十八万三千一百缗有奇为新额;至元丰六年,课增至三十三万七千九百缗,而无为军矾岁课一百五十万斤,用本钱万八千缗;自治平至元丰数无增损。

元祐元年,户部言:"商旅贩矾,旧听其便,乃者发运司请用河东例,令杂肆铺户连保豫买,颇致抑扰。"诏如旧制。元符三年,崇仪使林像奏:"禁河北土矾非便。若即河北产矾地置场官买,增价出之,罢运晋矾,则官获净利,无运载之劳,民资地产,省犯法之弊。"诏下户部。

初,熙、丰间,东南九路官自卖矾,发运司总之。元祐初通商,绍圣复熙、丰之制。大观元年,定河北、河东矾额各二十四万缗,淮南九万缗,罢官卖,从商贩,而河东、河北、淮南各置提举官。政和初,复官鬻,罢商贩如旧制。淮南矾事司罢归发运司,上供矾钱责以三万三千一百缗为额。三年,有司奏减河北、河东并淮南矾额,计十六万缗。四年,矾额复循大观之制。五年,河北、河东绿矾听客贩于东南九路,民间见用者,依通商地籍之,听买新引带卖,大率循仿盐法。宣和中,举比较增亏赏罚,未几,以扰民罢。

建炎三年,措置财用黄潜厚奏放堉人贩淮南矾入东南诸路,听输钱行在,而持引据赴场支矾。

绍兴十一年,以铸钱司韩球言,抚州青胆矾斤钱一百二十文,土矾斤三十文省,铅山场所产品高于抚,青胆矾斤作一百五十文,黄矾斤作八十文。二十九年，以淮西提举司言，取绍兴二十四年至二十八年所收矾钱一年中数四万一千五百八十五缗为定额。其他产矾之所，若潭州浏阳之永兴场、韶州之岑水场，皆置场给引，岁有常输。惟漳州之东，去海甚迩，大山深阻，虽有采矾之利，而潮、梅、汀、赣四州之奸民聚焉，其魁杰者号大洞主、小洞主，土著与负贩者，皆盗贼也。

香　宋之经费，茶、盐、矾之外，惟香之为利博，故以官为市焉。建炎四年，泉州抽买乳香一十三等，八万六千七百八十斤有奇。诏取赴榷货务打套给卖，陆路以三千斤、水路以一万斤为一纲。

绍兴元年，诏："广南市舶司抽买到香，依行在品答成套，召人算请，其所售之价，每五万贯易以轻货输行在。"六年，知泉州连南夫奏请，诸市舶纲首能招诱舶舟、抽解物货、累价及五万贯十万贯者，补官有差。大食蕃客啰辛贩乳香直三十万缗，纲首蔡景芳招诱舶货，收息钱九十八万缗，各补承信郎。闽、广舶务监官抽买乳香每及一百万两，转一官；又诏商入蕃兴贩，舟还在罢任后，亦依此推赏。然海商入蕃，以兴贩为招秀，侥幸者甚众。

淳熙二年，郴、桂寇起，以科买乳香为言。诏："湖南路见有乳香并输行在榷货务，免科降。"十二年，分拨榷货务乳香于诸路给卖，每及一万贯，输送左藏南库。十五年，以诸路分卖乳香扰民，令止就榷货务招客算请。

绍熙三年，以福建舶司乳香亏数，诏依前博买。开禧三年，住博买。嘉定十二年，臣僚言以金银博买，泄之远夷为可惜。乃命有司止以绢帛、锦绮、瓷漆之属博易，听其来之多寡，若不至则任之，不必以为重也。

宋史卷一八六
志第一三九

食货下八

商税　市易　均输　互市舶法

商税　　凡州县皆置务，关镇亦或有之，大则专置官监临，小则令、佐兼领，诸州乃令都监、监押同掌。行者赍货，谓之"过税"，每千钱算二十；居者市鬻，谓之"住税"，每千钱算三十，大约如此。然无定制，其名物各随地宜而不一焉。行旅赍装，非有货币当算者，无得发箧搜索。凡贩夫贩妇细碎交易，岭南商贾赍生药及民间所织缣帛，非鬻于市者皆勿算。常税名物，令有司件析颁行天下，揭于版，置官署屋壁，俾其遵守。应算物货而辄藏匿，为官司所捕获，没其三分之一，以半界捕者，贩鬻而不由官路者罪之。有官须者十取其一谓之"抽税"。

自唐室藩镇多便宜从事，擅其征利，以及五季，诸国益务掊聚财货以自赡，故征敛尤繁。宋兴，所下之国，必诏蠲省，屡敕官吏毋事烦苛、规羡余以微恩宠。大中祥符六年，始免诸路州军农器之税。诸州津渡旧皆有算，或水涸改置桥梁，有司犹责主者备偿。建降初，诏除沧、德、棣、淄、齐、郓乾渡三十九处算钱，水涨听民置渡，勿收其算。自是，有类此者多因恩宥蠲除。其余橘园、鱼池、水硙、社酒、莲藕、鹅鸭、螺蚌、柴薪、地铺、枯牛骨、溉田水利等名，皆因诸国旧制,前后屡诏废省。缘河州县民船载粟亦输算,三年,始罢。

陈州私置蔡河锁,民船胜百斛者取百钱,有所载倍其征,太平兴国三年,乃悉除之。至道元年诏:"江南溪渡,多公吏豪民典其事,量输官课而厚算行旅。州县宜加严禁,所输年额钱五千以下者并免,不系色役近便人户掌船济渡,毋得扰人。"至道中,岁入税课钱四百万贯;天禧末,增八百四万贯。

天圣以来,国用浸广,有请算缗钱以助经费者。仁宗曰:"货泉之利,欲流天下通有无,何可算也?"一日,内出蜀罗一端,为印朱所渍者数重,因诏天下税务,毋辄污坏商人物帛。康定元年,西边兵费不给,州县或增所算名物,朝廷如之,悉命蠲去。既而下诏敕励,且戒毋搜索行者家属,岁俭则免算耕牛,水乡又或弛蒲、鱼、果、蔬之税,民流而渡河者亦为之免。应算而匿不自言者,虽听人捕告,抵罪如旧法,然须物皆见其在乃听,以防诬罔。至于岁课赢缩,屡诏有司裁定,前后以诏蠲放者,不可胜数。

皇祐中,岁课缗钱七百八十六万三千九百。嘉祐以后,弛茶禁,所历州县收算钱。至治平中,岁课增六十余万,而茶税钱居四十九万八千六百。

熙宁以来,河北、河东、陕西三路文移,民以租赋赍货至边贸易以输官者,勿税;河北流民复业者所过免算。后以岁稔,虑逸岁课,复旧。五年,以在京商税院隶提举市易务。七年,减国门之税数十种,钱不满三十者蠲之。其先,外城二十门皆责以课息,近令随闲要分等,以检捕获失之数为赏罚;既而以岁旱,复有是命。

元丰元年,滨、棣、沧州竹木、鱼果、炭箔税不及百钱者蠲之。二年,熙河路制置边防财用李宪擅榷本路商货,令漕臣蒋之奇劾其罪。导洛能汴司请堆垛场于泗州,贾物至者,先入官场,官以船运至京,稍输船算。明年,诏:近京以通津水门外顺成仓为场。非导洛司船而载商人税物入汴者,许纠告,虽自请税,犹如私载法。惟日用物

非贩易，若废箔、柴草、竹木之类勿禁。琼管奏："海南收税，较船之
丈尺，谓之'格纳'。其法分三等，有所较无几，而输钱多寡十倍。贾
物自泉、福、两浙、湖、广至者，皆金银物帛，直或至万余缗；自高、化
至者，唯米包、瓦器牛畜之类，直才百一，而概收以丈尺，故高、化商
人不至，海南逐乏牛米。请自今用物贵贱多寡计税，官给文凭，听鬻
于部内，否则许纠告，以船货给赏。"诏如所奏。六年，京东漕臣吴居
厚言："商人负正税七万六千余缗，倍税十五万二千余缗。"诏蠲其
倍税，纳正税，百千以下期以三年，百千以上五年。

　　元祐元年，户部主令在京商税院，酌取元丰八年钱五十五万二
千二百六十一缗有奇，以为新额，自明年始。三年，又以天圣岁课为
额，盖户部用五年并增之法，立额既重，岁课不登，故言者论而更
之。七年，罢诸路承买土产税场。初，罢江南路承买，而河东转运司
以为较元祐六年官盐额增三万余缗，遂行之诸路。

　　八年，权蠲商人载米入京粜卖力胜之税。先是，熙宁六年，苏、
湖岁稔，谷价比淮南十五，而商船以力胜税不至，尝命权蠲。惠止一
方，未为定法。及汴泗垛场法行，谷船毋得增置，而力胜之税益三之
一。至是，苏轼言："法不税五谷，请削去力胜钱之条，而行天圣免税
之制。"既而尚书省亦言在京谷贵，欲平其直，复权蠲之。后徽宗宣
和中，以州县灾伤并赡给都下，亦一再免，旋复如旧；惟两浙并东北
盐，以盐事司之请，遂不复征。

　　自哲宗即位，罢导洛物货场。绍圣四年，蓝从熙提举京城所，欲
复其事，令泗州及京师洛口各置垛场，并请复面市、牛羊圈。诏下尚
书省，久之遂寝。至是，提举汴河堤岸王宪复言之，且请假温、明州
运船给用。命太府少卿郑仅同详度，明年，竟诏勿行。五年，令户部
取天下税务五年所收之数，酌多寡为中制，颁诸路揭版示之，率十
年一易；其增名额及多税者，并论以违制。

　　大观元年，凡典买牛畜、舟车之类未印契者，更期以百日，免倍

税。二年,诏在京诸门,凡民衣屦、谷菽、鸡鱼、蔬果、柴炭、瓷瓦器之类,并蠲其税;岁终计所蠲数,令大观库给偿。宣和二年,宫观、寺院、臣僚之家商贩,令关津搜阅,如元丰法输税,岁终以次数报转运司取旨。初,元符令,品官供家服用物免税。至建中靖国初,马、牛、驼、驴、骡已不入服用例,用比年臣僚营私牟利者众,宫观寺院多有专降免税之旨,皆以船艘贾贩,故有是诏。漕臣刘既济起应奉物,两浙、淮南等路税例外,增一分以供费;三年,诏罢之。凡以蚕织农具、耕牛至两浙、江东省,给文凭蠲税一年。四年,令诸路近岁所增税钱,悉归应奉司。七年,以岁歉之后,用物少而民艰食,在京及畿内油、炭、面、布、絮税并力胜钱并权免。提举京东常平杨连奏:"本路牛价贵,田多荒莱,请令贩牛至本路者,仍给文凭蠲税,俟二年足如旧。"从之。

靖康元年诏:"都城物价未平,凡税物,权更蠲税一年。"臣僚上言:"祖宗旧制并政和新令,场务立额之法,并以五年增亏数较之,并增者取中数,并亏者取最高数,以为新额,故课息易给而商旅可通。近诸路转运司不循其法,有益无损,致物价腾踊,官课愈负。请令诸路提刑下诸郡,准旧法厘正立额。"诏依所奏。

高宗建炎元年诏,贩货上京者免税。明年又诏,贩粮草入京抑税者罪之,凡残破州县免竹木、砖瓦税,北来归正人及两淮复业者亦免路税。绍兴三年,临安火,免竹木税。然当时都邑未奠,兵革未息,四方之税,间有增置,及于江湾浦口量收海船税,凡官司回易亦并收税;而宽弛之令亦错见焉,如诸路增置之税场,山间迂僻之县镇,经理未定之州郡,悉罢而免之。又收税纲太密,减并者一百三十四,罢者九,免过税者五,至于牛、米、薪、面民间日用者并罢。

孝宗继志,凡高宗省罢之未尽者,悉推行之;又以临安府物价未平,免淳熙七年税一年。光、宁以降,亦屡与放免商税,或一年,或五月,或三月。凡遇火,放免竹木之税亦然。光、宁嗣服,诸郡税额皆累有放免。

然当是时，虽宽大之旨屡颁，关市之征迭放，而贪吏并缘，苛取百出。私立税场，算及缗钱、斗米、束薪、菜茹之属，擅用稽察措置，添置专栏收检。虚市有税，空舟有税，以食米为酒米，以衣服为布帛，皆有税。遇士夫行李则搜囊发箧，目以兴贩。甚迫贫民贸易琐细于村落，指为漏税，辄加以罪。空身行旅，亦白取百金，主纤路避之，则栏截叫呼；或有货物，则抽分给赏，断罪倍输，倒囊而归矣。闻者咨嗟，指为大小法场，与斯以相刃相劘，不啻仇敌，而其弊有不可胜言矣。

市易之设，本汉平准，将以制物之低昂而均通之。其弊也，以官府作贾区，公取牙侩之利，而民不胜其烦矣。

熙宁三年，保平军节度推官王韶倡为缘边市易之说，丐假官钱为本。诏秦凤路经略司以川交子易物货给之，因命韶为本路帅司干当兼领市易事。时欲移司于古渭城，李若愚等以为多聚货以启戎心，又妨秦州小马、大马私贸易，不可。文彦博、曾公亮、冯京皆韪之，韩绛亦以去秦州为非，唯王安石曰："古渭置市易利害，臣虽不敢断，然如若愚奏，必无可虑。"七月，诏转运司详度，复问陈升之。升之谓古渭极边，恐启群羌窥觊心。安石乃言："今蕃户富者，往往蓄缗钱二三十万，彼尚不畏劫夺，岂朝廷威灵，乃至衰弱如此？今欲连生羌，则形势欲张，应接欲近。古谓边砦，便于应接，商旅并集，居者愈多，因建为军，增兵马，择人守之，则形势张矣。且蕃部得与官市，边民无复遍负，足以怀来其心，因收其赢以助军费，更辟荒土，异日可以聚兵。"时王安石为政，汲汲焉以财利兵革为先，其市易之说，已见于熙宁二年建议立均输平准法之时，故王韶首迎合其意，而安石力主之，虽以李若愚、陈升之、韩绛诸人之议，而卒不可回。五年，遂诏出内帑钱帛，置市易务于京师。

先是，有魏继宗者，自称草泽，上言："京师百货无常价，贵贱相倾，富能夺，贫能与，乃可以为天下。今富人大姓，乘民之亟，牟利数倍，财既偏聚，国用亦屈。请假榷货务钱，置常平市易司，择通才之官任其责，求良贾为之转易。使审知市物之价，贱则增价市之，贵则损价鬻之，因收余息，以给公上。"于是中书奏在京置市易务官。凡货之可市及滞于民而不售者，平其价市之，愿以易官物者听。若欲市于官，则度其抵而贷之钱，责期使偿，半岁输息十一，及岁倍之。凡诸司配率，并仰给焉。以吕嘉问为提举，赐内库钱百万缗、京东路钱八十七万缗为本。三司请立市易条，有"兼并之家，较固取利，有害新法，本务觉察，三司按治"之文，帝削去之。

七月，以榷货务为市易西务下界，市易务为东务上界，以在京商税院、杂买务、杂卖场隶焉。又赐钱帛五十万，于镇洮军置司。市易极苛细，道路怨谤者籍籍。上以谕安石，请宣示事实，帝以鬻冰、市梳朴等数事语之，安石皆辩解。后帝复言："市易鬻要太烦碎，罢之如何？"安石谓："立法当论有害于人与否，不当以烦碎废也。"自是诸州上供簟席、黄芦之类六十色，悉令计直，从民愿鬻者市之以给用。

六年，诏在京市易干当公事孙迪同两浙、淮东转运司，议置杭州市易务利病以闻。其后以市易上界所偿内帑钱三十万缗假之为本。又赐夔州路转运司度僧牒五百，置市易于黔州，选本路在任已替官监之，仍以知州或通判提举。令在京市易务及开封府司录同详度诸行利病，于是详定所请："约诸行利入薄厚，输免行钱以禄吏，蠲其供官之物。禁中所须，并下杂卖场、杂买务。置市司估物价低昂，凡内外官司欲占物价，悉于是乎取决。"从之。改提举在京市易务为都提举市易司，诸州市易务皆隶焉。又诏三司干当公事李杞等同详度成都置市易务。

七年，帝与辅臣论及成都市易事。冯京曰："曩因榷市物，致王小波之乱，今颇以市易为言。"安石曰："彼以饥民众，官不之恤，相聚为盗耳。"帝问："李杞行邪？"安石曰："未也。然保市易必不能致乱。"帝犹虑蜀人骇扰，安石谓："已遣使乃遽罢，岂不为四方笑？"乃已。然其后竟罢杞等详度。

三月，诏权三司使曾布、翰林学士吕惠卿同究诘市易事。先是，

帝出手诏付布,谓市易司市物,颇害小民之业,众言喧哗。布乃引监
市易务魏继宗之言,以为吕嘉问多取息以千赏,商旅所有者尽收,
市肆所无者必索,率贱市贵鬻,广裒赢余,是挟官府为兼并也。王安
石具奏,明其不然。乃更令惠卿偕布究诘之。帝寻复以手札赐布,
令求对,布即上行人所诉,并疏惠卿奸欺状,且言:“臣自立朝以来,
每闻德音,未尝不欲以王道治天下,今市易之为虐,凛凛乎间架、除
陌之事矣。嘉问奏:‘近遣官往湖南贩茶,陕西贩盐,两浙贩纱,皆未
敢计息。’臣以谓如此政事,书之简牍,不独唐、虞、三代所无,历观
秦、汉以来衰乱之世,恐未之有也。”四月,布复陈薛向罪茶恰不当,
帝恻然咨嗟;及言三司决责商人多滥,时帝犹必欲按治,而安石主
用惠卿不可去,盖谋变其事也,帝疑焉,故仍以蜀布。

　　既而中书奏事已,帝谕及市易,且曰:“朝廷设此,本欲为平准
之法以便民,今正尔相反,使中下之民失业若此,宜修补其法。”令
元详定吕嘉问、吴安持同韩维、孙永问行人输钱免行利病。参知政
事冯京曰:“开封祥符县给民钱,有出息抵当银绢米麦、缓急丧葬之
目七八种,其初给钱,往往愿请,积数既多,实艰输送。”帝曰:“如
此,吾民安得泰然也。”时布与惠卿方究市易事,率数日一对,帝初
是布言,已而从惠卿之请,拘魏继宗于开封府。既而布与惠卿即东
府再诘行人,所诉状如前不变。而安石恳求去位,引惠卿执政。

　　提举楚州市易蒋之奇奏:“监务王景彰榷市商人物非法,及虚
作中籴入务,立诡名籴之,白输息钱,谓之‘乾息’;又抑贾贩毋得至
他郡,多为留难。”帝谓辅臣曰:“景彰违法人,宜即治其罪。”时吕惠
卿已参朝政,而究诘市易未竟,诏促之,惠卿请令中书悉取按牍异
同以奏。后二日,布对延和殿,条析先后所陈,并较治平、熙宁入出
钱物数以闻。帝方虑岁费浸广,令布送中书。五月,乃诏章惇、曾孝
宽即军器监鞫布所究市易事,又令户房会财赋数,与布所陈异;而
吕嘉问亦以杂买务多入月息不觉,皆从公坐有差。未几,布褫职,与
嘉问俱出守郡,魏继宗仍夺秩勒停。初,市易之建,布实预之。后揣
上意有疑,遂急治嘉问,而惠卿与布有夙怨,故卒挤之,而市易如

故。

三司使章惇请假内藏钱五百万缗,令市易司有干局者,分四路入中,计见盐引及乖贱籴买。诏假二百万缗。八年,复曰嘉问提举市易。二月,凤翔、大名、真定府,永兴、安肃军,秦、瀛、定、越、真州,并置市易司。以惠州阜民监钱十万缗给广州市易务,司务寺坊场钱三十万缗给郓州市易。九年,又以在京市易司物货十五万缗给熙河市易司。九月,中书言:“市易息钱并市例钱,总收百三十三万二千缗有奇。诏嘉问、安持等推恩有差。自后凡二年一较。十年,定上界本钱以七百万缗为额,不足,以岁所收息益之;其贷内帑钱,岁偿以息二十万缗。

元丰元年,以都提举王居卿请,令贷市易钱货者,许用金帛等为抵,收息毋过一分二厘,不及年者月计之,愿皆得钱或欲以物货兼给者听。市易司请遣官以物货至诸路贸易,十万缗以上期以二年,二十万缗以上三年,敛及三分者比递年推恩,八分者理为任,期尽不及者勿赏,官吏廪给并罢。

二年,经制熙河路边防财用李宪言:蕃贾与牙侩私市,其货皆由他路避税入秦州。乃令秦、熙、河岷州、通远军五市易务,募牙侩引蕃货赴市易务中贾,私市者许纠告,赏倍所告之数。以田宅抵市易钱久不偿者,估实直,如卖坊场、河渡法;若未输钱者,官收其租息,在京市易务亦如之。

三年,诏免行月纳不及百者皆免,凡除八千六百五十四人。九月,王居卿又言:“市易法有三:结保贷请,一也;契要金银为抵,二也;贸迁物货,三也。三者惟保贷法行之久,负失益多,往岁罢贷钱而物货如故。请自今所贷岁约毋过二百万缗,听旧户贷请以相济续,非旧户惟用抵当、贸迁之法。”诏中书立法以闻。于是中书奏:“在京物货,许旧户贷请,敛而复散,通所负毋过三百万缗,诸路毋过四之一。”诏如所奏。是岁,经制熙河边防财用同会其置司以来所收息:元丰初四十一万四千六百二十六缗、石,次年六十八万四千九十九缗、石。四年,从都提举贾青请,于新旧城外内置四抵当,遣官掌之,罢市易上界等处抵当以便民。

五年,诏外内市易务所负钱,宽以三岁,均月限以输,限内罚息并除之。先是,王安礼在开封日,有负市易钱者,累诉于庭。安礼既执政,言于帝曰:"市易法行,取息滋多,而输官不时者有罚息,民至穷困。愿诏蠲之。"帝曰:"群臣未有为朕言者,其令民以限输,免其罚息。"安礼退,批诏加"内外"字。蔡确曰:"方帝有旨,无外内字,公欲增诏邪?"安礼曰:"亦不止言内字。"卒加之。八月,置饶州景德镇瓷窑博易务。

六年,兰州增置市易务,以通蕃汉贸易。七年,改市易下界为榷货务。令诸州旬估物价既定,报提举司,提举司下所部州,州下所属,募民出抵或钱以市,收息毋过二分。诏诸路常平司钱留其半,以二分为市易抵当,盖自五年贾青以平准物价与金银之类,行抵当于畿县,次年行之诸路,以常平、市易赊贷及宽剩钱为本,五路各十万缗,余路五万缗。至是,复有是诏。若无抵当而物货宜易者,亦听变鬻。八年,罢诸镇砦市易抵当,八月,诏诸郡抵当,有取息薄可济民乏者存之,其余抵当并州县市易并罢。

元祐元年,内外监督市易及坊场净利钱,许以所入息并罚钱比计,若及官本者,并释之。绍圣四年,三省言熙宁兴置市易,元祐一切罢去,不原立法之意。诏户部、太府寺详度,复置市易务,惟以钱交市,收息毋过二分,勿令贷请。元符三年,改市易务为平准务,户部、太府寺市易案改为平准案。尚书省言:"平准务官吏等给费多,并遣官市物,搔动于外,近官鬻石炭,市直遽增,皆不便民。"诏罢平准务及官鬻石炭,其在官物货,令有司转易钱钞,偿元给之所。

崇宁元年,户部奏:平准务钱物毋得他司移用。二年,以平准为南北两务,如旧分置官吏。岁终考察能否,行动沮法。五年,郡县应置市易者,凡岁收息,官吏用度之余,及千缗以上置官监,五百缗以上令场务兼领,余并罢。先是,尝诏府界万户县及路在重要,市易抵当已设官置局;其不及万户、非冲要,并诸镇有官监而商贩所会,并如元丰令监当官兼领。至是,户部复详度以闻,遂行其义。建炎二年,言者以为得不偿费,遂罢之,而以其钱输左藏库,惟抵当库仍旧。

绍兴元年,罢诸州军免行钱及行户供应,见任官买卖并依时,违者以盗论。四年,两浙转运司檄婺州市御炉炭,须胡桃纹、鹁鸠色,守臣王居正以为言,上曰:“隆冬附火,取温暖而已,岂问炭之纹色乎?”命罢之,诸类此者并禁止焉。十三年,蠲雷、化、高、融、宜、廉、邕、钦、贺、贵免行钱。十四年,以开州两县在夔部尤为僻远,减免行钱之半。十五年,以知汉阳军韩昕言,诸路收免行钱,定数外多取一文以上,以擅增税赋法罪之。十七年,蠲百姓见输免行钱三分之一。十九年,南郊赦,尽蠲百姓免行钱欠。是后凡赦皆然。二十五年,罢见输免行钱,禁下行买物,以害及小商、敷于乡村故也。

淳熙元年,罢市令司。诏临安府及属县交易俭保钱减十之五。七年,诸路州县交易俭保钱,亦以十分为率,与减五分。

嘉定二年,以臣僚言,辇毂之下,买物于铺户,无从得钱。凡临安府未支物价,令即日尺数给还,是后买物须给见钱,违许陈诉于台。

嘉熙三年,臣僚言:“今官司以官价买物,行铺以时直计之,什不得二三。重以迁延岁月而不偿,胥卒并缘之无艺,积日既久,类成白著,至有迁居以避其扰、改业以逃其害者。甚而蔬菜鱼肉,日用所需琐琐之物,贩夫贩妇所资锥刀以营斗升者,亦皆以官价强取之。终日营营,而钱本俱成乾没。商旅不行,衣食路绝。望特降睿旨,凡诸路州县官司买物,并以时直,不许辄用官价,违者以赃定罪。”从之。

均输之法,所以通天下之货,制为轻重敛散之术,使输者既便,而有无得以懋迁焉。

熙宁二年,制置三司条例司言:"天下财用无余,典领之官拘于弊法,内外不相知,盈虚不相补。诸路上供,岁有常数。丰年便道,可以多致而不能赢;年俭物贵,难于供亿而不敢不足。远方有倍蓰之输,中都有半价之鬻,徒使富商大贾乘公私之急,以擅轻重敛散之权。今发运使实总六路赋入,其职以制置茶、盐、矾、酒税为事,军储国用,多所仰给。宜假以钱货,资其用度,周知六路财赋之有无而移用之。凡籴买税敛上供之物,皆得徒贵就贱,用近易远。令预知中都帑藏年支见在之定数,所当供办者,得以从便变易蓄买,以待上令。稍收轻重敛散之权归之公上,而制其有无,以便转输,省劳费,去重敛,宽农民。庶几国用可足,民财不匮。"诏本司具条例以闻,而以发运使薛向均输平准事,赐内藏钱五百万缗、上供米三百万石。时议虑其为扰,多以为非。向既董其事,乃请设置官属,神宗使自择之。向于是辟刘忱、卫琪、孙珪、张穆之、陈倩为属,又请有司具六路岁当上供数、中都岁用及见储度可支岁月,凡当计置几何,皆预降有司。从之。

八月,侍御史刘琦、侍御史里行钱颢等言:"向小人,假以货泉,任其变易,纵有所入,不免夺商贾之利。"琦、颢皆坐贬。条例司检详文字苏辙言:"昔汉武外事四夷,内兴宫室,财用匮竭,力不能支,用贾人桑弘羊之说,买贱卖贵,谓之均输。虽曰民不加赋而国用饶足,然法术不正,吏缘为奸,掊克日深,民受其病。孝昭既立,学者争排其说,霍光顺民所欲,从而予之,天下归心,遂以无事。今此论复兴,众口纷然,皆谓其患必甚于汉。何者?方今聚敛之臣,材知方略,未见有桑弘羊比;而朝廷破坏规矩,解纵绳墨,使得驰骋自由,唯利是嗜,其害必有不可胜言者矣。"辙亦坐去官。

于是知谏院范纯仁言:"向憸巧刻薄,不可为发运使。人主当务农桑、节用,不当言利。"自后,罢纯仁谏职,而谏官李常复论均输不便,权开封府推官苏轼亦言:"均输徒贵就贱,用近易远。然广置官属,多出缗钱,豪商大贾皆疑而不敢动,以为虽不明言贩卖,既已许之变易,变易既行,而不与商贾争利,未之闻也。夫商贾之事,曲折难行,其买也先期而予钱,其卖了后期而取直,多方相济,委曲相通,倍称之息,由此而得。今先设官掌吏,簿书廪禄,为费已厚,非良不售,非贿不行。是官买之价比民必贵,及其卖也,弊复如前,商贾之利,何缘而得?朝廷不知虑此,乃捐五百万缗以予之,此钱一出,恐不可复。纵使其间薄有所获,而征商之额所损必多矣。"

帝方惑于安石之说,言皆不行。乃以向为天章阁待制,遣太常少卿罗拯为使,手诏赐向曰:"政事之先,理财为急。朕托卿以东南赋入,皆得消息盈虚、翕张敛散之。而卿忠诚内固,能倡举职业,导扬朕意,底于成绩,朕甚嘉之。览奏虑流言致惑,朕心菲石,岂易转也?卿其济之以强,终之以不倦,以称朕意。"然均输后迄不能成。

互市舶法　自汉初与南越通关市,而互市之制行焉。后汉通交易于乌桓、北单于、鲜卑,北魏立互市于南陲,隋、唐通贸易于西北。开元定令,载其条目,后唐亦然。而高丽、回鹘、黑水诸国,又各以风土所产与中国交易。

宋初,循周制,与江南通市。乾德二年,禁商旅毋得渡江,于建安、汉阳、蕲口置三榷署,通其交易;内外群臣辄遣人往江、浙贩易者,没入其货。缘江百姓及煎盐亭户,恣其樵渔,所造屦席之类,榷署给券,听渡江贩易。开宝三年,徙建安榷署于扬州。江南平,榷署虽存,止掌茶货。四年,置市舶司于广州,后又于杭,明州置司。凡大食,古逻、阇婆、占城、勃泥、麻逸、三佛齐诸蕃并通货易,以金银、缗钱、铅锡、杂色帛、瓷器,市香药、犀象、珊瑚、琥珀、珠琲、镔铁、鼊皮、瑇瑁、玛瑙、车渠、水精、蕃布、乌樠、苏木等物。

太宗时,置榷署于京师,诏诸蕃香药宝货至广州、交阯、两浙、泉州,非出官库者,无得私相贸易。其后乃诏:"自今惟珠贝、玳瑁、犀象、镔铁、鼊皮、珊瑚、玛瑙、乳香禁榷外,他药官市之余,听市于民。"

雍熙中,遣内侍八人赍敕书金帛,分四路招致海南诸蕃。商人出海外蕃国贩易者，令并诣两浙市舶司请给官券，违者没入其宝货。淳化二年，诏广州市舶，除榷货外，他货之良者止市其半。大抵海舶至，十先征其一，价直酌蕃货轻重而差给之，岁约获五十余万斤、条、株、颗。太平兴国初，私与蕃国人贸易者，计直满百钱以上论罪，十五贯以上黥面流海岛，过此送阙下。淳化五年申其禁，至四贯以上徒一年，稍加至二十贯以上，黥面配本州为役兵。

天圣以来，象犀、珠玉、香药、宝货充牣府库，尝斥其余以易金帛、刍粟，县官用度实有助焉。而官市货数，视淳化则微有所损。皇祐中，总岁入象犀、珠玉、香药之类，其数五十三万有余。至治平中，又增十万。

熙宁五年，诏发运使薛向曰：“东南之利，舶商居其一。此言者请置司泉州，其创法讲求之。”七年，令舶船遇风至诸州界，亟报所隶，送近地舶司榷赋分买；泉、福濒海舟船未经赋买者，仍赴司勘验。时广州市舶亏岁课二十万缗，或以为市易司扰之，故海商不至，令提举司究诘以闻。既而市易务吕邈入舶司阑取蕃商物，诏提举司劾之。九年，集贤殿修撰程师孟请罢杭、明州市舶，诸舶皆隶广州一司。令师孟与三司详议之。是年，杭、明、广三司舶，收钱、粮、银、香、药等五十四万一百七十三缗、匹、斤、两、段、条、个、颗、脐、只、粒，支二十三万八千五十六缗、匹、斤、两、段、条、颗、脐、只、粒。

元丰二年，贾人入高丽，赍及五千缗者，明州籍其名，岁责保给引发船，无引者如盗贩法。先是，禁人私贩，然不能绝；至是，复通中国，故明立是法。

三年，中书言，广州市舶已修定条约，宜选官推行。诏广东以转运使孙迥，广西以陈倩，两浙以副使周直孺，福建以判官王子京，罢广东帅臣兼领。五年，广西漕臣吴潜言：“雷、化州与琼岛对境，而发船请引于广州舶司，约五千里。乞令广西濒海郡县，土著商人载米谷、牛酒、黄鱼及非舶司赋取之物，免至广州请引。”诏孙迥详度行之。

知密州范锷言：“板桥濒海，东则二广、福建、淮、浙，西则京东、河北、河东三路,商贾所聚,海舶之利颛于富家大姓。宜即本州置市舶司,板桥镇置抽解务。”六年,诏都转运使吴居厚条析以闻。

元祐三年,锷等复言:“广南、福建、淮、浙贾人,航海贩物至京东、河北、河东等路,运载钱帛丝绵贸易,而象犀、乳香珍异之物,虽尝禁榷,未免欺隐。若板桥市舶法行,则海外诸物积于府库者,必倍于杭、明二州。使商舶通行,无冒禁罹刑之患,而上供之物,免道路风水之虞。”乃置密州板桥市舶司。而前一年,亦增置市舶司于泉州。

贾人由海道往外蕃,令以物货名数并所诣之地,报所在州召保,毋得参带兵器或可造兵器及违禁之物,官给在券。擅乘船由海入界河及往高丽、新罗、登莱州境者,罪以徒,往北界界者加等。

崇宁元年,复置杭、明市舶司,官吏如旧额。三年,令蕃商欲往他郡者,从舶司给券,毋杂禁物、奸人。初,广南舶司言,海外蕃商至广州贸易,听其往还居止,而大食诸国商亦丐通入他州及京东贩易,故有是诏。凡海舶欲至福建、两浙贩易者,广南舶司给妨船兵仗,如诣诸国法。广南舶司鬻所市物货,取息毋过二分。政和三年,诏如至道之法,凡知州、通判、官吏并舶司、使臣等,毋得市蕃商香药、禁物。

宣和元年,秀州开修青龙江浦,舶船辐辏,请复置监官。先是,政和中,置务设官于华亭县,后江浦湮塞,蕃舶鲜至,止令县官兼掌。至是,复设官专领焉。四年,蕃国进奉物,如元丰法,令舶司即其地鬻之,毋发至京师,违者论罪。

契丹在太祖时,虽听缘边市易,而未有官署。太平兴国二年,始令镇、易、雄、霸、沧州各置榷务,辇香药、犀象及茶与交易。后有范阳之师,罢不与通。雍熙三年,禁河北商民与之贸易。时累所兴师,千里馈粮,居民疲乏,太宗亦颇有厌兵之意。端拱元年,诏曰:“朕受命上穹,居尊中土,惟思禁暴,岂欲穷兵?至于幽蓟之民,皆吾赤子,宜许边疆互相市易。自今缘边戍兵,不得辄恣侵略。”未几复禁,违

者抵死，北界商旅辄入内地贩易，所在捕斩之。淳化二年，令雄霸
州、静戎军、代州雁门砦置榷置如旧制，所鬻物增苏木，寻复罢。

　　咸平五年，契丹求复置署，朝议以其翻复，不许。知雄州何承矩
继请，乃听置雄州；六年，罢。景德初，复通好，请商贾即新城贸易。
诏北商赍物货至境上则许之。二年，令雄霸州、安肃军置三榷场，北
商趋他路者，勿与为市。遣都官员外郎孔揆等乘传诣三榷场，与转
运使刘综并所在长吏平互市物价，稍优其直予之。又于广信军置
场，皆廷臣专掌，通判兼领焉。三年，诏民以书籍赴沿边榷场博易
者，非《九经》书疏悉禁之。凡官鬻物如旧，而增缯帛、漆器、粳糯，所
入者有银钱、布、羊马、橐驼，岁获四十余万。

　　天圣中，知雄州张昭远请岁会入中金钱，仁宗曰：“先朝置互市
以通有无，非以计利。”不许。终仁宗、英宗之世，契丹固守盟好，互
市不绝。

　　熙宁八年，市易司请假奉宸库象、犀、珠直总二十万缗，于榷场
贸易，明年终偿之。诏许。九年，立与化外人私贸易罪赏泫。河北
四榷场，自治平四年，其货物专掌于三司之催辖司，而度支赏给案
判官置簿督计之。至是，以私贩者众，故有是命。未几，又禁私市硫
黄、焰硝及以卢甘石入他界者，河东亦如之。元丰元年，复申卖书北
界告捕之法。

　　西夏自景德四年，于保安军置榷场，以缯帛、罗绮易驼马、牛
羊、玉、毡毯、甘草，以香药、瓷漆器、姜桂等物易蜜蜡、麝脐、毛褐、
羱羚角、硇砂、柴胡、苁蓉、红花、翎毛，非官市者听与民交易，入贡
至京者纵其为市。

　　天圣中，陕西榷场二、并代路亦请置场和市，许之。及元昊反，
即诏陕西、河东绝其互市，废保安军榷场；后又禁陕西并边主兵官
与属羌交易。久之，元昊请臣，数遣使求复互市。庆历六年，复为置
场于保安、镇戎二军。继言驱马羊至，无放牧之地，为徙保安军榷场
于顺宁砦。既而蕃商卒无至者。嘉祐初，西人侵耕屈野河地，知并

州庞籍谓："非绝其互市，则内侵不已。且闻出兀臧讹庞之谋，若互市不通，其国必归罪讹庞，年岁间，然后可与计议。"从之。初，第禁陕西四路私与西人贸易，未几，乃悉绝之。

治平四年，河东经略司言，西界乞通和市。自夏人攻庆州大顺城，诏罢岁赐，严禁边民无得私相贸易。至是，上章谢罪，乃复许之。后二年，令泾原熟户及河东、陕西边民勿与通市。又二年，因回使议立和市，而私贩不能止，遂申诏诸路禁绝。既而河东转运司请罢吴堡，于宁星和市如旧。而麟州复奏夏人之请，乃令鬻铜、锡以市马，而纤缟与急须之物皆禁。西北岁入马，事具《兵志》。

楚、蜀、南粤之地，与蛮獠溪峒相接者，以及西州沿边羌戎，皆听与民通市。熙宁三年，王韶置市易司于秦凤路古渭砦，六年，增置市易于兰州。自后，于熙、河、兰、湟、庆、渭、延等州，又各置折博务。湖北路及沅、锦、黔江口，蜀之黎、雅州皆置博易场。重和元年，燕瑛言交人服顺久，毋令阻其贸易。初，广西帅曾布请即钦、廉州各创驿，令交人就驿博买。至是，即用瑛兼广西转运副使，同正蕃计画焉。

建炎四年三月，宣抚使张浚奏，大食国遣人进珠玉宝贝。上曰："大观、宣和间，川茶不以博马，惟市珠玉，故武备不修，遂致危弱如此。今复捐数十万缗易无用之物，曷若惜财以养战士乎？"谕张浚勿受，量赐予以答之。六月，罢宜州岁市朱砂二万两。

绍兴三年，邕州守臣言大理请入贡。上谕大臣，止令卖马，不许其进贡。四年，诏川、陕即永兴军、威茂州置博易场；移广西买马司于邕管，岁损金帛，倍酬其直。然言语不通，一听译者高下其手，吏得因缘为奸。六年，大理国献象及马五百匹，诏偿其马直，欲象勿受，而赐书劳遣之。十二年，盱眙军置榷场官监，与北商博易，淮西、京西、陕西榷场亦如之。十九年，罢国信所博易。二十六年，罢廉州贡珠，散蜑丁。盖珠池之在廉州凡十余，接交趾者水深百尺，而大珠生焉。蜑往采之，多为交人所取，又为大鱼所害。至是，罢之。二十九年,存盱眙军榷场,余并罢。

乾道元年,襄阳邓城镇、寿春花靥镇、光州光山县中渡市皆置榷场,以守臣措置,通判提辖。五年,省提辖官。淳熙二年,臣僚言:溪峒缘边州县置博易场,官主之。七年,塞外诸戎贩珠玉入黎州,官常邀市之。臣僚言其黩货启衅,非便,止合听商贾、百姓收买。诏从之。

建炎元年,诏:"市舶多以无用之物费国用,自今有博买笃耨香环、玛瑙、猫儿眼睛之类,皆置于法;惟宣赐臣僚象笏、犀带,选可者输送。"胡人谓三百斤为一婆兰,凡舶舟最大者曰独樯,载一千婆兰。次者牛头,比独樯得三之一。又次曰木舶,曰料河,递得三之一。

隆兴二年,臣僚言:"熙宁初,立市舶以通物货。旧法抽解有定数,而取之不苛,输税宽其期,而使之待价,怀远之意实寓焉。迩来抽解既多,又迫使之输,致货滞而价减。择其良者,如犀角、象齿十分抽二,又博买四分;珠十分抽一,又博买六分。舶户惧抽买数多,止贩粗色杂货。若象齿、珠犀比他货至重,乞十分抽一,更不博买。"

乾道二年,罢两浙路提举,以守倅及知县、监官共事,转运司提督之。三年,诏广南、两浙市舶司所发舟还,因风水不便,船存樯坏者,即不得抽解。七年,诏见任官以钱附纲首商旅过蕃买物者有罚,舶至除抽解和买,违法抑买者,许蕃商越诉,计赃罪之。

旧法,细色纲龙脑、珠之类,每一纲五千两,其余犀象、紫矿、乳檀香之类,为粗色,每纲一万斤。凡起一纲,遣衙前一名部送,支脚乘赡家钱一百余缗。大观以后,张大其数,象犀、紫矿皆作细色起发,以旧日一纲分为三十二纲,多费脚乘赡家钱三千余贯。至于乾道七年,诏广南起发粗色香药物货,每纲二万斤,加耗六百斤,依旧支破水脚钱一千六百六十二贯有奇。淳熙二年,户部言:"福建、广南市舶司粗细物货,并以五万斤为一全纲。"

南渡,三路舶司岁入固不少,金银铜铁,海舶飞运,所失良多,而铜钱之泄尤甚。法禁虽严,奸巧愈密,商人贪利而贸迁,黠吏受赇而纵释,其弊卒不可禁。

宋史卷一八七
志第一四○

兵一　禁军上

　　宋之兵制,大概有三:天子之卫兵,以守京师,备征戍,曰禁军;诸州之镇兵,以分给役使,曰厢军;选于户籍或应募,使之团结训练,以为在所防守,则曰乡兵。又有蕃兵,其法始于国初,具籍塞下,团结以为藩篱之兵;其后分队伍,给旗帜,缮营堡,备器械,一律以乡兵之制;今因旧史纂修《兵志》,特置于熙宁保甲之前,而附之乡兵焉。

　　其军政,则有召募、拣选、廪给、训练、屯戍、迁补、器甲、马政八者之目,条分而著之,以见历朝因革损益之不同,而世道之盛衰亦具是矣。

　　嗟乎!三代远矣。秦、汉而下得寓兵于农之遗意者,惟唐府卫为近之。府卫变而召募,因循姑息,至于藩镇盛,而唐以亡。更历五代,乱亡相踵,未有不由于兵者。太祖起戎行有天下,收四万劲兵,列营京畿,以备宿卫,分番屯戍,以捍边圉。于时将帅之臣入奉朝请,犷暴之民收隶尺籍,虽有桀骜恣肆,而无所施于其间。凡其制,为什长之法,阶级之辨,使之内外相维,上下相制,截然而不可犯者,是虽以矫累朝藩镇之弊,而其所征者深矣。

　　咸平以后,承平既久,武备渐宽,仁宗之世,西兵招刺太多,将骄士惰,徒耗国用,忧世之士屡以为言,竟莫之改。神宗奋然更制,于是联比其民以为保甲,部分诸路以隶将兵,虽不能尽拯其弊,而亦足以作一时之气。时其所任者，王安石也。元祐、绍圣遵守成宪。
迨崇宁、大观间，增额日广而乏精锐，故无益于靖康之变。时其所任
者，童贯也。

建炎南渡，收溃卒，招群盗，以开元帅府。其初兵不满万，用张，
韩、刘、岳为将，而军声以振，及秦桧主和议，士气遂沮。孝宗有志兴
复而未能。光、宁以后，募兵虽众，土宇日蹙，况上无驭将之术，而将
有中制之嫌。然沿边诸垒，尚能戮力效忠，相与维持至百五十年而
后亡。虽其祖宗深仁厚泽有以固结人心，而制兵之有道，综理之周
密，于此亦可见矣。

禁兵者，天子之卫兵也，殿前、侍卫二司总之。其最亲近扈从
者，号诸班直；其次，总于御前忠佐军头司、皇城司、骐骥院。皆以守
京师、备征伐。其在处者，非屯驻、屯泊，则就粮军也。太祖鉴前代
之失，萃精锐于京师，虽曰增损旧制，而规模宏远矣。

建隆元年，诏殿前、侍卫二司各阅所掌兵，拣其骁勇升为上军，
老弱怯懦置剩员以处之。诏诸州长吏选所部兵送都下，以补禁旅之
阙。又选强壮卒定为兵样，分送诸道；其后代木梃，为高下之等，散
给诸州军，委长吏、都监等召募教习，俟其精练，即送阙下。二年，改
左右雄捷、左右骁武军并为骁捷，左右备征为云骑，左右平远为广
捷，左右怀德为怀顺。四年，赐河东乐平县归降卒元威以下二百八
十六人衣服、钱绢有差，立为效顺指挥。

乾德二年，诏辽州降军宜以效顺、怀恩为名。三年四月，诏改西
川感化、耀武等军并为虎捷。九月，上御讲武殿阅诸道兵，得万余
人，以骑兵为骁雄，步军为雄武，并隶侍卫司，且命王继勋主之，给
缗钱俾娶妻。继勋纵之白日掠人妻女，街使不能禁。帝闻大怒，捕
斩者百人，小黄门阁承翰见而不奏，亦杖数十。

开宝七年，泰宁军节度使李从善部下及江南水军凡千三十九
人，并黥面隶籍，以归化、归圣为额。

太平兴国二年，诏改簇御马直曰簇御龙直，铁骑曰日骑，龙捷
曰龙卫，控鹤曰天武，虎捷曰神卫，骨鍒子直曰御龙骨鍒子直，宽衣
控鹤曰宽衣天武，雄威曰雄勇，龙骑曰雄猛。八年，改濮州平海指挥
为崇武。

雍熙四年，改殿前司日骑屈直指挥为捧日锯直，日骑改为捧
日，骁猛改为拱辰，雄勇改为神勇，上铁林改为殿前司虎翼，腰弩改
为神射，侍卫步军司铁林改为侍卫司虎翼。

至道元年，帝阅禁兵有挽强弩至一石五斗，连二十发而有余力
者，顾谓左右曰："今宇内阜安，材武间出，弧矢之妙，亦近代罕有
也。"又令骑步兵各数百，东西列阵，挽强彀弩，视其进退发矢如一，
容止中节，因曰："此殿庭间数百人尔，犹兵威可观，况堂堂之阵数
万成列者乎！"

咸平三年，诏定州等处本城厅子、无敌、忠锐、定塞指挥，已并
升充禁军马军云翼指挥，依逐州军就粮，令侍卫马军司管辖。定州
拣中厅子第一充翼第一，第二充云翼第二；相州厅子第一充云翼第
三，第二充云翼第四；保州无敌第一充云翼第五，第二充云翼第六，
忠锐充云翼第七；威勇军无敌第一充云翼第八，第二充云翼第九，
忠锐充云翼第十；静戎军无敌充云翼第十一；宁边军无敌充云翼第
十二、北平塞无敌充云翼第十三；深州无敌充云翼第十四。北面诸
处应管本城、定塞指挥已下镇定州、高阳关路都总管，并充禁军马
云翼指挥，才候升立迄，分析逐指挥员兵士人数、就粮州府、本指挥
见在去处以闻。

四年，诏陕西沿边州军兵士先选中者，并升为禁军，名保捷。五
年正月，置广捷兵士五指挥。五月，命使臣分往邠、宁、环、庆、泾、
原、仪、渭、陇、鄜、延等州，于保安、保毅军内，与逐处官吏选取有力
者共二万人，各于本州置营，升为禁军，号曰振武指挥，既而帝曰：
"边防阙兵，朝廷须为制置，盖不得已也。候边鄙乂宁，即可销弭。"
六月，以河东州后为神锐二十四指挥、神虎十指挥，又升石州厅子

军为禁军，又以威虎十指挥隶虎翼。

景德四年，诏河东广锐、神锐、神虎军以见存为定额，缺则补之。"

大中祥符元年，诏侍卫步军司阅保宁军士，分为四等，其第一等徙营亳州永城县，余听归农；无家可还者，隶诸州为剩员。四年，宣示永安县永安指挥兵八千余人以奉诸陵，其知军额犹隶西京本城厢军，可赐名奉先指挥，升为禁军，在清塞之下。八年，置禁军左右清卫二指挥，在雄武弩手之上，散卒月给铁钱五百，以奉宫观。

仁宗即位，海内承平，而留神武备，始幸安肃教场观飞山雄武发炮，命捧日、天武、神卫、虎翼四军为战阵法，拔其击刺骑射之精者，稍迁补之。由天圣至宝元间，增募诸军：陕西蕃落、广锐，河北云翼，京畿广捷、虎翼、效忠，陕西、河东清边弩手，京西、江、淮、荆湖归远，总百余营。

康定初，赵元昊反，西边用兵，诏募神捷兵，易名万胜，为营二十。所募多市井选懦，不足以备战守。是时禁兵多戍陕西，并边土兵虽不及等，然骁勇善战；京师所遣戍者，虽称魁头，大率不能辛苦，而摧锋焰阵非其所长。又北兵戍及川峡、荆汀、岭峤间，多不便习水土，故议者欲益募土兵为就粮。于是增置陕西蕃落、保捷、定功，河北云翼、有马劲勇，陕西、河北振武，河北、京东武卫，陕西壮勇，延州青涧，登州澄海弩手，京畿近郡亦增募龙骑、广勇、广捷、虎翼、步斗、步武，复升河北招收、无敌、厅子马，陕西制胜，并州克戎、骑射，麟州飞骑，府州威远，秦州建威，庆州有马安塞，保州威边，安肃军忠锐，岚、府州建安，登州平海，皆为禁兵，增内外马步凡数百营。又京东西、河北、河东、江、淮、荆湖、两浙；福建路各募宣毅，大州二营，小州一营，凡二百八十八。岢岚军别置床子弩炮手。时吏以所募多寡为赏罚格，诸军子弟悉听隶籍，禁军阙额多选本城补填，故庆历中外禁厢军总一百二十五万，视国初为最多。西师既罢，上患兵冗，帑庚不能给，乃诏省兵数万人。

　　皇祐二年，川峡增置宁远。五年，江、淮、荆湖置教阅忠节州一营，大州五百人，小州三百人。于是宣毅浸废不复补，而荆湖、广南益募雄略。至和二年，广、桂、邕州置有马雄略。明年，并万胜为十营。其后，议者谓东南虽无事，不宜驰备。嘉祐四年，乃诏荆南江宁府、扬庐洪潭福越州募就粮军，号威果，各营于本州；又益遣禁军驻泊，长史兼本路兵马钤辖，选武臣为都监，专主训练。于是东南稍有备矣。

　　七年，宰相韩琦言：

　　　　祖宗以兵定天下，凡有征戍则募置，事已则并，故兵日精而用不广。今二边虽号通好，而西北屯边之兵，常若待敌之至，故竭天下之力而不能给。不于此时先虑而豫备之，一旦边垂用兵，水旱相继，卒起而图之，不可及矣。

　　　　又三路就粮之兵虽勇劲服习，然边储贵踊，常苦难赡；若其数过多，复有尾大不掉之患。京师之兵虽杂且少精，然漕于东西，广而易供设，其数多，复强干弱枝之势。祖宗时，就粮之兵不甚多，边垂有事，则以京师兵益之，其虑深而其费鲜。愿诏枢密院同三司量河北、陕西、河东及三司榷货务岁入金帛之数，约可赡京师及三路兵马几何，然后以可赡之数立为定额；额外罢募，阙即增补；额外数已尽而营畸零，则省并之。既见定额，则可以定其路马步军一营，以若干为额。仍请核见开宝、至道、天禧、庆历中外兵马之数。盖开宝、至道之兵，太祖、太宗以之定天下服四方也；天禧之兵，真宗所以守成备豫也；庆历之兵，西师后增置之数也。以祖宗之兵，视今数之多少，则精冗易判，裁制无疑矣。

于是诏中书、枢密院同议。枢密院奏：开宝之等籍总三十七万八千，而禁军马步十九万三千；至道之籍总六十六万六千，而禁马步三十五万八千；天禧之籍总九十一万二千，而禁军马四十三万二千；庆历之籍总一百二十五万九千，而禁军马步八十二万六千。视前所募兵浸多，自是稍加裁制，以为定额。

英宗即位，诏诸道选军士能引弓二石、扩弩四石五半送京师阅试，第升军额。明年，并万胜为神卫。三年，京师置雄武第三军。时宣毅仅有存者，然数诏诸路选厢军壮勇者补禁卫，而退其老弱焉。盖治平之兵一百十六万二千，而禁军马步六十六万三千云。

熙宁元年十二月，诏：“京东武卫四十二指挥并分隶河北都总管司六指挥，隶大名府路三十六指挥，均隶定州、高阳关两路更戍；其休番者，选差兵官三人依河北教阅新法训练，仍差使臣押教。”又诏京东路募河北流民，招置教阅厢军二十指挥，以忠果为额。青、郓、淄、齐州各三指挥，济、兖、曹、濮州各两指挥。

三年十二月，枢密使文彦博等上在京、开封府界及京东等路禁军数，帝亦参以治平中兵数而讨论焉。遂诏：“殿前虎翼除水军一指挥外，存六十指挥，各以五百人为率，总三万四百人；在京增广勇五指挥，共二千人；开封府界定六万二千人，京东五万一千二百人，两浙四千人，江东五千二百人，江西六千八百人，湖广八千三百人，湖北万二千人，福建四千五百人，广南东、西千二百人，川峡三路四千四百人为额。在京其余指挥并河东、陕西、京西、淮南路既皆拨并，唯河北人数尚多，乃诏禁军以七万为额。初，河北兵籍比诸路为多，其缘边者且仰给三司，至是而拨并畸零，立为定额焉。是时，京东增置武卫军，分隶河北四路，的又以三千人戍扬杭州、江宁府，其后又团结军士置将分领，则谓之将兵云。

七年正月，诏颁诸班直禁军名额：

殿前司诸班：殿前指挥使、内殿直、散员、散指挥、散都头、散祇候、金枪、东西、招箭、散直、钧容直。诸直：御龙、御龙骨朵、御龙弓箭、御龙弩直。诸军：捧日锯直、捧日左射、捧日、宽衣天武、锯直天武、左射天武、归明渤海、拱圣、神勇、吐浑、骁骑、骁胜、宣武、虎翼水军、宁朔、龙猛、捧日第五军、捧日第七军、天武第五军、天武七军、契丹直第一、契丹直第二、神骑、广勇、步斗、龙骑、骁猛、雄勇、太原府就粮吐浑、潞州就粮吐浑、左射清朔、擒戎、广捷、广德、骁雄、雄威。

侍卫马军司　龙卫锯直、龙左射、龙卫、恩冀州员僚直、忠猛、定州散员、骁捷、云骑、武骑、龙卫第十军、拣中龙卫、新立骁捷、飞捷、骁武、广锐、云翼、禁军有马劲勇、厅子马、无故、克胜、飞骑、威远、克戎、万捷、云捷、横塞、庆州有马安塞、蕃落、有马雄略、员僚剩员直。

侍卫步军司　神卫、虎翼水军、神卫第十军、步武、武卫、床子弩雄武、飞山雄武、神卫、振武、来化、雄武弩手、上威猛、招收、雄胜、澄海水军弩手、神虎、保捷、捉生、清边弩手、制胜、定功、青涧、平海、雄武、效忠、宣毅、建安、威果、川效忠、拣中雄勇、怀顺、怀恩、勇捷、威武、静戎弩手、忠远、宁远、忠节、教阅忠节、川忠节、神威、归远、雄略、下威猛、强猛、壮勇、桥道、清塞、武严、宣效、神卫剩员、奉先园、拣中六军、左龙武、右龙武、左羽林、右羽林、左神武、右神武。御营喝探、新团立拣中剩员。

诸班直资次相压　殿前指挥使、御龙直、御龙骨朵子直、内殿直、散员、散指挥使、散都头、散祗候、金枪、东西班、御龙弓箭直、招箭班、散直、钧容直。

诸军资次相压　捧日锯直、捧日左射、捧日、宽衣天武、天武锯直、天武左射、天武、龙卫锯直、龙卫左射、龙卫、神卫、归明渤海、拱圣、神勇、恩冀州员僚直、忠猛、定州散员、吐浑、骁骑、骁捷、云骑、骁胜、宣武、武骑、殿前司虎翼、殿前司虎翼水军、宁朔、龙猛、步军司虎翼、步军司虎翼水军、捧日第五军、捧日第七军、天武第五军、天武第七军、龙卫第十军、拣中龙卫、神卫第十军、契丹直第一、契丹直第二、神骑、广勇、步斗、龙骑、骁猛、雄勇、太原府就粮吐浑、潞州就粮吐浑、清朔、擒戎、新立骁捷、飞捷、骁武、广锐、云翼、禁军有马劲勇、步武、武卫、床子弩雄武、飞山雄武、神锐、振武、来化、雄弩手、上威猛、厅子马、无敌、招收、雄胜、广捷、广德、克胜、飞骑、威远、澄海水军弩手、克戎、骁雄、雄威、万捷、云捷、横塞、神虎、保捷、庆州有马安塞、蕃落、捉生、清边弩手、制胜、定功、有马雄略、青涧、平海、雄武、效忠、宣毅、建安、威果、川效忠、拣中雄勇、怀顺、怀恩、勇捷、丁威、静戎弩手、忠勇、宁远、忠节、教阅忠顺、川忠节、神威、归远、雄略、下威猛、强猛、壮勇、员僚剩员直、桥道、川桥道、步军司清塞、武严、宣效、神卫剩员、奉先园、拣中六军、御营喝探、新团立拣中剩员。

诸禁军名额系捧日、天武、龙卫、神卫为上军，五百文已上料钱见钱为中军，不满五百文料钱见钱并捧日天武第五第七军、龙卫神卫第十军、骁猛、雄勇、雄威为下军。元丰五年十月，诏诸路教阅厢军，于下禁军内增入指挥名额，排连并同禁军。盖熙宁之籍，天下禁军凡五十六万八千六百八十八人；元丰之籍，六十一万二千二百四十三人。

哲宗即位，四方用兵，增戍益广。元祐元年三月，寄招河北路保甲，充填在京禁军阙额。龙、神卫以年二十以下，中军以下以年二十五以下者，虽短小一指并招刺焉。二年，诏西关堡防拓禁军和雇入役。复置河北、河东、陕西、府界马步军。七年，河东、陕西路诸帅府敢勇以一百人为额，专隶经略司。

绍圣四年，陕西路增置蕃落马军。是年，兰州金城置步军保捷、马军蕃落。

元符元年，利州路兴元府、阆州各置就粮武宁，又湖北、江东各增有马雄略。泾原路新筑南年会，赐名西安州，戍守共以七千人为额，仍招置马军蕃落、步军保捷、天都、临羌砦戍守各以三千人为额，仍各置马军蕃落、步军保捷；永兴军等路创置蕃落；河北大名府等二十二州共创置马军广威、步军保捷，以河北大水，招刺流民故也。

二年正月，环庆增置敢勇二百人。四月，环庆路都总管司言："本路新展定边城，比之横山、兴平等处城砦尤深，乞增置住营马军蕃落、步军保捷。"六月，环庆路都总管司言："展筑庆州白豹城，合增置住营马步军。"又鄜延路都总管司言："本路新筑米脂等八堡砦,合增置士兵、马步军。"皆从之。三年,枢密院奏："河北增置马军广威、步军保捷二万余人,欲令拣选升换在京阙额军分。"从之。自绍圣以来,陕西、河东连用兵六年,进筑未已,覆军杀将,供给不可胜纪。

徽宗崇宁元年九月,荆湖北路增置禁军,以靖安名。十月,川峡置安远军。三年三月,陇右都护奏:乞于鄯州置水军,守河浮桥;又枢密院乞增置府界、京东西等路步军,荆湖南路雄略。皆从之。十月,京东西、河东北、开封府界创置马步军五万人,马军以崇捷、崇锐名,步军以崇武、崇威名,合用缗钱二百八十万有奇,以常平、封桩等钱支,用蔡京之请也。京又言:"今拓地广,戍兵少,当议添置兵额,以为边备。"从之。

四年十一月,广西路置刀牌手三千人,于切要州军更戍,以宁海名。十二月,诏:"四辅屏翰京师,兵力不可偏重,可各以二万人为额。"五年,环庆路进筑徐西台地,赐名安边,置马军蕃落、步军保捷。

大观元年五月,延安置钱监兵。闰十月,靖州置宣节。十一月,两浙东、西路各增置禁军。宣和三年,内侍、制置所谭稹奏,以方腊既平,乞节镇增添禁军两指挥,余州军一指挥;又乞除温、处、衢、婺外,将禁军更招置成十指挥、又乞增置严州威果禁军。并从之。五年二月,尚书省言:"古者,六军为王之爪牙,羽林则禁卫之总名也。今臣僚使令兵卒所居营人曰六军,而复有左右羽林之名,称谓失当。若将拣中六军并六军指挥并改为广效,内拣中六军作第一指挥,左龙武第二,左羽林第三,左神武第四,右龙武第五,右羽林第六,右神武第七。"从之。

靖康元年,诏:"广西宜、融二州实为极边。旧置马军难议减省,且依元降指挥招置。"

自元丰而后,民兵日盛,募兵日衰,其募兵阙额,则收其廪给,以为民兵教阅之费。元祐以降,民兵亦衰。崇宁、大观以来,蔡京用事,兵弊日滋,至于受逃亡,收配隶,犹恐不足。政和之后,久废搜补,军士死亡余,老疾者徒费廪给,少健者又多冗占,阶级既坏,纪律遂亡。童贯握兵,势倾内外,凡是遇阵败,耻于人言,第申逃窜。河北将兵,十无二三,往往多住招阙额,以其封桩为上供之用。陕右诸路兵亦无几,种师道将兵入援,止得万五千人。故靖康之变,虽画一之诏,哀痛激切,而事已无及矣。

高宗南渡,始建御营司,未几,复并御营归枢密院。绍兴四年,改御前五军为神武军,御营为神武军副,并隶枢密院。五年,以祖宗故事,兵皆隶三衙,乃废神武中军,隶殿前司,于是殿司兵柄始一。乾道元年,诏殿前兵马权以七万三千人为额。

诸屯驻大军则皆诸将之部曲,高宗开元帅府,诸将兵悉隶焉。建炎后,诸大将兵浸盛,因时制变,屯无常所。如刘光世军或在镇江、池州、太平,韩世忠屯江州、江阴,岳飞一军或屯宜兴、蒋山。王彦八字军随张浚入蜀,吴玠兵多屯凤州、大散关、和尚原,是时合内外大军十九万四千余,川、陕不与焉。及杨沂中将中军总宿卫,江东刘光世、淮东韩世忠、湖北岳飞、湖南王琼四军共十九万一千六百,亦未尝有屯。

绍兴十一年,范同以诸将握兵难制,献谋秦桧且以柘皋之捷言于卜,召张俊、韩世忠、岳飞入觐,张俊首纳所部兵。分命三大帅副校各统所部,自为一军,更衔曰统制御前军马。罢宣抚司,遇出师取旨,兵皆隶枢密院,屯驻仍旧。而四川大将兵曰兴、成、阶、凤、文、龙、利、门、金、洋、绵、房、西和州、大安军、兴元、隆庆、潼川府凡十四郡,亦分屯就粮焉。

乾道之末,各州有郡统司领兵:建康五万,池州一万二千,镇江四万七千,楚州武锋军一万一千,鄂州四万九千,荆南二万,兴元一万七千,金州一万一千。其后分屯列戍,增损靡常。所可考者,统制、统领、正将、副钤、准备将之目也。

至于水军之制,则有加于前者,南渡以后,江、淮皆为边境故也。建炎初，李纲请于沿江、淮、河帅府置水兵二军，要郡别置水兵一军，次要郡别置中军，招善舟楫者充，立军号曰凌波、楼船军。其战舰则有海鳅、水哨马、双车、得胜、十棹、大飞、旗捷、防沙、平底、水飞马之名。隆兴以后至于宝祐、景定间，江、淮沿流堡隘相望，守御益繁，民劳益甚。迨咸淳末，广东籍蛋丁，闽海拘舶船民船，公私俱弊矣。

其禁军将校，则有殿前司都指挥使、副都指挥使、都虞候各一人；诸班直都虞候、指挥使、都知、副都知、押班；御龙诸直有四直都虞候，本直各有都虞候、指挥使、副指挥使、都头、副都头、十将、将、虞候；马步军有捧日、天武左右四厢都指挥使，捧日、天武左右各有都指挥使，每军有都指挥使、都虞候，每指挥有指挥使、副指挥使，每都有军使、步军谓之都头。副兵马使、步军谓之副都头。十将、将、虞候、承局、押官。

所令诸班直、指挥、骑兵、步兵之额叙列如左。以其前后之异同者分为建隆以来之制，熙宁以后之制，而将兵、水兵之制可考者，因附于后云。

建隆以来之制

骑军

殿前指挥使左右班二。宋初，以旧府亲从带甲之士及诸班军骑中选武艺绝伦者充。

内殿直左右班四。周制，简军校既武臣子弟有材勇者立。又有川班直殿直，乾德三年平蜀得奇兵，简阅材貌魁伟便习射者凡百二十人立，开宝二年废。

散员左右班四。周制，招置诸州豪杰立，散指挥、散都头、散祗候凡十二班。又于北面骁捷员僚直及诸军内简阅填补。咸平五年，定州路都部署王起言："缘边有强梁辈常居四界，扰动边境，请厚给金帛募充散员。"从之。

散指挥左右班四。

散都头左右班二。

金枪班左右班二,旧名内直。太平兴国初,改选诸军中善用枪朔者增补。

东西班弩手、龙旗直、招箭班共十二,旧号东西班承旨。淳化二年,改为殿前侍,东西各第一第二弩手,龙旗直班六,并带甲,选诸班及不带甲班增补。其东第二茶酒及第三、西第四班不带甲,并以诸军员,使臣及没王事者子弟为之。又择善弓箭者为招箭班。

散直左右班四。雍熙四年,以诸道募置藩镇厅头军将及诣登闻院求试武艺者立。咸平元年,选诸节度使从人、骑御马小底增补。

钧容直班二。太平兴国三年选诸军谙晓音乐、骑御马小底立。淳化二年,改之。

外殿直班一。诸班卫士中年多者号看班外殿直,后削看班之号;或诣诸道摄军校之职部分州兵,谓之权管。国初又有内员像直,开宝中废。太平兴国四年,征太原,得上军。天禧四年,并入此班。

捧日并左射、锢直、弩手、左第五军,总指挥三十五。京师三十三,雍丘、郑各一。旧号小底,周改为铁骑,太平兴国二年改为日骑,雍熙四年改今名。分左右厢各四军。雍熙三年,选善枪槊者充锢直。淳化三年,选善左射者为左射。咸平五年,选天武拱圣,骁善弩射者为弩手。

契丹直三。咸平、许、寿各一。后唐置,旋废。开宝三年,以辽人内附之众复置。太平兴国中,因事复置,旋废。

归明渤海指挥二。京师。太平兴国四年,征幽州,以渤海降兵立。

拱圣指挥二十一。京师。乾德中,选诸州骑兵送阙下,立为骁雄,后改骁猛。雍熙四年,又改拱辰。未几改今名

吐浑小底旧指挥五,治平中并为二。京师。太平兴国四年,平太原,获吐浑子弟,又选监牧诸军中所有者充。

骁骑指挥二十三。京师。太平兴国四年置,后又选掉榻索兵及左右教骏兵增补。雍熙四年,改殿前司步斗弩手为骁骑弩手。淳化四年,选壮勇超绝者为上骁骑,在本军之上。咸平五年,分左右厢。旧又有殿前小底。至道二年,选骁骑马直及善射者充,后废。

骁胜左右指挥各五。京师。咸平三年,选教骏、骁骑诸军备征子弟材勇者立。

宁朔指挥十。京师、尉氏各三,雍丘、渭、河阳、河阴各一。咸平三年选教

骏诸军备征及外州兵立。

龙猛指挥八。京师。太平兴国中,拣阅龙骑及诸州部送招获群盗,取其材勇者立。淳化四年,又择精悍者为教阅龙猛以备禽盗,在本军之上。景德四年,又选龙骑、骁骑兵增之。

飞猛指挥二。咸平二年,选龙猛、骁骑兵子弟之材勇者立。

骁猛指挥四。尉氏三,太康一。旧号骁雄,太平人国中改。雍熙四年,以拱圣年多者为拱辰军,其次等者如故。景德四年,以拱圣年多者隶之。

神骑指挥十八。雍丘十三,咸平五。端拱二年,选骁雄新配人及教骏、借事等兵立。淳化二年,废掉榻索军隶之。咸平二年,又择教骏、备征及外州增之。

骁雄指挥四。咸平、陈留各二。太平兴国八年,迁骁猛中次等者立。景德中,以骁骑、骁胜、宁朔军年多者隶之。

吐浑直指挥三。太原二,潞一。太平兴国八年,太原迁云州及河界吐浑立,屯并、代州。雍熙三年,又得云、朔归明吐浑增立,屯潞州。

安庆直四。太原一,潞三。太平兴国四年迁云朔及河东归明安庆民分屯并、潞等州,验以土田。雍熙四年立。

三部落指挥一。太原。太平兴国四年,亲征幽州,迁云、朔、应等州部落于并州,因立。

清朔指挥四。西京二,许、汝务一。太平兴国四年,迁云、朔州民于内地,得自置马以为骑兵,谓之家户马。雍熙四年立。

擒戎指挥五。西京、许各二,汝一。太平兴国四年迁云、朔州民于西京、许汝等州,给以土田,充家户马。端拱二年立。

新立内员僚直五。端拱二年,成德军节度使田重进言:“易州静砦兵行屯镇州,贼陷勇陷谷,尽俘其家,请以其军备宿卫。”因而立此直。后废,天圣后无。

散祇候左右班二。天圣前无。

步斗指挥六。尉氏、太康各一,蔡四。庆历中增置,天圣前无。

步军

御龙直左右二。旧号簇御直,太平兴国二年改为簇御龙直,后改今名。

御龙骨朵子直左右二。旧号内朵子直,太平兴国二年改为御龙散手直,后改今名。

御龙弓箭直五。选天武诸军材貌魁杰者充。

御龙弩直五。

天武并宽衣,锯直、左射,总指挥三十四。京师三十三,咸平一。

神勇上下共二十一指挥。乾德中,拣阅诸军壮实而大体者立为雄威。太平兴国二年,改为雄勇。雍熙四年改今名。淳化四年,选武艺超绝者立为上神勇,以备擒盗。

宣武上下共二十指挥。京师。太平兴国二年,并效节、忠猛二军立,又选诸军及乡兵增之。至道二年,又选军头司步直善用枪朔掉刀者立殿前步直,后废。

虎翼太平兴国中,拣雄武弩手立为上铁林,又于雄武、定远、宁胜床子弩手、飞山雄武等军选劲兵以增其数。雍熙四年,改分左右四军。淳化四年,选本军精锐者为上虎翼,以备禽盗。咸平二年,并广勇军隶之。大中祥符六年,诏在京四年,改分左右四军,淳化四年选本军精锐者为上虎翼,以备禽盗。咸平二年,并广勇军隶之。大中祥符六年,诏在京诸军选江、淮士卒善水者习战于金明池,立为虎翼水军。旧指挥六十二,景德中增六。京师。

雄勇旧号雄威,太平兴国二年改今名。雍熙四年,改神勇,复于本军选退入次等者为之。旧指挥五,到和五年增为八。咸平三,郓二,许、郑、滑各一。

广德开宝四年,平广南,以其兵隶殿前司,次等隶八作司,阙则选广南诸州兵补之。雍熙三年,选八作司之强壮者为拣中。总指挥十。咸平、尉氏、阳武、河阳、沧、巩、白波各一,西京二。

广勇淳化二年,选神射、鞭箭、雄武、效忠等军强壮善射者立为广武,大中祥符二年改今名。旧指挥二十三,庆历中增为四十三,每指挥十为一军。京师五,陈留二十二,咸平、东明、太原、胙城、南京各二,襄邑、阳武、郓各一,滑三。

广捷旧名左右平远,建隆二年改。咸平五年,又选广德、神威等军教以标枪旁牌补之。旧指挥五,景祐中增五,明道中增十,庆历增三十六,总五十六。陈留八,咸平六,雍丘四,襄邑、尉氏、许各三,太康、扶沟、南京、亳、河阴、颍、宁陵各二,陈六,滑、曹、邓蔡、广济、谷熟、永城、襄城、叶各一。

雄威雍熙四年,选神勇兵退入第二等立为神威,后改今名。指挥十。考成、襄邑、陈留各一,南京四,陈二。

宣威雍熙四年,选神勇、宣武兵退入次等者立。上下指挥二。咸平、襄邑各一。

龙骑建隆间以诸道招致及捕获群寇立,号有马步人见阵,即步斗。淳化三年,选本军年多者为带甲剩员。咸平以后,又以本军及龙猛退兵增之。旧挥八,康定中,取配隶充军者增置为指挥二十,分三军。京师四,尉氏、雍丘、咸平、郑各二,南京、陈、蔡、河阳、颍、单、四波各一。

神射两浙兵兵,旧号腰弩。雍熙四年改今名。淳化元年,部送阙下,选其强者为广武,次等复为本军。指挥五。陈留三,雍丘二。

步斗雍熙三年,选诸州厢军之壮勇者立,后废。此下二军,天圣后无。

鞭箭雍熙三年,选两浙兵为鞭箭,次等者为忠节鞭箭。端拱二年并为一。至道元年,发此兵援灵州刍粟,丧车重兵器于浦洛河,诏免死,后废。

侍卫司　侍卫亲军马步军都指挥使、副都指挥使、都虞候各一人。马军都指挥使、副都指挥使、都虞候各一人,步军亦如之。自马步军都虞候已上,其员全阙,即马、步军都指挥使等各领其务,与殿前叫为三司。马步军有龙卫神卫左右四厢都指挥使、都虞候。每指挥有都指挥使、副指挥使。余如殿前司之制。所领骑兵步兵之额叙列如左:

骑军

员僚直显德中,周平三关,召募强人及选高阳关驰捷兵为北面两直。建隆初,选诸州骑兵及蕃镇厅头召募人等为左三直。太平兴国四年,平太原,选其骑兵为右三直。北面两直,营贝、冀,隶高阳关都部署。大中祥符中,改为贝州左直、冀州右直,后改四直。京师二,恩、冀各一。

龙卫旧号护圣,周广顺中,改龙捷。建隆二年,拣去衰老,以诸州所募精劲者补之。太平兴国二年,改分左右厢。四年,平太原,选其降兵为拣中龙卫。雍熙二年,又拣善枪塑者为锢直。淳化三年,选剩员堪披甲者为带甲剩员。五年,又拣善左射者为左射。指挥四十四。京师三十八,雍丘、尉氏、河阳各一,澶三。

忠猛咸平一年置。指挥一。定州。

散员咸平五年置。指挥一。定州。

骁捷周显德中,平三关,拣诸州士卒壮勇者为河北骁捷。宋初,隶高阳关都部署。建隆二年，废左右骁武，以其兵来隶。乾德中，又选备征及岚州归附之兵为河南骁捷，其后止以骁捷为名。太平兴国四年，平太原，拣阅降兵为拣中骁捷。淳化四年，又置新立骁捷。至道三年，分骁捷为左右厢。咸平五年，以其年多者为带甲剩员。指挥二十六。尉氏新立、陈拣中各一，恩十四翼十。

云骑旧号左右备征，建隆二年改。开宝以后，募子弟为云骑，以其之次等为武骑，又选骑兵之次等为武骑，又选本军年多者为带甲剩员。指挥十五。京师十一，陈留、西京各一，巩二。

归明神武太平兴国四年，亲征幽州，以其降兵立此军。初指挥一，后增为四，雍丘。

克胜本潞州骑兵端拱初升。指挥二。路。

骁锐旧名散员指挥，咸平四年改。指挥四。莫三，冀一。

骁武本河北诸州忠烈、威边骑武骑射等兵。淳化四年，拣阅其材，与云骑武骑等立，得自置马，分左右厢。指挥二十。北京七，真定三，定六，相、怀、洛、邢各一。

广锐本河州忠烈、宣勇能结社买马者，马死则市补，官助其直。至道元年立。咸平以后选振武兵增之，老疾者以亲属代。景德二年诏：非亲属愿代者听。大中祥符五年，以其退兵为带甲剩员。旧河东指挥三十一，陕西七。景祐、康定中，增为四十二。太原、代、并各三，汾五，岚、石、峃岚各二，晋、熙、慈、绛、泽、隰、宪、宁化、威胜、平定、火山各一，泾、原、鄜各二，秦、渭、环、邠、宁各一。

武清晋州骑兵。端拱二年，以其久在北鄙，有屯戍之劳，选勇悍者就升。指挥一。晋。

有马劲勇咸平四年，选江东诸州兵立。庆历中，分置第六、第七。总指挥七。太原二，代、岚各一，磁三。

云翼旧指挥三十三，景祐以后，增置二十三，分左右厢，总五十六。真定、雄、瀛、深、赵、永宁各三，定、冀各六，保五，沧、北平、永静、顺安、保定各二，莫、邢、霸各一，广信、肃各四。

厅子本石州城立。景德元年，改徙营相州。庆历初，升禁军。指挥六。定一，相五。

万捷开宝中，募赵、相、沧、冀州民立。大中祥符中，以骁武、云骑退兵隶之。指押七。相、冀、辽各二，沧一。

云捷太平兴国四年，选诸军中应募子弟及教骏、借事、备征等有武干者立。大中祥符五年，以宁朔退兵隶之。指挥十二。尉氏、咸平、西京、北京、澶各二，汝、怀各一。

横塞咸平三年，选诸军威边骑射及在京借事立。指挥七。雍丘、咸平、考城、襄邑、宁陵各一，卫二。

员僚剩员直禁军员僚以罪责降者充。此下至骑捷凡六军。天圣后，无。

清塞周立，指挥二。其一北蕃归附之众，营寿州；其一破淮南紫金山砦所得骑军，营延州。宋初，选本军子弟补其缺。太平兴国三年，又得泉州、两浙兵以益之。

飞捷本威虏军保州易州静塞兵，定州厅子军立。淳化元年，诏赴阙拣阅，以静塞为三等，厅子为一等，改今名。指挥四。

骁骏本寿州咸圣军，咸平三年改。指挥一。

拣中夏州厅子本夏州家户，淳化五年，河西行管部署李继隆遣部送京师立，指挥一。

骑捷本雍州强人指挥，咸平三年改。分营瀛、莫。指挥四。

武骑指挥一十一。京师、雍丘名一，尉氏三，陈留、考城、咸平、郑各一，西京二。此下至有马雄略凡十二军，《三朝志无》。

骁骑指挥一，太原。

无敌河北沿边厢兵，庆历二年升禁军。总指挥六。定、北平各二，安肃、广信各一。

忠锐广信厢兵有马者，庆历二年升禁军。指挥一。

威边诸州厢兵，惟保州教战射，隶巡检司。庆历初，升禁军。指挥二。定、保各一。

飞骑麟州厢兵，庆历初，升禁军。指挥二。

威远府州厢兵，本胡骑之精锐，庆历初，升禁军。指挥二。

克戎并州厢军有马者，康定中，升禁军。指挥一。

有马安塞庆州厢军，庆历中，升禁军。指挥一。

蕃落陕西沿边厢兵有马者，天禧后，升禁军，极边城砦悉置。至庆历中，总指挥八十三。环五、延、庆各四，秦并外砦各十七，原、渭并外砦各十二，德顺并外砦十二，凤翔、泾并外砦、仪保安各二，陇外一。

并州骑射诸道厢军惟并州路有马备征役，庆历五年升禁军。指挥一。

有马雄略至和二年，置指挥三。广、桂、邕各一。

步军

神卫晋曰奉国军，周改虎捷。建隆二年，拣阅诸州所募禁军增补。乾德三年，西川行营都部署王全斌伪署感化、耀武等军平寇者功，请备禁旅，诏并为虎捷。太平兴国二年改。旧水虎翼即军中习水战者，是岁改为神卫水军；又于剩员中选可备征役者立为拣中神卫。大中祥符后，剩员又有带甲、看仓草场、看船之名，凡四等，皆选本军年多者补。宋初，指挥四十六，仁宗后，止存指挥三十一。京师。

步武本乡军选充神勇、宣武，雍熙三年，拣其次等者立。庆历中，增指挥六。陈。

虎翼宋初，号雄武弩手。太平兴国二年，选壮勇者为上铁林，其次为下铁林。雍熙四年，改为左右厢各三军。咸平五年，以威虎军来隶。景德三年，选效顺兵补其缺。大中祥符五年，择本军善水战者为上虎翼，六年又选江、淮习水卒于金明池，按试战棹，立为虎翼军。江、浙、淮南诸州，亦准此设置。七年，改为虎翼水军。旧指挥七十五，庆历中，增置二十一，总九十六。京师九十并水军一，襄邑、东明、单各一，长葛一。

奉节乾德三年平蜀，得其兵立为奉议，后改今名。景德三年，又选立上奉节。指挥五，京师。

武卫太平兴国中，募河北诸州兵立。旧指挥十六，庆历中，河北增置为指挥六十七。南京、真定、淄各四，北京、澶、相、邢、怀、赵、棣、德、祁、通利乾宁、广济各一，青五，郓、徐、兖、曹、濮、沂、济、单、莱、潍、登、淮汤、瀛、博各二，齐密、沧各三。

雄武并雄武弩手、床子弩雄武、拣中雄武、飞山雄武、拣中归明雄武，总指挥三十四。京师十三，太原、尉氏、南京、郑、汝、宁陵各二，咸平、东明、雍丘、襄邑、许、曹、广济、谷熟、长葛各一。

川效忠太平兴国三年，选诸州厢兵归京师者立。淳化四年，又选川峡威棹、克宁兵部送京师者立为川效忠。景德六年，以德清厢军及威远兵增之。旧指挥二十八，后减为七。南京六，宁陵一。

效顺宋初，征潞州，以降卒立。指挥一。襄邑。

雄胜开宝中，以剩员立。太平兴国中，选入上铁林，余如故，又有雄胜剩员。指挥三。峡、冀、济各一。

拣中雄勇 开宝中立，以常宁雄勇、效顺等军剩员中选其强者立为拣中。大中祥符二年，又选归远军为新立。旧指挥四，后损为一。襄邑。

怀勇 开宝四年，拣蜀兵之在京师立，指挥三。雍丘二，陈一。

威宁 淳化中，部送西川贼帅王小波胁从之兵归京师立。咸平元年，又以散员直增补。指挥一。许。

飞虎 本虎翼、广武兵屯西川无家属者，太平兴国中，归京师。指挥三。陈留二，咸平一。

怀顺 本淮南兵，旧号怀德。建隆二年改。指挥一。霸。

归圣 开宝七年，以李从善所领兵及水军立。八年，平江南，又以其降兵增补。指挥一。雍丘。

顺圣 太平兴国中，部送两浙兵归京师立。指挥一。巩。

怀恩 乾德三年，平蜀，得其军立。指挥三。荆南二，鄂一。

拣中怀爱 本蜀兵，与怀恩同立，又拔精锐者拣中。淳化四年，又选川峡威棹、克宁兵次等者立为牵船，以给河漕之役。旧指挥三，后损为一。宁陵。

勇捷 太平兴国四年，征太原立，分左右厢，以诸州库兵补左厢，广济开山兵补右厢。指挥二十六。襄邑、北京、澶、陈、寿、汝、曹、宿各二，咸平、西京、南京、亳、宁、洪、河阴、巩、长葛、韦城各一。

威武 太平兴国四年，征太原立，分左右厢，以江南归化兵补左厢，两浙顺化兵补右厢。大中祥符五年，又立下威武。共指挥十三。西京、河阳、郑、郓、澶、滑、濮、通利、巩、河阴、永城各二，曹一。

静戎弩手 选江南归化兵及诸州厢兵壮实者立。指挥四。河阳、澶、卫、通利各一。

平塞弩手 本两浙顺化军，拣其强壮立为弩手，又以江、浙遭负官物隶密务徒役者为拣中平塞。指挥四。咸平、亳、河阳、白波各一。

新立弩手 本劲勇兵，太平兴国中，选其善弩者立。指挥一。广济。

忠勇 咸平五年，以易州兵能禽贼者立。指挥一。成都。

宁远 大中祥符六年，选西川克宁、威棹兵立。旧指挥五，皇祐及至和中，增置为八。戎三，遂、梓嘉、雅、江安各一。

忠节 太平兴国三年，选诸州厢军之强壮者立。淳化四年，又选川峡威棹、克宁兵立为川忠节。旧指挥二十四，后增校阅忠节总为六十。雍丘、襄邑、宁陵各三,陈留、咸平、东明、亳、河阴、永城各二,南京五,太康、阳武、许、江宁、扬、庐、宿、寿、楚、真、泗、泰、滁、岳、澧、池、歙、信、太平、饶、宣、洪、虔、吉、临江、兴国、广济、南康、广德、长葛各,合流四。

神威咸平三年,选京师诸司库务兵立。上下指挥十三。陈留三,许、巩各二,雍丘、考城、咸平、河阳、广济、白波各一。

归远雍熙三年,王师北征,拔飞狐、灵丘,得其降卒立。咸平二年,选诸州杂犯兵增之。旧指挥三,天圣中增置为十六。陈、许、亳、寿、宿、邓、襄、鼎各一,荆南、澧、潭、洪各二。

雄略咸平六年,选诸州厢兵及香药递铺兵立。旧指挥十五,皇祐五年,增置为二十五。荆南五,潭四,鼎、澧各二,广、辰、桂各二,许、全、邵、容各一。

威猛咸平三年,选诸州厢兵及召募者立。上下指挥十。襄邑四,咸平、许、长葛各二。

神锐咸平六年,料简河东兵立。大中详符五年,以本军及神虎兵年多者为带甲剩员。指挥二十六。太原六,潞、晋各三,泽、汾、隰、平定各二,代、绛、忻、辽、邢、威胜各一。

神虎咸平五年,选陕西州兵马立。六年,又料简河东州兵立,以西路河东兵之。指押二十六。永兴六,凤翔、河中、忻、晋、威胜各二,太原、秦、延、鄜、华各一,潞州三。

保捷咸平四年,诏陕西沿边选乡丁保毅升充。旧指挥四十五,庆历中,拣乡弓手增,总一百三十五。永兴十二,同九,秦八,河中、汾、泾各七,渭、宁、耀各六,凤翔、延、仪、华、陇、解、乾各五,陕、原、鄜各四,成三,庆、凤、坊、晋、镇戎各一,坏、丹、商、虢、阶、庆成、德顺各一。

振武旧指挥四十,庆历后,河北增置为指挥四十二,陕西增置为指挥三十九,总八十一。北京、澶、相、怀、卫、霸、莫、祁、棣、赵、滨、洺、保安、永宁、通利、安肃、仪各一,真定、定、瀛、保、恩、邢、深、博、永静、乾宁、陵、泾各二,延六,邠、陇各七,鄜、宁各五,磁四,沧、原各三。

桥道太平兴国三年,选诸州厢兵次等者立。淳化四年,又选川峡威棹、克宁为川桥道。总指挥十八。襄邑、咸平,阳武各二,陈留、东明、尉氏、太康、西京、河阳、濮、郓、巩、河阴、白波、宁陵各一。

清塞太平兴国初立。在右厢,旧指挥二十三,嘉祐中,并为十三。曹二,郑、郓、滑、通利、巩、河阴、白波、氾水、长葛各一。

招收端拱中,获通州大沙洲贼众立,缺则以江、浙招海贼补之。又收端拱中逃军来复者,原其罪为德寿军,后改今名,隶保州巡检司,庆历初,升禁军,为指挥十七。保四,霸、信安各三,定、郓城砦各二,广信,安肃,顺安各一。

壮勇本招获群盗配近京徒役者拣拔立,咸平三年,选诸杂犯兵增之。至道三年,江、浙发运使杨允恭禽海贼送阙下增补,旋废。旧指挥三,庆历中,增置为七耀、解、滑各二,许一。

宣效咸平三年,选六军窑务,军营务,天驷监效役、店宅务州兵立。景德元年,又拣本军材勇者为拣中宣效。旧指挥五,后损为二。京师。

来化雍熙中,以飞狐、灵丘归附之众立,又以朔州内附牵摆兵立,后废。旧指挥三,后损为二。宁陵。

归恩雍熙中,平塞陷边之民黥面放还立,分有家属者隶左厢,无者隶右厢。指挥二。亳。

顺化太平兴国三年,以两浙兵之次等者立。指挥二。河阳、郓各一。

左右清卫大中祥符八年立,以奉诸宫观洒扫之役。指挥二。此下至强壮军员凡八军,天圣后无。

川员僚直本西蜀贼全师雄所署将领,乾德中立。

造船务乾德初,平荆湖,选其军善治舟楫者立。

归明羽林太平兴国四年,征幽州,获其兵立。

新立清河缘河旧置铺兵以备河决,后拣阅立。指挥二。

保宁大中祥符元年,马步都虞候王超请以病军经行阵者立。

新立归化开宝七年,以江南李从善所领部曲水军立,八年平江南,又以降后增之。指挥一。

强壮军员咸平六年置,指挥一。

澄海弩手庆历二年置,隶海州都巡检司。指挥二。登。此下至武严凡十三军。

捉生延州厢兵,天圣五年升禁军,指挥二。

清边弩手宝元初,选陕西、河东厢军之尤健者置,以弩手名。指挥四十三,太原九,秦五,泾四,河中、陇各三,永兴、代、潞、晋各二,庆、环、滑、同坊、镇戎、慈、丹、隰、汾、宪各一。

制胜陕西厢兵,庆历中,升禁军。指挥九。永兴、华永各二,凤翔、耀、同、解、乾各一。

定功陕西厢军,庆历四年,升禁军增置,为指挥十。永兴、秦、庆、原、渭、泾、仪、鄜、延、镇戎各一。

清涧庆历初,募士人精悍者充,因其地名。指挥二。

建威秦州厢兵,庆历八年升禁军。指挥一。

效勇景祐中募川峡流民增置,为指挥二十七。陈留三,太康、尉氏、襄邑、河阳、曹、合流各二,咸平、郑、亳、卫、许、单、澶、磁、广济、河阴、宁陵、白波一。

宣毅庆中,京东、京西、河北、河东、淮南、江南、两浙、荆湖、福建九路募健勇或选厢军为之。指挥二百八十八,至治平中,管一百七十四。京东路:南京、郓、徐、曹、齐各二,青、兖、密、濮、沂、单、济、淄、莱、潍、登、淮阳、广济各一;京西路:西京、滑、许、河阳、陈、襄、郑、颍、蔡、汝、随、信阳各一,邓二;河北路:镇定、德、棣、博、邢、祁、恩、磁、深、定、滨、通利、永静、乾宁各一;河东路:太原、汾各六,晋四,泽、绛、石、代各三,潞、岚、忻、辽、威胜、平定各二,慈、隰、宁化各一;淮南路:扬、亳各二,庐、宿、寿、楚、真、泗、蕲、海、舒、泰、濠、和、光、黄、通、无为、高邮、涟水各一;江南路:江宁、洪、虔、吉、抚、袁、筠、建昌、南安各一;两浙路:杭二,越、苏、明、湖、婺、润、温、衢、常、秀、处各一;荆湖路:潭、全、鼎各三,荆南、邵、衡、永、郴、道、安、鄂、岳、澧、复、峡、归、辰、荆门、汉阳、桂阳各一;福建路:建二,泉、南剑、漳、汀、邵武、兴化各一。

宣毅床子弩炮手庆历中置。指挥一。岢岚。

建安府州厢兵,庆历二年升禁军。指挥二。府、岚各一。

威果嘉祐四年置,指挥二十五。荆南、江宁、杭、扬、庐、潭各三,洪越、福各二,虔一。

武严指挥一。京师。

御前忠佐军头司　马步军都军头、副都军头,马军都军头、副都军头,步军都军头、副都军头。其所辖散员,有副指挥使、军使、副兵马使十将。马步直自指挥使而下,皆如殿前司之制。

御前忠佐散员本许州员僚剩员,淳化中,立为军头司散员一班。又五代以来,军校立功无可门署者,第令与诸校同其饮膳,名健饭都指挥使,后唯被谴者居此。大中祥符二年，改为散指挥使。班一。

马直雍熙四年置，指挥一。

步直端拱元年置，指挥一。

备军一千九百六十人。

皇城司　亲从官太平兴国四年，分亲事官之有材勇者为之，给诸殿洒扫及契勘巡察之事。指挥三。

入内院子天圣元年，拣亲事官年高者为之。九年，远辇官六十以上者充。治平二年，诏以五百人为额。

骐骥院　骑御马直太平兴国二年置，分左右番。八年，分为二直。其后增置八直。

左右教骏旧名左右备征，建隆二年改。指挥四。

宋史卷一八八
志第一四一

兵二　禁军下

熙宁以后之制

骑军

殿前指挥使左右班二。

内班直左右班四。

散员左右班四。

散指挥左右班四。

散都头左右班二。

散祗候左右班二。

金枪班左右二。元祐二年六月,密院言:"元丰七年,承旨司传宣密院:殿前指挥使左右班枪手可各以五分为额,余悉改充弓箭手。切祥先为在京马军全废枪手,其诸班枪手,其阙,无人拣填,遂有此宣旨。近因殿前马步军司奏,诸在京马军复置一分枪手,诸班枪手并依旧教阅。诏:"元丰七年宣旨,更不施行。"

东西班及弩手、龙旗直、招箭,总十一。中兴后,东凡五班,西凡三班。

散直左右四。熙宁九年,并南散直隶北散直。中兴后,名招箭班散直。

外殿直一。熙宁五年废。

银枪班左右班二。中兴置。

茶酒旧班中兴置。

茶酒新班中兴置。

钧容直国初一班。中兴因之,后废。已上为诸班。

捧日并左射、锢直、弩手、左第五军,总三十五。京师三十三,雍丘、郑各一。熙宁五年,捧日三十三并为二十二,废弩手隶左射,余留二十九。元第一,十月,以左射隶天武。二年,废左射、锢直。八月,废第五军,雍丘第二、南京第一并改为新立骁捷。九月,诏勿改,惟阙勿补,俟其少废并。

归明渤海二。京师。元丰元年,拨填拱圣一,余拨隶骁骑右四。

拱圣二十一。京师。熙宁六年,并为十一,废左射。中兴后,副指挥一员。

吐浑五。治平中,并为二。熙宁二年,并为一。元丰元年废。中兴后,属步军。

骁骑二十二。京师。熙宁六年,并为十四,废弩手,上骁骑。元丰元年,拨在京骁骑左第一隶神勇。

骁胜十。熙宁三年废。

宁朔十。京师、尉氏各三,雍丘、滑、河阳、河阴各一。熙宁二年,并为七。元丰元年,在京第二第三并拨隶第一。

龙猛八。熙宁三年,并为六。

飞猛一。熙宁二年废。

契丹直三。咸平、棣昌、寿各二。熙宁九年废。

神骑十八。雍丘十三,咸平五。熙宁二年,并为十。中兴后,副指挥一员。

步斗六,尉氏、太康各一,蔡四。元丰元年,尉氏太康各一、蔡州二皆拨隶步军司虎翼。十一月,蔡州二改为新立骁捷,其第二充擒戎第四,等四,尉氏三、太康四第四充擒戎第五,太康一元丰年并尉氏第三隶第一,太康第二改骁雄。二年,尉氏一勿填阙。

吐浑直三。太原二,潞一。熙宁六年,废潞州一。一年,废太原二。元丰二年,太原、潞州各一,勿填阙。中兴属步军。

安庆直四。太原一,潞三。熙宁六年皆废。

三部落一。太原。熙宁三年废。

清朔四。西京二,颍昌、汝各一。

擒戎五。西京、颍昌各二,汝一。元丰元年,蔡州置二。

骁雄旧六,治平四年并为四。咸平、陈各二。熙宁初,以骁猛第四改充一。元丰六年,咸平、尉氏各一,阙勿补。

其马军行司新军目:

选锋中兴置。神策选锋军、左翼军、右翼军、摧锋军、游奕军、前军、右军、中军、左军、后军、护圣马步军中兴置。

步军

御龙直左右二。

御龙骨朵子直左右二。

御龙弓箭直五。

御龙弩直五。中兴，左右班二。

天武并宽衣、锦直、左射，总三十四。京师三十三，咸平一。熙宁二年，并三十三为二十三。九年，废左射。元丰元年，并陈留第七军第一隶咸平第五军第一。十月，废宽衣天武。二年，废第五军，咸平第一改雄武弩手。九月，诏勿改，惟阙弗填。四年，废锦直。绍圣元年十一月，引进副使宋球言："自立殿前司以来，有宽衣天武一指挥充驾出禁卫围子，常守把在内诸门，熙宁中废并，禁围只差天武，皇城诸门更不差人。乞复置宽衣一指挥；或不欲添置，乞将天武本军内以一指挥为宽衣天武。"诏：禁围子合用天武人兵，令殿前司今后并选定四十已上、有行止无过犯、不系新招拣至人充，遇阙选填。

神勇并上神勇二十一。京师。熙宁六年，并为十四，废上神勇。孝宗初，改为护圣军。

广勇四十三，每十为一军。京师五，陈留二十二，咸平东门、太康城、南京各二，襄邑、阳武、郓各一，滑三。熙宁九年，在京增置一。元祐二年八月，诏在京置左第三军第一、右第三军第一。

神射五。陈留三，雍丘二。熙宁三年废。

龙骑二十，分三军。京师四，尉氏、雍丘、咸平、郑各二，南京、陈、蔡、河阳、棣、单、宿、白波各一。熙宁二年，并为十三。熙宁一年，在京第七隶第九。

雄勇八。咸平三，郓二，颍昌、郑、滑各一。元丰元年，并咸平第二第三隶第一，郓州第五隶第四改曰雄威，并管城第七，白马第八；颍昌一阙勿补。二年，咸平一阙勿补。

宣威上下二。咸平、襄邑各一。熙宁三年，以咸平一隶广捷，以襄邑一隶威猛，四年废。

广捷五十六。陈留八，咸平六，雍丘四，襄邑、尉氏、颍昌各三，太康、扶沟、南京、亳、河阳、颍、宁陵各二，陈五，郑、滑、曹、邓、蔡、广济、谷熟、永城、襄城、莱各一。熙宁三年，亳州一并广勇，永城县一并隶亳州。元丰元年，并管城第四十隶本县雄勇第七，并白马县第二十五隶本县雄勇第八。

广德并拣中广德，总十。咸平、尉氏、阳武、河阳、沧、巩、白波各一，西京三。治平四年，并十，四为八。熙宁六年，废拣中广德，尉氏拣中广德第一、阳武第二改为广德。

雄威十。考城、襄邑、陈留各一，南京四，陈三。治平四年，并十，三为十。元丰元年，以南京第八分隶第三、第四、第七。二年，襄邑二阙勿补。

胜捷、威胜、威捷建炎初置，隶殿前司。

全捷、前军、右军、中军、左军、后军自胜捷以下九军，并中兴后置。

侍卫司　侍卫亲军马步军都指挥使、副都指挥使、都虞候各一人。马军都指挥使、副都指挥使、都虞候各一人，步军亦如之。自马步军都虞候以上，其员全阙，即马军、步军都指挥使等各兼领其务。马步军有龙卫、神卫左右四厢都指挥使，龙卫、神卫左右厢各有都指挥使，每军有都指挥使、都虞候，每指挥有指挥使、副指挥使，余如殿前司之制。其所领骑步军之额如左。

骑军

员僚直左右四。京师二，恩冀各一。熙宁二年，并左直为一，须人少拨隶如其军省。五年，废恩、冀州左右直弗补。六年，拨隶龙卫。元丰三年废。

龙卫并锯直、左射、带甲剩员四十四。京师三十八，雍丘、尉氏、河阳并拣中各一，澶二。熙宁元年，以澶州右第四军第四隶第三，共并为一。九年，陈留并带甲剩员二为一。熙宁元年，澶州、河阳；尉氏就粮四并隶别指挥。六年，三十九并为二十。八年，置带甲剩员二。十年，废亳州一。元丰元年，陈留带甲剩员阙勿补。二年五月，废锯直、左射。八月，废第十军。十月，南京第十军第一改新立骁捷左三。六年，废带甲剩员。中兴，二十。

忠猛一。定。熙宁五年废。

散员一。定。熙宁五年废。

骁捷二十六。尉氏新立及拣中各一，恩十四，冀十。熙宁元年，废带甲剩员。三年，废拣中。五年，瀛州三拨隶本州云翼，冀州十、恩州十四各并为五，莫州二并为一。十年，并冀、恩骁捷各五各为四。元丰元年，太康置新立绕捷一。

云骑十五。京师十一,陈留、南京各一,巩县二。熙宁二年,并十五为十。三年,第一到十二并为七。七月,第八拨隶第一第二。八年,置带甲剩员一。元丰二年阙,选云捷第二军补之。十月,雍丘带甲剩员第一改为横塞第十。中兴,七。

武骑二十一。京师、雍丘各六,尉氏三,陈留、考城;咸平、郑各一,西京二。熙宁元年,废咸平带甲剩员为剩员。二年,并二十作十五。八年,置带甲剩员一。九年,以雍丘带甲剩员一隶云骑带甲剩员,共为一。十二月,在京四并为三,尉氏二并为一,考城一分隶雍丘宁朔,在京二并为一。十年,废带甲剩员。元丰元年,并带甲剩员亳州第一。中兴,三。

骁锐四。莫三,冀一。熙宁五年,莫州三并为二,冀州第三虚其阙,以存者补捷。六年七月,莫州第一第二冀州第三并改绕捷,是月废。

归明神武马一。尉氏。熙宁六年,改新立骁捷,七月,废。

飞捷四。雍丘。熙宁二年,并为二。元丰元年废。

骁武左右二十。北京七,真定三,定六,相怀、洛、邢各一。熙宁元年,废带甲剩员。二年,北京七并为五。五年,真定府三并为二,定州六并为四,邢州、云翼各一须人少并为一。十北京五并为四,定州四须人少并为三。元丰七年,以忠猛一分入骁武第七、第八、第九。

广锐总四十四。太原、代、并各三,分五,石、岚、岢各二,晋、潞、慈、绛、泽、隰、宪、宁化、威胜、平定、火山各一,泾、原、鄜各二,秦、渭、环、邠、宁各一。元丰二年,忻、岚州各一阙勿补。三年,痊州二以下一补上一阙。五年,置兰州二。中兴,二十三。

云翼分左右厢,左三十四,右二十二,总五十六。真定、雄、瀛、深、赵、永宁各三,定、冀各六,保五,沧、北平、永静、顺安、保定各二,莫、邢、霸各一,广信、安肃各四。熙宁五年,并沧州二为一,冀州六为三,真定府三为一,赵州三为二,定州六为四,顺安军二为一,永宁军三为二,北平军二须其阙并为一,安肃军第一分隶第三,深州三为二,保州一分隶他军。十年,莫州第十一分隶骁捷,真定府第八分隶骁武,定州四须其阙并为三,安肃军三须共阙并为二,广信军四并为三。元祐元年,桂州二仍不废。中兴三十三。

有马劲勇七。太原二,代、岚各一,磁三。熙宁五年,磁三并为一。中兴,五。

骑捷五。瀛三,莫二。熙宁六年废。

厅子七。定二,相五。熙宁五年,并相厅子五为三,定厅子马二为一。六年,相州厅子三并改厅子马。十年,相州厅子马第三分隶骁武厅子马。中兴,四。

无敌六。定、北平各二,安肃、广信各一。熙宁五年,北平二须人并为一,拨隶云翼三、广信军一拨隶云翼。

忠锐一。广信。熙宁五年废。

威边二。定、保各一。熙宁五年废。

克胜二。潞。

飞骑二。麟。

威远二。府。

克戎二。并。

清塞一。延安。熙宁五年废。

武清一。晋。熙宁六年废。

万捷七。相、冀、赵各二,沧一。熙宁五年,冀二并为一,以隶云翼;相二须人少并为一。中兴七。

云捷十二。尉氏、咸平、西京、北京、澶各二,汝、怀各一。

横塞七。雍丘、咸平、考城、襄邑、宁陵各一,卫二。

有马安塞一。熙宁五年废。

蕃落八十三。环五,延、庆各四,秦并外砦十七,原、渭并外砦各十二,德顺并外砦七,镇戎并外砦十二,凤翔、泾并外砦、仪、保安各二,陇一。熙宁三年,并外砦九为七。八月,泾原路以新砦所减蕃落隶在州蕃落,定额以三万二千人。五年,陇州添置招马军蕃落一。九年,并陕西土蕃落渭州八为六,原州、秦州各五为四。元丰四年,环州下蕃落未排定指挥,并为禁军。五年六月,葫芦砦主乞置一。绍圣四年,诏,陕路增置马军十,各五百人为额,于永兴、河中、凤翔、同、华各置二。元符元年,诏泾原路新筑西安州置马军一,天都临羌砦各置马军一。六月,诏永兴军等路创置十指挥。二年,定边城增置马军二,乌龙川、北岭新砦各置马军一。崇宁五年,新筑安边城。置马军一。

并州骑射一。熙宁六年,太原骑射第一改克戎。元丰七年,成都府置马军骑射一。中兴后无。

有马雄略三。广、桂、邕各一。熙宁三年,广、桂、邕有马雄略阙勿补。十年,以邕州住营两指挥阙额移桂州,依旧置。绍圣元年,沅州增置有马一。元符元年正月,诏荆湖南路、江南东路各增置有马一。中兴,二。

崇捷崇宁三年,诏于京东、京西、河北、河东、开封府界创置马步军五万人,计一百七指挥。马军三十五,步军七十二,合三万六千人。马军以崇捷、崇锐为名,步军以崇武、崇威为名。

崇锐崇宁三年,见上。以上二军,中兴后无。

清涧骑射二。

员僚剩员直以罪谪降者充立。

前军、右军、中军、左军、后军以上七军,并中兴后置。

步军

神卫并水军总三十一。京师。熙宁二年,并三十一为三十。三年,废水军。元丰二年,废第九第十,南京第一改雄武弩手。中兴,四十六。

虎翼九十六。京师九十,并水军一,襄邑、东明、军各一,长葛二。熙宁二年除水军一外,并九十五为六十。六年,废上虎翼。元丰四年,诏改差殿前虎翼右一四指挥为李宪亲兵。

奉节并上奉节五。京师。熙宁二年,殿上奉节。九月,上奉节两指挥隶虎翼。六年十月,废奉节。

步武六。陈。

武卫七十一。南京、真定、定、淄各四,北京、澶、相、邢、怀、赵、棣、洺、德、祁、通利、乾、广济各一,青五,郓、徐、兖、曹、濮、沂、济、单、莱、潍、登、淮阳、瀛、博各二,齐、密、沧各三。熙宁四年,帝谕文彦博等:“京东武卫军素号精勇得力,不减陕西兵。”彦博曰:“京东之人沈鸷精悍,亦其性也。”五年,并沧三为二,真定府各四各为三,赵州、振武各一共为一。六年,诏岷州置一。元丰三年,河州武卫二为一。

雄武并雄武弩手、床子弩雄武、拣中雄武,飞山雄武、拣中归明雄武,总三十四。京十三,太原、尉氏,南京、郑、汝、宁陵各二,咸平、东明、雍丘、襄邑、颍昌、曹、广济、谷熟、长葛各一。熙宁五年,废拣中雄武。闰七月,并床子弩雄武、飞山雄武各五为二。六年,废雄武。中兴后,加“平海”字。

飞虎三。陈留二,咸平一。熙宁三年废。

神锐二十六。太原六,潞、晋各三,泽、汾、隰、平定各二,代、绛、沂、辽、邢、威胜各一。元丰二年，潞州三阙勿补。

振武八十一。北京、澶、相、卫、霸、莫、祁、棣、赵、滨、洺保安、永宁、通利、安肃、仪各一。真定、瀛、保、恩、邢、深、博、永宁、乾宁、庆、泾各二，延六，邠、陇各七，鄜、宁各五，磁四，沧、原各三。熙宁五年，瀛州二为一，沧州三为二，真定府二为一，邢州二以一分隶武卫、神锐、镇武，磁州四为三。元丰三年，鄜州四为三，邠州五以一补上四指挥阙，陇州四为三。元祐七年，诏复置沧州第六十七、六十八。

来化一。宁陵。熙宁七年废。

新立弩手二。广济。熙宁六年，定陶县第二军改雄武队弩手。

怀勇三。雍丘二，陈一。熙宁三年废。

威宁一。颍昌。熙宁二年废。

威猛上下十。襄邑四，咸平、颍昌、长葛各二。熙宁三年，宣威并入。

雄胜三。陕、冀、济各一。熙宁四年，分陕府雄胜隶他军。中兴，四。

归恩左右二。亳。熙宁三年，左第一并右第一。六年，第一必为雄胜。

澄海弩手二。登。熙宁八年，广西经略司选澄海赴桂州，以新澄海为名，中兴，加"水军"字。

神虎二十六。永兴六，凤翔、河中、忻、显、晋、威胜各二，太原、秦、延、鄜、华各一，潞三。熙宁九年，秦州一阙勿补。

保捷一百三十五。永兴十二，同九，秦八，河中、邠、泾各七，滑、宁、耀各六，凤翔、延、仪、华、陇、解、乾各五，陕、原、鄜各四，成三，庆、凤、坊、晋、镇戎各二，环、丹、商、虢、阶、庆成、德顺各一。熙宁五年，凤翔府添置三。六年，添置一。元丰三年，并同州七为六，永兴军九为八。五年，兰州置步军二。绍圣四年，兰州金城关置步军四。元符元年，新筑西安州，置步军一，天都、临羌砦各置步军一；又诏于河北路大名府二十二州军共创置马步军，步军二十九指挥以保捷为名。二年，定边城置步军一。崇宁五年，安边城置步军一。中兴后，增置一。

捉生二。延。绍圣三年，环、庆州各置一。

清边弩手四十三。太原九，秦五，泾四，河中、陇各三，永兴、代、潞、晋各二，庆、渭、环、同、坊、镇戎、慈、丹、隰、汾、宪各一。熙宁六年，并凤翔四为三。八年，吉乡并宣毅一来隶。九年，并秦州四为三。元丰三年，以河中清边弩手将兵一隶本府保捷、清边弩手。

制胜九。永兴、华各二,凤翔、耀、同、乾、解各一。拨华一隶本州保捷、制胜,奉天一站其县保捷阙。中兴后增一。

定功十。永兴、秦、庆、原、渭、泾、仪、鄜延、镇戎各一。

青涧二。中兴后隶骑军。

平海二。登。

建威一。秦。熙宁三年废。

效忠二十七。陈留三,太康、尉氏、襄邑、河阳、曹、合流各二,咸平、郑、亳、卫、颍昌、单、澶、磁、广济、河阴、宁陵、白波各一。熙宁九年,磁、卫各一须人少与武卫并为一。

川效忠七。南京六,宁陵一。熙宁二年,南京六并隶上三。三年十二月,南京三并为二。

宣毅一百七十四。隶京东西、河北、河东、淮南、江南、两浙、荆湖、福建九路。京东路:南京、郓、徐、曹、齐各二,青、兖、密、濮、沂、单、济、淄、莱、潍、邓、淮阳、广济各一;京西路:西京、滑、颍昌、河阳、陈、襄、郑、颍、蔡、汝、随、信阳各一,邓二;河北路:真定、德、棣、博、邢、祁、恩、磁、深、定、洺、滨、通利、永静、乾宁、永宁各一;太原、汾各六,晋四,泽、绛、石、代各三,潞、岚、忻、辽、威胜、平定各二,慈、隰、宪、宁化各一;淮南路:扬、亳各二,庐、宿、寿、楚、真、泗、蕲、海、舒、泰、濠、和、光、黄、通、无为、高邮、涟水各一;江南路:江南路:江宁、江、洪、虔、吉、抚、袁、筠、建昌、南安各一;两浙路:杭二,越、苏、明、湖、婺、润、温、常、处、秀各一;荆湖路:潭、全、鼎各二,荆南、邵、衡、永、郴、道、安、鄂、岳、澧、复、峡、归、辰、荆门、汉阳、桂阳各一;福建路:二,福、泉、南剑、漳、汀、邵武、兴化各一。熙宁三年,宿、扬、庐、寿、楚、真、泗、泰一并隶教阅忠节,各为一;蕲、海、舒、濠、和、光、黄、通、无为、高邮、涟水各一阙弗补。十二月,京东路三十三并为十三,荆湖南路道永衡各一、潭二拨隶威果,全二,邵一拨隶雄略,郴、桂阳各一不充额,荆南一拨隶威果,鼎二、澧、岳、安、复、鄂各一皆改教阅忠节,荆门、汉阳、归、峡各一不充额,江南东路江宁、江南西路虔各一拨隶威果,雄略,洪、吉、抚、建昌各一皆改教阅忠节,筠、袁、南安各一不充额,福建路福一隶威果,建二并为一改威果,两浙路杭二、越、苏、润各一皆改威果,湖、婺、温、衢、常、处、秀各一不充额。熙宁五年,恩一、乾宁、永静、真定、邢、洺、磁、定、析、深、永宁各一阙弗补。八年,吉阳军宣毅一隶清边弩手,潞复置一。九年,定、邢、深、祁、磁、永宁、永静、乾宁各一皆效忠。元丰元年,博二拨隶他州军。

宣毅床子弩炮手一。岢岚。熙宁三年废。

建安二。府、岚各一。

威果二十五。荆南、江宁、杭、扬、庐、潭各三，洪、越、福各二、虔一。宣和三年，严州增置一。

效顺一。襄邑。熙宁六年，改雄武。

拣中雄勇一。襄邑。

怀顺一。霸。

归圣一。雍丘。熙宁六年，改雄武。

顺圣一。巩。中兴已后无。

怀恩三。荆南二，鄂一。

拣中怀爱一。宁陵。熙宁六年废。

勇捷左右二十六。襄邑、北京、澶、陈、寿、汝、曹、宿各二，咸平、西京、南京、亳、宁、虹、河阴、巩、长葛、韦城各一。熙宁三年，并十隶九，右十二并右三。元丰二年，唐、汝州各置土兵一。

威武上下总十三。西京、河阳、郑、郓、澶、滑、濮、通利、巩、河阴、永城各一，曹二。熙宁三年，废下威武。九年，澶一隶效忠、通捷。

静戎弩手四。河阳、澶、卫、通利各一。熙宁七年废。

平塞弩手并拣中平塞、新立平塞，总四。咸平、亳、河阴、白波各一。熙宁六年，废弩手及新平、拣中平塞，亳平塞弩手及白波新立平塞、咸平拣中平塞并改下威武。

忠勇二。成都。

宁远八。戎三，遂、梓、嘉、雅、江安各一。熙宁六年，泸州增置一。

忠节并川忠节、教阅忠节，总六十。雍丘、襄邑、宁陵各三，陈留、咸平、东明、亳、河阴、永城各二，南京五，太康、阳武、颍昌、江宁、扬、庐、宿、寿、楚、真、泗、泰、滁、岳、澧、池、歙、信、太平、饶、宣、洪、虔、吉、临江、兴国、广济、南康、广德、长葛各一，合流四。熙宁三年，亳州第十四并勇捷，川忠节一并忠节。十二月，添置八。五年，蔡州置一。

神威上下十三。陈留三，颍昌、巩各二，雍丘、考城、咸平、河阳、广济、白波各一。

归远十六。陈、颍昌、亳、寿、宿、登、襄、鼎各一,荆南、澧、潭、洪各二。元丰五年,成州置一。

雄略二十五。荆南五,潭四,鼎、澧各三,广、辰、桂各二,许、全、邵各一。熙宁三年,衡增置一,吉增置三百人及置部军雄略一。崇宁三年,荆湖南路置四。

招收十七。保四,霸、信安各三,定、军城砦各二,广信、安肃、顺安各一。熙宁五年,霸、信安各二并为一,定二为一,安肃一、保二分隶振武、招收。八年,忻以保甲替罢拣充下禁军。

壮勇七。耀、解、滑各二,颍昌一。

桥道并川桥道十八。襄邑、咸平、阳武各二,陈留、东明、尉氏、太康、西洋、河阳、濮;郓、巩、河阴、白波、宁陵各一。熙宁三年,郓、川桥道改桥道,隶顺化。

清塞十二。曹二,郑、郓、滑、通利、巩、河阴、白波、氾水各一,长葛二。

崇武崇宁三年,置军京东西、河东北。

崇威崇宁三年,置步军京东西、河东北。

敢勇元祐七年,诏河东、陕西路诸帅府募敢勇,以百人为额。宣和四年,诏越州招到敢勇三百人,拨充两浙提刑司捉杀差使。

靖安崇宁元年,诏荆湖北路添置禁军五指挥,以靖安为名,隶侍卫步军司。

广固崇宁三年,诏添置广固兵四指挥,以备京城工役。政和五年,诏于四指挥各增置五百人入额,自今更勿差客军。

通济政和六年,诏增置通济兵士二千人,牵挽御前纲运。自崇武到此六军,中兴后元。

清卫宣和七年,减清卫等军,令步军司拨填一般军分。

刀牌手崇宁中立。广西桂州。

劲勇、壮武、静江自劲勇以下三军,旧隶厢军。中兴后,隶侍卫步军。

振华五百人为一军。

安远、奉先园四。

武宁、威勇、忠果、雄切、必胜六。

前军、右军、中军、左军、后军自振华以下十三军,并中兴后立。

御前忠佐将校并与建隆以来制同。

散员班一。

马直指挥一。

步直指挥一。熙宁四年，马步二直并废，拨隶殿前、步军司虎翼，其有马者补云骑。

备军一千九百六十人。熙宁二年，罢九百六十人。

皇城司

亲从官指挥四。政和五年，创置第五指挥，以七百人为额。

亲事官指挥三。元丰五年增置一，守奉景灵宫。政和五年，西京大内官一，以五百五十人为额；又增置内园司一，以五百一十人为额。

入内院子五百人。中兴后，二百人。

快行、长行中兴后置，一百人。

司圊三人。

曹司中兴置，三十人。

将兵者，熙宁之更制也。先是，太祖惩藩镇之弊，分遣禁旅戍守边城，立更戍法，使往来道路，以习勤苦、均劳逸。故将不得专其兵，兵不至于骄堕。淳化、至道以来，持循益谨，虽无复难制之患，而更戍交错，旁午道路。议者以为徒使兵不知将，将不知兵，缓急恐不可恃。神宗即位，乃部分诸路将兵，总隶禁旅，使兵知其将，将练其士，平居知有训厉而无番戍之劳，有事而后遣焉，庶不为无用矣。

熙宁七年，始诏总开封府畿、京东西、河北路兵分将、副。由河北始，自第一将以下共十七将，在河北四路；自第十八将以下共七将，在府畿；自第二十五将以下共九将，在京东；自第三十四将以下共四将，在京西：凡三十有七。而鄜延、环庆、泾原、秦凤、熙河又自列将焉。在鄜延者九，在泾原者十一，在环庆者八，在秦凤者五，在熙河者九：凡四十有二。八年，又诏增置马军十三指挥，分为京东、西两路。又募教阅忠果十指挥，在京西，额各五百人，其六在唐、邓，其四在蔡、汝。

元丰二年，又增置士兵勇捷两指挥于京西，额各四百人，唐州方城为右第十一，汝州襄城为左第十二。凡马军十二指挥，忠果及土军共十二指挥。四年，又诏团结东南路诸军亦如京畿之法，共十三将：自淮南始，东路为第一，西路为第二，两浙西路为第三，东路为第四，江南东路为第五，西路为第六，荆湖北路为第七，南路潭州为第八，全、邵、永州应援广西为第九，福建路为第十，广南东路第十一，西路桂州为第十二，邕州为第十三。

总天下为九十二将，而鄜延五路又有汉蕃弓箭手，亦各附诸将而分隶焉。凡诸路将各置副一人，东南兵三千人以下唯置单将；凡将副皆选内殿崇班以上、尝历战阵、亲民者充，且诏监司奏举；又各以所将兵多寡，置部将、队将、押队、使臣各有差；又置训练官次诸将佐；春秋都试，择武力士，凡千人选十人，皆以名闻，而待旨解发，其愿留乡里者勿强遣：此将兵之法也。

六年，熙河路经略制置李宪言：“本路虽有九将之名，其实数目多阙，缓急不给驱使。又蕃汉杂为一军，嗜好言语不同，部分居止悉皆不便，今未出战，其害已多，非李靖所谓蕃汉自为一法之意。若将本路九将并为五军，各定立五军将、副，及都、同总领蕃兵将，使正兵合汉弓箭手自为一军，其蕃兵亦各自为一军。临敌之际，首用蕃兵，继以汉兵，必有成效，兼可减并将、副及部队将员，寸事为便。”诏从之。

元祐元年，司马光言：“近岁灾伤，盗贼颇多，州郡全无武备。长吏侍卫单寡，禁旅尽属将官，多与州郡争衡，长吏势力远出其下。万一有李顺、王伦、王均、王则之寇乘间窃发，攻陷郡县，岂不为朝廷扰！祖宗以来，诸军少曾在营，常分番出戍。盖欲使之劳筋骨，知艰难，轻去其家，习知山川险阻也。自置将以来，惟是全将起发，然后与将官偕行，其余常在本营，饮食嬉游，养成骄惰，岁月滋久，不可复用。又每将下各有部队将、训练官等一二十人，而诸州又自有总管、钤辖、都监、监押，设官重复，虚破禀禄。知兵者皆知其非。臣愚欲乞尽罢诸路将官，其禁军各委本州长吏与总管、钤辖、都监等，如未置将已前，使州郡平居武备有余，然后缓急可责以守死。”

谏议大夫孙觉亦以为言，于是诏陕西、河东、广南将兵不出戍他路，其余河北差近裹一将更河东，而诸路逐将与不隶将之兵并更互出戍，稍省诸路钤辖及监员，仍以将官兼州都监职事，卒不能尽罢将、副，如光等言。其年八月，枢密院言，近边州军及边使经由道路，而减本处兵官，非是。于是边州及人使经由道路，将官仍不兼都监。

至绍圣间，枢密院言：“往时军士犯法，将官得专决遣，故事无留滞。自州县县官预军事以来，动多牵制，不得自裁。欲仍依旧法，及诸军除转排补，并隶将司，州县无复辄预。其非屯主所在，当俟将、副巡历决之，余委训练官行焉。”诏从之。至是，州县一无关预，兵愈骄，无复可用矣。

元符元年，章楶又请增置泾原第十二将。

宣和元年，诏非救护水火、收捕奸细妖人而辄差将兵者，坐之。后三年，知婺州杨应诚言：“诸路屯戍，当隶守臣，兵民之任一，然后号令不二。不然，将骄卒横，侵渔细民，气压州郡，有不胜其忧者。”于是诏自今令隶守臣。无何，复诏曰：“将兵遵将官条教，除前隶守臣指挥。”其后，江、浙盗起，攻陷州邑，东南将兵，望风逃溃，无复能战。事平，童贯奏言：“东南三将，类皆孱弱，全不知战，虚费粮廪，骄堕自恣。平时主领占差营私，大半皆工艺。遂致寇盗横行，毒流一方，重费经画。今事平之后，当添将增兵，镇遏绥驭。然南人怯弱，素失训练，终不堪战。今欲于内郡别置三将，并随京畿将分接续排置，使陕西军更互戍守，庶几东南可得实战之士，于计为便。”诏从之。其后南渡诸屯驻大军即旧将兵之类，而其驻札之所则异于前矣。

今摭建炎以后将兵列于屯驻大军之次，而建炎水军亦附见焉。

　　建炎后诸屯驻大军武锋、精锐、敢勇、镇淮、强勇、雄胜、武定、江都振武、泰熙振武、忠勇、游奕、淮阴前军、副司左右军、移戍左军。

　　淮东滁州:雄胜、安淮、青平、小雄边。

　　淮东泰州:镇江左军。

　　淮西庐州:强勇前军、强勇右军、武定、游奕、忠义、雄边、全年。

　　淮西濠州:武定、选锋军、武定后军、使效、威胜、游击、义士诸军、定远武定。

　　淮西安丰军:武定前军、武定右军、防城戍军、四色军。

　　淮西无为军巢县:池司右军。

　　淮西黄州:雄关飞虎军。

　　临安府屯驻诸军:雄节、威果、全捷、龙骑、归远。

　　金州驻札都统司兵。

　　成都路安抚副司驻札兵。

　　四川大制司帐前飞捷军。

　　利州节制司诸军。

　　金州忠义军。

　　阆州节制司诸军。

　　潼川府制帐踏白军。

　　隆庆屯驻游奕军。

　　潼川安抚司忠定军。

　　夔州节制司军。

　　兴元节制军事利州都统司兵。

　　四川制司帐前、信义两军。

　　兴元都统司屯驻合州军、沔州乾道三年,三百人。

　　沿江水军建炎置。

　　明州水军绍兴置。乾道元年,二千人,分左右两将。

　　福州荻庐、延祥砦绍兴置,百五十人,乾道七年添招,凡五千人。

　　镇江驻札御前水军乾道三年,招三百人,淳熙五年增招千五百人。

沿海水军乾道六年置，一千人。

潮州水军乾道四年置，二百人。

江阴水军乾道四年置，三百人。

广东水军乾道五年，增至二千人。

平江许浦水军乾道七年，七千人，淳熙五年，增五百人。

江州水军淳熙二年，招一千人。

池州都统司水军淳熙元年千人，嘉定中增至三千人。

漳州水军绍熙元年，漳泉共六百人。

泉州水军见上。

殿前澉浦水军开禧元年，一千五百人。

鄂州都统司水军开禧十年置。

太平州采石驻札御前水军嘉定十四年，五千人。

建康都统司靖安水军元隶都统司，嘉定中隶御前。

马军行司唐湾水军元隶马军行司嘉定中隶御前。

通州水军乾道五年置。

池州清溪雁汊控海水军建炎四年置，百五十人。

两淮水军绍兴元年置，二千人。隆兴元年，诏诸州断配海贼刺隶。

宋史卷一八九
志第一四二

兵三　厢兵

厢兵者,诸州之镇兵也。内总于侍卫司。一军之额有分隶数州者,或一州之管兼屯数州者。在京诸司之额五,隶宣徽院,以分给畜牧缮修之役,而诸州则各以其事属焉。建隆初,选诸州募兵之壮勇者部送京师,以备禁卫;余留本城,虽无戍更,然罕教阅,类多给役而已。

景德四年七月,如京使何士宗言:"诏条禁军将士依等级并行伏事之理,违者按令。其厢军将士等未立条制,欲望约前诏减一等定令。"帝曰:"禁卫兵士无他役使,且禀给优厚,欲其整肃,有所廪畏,故设此条禁。今以厢军约此施行,巩难经久。况尊卑相犯,自有条律,不行可也。"十二月诏:"厢军及诸州本城犯,所部决杖讫,并移隶他军,内情理重及缘边随军者奏裁。

大中祥符元年诏:"应诸道州、府、军、临厢军及本城指挥,自都指挥使已下至长行,对本辖人员有犯阶级者,并于禁军斩罪上减等,从流三千里上定断;副兵马使已上,勘罪具案闻奏。厢军军头已下至长行,准敕犯流免配役,并徒三年上定断,只委逐处决讫,节级已上配别指挥长行上名,长行决讫,配别指挥下名收管。如本处别无军分指挥,即配邻近州、府、军、监指挥收管。内别犯重者,自从重法。其诸司库务人员兵士有犯上件罪名者,并依前项厢军条例施行。

五年二月，上谕王钦若等："累议老病之兵渐多，在京者令逐司将臣，外处者散差诸司使副拣选。可指挥所拣殿前、侍卫马步军司，令先逐指挥自指挥使已下，据见管兵士除堪任披带征役外，其自来懦弱教阅不出之人及病不堪者，籍其名，供申次第，管辖处各就逐营看详定夺，然后缴申逐司，与差去使臣同共拣选。如有协情不当，即具始末以闻。其厢军都指挥使已下并当严断，外处拣就粮兵士亦如之。"又宣示："外处就粮诸军，有捧日、天武第七第九第十军军额，皆是自上军经两三度拣选，以其久处禁卫，不欲便拣落，特设上件军额处之。朕深虑拣兵臣僚、军头等同诸军例，更拣配下军，可遍谕之。老病者便放归农。内契丹、渤海、日本外国人恐无依倚，特与收充本军剩员。"又："所差臣僚、军头赴外处拣人，缘军分指挥及出入次第名目体例甚多，令枢密院具合行条约及施行事件，并画一处分，令遵守施行。"

又："殿前、侍卫马步军司自来拣下披带禁军，量减衣赐月粮充剩员，并无定额，散在逐营拘系，不获营生，官中所给岁计不少，可乘此时一例拣选。除老病者放归农外，据诸军见管人数额定充看营剩员，余并拨并一处收管，以备令赴诸处只应。既有定额，必不敢多拣充剩员。"又诏："承前遣使取内外军中疲老者，咸给奉粮之半，以隶剩员，今可简阅使归农；其合留者，亦据逐营给役数外别为营舍处之。内契丹、渤海、日本外国人虑无所归，且依旧。仍令所至州郡并与总管、钤辖阅验，连书其状，具当去留之数，及引视军校之不任职者，附驿以闻。其当从隶军额，即就配近便州郡；缘边者，徙于内地，并与本州官吏移牒转送；当停者，给与公验，止许居本州，岁申上其籍，并给次月奉粮、装钱、日食遣之。所简马，但筋齿弱老病不疗者，件析以闻。在京殿前、马步军司有所升退，即时具名籍申枢密院，未当者悉改正之；当徒者给装钱，在道只给粮；当停者给一月奉粮，勿复奏裁。外州军士当降以次军分者，所隶州郡听自择。"

又诏："广南东西、荆湖南北、福建、江南、京西等七路诸州、府、军、监见管杂犯配隶军人等,各差使臣一人,驰驿往逐处与转运使、副或提点臣僚、知州、通判、钤辖、都监、监押同共简选,就近体量人数,分配侧近州军本城收管。如年老病患,委实久远不任医治充役者,放令逐便;其少壮者即差人管押赴阙引见,当议选配近上军分。如不愿量移及赴阙者,亦听其便,仍于军分量与迁改。如地远勾抽迟延,即驰驿分路简讫,具析以闻。"

七年,诏:"今后军回在京者且未编排,依例引见。内有老疾合配外处军分,及看仓库、草场神卫剩员并看营剩员等,与限歇泊半月后,编排引见讫,限五日般移。其外处军回经过兵士并依此例,仍见讫与假十日,令移隶所配处。"

八年,诏:"诸路转运司、殿前侍卫马步军军头司、三司、宣徽院、开封府、诸司务等处人员兵士等,如内有杀贼得功及诸般使唤得力者,或因官中取索之时具诣实结罪供,申所辖去处,保明申奏。"

天禧元年,诏选天下厢兵迁隶禁军者凡五千余人。二年,诏:"河北禁军疲老不任力役者,委本路提点刑狱臣僚简阅,不得庇匿,以费廪粮。"

庆历中,招收广南巡海水军、忠敢、澄海,虽曰厢军,皆予旗鼓训练,备战守之役。皇祐中,河北水灾,农民流入京东三十余万,安抚使富弼募以为兵,拨其尤壮者得九指挥,教以武技。虽廪以厢兵,而得禁兵之用,且无骄横难制之患。诏以其骑兵为教阅骑射、威边,步兵为教阅壮武、威勇,分置青、莱、淄、黎、沂、密、淮阳七州军,征役同禁军。嘉祐四年,复诏西路于郓、濮、齐、兖、济、单州置步兵指挥六,如东路法。于是东南州军多置教阅厢军,皆以威勇、忠果、壮武为号,训肄如禁军,免其他役。

治平初,遣使分募河北、河东西、京东民为本城,遇就粮禁军阙,即遣补。又陕西州军悉置壮城如河北,以备缮完城垒之役。景祐中，本城四十三万八千，逮治平三年，乃五十万。

熙宁三年五月，诏以禁军分五都法检治厢军，其后禁军或降剩员，或升补，皆以备厢军诸路力役之事。间诏募增，而京西转运司所募多至三万人；陕西减额五千人，亦至三万人。河朔流民寓京东者如旧制招募教阅，以为忠果二十指挥，分隶河北总管司，以除盗恤饥。而河北及熙河路修城垒，河北所募兵五千人，熙河亦三千人。修京城，以废马监兵置广固、保忠凡十指挥，亦五千人。湖南瑶人平，戎、泸军兴，洮、河转漕，又皆增置焉。

初，枢密院言："京师役兵不足，岁取于诸路，而江、淮兵每饥冻，道毙相属。略计岁所用外军七千人，调发增给不赀。请募东西八作司壮役指挥，诸司杂役犯罪人情轻者并配隶，以次补杂役、效役，代诸路役兵。"从之。又言："诸路厢军名额猥多，自骑射至牢城，其名凡二百二十三。其间因事募人，团立新额，或因工作、榷酤、水陆运送、通道、山险、桥梁、传邮梁马牧、堤防、堰埭，若此者在而名未可废；及剩员直、牢城皆待有罪配隶之人；壮城专治城隍，不给他役，别为一军；而教阅厢军亦自为额。请以诸路不教阅厢军并为一额，余从省废，其移并如禁军法。"奏可。遂下诸路转运司，以州大小高下为序，始自某州为第一指挥，差次至某州，凡为若干指挥，每指挥毋过五百人。河北曰崇胜，河东曰雄猛，陕西曰保宁，京东曰奉化，京西曰劲武，淮南曰宁淮，两浙曰崇节，江南曰效勇，荆湖曰宣节，福建曰保节，广南曰清化，川四路曰克宁。八年，诏忻、代州诸砦，以禁军代厢军。

元丰四年，诏升南京、青、郓、登、曹、济、濮、州有马教阅厢军，及真定府北砦劲勇、下环州蕃落未排定指挥，并为禁军。五年三月，以西边用兵，诏诸处役兵并罢，令诸路转运司铲刷京东西、河东北、淮南厢军，又令都水监刷河清及客军共三万余人赴陕西团结。十月，诏诸路教阅厢军，于下禁军内增入指挥名额，排连并同禁军。于是，马步排守有马厢军二十二指挥，无马厢军二百二十九指挥。元丰之末,总天下厢兵马步指挥凡八百四十,其为兵凡二十二万七千六百二十七人,而府界及诸司或因事募兵之额不与焉。

哲宗元祐二年,太师文彦博言:"厢军旧隶枢密院,新制改隶兵部,且本兵之府岂可无籍?枢密院亦以为言。乃诏本部自今进册,以其副上枢密院。三年,诏京西路厢军以三万五百人为额,又诏天下州郡以地理置壮城兵。

元符元年诏:罪人应配五百里以上,皆配陕西、河东充厢军,诸路经略司各二千人止。三年,诏拨陕西保宁指挥入诸路厢军额。

崇宁四年诏:诸路厢军不以等样选少壮人招刺。又诏:厢军工匠除上京修造外,其余路所差,并放还休息之。

政和五年,广固四指挥各增五百人,以备京城之役。六年三月,增置通济兵士二千人,备御前牵挽纲运。于是工役日兴,增募益广矣。

建炎而后,兵制靡定,逮乾道中,四川厢军二万九百七十二人,禁军二万七千九百九十二人。厥后废置损益,随时不同,摭其可考者以附见焉。

其将校则有马步军都指挥使,有副都指挥使、都虞候。马军有都指挥使、副都指挥使、都虞候,步军亦如之。马步军诸指挥有指挥使、副指挥使。每都有军使、副兵马使、都头、副都头、十将、虞候、承局、押官。

凡诸州骑兵、步兵、禁厢兵之类,叙列如左。其不同者,分为建隆以来及熙宁以后之制云。

建隆以来之制
马军

　　骑射京东路：南京、青、兖、郓、曹、徐、齐、潍、淮阳。京西路：西京、河阳、陈、许、郑、颍、滑。河北路：北京、真定、沧、澶、相、恩、冀。陕西路：永兴、凤翔、河中、陕、华、秦、泾、鄜。荆湖路：江陵、潭、鄂、岳、复、安、澧、鼎、永、道、郴、邵、桂阳。内青、淮阳系教阅。

　　威边京东路：南京、青、郓、密、徐、曹、齐、濮、济、淄、登、莱、沂、单。内登系教阅。京西路：西京、河阳、郑、蔡、襄、邓、滑、颍、汝、郢、均、商、随、唐、信阳、光化。河北路：瀛、相、邢、祁、滨、霸、磁、卫、赵、莫、洺、乾宁、广信、通利。河东路：泽、辽。陕西路：永兴、凤翔、河中、陕同、华、辉、乾、解、虢。淮南路：亳、庐、宿。荆湖路：安。

　　昭武南京、河中。

　　肃戎曹。

　　单勇单。

　　安武郓、齐。

　　必敌郓、陕、邠。

　　决胜济。

　　飞勇棣。

　　静山兖、宜。

　　勇敢沂、密。

　　定边蔡、徐、泾。

　　马关永兴、宿。

　　安东登、莱。

　　突阵延、定、乾、怀。

　　厅直济、沧、莫、保、雄、霸、定、华。

　　保胜鄜、光、岚。

　　归恩凤翔。

　　定戎泾。

　　安塞环、庆。

　　游奕许。

　　衙队曹、陈、德、永静、永、陇、仪、峡。

武胜濠、泗。

保忠滑。

轻骑邢。

顺节真定。

敢胜深。

飞塞环。

保节陕西路州军。

本城马军广。

必胜庆。

定塞河北路州军。

劲勇真定北砦，系教阅。

下蕃落环外砦，系教阅。

武清晋。自此至招收，凡十一军，《两朝志》无。

飞骑麟。

振边仪、环。

威远府。

本城厅子定。

克戎并。

清边陕西。

忠烈河北乡兵，名神锐，后改是军。旧制，老病者听召人承补归农，承补者逃亡，复取归农者充役。大中祥符四年，诏罢之。

无敌保、安肃、广信军、北平砦。

忠锐广、济。

招收河北、河东。旧又有定州拣中厅子、易州静塞、并州咸圣，后并废。

飞将北京、亳。自此至拣中骑射凡三军，《三朝志》无。

保静恩。

拣中骑射淮南路：扬、庐、寿、宿、泗、真、蕲、黄、濠、光、海、和、通、舒、滁、涟水、高邮、无为。江南路：宣、抚、江、吉、筠、袁、歙、太平、池、饶、信、广德、南康、南安、建昌、临江、兴国。

步军

武和开封。

武肃开封。

忠靖开封。

威勇定、真定、冀、沧、雄、博、深、乾宁。内青、郓、淄、密、济、沂、淮阳系教阅。

左衙南京、郓、晋、耀、陕、通安。

平难亳、濠。

奉化京西路：郑、许、陈、蔡、滑。河北路：怀。陕西路：凤翔。淮南路：扬、亳、庐、寿、宿、濠、和、通、泰、楚、舒、真、泗、滁、无为、涟水、高邮。

衙队曹、峡。

开武曹。

保宁济、卫。

开远扬、楚、泗、齐、利、剑。

安平齐。

静边棣。

六奇楚。

开山西京、秦。

武勇潍、泰。

怀安秦。

建安解、府。

静海徐、淮阳、通。

随身宿、随、唐、商。

崇顺青、阶。

忠略淄。

安海登。

水军京东路：登。河东路：潞、保德。陕西路：秦、陕。淮南路：扬、庐、寿、光、海、和、泰、楚、舒、蕲、黄、泗、涟水、高邮、无为。江南路：江宁、洪、袁、虔、宣、歙、饶、信、太平、池、江、吉、筠、抚、兴国、临江、南康、广德。两浙路州军。荆湖路：江陵、潭、衡、永、郴、邵、鄂、岳、复、安、澧、峡、鼎、归、汉阳、桂阳。福建路：福、建、漳、泉、邵武。利州路：兴。广南路：广、英、贺、封、连、康、南雄、春、廉、白邕。

宁济莱。

永安西安。

耀武河阳、登、楚、秦、宁、华。

桥道河阳、澶、寿、兴。

开道郑。

雄猛绛。

定安河中。

开河河中。

定远凤、复。

定边泾。

壮武京东路：青、徐、曹、兖、密、潍、济、濮、登、莱、淮阳。京西路：西京、陈、蔡、邓、襄、颍、汝、光化。陕西路：凤翔、河中、同、耀、华、乾、解、陕、西安。淮南路：扬、庐、寿、英、光、海、和、通、蕲、楚、泰、舒、滁、高邮。荆湖路：潭、岳、安、复、内、徐、济、莱系教阅。

宁淮颍、寿、澶。

忠顺颍、寿。

崇宁汝、岳。

澄海韶、循、潮、连、梅、南雄、英、贺、封、端、南恩、春、惠、桂、容、邕、象、昭、龚、蒙、浔、贵、横、融、化、雷、窦、南仪、白、钦、郁林、廉、崖、儋。内、广、庶、高、藤、梧、英、贺、新、蒙、冀、儋系教阅。

保定均、信、阳。

怀宁定、真定、祁、房。

宣节荆湖南路诸州军监，北路：岳、澧、鼎、郢、荆门诸监。

步捷金。

崇化光。

广平虢。

勇胜永兴。

清边 永兴、延、渭、鄜、庆、泾、仪、陇、保安。

开广 原、同。

建武 密、鄜、环。

永清 丹。

昭胜 坊。

永宁 潞。

永霸 泽。

弓箭 秦、晋。

顺安 慈。

顺霸 隰。

崇勇 成。

肃清 乾。

怀节 澶。

崇武 怀。

广霸 北京。

兴安 北京。

制戎 冀。

雄锐 真定。

定虏 深。

招收 汾、辽、泽、石、潞、慈、晋、绛、代、忻、威胜、平定。

定和 定。

保顺 沧。

清远 雄、霸。

克胜 瀛、沧、黄、保定。

宁边 乾宁。

开边 平定。

静胜 扬。

宁顺 庐。

旌勇 寿。

备边泗。

三捷滁。

宁化舒。

保胜光。

怀仁蕲、黄。

武雄江陵。

步驿襄、江陵、荆门、循、贺、封、梅、康、南雄、潮、韶。

克宁成都路：成都、蜀、汉、雅、邛、嘉、绵、陵、彭、眉。梓州路：戎、荣、普、梓、合、沪、遂、渠、昌、果、怀安、广安。利州路：兴元、洋、利、龙、剑、蓬、璧、文、兴、安德、三泉。夔、渝、涪、万、达、开、施、忠、云、云安、大云。

威棹荆湖路：江陵、归、峡。成都路：成都、嘉、眉、简。梓州路诸州军。利州路：剑、安德。夔州路：渝、涪、万、云安。

怀远兴元。

保节河北路：定、真定、沧、瀛、相、邢、洺、冀、祁、德、滨、保、雄、磁、博、赵、深、怀、卫、顺安、通利、信安、通利、信安、保定、肃、永定、静边。河东路：太原、晋、绛、汾、辽、泽、石、潞、慈、麟、府、宪、忻、隰、威胜、岢岚、火山、保德、平定。陕西路：永兴、秦、邠、宁、鄜、延、环、庆、泾、仪、丹、陇、坊、镇戎、德顺。淮南路：舒。江南路：洪、虔、江、池、饶、信、太平、吉、筠、袁、抚、兴国。福建路：汀、南剑。荆湖路：鄂。利州路：龙、利。

怀信利。

广塞兴元、三泉。

顺化兴。

效勇江宁、广德。

里运江宁。

贡运饶。

水运潭、泰、临江。

广济京城上下锁、陈、寿、扬、宿、高邮、涟水、通利。

崇节两浙路：杭、越、苏、湖、温、台、衢、婺、处、睦、秀。福建路：福、漳、泉、兴化。陕西路：成。

宁塞太原、汾、辽、石、代、忻。

牢城河北、河东、陕西、淮南、京东西、江南、荆湖、广南、益、梓、利、夔路诸军州,惟汝、处、昭、保安不置。

罗城成都。

水军奉化京畿诸县、泰、泗。

船坊沿、潭、鼎。

渡船都潭。

桥阁龙、剑、文、三泉。

采斫处、衢、温。

梢工都洪、楚、真。

防河成都。

捍洒都杭。

船务杭、婺。

巡海水军广。

杂作都寿。

本城曹、秀、常、南安,梁山、梅。

劲勇邢、太原、岚、汾、辽、泽、潞、晋、宪、代、忻、隰、岢岚、平定、宁化、威胜。内真定北砦系教阅。

装发真、泗楚、通利。

宁海琼。

西怀化许。

新招静江邕。

南怀化许。

防城泗、均。

水军桥道泗。

剩员直亳城。

清化桂、容、邕、象、昭、梧、藤、龚、蒙、贵、柳、宜、宾、融、化、窦、高、南仪、白、钦、郁林、廉、琼、儋。

江桥院明。

肃宁城宁。

崇胜真定。

碇手明。

拣中宣节澶、澶、鼎。

采造西京、秦、明。

堰军长安、京口、昌城、杉青。

装卸南京、亳。

中军将潭、汀。

宣武大名、真定、怀、卫。

顺节磁。此下至新立本城凡三十八军，天圣后无。

七擒单。

安化滨。

武顺怀。

平海登。

英武郧。

长剑滑。

长宁卫。

德胜相。

保安博。

兴化洺。

定勇深。

安胜通利。

霜水夔。

兴造衡、潭。

水路都江陵。

山场斫军温、婺、睦。

本城广军广。

河东定、真。

本城剩员诸州并有。

蕃落庆。

都窠水军容。

新水军全。

武定陕西、晋、绛、慈、隰。

定塞河北。

旧水军荆湖、江南、两浙、淮南。

剩员澧、复。

下浮桥西京。

东南道巡海水军、教阅澄海。

棹手常。

庆成庆成军。

梅山洞剩员丹。

捉生延。

河清河阴、沐口。

宣勇河北、河东。本乡兵，旧名忠勇。

保毅秦乡军。

新立本城曹。

奉先会圣宫、永熙陵。此下至酒务杂役凡六十军，天圣以后置。

六军京师。

御营喝探京师。

拣中窑务京师。

看船广德京师。

拣中剩员雍丘、陈留、襄邑、咸平。

右衙南京、徐、郓、曹、广济、晋、陕。

静海徐、淮阳、通。

归定河阳。

骁勇邠。

感顺庆。

拓边环。

宣猛威胜。

静江京西路：陈、蔡、郢。江南路：南安。荆湖路：江陵、潭、岳、鼎、衡、永、郴、全。广南路：广、韶、循、潮、连、梅、南雄、英、贺、封、端、新、康、春、惠、桂、容、邵、象、昭、梧、藤、龚、蒙、浔、贵、柳、融、宜、宾、横、化、窦、高、雷、钦、郁林、廉、琼。利州路：利。

三略陈、鼎。

静虏深。

克胜瀛、沧、黄、保定。

武捷凤翔、秦、凤、鄜、延、泾、原、仪、滑、分、宁、阶、坊、丹、晋、绛、隰、慈。

车军真、楚、常。

会通桥道西京。

司牧永兴、秦、阶、原、德顺。

盐车泰、真。

新招梢工真、泗。

拔头水军泗。

造船军匠吉。

楼店务杭。

造船场广。

贺纲水军广。

建安解。

省作院邠。

雄勇火山。

屯田保。

清务杭、苏、婺、温、潭。

静淮蔡。

捍海通、泰。

船坊铁作潭。

拣中曹。

壮城京东路：青密、潍、登、沂、濮、莱、淄。京西路：西京、蔡、汝。河北路：诸州军。河东路：太原、辽、泽、晋、绛、潞、汾、石、慈、麟、府、宪、代、忻、隰、岚、宁化、保德、火山、威胜、岢岚。陕西路：永兴、河中、泾、原、仪、渭、鄜、庆、陕、耀、坊、华、丹、同、隰、解、镇、戎、德顺。江南路：洪。

强勇瀛、沧、怀、冀、晋、绛、潞、汾、辽、石、慈、代、忻、泽。

马监北京大名、相安阳、洺、广平、卫淇水、郓东平、许单镇、西上京洛阳，同沙苑、郑原武。

城面广、端、惠、循、英、春、贺、梅、连、康、新、封、白、潮。

战棹钦、廉。

递角场留。

安远桂。

作院丹、仪。

色役环。

杂攒代。

作院工匠太原。

咸平桥道永兴。

运锡循。

水磨郑。

东西八作西京。

窑务西京。

鼓角将润、荆门。

钱监江。

铁木匠营池。

酒务营池。

竹匠营池。

酒务杂役江宁。

诸司库务、河清、马递铺等役卒。

东西八作司、广备、杂役、效役、壮役。

牛羊司、御辇院、军器库、后苑造作扎、后苑工匠、文思院、内弓箭库、南作坊、北作坊、弓弩院、法酒库、西染院、绫锦院、裁造院、修内司、翰林司、仪鸾司、事材场、四园苑、玉津园、养象、广德、金明池

杂役、鞍辔库、醴泉观、万寿观、集禧观、礼宾院、驼坊、内酒坊，右宣
徽院转补，分隶三司提举司。

河清、街道司，隶都水监。

后苑御弓箭库、作坊物料库、后苑东门药库、内茶纸库、御厨、
御膳厨、供庖务、内物库、外物料库、油库、醋库、都监院物料库、西
水磨务、东水磨务、大通门水磨、磁器库、都茶库、内衣库、朝服法物
库、祗候库、榷货务、内藏库、左藏库、布库、奉宸库、尚衣库、内香药
库、退材场、东西窑务、竹木务、左右庙店宅务、修造、诸仓、修造。下
卸司、东西装卸。排岸司、广济。左右街司、左右金吾仗司、西太一宫、
铸泻务、开封府步驿、致远务、车营务、诸门并府界马递铺，分隶三
司提举司、开封府。

熙宁以后之制

河北路　骑军之额，自骑射而下十有二；步军之额，自奉化而
下二十有六，并改号曰崇胜。凡一百一十二指挥，二万九千二百七
十人。

桥道澶。

壮城、牢城诸州。

马监北京、相州安阳、洺州广平、卫州洪水。

骑射北京、真定、沧、澶、相、恩、冀、棣。

威边瀛、相、邢、祁、滨、磁、卫、赵、莫、洺、乾宁、广信、通利。

飞将北京。

飞勇棣。

突阵怀。

厅直瀛、沧、雄、霸、莫、保、定。

卫队德、永静。

保静恩。

轻骑邢。

敢胜深。

定塞定、真定、冀、沧、雄、博、深、乾宁。

奉化_怀。熙宁七年,京东、河北置拣中厢军,怀、卫、澶各二,德、博、棣、齐各一。

静边_棣

耀武_定。

怀节_澶。

广霸_{北京}。

制戎_冀。

雄锐_{真定}。

定虏_深。

静虏_赵。

定和_定。

保顺_沧。

清远_{雄、霸}。

克胜_{瀛、沧、莫、保定}。

保节_{定、真定、沧、瀛、相、邢、洺、冀、祁、德、滨、保、雄、磁、博、赵、沈、怀、卫、顺安、通利、信安、保定、安肃、永定、永静}。

怀宁_{定、真定、祁}。

劲勇_邢。元丰四年,升为真定府北砦劲勇,为禁军。

宣武_{大名、真定、怀、卫}。元祐二年,在京师置第十三至第十五三指挥。

威勇_沧。

崇胜_{真定}。熙宁七年,京东、河北置拣中厢军,怀、濮各一,德、博、棣、齐各二。

肃宁_{肃城}。

广济_{通利}。熙宁八年,诏以六分为额,罢所差客军。

屯田_保。

宁边_{乾宁}。

强壮_邢。

宣勇_{瀛、沧、怀、冀}。

广威_{元符元年,诏河北路大名府等二十二州军创置马步军五十六指}

挥，马军广威为名。

河东路　骑军之额。自威边而下二；步军之额，自左衙而下十有八，并改号曰雄猛。凡五十二指挥，一万二千四百一十人。

本城火山。

牢城诸州。

壮城太原、辽、泽、晋、绛、潞、汾、石、慈、麟、府、宪、代、忻、隰、岚、宁化、保德、火山、威胜、岢岚。

杂攒代。

作院工匠太原。

威边泽、辽。

保胜岚。

左衙、右衙晋。

水军潞、保德。

雄猛绛。

永宁潞。

永霸泽。

弓箭晋。

顺安慈。

顺霸隰。

宣猛威胜。

招收汾、辽、泽、石、潞、慈、晋、绛、代、忻、威胜、平定。

开边平定。

保节太原、晋、绛、汾、辽、泽、石、潞、慈、麟、府、宪、代、忻、隰、威胜、岢岚、火山、保德、平定。

劲勇太原、岚、汾、辽、泽、潞、晋、宪、代、忻、隰、苛岚、平定、宁化、威胜。

武捷晋、绛、隰、慈。

宁塞太原、汾、辽、石、代、忻。

广济寿阳。熙宁八年，以六分为额，减诸路所差防河客兵。

宣勇晋、绛、潞、汾、辽、石、慈、代、忻、泽、威胜、平定。

陕西路　骑军之额，自骑射而下有六；步军之额，自左衙而下二十有九，并改号曰保宁。凡一百一十一指挥，二万三百六十三人。

开山秦。

关河河中。

司牧永兴、秦、阶、原、德顺。

省作院邠。

壮城永兴、河中、泾、原、仪、渭、鄜、庆、陕、耀、坊、华、丹、同、陇、乾、解、镇戎、德顺。

牢城诸州。

马监同州沙苑。

作院丹、仪。

色役环。

咸阳桥道永兴。

骑射永兴、凤翔河中、陕、华、陈、泾、鄜。

安边永兴、凤翔、河中、同、华、耀、乾、解、虢。

昭武河中。

必敌陕、邠。

定边泾。

马斗永兴。

突阵延、同、乾。

厅直华。

保胜鄜。

归恩凤翔。

定戎泾。

安塞环、庆。

衙队陇、仪。

飞砦环。

必胜庆。

保节永兴、秦、祁、宁、鄜、延、环、庆、泾、原、仪、渭、丹、陇、坊、镇戎、德顺。

左衙耀、陕。

右衙陕。

保宁渭。熙宁七年，诏系役厢禁军自今权免役，专肄习武艺，置凤翔府简中保宁六指挥三千人，专备熙修城砦。元丰五年，兰州置二。绍兴三年，熙河增置四，又于泾原创置十。元符三年十月，诏拨陕西路保宁指挥入厢军额，从知渭州章楶请也。

随身商。

崇顺阶。

水军秦、陕。熙宁五年镇洮置一，崇宁三年鄯州及龙支城各置二。

耀武宁、华。

定安河中。

奉化凤翔。

广平虢。

勇胜永兴。

清远永兴、延、渭、鄜、庆、泾、仪、保安。

开广原、同。

建武鄜、环。

昭胜坊。

弓箭秦。

崇勇成。

肃清乾。

宁远凤。

壮武凤翔、河中、同、耀、华、乾、解、陕、保安。

骁勇邠。

感顺庆。

拓边环。

崇节成。

武捷_{凤翔、秦、凤、鄜、延、泾、原、仪、渭、邠、宁、阶、坊、丹。}

威勇_{河中。}

采造_{秦。元丰四年,通远军增置一。}

建安_{解。}

京东路　骑军之额,自骑射而下有三;步军之额,自左衙而下十有七,并改号曰奉化。凡五十四指挥,一万四千七百五十人。

壮城_{青、密、潍、登、沂、濮、莱、淄。}

马监_{郓州东平。}

装卸_{南京。}

牢城_{诸州。}

骑射_{南京、青、兖、郓、曹、徐、齐、潍。}

威边_{南京、青、郓、密、徐、曹、齐、濮、淄、莱、沂、单。}

昭武_{南京。}

肃戎_{曹。}

单勇_{单。}

安武_{郓、齐。}

必敌_{郓。}

决胜_{济。}

静山_{兖。}

勇敢_{密、沂。元符二年,环庆增置二百人。}

定边_{徐。}

安东_{登、莱。}

衙队_{曹。}

左衙_{南京、郓。}

右衙_{南京、徐、郓、曹、广济。}

开武、怀化_{曹。}

保宁、开远_{济。}

安平_{齐。}

武勇_{潍。}

静海徐、潍、扬。

崇顺青。

忠略淄。

安海水军登。

宁济莱。

建武密。

壮武青、徐、曹、兖、密、潍、齐、濮、邓、莱、淮阳。

崇武濮。崇宁三年,诏于京西东、河东北、开封府界创置马步军五万人,步军以崇武为名。大观四年,诏四辅州阙额,于崇武等军内拨填。

本城曹。

京西路　骑军之额,自骑射而下六;步军之额,自奉化而下二十有五,并必号日劲武。凡四十五指挥,一万五千一百五十人。

桥道河阳。

开道郑。

步驿襄。

会通桥道西京。

采造西京。

牢城诸州。

壮城西京、蔡、汝。

马监许州单镇、郑州原武、西京洛阳。

三水磨郑。

东西八作西京。

骑射西京、河阳、陈、许、郑、颍、滑。

威边西京、河阳、郑、蔡、襄、邓、滑、颍、汝、郢、均、商、随、唐、信阳、光化。

定边蔡。

游奕许。

衙队陈。

保忠渭。

奉化郑、许、陈、蔡、渭、颍。

怀化许颍。

开山西京。

随身随唐。

永安西京。

耀武河阳、邓。

归定河阳。

壮武西京、陈、蔡、邓、襄、颍、汝、光化。

静江陈、蔡、郢。

三略陈。

宁淮忠顺颍。

崇宁汝。

澄江衰。

保定均、信阳。

怀宁房。

宣节郢。

崇化光化。

长剑渭。

西怀化许。

防城均。

威勇西。

广济陈。

静淮蔡。

淮南路　骑军之额，自威边而下六；步军之额，自左衙而下二十有七，并改号曰宁淮。凡一百二指挥，四万一千二百八十五人。

桥道寿。

水运泰。

梢工都楚、真。

杂作都寿。

装发真、泗、楚、通、和。

水军桥道泗。

车军真、楚。

盐车泰、真。

新招梢工真、泗。

拔头水军泗。

牢城诸州。

装卸亳。

剩员直亳永城。

威边亳、庐宿。

飞将亳。

马斗宿。

保胜光。

武胜泗、濠。

拣中骑射扬、庐、寿、亳、宿、泗、真、蕲、黄、濠、光、海、和、通、舒、滁、涟水、高邮、无为。

左衙通。

平难亳、濠。

奉化扬、亳、庐、寿、宿、濠、和、通、泰、楚、舒、真、泗、滁、无为、涟水、高邮。

开远扬、楚、泗。

六奇楚。

武勇泰。

怀安泰。

静海通。

随身宿。

水军扬、庐、寿、光、海、和、泰、楚、舒、真、蕲、黄、泗、涟水、高邮、无为。

耀武泰。

壮武扬、庐、寿、黄、光、海、和、通、蕲、楚、泰、舒、滁、高邮。

宁淮、忠顺、旌勇寿。

静胜扬。

宁顺庐。

备边泗。

三捷滁。

宁化舒。

保胜光。

怀仁蕲、黄。

保节舒。

广济宿、海、泰、通、泗、高邮、涟水。熙宁八年以六分为额。

水军奉化泰、泗。

捍海通、泰。

两浙路　步军之额，自捍江而下三，并改号曰崇节。凡五十一指挥，一万九千人。

水军诸州军。

船坊明。

船务杭、婺。

车军常。

采造明。

楼店务杭。

江桥院明。

堰军张安、京口、吕城、杉青。

清务杭、苏、婺、温。

捍江杭三。

本城秀、常。

鼓角将润。

江南路　骑军之额，拣中骑射一，步军之额，自效勇而下五，并改号曰效勇。凡五十三指挥，一万六千六百五十人。

水军江宁、洪、虔、宣、歙、饶、信、太平、池、江、吉、筠、抚、兴国、临江、南康、广德。

里运_{江宁}。

贡运_饶。

水运_{临江}。

梢工部_洪。

造船军匠_吉。

步驿_{江宁}。

牢城_{诸州军}。

壮城_洪。

下卸钱监_江。

铁木匠营、酒务营、竹匠营_池。

酒务杂役_{江宁}。

拣中骑射_{宣、抚、江、吉、筠、袁、歙、太平、池、饶、信、广德、南康、南安、建昌、临江、兴国}。

效勇_{江宁、广德}。

本城_{南安}。

静江_{南安。崇宁二年七月召募}。

武威_{江宁}。

保节_{洪、虔、江、池、饶、信、太平、吉、筠、袁、抚、兴国}。

荆湖路　骑军之额，自骑射而下三；步军之额，自左衙而下二十，并改号曰宣节。凡四十四指挥，一万一千三百人。

步驿_{荆门}。

水军_潭。

船坊_{潭、鼎}。

渡船都_潭。

清务船坊铁作_潭。

骑射_{江陵、潭、鄂、岳、安、澧、复、鼎、永、道、郴、邵、桂阳}。

威边_安。

衙队_陕。

左衙安。

水军江陵、潭、衡、永、郴、邵、鄂、岳、复、安、澧、峡、鼎、归、汉阳、桂阳。

宁远复。

壮城潭、岳、安、复。

静江江陵、潭、岳、鼎、衡、永、郴、全。

三略鼎。

宁淮澧。

崇宁岳。

澄江辰。

宣节南路诸州军监。北路：岳、澧、鼎、荆门诸监。熙宁七年九月，沅置一。大观元年，靖置一。

步捷全。

威棹江陵、归、峡。

保节鄂。

崇节潭。

威勇安。

牢城诸州军。

中军将潭、汀。

拣中澧。

拣中宣节潭、澧、鼎。

鼓角将荆门。

福建路 步军之额，自水军而下三，并改号曰保节。凡三十三指挥，一万一千一百五十人。

水军福、建、漳、泉、邵武。

保节建汀、南剑。

崇节福、泉、兴化。

广南路 骑军之额，自静山而下二；步军之额，自水军而下十，并改号曰清化。凡八十二指挥，一万二千七百人。

步驿循、贺、封、梅、康、南雄、潮、韶。

造船场广。

驾纲水军广。

城面广、端、惠、循、英、春、贺、梅、连、康、新、封、白、潮。

递角场雷。

运锡循。

牢城诸州。

静山宜。

本城军马广。

水军广、惠、英、贺、封、连、永、南雄、春、廉、白、邕。

静江广、韶、循、潮、连、梅、南雄、英、贺、封、端、新、康、春、惠、桂、容、邕、象、昭、梧、藤、龚、蒙、浔、贵、柳、宜、宾、横、融、化、窦、高、雷、钦、郁林、廉、琼。

澄海韶、循、潮、连、梅、南雄、英、贺、封、端、南恩、春、惠、桂、容、邕、象、昭、龚、蒙、浔、贵、柳、宾、横、融、化、雷、窦、南仪、白、钦、郁林、廉、崖、儋。并于配隶中选少壮者。

巡海水军广。

本城梅。

宁海琼。崇宁四年，广南西路经略司置刀牌手三千人，于桂州置营，候教阅习熟，分戍诸州。

新招静江邕。

清化桂、容、邕、象、昭、梧、藤、蒙、龚、浔、贵、柳、宜、宾、横、融、化、窦、高、南仪、雷、白、钦、郁林、廉、琼、仪。

战棹钦、廉。

安远桂。崇宁元年十月，诏川、陕招拣足额。

四川路　步军之额，自开远而下十，并改号曰克宁。凡一百一十一指，二万三千四百人。自河北路至此，凡改号、指挥人数，并因元丰以前，其后增改，各随军额。

桥道兴。

桥阁龙、剑、文、三泉。

防河、罗城成都。

牢城益、梓、利、夔。

开远利、剑。

水军兴。

静江利。

怀远兴元。

广塞兴元、三泉。

克宁成都、蜀、汉、雅、邛、嘉、绵、陵、彭、眉、简、戎、荣、普、资、梓、合、泸、遂、渠、昌、果、怀安、广安、兴元、洋、利、龙、剑、蓬、璧、文、兴、安德、三泉、夔、渝、涪、葛、达、开、施、忠、云忠、大宁。

威棹成都、嘉、眉、简、梓州路诸州军,剑、安德,夔、渝涪、万、云安。

怀信利。

顺化兴。

本城梁山。

武宁元丰七年,诏成都府减废武宁第八指挥,置马军骑射一。

侍卫步军司　宣效、拣中宣效、拣中六军、武严、左右龙武军、左右羽林军、左右神武军、左右武肃、武和、忠靖、神卫剩员、军头司备军、诸司库务、河清、马递铺等役卒。

朝服法物库、籍田司,隶太常寺。

东西作坊、作坊物料库、东西广备、皮角库,隶军器监。

车营、致远务、养象所、左右骐骥院、左右天驷监、牧养上下监、鞍辔库、驼坊、皮剥所、御辇院,隶太仆寺。

文思院、绫绵院、西染裁造院,隶少府院。

军器衣甲库、仪鸾司、左右金吾仗司、左右街司、六军仪仗司、军器什物库,隶卫尉寺。

河清、街道司,隶都水监。

修内司、东西八作司、竹木务、东西退栈场、事材场、东西窑务、作坊物料库,隶将作院。

御厨、翰林司、牛羊司、法酒库、内酒坊、外物料库、醋库、油库,隶光禄寺。

左藏库、布库、香药库、都茶库、左右厢店宅务、修造。榷货务、祗候库,隶太府寺。

修仓司、四园苑、都水磨、排岸司、装卸、金明池杂役,隶司农寺。

醴泉观、万寿观、集禧观、西太一宫、礼宾院,隶鸿胪寺。

广固,隶修治京城所。

孳生监,隶枢密院。

府界诸门马递铺,隶尚书驾部。

已上并元丰以前所隶,后皆因之。

建炎后禁厢兵

威果安吉、嘉兴、杭、平江、常、严、镇江、绍兴、庆元、温、台、婺、处、隆兴、江、宁国、南康、谭、永、衢、道、邵武、建宁、南剑、全、福、兴化、漳、汀。

全捷中兴立。杭、婺、安吉、平江、泉、镇江、绍兴、元、宁国、宝庆、福。

雄节杭、安吉、嘉兴、平江、常、严、温、镇江、江阴、庆元、台、婺、处。

武卫镇江、绍兴、温、婺、潭。

威捷杭、温、镇江、绍兴、婺、潭。

雄捷中兴立。绍兴。

威胜中兴立。宝庆、庆元。

翼虎中兴立。隆兴。

雄略中兴立。吉、谭、永、衢、隆兴、全、福、广、容。

忠节中兴立。隆兴、江、建昌、南安、抚、临江、宁国、兴国、南康。

武雄抚、隆兴、江、建昌、吉、兴国、南安、袁、临江、宁国、南康。

靖安中兴立。全、宝庆。

静江桂阳、郴、衡、道、全。

广节中兴立。邵武、福、漳、建宁、南剑、兴化,汀。

广二、广三指挥中兴立。泉。

亲效中兴立。广。

澄海广、循、连、南雄、封、英德、南恩、惠、潮、藤、容、贺、德、庆、昭、高、钦、雷。

建炎后厢兵

武严、宣效、壮役中兴立。

备军中兴立。

神卫剩员隶侍卫步军,中兴隶厢军。

广丰仓剩员中兴立。

广效中兴有拣中广效,在广效立。

御营喝探中兴在京师。

武和开封一指挥。中兴,左右二指挥,在京。

武肃中兴在京师。

忠靖一指挥,开封,属步军。

奉化属步军,三指挥。中兴有拣中奉化,在奉化上。

劲武在京。

崇胜一指挥。中兴有拣中崇胜,在崇胜上。

雄猛一指挥。

保宁中兴有拣中保宁,在保宁上。

宁淮中兴在淮南。

捍江杭。

宣节中兴在宝庆、潭、永、武冈、郴、衡、全、桂阳、靖、道、沅。

效勇中兴,江东、西。

保节中兴,五指挥。

克宁中兴,四川。

宁江中兴立。一指挥。

清化中兴,广西。

牢城诸州,以待有罪配隶人。

崇节中兴,杭、安吉、平江、江阴、常、严、镇江、温、庆元、台、婺、江东西。

开江中兴,平江。

横江中兴,平江、杭。

宁节中兴,台、福、宁国、建宁、靖。

清务中兴,婺。

山场中兴,婺。

效勇中兴,隆兴、抚、赣、建昌、兴国、南安、袁、吉、临江、宁国、南康。

靖安中兴立。潭、永、常德。

静江二指挥。

威果见禁军。

雄略中兴四指挥。

澄海中兴,武冈、全。

丰国监中兴立。建宁。

驾纲中兴立。

长运中兴立。

修江中兴,杭。

都作院中兴,杭。

小作院中兴立。杭。

清湖闸中兴立。杭。

开湖司中兴立。杭。

北城堰中兴立。杭。

西河广济中兴立。杭。

楼店务中兴,杭。

长安堰闸中兴立。杭。

枰斗务中兴立。杭。

壮城帅府望郡立之。

鼓角匠、船务中兴,杭。

宋史卷一九○

志第一四三

兵四 乡兵一

陕西保毅　河北忠顺

河北陕西强人砦户　河北河东强壮

河东陕西弓箭手　河北等路弓箭社

乡兵者,选自户籍,或土民应募,在所团结训练,以为防守之兵也。周广顺中,点秦州税户充保毅军,宋因之。自建隆四年,分命使臣往关西道,令调发乡兵赴庆州。咸平四年,令陕西系税人户家出一丁,号曰保毅,官给粮赐,使之分番戍守。五年,陕西缘边丁壮充保毅者至六万八千七百七十五人。七月,以募兵离去乡土,有伤和气,诏诸州点充强壮户者,税赋止令本州输纳,有司不得支移之。先是,河北忠烈、宣勇无人承替者,虽老疾不得停籍。至是,诏自今委无家业代替者,放令自便。自是以至天禧间,并、代广锐老病之兵,虽非亲属而愿代者听。河北强壮,恐夺其农时,则以十月至正月旬休日召集而教阅之。忠烈、宣勇、广锐之归农而阙员者,并自京差补;戍于河上而岁月久远者,则特为迁补;贫独而无力召替者,则令逐处保明放停。

当是时,河北、河东有神锐、忠勇、强壮,河北有忠顺、强人,陕西有保毅、砦户、强人、强人弓手,河东、陕西有弓箭手,河北东、陕西有勇义，麟州有义兵，川峡有土丁、壮丁，荆湖南北有弩手、土丁，广南东、西有枪手、土丁，邕州有溪洞壮丁、土丁，广南东、西有壮丁。

当仁宗时，神锐、忠勇、强壮久废，忠顺、保毅仅有存者。康定初，诏河北、河东添籍强壮，河北凡二十九万三千，河东十四万四千，皆以时训练。自西师屡衄，正兵不足，乃籍陕西之民，三丁选一以为乡弓手。未几，刺充保捷，为指挥一百八十五，分戍边州。西师罢，多拣放焉。庆历二年，籍河北强壮，得二十九万五千，拣十之七为义勇，且籍民丁以补其不足，河东拣籍如河北法。

其后，议者论"义勇为河北伏兵，以时讲习，无待储禀，得古寓兵于农之意惜其束于列郡，止以为城守之备。诚能令河北邢、冀二州分东西两路，命二郡守分领，以时阅习，寇至即两路义勇翔集赴援，使其腹背受敌，则河北三十余所常伏锐兵矣。"朝廷下其议，河北帅臣李昭亮等议曰："昔唐泽潞留后李抱真籍户丁男，三选其一，农隙则分曹角射，岁终都试，以示赏罚，三年皆善射，举部内得劲卒二万。既无廪费，府库益实，乃缮甲兵为战具，遂雄视山东。是时，天下称昭义步兵冠于诸军，此近代之显效，而或谓民兵只可城守，难备战阵，非通论也。但当无事时，便分义勇为两路，置官统领，以张用兵之势，外使敌人疑而生谋，内亦摇动众心，非计之得。姑令在所点集训练，三二年间，武艺稍精，渐习行阵；遇有警，得将臣如抱真者统驭，制其阵队，示以赏罚，何敌不可战哉？至于部分布列，量敌应机，系于临时便宜，亦难预图。况河北、河东皆边州之地，自置义勇，州县以时按阅，耳目已熟，行固无疑。"诏如所议。

治平元年，宰相韩琦言："古者籍民为兵，数虽多而赡至薄。唐置府兵，最为近之，后废不能复。今之义勇，河北几十五万，河东几八万，勇悍纯实，出于天性，而有物力资产、父母妻子所系，若稍加练简，与唐府兵何异？陕西尝刺弓手为保捷，河北、河东、陕西、皆控西北，事当一体。请于陕西诸州亦点义勇，止涅手背，一时不无小扰，终成长利。"天子纳其言，乃遣籍陕西义勇，得十三万八千四百六十五人。

是时，谏官司马光累奏，谓："陕西顷尝籍乡弓手，始谕以不去乡里。既而涅为保捷正兵，遣戍边州，其后不可用，遂汰为民，徒使一路骚然，而于国无补。且祖宗平一海内，曷尝有义勇哉？自赵元昊反，诸将覆师相继，终不能出一旅之众，涉区脱之地。当是时，三路乡兵数十万，何尝得一人之力？议者必曰：'河北、河东不用衣廪，得胜兵数十万，阅教精熟，皆可以战；又兵出民间，合于古制。'臣谓不然。彼数十万者，虚数也；阅教精熟者，外貌也；兵出民间者，名与古同而实异。盖州县承朝廷之意，止求数多；阅教之日，观者但见其旗号鲜明，钲鼓备具，行列有序，进退有节，莫不以为真可以战。殊不知彼犹聚戏，若遇敌，则瓦解星散，不知所之矣。古者兵出民间，耕桑所得，皆以衣食其家，故处则富足，出则精锐。今既赋敛农民粟帛以给正军，又籍其身以为兵，是一家而给二家之事也。如此，民之财力安得不屈？臣愚以为河北、河东已刺之民，犹当放还，况陕西未刺之民乎？"帝弗听。于是三路乡兵，唯义勇为最盛。

熙宁以来则尤重蕃兵、保甲之法，余多承旧制。前史沿革，不复具述，取其有损益者著于篇。南渡而后，土宇虽不及前，而兵制多仍其故，凡其乡兵、砦兵之可考者，皆附见焉。

陕西保毅　开宝八年，发渭州平凉、潘原二县民治城隍，因立为保毅弓箭手，分戍镇砦。能自置马，免役；逃死，以亲属代，因周广顺旧制也。

咸平初，秦州极边止置千人，分番守戍。上番人月给米六斗，仲冬，赐指挥使至副都头紫绫绵袍，十将以下皂绫袍。五年，点陕西沿边丁壮充保毅，凡得六万八千人，给资粮，与正兵同戍边郡。

庆历初，诏悉刺为保捷军，唯秦州增置及三千人，环、庆、保安亦各籍置。是时,诸州总六千五百十八人,为指挥三十一。

皇祐五年,泾毅都总管程戡上言:"陕西保毅,近岁止给役州县,无复责以武技。自黥刺为保捷,而家犹不免于保毅之籍;或折卖田产,而得产者以分数助役。今秦州仅三千人,久废农业,请罢遣。"诏自今敢私役者,计佣坐之。治平初,诏置保毅田承名额者,悉拣刺以为义勇。熙宁四年,诏废其军。

环庆砦户、强人弓手,九年,诏如禁军法,上其籍,隶于马军司,廪给视中禁军。

河北忠顺　自太宗朝以瀛莫雄霸州、乾宁顺安保定军置忠顺,凡三千人,分番巡徼,隶沿边战棹巡检司。自十月悉上,人给粮二升至二月输半营农。庆历七年,夏竦建议与正兵参戍。八年,以水渗,多通亡者,权益正兵代其阙额。皇祐四年,权放业农,后不复补。

河北陕西强人、砦户、强人弓手　名号不一。咸平四年,募河北民契丹道路、勇锐可为间伺者充强人,置都头、指挥使。无事散处田野,寇至追集,给器甲、口粮、食钱,遣出塞偷斫赋垒,能斩道级夺马者如赏格,虏获则畜皆畀之。庆历二年,环州亦募,涅手背,自备戎械并马,置押官、甲头、队长,户四等以下免役,上番防守,月给奉廪。三年,泾原路被边城砦番置。

环、庆二州复有砦户,康定中,以沿边弓手涅手背充,有警召集防戍,与保毅弓手同。

大顺城、西谷砦有强人弓手,天禧、庆历间募置,番戍为巡徼斥候,日给粮;人赋田八十亩,能自备为者益赋四十亩;遇防秋,官给器甲,下番随军训练。为指挥六。

河北、河东强壮　五代时,瀛、霸诸州已置。咸平三年,诏河北家二丁、三丁籍一,四丁、五丁籍二,六丁、七丁籍三,八丁以上籍四,为强人。五百人为指挥使,百人为都,置正副都头二人、节级四人。所在置籍,择善绮射第补校长,听自置马,胜甲者蠲其户役。五年,募其勇敢,团结附大军为栅,官给铠甲。景德元年,遣使分诣河北、河东集强壮,借库兵给粮训练,非缘边即分番迭教,冠至悉集守城,冠退营农。

至康定初,州县不复阅习,其籍多亡。乃诏二路选补,增其数;为伍保,迭纠游惰及作奸者。二十五人为团,置正副都头各一人;五都为指挥使,各以阶级伏事。年二十系籍,六十免,取家人或他户代之。岁正月,县以籍上州,州以籍奏兵部,按举不如法者。庆历二年,悉拣以为义勇,不预者,释之而存其籍,以备守茸城池。而河东强壮自此浸废矣。

其募于河北者,旧给塘泊河淤之田,力不足以耕,重苦番教,应募者寡。熙宁七年罢之,以其田募民耕,户两顷,蠲其赋,以为保甲。

河东、陕西弓箭手　周广顺初,镇州诸县,十户取材勇者一人为之,余九户资以器甲刍粮。建隆二年,诏释之,凡一千四百人。

景德二年,镇戎军曹玮言:"有边民应募为弓箭手者,请给以闲田,蠲其徭赋,有警,可参正兵为前锋,而官无资粮戎械之费。"诏:"人给田二顷,出甲士一人,及三者顷出战马一匹。设堡戍列部伍,补指挥使以下,据兵有功劳者,亦补军都指挥使,置巡检以统之。"其后,鄜延、环庆、泾原并河东州军亦各募置。

庆历中,诸路总三万二千四百七十四人,为指挥一百九十二。是时,河东都转运使欧阳修言:"代州、岢岚宁化火山军被边地几二三万顷,请募人垦种,充弓箭手。"诏宣抚使范仲淹议,以为便。遂以岢岚军北草城川禁地募人拒敌界十里外占耕,得二千余户,岁输租数万斛,自备弓马,涅手背为弓箭手。既以并州明镐沮议而止。

至和二年,韩琦奏订镐议非是,曰:"昔潘美患契丹数入寇,遂驱旁边耕民内徙,苟免一时失备之咎。其后契丹讲和,因循不复许人复业,遂名禁地,岁久为戎人侵耕,渐失疆界。今代州、宁化军有禁地万顷,请如草城川募弓箭手,可得四千余户。"下并州富弼议,弼请如琦奏。诏具为条,视山坡川原均给,人二顷;其租秋一输,川地亩五升,坂原地亩三升,毋折变科徭。仍指挥即山险为屋,以便居止,备征防,无得擅役。

先是,麟、府、丰州亦以闲田募置,人给屋,贷口粮二石,而德顺军静边砦壕外弓箭手尤为劲勇。夏人利其地,数来争占,朝廷筑堡戍守。至治平末,河东七州军弓箭手总七千五百人,陕西十州军并砦户总四万六千三百人。先是,康定元年,诏麟、府州募归业人增补义军,俾耕本户故地而免其税租,其制与弓箭手略同而不给田。

熙宁二年,兵部上河东七郡旧籍七千五、今籍七千,陕西十郡并砦户旧籍四万六千三百,今唯秦凤有砦户。

三年,秦凤路经略使李师中言:"前年筑熟羊等堡,募蕃总献地,置弓箭手。迄今三年,所募非良民,初未尝团结训练,竭力田事。今当置屯列堡,为战守计。置屯之法,百人为屯,授田于旁塞堡,将校领农事,休即教武技。其牛具、农器、旗鼓之属并官予。置堡之法,诸屯并力,自近及远筑为堡以备寇至,寇退则悉出掩击。"从之。

五年,赵禼为鄜延路,以其地万五千九百顷,募汉蕃弓箭手四千九百人。帝嘉其能省募兵之费,褒赏之。六年,禼言新募弓箭手颇习武技,请更番代正兵归京师。诏审度之。十月,诏熙河路以公田募弓箭手,其旁塞民强勇愿自占田、出租赋、联保伍,或义勇愿应募,或民户愿受蕃部地者听。

七年正月,带御器械王中正诣熙河路,以土田募弓箭手。所募人毋拘路分远近,不依常格,差官召募,仍亲提举。三月,王韶言:河州近城川地招汉弓箭手外,其山坡地招蕃弓箭手,人给地一顷,蕃官两顷,大蕃官三顷。仍募汉弓箭手等为甲头,候招及人数,补人员,与蕃官同管。自来出军,多为汉兵盗杀蕃兵以为首功,今蕃兵各愿于左耳前刺"蕃兵"字。从之。十月,中书条例司乞五路弓箭手、砦户,除防拓、巡警及缓急事许差发外,若修城诸役,即申经略安

抚、钤辖司。其有擅差发及科配、和雇者，并科违制之罪。从之。其
夔州路义军、广南枪手土丁峒丁、湖南弩手、福建乡丁枪手，依此
法。

八年，诏泾原路七驻泊就粮上下番正兵、弓箭手、蕃兵约七万
余人分为五将，别置熙河策应将副。十年，知延州吕惠卿言：“自熙
宁五年，招到弓箭手，只是权行差补，未曾团定指挥。本司见将本路
团结将分团成指挥都分，置立将校统辖，即于临时易为勾集。”从
之。

元丰二年，计议措置边防所言，以泾原路正兵、汉蕃弓箭手为
十一将，分驻诸州。从之。

三年，诏：“凡弓箭手兵骑各以十人为队，置引战、旗头、左右兼
旗，及以本属酋首将校为拥队，并如正军法。蕃捉手、蕃敢勇、山河
户亦如之。凡募弓箭手、蕃捉生、强人、山河户，不以等样，第募有保
任、年十七已上、弓射七斗、任负带者。鄜延路新旧蕃捉生、环庆路
强人、诸路汉弓箭手、鄜延路归明界保毅蕃户弓箭手，皆涅于手
背。”

四年，泾原路以经略司言：“本路弓箭手阙地九千七百顷，渭州
陇山一带川原陂地四千余顷，可募弓箭手二千余人，或不愿应募，
乞收其地入官。”熙河路都经制司言：“乞依熙河旧例，许泾原、秦凤
路、环庆及熙河路弓箭手投换，仍带旧户田土，耕种二年，即入收
官，别招弓箭手。”皆从之。

五年正月，鄜延路经略司乞以新收复米脂、吴堡、义合、细浮
图、塞门五砦地置汉蕃弓箭手，及春耕种，其约束补职，并用旧条。
从之。二月，诏提举熙河等路弓箭手营田蕃部共为一司，隶泾原路
置司。四月，诏：“蕃弓箭手阵亡，依汉弓箭手给赙。弓箭手出战，因
伤及病羸不能自还者，并依军例赐其家。”七月，提举熙河路弓箭手
营田蕃总司康识、兼提举营田张大宁言：“乞应新收复地差官分画
经界，选知农事厢军耕佃，顷一人。其部押人员节级及雇助人工岁
入赏罚，并用熙河官庄法。余并招弓箭手营田，每五十顷为一营，差

谙农事官一员干当。"从之。

六年，鄜延路经略司言："弓箭手于近裹县置田两处，立户及四丁已上，乞取一丁为保甲，一丁为弓箭手，有二丁至三丁，即且令充弓箭手。"诏保甲愿充弓箭手者听，其见充弓箭手与当丁役，毋得退就保甲，陕西、河东亦如之。

八年，诏罢秦凤路置场集教弓箭手，令经略司讲求土人习教所宜立法。

元祐元年，诏罢提举熙河等路弓箭营田蕃部司。三年，兵部言："泾原路陇山一带系官地，例为人侵冒，略无色役。非自朝廷置局招置摽拨，无以杜绝奸弊。从之。其后，殿前司副都指挥使刘昌祚奏根括陇山地凡一万九百九十顷，招置弓箭手人马凡五千二百六十一，赐敕书奖谕。四年，诏将陇山一带弓箭手人马别置一将管干，仍以泾原路第十二将为名。五年，诏户部遣官往熙河兰岷路代孙路措置弓箭手土田。

绍圣元年，枢密院言："熙河兰岷路经略司奏，本路弓箭手，自展置以来累经战斗，内有战功补三班差使已上之人，欲并遣归所属差使，仍以其地令亲属承刺，如无，即别召人承之。"三年正月，诏："自今汉蕃人互投弓箭手者，官司不得收刺，违者杖一百。"五月，诏在京府界诸路马军枪手并改充弓箭手，兼习蕃枪。四年，诏张询、巴宜专根括安西、金城膏腴地顷亩，可以招置弓箭手若干人，具团结以闻。

元符元年二月，枢密院言："钟传奏，近往泾原与章楶讲究进筑天都山、南牟等处。今相度如展置青南讷心，须置一将。乞权于熙、秦两路辍那。城内土田并招弓箭手，仍置提举官二员。熙、秦两路弓箭手，每指挥以三百人为额，乞作二十指挥招置，不一二年间，须得数千民兵，以充武备。"从之。七月，诏："陕西、河东路新城砦合招弓箭手投换。其元祐八年四月不得招他路弓箭手指挥勿用。"三年，提举泾原路弓箭手安师文知泾州，罢提举弓箭手司。

崇宁元年九月,枢密院勘会:"陕西五路并河东,自绍圣开斥以来,疆土至广,远者数百里,近者不减百里,罢兵以来,未曾措置。田多膏腴,虽累降诏置弓箭手,类多贫乏,或致逃走。州县镇砦污吏豪民冒占沃壤,利不及于平民,且并缘旧疆,侵占新土。今遣官分往逐路提举措置,应缘新疆土田,分定腴瘠,招置弓箭手,推行新降条法。旧弓箭手如愿出佃新疆,亦仰相度施行。"诏汤景仁河东路,董采秦凤路,陶节夫环庆路,安师文鄜延路,并提举弓箭手。元符三年,罢提举司,今复置。

崇宁二年十一月,安师文奏:"据权通判德顺军事卢逢原申,根括打量出四将地分管下五砦、新占旧边壕外地共四万八千七百三十一顷有奇,乞特赐优赏。"诏安师文特授左朝议大夫,差遣如故;卢逢原特授朝请郎。

二年九月,熙河路都转运使郑仅奉诏相度措置熙河新疆边防利害,仅奏:"朝廷给田养汉蕃弓箭手,本以藩捍边面,使顾虑家产,人自为力。今拓境益远,熙、秦汉蕃弓箭手乃在腹裹,理事移出。然人情重迁,乞且家选一丁,官给口粮,团成耕夫使佃官庄。遇成熟日,除粮种外,半入官,半给耕夫,候稍成次第,听其所便。"从之。

五年三月,赵挺之言:"湟、鄯之复,岁费朝廷供亿一千五百余万。郑仅初建官庄之议,朝廷令会计其岁入,凡五庄之入,乃能支一庄之费。盖鄯、湟乃西蕃之二小国,湟州谓之邈川,鄯州谓之青唐,兴河南本为三国,其地滨河,多沃壤。昔三国分据时,民之供输于其国厚,而又每族各有酋长以统领之,皆衣食赡足,取于所属之民。自朝廷收复以来,名为使蕃民各占旧地以居,其实屡更战斗,杀戮窜逐,所存无几。今兵将官、帅臣、知州多召闲民以居,贪冒者或受金乃与之地,又私取其羊马驼畜,然无一毫租赋供官。若以昔输于三国者百分之一入于县官,即湟州资费有余矣。"帝深然之。

翌日,知枢密院张康国入见,力言不可使新民出租,恐致扰动众情;且言蕃民既刺手背为兵,安可更出租赋。帝因宣谕:"新民不可摇动，兼已令多招弓箭手矣。"挺之奏："弓箭手，官给以地而不出租，此中国法也。若蕃兵，则其旧俗既输纳供亿之物，出战又人皆为兵，非弓箭手之比。今朝廷所费不赀，经营数年，得此西番之地，若无一毫之入，而官吏、戍卒馈饷之费皆出于朝廷，何计之拙也！帝曰："已令姚雄经画。"时累诏令雄括空闲地，召人耕垦出课，故深以挺之所奏为然。挺之又云："鄯、湟之复，羌人屡叛，溪扯罗撒走降夏国，夏国纳之，时时寇边，兵不解严而馈运极艰。和籴入粟，鄯州以每石价至七十贯，湟州五十余贯。盖仓场利于客人入中乞取，而官吏利于请给斛斗，中官获利百倍，人人皆富。是以上下相蒙，而为朝廷之害。"

熙宁三年，熙河运司以岁计不足，乞以官茶博籴，每茶三斤易粟一斛，其利甚博。朝廷谓茶马司本以博马，不可以博籴，于茶马司岁额外，增买川茶两倍茶，朝廷别出钱二百万给之，令提刑司封桩。又令茶马官程之邵兼领转运使，由是数岁边用粗足。及挺之再相，熙河漕司屡申以军粮不足为急，乃令会去年抛降钱数共一千一百万缗，一缗价直三千至四十千，二百缗所转不可胜计，今年已降拨银、钱、绢等共九百万，乃令更支两倍茶一百万缗。张康国同进呈，得旨，乃密检元丰以来茶惟用博马指挥以进。然康国不知两倍茶自非博马之数，而何执中、邓洵武杂然和之。由是两倍茶更不支给，而鄯、湟兵费不给矣。

七年，诏："边地广而耕垦未至，膏腴荒闲，刍粟翔踊，岁籴本不赀。昨累降指挥，令泾原路经略司与提举弓箭手司措置，召人开垦，以助塞下积粟，为备边无穷之利。访闻提举弓箭手司与经略司执见不同，措置议论，不务和协。其提举泾原弓箭手钱归善可罢。"

大观三年二月，臣僚言："自复西宁州，馈给每多，而储积未广，买价数增，市物随踊，地利不辟，兵籍不敷，盖招置之术失讲，劝利之法未兴也。乞委帅臣、监司讲求，或募或招，何为而可足弓箭手之数，以其于不阙；或拘或诱，何为而使蕃部著业而责以耕耘。田既垦则谷自盈，募既充而兵益振，是收班超之功，尽充国之利也。"诏：

"熙、河、洮、岷前后收复，岁月深久，得其地而未得其利，得其民而未得其用。地利不辟，兵籍不敷，岁仰朝廷代亿，非持久之道。可令详究本末，条画来上。"

政和三年，秦凤路经略安抚使何常奏：

自古行师用兵，或骑或步，率因地形。兵法曰："蕃兵惟劲马奔冲，汉兵惟强弩掎角。"盖蕃长于马，汉长于弩也。今则不然。西贼有山间部落谓之"步跋子"者，上下山坡，出入谷涧，最能逾高超远，轻足善走；有平夏骑兵谓之"铁鹞子"者，百里而走，千里而期，最能倏往忽来，若电击云飞。每于平原驰骋之处遇敌，则多用铁鹞子以为冲冒奔突之兵；山谷深险之处遇敌，则多用步跋子以为击刺掩袭之用。此西人步骑之长也。我诸路并塞之民，皆是弓箭手地分，平居以田猎骑射为能，缓急以追逐驰骋相尚。又沿边士兵，习于山川，惯于弛骤。关东戍卒，多是硬弩手及标牌手，不惟捍贼劲矢，亦可使贼马惊溃。此中国步骑之利也。

至道中，王超、丁罕等讨继迁，是时马上用弩，遇贼则万弩齐发，贼不能措手足而遁。又元丰间，刘昌祚等趋灵州，贼众守隘，官军不能进。于是用牌子为先锋，贼下马临官军，其势甚盛，昌祚等乃以牌子踢跳闪烁。振以响环，贼马惊溃。若遇贼于山林险隘之处，先以牌子捍贼，次以劲弓强弩与神臂弓射贼先锋，则矢不虚发，而皆穿心达意矣。或遇贼于平原广野之间，则马上用弩攒射，可以一发而尽殪。兼牌子与马上用弩，皆已试之效，不可不讲。前所谓劲马奔冲，强弩掎角，其利两得之，而贼之步跋子与铁鹞子皆不足破也。又步兵之中，必先择其魁健材力之卒，皆用斩马刀，别以一将统之，如唐李嗣业用陌刀法。遇铁鹞子冲突或掠我阵脚，或践踏我步人，则用斩马刀以进，是取胜之一奇也。

诏枢密院札与诸路经略司。

四年，诏："西羌久为患，乍叛乍服，谲诈不常。顷在先朝，使者在廷，犹或犯境。今植养积岁，屡饥久困，虽誓表已进，羌夷之性不保其往。修备御于无事之时，戒不虞于萃聚之际，正在今日。可令陕西、河东路帅臣训练兵伍，除治军器，缮修楼橹，收积刍粮，常若寇至。不可谓已进誓表，辄或弛息，堕其奸谋。所有弓箭手、蕃兵，常令优恤，逃亡者可速招补，贫乏者亦令贷借。将佐偏裨，如或软懦失职，具名以闻，或寇至失事，并行军法。”

五年二月，诏：“陕西、河东逐路，自绍圣开拓边疆以来，及西宁湟廓洮州、积石等处新边，各有包占良田，并合招置弓箭手，以为边防篱落。至今累年，旷土尚多，应募人数未广。盖缘自罢专置提举官隶属经略司，事权不专，颇失措置。根括打量、催督开垦、理断交侵等职事，尽在极边，帅臣无由亲至。即今夏人通贡，边鄙安静。若不乘此委官往来督责，多方招刺弓箭手垦辟闲田，补助边计，以宽飞挽之劳，窃虑因循浸久，旷土愈多，销耗民兵人额，有害边防大计：兼提举文臣玩习翰墨，多务安养，罕能冲冒寒暑。可令陕西、河东逐路，并复置提举弓箭手司，仍各选差武臣一员充，理任、请给、恩数等并依提举保甲条例施行。每路各置干当公事使臣二员。仍每岁令枢密院取索逐路招至弓箭手并开垦过地土，比较优劣殿最，取旨黜陟。合措置事节，所差官条画以闻。”

八月，枢密院言：“欲将近裹弓箭手地，但有争讼侵冒之处，并行打量，庶几杜绝侵冒之弊。”从之。是月，提举河东路弓箭手司奏：“本司体访得沿边州军逐处招置弓箭手，多将人户旧用工开耕之地指射划夺，其旧佃人遂至失业。且所出租，仅比佃户五分之一，于公私俱不便。今欲将系官庄屯田已有人租佃及五年者，并不在招置弓箭手请射之限。其河东路察访司初不以边防民兵为重，姑息佃户，致有此弊。欲乞应熙宁八年以前人户租佃官田，并先取问佃人，如愿投刺弓箭手，每出一丁，许依条给见佃田二顷五十亩充人马地，若不愿充弓箭手，及出丁外尚有请占不尽地土，即拘收入官。”从之。

十一月，边防司奏：“据提举熙河兰湟路弓箭手何灌申：汉人买田常多，比缘打量，其人亦不自安，自陈已及一千余顷。若招弓箭手，即可得五百人；若纳租税，每亩三斗五升、草二束，一岁间亦可得米三万五石、草二十万束。今相度欲将汉人置买到蕃部土田愿为弓箭手者，两顷已上刺一名，四顷已上刺两名；如愿者，依条立定租税输纳。其巧为影占者，得为禁止。"从之。

七年三月，诏："熙、河、鄯、湟自开拓以来，疆土虽广而地利悉归属羌，官兵吏禄仰给县官，不可为后计。仰本路帅臣相度，以钱粮茶彩或以羌人所嗜之物，与之贸易田土。田土既多，即招置弓箭手，入耕出战，以固边圉。"

宣和六年七月，诏："已降处分，陕西昨因地震摧塌屋宇，因而死伤弓箭手，内合承袭人，速具保明闻奏。"

靖康元年二月，臣僚言："陕西恃弓箭手为国蕃篱，旧隶帅府，比年始置提举弓箭手官，务取数多，处以为功。自是选练不精，遂使法制浸坏。欲乞详酌，罢提举官，以弓箭手复隶帅司，务求以振边声。"诏从之，河东路依此。四月，枢密院奏："陕西、河东逐路汉弓箭手自来并给肥饶田，近年以来，多将旧激劝。朝廷近已罢提举官，今复隶帅司所辖，况当今边事全藉民兵，若不早计，深虑误事。"诏令陕西五路制置使钱盖及陕西、河东逐路帅臣相度措置，将已分擘弓箭手田土，依旧改正拨还，所有新招至人别行给地，务要均济。仍仰帅臣严切奉行。是月，徐处仁又奏，诏并送详议司。

熙宁五年，泾原路经略司蔡挺言："泾原勇敢三百四十四人，久不拣练，徒有虚名。臣委二将领季一点阅，校其骑射能否升除，补有功者以为队长，募极塞博军子尝历战阵者补其阙。益募熟户蕃部以为蕃勇敢，凡一千三百八十人，骑一千一百九十四匹，挽弓一石，驰逐击刺如法。其有功者受勇敢下等奉，余遇调发，则人给奉三百，益以刍粮。"诏诸路如挺言行之。

六年，枢密院言："勇敢、效用皆以材武应募从军，廪食既优，战马戎械之具皆出公上，平时又得以家居，以劳效赏者凡四补而至借职,校弓箭手减十资,淹速相远,甚非朝廷第功均赏之意。请自今河东、鄜延、秦凤、环庆、熙河路各以三百,泾原路以五百为额。第一等步射弓一石一斗,马射九斗,奉钱千;第二等以下递减一斗,奉七百至五百。季首阅试于经略司,射亲及野战中者有赏,全不中者削其奉,次季又不中者罢之。战有功者以八等定赏:一、给公据,二、以为队长,三、守阙军将,四、军将,五、殿侍,六、三班借差,七、差使,八、借职。其弓箭手有功,亦以八等定赏:一、押官,承局;二、将,虞候,十将;三、副兵马使,军使;四、副指挥使;五、都虞候;六、都指挥使;七、三班差使;八、借职。即以阙排连者次迁。

元丰三年,诏泾原路募勇敢如鄜延路,以百人为额。自是以后,蕃部益众,而弓箭手多蕃兵矣。

弓箭社 河北旧有之。熙宁三年十二月,知定州滕甫言:"河北州县近山谷处,民间各有弓箭社及猎射人,习惯便利,与夷人无异。欲乞下本道逐州县,并令募诸色公人及城郭乡村百姓有武勇愿习弓箭者,自为之社。每岁之春,长吏就阅试之。北人劲悍,缓急可用。"从之。

元祐八年十一月,知定州苏轼言:

北边久和,河朔无事,沿边诸郡,军政少弛,将骄卒惰,缓急恐不可用;武艺军装,皆不逮陕西、河东远甚。虽据即目边防事势,三五年间必无警急,然居安虑危,有国之常,备事不素讲,难以应变。臣观祖宗以来,沿边要害,屯聚重兵,止以壮国威而消敌谋,盖所谓先声后实,形格势禁之道耳。若进取深入,交锋两阵,犹当杂用禁旅。至于平日保境,备御小寇,即须专用极边土人。此古今不易之论也。

晁错与汉文帝画备边策,不过二事:其一曰徙远方以实空虚,其二曰制边县以备敌国。宝元、庆历中,赵元昊反,屯兵四十余万,招刺宣毅、保捷二十五万人,皆不得其用,卒无成功。范仲淹、刘沪、种世衡等专务整缉蕃汉熟户弓箭手,所以封殖其家、砥砺其人者非一道。藩篱既成,贼来无所得,故元昊复臣。今河朔西路被边州军,自澶渊讲和以来,百姓自相团结为弓箭社,不论家业高下,户出一人。又自相推择家资武艺众所服者为社头、社副、录事,谓之头目。带弓而锄,佩剑而樵,出入山坂,饮食长技与敌国同。私立赏罚,严于官府,分番巡逻,铺屋相望,若透漏北贼及本土盗不获,其当番人皆有重罚。遇其警急,击鼓,顷刻可致千人。器甲鞍马,常若寇至。盖亲戚坟墓所在,人自为战,敌深畏之。先朝名臣帅定州者韩琦、庞籍,皆加意拊循其人,以为爪牙耳目之用,而籍又增损其约束赏罚。

熙宁六年,行保甲法,强壮、弓箭社并行废罢。熙宁七年,应两地供输人户,除元有弓箭社、强壮并义勇之类并依旧存留外,更不编排保甲。看详上件两次圣旨,除两地供输村分方许依旧置弓箭社,其余并合废罢。虽有上件指挥,公私相承,元不废罢,只是令弓箭社两丁以上人户兼充保甲,以至逐捕本界及他盗贼,并皆驱使弓箭社人户用命捉杀。见今州县,全籍此等寅夜防拓,灼见弓箭社实为边防要用,其势决不可废,但以兼充保甲之故,召集追呼,劳费失业,今虽名目俱存,责其实用不逮往日。

臣窃谓陕西、河东弓箭手,官给良田,以备甲马。今河朔沿边弓箭社,皆是人户祖业田产,官无丝毫之损,而捐躯捍边,器甲鞍马与陕西、河东无异,苦乐相远,未尽其用。近日霸州文安县及真定府北砦,皆有北贼惊劫人户,捕盗官吏拱手相视,无如之何,以验禁军、弓手皆不得力。向使州县逐处皆有弓箭社,人户致命尽力,则北贼岂敢犯边砦,如入无人之境?臣已戒饬本路将吏,申严赏罚,加意拊循其人,辄复拾用庞籍旧奏约束,稍加增损,别言条目。欲乞朝廷立法,少赐优异,明设赏罚,以示惩劝。今已密切取会到本路极边定保两州、安肃广信顺安三军边面七县一砦内管自来团结弓箭社五百八十八社,六百五十一火,共计三万一千四百一十一人。若朝廷以为可行,立法之后，更敕将吏常加拊循，使三万余人分番画夜巡逻，盗边小寇来即擒获，不至埋伏以生戎心。而事皆循旧，无所改作，敌不疑畏，无由生事，有利无害，较然可见。

奏凡两上，皆不报。

政和六年诏：河北路有弓箭社县分，已令解发异等。其逐路县令佐，俟岁终教阅异等，帅司具优劣之最，各取旨赏罚，以为劝沮。仍县为令。"又高阳关路安抚司言："大观三年弓箭社人依《保甲法》、《政和保甲格》较最优劣，县令各减展磨勘年有差。"诏依《保甲格》赏罚施行。

宣和七年二月，臣僚言：

往年西路提刑梁扬祖奏请劝诱民户充弓箭社，继下东路令仿西路例招诱。原立法之意，不过使乡民自愿入社者阅习武备，为御贼之具尔。奈何邀功生事之人，唯以入社之民众为功厚，诬朝廷而敛怨于民，督责州县急于星火，取五等之籍甲乙而次之，家至户到，追胥迫协，悉驱之入社，更无免者。法始行于西路，西路既已冒受厚赏，于是东路宪司前后论列，诞谩滋甚。近者东路之奏，数至二十四万一千七百人，武艺优长者一十一万六千，且云比之西路仅多一倍。陛下灼知其不然，虽命帅臣与廉访使者核实，彼安肯以实闻乎？今东路宪司官属与登、淄两州当职官，坐增秩者儿二十人，而县令佐不及焉。尒知出入阡陌闻劝诱者谁欤？此其诞谩可知矣。审如所奏，山东之寇，何累月淹时未见殄灭哉？则其所奏二十四万与十一万，殆虚有名，不足以捍贼明矣！大抵因缘追扰，民不堪其劳，则老弱转徙道路，强壮起为盗贼，此亦致寇之一端也。

近者，仰烦陛下遣将出师，授以方略；又命近臣持诏抚谕，至于发内库之藏，转淮甸之粟以振给之，宽免其税租，荡宥其罪戾，丁宁纤悉，罔不曲尽。方将归伏田亩，以为迁善远罪之民，讵可以其所甚病扰之邪？且私有兵器，在律之禁甚严。三路保伍之法，虽于农隙以讲武事，然犹事毕则兵器藏于官府。

今弓箭社一切兵器,民皆自藏于家,不几于借寇哉?望陛下断自圣心,罢京东弓箭社之名,所藏兵器悉送之官,使民得免非时追呼迫胁之扰,以安其生。应两路缘弓箭社推恩者并追夺改正,首议之人重赐黜责,后来奏请诞谩,亦乞特赐施行,庶几群下悚惧,不敢妄进曲说,以肆其奸,实今日之先务也。

诏并依奏,梁扬祖落职,兵器并拘入官,弓箭社人依已降指挥放散。